本書受全國高校古籍整理研究工作委員會資助指導

# 古籍研究

《古籍研究》編輯委員會　編

總第71卷

2020年上卷

鳳凰出版社

### 圖書在版編目（ＣＩＰ）數據

古籍研究. 總第71卷 / 古籍研究編輯委員會編. --
南京：鳳凰出版社，2020.11
ISBN 978-7-5506-3326-1

Ⅰ．①古… Ⅱ．①古… Ⅲ．①古籍研究－中國－叢刊
Ⅳ．①G256.2-55

中國版本圖書館CIP數據核字(2020)第225855號

| | |
|---|---|
| 書　　　名 | 古籍研究(總第71卷) |
| 編　　　者 | 《古籍研究》編輯委員會 |
| 責 任 編 輯 | 陳曉清 |
| 裝 幀 設 計 | 徐　慧 |
| 出 版 發 行 | 鳳凰出版社(原江蘇古籍出版社) |
| | 發行部電話025-83223462 |
| 出版社地址 | 江苏省南京市中央路165號,郵編:210009 |
| 出版社網址 | http://www.fhcbs.com |
| 照　　　排 | 南京凱建文化發展有限公司 |
| 印　　　刷 | 南京新世紀聯盟印務有限公司 |
| | 江蘇省南京市建鄴區南湖路27號春曉大廈5樓,郵編:210017 |
| 開　　　本 | 787毫米×1092毫米　1/16 |
| 印　　　張 | 20.75 |
| 字　　　數 | 454千字 |
| 版　　　次 | 2020年11月第1版 |
| 印　　　次 | 2020年11月第1次印刷 |
| 標 準 書 號 | ISBN 978-7-5506-3326-1 |
| 定　　　價 | 90.00圓 |
| | (本書凡印裝錯誤可向承印廠調換,電話:025-68566588) |

# 《古籍研究》主辦單位

安徽大學文學院

安徽大學古籍整理研究所

安徽省古籍整理出版辦公室

淮北師範大學古籍整理研究所

安慶師範大學文學院

安徽師範大學中國詩學研究中心

# 目 録

■文史專論

# 蕭子良與西邸文士的精神生活<sup>*</sup>
## ——以"邸園"與"邸寺"为中心

李　猛

　　**摘　要:**蕭子良在鷄籠山開西邸,除距宫城與西州較近、有山水之美外,鷄籠山及其周圍學館、寺廟密佈,齊高帝亦曾在此從雷次宗受業,且宋文帝也爲其愛子建平王宏在此立第。移住西邸後,他又創開普弘、邸山等"邸寺"以及佛堂,修繕棲玄、耆闍等寺。還在西邸建古齋、書齋與士林館。依托這些寺院與司徒府,西邸成爲當時重要的佛教中心、政治中心。蕭子良遂據以召集名僧講經、齋會,甚至自己發講;還組織文士聽講、抄經、抄撰衆書以及詩文唱和。加上"邸園",蕭子良與西邸文士的活動空間不斷拓展,這在文學上也必然有所體現。蕭子良去世後,西邸中心地位不再,便失去其作爲活動空間之意義,成爲後人追憶的符號。

　　**關鍵詞:**蕭子良;邸寺;邸園;講經;精神生活

　　蕭子良開西邸,是南朝文學史上的一件大事,此前學界討論已經非常充分。本文希望從西邸選址以及西邸中的"邸園"與"邸寺",來討論蕭子良與西邸文士在西邸的各類活動空間及其展開的文學和佛事活動,藉以討論他們的精神生活。日本學者中嶋隆藏曾撰寫《蕭子良の精神生活》一文,主要討論蕭子良與佛教信仰相關的精神生活①,但只是偏向於哲學與宗教方面,也很少涉及西邸文士,所以還有進一步討論的必要。

# 一、西邸的選址

　　據《南齊書·蕭子良傳》,蕭子良的西邸在鷄籠山,《南史》徑謂之"鷄籠山西邸"。永明五年,子良正位司徒之後,纔正式移居西邸,其時西邸已然建成,那麼選址與動工開建,應該在蕭子良任護軍將軍、車騎將軍兼司徒的時期,即在永明二年正月至五年

　　* **作者簡介:**李猛,男,復旦大學中國古代文學研究中心(上海 200433),講師,文學博士,主要從事漢唐文獻研究。

　　**基金項目:**國家社科基金青年項目:南朝政治與文學研究(19CZW017)。

　　① 〔日〕中嶋隆藏:《蕭子良の精神生活》,《日本中國學會報》第 30 集,1978 年,第 72—86 頁;中譯本收入方旭東主編《日本學者論中國哲學史》,徐送迎譯,上海:華東師範大學出版社,2010 年。

正月之間①。那他爲麼什要將自己的府邸建在鷄籠山呢？其實，在蕭子良之前，宋文帝劉義隆即爲其愛子建平王宏立第於鷄籠山：

> 建平宣簡王宏字休度，文帝第七子也。早喪母。元嘉二十一年，年十一，封建平王，食邑二千户。少而閑素，篤好文籍。太祖寵愛殊常，爲立第於鷄籠山，盡山水之美。建平國職，高他國一階。二十四年，爲中護軍，領石頭戍事。②

宋文帝劉義隆對建平王宏"寵愛殊常"，甚至連"建平國職"都要"高他國一階"；元嘉二十九年，太子劉邵與始興王劉濬巫蠱事發，宋文帝欲廢立，就曾欲立宏爲太子，却因其長幼非次而未决③。由此亦可見宋文帝對劉宏之寵愛確實殊常。又據《高僧傳·僧遠傳》，劉宏之子建平王劉景素曾謂"棲玄寺是先王經始"④，而棲玄寺在鷄籠山東北（詳下），則宋文帝爲建平王劉宏所立之第應當也在鷄籠山東，甚至有人認爲棲玄寺乃建平王宏捨宅而建⑤。宋文帝於鷄籠山爲劉宏所立之第，號稱"盡山水之美"，這恐怕是宋文帝選擇於鷄籠山立第的重要原因。蕭子良之所以將自己的宅邸建於此山，恐怕也是緣此。任昉在《竟陵文宣王行狀》中，對西邸的環境就有濃墨重彩的描述：

> 乃依林構宇，傍巖拓架。清猿與壺人爭旦，緹縵與素瀨交輝。置之虛室，人野何辨。……其卉木之奇、泉石之美，公所製《山居四時序》，言之已詳。⑥

據此可知西邸依鷄籠山中的林、巖而建，環境清幽，而且蕭子良還曾作《山居四時詩》歌詠之，並在《序》中詳叙鷄籠山的卉木之奇、泉石之美。蕭子良此詩，王公多有唱和者，尚書令王儉作《竟陵王山居讚》，盛讚此山居乃是蕭子良之濠梁⑦。隨郡王蕭子隆亦作《山居序》，謂"西園多士，平塞盛富，鄒、焉之客咸在，伐木之歌屢陳。是用追芳昔娛，神遊千古，故亦一時之盛事。"⑧以子良山居比漢梁孝王之西園，誇讚子良山居中文士之盛，是篇應當也是唱和之作。當然，參與唱和的人肯定還有不少，只是大部分唱和詩文没能保存下來。

鷄籠山有山水之美，當然與其地形與位置有關。據顧野王所編《輿地志》，鷄籠山"在覆舟山之西二百餘步，其狀如鷄籠，因以爲名"⑨。在城西北六七里，高三十丈，周

---

①　（梁）蕭子顯：《南齊書》卷三《武帝紀》，北京：中華書局，2017 年，第 52 頁、56 頁；卷四〇《蕭子良傳》，第 772 頁。

②　（梁）沈約：《宋書》卷七二《建平宣簡王宏傳》，北京：中華書局，1974 年，第 1858—1859 頁。

③　（梁）沈約：《宋書》卷七一《王僧綽傳》，第 1850—1851 頁；同卷《徐湛之傳》，第 1848 頁。

④　（梁）釋慧皎著，湯用彤點校：《高僧傳》卷八《齊上定林寺釋僧遠》，北京：中華書局，1992 年，第 319 頁。

⑤　（清）劉世珩：《南朝寺考》卷三，光緒三十三年聖廎叢書本。

⑥　（梁）蕭統編，李善等注，俞紹初等點校：《新校訂六家注文選》卷六〇任彦昇《竟陵文宣王行狀》，鄭州：鄭州大學出版社，2015 年，第 3917—3919 頁。

⑦　（唐）歐陽詢：《藝文類聚》卷三六《人部·隱逸上》載《竟陵王山居讚》："升堂踐席，金暉玉朗。亹亹大韶，遥遥閑賞。道以德弘，聲由業廣。義重實歸，情深虛往。濠梁在兹，安事遐想。"上海：上海古籍出版社，1995 年，第 652 頁。

⑧　（北魏）酈道元著，陳橋驛校證：《水經注校證》卷二四引，北京：中華書局，2007 年，第 569 頁。

⑨　（宋）張敦頤著，張忱石點校：《六朝事迹編類》卷六《山崗門》引，北京：中華書局，2012 年，第 94 頁。

迴一十里。① 西接落星岡,北臨棲玄塘②。因爲是山水形勝之處,故自東晉元帝葬鷄籠山之陽以來,這裏先後成爲東晉明、成、哀四位皇帝之陵③。鷄籠山正臨玄武湖,宋文帝元嘉後期,以黑龍嘗見玄武湖,黑龍是大瑞,故改鷄籠山爲龍山④。而在未改名之前,宋文帝曾徵儒士雷次宗進京,在鷄籠山爲其開學館:

> 元嘉十五年,徵次宗至京師,開館於鷄籠山,聚徒教授,置生百餘人。會稽朱膺之、潁川庾蔚之並以儒學,監總諸生。時國子學未立,上留心藝術,使丹陽尹何尚之立玄學,太子率更令何承天立史學,司徒參軍謝元立文學,凡四學並建。車駕數幸次宗學館,資給甚厚。又除給事中,不就。久之,還廬山,公卿以下,並設祖道。二十五年,詔曰:“前新除給事中雷次宗,……宜加升引,以旌退素。可散騎侍郎。”後又徵詣京邑,爲築室於鍾山西巖下,謂之招隱館,使爲皇太子諸王講《喪服經》。⑤

《建康實録》確載宋文帝於元嘉十五年十月“立儒學於北郊,延雷次宗居之”⑥而此處的北郊,當即指鷄籠山,蕭道成與兄蕭道度均在鷄籠山從雷次宗受業,治禮及《左氏春秋》,將近四年⑦。雷次宗回廬山後,宋文帝再次徵其還建康,却並未將其安置在原鷄籠山儒學學館,而是爲之另建招隱館於鍾山西巖之下,而儒學似亦隨之遷至鍾山招隱館,故《景定建康志》引《宮苑記》載“儒學在鍾山之麓,時人呼爲北學,今草堂是也”⑧。草堂,即草堂寺,寺乃汝南周顒於鍾山雷次宗舊館所造⑨。除雷次宗的儒學學館最初在鷄籠山之外,四學中的玄學、史學、文學三館似乎最初也都在鷄籠山及其附近,《宮苑記》載:“玄學在鷄籠山東,今棲玄寺側;史學、文學並在耆闍寺側。”⑩據此可知史學、文學在耆闍寺側,而耆闍寺實在鷄籠山之西。另前文已述,棲玄寺在鷄籠山東北,與《宮苑記》相合,却與《宋書·何尚之傳》稍有不同:

> (元嘉)十三年,彭城王義康欲以司徒左長史劉斌爲丹陽尹,上不許。乃以(何)尚之爲尹,立宅南郭外,置玄學,聚生徒。東海徐秀、廬江何曇、黃回、潁川荀子華、太原孫宗昌、王延秀、魯郡孔惠宣,並慕道來遊,謂之南學。⑪

① (宋)周應合:《景定建康志》卷一七《山川志》,《宋元方志叢刊》第 2 册,北京:中華書局,1990 年,第 1562 頁上。

② (宋)樂史:《太平寰宇記》卷九〇《江南東道二·昇州上元縣》,第 1782 頁。

③ (唐)許嵩著,張忱石點校:《建康實録》卷八,北京,中華書局,1986 年,第 228 頁。

④ 《六朝事迹編類》卷六《山岡門·鷄籠山》,第 94 頁。因黑龍祥瑞而改鷄籠山爲龍山事,《宋書》未載,而《宋書》卷二八《符瑞志中》確載黑龍祥瑞事:“元嘉二十五年五月丁丑,黑龍見玄武湖北,苑丞王世宗以聞。元嘉二十五年五月戊戌,黑龍見玄武湖東北隄,揚州野吏張立之以聞。”第 800 頁。

⑤ 《宋書》卷九三《隱逸·雷次宗傳》,第 2293—2294 頁。

⑥ 《建康實録》卷一二,第 432 頁。

⑦ 《南齊書》卷四五《衡陽元王道度傳》,第 873 頁;《南齊書》卷一《高帝紀》,第 3 頁。

⑧ 《景定建康志》卷二八《儒學志·前代學校興廢》,第 1797 頁下。

⑨ (唐)道宣撰,郭紹林校注:《續高僧傳》卷六《梁國師草堂寺智者釋慧約傳》,北京:中華書局,2014 年,第 183 頁。

⑩ 《景定建康志》卷二八《儒學志·前代學校興廢》引,第 1797 頁下。

⑪ 《宋書》卷六六《何尚之傳》,第 1734 頁。

既云"南郭外置玄學"，則玄學應在宮城城牆之外。據《宋書·何尚之傳》，何尚之之宅在南澗寺側。南澗，即落馬澗，在建康秣陵縣東南，水下秦淮[1]。何尚之立宅南郭，聚生徒、授玄學，學士慕道而來，竟有"南學"之謂，可見其盛。而"南學"之稱，實與雷次宗之"北學"相對應，可見其影響頗大，可與雷次宗媲美。另據《建康實錄》，立儒學的次年即元嘉十六纔立玄學、史學、文學三館，當時學館多因人而設，頗疑何尚之所立之玄學與雷次宗之立儒學有相似的境遇，也曾前後隨所立之人而遷移。而鷄籠山當亦有玄學館，兩種記載可互相補充，實際上並無實質性的矛盾。宋文帝死後，時局動蕩，國學時廢。至泰始六年（470），宋明帝詔立總明觀，置祭酒，仍設玄、儒、文、史四科，科置學士各十人[2]，四學逐漸制度化。

永明七年，竟陵王蕭子良上表請爲"住在檀橋，瓦屋數間，上皆穿漏"[3]的當世大儒劉瓛立館，推薦的地址就在西邸附近。子良此表，《藝文類聚》卷三八有節錄，題作《求爲劉瓛立館啓》，歸任昉名下，當是任昉受蕭子良之命而作：

> （劉）瓛之器學，無謝前修，輒欲與之周旋，開館招集。臣第西偏，官有閑地，北拒晋山，南望通邑，雖曰人境，實少浮喧。廣輪裁盈數畒，布以施立饗塾。薄藝桑麻，粗創茨宇。[4]

蕭子良的本意是在其西邸偏西的官家數畒閑地上，爲劉瓛新建館舍，以爲學館，即所謂的"粗創茨宇"。然而，齊武帝蕭賾似没有聽從其意見，而是以"以揚烈橋故主第給之"，應是考慮到新建學館費時較長。揚烈橋乃運瀆六橋之一，位於孝義橋之南、西州橋之北，王僧達曾於此處觀鬥鷄鴨，則此宅第距蕭子良之西邸較遠[5]，距劉瓛的故宅亦較遠[6]。然而畢竟是某亡故公主之宅第（"故主第"），條件甚好，故劉瓛謂之"華宇"而不願居住，只是作爲講堂。可惜劉瓛不久就去世，這處學館後來逐漸被始安王蕭遥光與江祏於蔣山南爲吳苞所立之學館代替[7]。

學館之外，寺院也是鷄籠山重要的景觀，而且多緊鄰學館，前引《宮苑記》已明，玄學在棲玄寺側，史學、文學並在耆闍寺側。而棲玄寺在覆舟山西南、鷄籠山東北，耆闍寺在鷄籠山西。此外，歸善寺也在鷄籠山之東。歸善寺東經棲玄寺門，北至後湖，以引湖水，即是運瀆；而自歸善寺門前東出至青溪者，名曰潮溝[8]，交通甚爲便利，故其

---

①　《太平寰宇記》卷九〇《江南東道二·昇州江寧縣》，第 1777 頁。北宋之江寧縣，本南朝之秣陵縣。

②　《宋書》卷八《明帝紀》，第 167 頁；《南齊書》卷一六《百官志》，第 351 頁。《南史》卷三《宋明帝紀》謂四學爲"儒、道、文、史、陰陽五部學"，北京：中華書局，1975 年，第 82 頁。

③　《南齊書》卷三九《劉瓛傳》，第 755 頁。

④　《藝文類聚》卷三八《禮部上·學校》，第 695 頁。

⑤　《建康實錄》卷二載："運瀆舊有六橋：孝義，本名鬹子橋。次南有楊烈橋，宋王僧達觀鬥鷄鴨處。次南出有西州橋，今縣城東南角路東，出何后寺門。次南有高曄橋，建康西尉在此橋西，今延興寺北路東度此橋。次南運瀆臨淮有一新橋，對禪靈渚渡，今之過淮水橋，名新橋，本名萬歲橋。"第 49 頁。

⑥　據《建康實錄》，檀橋在建康東尉蔣陵里，宋元嘉十一年，宋臨川公主曾於位於縣城東一里處的檀橋造竹園寺，第 429 頁。《六朝事迹編類》卷七《宅舍門·劉子珪宅》亦載"檀橋，在今縣東二十五里青龍山之前"，第 113 頁。

⑦　《南齊書》卷五四《高逸·吳苞傳》，第 1041 頁。

⑧　《建康實錄》卷二，第 49 頁。《南朝寺考》謂永初中置北寺於歸善寺側，係誤"北市"爲"北寺"。

位置甚爲津要。運瀆連接歸善寺與棲玄寺,可見兩寺至少是有些距離的。但《續高僧傳・隋丹陽攝山釋慧曠傳》却載"歸善禪房,本棲玄精舍,竟陵文宣之餘迹"①,這裏道宣似有將二者混同之嫌,從歸善寺有蕭子良之"餘迹"來看,他與歸善寺聯繫頗深。如此一來,在蕭子良開西邸之前,在鷄籠山附近至少已有三所寺院。②　此後,蕭子良又在西邸之中修繕有普弘寺、邸山寺等幾處邸寺(詳下)。此外,鷄籠山在劉宋的官方祭祀中,也佔有一席之地。據《宋書・禮志》,宋明帝劉彧曾"立九州廟於鷄籠山,大聚群神"。③

　　由上可知,鷄籠山緊鄰玄武湖,其山水之美得到當時王公貴胄的青睞,玄、儒、文、史四學之學館也曾設於此地。同時,鷄籠山也是建康西北郊重要的宗教名山,在其周圍至少有五所重要寺院。與位於建康東郊的鍾山相比,鷄籠山距離建康城更近,而這恐怕纔是宋文帝爲愛子建平王宏立第於此、永明初蕭子良選擇在此地建府邸的最重要原因。這一點,在蕭子良身上體現的更爲明顯,永明二年,蕭子良以護軍將軍兼司徒,同時還須"鎮西州"④。永明四年,子良由護軍將軍進號車騎將軍,並未解鎮西州,至永明五年子良正位司徒纔解鎮西州⑤。將府邸建在鷄籠山,不僅有"山水之美",而且寺院、學館密佈,很符合蕭子良本人的志趣,況且此山與距離建康城與西州城都很近,來往便捷。當然,將府邸建在都城西北郊,也方便子良與諸大德(尤其是建康以外)的往來。既處在政治中心,又與絕對的政治中心有一定的距離。

　　事實上,在永明十年(492)領揚州刺史(治所在東府城)之前,蕭子良的活動中心大多在都城之西。永明八年,荆州刺史巴東王蕭子響殺上佐,都下匈匈,人多異志,蕭衍、范雲等人均認爲蕭子良與揚州刺史豫章王嶷應各鎮一城(即石頭城和東府城)以安民心,此議得到蕭賾的認可⑥。豫章王嶷受命鎮東府,雖是職責所係,但早在永明七年他就已請求還第,齊武帝已命豫章王世子蕭子廉代鎮東府⑦。蕭子良也早已正位司徒,故而這種臨危的應對方案,既反映了蕭子良其時的政治地位,也從側面印證了蕭子良在都城以西的責任與勢力。

## 二、"邸寺"與"内堂"

　　蕭子良信奉佛法,尤其是在永明中後期有很多護持佛法舉措,也深度參與了齊武

　　①　《續高僧傳》卷一〇《隋丹陽攝山釋慧曠傳五》,第346頁。
　　②　《六朝事迹編類》卷六《山岡門・鷄籠山》載"山中有佛寺五所"(第95頁),具體是哪五所不詳。
　　③　《宋書》卷一七《禮志四》,第488頁。
　　④　《南齊書》卷三《武帝紀》,第52頁;《南齊書》卷四〇《蕭子良傳》,第772頁。
　　⑤　《南齊書》、《南史》蕭子良本傳均未載解鎮西州事。據《南史・鬱林王紀》,永明二年蕭子良移住西州,南郡王蕭昭業亦隨住;及移西邸(五年),蕭昭業則獨住西州(《南史》卷五《齊本紀下・廢帝鬱林王》,第135頁)。如此,永明四年,子良當亦鎮西州。
　　⑥　《南史》卷五七《范雲傳》,第1417—1418頁。
　　⑦　《南齊書》卷二二《蕭嶷傳》,第462頁。

帝整頓佛教①。雖然並非蕭子良所有奉法與護法活動的地點都在西邸,但可以確認的是,西邸是一個非常重要的活動中心,其中相當一部分活動是在西邸舉行的,包括招集高僧於西邸義集、齋講等。而此前的研究對這一點關注很不夠,或者説是區分度不高。西邸之所以能承辦如此多的法會、齋會、齋講等較大規模的佛事活動,當然是因爲蕭子良在西邸建有寺院,並招請名僧駐錫,而這些寺院往往被稱爲"邸寺"。如普弘寺,裴子野《南齊安樂寺律師智稱法師行狀》(以下簡稱《智稱行狀》)即載:

> 朱門華屋,靡所經過。齊竟陵文宣王顧輕千乘,虛心八解,嘗請法師講於邸寺,既許以降德,或謂宜修賓主。②

《高僧傳·釋智稱傳》亦載此事:"頃之反都,文宣請於普弘講律,僧衆數百,皆執卷承旨。"③據此,《智稱行狀》中的"邸寺",當即普弘寺。而據僧祐《略成實論記》,蕭子良請僧祐與智稱於普弘寺講律,事在永明七年十月至八年正月二十三日之前。④既稱邸寺,則普弘寺當在蕭子良西邸之内似無疑。智稱受蕭子良之邀在普弘寺講律,席下僧衆竟達數百,可見普弘寺頗具規模。普弘寺之外,西州法雲寺也被稱爲邸寺,沈約《齊竟陵王發講疏》即載:

> 以永明元年二月八日,置講席於上邸,集名僧於帝畿,皆深辨真俗,洞測名相,分微靡滯,臨疑若曉,同集於邸内之法雲精廬,演玄音于六宵,啓法門于千載,濟濟乎實曠代之盛事也。⑤

實際上,永明元年蕭子良仍在南兗州刺史(治廣陵)任上,本不在建康,其行止明顯與"集名僧於帝畿"之語不合,故此"元"字很有可能是訛字。《法苑珠林》卷二○《千佛篇第五·感應緣》即載:(子良)以永明七年二月八日於西第在内堂法會,見佛從東來,威容顯曜。⑥其時間和地點都與《齊竟陵王發講疏》基本吻合,筆者曾據《法苑珠林》卷二○《千佛篇第五·感應緣》所載蕭子良"以永明七年二月八日於西第在内堂法會"以佐證"元"字很有可能是"七"字之形訛⑦。《南朝寺考》即謂法雲寺在西邸之内。當然還有另外一種可能。永明元年正月壬子(三日),鎮北將軍、南徐州刺史蕭子良遷征北將軍、南兗州刺史。從正月三日到二月八日,期間有一個多月,且京口(今江蘇鎮江)距建康甚近,加上二月八日是當時重要的佛教節日,重要的法會多於這一天舉行⑧。

---

①　參拙文《論蕭子良永明中後期的奉法與弘法——以蕭子良與諸人來往書信爲中心》,《文史》2015 年第 3 期;《論齊武帝永明中後期對佛教的整頓》,孫英剛主編《佛教史研究》第 1 卷,2017 年。

②　(唐)道宣《廣弘明集》卷二三,《大正藏》第 52 册,第 269 頁中。按"行狀"二字,宮本作"碑",宋、元、明本作"碑并序",而此卷開頭之目録則作"誄"。觀此文的内容與格式,是行狀而非誄。

③　《高僧傳》卷一一《釋智稱》,第 438 頁。

④　(梁)釋僧祐著,蘇晉仁、蕭鏈子點校:《出三藏記集》卷一一,北京:中華書局,1995 年,第 405 頁。

⑤　《廣弘明集》卷一九,《大正藏》第 52 册,第 232 頁中。

⑥　(唐)釋道世著,周叔迦、蘇晉仁校注:《法苑珠林校注》卷一二,北京:中華書局,2003 年,第 440 頁。按《法苑珠林》所載爲子良法會之地與沈約所載稍有不同,前者是子良感夢之所,爲叙述需要,特將地點從邸内的法雲精廬移至西第内堂,事雖有可以神化傾嚮,但舉行法會這件事情應當確有其事。

⑦　拙文《僧祐〈齊太宰竟陵文宣王法集録〉考論》,《國學研究》第 41 卷,2019 年。

⑧　參陳志遠《辨常星之夜落:中古佛曆推算的學説及解釋技藝》,《文史》2018 年第 4 期。

所以,蕭子良完全有可能先回京述職,於二月八日集名僧開講,結束之後再從建康赴任南兗州。果如此,則此次講席在永明元年,此"上邸"當非雞籠山西邸,而是西州府邸,而"邸內法雲精廬"亦即西州府邸內的法雲寺。現在看來,後一種可能性較大。

　　小莊嚴寺。齊梁時期有兩個莊嚴寺,故須辨析。一乃劉宋孝武帝大明(457—464)中,宋孝武帝劉駿之母路太后於宣陽門外大社西藥園所造之莊嚴寺①。此寺有七層塔②,頗具規模,且高僧雲集,建元中齊高帝蕭道成曾親至此寺聽僧達講《維摩經》③。而在此寺之前,謝尚於永和四年(348)捨宅造寺,即名莊嚴寺,故路太后將其改名為謝鎮西寺。另一在建康定陰里,本是晉零陵王廟地,後來建康屠戶鄒文立"罄捨家資,迴買此地"④,並於天監六年(507)請北來的道度禪師建寺。梁武帝賜名"小莊嚴",還"施宣揚之門,以為講堂"⑤。梁武帝既施宣陽門作為小莊嚴寺的講堂,則大、小兩莊嚴寺似乎相距並不太遠。因天監六年道度禪師所建之寺乃是新寺,且梁武賜額"小莊嚴",故文獻中便以"大莊嚴寺"稱路太后所建之寺,以示區別。而《齊太宰竟陵文宣王法集錄》(以下簡稱《蕭子良法集錄》)乃是蕭子良永明時期的弘法記錄⑥,所以《西州法雲小莊嚴普弘寺講》中的小莊嚴寺,應非道度禪師所建之小莊嚴寺,而是路太后所建之寺。然宣陽門距西州甚遠,距西邸則更遠,所以《西州法雲小莊嚴普弘寺講》中"西州"似並不能統攝"小莊嚴"與"普弘寺",而只用以修飾法雲寺。頗疑問蕭子良在西州或西邸曾另建一寺或道場,名"小莊嚴",文獻中僅此一見,只能聊備一說。

　　不管是西州,還是西邸,法雲寺、小莊嚴寺與普弘寺,都是蕭子良於府邸所建之寺或供養之寺,在當時甚至被稱為"邸寺",故與蕭子良有比較緊密的聯繫。另據《比丘尼傳·邸山寺釋道貴尼傳》,蕭子良還曾為道貴尼建頂山寺:

　　　　竟陵文宣王蕭子良善相推敬,為造頂山寺,以聚禪眾。請貴為知事,固執不從;請為禪範,然後許之。於是結桂林下,棲寄畢世,縱復屯雲晦景,委雪埋山。……年八十六,天監十五年而卒,葬於鍾山之陽也。⑦

蕭子良為道貴尼所造之頂山寺,具體位置不詳。道貴尼雖然固辭此寺之寺任(即"知事"),却答應作為該寺"禪範",長期駐錫此寺。從"結桂林下,棲寄畢世"以及"委雪埋山"等語來看,此寺確實建於山中。《釋道貴尼傳》並未言道貴尼移至他寺,當終於頂

---

① 《建康實錄》卷八引《塔寺記》,第 225 頁。

② 《南齊書》卷五三《良政·虞願傳》載宋明帝"以故宅起湘宮寺,費極奢侈。以孝武莊嚴刹七層,帝欲起十層,不可立,分為兩刹,各五層"。第 1010 頁。此既言"孝武莊嚴",則其塔或為孝武帝劉駿為其母路太后所建。

③ 《南齊書》卷三三《張緒傳》未載僧達所講為何經,第 665 頁;《南史》卷三一《張緒傳》確載講《維摩經》,第 808 頁。

④ 《法苑珠林校注》卷六四引《梁京寺記》,第 1916 頁。

⑤ 蕭綱:《梁小莊嚴寺道度禪師碑》,[高麗]沙門義天《釋苑詞林》,錄文參陳尚君師:《高麗僧義天〈釋苑詞林〉殘卷存六朝唐宋釋家遺文考錄》,收入陳允吉編《佛經文學研究論集續編》,上海:復旦大學出版社,2010 年,第 689—716 頁;《弘贊法華傳》卷五,《大正藏》第 51 冊,第 24 頁下—25 頁上。

⑥ 詳細考證可參拙文《僧祐〈齊太宰竟陵文宣王法集錄〉考論》,《國學研究》第 41 卷,2019 年。

⑦ (梁)釋寶唱撰,王孺童校注:《比丘尼傳》卷四《邸山寺釋道貴尼傳》,北京:中華書局,2006 年,第 221 頁。

山寺。然而，《釋道貴尼傳》題曰“邸山寺”，傳中又言爲造“頂山寺”，當爲一寺無疑。加之“頂”與“邸”，音與形均不相近，故寶唱這裏應當是一寺兩稱。如此，則頂山寺或建在鷄籠山之山頂，故寶唱又以邸山寺稱之。

　　以上諸寺之中，法雲寺與普弘寺地位尤其重要，蕭子良命學士“總校玄釋，定其虚實”時，即選擇“於法雲寺建竪義齋”①。而諸寺之中，尤以普弘寺講席最盛。《續高僧傳·釋僧旻傳》載“文宣嘗請柔、次二法師，於普弘寺共講《成實》”②，則蕭子良命僧柔、慧次等法師抄《成實論》即在普弘寺。據僧祐《略成實論記》，蕭子良於永明七年十月，在普弘寺先後請柔、次二法師講《成實》，又請僧祐、智稱二法師講律③。而這也體現了永明五年蕭子良移居西邸後，兩個邸寺地位的交替，即西邸之邸寺普弘寺取代了西州邸寺法雲寺的位置。

　　除了寺院之外，蕭子良在西邸之内還有内堂，前引《法苑珠林》載“永明七年二月八日於西第在内堂法會”，則内堂應該是一個規模不太大的道場，既以内堂爲名，應與卧室不遠。而據《高僧傳·釋僧辯》，蕭子良卧室不遠即有佛堂：“永明七年二月十九日，司徒竟陵文宣王夢於佛前詠《維摩》一契，同聲發而覺。即起至佛堂中，還如夢中法，更詠古《維摩》一契。便覺韻聲流好，著工恒日。”④蕭子良做夢之後遂即到佛堂，説明這個佛堂距其卧室並不遠，甚至很有可能就是卧室隔壁或附近。如此看來，這個“佛堂”很有可能就在“内堂”之中，或許就是同一個地方。至十九日晚，再次“夢於佛前詠《維摩》一契”，次旦即招集京師善聲至西邸“作聲”（詳下）。十日之内連續感夢，如此頻繁，頗能反映蕭子良當時的精神狀態。

　　實際上，像蕭子良這類佛堂或供養佛像的内堂，在當時的蕭齊皇室中頗爲常見，如顯陽殿就有玉佛及供養，只是規模稍大。顯陽殿原本爲太后寢殿，但建元、永明時期均無太后，故齊高、武兩帝將其作爲供養佛像之地。文惠太子蕭長懋的東宫也有供養佛像之所、講經之所，玄圃園也有供僧人安居的道場⑤。豫章王蕭嶷臨終交代後事，其中就有“後堂樓可安佛，供養外國二僧”⑥。值得注意的是，永明七年二月九日，蕭子良在内堂舉行法會，“見佛從東來”。

# 三、邸寺與邸園中的佛事活動

　　普弘寺、邸山寺與法雲寺既爲蕭子良所建之“邸寺”，故必然是西邸文士經常光顧之地。依托這些邸寺，蕭子良纔可以在西邸開展各類齋會、義集等法事活動。據《南齊書·蕭子良傳》，永明五年蕭子良移居西邸之後，主要的佛事活動與文事活動，也都

　　①　《續高僧傳》卷五《梁揚都建元寺沙門釋法護傳》，第 147 頁。

　　②　《續高僧傳》卷五《梁揚都莊嚴寺沙門釋僧旻傳》，第 154 頁。

　　③　《出三藏記集》卷一一，第 405 頁。

　　④　《高僧傳》卷一三《齊安樂寺釋僧辯》，第 503 頁。

　　⑤　參見拙文《論蕭子良永明中後期的奉法與弘法——以蕭子良與諸人來往書信爲中心》，《文史》2015 年第 3 期。

　　⑥　《南齊書》卷二二《豫章文獻王傳》，第 417 頁。

相陸續移到西邸：

> 移居鷄籠山邸，集學士抄五經、百家，依《皇覽》例爲《四部要略》千卷。招致名僧，講語佛法，造經唄新聲，道俗之盛，江左未有也。①

招致名僧、講語佛法、造經唄新聲，是蕭子顯總結的蕭子良組織的三類最主要佛事活動。學界對"造經唄新聲"關注最多，此事對佛教音樂與佛教文學的影響尤大，中外學界對此事的討論也很多，從陳寅恪開始，到當代學者②，對這一問題已經有比較充分的討論。但是，他們對此事的緣起與具體地點並没有太多關注。正如學界此前所關注的，此事與《高僧傳·齊安樂寺釋僧辯》《出三藏記集·經唄導師集》等所載可以印證，也都注意到西邸，但並未注意到此事的性質，亦未注意到西邸有寺院存在。其實，此事在出土文獻中也有印證，事見《大隋太尉晋王慧日道場故惠雲法師墓志》：

> 齊竟陵文宣王令問令望，兼外兼内，夢感賢聖授《瑞應》新聲。□高祖武皇帝□弘舍衛，述作迦維，敕諸寺沙弥四百人，就至心寺智淵經師，學竟□□集三百餘聲，并贊唄六十四首。法師少年，獨標□□，啓送温雅，飛時□道。梁武□定，由斯價重，請業之徒，恒至數百。③

該墓志拓片漫漶不清，"竟□□集"四字，陳志遠推測當爲"竟陵法集"，將其與竟陵王子良集僧製梵唄新聲聯繫起來，並試圖利用《慧雲墓志》將齊與梁陳之間經唄的傳承的缺環打通，誠有卓識④。愚以爲"法"字，作"第"或"所"字更爲妥帖，更符合當時的表述習慣。《出三藏記集·經唄導師集》録新安寺釋道興所撰《竟陵文宣王第集轉經記》，《高僧傳·釋僧辯傳》亦載"集第作聲"。無論是"第集"還是"集第"，均是強調地點在蕭子良西邸，只是具體在哪座寺院不詳。從梁武帝蕭衍命"諸寺沙弥四百人，就至心寺智淵經師"學蕭子良主持製作的梵唄新聲，不難看出蕭子良此舉在齊梁時期的影響。

造經唄新聲之外，蕭子良還積極"招致名僧"至西邸，並延請他們"講語佛法"。招致之名僧，大多來自建康其他寺院以及建康郊區的寺院，如修冶城寺請鍾山延賢寺的釋智順至駐錫⑤。當然，也有不少是地方州郡的名僧，如始興郡赤城山的釋慧明："齊竟陵文宣王聞風祇挹，頻遣三使，殷勤敦請，乃暫出京師。到第，文宣敬以師禮。"⑥釋慧明在始興郡赤城山造石卧佛與猷公像，後因山中禪修屢有靈應之事，爲蕭子良所

① 《南齊書》卷四〇《蕭子良傳》，第772頁。

② 劉躍進：《門閥士族與永明文學》，北京：三聯書店，1996年。王小盾、金溪：《經唄新聲與永明時期的詩歌變革》，《文學遺產》2007年第6期。孫尚勇：《釋僧祐〈經唄導師集〉考論》，《中華文史論叢》2008年第3期。吴相洲：《永明體的産生與佛經轉讀關係再探討》，《文藝研究》2005年第3期。[美]梅祖麟、梅維恒：《梵文詩律和聲病説對齊梁聲律形成的影響》，原載《哈佛亞洲學報》，收入《梅祖麟語言學論文集》，北京：商務印書館，2000年，第508—509頁。

③ 《慧雲墓志》清道光年間出土，原石已佚，北京大學圖書館與揚州博物館藏有善拓，王其禕、周曉薇：《隋代墓志銘匯考》有録文，此處引文據陳志遠録文。

④ 陳志遠：《六朝的轉經與梵唄》，《佛學研究》2017年第2期，第100頁。

⑤ 《高僧傳》卷八《梁山陰雲門山寺釋智順》，第335頁。

⑥ 《高僧傳》卷一一《齊始豐赤城山釋慧明》，第426頁。

知，故多次遣使敦請慧明至建康，慧明入京以後應當在西邸的某一個寺院駐錫。

　　至於蕭子良請名僧講語佛法的内容，則主要有《成實論》《維摩經》以及《十誦律》《法華經》等經。其中蕭子良請名僧講《成實論》與《維摩經》，基本都是在西邸的某所寺院，而且都有既定的目的，如請僧柔、慧次二法師於普弘寺共講《成實論》，主要緣於他不滿於《成實論》"近世陵廢，莫或敦修，棄本逐末，喪功繁論"的現狀，遂請僧柔、慧次等高僧抄撮九卷成爲新的本子。而蕭子良請名僧講《維摩經》，則更是如此，與永明七年他感夢於佛前詠《維摩》有非常直接的關係，前文所論蕭子良在西邸集名僧製梵唄新聲即緣此。永明八年蕭子良請净暉尼於西邸講《維摩經》①。另《續高僧傳·釋智藏傳》還載蕭子良曾召集二十餘義學名僧講《維摩》：

　　　　太宰文宣王建立正典，紹隆釋教，將講《净名》，選窮上首，乃招集精解二十餘僧，探授符策，乃得於（智）藏。年臘最小，獨居末坐，敷述義理，罔或抗衡；道俗翕然，彌崇高譽。②

《净名》，即《維摩詰經》。雖然道宣未明確交代時間，但大致可以斷定在永明七年蕭子良感夢後不久。蕭子良這次招集二十餘義學名僧講《維摩詰經》，與《高僧傳·釋僧辯傳》所載"集第作聲"似並非一事，不僅參與的僧人不同：後者所集乃是龍光寺普智、新安寺道興、多寶寺慧忍、天保寺超勝、安樂寺僧辯等"善聲沙門"，而這次所請乃是精解《維摩詰經》的義學高僧；而且内容側重點也有所不同：後者重在製作新聲，而這次重在"敷述義理"。據《比丘尼傳·净暉尼傳》，蕭子良永明八年還曾請净暉尼於西邸講《維摩經》③。蕭子良本人於《維摩詰經》用力甚多，不僅請名僧講《維摩詰經》，還親自抄寫、抄撰、注疏《維摩詰經》近三十卷④。另外，蕭子良對僧律、僧制也非常感興趣，《蕭子良法集録》就録有《注優婆塞戒》三卷，《述受戒》共卷，《宣白僧尼疏》《與暢疏》共卷，《與僚佐書》并《教誡左右》一卷，《教宣約受戒人》一卷，《示諸朝貴〈法制〉啓》二卷，《受戒》并《弘法式》一卷。《廣弘明集·悔罪篇序》所提到的《布薩法》《净行儀》，這些法、式、制、教等類作品，在永明中後期集中出現之同時，蕭子良還請釋僧祐、釋智稱等人在西邸講律，請法獻、僧祐至三吴等地講律，都與其律學思想及其對佛教僧團的管理理念有關。

　　值得一提的是，蕭子良廣請名僧至建康、西邸講經，在當時影響極大，以至於北魏、交阯等國僧人紛紛慕名前來，如北魏釋曇準"承齊竟陵王廣延勝道，盛興講説，遂南渡，止湘宮寺"⑤；交阯僧人釋道禪"聞齊竟陵王大開禪律，盛張講肆，千里引駕，同

　　①　《比丘尼傳校注》卷三《净暉尼傳》，第 143 頁。
　　②　《續高僧傳》卷五《梁鍾山開善寺沙門釋智藏傳》，第 169 頁。
　　③　《比丘尼傳校注》卷三《净暉尼傳》，第 143 頁。
　　④　《齊太宰竟陵文宣王法集録》中有《受維摩注名》一卷；《自書經目録》所載子良自書《維摩詰經》有：《大字維摩經》一部十四卷、《細字維摩經》一部六卷；《出三藏記集》卷五《新集抄經録》又詳載蕭子良抄《維摩詰經》有《抄維摩詰所説佛國品》一卷、《抄維摩詰方便品》一卷、《抄維摩詰問疾品》一卷，總計二十三卷。而《歷代三寶紀》《大唐内典録》《開元釋教録》等録均載子良"《抄維摩詰經》二十六卷"，詳細論述參拙文《〈齊太宰竟陵文宣王法集録〉考論》，《國學研究》第 41 卷，2019 年。
　　⑤　《續高僧傳》卷六《梁揚都湘宮寺釋曇準傳》，第 196 頁。

造金陵，皆是四海標領，人雄道傑。禪傳芳借甚，通夜不寐，思參勝集，簨奉真詮。"①可見當時講席之盛況。因爲講席的規模甚大、參與者衆多，故而蕭子良一方面命其故佐徐孝嗣與國子祭酒何胤掌知齋講及衆僧事②，一方面委冶城寺釋智秀掌"選諸名學"以參加"西邸義集"等事宜③，因"競者尤多"，所以主事的釋智秀多"先悦後拒"，因而遭到宣武寺釋法寵的嘲諷。

　　除了延請僧尼發講外，蕭子良也會參與甚至親自發講。《廣弘明集》卷一九收沈約所撰《齊竟陵王發講疏并頌》《竟陵王解講疏》《又竟陵王解講疏》三篇④。據《齊竟陵王發講疏》，這次發講的地點是法雲寺，從文中"置講席於上邸，集名僧於帝畿"與文末"自法主已降，暨於聽僧，條載如左，以記其事焉"⑤來看，蕭子良應爲法主，雖未必一定是主講之人，但應該會參與講經之後的論議。《又竟陵王解講疏》中有"仰惟先后，稟靈娥德"一語，鈴木虎雄據以考訂這兩篇《解講疏》主要是爲其母裴氏（建元四年四月後蕭賾被追尊爲皇后）追福，而《發講疏》則寫於永明元年二月⑥。似乎未注意到"發講疏"與"解講疏"乃是一個講經法會的完整環節，而講經一般會持續數天，解講之後還會舉行法會，所以《發講疏》與《解講疏》並非作於一日，而是相隔數日⑦。

　　另，《蕭子良法集録》中有《西州法雲小莊嚴普弘寺講》并《述羊常弘廣齋》共卷、《抄成實論序》并《上定林講》共卷、《會稽荆雍江郢講記》一卷、《講净住記》一卷、《開優婆塞經題》一卷、《布薩》并《天保講》一卷。其中《會稽荆雍江郢講記》，筆者曾考乃蕭子良請當時名僧出都講法，故其講師均非子良。⑧《西州法雲小莊嚴普弘寺講》《上定林寺講》《天保講》，也均爲蕭子良主導的發講，但並不能確定講者是蕭子良本人還是他延請的高僧。而《講净住記》與《開優婆塞經題》，因與蕭子良所撰二十卷《净住子》直接有關，故其主講應是蕭子良本人；至於發講的地點，則很有可能是在西邸的某所寺院。

　　①　《續高僧傳》卷二二《明律·梁鍾山雲居寺釋道禪傳》，第 820 頁。

　　②　《南齊書》卷四四《徐孝嗣傳》載："爲寧朔將軍、聞喜公子良征虜長史，遷尚書吏部郎，太子右衛率轉。……竟陵王子良甚善之。子良好佛法，使孝嗣及廬江何胤掌知齋講及衆僧。"第 858 頁。據《梁書》卷五一《處士·何胤傳》，何胤曾任蕭子良司徒右長史（第 735 頁），則何胤亦爲子良故佐。

　　③　《續高僧傳》卷五《梁楊都宣武寺沙門釋法寵傳六》，第 151 頁。

　　④　《廣弘明集法義篇總録》載三篇之題分別爲"齊沈約《爲竟陵王發講疏並頌》"、齊沈約《爲竟陵王解講疏二首》，似更符合當時擬題習慣，《廣弘明集》卷一八，《大正藏》第 52 册，第 221 頁中。

　　⑤　《廣弘明集》卷一九，《大正藏》第 52 册，第 232 頁中。高麗初雕、再雕刻、金藏均作"法主"，宫、宋、元、明作"法王"，當以"法主"爲是。參陳慶元《沈約集校箋》，第 244—245 頁。

　　⑥　［日］鈴木虎雄：《沈約年譜》，馬導源譯，台灣"商務印書館"，1980 年，第 18—19 頁；曹道衡、劉躍進《南北朝文學編年史》（北京：人民文學出版社，2000 年，第 240 頁）與林家驪《沈約事蹟詩文繫年》（《沈約研究》，杭州大學出版社，1999 年，第 350 頁）只均將《發講疏》繫於永明元年正月，於兩篇《解講疏》則未論及。

　　⑦　《永陽王解講疏》即載："菩薩戒弟子陳静智稽首和南……謹於今月十三日，解講功德，仰設法會。并度人出家。……奉兹靈儀，即日鎔鑄，用斯福善，上資清廟聖靈。"（隋）灌頂：《國清百録》卷二，《大正藏》第 46 册，第 800 頁中。此點蒙上海師範大學曹凌兄告示，謹致謝。

　　⑧　拙文《僧祐〈齊太宰竟陵文宣王法集録〉考論》，《國學研究》第 41 卷，2019 年。

不管發講還是解講，或者解講後的布施、捨身、發願，乃至造像①、舉行龍華會等法事活動，都會舉行相應的齋會。而從以上討論的講經活動看，蕭子良舉行齋會的次數甚多，這也與《南齊書·蕭子良傳》所載相合：蕭子良"數於邸園營齋戒，大集朝臣衆僧，至於賦食行水，或躬親其事，世頗以爲失宰相體。"②湯用彤先生早就注意到此條記載，認爲躬自爲衆僧賦食行水，也是一種捨身。③ 另這裏的"邸園"值得注意，此應該是西邸中的後花園，但邸園顯然不止是蕭子良與西邸文士們遊玩賞景、賦詩唱和之地，也是重要的宗教活動空間。《廣弘明集》卷三〇載王融所作《棲玄寺聽講畢遊邸園共七韻應司徒教》：

> 道勝業茲遠，心閑地能隙。桂橑鬱初栽，蘭墀坦將闢。虛檐對長嶼，高軒臨廣液。芳草列成行，嘉樹紛如積。流風轉還逕，清烟泛喬石。日泪山照紅，松映水華碧。暢哉人外賞，遲遲春將夕。④

從題目"應司徒教"來看，這首詩顯然是王融應司徒蕭子良之命所作。蕭子良携帶王融等西邸文士在棲玄寺聽講，結束後遊西邸後園，見山間美景、園中春色(從"遲遲春將夕"可知此詩作於暮春時節)，因命王融賦詩，參與賦詩應不止王融一人，只是其他人的詩文無存。

蕭子良另有《遊後園詩》："托性本禽魚，棲情閑物外。蘿徑轉連綿，松軒方杳藹。丘壑每淹留，風雲多賞會。"⑤"轉"、"方"兩字恰到好處，可以清晰看到詩人對季候初變的切身體悟，詩作於初夏無疑。又據《梁書·柳惲傳》："(惲)幼從之(嵇元榮、羊蓋)學(彈琴)，特窮其妙。齊竟陵王聞而引之，以爲法曹行參軍，雅被賞狎。王嘗置酒後園，有晋相謝安鳴琴在側，以授惲，惲彈爲雅弄。"⑥可知蕭子良西邸有後園，他常與諸文士、名僧遊賞、唱和賦詩。由這兩首詩可知後園景色甚爲秀美、別致，固是文士賞會的好去處。《謝朓集》中有《遊後園賦》，題下注云"奉隨王教作"。故此後園或荆州官邸後園，《賦》又云"追夏德之方暮，望秋清之始飆"⑦，作於夏末無疑。可見二人之詩賦寫作時地均不同，故謝朓《遊後園賦》與子良《遊後園詩》恐非同題之作。

## 四、邸園、邸寺與古齋、書齋：蕭子良西邸文士的活動空間

邸園與邸寺之外，蕭子良還在西邸建有古齋、書齋與士林館，這些都是他與西邸

---

①　蕭子良還有造像活動，《廣弘明集》卷一六有《齊竟陵王題佛光文》，其文"皇齊之四年日子，敬制釋迦像一軀"，乃是爲蕭道成追福而造釋迦像一軀。另據《出三藏記集》卷一二《法苑雜緣原始集目錄·雜圖像集》有《宋明帝齊文宣造像八部鬼神記》《佛牙并齊文宣王造七寶臺金藏記》，知蕭子良還曾造行像八部鬼神與七寶臺金藏，而後者乃是爲供養佛牙。

②　《南齊書》卷四〇《蕭子良傳》，第 700 頁。

③　湯用彤：《漢魏兩晋南北朝佛教史》第十三章《佛教之南統》，北京：北京大學出版社，1997 年，第 317 頁。

④　《廣弘明集》卷三〇，《大正藏》第 52 册，第 352 頁下。

⑤　《藝文類聚》卷六五，第 1161 頁。

⑥　《梁書》卷二一《柳惲傳》，第 331 頁。

⑦　(南齊)謝朓著，曹融南校注集説：《謝宣城集校注》卷一，上海：上海古籍出版社，1991 年，第 37 頁。

文士重要的活動場所。《南齊書・蕭子良傳》載子良"敦義好古","于西邸起古齋,多聚古人器物以充之"①。後蕭子良爲通著名徵士何點,即贈以嵇叔夜酒杯、徐景山酒鎗②。前文已述,蕭子良在西邸"集學士抄五經、百家,依《皇覽》例爲《四部要略》千卷"③,如此大的工作量,顯然需要爲這些文士提供一個抄撰圖書的場所,且既曰抄五經、百家之書而成千卷之書,則所抄之書更不止千卷④,西邸須有這麼多藏書(即便是借書抄撰,也需要有藏書之處),據此可知西邸當有藏書、抄書之書房。

　　蕭子良對抄撰圖書一事頗爲重視,命其司徒右長史陸慧曉參知其事⑤,在抄書的閑暇之餘,蕭子良還會命沈約、王融等人賦詩文並同題唱和。《初學記》卷一二有梁沈約《奉和竟陵王抄書詩》,此詩抬頭即謂"教微因弛彎,推峻屬貞期"⑥,可知沈約此詩乃是奉竟陵王蕭子良所作;而詩既題曰"奉和",則蕭子良本人也有《抄書詩》。《藝文類聚》亦有王融《抄衆書應司徒教詩》:"説禮固多才,惇詩信爲善。巖笥發仙華,金縢開碧篆。"亦爲五言詩,惜只存兩韻。僅從現存兩句韻脚來看,很難斷定王融此詩與沈詩爲同題唱和之作。如果王融與沈約兩首抄書詩非同題唱和,就説明蕭子良命僚佐抄書賦詩,就至少有兩次以上。除了抄書,蕭子良還命人編撰書,如命王僧孺撰衆書,命沈約撰寫《高士傳》⑦。

　　提到抄書,這裏稍微提一下蕭子良的書法,日本京都毗沙門堂藏有鎌倉寫本《篆隸文體》,題下有"侍中司徒竟陵王臣蕭子良序",國内外學者對此卷舊鈔本頗爲關注⑧。近來,童嶺重新討論此卷鈔本,考訂此書作於永明三年至十一年⑨。而根據序中所題蕭子良之結銜,此時間似不妥。蕭子良永明五年正月戊子(二日)方正位司徒,此前分别以護軍將軍、車騎將軍兼司徒;且永明十年正月戊午(一日)蕭子良領尚書令,後改領中書監,五月又領揚州刺史。故這一結銜顯然在此之前,而此書應寫於永明五年至九年間,這就意味此書極有可能作於西邸。蕭子良在序中謂"慮夫後生不廣文習,今搜校秘府,採索民間,所得之書,六文之外有二十有三體。又博尋史傳,傍搜子集,其在爲書,悉無遺算。"則爲撰此書,蕭子良還曾搜集秘府與民間的相關書帖,亦頗有總結古今書體之意。

---

① 《南齊書》卷四〇《蕭子良傳》,第 771 頁。
② 《南齊書》卷五四《高逸・何點傳》,第 1034 頁。《蕭子良行狀》亦載此事,謂"贈以古人之服",《新校訂六家注文選》卷六〇,第 3918 頁。
③ 《南齊書》卷四〇《蕭子良傳》,第 776 頁。
④ 當時抄書乃節抄,參蔡丹君:《南北朝"抄撰學士"考》,《中國典籍與文化論叢》第 16 輯,2014 年。
⑤ 《南齊書》卷四六《陸慧曉傳》,第 892 頁。
⑥ (唐)徐堅等:《初學記》卷一二《職官部下・秘書監第九》,第 296 頁。
⑦ 《藝文類聚》卷五五有梁王僧孺《謝齊竟陵王使撰衆書啓》,第 989 頁;卷三七有沈約《謝齊竟陵王教撰〈高士傳〉啓》,第 665—666 頁。
⑧ [日]山田孝雄:《典籍雜考》,東京:寶文館,1956 年,第 68 頁;(日)阿噪哲次:《蕭子良〈篆隸文體〉寫卷の研究》,高田時雄編《中國語史の資料と方法》,京都:京都大學人文科學研究所,1994 年,第 2 頁。饒宗頤:《張彦遠及其書法理論》,莫家良編《書海觀瀾——中國書法國際學術會議論文集》,香港:香港中文大學文學院、文物館出版社,1998 年,第 16 頁。張天弓:《論蕭子良〈篆隸文體〉日本鎌倉鈔本》,《張天弓先唐書學考辨文集》,北京:榮寶齋出版社,2009 年。
⑨ 童嶺:《京都毗沙門堂藏蕭子良〈篆隸文體〉舊鈔本考——兼論南齊建康皇室學問的構成》,張伯偉編《域外漢籍研究集刊》第 13 輯,北京:中華書局,2016 年 5 月。

　　古齋、書齋之外,蕭子良開西邸,"延才俊以爲士林館,使工圖其像,(王)亮亦預焉"①。除了圖才俊、時賢之像,蕭子良還圖先賢之像,事見任昉《竟陵文宣王行狀》(下文簡稱《蕭子良行狀》):

> 　　山宇初構,超然獨往,顧而言曰:"死者可歸,誰與入室?"尚想前良,俾若神對。乃命畫工,圖之軒牖。既而緬屬賢英,傍思才淑,匹婦之操,亦有取焉。有客遊梁朝者,從容而進曰:"未見好德,愚竊惑焉。"即命刊削,投杖不暇。②

　　除了先賢像,還圖有列女之像,因有人建議而删去,任昉既並未交代圖先賢像的具體地方,所以並不清楚是西邸的書房、古齋,還是普弘寺等邸寺。據《高僧傳·釋寶亮傳》,蕭子良還"圖其(釋寶亮)形象於普弘寺",蕭子良請寶亮爲法匠,寶亮後移駐靈味寺,此前應駐錫在普弘寺。在此期間蕭子良"接足恭禮,結菩提四部因緣"③,故而蕭子良纔會在普弘寺圖其形象,而該寺所畫的高僧畫像應當並非寶亮一人,應該還有其他高僧。據此,《蕭子良行狀》所謂的"圖之軒牖"之地或爲普弘寺。此外,任昉只是說"匹婦"亦取,但並未明確交代究竟是哪一類女性。而至宋釋道誠編集《釋氏要覽》,就明確說"昔者南齊竟陵文宣王圖先賢形貌於書房壁,俾若神對,其中有烈女之像。時有客曰:'君畫烈女,似好色不好德也。'文宣遂削去謝之。"④地點從比較模糊的"軒牖"明確變成了"書齋壁",女性也由"匹婦"也成了"烈女"。對比兩處記載,釋道誠的文字其實多改自《蕭子良行狀》。多出的兩處内容其實也並不甚可靠,恐怕是釋道誠自己增改,而從匹婦到烈女的轉變,也反映了宋以後時代風氣的變化。

　　以上從蕭子良西邸的選址原因切入,重新討論蕭子良與西邸文士在西邸及其周圍各類場所開展的各類活動。蕭子良之所以在鷄籠山立西邸,不僅因爲其山距宫城與西州較近,且有山水之美,更重要的是鷄籠山及其周圍集中排列了不少寺院以及劉宋元嘉中所立儒、玄、史、文四學館及其舊址,附近還有東晋元、明、成、哀四位皇帝之陵。而且,在蕭子良之前,宋文帝劉義隆即爲其愛子建平王劉宏在鷄籠山立第。再加上齊高帝蕭道成及其兄曾在鷄籠山從雷次宗受業,這恐怕也是蕭子良選擇鷄籠山的重要原因。永明五年蕭子良移住西邸後,由於蕭子良積極弘護佛法,西邸遂成爲當時最重要的佛教活動中心之一。西邸中既有普弘寺等邸寺以及内堂、佛堂等道場,又有鷄籠山中及其附近的邸山寺、棲玄寺、耆闍寺等寺。這些寺院與道場,既是蕭子良召集高僧講經、齋會、捨身、發願之地,也是不少西邸文士的聽講之所。

　　西邸之中還有後園,時人亦稱之爲"邸園",不僅是賞景遊玩、賦詩唱和之處,也是齋會的重要場所,王融所作《棲玄寺聽講畢遊邸園應司徒教》反映的就是蕭子良與西邸文士某天的日常生活:赴棲玄寺聽講——講畢遊邸園——在邸園賦詩唱和,既有聽僧人講法等宗教生活,也有詩文唱和等日常生活。而類似聽講等活動,在當時應該頗爲頻繁。當然,蕭子良與西邸文士的活動,並不限於此,他們還會在西邸的古齋與書

---

①　《梁書》卷一六《王亮傳》,第 267 頁。

②　《新校訂六家注文選》卷六〇任彦昇《竟陵文宣王行狀》,第 3919—3920 頁。

③　《高僧傳》卷八《梁京師靈味寺釋寶亮》,第 337 頁。

④　(宋)釋道誠:《釋氏要覽》卷二,《大正藏》第 54 卷,第 280 頁中。

齋之中抄經、抄撰衆書，而抄書之餘也會賦詩唱和等。此前學者雖然都關注到西邸作爲蕭子良與西邸文士的重要活動空間，但並没有注意到西邸及其周圍竟有如此豐富的活動空間，活動空間的拓展，在西邸文學中當然也會有所體現。

　　與建康東郊相比，建康西郊在空間大小、自然景觀與人文宗教景觀等資源方面都遠遠不及①。祇是距離宮城較近，即距絶對的政治中心更近，更方便蕭子良與建康内外的僧尼以及皇室、權貴、文士等人接觸。加上竟陵王蕭子良居"不疑之地"，在建元、永明時期政治地位不斷上升②。故而位於建康西郊的西邸，依托司徒府和西邸及其周圍寺院，在永明時期成爲重要的佛教中心、政治中心，可謂盛極一時。然而，一旦蕭子良因政治鬥争失敗而去世，西邸的佛教中心、政治中心之地位不再，西邸文士也隨之四散，其作爲重要活動空間的西邸便失去其意義。即便如此，在梁陳時期，西邸仍然是許多僧尼與文士懷念的對象，而西邸也逐漸成爲一個重要的文化符號。

## 古 籍 書 訊

### 《金粟齋遺集》（安徽古籍叢書第二十九輯）

　　（清）蒯光典撰，方孝玲整理，李霜琴編輯。黄山書社 2019 年 12 月版。

　　蒯光典（1857—1911），字禮卿，號季逑，又自號金粟道人、斤竹山民，安徽合肥人。晚清著名學者、教育家、政治思想家，也是革新派、清流派重要人物。蒯氏通訓詁，精目録學。著有《金粟齋遺集》八卷、《文字蒙求廣義》四卷等。本書彙集了其生平主要詩文，含文六卷、詞二卷以及附録部分，是研究其政治思想和學術觀點的重要原始資料。本書於安徽地域文學研究和地方歷史文化的弘揚均具有重要的學術價值和文獻價值。

---

　　①　關於建康的東郊，可參魏斌：《南朝建康的東郊》，《中國史研究》2016 年第 3 期；拙文《製作哀榮：南朝僧尼碑志之興起》，待刊。

　　②　關於蕭子良開西邸之緣起及其意義，可參拙文《蕭子良西邸"文學"集團的形成——從政治與職官制度的視角出發》，《學術研究》2019 年 5 期。

# 董其昌：進退之間[*]

## 朱廣華

**摘　要：**董其昌作爲中國藝術史上最複雜、最有争議的人物之一，其矛盾的一生讓研究者們困惑不已。就目前的研究狀況而言，研究者普遍對於董其昌複雜的精神世界的考察缺乏足够的耐心，這種做法無益於對董其昌深層次的研究。本文要做的嘗試是，把董其昌還原爲時代中鮮活的個人，從其不同的身份來挖掘不同的精神面向，來還原一個豐富、立體的董其昌。

**關鍵詞：**士大夫；隱士；藝術家

董其昌（1555—1636），字玄宰，號思白，別號香光居士，松江華亭人。萬曆十七年（1589），中進士，授翰林院編修，官至南京禮部尚書。崇禎九年（1636），卒，賜諡“文敏”。董其昌書法出入晋唐，自成一格。繪畫師法董源（約 934—約 962）、巨然（生卒年不詳）、黄公望（1269—1354）、倪瓚（1301—1374），擅畫寫意山水。董其昌好禪，以禪宗喻畫，倡“南北宗”論，對明末清初畫壇影響甚大。然而，董其昌更像是歷史符號，被動無奈地接受歷史的評判。言及董其昌，只談“南北宗”及其歷史影響，而對董其昌精神世界的考察缺乏足够的耐心。這種傾嚮可能會遮蔽歷史的真實性及董其昌思想的複雜性，無益於對董其昌更深層次的研究。此外，作爲中國藝術史上最複雜、最有争議的人物之一，董其昌矛盾的一生也讓史學家們困惑不已。一個世紀以來，對董其昌生平及成就的研究愈來愈多；但遺憾的是，正是過多重複無建設性的研究使得董其昌的真實面目更加難辨。這裏要强調的是，要充分理解董其昌及其身上的矛盾，必須切入他的精神世界。本文要做的嘗試是，把董其昌還原爲時代中鮮活的個人，從其不同的身份來挖掘不同的精神面向，以期爲更進一步研究董其昌及其理論打下基礎。

## 作为士大夫的董其昌与陽明學派

董其昌的顯赫名聲來自於其卓越的藝術成就，以至於常常使我們誤解：董其昌内在的驅動力和精神追求只是藝術。如果我們可以更審慎一些，把董其昌的生平與其著述結合起來，再將其置於晚明獨特的政治背景之下，恐怕會得出另一種結論：董其昌不僅是個傳統的士大夫，熱衷於政治功名，還手腕高明，甚至在很多時候還將書畫

　* **作者簡介：**朱廣華，男，中國傳媒大學人文學院（北京 100024），在讀博士研究生，主要從事文藝理論和中國古代美學研究。

用於政治目的①。董其昌最大的政治成功來自崇禎六年(1633)三月。已杖朝之年的董其昌官拜禮部尚書,掌詹事府事。這是他最後一個也是最高的官職。次年正月,他"屢疏乞休,詔加太子太保致仕"②。同時,董其昌的榮耀惠及祖先,崇禎帝賜予榮譽給董其昌的父親、祖父及曾祖父,使他們永遠脱離平民身份,門楣得以光耀。對於自己的成功,董其昌有着清晰的認識。他在晚年自述道:"《圖書譜》載尚書能畫者,宋有燕肅,元有高克恭,在本朝余與鼎足,若宋迪、趙孟頫,則宰相中炬赫有名者。"③高克恭、趙孟頫是董其昌追趕的目標,除在書畫領域有所建樹,還官居高位。在明代,除了董其昌,再没有人取得如此成就。

崇禎三年(1630),董其昌將其所集著作題名爲《容臺集》,意爲"禮部尚書全集"。此事足見董其昌對禮部尚書官職的看重。這與某些學者所認爲的董其昌"淡泊名利""無意於政事"形成鮮明反差④。此外,還有一個有意思的細節值得注意:董其昌很少在其書畫作品上用閑章,而偏愛於某些官印。這一現象在那一代文人之中是極罕見的。從許多方面來看,這一舉動固然是其爲了昭示自己的政治身份,或許也表明他向更高位攀登的信心。事實上,每當有更高的職位出現,董其昌就會不斷地嘗試,這已經能夠説明他的政治抱負了。但是,董其昌的特殊性在於,積極出仕只是他的一個方面,他的仕途生涯一樣充滿了波折。他不斷地調整自己的政治觀念,以便在朋友與敵人之間把握住一個中立的立場。顯然,"没有永遠的朋友,也没有永遠的敵人,只有永遠的利益"這樣的信條也不適用於董其昌。他想要做的,就是竭力保持自己精神世界的獨立性。

董其昌自我的主體意識來自陽明心學的熏陶。在他生活的時代,陽明心學已是"顯學"。萬曆十三年(1585),董其昌再次赴南京鄉試,無功而返,爲排遣抑鬱而遊杭州。《畫禪室隨筆》載:

> 是乙酉年五月,舟過武塘時也。其年秋,自金陵下第歸,忽現一念,三世境界,意識不行,凡兩日半而復。乃知《大學》所云"心不在焉,視而不見,聽而不聞"正是悟境,不可作迷解也。⑤

任道斌先生在《董其昌繫年》中詮釋這段文字時説:"(其昌)於舟中再省佛家'悟境',

---

①　關於董其昌的政治活動以及與藝術的關係,美國學者李慧聞有精彩論述。詳見《董其昌政治交遊與藝術活動的關係》,載《朵雲》編輯部編:《董其昌研究文集》,上海:上海書畫出版社,1998 年,第 805—828 頁;白謙慎譯:《董其昌:遊弋於官宦和藝術的人生》,北京:生活·讀書·新知三聯書店,即出。

②　(清)張廷玉等撰:《明史》卷二八八,北京:中華書局,1974 年,第 7396 頁。

③　(明)董其昌:《董華亭書畫録·仿十六家巨册》第八幀《仿高房山》跋,載《董其昌全集》卷三,上海:上海書畫出版社,2013 年,第 295 頁。

④　持這種觀點的如美國學者吳納遜,見 Nelson I. Wu, , "Tung Chi-chang(1555—1636): Apathy in Government and Fervor in Art", in Arthur F. Wright, Denis Twitchett ed. , *Confucian Personalities*, Stanford, Calif: Stanford University Press, 1962, pp. 260—293.

⑤　《畫禪室隨筆卷之四·禪悦》,載《董其昌全集》卷三,第 174 頁。

折服王陽明心學。"①在另一段記述中，董其昌難掩對心學的喜愛②：

> 董思白太史嘗云："程、蘇之學，角立於元祐，而蘇不能勝。至我明，姚江出以良知之説，變動宇内，士人靡然從之，其説非出於蘇，而血脉則蘇也。程、朱之學幾於不振。"③

陽明心學之所以吸引董其昌，是因爲它强調心之本體，突出人的主體意識。王陽明（1472—1529）説："心者，身之主也；而心之虚靈明覺，即所謂本然之良知也。"④在王陽明那裏，良知作爲人的本原性實在，是一切經驗活動之所以合理的本原性根據。但是，要實現"主體性"自我表達，即要"致良知"，必須要"立志"。因爲王陽明認爲，只有"立志"才能走上聖人之路。而"立志"的實質内涵，即要求對自我存在的本原性同一於"理"這一"先驗事實"予以内在的自覺認同，以實現主體性的自我建構。從而，個體的行爲，包括全部經驗，才成爲富有主體性的行爲。而心體，作爲人的本原性實在，同時也即是"主體性"的現實承擔者。王陽明還以良知之説解《大學》之義，認爲《大學》之明明德止於至善親民之心，均在虚靈不昧之心靈中建立，而這心靈本體的建立"不假於外求"，必謹守於内心，通過"吾心之悟"達到天人一體的境界。這"悟"的本領深得董其昌歡心，也促使他對某些正統觀念展開思索。

作为陽明後學的泰州學派更重"悟"。他們通過沒有被傳統倫理道德和社會規範所污染的心靈的"智悟"，來形成一個包括天地萬物無所不包的"心之本體"⑤。跟隨着來自内心的反傳統思想，董其昌很容易與李贄（1527—1602）這位叛逆者産生了共鳴。在《畫禪室隨筆》中，董其昌記述了他與李贄的交往：

> 李卓吾與余以戊戌春初，一見於都門外蘭若中，略批數語，即評可莫逆，以爲眼前諸子惟君具正知見。⑥

李贄師從王襞，而王襞深得其父王艮真傳。王艮思想中的狂禪色彩和異端精神深深地打動了他，他稱王艮爲"真英雄"。在王艮的影響下，李贄抨擊聖賢經傳，藐視孔孟權威，諷刺程朱正統，形成了富有特色的反道學思想。李贄强調"童心""赤子之心"，即"一念之本心"，來昭示其對傳統的反叛。在這一點上，董其昌似乎深受影響。他把"天真"這一美學術語作爲藝術的最高標準。與此相應，他還有意使用"天真爛漫"這一經常用來描述兒童天真的詞語，以及經過潤飾的措詞"平淡天真"，來傳達一種無與

---

① 任道斌編著：《董其昌繫年》，北京：文物出版社，1988 年，第 13 頁。
② 關於董其昌對心學的傾心，朱良志先生還提出另外一個證據："從他對陽明心學思想影響下的幾家私人書院的積極參與中看出。"他進一步補充説："據《日下舊聞考》記載，董其昌曾爲北京的首善書院寫過一文，後刻成書碑，此書院是當時著名的私人書院，它是由東林黨人鄒元標、馮從吾在天啓二年（1622）創建的，宣揚陽明心學思想，三年後被魏忠賢的黨羽毀掉。另外董其昌還應東林黨人顧憲成的請求，著文表彰了湖北一書院，此書院也係陽明學派。"見朱良志：《論董其昌畫學的心學色彩》，《安徽師範大學學報》（人文社會科學版）1999 年第 1 期。也見［美］何惠鑒、何曉嘉：《董其昌對歷史和藝術的超越》，載《董其昌研究文集》，第 261 頁。
③ （明）沈德符：《萬曆野獲編》，卷二十七，《釋道》，北京：中華書局，1980 年，第 689 頁。
④ 《王陽明全集》，《語録二·答顧東橋書》，武漢：武漢科技大學出版社，2015 年，第 51 頁。
⑤ 參見［美］杜維明：《創作轉化中自我的源泉——董其昌美學的反思》，載《董其昌研究文集》，第 389 頁。
⑥ 《畫禪室隨筆卷之四·禪悦》，載《董其昌全集》卷三，第 175 頁。

倫比的藝術理想。

除了李贄,董其昌還與泰州學派的後學焦竑(1541—1620)、陶望齡(1562—1608)結下深厚的友誼。焦竑、陶望齡與董其昌爲同科進士。焦竑師從羅汝芳(1515—1588)、耿定向(1524—約1596),在思想上更接近李贄。黃宗羲(1610—1695)如是評價他:"篤信卓吾之學,以爲未必是聖人,可肩一狂字,坐聖門第二席。"①大約是受李贄影響,焦竑也推崇"狂",强調"天地萬物皆我心所造"。陶望齡推崇王艮弟子周汝登。他繼承陽明本色,認爲心是萬物之本,强調心之"悟",而輕視理性與外在經驗。他推崇王艮的"百姓日用是道"思想,對此他强調説:"百姓日常處,即聖神地位處,聖神地位處,即學者入手處。"②董其昌與二人年齡相仿,同選爲翰林院庶吉士後,成爲志同道合的朋友。通過與二人的交往,董其昌加深了對泰州學派的理解。一方面,泰州學派的思想似乎爲董其昌提供了一種理念,一種足以支撐其作爲士大夫度過普通一生的理念;另一方面,它似乎完美地契合了董其昌作爲藝術家的氣質,並爲其提供了藝術個性生長的不竭動力。

具體説來,泰州學派更崇尚一種内心生活,强調心之本體的純粹意義,重視精神意志的光明。更重要的是,如果一個人拓展和深化了自我,那麽他有需求與一個不斷擴大的關係網進行交流,他就能感受到萬物一體。"這種思想的具體化——具體體驗而非抽象思維,使其能與自然、社會建立一種廣泛的交流。"③泰州學派的這種思想挑戰了"三綱""五常",他們力圖建立一種平等的秩序,並在此基礎上構建一個充滿友愛的團體。可事實上,董其昌跟泰州學派一點兒都不同。泰州學派建立理想世界的氣魄並沒有感動董其昌,與他交際的泰州學派們似乎也都不貪慕政治。或許,他只是一個"泰州學派的食客"④。他汲取了泰州學派的精華,把其士大夫複雜的人際交往濃縮爲友誼。他能夠身居高位,離不開友人的幫助;逆境時能夠全身而退也少不了友誼。他保留了與泰州學派的友誼,却又意味深長地遠離他們。在這裏,我們看到了一個精神獨立的董其昌。

# 歸隱的董其昌与隱士文化

縱觀董其昌的仕宦生涯,從萬曆十七年(1589)走上仕途到崇禎七年(1634)最後一次歸隱,四十五年的仕宦生涯實際在任上不過十八載,其他時間董其昌一直過着歸隱生活。從這個角度上説,是否可以稱其爲隱士?如果這種説法成立的話,這與他汲汲於高位是否矛盾?除了現實因素,他歸隱的内在動因是什麽?而他又何以解決進退的矛盾?

萬曆二十六年(1598),董其昌已是神宗皇帝長子的講官之一。因"失執政意",被

---

① (清)黃宗羲著、沈芝盈點校:《明儒學案》(修訂本),卷三十五,泰州學案四,北京:中華書局,2008年,第829頁。

② 《明儒學案》(修訂本),卷三十六,泰州學案五,第870頁。

③ [美]杜維明:《創作轉化中自我的源泉——董其昌美學的反思》,載《董其昌研究文集》,第389頁。

④ 參見[美]杜維明:《創作轉化中自我的源泉——董其昌美學的反思》,載《董其昌研究文集》,第390頁。

遣至省地，任湖廣學副使。這次任職名義上是晋升，實則是貶。被派往省地，對始終幻想着自己能通過翰林院之職而步步高升的董其昌來説，不啻爲一個嚴酷的打擊。他接下來的作爲表明了這一點。隨後，他呈請以保持翰林院編修之銜告退。可以説，第一次隱退是被動的，只是發泄失望情緒的方式而已。萬曆三十二年（1604），已至天命的董其昌在隱居五年後，接受了湖廣提學副使之職。似乎是出於自尊，他覺得有必要爲自己做一番辯解：

　　　　徵書雖到門，猿鶴幸相恕。緣知湘楚遊，故是離憂處。①

除了董其昌的矛盾心理，我們還能看到董其昌對於到省地任職的真實心態：遠離中央政府，到湖廣任職無異於政治流放。僅一年有餘，萬曆三十四年（1606）即因學生風潮又辭官。三年後，他再一次接受了省職，任福建副使。這一次，四十五天后便辭職賦閒家中。

　　　　從萬曆二十七年（1599）到天啓元年（1621）這段漫長的歲月裹，除去兩次短暫的任職，其他時間董其昌一直閒居家中，過着歸隱生活。這段歲月是董其昌歸隱生活的一個縮影。以後的歲月裏，政治生活不如意，爲躲避黨派之爭，他都選擇了歸隱②。其實，在儒家傳統中，“出仕”與“歸隱”從來都是儒家處世準則的兩個基本方面。在孔子的教導中，亦如此。孔子論及遽伯玉時曾説：“邦有道，則仕；邦無道，則可卷而懷之。”（《論語·衛靈公》）當朝廷有道，亦是君子道相長之時，遽伯玉就居位行志，出而見用於世；等朝廷無道時，亦是君子道消之時，亦當從容隱去，卷而懷之。這就是君子之道。對現實中的董其昌來説，進退實在是一個重大的人生問題。他躊躇滿志，要爲朝廷貢獻自己的能量，可換來的却是“流放”，抑鬱之情自不待言。在一項研究中，何惠鑒對董其昌收藏法帖的書齋名稱“戲鴻堂”進行了解析，顯示了董其昌隱士的一面③。表面看來，書齋名取自曹魏著名書法家鍾繇（151—230），因其書體曾被梁武帝喻爲“飛鴻戲海”；但實際上，董其昌是借用了漢代大儒揚雄（前53—18）的一句名言：“鴻飛冥冥，弋人何慕。”④而這句名言體現的情感是徹底的解脱和歸隱的樂趣。進一步的證據是，董其昌在詩文中常常提及兩位古人——嚴光（前39—41）和盧鴻（？—740前後）。嚴光是東漢著名的隱士，他拒絕了同學、好友光武帝的多次徵召，甘願在富春江畔獨釣。這一事件可能跟董其昌取得的聯繫是，董其昌收藏的黃公望的那幅名作《富春山居圖》就描述此地。另一位隱士盧鴻是唐代著名的書畫家。董其昌把他的《草堂十志圖》當作模仿唐代風格的範本，而這幅畫描繪的是盧鴻在嵩山的隱居生

　　①　《容臺別集卷之一·禪悦》，載《董其昌全集》卷二，第 531 頁。

　　②　泰州學派的創始人王艮曾云：“明哲者，良知也。明哲保身者，良知良能也，所謂不慮而知，不學而能者也，人皆有之，聖人與我同也。”（袁承業：《明儒王心齋先生遺集》，國粹學報館·神州國光社，1912 年。）他提出的明哲保身以及出、處、進、退、隱、見等策略，實質是一種以退自保、以退求進的手段。由於與泰州學派的親密接觸，董其昌或許也受此影響，因而提倡“韜光斂跡”“退藏於密”，過“幽人韻士”的生活。

　　③　詳見 ［美］何惠鑒、何曉嘉：《董其昌對歷史和藝術的超越》，載《董其昌研究文集》，第 252 頁。

　　④　（西漢）揚雄：《法言》卷六，四部叢刊本，第 16 頁。

活。嚴光以直接借用揚雄的"鴻冥"而聞名，而盧鴻則常被稱作"鴻乙"①。

　　表面看來，歸隱對於董其昌來説更像是一種策略——以退爲進。因爲他以這種方式達成了很多目的，獲得了名聲和高位。但如果以這種思維來理解董其昌，那恐怕會大錯特錯。跟歷史上那些士大夫一樣，董其昌同樣面臨着嚴峻的精神困境。仕途之坎坷，人生之悲辛，恐不易尋得解脱。然而，董其昌是幸運的。在他那個時代，傳統思想趨於一種相容的狀態，呈現了儒、道、禪三家合流的趨勢。陽明心學經過幾代人的發展，已十分契合晚明文人的精神指向。此外，禪學也更爲普及，尤其在萬曆年間②。禪學不僅成爲文人士大夫知識結構中重要的一部分，還是他們進行社交活動的一種工具。從當時的文獻記載來看，董其昌的很多朋友都對禪學表達出極大的興趣。除了上文提到的陶望齡、李贄外，還包括公安三袁。

　　其實，董其昌在年少時就已接觸禪學，他的老師莫如忠好禪，常常"舉《毗陵緒言》指示同學"③。在莫如忠影響下，董其昌開始抄寫《金剛經》。雖然那個時代學禪已是時髦之事，但像董其昌這樣身體力行抄寫經書，還是體現了他學習禪學的謹嚴態度。二十三歲時，董其昌從學於陸樹聲，而陸樹聲同樣好禪④，董其昌在《畫禪室隨筆·禪悦》中也説陸樹聲"深於禪理"。萬曆十三年（1585），董其昌三十一歲時，在禪學方面已經有相當深的修養。《畫禪室隨筆·禪悦》有云：

　　　　余始參竹篦子話，久未有契。一日，於舟中卧念香嚴擊竹因緣，以手敲舟中張布帆竹，瞥然有省，自此不疑。從上老和尚舌頭千經萬論，觸眼穿透。是乙酉年五月，舟過武塘時也。其年秋，自金陵下第歸，忽現一念，三世境界，意識不行，凡兩日半而復，乃知《大學》所云"心不在焉，視而不見，聽而不聞"正是悟境，不可作迷解也。⑤

視而不見，充耳不聞，離諸法相，心存清净，即是禪宗追求的真如本性。此後披覽《宗鏡録》一百卷，大有所悟。其間他又拜訪了著名的憨山禪師和達觀禪師。董其昌在《容臺集·陳眉公序》裏有所記載：

　　　　同唐元徵（文獻）、伯修（袁宗道）、瞿洞觀、蕭玄圃上松江龍華寺，問憨山己禪師"戒慎恐懼"。⑥

入都爲官後（甲午年），董其昌與袁氏兄弟等時作禪悦之會。陳繼儒對此有所描述：

　　　　己丑，讀中秘書，日與陶周望、袁伯修遊戲禪悦，視一切功名文字，直如黄鵠

---

　　① 董其昌的隱居之意，進一步的證據參見［美］何惠鑒、何曉嘉：《董其昌對歷史和藝術的超越》，載《董其昌研究文集》，第253—255頁。
　　② 此時禪學的發展突出表現在四大禪師——雲棲、達觀、憨山、智旭的湧現。禪學的發展固然與當時的政治、經濟有很大關係，但内在的動力更可能來自于陽明心學，尤其是在思想界掀起巨大浪潮的泰州學派。事實上，從整個晚明思想界的情況來看，禪宗已經趨向於保守。
　　③ 《容臺集卷之二·戲鴻堂稿自序》，載《董其昌全集》卷一，第54頁。
　　④ 明史載陸樹聲好禪，他著有《禪林餘藻》一書。
　　⑤ 《畫禪室隨筆卷之四·禪悦》，載《董其昌全集》卷三，第174頁。
　　⑥ 鄭威編著：《董其昌年譜》，上海：上海書畫出版社，1989年，第17頁。

之笑壤蟲而已。①

董其昌學習禪學固然有時代之便的偶然，但是也包含歷史的必然。仕途命運的多舛，加之文人的多情善感，更容易使他感到人世的無常與悲辛。而禪學不講神通，也不講福業報應，專論見性解脱，這完全滿足了董其昌的心靈需求。禪學的智慧不僅解決了董其昌進退之間心靈的困頓，還給他打開了另外一扇門——藝術。

此外，道家的出世觀念亦對董其昌有重要影響。《容臺集》中收録的許多詩中可見端倪。"石磴盤紆山木稠，林泉如此足清幽。若爲飛蹻千峰下，卜築誅茅最上頭。" "風物清和好，相將過竹林。驟寒知夜雨，繁響逗蛙吟。雜座忘賓主，清言見古今。呼僮頻剪燭，不覺已更深。"這些詩平淡天真，感情真摯，抒發了董其昌追慕自由之感，寓以出世、無爲的道家思想。萬曆四十二年（1614）夏，花甲之年的董其昌以行楷書莊子《逍遥遊》，以抒其逍遥自在之志。在《禪悦》中，董其昌更是禪道互闡，顯示了其良好的道學修養②。

對於董其昌思想的集大成，他的密友陳繼儒（1558—1639）在一篇短評中，有着恰如其分的評價：

> 不禪而得禪之解脱，不玄而得玄之自然，不講學而得學之正直忠厚。③

# 藝術家董其昌与"以畫爲寄，以畫爲樂"

晚明文人多有精神理想，爲了證明自己思想上的正統，他們希望在先賢身上找到自己的影子，並聲稱這些先賢與他們有着血緣關係或者精神上的結盟。董其昌的親密友人袁宗道將書齋名命作"白蘇齋"，就緣於其對白居易與蘇軾的敬仰。他這麽做的原因是："白、蘇兩公其心忠，其學禪，其人達，其官皆曾翰林。"④同樣，董其昌也對白居易充滿了仰慕。天啓五年（1625），董其昌在白居易詩文上題跋曰："白香山得法於鳥窠禪師，其生平宦路升沉，皆以禪悦消融，入不思，議三昧，此八偈名爲漸偈，實頓宗也。"⑤二人都受惠於禪學的研究，在"頓悟"方面，董其昌對白居易多有認同。更重要的是，白居易用禪學智慧完美地解決了進與退、仕與隱的矛盾⑥。在《中隱》詩中，他道出了秘訣：

> 大隱住朝市，小隱入丘樊。丘樊太冷落，朝市太囂喧。不如作中隱，隱在留司官。似出復似處，非忙亦非閑。不勞心與力，又免飢與寒。終歲無公事，隨月有俸錢。君若好登臨，城南有秋山。……君若欲高卧，但自深掩關。亦無車馬

---

① 《附録一·陳繼儒叙》，載《董其昌全集》卷二，第 848 頁。

② 參見賈雲娣：《董其昌書畫禪實踐與理論研究》，中央美術學院博士研究生學位論文，2011 年。

③ （明）陳繼儒《晚香堂集》卷七《壽玄宰董太史六十序》。也見《董其昌繋年》，第 133—134 頁。

④ （明）姚士麟《白蘇齋類集序》，載袁宗道著、錢伯城標點：《白蘇齋類集》，上海：上海古籍出版社，1989 年。

⑤ 《秘殿珠林》，卷二，《明董其昌書白居易諸偈一册》。

⑥ 白居易深受洪州禪影響，以"平常心是道"爲宗旨，將宗教融合於日常事物之中。他用日常生活的喜愛取代了對清净之境的追求，也以對日常生活的優遊自得，代替了宗教的修行（如持戒、打坐、念經、參禪）。

客，造次到門前。人生處一世，其道難兩全。賤即苦凍餒，貴則多憂患。唯此中隱士，致力吉且安。窮通與豐約，正在四者間。①

在白居易看來，隱居是無須辭官的。白居易關於進退的高見或許給了董其昌重要啓發。此外，二人的相似點還有，都不染指黨人政治。

在另一項研究中，何惠鑒、何曉嘉認爲董其昌另一個精神偶像很可能是韓愈。"文以載道"或許給董其昌的心靈帶來極大撼動。個人思想與宇宙意識的融合是"最終爲歷史、自然和藝術的超越提供'大乘'之道所必需的一切智慧的基礎，和這些智慧在書畫理論和實踐上的潛力"②。此外，韓愈把禪宗與儒學結合起來的嘗試也給董其昌很大的啓發，這主要體現在"認識論"和"方法論"上。韓愈提出的道統深化了董其昌的理想，他以此爲榜樣，希望達到韓愈在文學領域所取得的、蘇軾所稱頌的"文起八代之衰"的革命性的、劃時代成就。儘管董其昌的文章寫得相當優秀，但他選擇的領域是書畫。他的選擇雖然帶有鮮明的時代特色，更重要的是，在藝術上，董其昌表現出無與倫比的自覺意識。

董其昌在書法方面一直缺乏信心，在生命的最後十年，他還決定窮其一生改進書法技藝。他認真研究文徵明、趙孟頫、米芾以及懷素等大師的風格，使書法成爲了與古代大師對話的門徑。他認爲，書法是一門交流的藝術而非純粹的技巧。他廣泛搜集古代大師的墨寶，希望找到大師筆墨的細微差別。每一次瀏覽大師的真蹟，就像是跟他們進行面對面的交流。正是這種歷史意識，董其昌得以培養起了自我的藝術個性和自知之明。萬曆三十六年（1608），五十四歲的董其昌聲稱：他的書法藝術已經超越了文徵明，"欲與趙孟頫比肩"③。萬曆四十八年（1620），董其昌在看到趙孟頫《千文》蠅頭小楷後，清醒地認識到"無復與抗行者"④，這足以顯示董其昌在藝術的自我省思。此後，他更加努力地模仿古代大師們的作品，從他們那裏獲取靈感。但這不是説，董其昌毫無個人特色。相反，他的自覺意識使他創造出屬於他的獨特風格，他自己的"家法"。他曾指出，模仿古人如果只停留在字形上肖似，那麼只能是書奴⑤。或許可以這麼認爲，董其昌提升書法技藝的實踐是一個能動的、博採衆長的歷史過程。在這個過程中，董其昌自覺地選擇了自己的風格，甚至可以説，他創造性地建立了屬於自己的書法體系。

在繪畫方面，董其昌表現出了截然不同的信心。他毫不掩飾自己對於繪畫的喜愛，大方地承認自己是個居官而喜畫的簪裾畫家。他在《畫禪室隨筆》中寫道：

> 宋迪侍郎、燕肅尚書，馬和之、米元暉皆禮部侍郎，此宋時士大夫之能畫者。元時惟趙文敏、高彦敬，余皆隱於山林，稱逸士。今世所傳戴、沈、文、仇，頗近勝國。窮而後工，不獨詩道矣。予有意爲簪裾樹幟，然還山以來，稍有爛熳天真，似

① （清）彭定求等編：《全唐詩》，卷四四五，北京：中華書局，1960 年，第 4991 頁。
② ［美］何惠鑒、何曉嘉：《董其昌對歷史和藝術的超越》，載《董其昌研究文集》，第 269 頁。
③ 《董其昌繫年》，第 100 頁。
④ 《董其昌繫年》，第 176 頁。
⑤ 《董其昌年譜》，第 62 頁。

得丘壑之助者。因知時代使然，不似宋世士大夫之昌其畫也。①

他有意爲簪裾樹立旗幟，但這並不容易，因爲在儒家傳統中，詩主要用來表達個人感受，書畫則用來表達詩的未盡之意。在詩書畫這三種藝術中，畫最不重要。但恰恰是這種區分，表明了畫是更爲個人的藝術表達方式。董其昌選擇了繪畫，是因爲他作爲文人的自覺意識。文人作畫不僅要表達深刻的自我，還要以畫爲寄、以畫爲樂。

董其昌在一段論述中，記録了自己的看法：

> 畫之道，所謂"宇宙在乎手者，眼前無非生機"，故其人往往多壽。至如刻畫細謹，爲造物役者，乃能損壽，蓋無生機也。黄子久、沈石田、文徵仲皆大耋。仇英知命。趙吳興止六十餘。仇與趙雖品格不同，皆習者之流，非以畫爲寄，以畫爲樂者也。②

如果作畫人"刻畫細謹，爲造物役"，他們就會損壽，毫無生機。相反，"以畫爲寄""以畫爲樂"者"往往多壽"。在董其昌看來，繪畫是一種寄托個人情感、修養人格的方式，同時也是一種尋求内心解脱的方式，一種表達某種人生徹悟的心境、心靈瞬間永恒的體驗的方式。"以畫爲寄、以畫爲樂"指向的是以繪畫陶情養性，讓心靈在山水畫中得到娛樂、安頓。繪畫不再是爲了描摹外在的物象或表現外在於自身的理，而只是爲了自我的審美愉悦。"以畫爲寄、以畫爲樂"的美學標準，也展現了一種自娛、自適的態度。自娛、自適希望達到的是心爲物宰而非"爲造物役"，通過繪畫這種媒介，進入一種淡然自適、神與物游的人生境界。

董其昌藝術上的自覺意識還體現在，爲避免職業畫家刻畫細謹、缺乏個性的雷同風格，作爲文人畫家的董其昌努力創造個性化的風格以求個體的超越。在明末藝術家普遍把師古當作追求個人超越的唯一途徑時，董其昌以離求變，從而達到與古代大師的神會與合。此外，董其昌的繪畫革新，乞靈於以禪喻畫。在李贄"童心"説的激發下，董其昌強調以直覺來應對晚明繪畫之陳規陋習，儘管他從不否認古法的重要意義。董其昌進而提出影響後世的"南北宗"論。在他的繪畫體系中，北宗爲院畫家，"其術亦近苦矣"，"積劫方成菩薩"；南宗是文人畫家，以畫爲寄，以畫爲樂，"一超直入如來地"。董其昌師法宋元諸家，集其大成。此外，筆墨在他那裏成爲獨立的藝術語言。這些都是他的理論貢獻。

在傳統的儒家社會，進與退、仕與隱一直是重大的人生問題，而要實現個人突破，完成歷史賦予的使命更非易事。浦安迪在《明代四大小説》中通過引用艾略特"過去的過去性"概念發現："明代具有自我意識的藝術家處於文化遺產的强大壓力下，努力重申其自身的歷史方位，這份遺產對於任何欲成爲大師的個人來説，已經變得過於沉重了。"③"欲戴王冠，必承其重。"董其昌用智慧和毅力頂住了巨大的歷史壓力，成爲明代獨特的藝術大師。

---

① 《畫禪室隨筆卷之二·畫贈朱敬韜》，載《董其昌全集》卷三，第 136 頁。
② 《畫禪室隨筆卷之二·畫源》，載《董其昌全集》卷三，第 126 頁。
③ Andrew H. Plaks, *The Four Masterworks of the Ming Novel*：*Su ta ch'i-shu*，Princeton University Press，1987，p49.

# 劉績《三禮圖》內容考論*

## 喬　輝　張曉寧

**摘　要：**明代學者劉績以其所著《三禮圖》而名世，其作多與禮書、禮文有異，內容真偽迄無考論。現勾稽禮文、禮圖、出土實物等進行考釋，以爲劉績《三禮圖》代表了明代禮圖撰作的最高水準，然亦有失當之處。

**關鍵詞：**劉績；三禮圖；考證

劉績，史書無傳。《四庫全書總目》"《三禮圖》四卷"提要下云："《三禮圖》四卷，明劉績撰。績字用熙，號蘆泉，江夏人。宏治庚戌進士，官至鎮江府知府。"①劉績爲明朝人，"宏治"當爲"弘治"，爲明孝宗年號，其在位時間爲 1488—1505，庚戌進士，即 1493 年進士，其撰《三禮圖》當在 1493 年後。

劉績撰《三禮圖》之本旨在於糾舊圖之失，匡舊注之謬。《三禮圖》卷一序《三禮圖說》言："三代制度本於義，故推之而無不合。自漢以來失其傳，而率妄作。間有微言訓詁者，又誤。遂使天下日用飲食、衣服作止，皆不合天人而流於異端矣。績甚病之，既注《易》以究其原，又注《禮》以極其詳，顧力於他經不暇，故作此圖以總之。凡我同志留心焉，則可以一貫矣。勿泥舊說，見舊是者，今不復圖。"②其體例亦由此得知：凡舊圖誤者，則撰新圖；凡舊圖是者，則不復圖。

其《三禮圖》內容，《四庫全書總目》"《三禮圖》四卷"下有云："是書所圖一本陸佃《禮象》、陳祥道《禮書》、林希逸《考工記解》諸書，而取諸《博古圖》者爲尤多，與舊圖大異。"③觀其書所依之作，其內容多依《博古圖》《禮書》而作，今結合其文，參照禮之經文、注疏，結合相關禮圖文獻，茲取數例，考察其內容之真偽。

# 一、內容考釋（上）

卷二之"總"云：

《檀弓》云：笄長尺，總八寸。《喪服》云：總，六升，長六寸，箭笄長尺是也。男

---

* **作者簡介：**喬輝，男，西安科技大學人文學院（陝西西安 710054），教授，文學博士，主要從事經籍訓詁、古文獻學史研究。張曉寧，女，西安科技大學馬克思主義學院研究生。

**基金項目：**國家社會科學基金項目：宋元明清六經圖文獻整理與研究（19XZW018）；全國古委會資助項目：楊復《儀禮圖》校勘（1745）。

① （清）永瑢：《四庫全書總目》，北京：中華書局，1965 年，第 176 頁。
② （明）劉績：《三禮圖》，上海：上海古籍出版社，1989 年，第 285 頁。
③ 《四庫全書總目》，第 176 頁。

子喪則以麻布爲之以別不冠,故曰免。後世名幘,卑賤不冠,執事者所服。《方言》云:路頭,陌頭也。紗繪謂帶,鬃帶、姿、俺,幧頭也。自關以西,秦晋之郊曰絡頭。南楚江湘之間曰帕頭。自河以北,趙魏之間曰幧頭,或謂之姿,或謂之俺。其遍者謂之謂帶,或謂之鬃帶,覆結謂之幘巾,或謂之承露,或謂之覆鬃,皆趙魏之間通語也。①

劉績以"總"爲幘巾髻籠所以韜髮。《禮記·内則》:"笄、總。"鄭玄注:"總,束髮也,垂後爲飾。"孔穎達疏:"總者,裂練繒爲之,束髮之本,垂餘於髻後,故以爲飾也。"②《説文·糸部》:"總,聚束也。"段注:"聚束也,謂聚而縛之也。悤有散意,糸以束之。禮經之總,束髮也。禹貢之總,禾束也。引申之爲凡兼綜之偁。"③《釋名·釋首飾》:"總,束髮也,總而束之也。"總爲束物之組,故翟車謂之組總。《詩·鄘風·幹旄》:"束絲組之。"毛傳:"總以束絲而成組也。"可知,"總"乃束髮之物,垂後爲飾。《説文·巾部》:"幘,髮有巾曰幘。"《玉篇·巾部》:"幘,覆髻也。"《廣雅·釋器》:"幘巾,覆結也。"《方言》卷四:"覆結謂之幘巾。"《後漢書》卷十一《劉盆子傳》:"俠卿爲製絳單衣、半頭赤幘。"李賢注:"幘巾,所謂覆髻也。"④可見,"幘"乃覆髻之物,與"總"實爲二物。《法藏敦煌西域文獻》第20册P.2967之《喪禮服制度》亦有"總"圖⑤,其圖"總"之形與劉績"總"圖不符。《居延新簡》亦有"幘",經學者考證,其功用爲"裹頭的長條形布袋"⑥,不爲"束髮",劉績所言與《居延新簡》所載不符。要之,劉績以"總"爲"幘巾",與禮文、傳世文獻皆不符;其圖"總"亦作"幘巾"狀,甚失之。清黃以周《禮書通故》"名物圖一"之"服"亦言劉績圖"總"之失,另撰"總"圖。黃圖與《敦煌西域文獻》載"總"圖形制亦有異,不知孰是,兹存二圖。

卷三之"圭瓚"云:

> 按九寸七寸之璋,中皆射四寸,圓爲桼,則圭瓚當倍之,射八寸矣。漢禮:瓚桼大五升,口徑八寸,下有桼,口徑一尺。鄭玄引叔孫通之作而誤以鼻爲龍頭流。若云瓚勺大五升,口徑八寸,下有桼,口徑八寸,則義自明矣。⑦

劉績以爲鄭玄所言"圭瓚"之形制有誤。筆者以爲鄭玄所言有理,劉績之言有待商榷。

《周禮·考工記·玉人》云:"裸圭尺有二寸,有瓚,以祀廟。"鄭注:"瓚如盤,其柄用圭,有流前注。"⑧《詩·大雅·旱麓》:"瑟彼玉瓚,黃流在中。"毛傳:"玉瓚,圭瓚也。"鄭箋:"圭瓚之狀,以圭爲柄,黃金爲勺,青金爲外,朱中央矣。"⑨鄭玄言"瓚"之形

① 《三禮圖》,第332頁。
② (漢)鄭玄注,(唐)孔穎達疏:《禮記注疏》,北京:中華書局,1980年,第1461頁。
③ (清)段玉裁:《説文解字注》,上海:上海古籍出版社,1981年,第647頁。
④ (南朝宋)范曄:《後漢書》,北京:中華書局,1965年,第481頁。
⑤ 上海古籍出版社,法國國家圖書館:《法藏敦煌西域文獻》,上海:上海古籍出版社,2002年,第278頁。
⑥ 聶丹,聶森:《〈居延新簡〉中的"行幘"》,敦煌研究,2016年第1期,第23頁。
⑦ 《三禮圖》,第375頁。
⑧ (漢)鄭玄注,(唐)賈公彥疏:《周禮注疏》,北京:中華書局,1980年,第922頁。
⑨ (清)馬瑞辰:《毛詩傳箋通釋》,北京:中華書局,1989年,第829—830頁。

制甚明：瓚形如盤，呈圓形，其後有柄，以圭爲之，其前有流，乃出水處。《玉人》又云：“大璋、中璋九寸，邊璋七寸，射四寸，厚寸。黄金勺，青金外，朱中，鼻寸，衡四寸，有繅。”鄭注：“勺，故書或作約。杜子春云‘當爲勺，謂酒尊中勺也’。鄭司農云‘鼻謂勺龍頭鼻也，衡謂勺柄龍頭也’。玄謂‘鼻，勺流也。凡流皆爲龍口也，衡，古文横，假借字也。衡謂勺徑也，三璋之勺形如圭瓚’。”①鄭玄以爲圭瓚之制，猶如三璋之勺形，且謂鼻爲勺流也。其說與先鄭所云“鼻謂勺龍頭也”有異，當《漢禮》所爲。又由《玉人》言“鼻寸”，若如先鄭所云“鼻爲勺龍頭”，則不知“寸”是言寬狹，亦或言長短，無從所定，若如鄭玄所言鼻爲勺流則知寸爲勺之長。故鄭玄所云有理。聶崇義《三禮圖集注》卷十四《尊彝圖》之“圭瓚”所畫之圖與鄭注所言相合。

　　《周禮·春官·典瑞》：“裸圭有瓚，以肆先王，以裸賓客。”鄭注：“漢禮，瓚槃大五升，口徑八寸，下有槃，口徑一尺。”劉績以爲鄭注言“瓚槃大五升”當爲“瓚勺大五升”。聶崇義則以爲“瓚槃大五升”當爲“瓚大五升”。《禮記·明堂位》：“灌用玉瓚大圭。”鄭注：“瓚形如槃，容五升，以大圭爲柄，是謂圭瓚。”鄭注《玉人》《明堂位》所言“瓚如槃”“大五升”，筆者以爲十三經注疏本《周禮注疏》言“瓚盤大五升”，當爲“瓚，大五升”，乃衍一“盤”字。《左傳·昭公十七年》：“鄭裨灶言於子産曰：‘宋、衛、陳、鄭將同日火。若我用瓘斝玉瓚。鄭必不火。”杜注：“瓚，勺。”②劉績以爲“瓚盤”當作“瓚勺”與上下文辭及文獻所載不符，失之；劉績言“下有槃，口徑一尺”，此槃爲盛圭瓚之槃，與“勺”乃爲二物，劉氏混而言之，不當。

　　據出土實物，玉瓚之形制與鄭注、劉績所言皆有異。1976年陝西扶風雲塘銅器窖藏出土的兩件戰國伯公父“玉瓚”，又輝縣固圍村5號戰國墓出土的陶瓚和當陽趙家湖CM3出土的木瓚、商周時期的婦好墓和莊白一號窖藏出土的兩件銅瓚，器柄均作尖首圭狀，當屬於圭瓚之屬。

　　上述出土“玉瓚”之形制未見鄭注所言“流爲龍口”，或許漢代“玉瓚”形制確有“流爲龍口”這一新變化，然尚無漢代出土實物佐證，故鄭注所言闕疑。劉績所繪“玉瓚”與出土實物更是大相徑庭，甚失之。

　　又“燕几”云：

　　　　《士喪禮》綴足用燕几，校在南，禦者持之。古几猶今道家之几，形如半環，三足，坐則曲者向身，可以憑。以曲者兩端著地，故綴足。禦者一人坐持上足也。《語林》曰：直木横施植其兩足，便爲憑几，何必以蹲鵠膝、曲木抱腰？則直几，後世之制也。阮諶云：几長五尺，高二尺，廣二尺。馬融以爲長三尺。舊《圖》以爲几兩端赤，中央黑。③

　　《儀禮·士喪禮》：“綴足用燕几。”賈公彦疏：“燕，安也。當在燕寢之內，常馮之以安體也。”④“燕几”乃靠着休息的小桌子。劉績以爲“燕几”（附圖）乃古几，阮諶等言

---

① 《周禮注疏》，第923頁。
② （晉）杜預注，（唐）孔穎達疏：《左傳注疏》，北京：中華書局，1980年，第2084頁。
③ 《三禮圖》，第388頁。
④ （漢）鄭玄注，（唐）賈公彦疏：《儀禮注疏》，北京：中華書局，1980年，第1129頁。

直几乃今几。

關於劉績“燕几”形制之説，後世學者各有説辭。《儀禮·既夕禮三》：“綴足用燕几。”清胡培翬正義：“今案：劉氏績云：‘古几猶今之道家之几，形如半環，三足，坐則曲者向身，可以憑。以曲者兩端著地，故綴足，禫者一人坐持正足也。阮諶云：几長五尺，高二尺，廣二尺。馬融以爲長三尺。舊《圖》以爲几兩端赤，中央黑。劉云三足，與賈又異，今並存俟考。’”[1]清黃以周《禮書通故》卷第四十五“名物圖二”：“阮諶云：‘几長五尺，高尺二寸，廣二尺。’馬融以爲長三尺，舊《圖》几兩端赤，中央黑。’賈公彥云：‘几兩端各有兩足。’聶崇義云：‘司几筵掌五几，左右玉、彫、彤、漆、素，是無兩端赤中央黑矣，蓋取彫漆類而糅之也。’以周案：古人執几，倏縱倏橫，必無五尺之長。馬融以爲三尺，近

是。據賈疏，几四足。或説几曲其兩端，居足各一，劉績以道家半環几三足當之，不足信。”[2]

劉績言“憑几”，文獻有載。《魏志》卷十二《毛玠傳》：“初，太祖平柳城，班所獲器物，特以素屏風素憑几賜玠，曰：‘君有古人之風，故賜君古人之服’。”[3]“憑几”即古之“隱几”。其形制，南朝謝朓《烏皮隱几》詩爲證：“蟠木生附枝，刻削豈無施。取則龍文鼎，三趾獻光儀。勿言素韋潔，白沙尚推移。曲躬奉微用，聊承終宴疲”。謝朓所言“隱几”之特徵：一則“三足如鼎”，二則“曲躬”即形體呈弧曲狀。劉績引《語林》則進一步説明“憑几”乃“曲木”，非直木；施用時則“曲木抱腰”，即弧曲的弧面向外，人坐時憑几高度如腰處，人可憑隱其上。據出土實物，20 世紀 60—70 年代，南京象山王氏墓群出土有陶憑几，其形制如劉績所述。《文物》（1973 年第 4 期）之《南京大學北園東晉墓》載東晉墓出土器物中有憑几 3 件，几面弧形條狀，下有三獸足。弧面長 74、寬 9 釐米。背面呈凹槽狀，中部厚 2、四邊厚 4 釐米，几高 24 釐米。

又《文物》（1986 年第 3 期）之《安徽馬鞍山東吳朱然墓發掘簡報》言出土漆木器中有“憑几”，“木質胎，糅黑紅漆，扁平圓弧形几面，下有三個蹄形足。弦長 69.5、寬 12.9、高 26 釐米”。

杜佑《通典》卷八十六《凶禮八》“喪制之四”之“薦車馬明器及飾棺”：“其明器：憑几一，酒壺二，漆屏風一，三穀三器。”[4]《士喪禮》言“綴足用燕几”，燕几乃明器，即爲《通典》言“憑几”。據文獻及出土實物，劉績言“燕几”形制爲是，黃以周駁斥劉績之説失當。

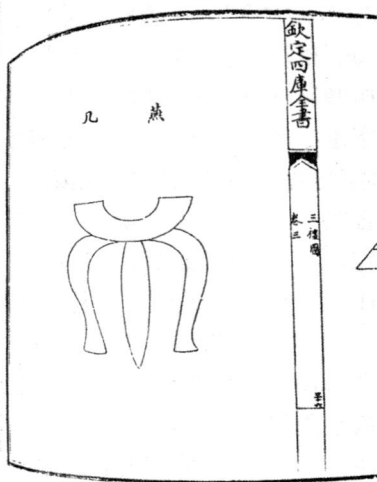

劉績“燕几”圖

①　（清）胡培翬：《儀禮正義》，江蘇：江蘇古籍出版社，1996 年，第 1321 頁。

②　（清）黃以周：《禮書通故》，北京：中華書局，2007 年，第 1927 頁。

③　（晉）陳壽：《三國志》，北京：中華書局，1959 年，第 375 頁。

④　（唐）杜佑：《通典》，北京：中華書局，1988 年，第 2325 頁。

《文物》(1986 第 4 期)載包山一號墓出土拱形足几長 72.4、寬 22.4、高 33.6 釐米，又 1973 年長沙馬王堆漢墓一號出土木漆憑几長 63、高 43、寬 34 釐米。考古資料表明，先秦時期出土的"几"面分爲直形和曲形，其長度、寬度、高度皆不相同。《文物》(1955 年第 8 期)之《南京附近六朝墓葬出土文物》載南京趙士岡晋太和元年墓出土灰色陶几，長 106.4、寬 24、高 19.3 釐米，附圖。

南京趙士岡晋太和元年墓出土灰色陶几

據漢代一尺約爲現代的 22 釐米，則阮諶言"几長五尺"相當於現代的 110 釐米，與南京六朝墓出土"灰色陶几"長度相當；馬融言"几長三尺"相當於現代的 66 釐米，與包山一號墓出土"几"等長度相當。可知，阮諶、馬融所言皆有理，黄以周言"馬融'几長三尺'説爲確"有待商榷。劉績存其二説，爲是。

## 二、内容考釋(下)

卷四之"鼎"云：

《考古圖》有牛首爲足，鼎容一斛，則《三禮圖》謂牛鼎受一斛，羊鼎受五升，豕鼎受三升，皆爲首飾足，必有所授矣……其正鼎無蓋，止有扃、冪……凡鼎不錢耳皆然。銅鼎、腳鼎錢耳則有蓋，不用扃、冪……按圖云：蓋則陪鼎無扃冪。可知錢耳則自不能容扃矣。鄭氏以腳鼎有扃，非也，世儒無有知也。[1]

劉績所言三鼎之容受、形制，援引《三禮圖》之言。四庫全書本聶崇義《三禮圖集注》卷十三《鼎俎圖》所言牛鼎受一斛，羊鼎受五斗，豕鼎受三斗；四部叢刊本《三禮圖集注》所言三鼎之容受爲：牛鼎受一斛，羊鼎受五斗，豕鼎受三斗。劉績所引《三禮圖》内容與聶崇義《三禮圖集注》不符。

牛鼎受一斛，文獻有載，如唐歐陽詢《藝文類聚》卷七十三《雜器物部》之"鼎"云："《三禮鼎器圖》曰'牛鼎受一斛，天子飾以黄金，諸侯白金，有鼻目，以銅爲之，三足。'"[2]宋李昉等《太平御覽》卷八百十二《珍寶部》一一"銀"云："阮諶《三禮圖》曰'牛鼎受一斛，天子飾以黄金，錯以白銀'。"[3]然"羊鼎""豕鼎"之容受，除聶崇義《三禮圖集注》有載外，明以前禮圖之作皆不載，又劉氏徵引《三禮圖》與聶圖亦不符，其援引内容失當。

---

① 《三禮圖》，第 404 頁。
② (唐)歐陽詢：《藝文類聚》，上海：上海古籍出版社，1965 年，第 1252 頁。
③ (宋)李昉：《太平御覽》，上海：上海古籍出版社，1960 年，第 3608 頁。

　　劉氏之言"羊鼎""豕鼎"之容受與四部叢刊本《三禮圖集注》、四部全書本《三禮圖集注》皆異，有待考釋。據《三禮圖集注》言，天子諸侯以牛鼎，其口徑、底徑及深度俱一尺三寸三；大夫以羊鼎，口徑、底徑俱一尺，深一尺一寸；士以豕鼎，口徑、底徑皆八寸，深九寸强。牛、羊、豕三鼎有等級之別，且其大小、容受之數亦有等級之別，然就其所言數字，三鼎之容受相差不大。又言抬三鼎之"扃"，長度分別爲三尺、二尺五寸、二尺，亦可説明三鼎形制大小相差不大。《説文·斗部》云："斗，十升也。象形，有柄。"又云："斛，十斗也。"按《説文》，四庫全書本《三禮圖集注》所言爲是，劉績所言失之。

　　又劉績以爲正鼎無蓋有扃，陪鼎諸如鉶鼎、臑鼎有蓋無扃，鄭玄所言陪鼎有扃爲誤。筆者以爲劉績所言有待商榷。

　　陪鼎爲盛臑、臐、膮之鼎。陪鼎對牢鼎而言。陪鼎所盛爲加饌，故陪鼎亦稱羞鼎。《儀禮·聘禮》："飪一牢，鼎九，設於西階。陪鼎當内廉，東面北上。上當碑，南陳，牛、羊、豕、魚……設扃鼎。臑、臐、膮，蓋，陪牛、羊、豕。"鄭玄注："陪鼎三牲，臛臑、臐、膮，陪之，庶羞加也。"《聘禮》又云："飪一牢在西，鼎九，羞鼎三。"鄭玄注："羞鼎則陪鼎也。以其實言之，則曰羞；以其陳言之，則曰陪。"《聘禮》言牢鼎有扃，不言陪鼎有扃，蓋以牢鼎況之，陪鼎略而不言。

　　《周禮·考工記·匠人》云："廟門容大扃七個，闈門容小扃三個。"鄭注："大扃，牛鼎之扃，長三尺……小扃，膮鼎之扃，長二尺。"賈疏："云'小扃，膮鼎之扃，長二尺者'，亦《漢禮器制度》知之。膮鼎亦牛鼎，但上牛鼎扃長三尺，據正鼎而言；此言膮鼎，據陪鼎三臑、臐、膮而説也。"鄭注之言扃之大小，是就牢鼎、陪鼎而言，故知鼎大者爲牢鼎，鼎小者爲陪鼎。膮鼎等陪鼎之扃是據漢法而言，其上當有扃可知。劉績以爲陪鼎有蓋，有蓋即不會有扃，以陪鼎錢耳無法容扃，其説不知其據何，實爲臆測之辭。據《説文·鼎部》，鼎有三足兩耳，其耳即爲穿扃之用，何來"錢耳則自不能容扃"之説？由鄭注《匠人》言知，扃有大有小，是專爲大鼎、小鼎而設，故錢耳無法容扃一説不當。

## 結　語

　　明代，禮學衰微，三禮圖文獻甚少，劉績《三禮圖》可謂這一時期三禮圖文獻的代表著作。然是書多本陸佃《禮象》、陳祥道《禮書》、林希逸《考工記解》，取《博古圖》尤多，與舊圖大異。今核之相關文獻及出土實物，我們以爲劉氏一書多有因襲，存在一些訛誤，雖有創新之説然多未可信。

# 曹溶編纂明季史書考*
## ——兼論清初"貳臣"的立言選擇

### 栗　娜　張宗友

**摘　要：**作爲被乾隆打入"貳臣"另册的清初重要人物，曹溶在政治上以身歷三姓、出仕二朝著稱，在文學上則以詞著名，詞風清麗雅正，被視作浙西詞派之先聲，同時亦是一位著名的藏書家、文獻學家，編纂了大量史書，尤其在明季史料方面，用力甚勤，貢獻卓著。作爲地方大員，曹氏幕中曾聚集顧炎武、朱彝尊、李因篤等大批清初名士，是當時士林核心人物之一。本文試圖通過對曹溶詩文、信劄與時人記載之梳理，大體恢復曹氏編撰明史著述之面貌，進而探究其汲汲於明史纂修之行爲，與最終不入明史館之選擇之間的矛盾。曹溶在立德與立功之間的徘徊、出仕與隱居之間的挣扎，以及最終走上修史立言之路，其間之心路歷程，實能折射出清初"貳臣"士人別樣的生存狀態與幽微心理，因此爲探討清初士林生態及政治、文化等問題，提供了一個獨特的樣本。

**關鍵詞：**曹溶；明史；貳臣

　　曹溶（1613—1685），字秋嶽，又字潔躬，號倦圃、鉏菜翁，浙江秀水人。明崇禎十年丁丑科進士，明清易代後出仕清朝，晚年絕意仕途，潛心著書。溶工詩擅詞，在當時即與龔鼎孳齊名，又好藏書，觀其《静惕堂書目》，宋元琳琅，蔚爲大觀。曹溶著述頗富，有《倦圃蒔植記》《續獻徵録》《學海類編》《静惕堂詩詞集》等。同清初名儒顧炎武等俱有交往；爲官期間，幕下曾聚集朱彝尊等名士。在文學上，開浙西詞派之先聲；在學術上，收集、刊印了大量典籍，對明史纂修貢獻頗著。在清初士林中，曹溶堪稱核心人物之一，在古典文獻之交流、傳承方面，做出了積極的貢獻。

　　近年來，學界對曹溶的研究頗爲深入，涵蓋了諸多方面。關於曹溶生平事行的研究，有曹秀蘭《清初詞人曹溶大同裁缺歸里時間辨正》和《曹溶榕城之役時間考》①等；關於曹溶往來交遊的研究，有謝正光《顧炎武、曹溶論交始末——明遺民與清初大吏交遊初探》《清初貳臣曹溶及其"遺民門客"》②等。除此之外，關於曹溶的討論更多地集中在曹氏詞學成就方面，特別是對其詞風與浙西詞派形成之間的聯繫問題，陳雪

　　* **作者簡介：**栗娜，女，南京大學文學院（江苏南京 210023），碩士研究生，主要從事曹溶與清初士林研究。張宗友，男，南京大學文學院副教授，主要從事中國古典目録學與清代學術史研究。

　　①　曹秀蘭：《清初詞人曹溶大同裁缺歸里時間辨正》，《晋陽學刊》，2008 年第 4 期，第 121—122 頁；《曹溶榕城之役時間考》，《嘉興學院學報》，2010 年第 1 期，第 25—28 頁。

　　②　謝正光：《清初詩文與士人交遊考》，南京：南京大學出版社，2001 年，第 222—329 頁。

軍、李碧華、唐先進等學者，都對此進行了細緻的探討①。但是，在這些研究成果之外，曹溶的史學成就，尤其是于明史纂修上之貢獻，却尚未能留意或深入，頗有未發之覆。

事實上，曹溶在絕意仕進、隱居鄉里之後，將大部分的精力，放在了收集明季逸史，編纂成書一事上。康熙二十二年（1683），浙江巡撫張國安奉詔纂修《浙江通志》，黄宗羲應邀與修，曹溶致劄一通志賀，云：

> 弟衰後始解讀書，薈蕞末年事七八種，得之親見，稍異剿聞。終苦雙腕頹唐，不稱頌揚之意。頻思刺胕艋，登著作之堂而請焉。萍踪飄摇，望先生如天上。近知絳帳東來，兩中丞公以通志相屬，借班馬之才，施之郡國，似爲小屈。然一鄉文獻，藉以不朽，所係甚大，太史方折衷於此，豈特各省修志者視律度爲步趨乎？（《與黄太冲》，《倦圃曹秋嶽先生尺牘》卷上，第 137 通。②）

劄中不僅提及曾著有七八種史籍，亦表明自己對黄氏與修官修通志的支持，其對明史修纂的熱忱可略窺一斑。但令人疑惑的是，儘管如此，康熙十七年清廷詔舉博學鴻儒，爲官修明史預備人才之時，多人舉薦，曹溶堅辭不往；康熙十九年被薦佐修《明史》時，曹氏亦辭而不赴。曹氏如此態度，與其積極致力於明史纂修的個人作爲相矛盾。本文試圖在研究曹溶致力修史的内在與外在動因，對造成這種矛盾現象的成因進行分析，藉以探討明末清初"貳臣"士人的生存狀態和其中透露出的幽微心理。

# 一、曹溶明季史書撰述考

康熙十七年（1678），詔舉博學鴻儒，時任保和殿大學士的李霨與杜立德、馮溥合薦曹溶，曹溶婉拒。在致李霨的復劄中，曹溶提及自己撰述明史並請募刻一事：

> 迂僻如某，咿唔一生，妄有論撰。拙稿以外，所輯明史事實六種、選定宋元詩文秘集五種，就塵篋中，飽蠹魚之腹。自傷冉冉老矣，窘阨日甚，而幸深辱閣下之知。不因此時有所陳請，則湮没者抱恨無窮。伏惟垂念拙學之苦，於在外大僚，能任刻書費者，以此事諄告之，使鄙志得伸，姓名藉以傳後，真莫大之榮，過賜爵執珪百倍也。（《又（與李高陽）》，《倦圃曹秋嶽先生尺牘》卷上，第 7 通。）

信中提到其所著明史事實六種，然則尚未刊刻。又康熙二十二年，徐旭齡出任山東巡撫，曹溶致劄相賀，又提及募刻所著史書一事，中云：

> 弟老而無成，與世日隔，惟尚存禿管，撰造不休。除無所關係之外，中間編綴故明末年之書，已進二種，未進尚五六種。歲月有限，今將擇絕無忌諱者，先刻

　　①　參見陳雪軍：《論曹溶的詞學觀及其在浙西詞派中的地位》，《文藝理論研究》2009 年 2 期，第 133—137 頁；李碧華：《憤懣中的雄健與淡泊——淺析曹溶詞的内容、風格和詞學見解》，《廣西大學學報（哲學社會科學版）》20 輯，2008 年 6 期，第 120—123 頁；唐先進：《曹溶詞研究》，西南大學 2008 年碩士學位論文。
　　②　（清）曹溶撰，（清）胡泰選：《倦圃曹秋嶽先生尺牘》，雍正含暉閣刻本。按：本文所引曹溶書劄皆出此本，以下不再注出。

《續獻徵錄》一書，計六十卷，所記皆名臣事蹟。自傷貧薄，不能鳩工，平生交舊，惟老先生不以衰廢見輕，或可捐助刻資，以爲諸老之倡。使一生苦志，不致銷沉，莫大之感也。（《與徐敬庵》，《倦圃曹秋嶽先生尺牘》卷上，第 20 通。）

既云"已進二種，未進尚五六種"，曹溶所著明史著作當在七八種間，與前文提及曹溶於康熙二十二年致黄宗羲劄云"薈蕞末年事七八種"數相合。致張遺劄云：

> 故國故人，白雲在望。弟早衰善病，懼朝露及之。將募刻《傳諭録》《崇禎疏鈔》《續獻徵録》三書，近始有見商者，未卜成就何如，是以久棲於此。弟生來具蠹魚癖，野史尚有六七種涉忌諱者，藏敗簏中，不敢以問世也。（《與張瑶皇》，《倦圃曹秋嶽先生尺牘》卷上，第 136 通。按：皇，當爲星之誤。）

其中所言"野史尚有六七種涉忌諱者"，當不包括前文所言已募刻之三書。綜上而言，曹溶所著明季史著，當在八九種之間。而其中見於官修目録史志者不過三四種，《清史稿·藝文志》載有傳記類《崇禎五十宰相傳》一卷並附表一卷，《明漕運志》一卷兩種；《四庫全書總目》則收録有《崇禎五十宰相傳》一卷、《劉豫事蹟》一卷、《明漕運志》一卷及《金石表》一卷。其中《明漕運志》、《劉豫事蹟》二種尚有可疑之處。

《四庫全書總目·明漕運志提要》云："舊本題國朝曹溶撰……此書溶自載於所輯《學海類編》中。今考其文與谷應泰《明史紀事本末·河漕轉運篇》無一字之異，溶斷斷不至如此，知《學海類編》決非溶家原本也。"[1]四庫館臣認爲《明漕運志》乃後人將谷應泰之文誤入曹溶所修《學海類編》之中，並非曹溶所作。此説頗有理據：一者，《學海類編》雖輯成於康熙年間，但並無刊本，後世僅有鈔本流傳，被篡改的可能性很大；二者，《四庫全書總目·學海類編提要》中指出，其書"爲書四百二十二種，而真本僅十之一，僞本乃十之九。或改頭換面，別立書名，或移甲爲乙，僞題作者，顛倒謬妄，不可殫述"，與其書序所言"是編皆本來完帙，選擇精嚴，無濫收者"並不相符，故而其書或已經人改竄。故暫不將其列入曹溶明史著作之中。

而《劉豫事蹟》一書，按《清文獻通考·劉豫事蹟提要》云："宋楊克弼有《僞豫傳》，溶本其説，復雜採他書，輯成是編，考訂較爲詳悉。"[2]按是説，曹氏此書乃考訂楊克弼《僞豫傳》而成。雖然曹溶《劉豫事蹟》是基於《僞豫傳》而成書的，但是在此基礎上，曹氏又雜取衆家之説，輯成一編，加以考訂。按曹溶既有所加工創作，此書當可算作其著作。但其中所考，俱宋金之事，不列入其明史著作之内。

即便加上確鑿無疑的《崇禎五十宰相傳》，可見官修目録與官方正史中所列出曹溶之史學著作，不過兩種。按曹溶信中既言"尚存禿管，撰造不休""雖神志日衰，不敢手廢丹墨""一生精力，專在故明史書，種類頗多"，則其史著當不止此二種。

具體考之，除上述二種外，書名可考者，《與張瑶星》中所提及之《傳諭録》《崇禎疏

① （清）永瑢、紀昀等：《欽定四庫全書總目》卷八十四，武英殿本，《景印文淵閣四庫全書》第 2 册，臺北："商務印書館"，1983 年，第 749—750 頁。

② （清）張廷玉、嵇璜、刘墉等：《清朝文獻通考》卷二百二十，《十通》第九種第二册，上海：商務印書館，1937年，第 6829 頁。

鈔《續獻徵録》當在其中。錢林《文獻徵存録》稱:"其《崇禎疏鈔》《傳諭録》上史館。"①曹溶在《與徐元文》一信中也提到"出以所纂輯末年雜事,重加參訂,釐爲數書,敬于仲冬恭上史館","進局二種,已呈臺覽"之事,則此二書當時應已有輯本,故能上呈史局。至於《續獻徵録》一書,據曹溶自言,乃其"頗竭一生心力"所出,堪爲"正史之附翼"(《與湯潛菴(斌)》)。在曹氏描述中,此書"起萬曆中葉,訖崇禎甲申。卷爲六十,編載名臣事蹟,靡有缺遺"(《與徐立齋(元文)》),"列傳五百有奇"(《與湯潛菴(斌)》),又不似《五十輔臣傳》"譏切過多,未敢輕出"(《與徐健庵(乾學)》)。觀曹溶書劄,提及借金刻書之事時,多言及此書,但依信中所言,雖曾有人欲刊刻之,但最終應未能成書,阮元《儒林集傳録存》中載:"(曹溶)又著《續獻徵録》《五十輔臣傳》,俱未刊行。"②正應此事。

此外,尚有《五十輔臣傳》一種,曹溶致徐乾學劄中亦提及此書,前文阮元認爲此書同《續獻徵録》皆未成書,此説不確。《五十輔臣傳》全稱當爲《崇禎五十輔臣傳》,《四庫總目》中亦有收録,但祇存編年録殘本一卷。提要云:

> 不著撰人名氏。版心有"檇李曹氏倦圃藏書"字,蓋曹溶家舊本。疑溶嘗作《崇禎五十輔臣傳》,此其稿本之一册爾。始於天啓七年八月,中惟崇禎元年一月差詳,崇禎二年則惟韓爌調停沈維炳薛國觀申救任贊一事。書中文理斷續,率不可讀。繕寫惡劣,亦幾不成字。③

《崇禎五十宰相傳》與《五十輔臣傳編年録殘本》於《四庫全書》中皆僅有存目。考光緒《知服齋叢書》本《崇禎五十宰相傳》,其年表部分始於天啓七年十一月,崇禎二年亦不載韓爌申救任贊事,與《四庫總目》所載《五十輔臣傳編年録殘本》有所不同。該本題倦圃老人重訂本,後附有曹溶門生陶樾整理之初稿及説明文字,識語云:"原稿久置高閣,零殘失次,其孫承宗、韓爌、李國[木普]三傳竟不可得矣。今與重訂本較對,事蹟詳略間有不同,特並録之。"觀其體例與内容與重訂本不合,而與《編年録》提要所云亦不相符。則傳世本《崇禎五十宰相傳》當爲重訂之定本,而《編年録》或爲初稿前的資料長編,或爲初稿與定本間的某一版本之部分。總而言之,二者實爲同一著作。既然《崇禎五十宰相傳》尚存,那麽阮元所言便有可疑之處,但是不管是未能刊行,抑或刊行後亡佚,曹氏曾著《崇禎疏鈔》與《傳諭録》二書一事是確鑿無疑的。

綜上,曹溶之史著,可見於傳記史籍者,僅《金石録》一卷、《崇禎五十宰相傳》一卷、《續獻徵録》六十卷、《傳諭録》、《崇禎疏鈔》五種。前文所及,曹溶輯明末之事實成史者,至少在八九種之間,但書名可考者,已僅有前文所言五種;而文本傳至今日,能爲後人所見者,則祇有《崇禎五十宰相傳》一種而已。

總而言之,曹溶輯明末事跡而成史著者,約在十數,再加上不載明末之事之《劉豫事跡》、《靖康要録》,不載史實而言目録之《金石表》,則曹溶史學著述之豐碩,不言而

①  (清)錢林:《文獻徵存録》卷十,見周駿富編《清代傳記叢刊》第 11 册,臺北:明文書局,1985 年,第 671 頁。

②  (清)阮元:《儒林集傳録存》壬集卷第二十三,見周駿富編《清代傳記叢刊》第 13 册,臺北:明文書局,1985 年,第 484 頁。

③  《欽定四庫全書總目》卷六十三,《景印文淵閣四庫全書》第 2 册,第 383—384 頁。

喻。由此可見，曹溶對於修史一事，極爲用心。作爲出仕清廷之"貳臣"，曹溶如此汲汲于明史之纂修，其間原委，頗值深究。

## 二、曹溶編撰明季史書的條件與動因

曹溶一生，極爲坎坷。《孟子·萬章下》有云："頌其詩，讀其書，不知其人，可乎？是以論其世也。"[①]論世而知人，欲探究曹氏纂修明史的動因，自然需聯繫其所處之時代。明清之際，正是一個深刻影響明季士人，甚至後代學術風氣的獨特社會階段。處於易代動盪之際的曹溶，爲何能取得如此豐碩的明史纂修成果？

### （一）修纂明史的條件

明末清初，正是風雲際會之時。一方面，易代之際，最易出英雄，正如曹溶致黃宗羲信中所言，"歷觀前史，人才莫盛于斷續之交，霜雪侵陵，勁節乃顯。"（《與黃太冲》，《倦圃曹秋嶽先生尺牘》卷上，第137通。）故而其時產生了爲數衆多的英雄人物，催生了一批爲這些人物作傳的史家。另一方面，曹溶自身正經歷了這一鼎革時期，自然能够接觸到第一手的史料。其間原因，一者，曹溶于崇禎朝任河南道御史，入清後仍任原官，而明清之時，監察御史掌照刷磨勘文卷之職[②]，爲曹溶獲得史料提供了便利；二者，曹氏所處時代，較易接觸到明季士人。而其仕清之後，遍及廣東、山西、福建等地的爲官經歷，亦使曹溶能更廣泛地與各地遺民及其後人產生交集，獲得第一手材料。曹氏《與劉賡拜》一劄云：

> 丁丑同籍，於今四十有七年，其中名不磨滅者數人，令祖爲之冠。久欲採行事入《續獻徵録》，道遠不可得，忽見足下，有意外喜。一喜堂構之托，令祖不亡；又私喜拙著有令祖，其書傳世勿疑也。寓邸大江之麓，毫夫不能從。得冬月授使者書，及明春垂訪約。小分手不足恨，自念附同籍矣，又識其賢子孫，以墓志見托，使遺山野史，於末年事該載有據，益鼓努不倦，足下蓋有助焉。文章事業，隨世變遷，惟忠孝節義，不以異代分。近觀明史之編，尚表章而除忌諱，藏書畢出，宜在此時。聞令伯富於搜羅，幸察千里同心，録副本寄我，徐當有以報。（《與劉賡拜》，《倦圃曹秋嶽先生尺牘》卷上，第30通。）

劉賡拜不可考，但其祖當爲崇禎十年丁丑科狀元劉同升，故曹溶言其爲丁丑同科者之冠。劉庚拜請曹溶爲其祖撰寫墓志銘，必然帶來行狀一類文字，曹氏因此喜出望外，以採入《續獻徵録》一書，使其書"該載有據"，即是曹溶自傳主後人處采得直接史料之據。正因曹溶身處於風雲際會的社會動盪時期，使其能更爲直接地接觸到當時的史料。曹溶藏書收書的癖好，則爲其整理史料，修纂史書奠定了更堅實的基礎。

曹溶素有藏書之好。王士禎在《池北偶談·宋元人集目》中稱："好收宋元人文

---

① （清）焦循等著：《孟子正義》，《雕菰樓經學九種》中册，南京：鳳凰出版社，2015年，第1620頁。
② 參見《明會典·照刷文卷》。（明）李東陽等撰，（明）申時行等重修：《明會典》卷二百一十，《續修四庫全書》第792册，上海：上海古籍出版社，2001年，第499頁。

集,嘗見其《静惕堂書目》,所載宋集,自《柳河東集》已下,凡一百八十家;元集自耶律楚材《湛然集》已下,凡一百十有五家,可謂富矣。"[①]阮元在《儒林集傳録存》亦云:"(曹溶)官京師日,堂上列書六七千册,人多至其家借鈔。"[②]曹溶在京師做官,最晚不超過順治十二年,堂上藏書之數已然如此可觀。曹氏晚年致蔣鬱書劄中又言其"老作蠹魚,癖思奇籍,曾請良教,願見秘藏"(《與蔣文從》,《倦圃曹秋嶽先生尺牘》卷下,第64通),可見仍在不斷擴大藏書數量,其一生藏書之宏富可知矣。

曹溶身爲藏書大家,藏書理念亦遠邁前修,對其纂修史著,亦有深遠影響。《絳雲樓書目》題詞云:"偕同志申借書約,以書不杜門爲期,第兩人各列其所欲得.時代先後、卷帙多寡相敵者,彼此各自覓工寫之,寫畢,各以本歸。"[③]又進一步撰寫《流通古書約》,爲書籍之流通借鈔提供了一個較爲成熟的原則。曹溶之友人多受其影響,借鈔一事,一時蔚然成風。曹溶曾向張遺求見其所著史籍,信中道:"足下盛代之典型,熟於掌故,又才筆宏贍,取捨劃然。曾睹《謏聞二筆》,深服辨定精審,於國事有裨益。足下山中多暇,考據詳明,紀事之書,當滿笥篋。"張遺,字瑶星,金陵遺民,王士禛《香祖筆記》載其"著書十餘種,有一書紀南渡時事,可裨史乘"[④],可知張遺亦是史家,曹溶求其"記事之書",除豐富自己的史學收藏之外,亦爲明史纂修增添材料。正因曹溶有搜史之便,又有藏書之志,方爲其修著史書提供了充分的條件。

曹溶廣泛的人際交遊亦是其搜羅材料編輯史籍之便利條件之一。曹溶交遊之廣,由其書劄便可略窺一斑:《倦圃曹秋嶽先生尺牘》收書劄近七百封,其中所涉之人,不下三百之數,而《倦圃尺牘》亦不過僅收録其晚年書信,足見曹溶交遊圈之大。曹溶本性闊達,鄧之誠《清詩紀事初編》云"好結納,富藏書,爲一時勝流所歸"[⑤]。是以曹溶與人交往,重才學而輕身份,使得其交遊遍佈朝野,兼有重臣隱士。這種遍及清初各類士人的交友圈,對其編纂明季史書,無疑大有助益。

順治十年(1653),曹溶補太僕寺少卿,入京任職,其時談遷正受朱之錫所聘入京爲其記室。而此前談遷初次所著《國榷》手稿被盗,第二次手稿方纔寫就。故而其於此時入京,亦有尋訪故明史事、重新充實其書之意。朱之錫與曹溶同朝爲官,亦有往來。談遷充任記室時,曾代朱之錫撰寫《賀御史中丞曹秋壑榮任序》等文致賀曹溶,二人或於其間便有交集,甚至亦已談及修史之事。是以談遷在其《上太僕曹秋壑書》中開篇即云:"日枉駕過存,款語殷恰,此自門下隆誼,非鯫生所敢望也。蒙諭史例,矜其愚瞽,許爲搜示,私衷銜切,靡可言喻。"[⑥]可見二人或已討論過修纂史書之體例等問題。此外,談遷前劄亦提及:"先朝召對事述,云在朱都諫子美處。及秘録、公卿年表等,萬乞留意。祠曹或素所厚善者,於宗室薨賻、大臣賁恤,月日可詳,特難於萃輯耳。

① (清)王士禛撰,勒斯仁點校:《池北偶談》卷十六,北京:中華書局,1982年,第386頁。

② 《儒林集傳録存》壬集卷第二十三,第484頁。

③ (清)錢謙益撰,(清)陳景雲注:《絳雲樓書目》,北京:中華書局,1985年,第2頁。

④ (清)王士禛撰,湛之點校:《香祖筆記》卷八,上海:上海古籍出版社,1982年,第143頁。

⑤ (清)鄧之誠:《清詩記事初編》卷七,見周駿富編《清代傳記叢刊》第20册,臺北:明文書局,1985年,第741頁。

⑥ (清)談遷撰,汪北平點校:《北遊録》,北京:中華書局,1960年,第266頁。

希望萬一。"便是希望曹溶在搜羅史籍上給予幫助,而曹溶自是欣然應允,此後二人多有往來。談遷《北遊錄》中記載了多次往曹溶宅借書之事,如《北遊錄‧記郵上》曾提到:"四月戊寅,展抄邸報。"此處之邸報,當指前文所及曹溶所藏《崇禎邸報》,乃是曹溶晚年進獻宫中之書,其價值無須贅述。而曹溶能將此借予談遷,他們二人在明史修纂上的交流之深入可見一斑,曹溶與遺民史家交往之密切亦可管窺。

　　談遷《北遊錄‧記郵上》"甲午"一條下記載:"丁亥,陰,過曹太僕借書,出劉若愚《酌中志》三袠,孫侍郎北海(承澤)《崇禎事跡》一袠。……侍郎輯崇禎事若干卷,不輕示人。又著《春明夢餘錄》若干卷。並秘之。"①其中所提及自曹溶宅借孫承澤秘本一事,正從某個側面反映出曹溶與"貳臣"史家的交遊情況。孫承澤于明清之際的仕宦生涯與曹溶大抵類似,且二人自明至清皆同朝爲官,相互之間也多有唱和,孫承澤去世後,曹溶還作《挽孫北海少宰》以紀之。雖然二人于修史上之交流並無直接記載,但通過上文言及談遷《北遊錄》所記,亦可略見端倪。二人於此事必多探討,書未成時便有互相呈遞,以資參考修改之事;而每成一書,定然也多相贈相商,故而曹溶可家藏有孫承澤"不輕示人"的《崇禎事跡》,以及當時尚未成書之《春明夢餘錄》若干卷。由此看來,曹溶與所謂"貳臣"史家的交流,較之一般遺民,顯然更爲深入。這種與"貳臣"及遺民史家的交遊往來,不僅對曹溶本人修史提供了很大幫助,在廣闊的意義上,對整個明清易代之際史料的保留、史書的編修、史學的發展,都産生了一定的影響。

### (二)修纂明史的動因

　　除客觀條件的便利外,曹溶修纂明史的更深層次動機,更應歸結到其主觀意願之上。這種動因大致可分爲三個層次,其一便是對明亡的反思。這種觀念,在其《崇禎五十宰相傳》序言中已表露無遺,其結語云:"'朕非亡國之君,諸臣皆亡國之臣。'帝不專爲相臣言也,而以言相臣,豈有辭焉? 爰自即位之初,迄於殉難之日,凡備顧問、歷殿閣者,一一考載之,今後之人君有以觀覽云爾。"②即表露出曹氏修史之因,在於點出"前事之鑒",以備"後事之師"。正是因爲對明朝覆滅的反思,才使得曹溶有這種爲史以備後人鏡照的觀念,而這種觀念正是促使其修纂明史的一大原因。

　　此外,修史的行爲或在一定程度上反映了曹溶對立言的追求。《左傳‧襄公二十四年》謂:"太上有立德,其次有立功,其次有立言,雖久不廢,此之謂三不朽。"③這正是中國古代文人的終極追求,曹溶自不例外。其《途中雜詩》其一曾云:"禄仕乘壯齒,踽踽不顧家。黄鵠自生翼,何能不天涯?"④以黄鵠自比,離家遠役亦不可懼。其對於求取功名的渴望可知矣。但出仕兩朝,名列"貳臣"之中,立德一途已完全斷絕。而犧牲"立德"前景換來的亦非其所期待的遠大前程,清廷對"貳臣"的曖昧態度,使得曹溶於官場"屢躓屢起",最終淪没衆人,"立功"的理想也愈發遥不可及。在這種情況下,曹溶祇能選擇"立言"作爲實現自己的人生抱負的道路,正如其《除夕與陸叔度談藝有

---

①　《北遊錄》,第55頁。

②　(清)曹溶撰:《崇禎五十宰相傳》,《明代傳記叢刊》第42册,臺北:明文書局,1985年,第768頁。

③　楊伯峻編著,《春秋左傳注》,北京:中華書局,1990年,第1088頁。

④　(清)曹溶:《静惕堂詩集》卷二,《清代詩文集彙編》45册,上海:上海古籍出版社,2010年,第239頁。

述》一詩中所言，“努力衣德言，淪没動深警”。

考察曹溶之藏書，其中故明文獻甚多。而其借鈔活動，亦多有搜集故國遺籍之舉。這種著意收藏故國舊本、前明史籍的行爲，事實上與曹溶堅持纂修明史的動因是異道同因的，就其本質而言，都是在故國之思的驅使下，對儒家傳統的一種本能追逐，也是曹溶作爲“貳臣”尋求一種儒學上的身份認同的方式。也就是説，曹溶的著史與藏書相類，都有儒家傳統的忠君愛國思想作爲内在動因的一方面。

曹溶纂修明史根本的動因，是其對文獻傳承的主動擔當。《與黄虞稷》一劄中，曹溶寫道：“末年之書，最易散失，一經鑒賞，當與流傳。”這正是其收集前人事跡、纂修明末記事的緣由，乃在於保留文獻的意識。另一方面，這種擔當亦體現在曹溶對於他人修史的鼓勵與幫助上。前文所及曹溶與黄宗羲、談遷交往之事，正是印證。除了對私修明史及地方史籍的支持外，曹溶對於清廷官修明史的態度也十分積極。康熙十八年（1679），朱彝尊參加博學鴻儒科並得入明史館之後，曹溶作《朱錫鬯授簡討寄懷二首》勉勵之，其一云：“定識千秋傳信史，勿令列聖憾宏謨。”①還在致汪森的信劄中提到：“海昌人携到談冠若《國榷》一部，係纂修明史必資之書，前欲購送錫兄，以索價過高而止。今其書尚留郡中，莫有售者，與之定值四兩，其書六册，約七百紙，老年翁如欲得之，則命使者來取。”（《又（與汪晉賢）》，《倦圃曹秋嶽先生尺牘》卷上，第 223 通）乃是爲朱彝尊、汪森二位明史館臣購書薦書事。曹溶不僅自撰明史，也爲其他或官修或私修的明史提供文獻支撑，其對保存有明一代人事文獻的歷史責任感可知矣。

使人困惑的是，既然曹溶以纂修明史爲己任，而對入明史館也没有表現出强烈的不贊同。況且作爲“貳臣”，事實上曹溶已無入清爲官十數年的前提下保存名節的必要，其不入明史館參與纂修的原因何在？

## 三、曹溶爲何不應徵博學鴻儒

關於曹溶不赴鴻博徵，不入明史館的原因，《嘉興府志》稱其“因疾不赴”②，而《清史稿·文苑傳》則“以丁憂未赴”③。曹溶確於康熙十七年丁母憂由福建軍幕返鄉，觀其詩詞，末年亦頗有苦疾之句。但詔舉鴻博之時，以丁憂不赴或亦疾辭者衆多，其中大部分只是托詞。曹溶雖確有此情，但《清史稿》又云：“部議俟服滿牒送史館。”若其有意入館，機會尚存，而曹溶最終選擇了放棄這條道路，是以疾病與丁憂不過是表面緣由。究其内在，曹溶不赴明史館的原因，事實上應歸結於兩個方面：一是對仕途的心灰意冷，二是道德上的沉重壓力。

首先，曹溶于“立功”一事執念頗深，其《贈龔芝麓三首》中曾云：“黄鵠凌高翮，厥志在廣路。良非咫尺趨，鄙士曷能慕。”④仕進於曹溶而言乃是人生的必然抉擇。但

①　《静惕堂詩集》卷三十六，第 517 頁。按：“簡討”，當作“檢討”，蓋避崇禎帝（朱由檢）諱。

②　（清）吴仰賢等纂，（清）許瑶光修：《（光緒）嘉興府志》卷五十二《秀水列傳》，《中國地方志集成·浙江府縣志輯》第十三册，上海：上海書店出版社，第 487 頁。

③　（清）趙爾巽等：《清史稿》卷四百八十四，北京：中華書局，1977 年，第 13327 頁。

④　《静惕堂詩集》卷四，第 253 頁。

事與願違，曹氏仕途可説是極爲不順。曹溶入清爲官，上書言事，可謂兢兢業業（詳《清史稿》本傳）。即便如此，仍屢遭降調，爲官之所遠達嶺南、雲中，環境之惡劣自不必言。這種惡劣的環境與仕途起落、心理落差交織在曹溶心中，必然動搖了"立功"的執念。《静惕堂詩集》中，自順治三年曹溶首次被降職始，類似"昔爲柱下史，今爲丘中民。一身數遭躓，曷能拯世屯"①、"仕宦不益人，祇覺田園荒"②、"莫爲故人尋涙碣，匡扶壯志已成灰"③之類的詩句便頻頻出現，並且隨着曹溶前程的漸漸灰暗，這種心灰意冷之感也愈發明顯。康熙十三年時，曹溶赴福建軍幕。《橋李詩繫》載，康熙十六年，曹溶"丁母憂，未受職而返"④。從軍之舉，是曹溶於仕途的最後一次嘗試，但亦無所成，故其不受職而返鄉，並且此後再不復出。考察曹溶的爲官經歷，雖然早早降清，亦未有任何大逆不道之舉，但由於其尷尬的身份，以及隨之而來的與遺民甚至"反賊"的交遊，必然導致了清廷的猜忌。加之清廷對漢官的防範從未放鬆，是以雖然曹溶一直不甘寂寞，想要達到建功立業的理想，但得到的卻多是貶謫、借調、革職。在這樣的情況下，即便是曹溶這樣汲汲營營於官場之人，也難免心生退意。這便極可能是清廷多次徵召，而曹溶都堅辭不往的原因之一。

　　另一方面，對曹溶打擊最大的兩次降職，均與朝中黨争不無關係。順治十一年陳名夏被彈劾論死，同爲南党的曹溶自然免不了被牽連，其摯友龔鼎孳更是坐事被連降八級。其時，曹溶與龔鼎孳同被發往廣東，相和之時，已有"謇謇道莫施，讒言遂猇狷"之言。第二年，曹溶又坐陳之遴被劾案，再一次被降職，並調往山西。鄧之誠《清詩紀事初編》言："（曹溶）又與陳之遴同年相善，其降職正坐党陳也。"⑤這次降調，有如流放，曹溶於康熙二年到達雲中（今大同），康熙六年，又因裁缺回鄉。五年的邊塞生活，對曹溶的打擊毋庸置疑。在雲中時，其致倪長圩劄云："弟浪跡邊地，荏苒三年，奇窘奇寒，百苦交逼，平生倡狂習氣，摧折無餘。"（《又（與倪伯屏）》，《倦圃曹秋嶽先生尺牘》卷下，第 91 通）雖然曹溶安慰自己"於冷淡之中，時有入處，以奉義命自慰，忘其困窮"，但終究還是"行且謀歸，從年兄于烟水之上，不復苦役此身，空無補於蒼生尺寸也"。塞北荒蕪寒苦，朝中又黨同伐異，自然讓曹溶消沉不已。在福建軍幕中，曹溶亦寫道："我見順時者，高步贊帷幄。其次效疆場，披表舞長稍。下位難爲工，努力懼謡諑。"⑥甚至在其《崇禎五十宰相傳》中亦作長文論及党禍與國亡的聯繫，可見官場傾軋對其心態的影響。正因如此，曹溶雖然鼓勵朱彝尊在國史館勤修明史，但同時也提醒朱氏"起居舊例文難襲，門户微詞事易誣"⑦。這正是曹氏多年官宦生涯所得到的教訓，也是其再不願入仕的重要原因。

　　再者，曹溶不應徵鴻博而積極致力于明史之修纂，也是投靠清廷的負疚感長期縈

---

① 《正月十七夜小飲三首》，《静惕堂詩集》卷三，第 248 頁。

② 《送芝麓還朝四首》，《静惕堂詩集》卷五，第 257 頁。

③ 《答文公粵中見懷》，《静惕堂詩集》卷三十五，第 503 頁。

④ （清）沈季友撰，《橋李詩繫》卷二十三，《景印文淵閣四庫全書》第 1475 册，臺北："商務印書館"，1983 年，第 520 頁。

⑤ 《清詩紀事初編》卷七，第 741 頁。

⑥ 《婁邑丞施則威轉餉來閩以史測質我於其還作詩送之》，《静惕堂詩集》卷八，第 280 頁。

⑦ 《朱錫鬯授簡討寄懷二首》，《静惕堂詩集》卷三十六，第 517 頁。

積的必然結果。這種負疚感，來自於身仕兩朝的自我追悔和兼濟家國的理想追求，而當仕途的不順徹底摧毀了所謂理想追求時，其對於自身身份的負疚感必然會更加强烈地爆發出來。

康熙二十一年，曹溶致書因病辭館歸里的沈珩云：

> 前見集中議國史甚核，以今遭逢，可補前作者之未遂，不意遽請急以歸，意殊不解。頃聞關中李天生，授官不半月，涕泣上書，求歸養母，既爲之三歎，年翁乃亦爾。聞之堯夫言，以急營葬故。二者雖皆義所當然，然易退乃人之所難，吳康齋、陳白沙就聘輒去，並起於處士，先生則何云哉？賢者真不可及，能無歎息仰止。（《與沈昭子》，《倦圃曹秋嶽先生尺牘》卷下，第 31 通。）

言沈珩雖因營葬急歸，乃是人之常情，但是急流勇退亦是人之所難，而沈珩能爲人所難爲，曹溶自己唯有"歎息仰止"而已。此外，信中提及爲李天生三歎事。李因篤（1632—1692），字天生，明末遺民，康熙十八年赴鴻博徵。其後不過一月，便以奉養母親爲由請辭。曹溶得知此事後，作《李天生以修明史授檢討不拜請養歸秦寄懷四首》以紀，其一云："入國乍疑毛義檄，潔身寧負□□恩。"將李因篤退出明史館的行爲稱作"潔身"，其對自我身份的否定已是顯而易見。觀《靜惕堂詩集》，這種欲求"潔身"而不得的悵惘之語亦不少見。《詠文公室中冬蘭》中以冬蘭隱喻自身："托根不盈尺，何意全微生……願終君子惠，暮節輸精誠。"[1]《雲州有八月十五夜月》又云："壯夫矜暮節，勵志懷馨香。"[2]這種對"貳臣"身份的負疚表現於外，便是對自身身份的逃避，也必然會導向不入明史館的選擇。總而言之，仕途不順，名節未全，老來多病，家境不堪，多重因素的共同作用下，曹溶最終沒有應徵參與官修《明史》的活動。通過曹溶在理想與現實兩難境地中的最終選擇，不難管窺清初"貳臣"立言的終極選擇。

## 四、曹溶與清初"貳臣"的立言選擇

在清初的政治環境下，所有明季士人都面臨一個不可回避的選擇，是苟全性命以求"立功"，還是潔身自好以得"立德"，立德就意味着要遠離官場，棄身於郊野，而"立功"則意味着要遭受當代乃至後代無數人的唾棄與不齒。在這樣的兩難選擇中，選擇"立功"的雖不免私心，但亦有兼濟天下的理想寓於其中。在雲中荒塞五年，曹溶匡世濟民的理想尤爲凸顯。康熙三年，山西大旱，曹溶竭力挽救黎民，籌糧賑災，其時所作《憫荒五首》[3]中，以"禾田盡槁死，陰井以塵生"、"丁男百遺一，散處如驚禽"、"村嫗土中出，兩肘肉正乾"的生動語言表達了對災民的深切同情，並提出了"我聞斯語悲，積儲古有箴。邊屯當急圖，無爲貴黃金"的解決措施。此後，除了上書請求減稅之外，曹溶亦致信舊友冒襄求援："顧早潦頻仍，南北相望，水經庵中，沉幾静理，必有洞察其

---

① 《靜惕堂詩集》卷五，第 262 頁。
② 《靜惕堂詩集》卷六，第 268 頁。
③ 《靜惕堂詩集》卷七，第 271 頁。

微，爲救時良畫者，弟竊因嵋公請萬一，幸慨而教與。"①而冒襄也傾囊相助，是以旱災得以平安度過。此後，曹溶又致劄俞汝言云："遭逢惡歲，斗米二鐶而鬻妻子者，接踵於道，竭力盡心，始畢賑事，地方晏然。"(《與俞汝言》，《倦圃曹秋嶽先生尺牘》卷上，第200通。)地方晏然，正是其所追求之目標。雖説曹溶之選擇免不了自身榮華欲望的驅使，但是這種撫民安邦的政治理想，也同樣是明末清初許多士人選擇一身仕二朝，成爲"貳臣"的重要原因之一。

但是這種政治理想，事實上是難以實現的。清廷爲了安撫民心，鞏固統治，選擇延攬大批前明官員入朝。但是，滿漢天然的矛盾，加之對漢族官僚(尤其曾身仕明廷者)的警惕，使得清廷一方面需要用漢人來滿足自己統治的需要，另一方面又不願漢臣勢力坐大，形成一個統一的集體，對"貳臣"就顯出一種若即若離的曖昧態度。況且"貳臣"身上本身烙印有"不忠"標籤，即便在清廷之中亦備受歧視。在這種情況下，漢臣雖然在朝中殫精竭慮，如履薄冰，但是仍不免一時疏忽便導致萬劫不復的禍事。曹溶如此，龔鼎孳亦如此。龔氏的起降經歷，較之曹溶，更爲跌宕。順治三年，給事中孫垍齡上疏彈劾："辱身流賊，蒙朝廷擢用，曾不聞夙夜在公，惟飲酒醉歌，俳優角逐，聞訃仍復歌飲，留連冀邀非分之典，虧行滅倫，莫此爲甚。"②部議降二級，得順治恩詔獲免；順治十一年，又以涉滿漢兩議被順治帝斥責："朕每覽法司覆奏本章，龔鼎孳往往倡爲另議。若事係滿洲則同滿議，附會重律。事涉漢人，則多出兩議，曲引寬條。果係公忠爲國，豈肯如此？"③事後被連降數級，調往廣東。龔鼎孳這兩次結局截然不同的被劾經歷，正顯示了清廷對漢臣搖擺不定的態度。而清初所謂"貳臣"，大多都處於這種空有濟世理想，却終究不被清廷重用，志向無由施展的兩難境地之中。

古人最重忠義名節。滿洲以關外少數族群入主中原，本應食君之祿，忠君之事的大明臣子，却在皇帝選擇殉國的同時，自願投向了身爲寇仇的清王朝。當時世人眼中，清王朝又非正統的中原王朝，而是"非我族類，其心必異"的外族政權。在這種觀念影響下，"貳臣"所受社會壓力之沉重亦可以想見。曹溶晚年處境困窘，甚至刻書之費都難以湊出，是以書劄中多有籌措書費語，但即便如此，其著作仍少有流傳。曹氏早年開幕京師廣東等地，從遊者衆，又"性好獎藉後進"，交遊遍及士林，但晚年刻書竟致凄凉如此，究其根本，與曹溶的"貳臣"身份脱不了關係。曹溶於嶺南及雲中爲官時，對幕下遺民多有庇護，與不少遺民關係緊密。但是事實上，在這些群體包括多數世人的眼中，曹溶這種身仕兩朝的行爲無疑讓人不齒，在不經意間，這些人或多或少都對其有所疏遠；而清廷新貴又無意與這類"貳臣"結交。正因如此，晚年的曹溶，交遊零落乃至無力刻書的境遇，是可以料想的。錢謙益晚年曾自述云："少有四方之志，老而無成。海內知交，凋謝逅盡，及門之士，晨星相望，亦有棄我如遺跡者。"④搖擺不

①　(清)冒襄撰：《巢民文集》卷三《會曹秋嶽先生詢救荒書》附《秋嶽先生來書》，萬久富、丁富生主編：《冒辟疆全集》，南京：鳳凰出版社，2014年，第391頁。

②　《清史稿》卷四百八十四，第13325頁。

③　(清)王先謙撰：《東華録》卷一百九十四，清光緒十年長沙王氏刻本。

④　(清)錢謙益撰，(清)錢曾箋注，錢仲聯校標：《牧齋有學集》卷二十三，上海：上海古籍出版社，1996年，第936頁。

定的"貳臣"晚景淒涼,大抵如是。生活在移民團體與清廷的夾縫之中,"貳臣"所受的歧視可想而知。除了外界輿論帶來的壓力之外,"貳臣"自身的負罪感亦成爲痛苦來源。順治二年,"貳臣"朱徽辭官回鄉,曹溶作《送朱遂初都諫南還五首》相送,詩云:"失意各相親,綢繆在中路。烈士貴揚名,徒爲生所誤。子今雖得歸,顏色已非故。"①正反映了"貳臣""爲生所誤"以致"顏色非故"的痛苦。古人以節義爲重,背離忠義之路本身已是一個極艱難的選擇,而當這一背離的替代道路——"立功"的理想最終也未能實現之時,當初與道德理想相悖的痛苦就更加凸顯。外在的壓力持續地加重内心之煎熬,"貳臣"的悔愧自然也就越加深重,曹溶末年選擇隱居不出,也正是這樣的原因使然。

在"立德"和"立功"的道路上雙雙失敗的"貳臣",終極的選擇惟有"立言"一途。一方面,"立言"而達經世致用,能在一定程度上拓展"立功"的途徑;另一方面,"立言"而至傳與後人,亦在一定程度上彌補了道德的虧損,可謂一舉兩得。是以清初出現了士人修史的熱潮。更重要的是,對於這些"貳臣"而言,纂修明史不僅能夠獲得"立言"的成就,也能夠借此抒發他們的故國之思,同時亦是對内心背離道德理想的痛苦的一種掩蓋。故而不僅是曹溶有衆多的明史相關著作,清初"貳臣"著史已成風氣,曹溶之好友如孫承澤有《思陵勤政記》《春明夢餘録》,吳偉業有《綏寇紀略》《復社紀略》等。這是他們立言追求的共同的外在表現。

# 五、結語

曹溶作爲清初人物,其經歷與選擇,正是明季衆多"貳臣"生活軌跡的縮影。出身江南人文薈萃之地,歷經明亡清興之變,被迫出仕二朝,交遊遍及貳臣、同僚與遺民,如此曲折之經歷,與曹溶内心的立言理想相呼應,使其能致力於明史纂修,並且取得頗豐碩的成績。但是,事實上曹溶所遭遇的宦海沉浮、知交零落、壯志難酬等種種現實,加之立德傳統所導致的内心煎熬,最終使其做出了不應鴻博之徵而勉力於私修明史的選擇。曹溶在立德與立功、出仕與隱居之間掙扎徘徊,最終所作出的這一看似矛盾的選擇,恰恰映射出由明入清的"貳臣"們獨特的生存與心理狀態,這種狀態,也爲我們進一步探討明季清初的士人生態以及政治文化等問題,提供了一個特殊的樣本。

曹溶是清初"貳臣"的一個典型代表,一位很獨特的文人。曹溶以其豐厚的藏書爲基礎所編輯出來的史書,因其親歷性而具有非常重要的史料價值,使得曹溶具有有別於一般"貳臣"的史家面孔。遺憾的是,因其晚境窘迫,所編史書大都亡佚,這對明史纂修而言,無疑是一個巨大的損失。儘管如此,曹溶纂修明史之史實與動機,却是探討易代之際士人心靈史與政治史的一個獨特窗口,值得深入探析。

---

① 《静惕堂詩集》卷三,第244頁。

# 首都圖書館藏清抄本馮銓《獨鹿山房詩稿》考論 *

## 黄成蔚

**摘　要：**馮銓是晚明閹党重要成員，由於其政治身份之故，其著作或不被重視保存，或遭有意毀棄，多所亡佚。而現藏北京首都圖書館的《獨鹿山房詩稿》是目前所知海内外唯一存世的馮銓著作集成，堪稱孤本，同時也是馮銓文史研究的第一手珍貴資料。在目前所能見的有關馮銓的研究論著裏，皆未及引用《獨鹿山房詩稿》中的内容，因此本次發現，是首次對馮銓《獨鹿山房詩稿》文本的挖掘與研究領域的開拓。另外，通過對馮銓詩稿的深入研究，發現了許多未曾見於史籍的重要資訊，如馮銓抗擊李自成起義軍的經過、他在罷官還鄉後的政治交遊活動，以及其滿妻的身份等，可補史料之闕，本文擬對這些問題進行探討。

**關鍵詞：**馮銓；獨鹿山房詩稿；明末清初；以詩補史

　　馮銓，字振鷺。生於明神宗萬曆二十三年（1595），北直隸順天府涿州人[①]，萬曆四十一年（1613）進士，初授檢討。天啓五年（1625）夤緣魏忠賢，以禮部右侍郎兼東閣大學士入内閣輔政，次年晋户部尚書，兼太子太保、武英殿大學士，參與編纂《三朝要典》，崇禎帝即位後即被治罪罷官爲民。順治元年（1644）降清，一直備受多爾袞及順治帝的信任，官至禮部尚書兼中和殿大學士，加太保致仕。康熙十一年（1672）卒，謚文敏，但隨即被削謚。

　　由於馮銓在晚明黨争中加入閹黨集團，在崇禎初年欽定逆案中列名“交接近侍又次等”，受到了“坐徒三年，納贖爲民”[②]的處分，史籍對他的評價更是“明二百餘年國祚，壞于（魏）忠賢，而忠賢當日殺戮賢良，通賄謀逆，皆成于（馮）銓。此通國共知者”[③]。另外，在清軍入關以後，馮銓不顧民族氣節，“以銓降後與之獬、若琳皆先薙髮”[④]，所以無論在當時或後世人看來，馮銓都是一個人格卑劣的奸臣。而對於馮銓的著作，往往因人廢文，不僅得不到較好的保存或傳播，甚至被有意毀損。根據著録情況可知，馮銓的著作有《獨鹿山房詩稿》和《瀛州賦》，其中《瀛州賦》目前已不知下落，經筆者搜尋，得知《獨鹿山房詩稿》現藏於北京首都圖書館古籍部，並在古籍部工

---

　　* **作者簡介：**黄成蔚，男，中國計量大學人文與外語學院（杭州，310018），講師，浙江大學文學博士，主要研究明清文學與文獻。

　　① 本文籍貫皆用明清時地名，如河北省在明代即爲北直隸。
　　② （明）韓爌：《欽定逆案》，清代《明季野史彙編》本，卷一。
　　③ （民國）趙爾巽等：《清史稿》，北京：中華書局，1977 年，第 9631 頁。
　　④ 《清史稿》，第 9631 頁。

作人員的熱情協助下,獲得了清抄本《獨鹿山房詩稿》的複本,以資學術研究。這個本子是海內外現存唯一的馮銓著作集成,堪稱孤本,甚至連《中國古籍總目》亦未著録。同時此書也是馮銓研究的第一手珍貴資料,在目前所能見的有關馮銓的研究論著裏,皆未及引用《獨鹿山房詩稿》中的内容,因此本次發現,是首次對馮銓《獨鹿山房詩稿》文本的挖掘與研究領域的開拓。筆者即以文本研究爲基礎,擬對此書的版本情況,以及書中有關重要發現進行論述。

## 一、《獨鹿山房詩稿》的版本情況

　　《獨鹿山房詩稿》是目前已知馮銓所著詩歌的全集。清抄本,全書無序跋,共 115 頁。首頁殘損,導致本頁一半内容丢失;最後一頁左上角有殘損,脱三字,其餘諸頁文字保存較爲完整,每頁八列,每列至多二十字。全書共有詩 261 首,分別爲四言詩 16 首、五言古詩 15 首、七言古詩 12 首、五言律詩 51 首、七言律詩 71 首、五言絶句 7 首、七言絶句 89 首。詩集中詩歌,每一類都大體按作詩時間先後編排,其中有明確紀年,時間最早的一首是七言律詩中的《初至孟津應道詩》,詩題下注"時十四歲",按馮銓出生于明神宗萬曆二十三年(1595),此詩當作于萬曆三十六年(1608)。而時間最晚的是七言絶句中組詩《哭訥藍内子①》,這組詩是悼亡詩,作于馮銓妻子逝世之後,同時這組詩也是《獨鹿山房詩集》中最後的詩作。關於馮銓妻子逝世的時間,據詩集中七言律詩的最後一首《爲滿洲内子卜葬》之詩題下注"己酉春"可知,此"己酉"當爲清康熙八年(1669),則其死期至晚爲康熙八年春。而這組悼念亡妻的詩作,應皆作於康熙八年春之後,按馮銓卒於康熙十一年(1672),這組共有 79 首的悼亡詩之創作時間當爲康熙八年春至康熙十一年。所以,整部《獨鹿山房詩稿》中詩作的創作時間横跨明清兩朝,從明神宗萬曆三十六年到清聖祖康熙十一年,共歷 65 年,幾乎涵蓋了馮銓從少年到晚年的全部時間。下面就將《獨鹿山房詩稿》中有紀年的詩作列表以示,以便更清晰地呈現馮銓詩作的時代情況:

| 詩　　題② | 體　　裁 | 紀　　年 |
|---|---|---|
| 甲戌紀事 | 五言古詩 | 明思宗崇禎七年(1634) |
| 冬夜(乙亥十二月二十六日) | 五言古詩 | 明思宗崇禎八年(1635) |
| 夏日集徐望仁荷軒(有小序,順治庚寅六月) | 五言古詩 | 清世祖順治七年(1650) |
| 出都門別范斗欽、丁鎮九(辛卯五月二日) | 五言古詩 | 清世祖順治八年(1651) |
| 哭楊毓華文學(壬辰五月十四日) | 五言古詩 | 清世祖順治九年(1652) |
| 美女篇(乙丑季春有此作,偶簡篋中得舊稿,因出) | 七言古詩 | 明熹宗天啓五年(1625) |
| 涿州關聖廟賽神(順治辛卯五月十三日) | 七言古詩 | 清世祖順治八年(1651) |

---

①　内子:古代文人士大夫對妻子的稱呼。
②　原詩題下注文現皆列於詩題後的括弧内。

續表

| 詩　　題 | 體　　裁 | 紀　　年 |
|---|---|---|
| 思婦吟（順治庚寅七月四日） | 七言古詩 | 清聖祖順治七年（1650） |
| 偶成（癸未重陽） | 七言古詩 | 明思宗崇禎十六年（1643） |
| 清明野望（辛未） | 七言古詩 | 明思宗崇禎四年（1631） |
| 初罷（丙寅閏六月） | 五言律詩 | 明熹宗天啟六年（1626） |
| 丙寅秋夕 | 五言律詩 | 明熹宗天啟六年（1626） |
| 辛未春雪（初七日） | 五言律詩 | 明思宗崇禎四年（1631） |
| 辛未病中寒食 | 五言律詩 | 明思宗崇禎四年（1631） |
| 迎春（辛未臘月） | 五言律詩 | 明思宗崇禎四年（1631） |
| 舟發龔村（壬申立秋日） | 五言律詩 | 明思宗崇禎五年（1632） |
| 喜房海客見過（壬申） | 五言律詩 | 明思宗崇禎五年（1632） |
| 黃柏觀喜雨（甲戌五月朔） | 五言律詩 | 明思宗崇禎七年（1634） |
| 寄贈潘亦式黃門（甲戌五月晦） | 五言律詩 | 明思宗崇禎七年（1634） |
| 小池泛舟同劉樂予、史我肅諸友（乙亥秋八月） | 五言律詩 | 明思宗崇禎八年（1635） |
| 茂之涉山有詠率爾言和（丁丑五月十三日） | 五言律詩 | 明思宗崇禎十年（1637） |
| 中和峪英國賜山（己卯夏日） | 五言律詩 | 明思宗崇禎十二年（1639） |
| 柳津莊（壬午七月廿六日） | 五言律詩 | 明思宗崇禎十五年（1642） |
| 雨夜有懷（順治辛卯六月四日） | 五言律詩 | 清世祖順治八年（1651） |
| 虛窗（六月六日）① | 五言律詩 | 清世祖順治八年（1651） |
| 君翰圍棋（辛卯七月） | 五言律詩 | 清世祖順治八年（1651） |
| 投悵然感懷即用其韻（辛卯八月五日） | 五言律詩 | 清世祖順治八年（1651） |
| 寄謝鄧元昭翰林貽書云：連年桃李之陰，各有所云云，以此答之（壬辰九月） | 五言律詩 | 清世祖順治九年（1652） |
| 乙未仲冬欽賜御筆恭紀 | 五言律詩 | 清世祖順治十二年（1655） |
| 南苑應制（順治十三年仲春） | 五言律詩 | 清世祖順治十三年（1656） |
| 初至孟津應道試（時十四歲） | 七言律詩 | 明神宗萬曆三十六年（1608） |
| 己巳秋暮 | 七言律詩 | 明思宗崇禎二年（1629） |
| 溪浦銷軸漂浮積歲，壬申秋漲棹抵天津西北 | 七言律詩 | 明思宗崇禎五年（1632） |

　　①　《虛窗》一詩，雖詩題下注"六月六日"未標明年份，但此詩上一首即爲《雨夜有懷》，詩題下注"順治辛卯六月四日"；而下一首即爲《君翰圍棋》，詩題下注"辛卯七月"。按《獨鹿山房詩稿》中詩作大體皆按創作時間順序排列之原則推斷，《虛窗》創作時間"六月六日"當亦在順治辛卯，即順治八年（1651）。

| 詩　　　題 | 體　　裁 | 紀　　年 |
|---|---|---|
| 紀難十四首之癸未七月河南事 | 七言律詩 | 明思宗崇禎十六年(1643) |
| 紀難十四首之癸未八月陝西事 | 七言律詩 | 明思宗崇禎十六年(1643) |
| 紀難十四首之甲申正月山西事 | 七言律詩 | 明思宗崇禎十七年(1644) |
| 紀難十四首之甲申二月賊陷寧武關,大將軍周遇吉死之 | 七言律詩 | 明思宗崇禎十七年(1644) |
| 紀難十四首之甲申二月賊至大同,巡撫衛景瑗死之 | 七言律詩 | 明思宗崇禎十七年(1644) |
| 紀難十四首之甲申三月賊至宣府,巡撫朱國壽等死之 | 七言律詩 | 明思宗崇禎十七年(1644) |
| 紀難十四首之甲申三月昌平事 | 七言律詩 | 明思宗崇禎十七年(1644) |
| 紀難十四首之甲申三月十九日事 | 七言律詩 | 明思宗崇禎十七年(1644) |
| 紀難十四首之甲申三月二十三日余被難涿事 | 七言律詩 | 明思宗崇禎十七年(1644) |
| 紀難十四首之甲申五月初一日涿人殺賊 | 七言律詩 | 明思宗崇禎十七年(1644) |
| 紀難十四首之追憶甲申二月出師事 | 七言律詩 | 明思宗崇禎十七年(1644) |
| 紀難十四首之賊攻保定不下,力竭城陷,監視方正化、鄉紳張羅彥死之 | 七言律詩 | 明思宗崇禎十七年(1644) |
| 紀難十四首之太夫人罵賊,甲申四月四日涿州事 | 七言律詩 | 明思宗崇禎十七年(1644) |
| 紀難十四首之甲申四月十日 | 七言律詩 | 明思宗崇禎十七年(1644) |
| 都城後湖別業沐園夏日(順治丁亥五月二十二日) | 七言律詩 | 清世祖順治四年(1647) |
| 雨後陳翰林過訪(丁亥五月廿五日) | 七言律詩 | 清世祖順治四年(1647) |
| 懷仙(丁亥六月十日) | 七言律詩 | 清世祖順治四年(1647) |
| 其四對酌(丁亥六月十二日) | 七言律詩 | 清世祖順治四年(1647) |
| 其五晚坐(丁亥六月十三日) | 七言律詩 | 清世祖順治四年(1647) |
| 其六(丁亥六月廿一日)① | 七言律詩 | 清世祖順治四年(1647) |
| 無題(辛卯七月十二日) | 七言律詩 | 清世祖順治八年(1651) |
| 桓侯廟(辛卯秋日) | 七言律詩 | 清世祖順治八年(1651) |

---

①　這組七言律詩共七首,皆寫於順治四年夏季,由於其中第二首《其二同玉孺及於袞甥婿增美諸甥男子湛家佺》與第七首《其七》未於詩題下注明確切年月,故未列入表中,但按組詩創作時間推斷,當亦作於順治四年五、六月間。

| 詩　　題 | 體　　裁 | 紀　　年 |
|---|---|---|
| 酹仲石弟墓(辛卯七月十三日) | 七言律詩 | 清世祖順治八年(1651) |
| 謁先塋有感(辛卯七月十四日) | 七言律詩 | 清世祖順治八年(1651) |
| 酬吕乃安(辛卯七月) | 七言律詩 | 清世祖順治八年(1651) |
| 其韻(辛卯七月) | 七言律詩 | 清世祖順治八年(1651) |
| 壽晉州守李掖公名佐聖(壬辰四月十日) | 七言律詩 | 清世祖順治九年(1652) |
| 秋日寄懷寧夏劉孝吾元戎(壬辰八月) | 七言律詩 | 清世祖順治九年(1652) |
| 顧君質生子晬日(壬辰九月) | 七言律詩 | 清世祖順治九年(1652) |
| 先公生日悵然悲感(壬辰十月九日) | 七言律詩 | 清世祖順治九年(1652) |
| 南苑應制(順治十三年仲春) | 七言律詩 | 清世祖順治十三年(1656) |
| 畋獵(十四年孟冬) | 七言律詩 | 清世祖順治十四年(1657) |
| 贈董約之赴蕉城記室(戊戌) | 七言律詩 | 清世祖順治十五年(1658) |
| 爲滿洲内子卜葬(己酉春) | 七言律詩 | 清聖祖康熙八年(1669) |
| 南苑應制(順治十三年仲春) | 五言絶句 | 清世祖順治十三年(1656) |
| 辛未春雪 | 七言絶句 | 明思宗崇禎四年(1631) |
| 南苑應制(順治十三年仲春) | 七言絶句 | 清世祖順治十三年(1656) |
| 房山道中得雪(庚子十二月二十二日) | 七言絶句 | 清世祖順治十七年(1660) |
| 哭訥藍内子七十九首 | 七言絶句 | 康熙八年(1669)春至康熙十一年(1672)作者去世 |

　　從表中所列詩作時間可知,除七言古詩採取了從清世祖順治八年到明思宗崇禎四年的倒叙排列方式外,其餘詩作都是按詩體進行編年排序的,即使是其中未標明創作時間的詩作,也大體符合順叙或倒叙的時間順序。從詩體的選擇上看,馮銓創作最多的是律詩,其次是絶句,再次爲古體詩,從中亦可看出其創作傾嚮。

　　關於此書的版本,首都圖書館著録爲“清抄本”,但未著明是清代哪朝的抄本。通過對文本的細讀,發現五言古詩《夜坐同卜子寧、沈小休》中句“雨餘升弦魄”之“弦”字;五言律詩《益津感舊》中句“書見玄成笥”之“玄”字;七言律詩《懷上海劉明府》中句“清玄聰洽重劉楨”之“玄”字;七言律詩《先公生日悵然悲感(壬辰十月九日)》中句“窗虛蟲結故琴弦”之“弦”字;七言絶句《哭訥藍内子之第二十首》中句“書妝親自上琴弦”之“弦”字;七言絶句《哭訥藍内子之第四十二首》中句“弦斷鸞膠方可續”之“弦”字;七言絶句《哭訥藍内子之第六十首》中句“廣陵却寄朱弦到”之“弦”字皆缺末筆,當爲避清聖祖康熙帝愛新覺羅·玄燁之名諱。而七言古詩《美女篇(乙丑季春有此作,偶簡篋中得舊稿,因出)》中句“三峽泓源霏玉絮”之“泓”字並未缺末筆。按清代避清高宗乾隆帝愛新覺羅·弘曆諱之規則,或將"弘"字改成"宏"字;或將"弘"字缺末筆。① 可見此抄本誕生之時,乾隆帝尚未登基,所以無須避其名諱。而書中未出現有關清世宗雍正帝愛新覺羅·胤禛名諱之字,所以無法考證此抄本之誕生是否早于雍正時期。不過至少可以縮小清抄本《獨鹿山房詩稿》誕生時間的範圍,即不早於康熙十一年(1672),即馮銓去世之年,不晚于雍正十三年(1735)乾隆帝之登基,故此書確切來説應當是清代康熙、雍正時期的抄本。

除正文外,書中還有多處修改批注。存在三種情況:其一,直接在正文中修改,如抄本抄録者將兩字抄反,或將原字抄錯,則隨即進行調換字序或改字,調換字序在原文上加入調序符號,改字或劃去錯字,將正字寫於錯字旁,或在錯字上修改筆劃,而將筆劃清晰之正字重新寫在出錯詩句正上方的天頭處;其二,疑正文中某字句有錯,但未在正文上直接修改,而是在存疑之詩句正上方的天頭處進行批注,如七言古詩《賦得東風已緑瀛洲草》中句"牽惹王孫弄芳草。拾翠艷陽多清空,□耀綺羅金丸飛。遠薄繡穀照清波"上有批注"自芳草以下至清波止疑錯",但未于原文上進行修改;其三,在天頭上貼紅紙小簽,於簽紙上寫明錯在何處,或當如何修改,亦不在原文上進行修改。從正文和修改的字跡對比來看,正文與第一種情況都是端莊雋秀的楷書,當是抄録者一人所爲;第二種情況的字跡較潦草,第三種情況的字跡或較潦草,或較原文和第一種情況之字爲稚拙,當皆出於他人之手,應該是抄本抄録定稿之後,又輾轉流傳到他人手中,經至少一人批注修改之故,而第二、第三種情況的批注修改文字誕生於何時,則無法確知。

## 二、馮銓"以詩補史"的詩史創作觀念

中國的詩史觀最早可追述到唐代詩聖杜甫。此後,以詩爲史或以詩補史的創作理念一直被關切時事民瘼的詩人們繼承並發揚着,"明清之際是天翻地覆的大時代,劇烈震蕩的社會要求詩歌的寫作能與之交相呼應。詩史概念關涉詩歌與時代的關係,遂引起廣泛而深刻的討論⋯⋯在他們激烈的討論下,以詩爲史的詩史説激蕩人心,影響深遠"②。如明末清初的黄宗羲面對當時板蕩之山河,認爲"今之稱杜詩者以爲詩史,亦信然矣。然注杜者,但見以史證詩,未聞以詩補史之闕,雖曰詩史,史固無籍乎詩也。逮夫流極之運,東觀蘭臺但記事功,而天地之所以不毁、名教之所以僅存者,多在亡國之人物。血心流注,朝露同晞,史於是而亡矣。猶幸野制遥傳,苦語難銷,此耿耿者明滅於爛紙昏墨之余,九原可作,地起泥香,庸詎知史亡而後詩作乎?是故景炎、祥興,《宋史》且不爲之立本紀,非《指南》、集社,何由知閩、廣之興廢?非水雲之詩,何由知亡國之慘?非白石、晞髮,何由知竺國之雙經?陳宜中之契闊,《心史》亮其苦心;黄東發之野死,寶幢志其處所:可不謂之詩史乎?元之亡也,渡還乞援之事,見於九靈之詩。而鐵崖之樂府,鶴年席帽之痛哭,猶然金版之出地也。皆非史之所能

① 王彦坤:《歷代避諱字彙典》,鄭州:中州古籍出版社,1997年,第160—161頁。
② 張暉:《中國"詩史"傳統》,北京:三聯書店,2012年,第164頁。

盡矣。明室之亡，分國鮫人，紀年鬼窟，較之前代干戈，久無條序；其從亡之士，章皇澤之民，不無危苦之詞。以余所見者，石齋、次野、介子、霞舟、希聲、蒼水、密之十餘家，無關受命之筆，然故國之鏗爾，不可不謂之史也。"①可見詩歌在持詩史觀的作家眼裏，是歷史的補充，擔負着國亡史闕時記錄歷史，抒瀉心迹的重要責任。

　　馮銓雖然在歷史上不以詩聞名，但他也和明末清初那些持詩史創作觀念的士大夫們一樣，用詩歌記錄着時代的悲劇和百姓的苦難，其中最能代表馮銓詩史觀的詩作就是《紀難十四首》七律組詩。如上表所示，這組詩從崇禎十六年李自成起義軍攻佔河南始，經崇禎十七年三月十九日起義軍攻破北京，崇禎帝自縊，一直到當年起義軍攻佔馮銓家鄉涿州，全家老少起而抗擊，遭到洗劫，進而馮銓於四月十日被起義軍所執入京。全組詩的創作時間首首緊扣，真實地記述了李自成起義軍一路進軍，攻城掠地，而明王朝被步步蠶食，直至京城淪陷，國祚覆亡，甚至連馮銓的家鄉也遭到了洗劫。給人一種山雨欲來、步步緊逼的壓迫感和危機感。通過對起義軍進攻沿途明軍官兵犧牲的描寫，亦將壓城之愁雲慘霧展露無遺。爲了更清楚地説明問題，玆將全組詩錄於下：

### 紀難十四首

#### 癸未七月河南事

　　清渭長河帶華嵩，轘轅伊闕鬱龍嵸。誰教北地滋豺虎，竟使中州絶雁鴻。御史倒持斬馬劍，將軍潛解射雕弓。年來嘔盡忠臣血，一夜西風萬事空。

#### 癸未八月陝西事

　　天府金城百二山，何期銅馬度函關。素車安繫秦王頸，朱芾仍排漢吏班。渭汭秋聲嗚咽水，終南雲物慘凄顏。可憐自古長安地，千里桑麻付草菅。

#### 甲申正月山西事

　　秦晉相望阻大河，淮陰尚費未嘗過。繭絲已竭邱中力，戎馬何愁水上波。四野陰風摧敗壘，三關明月照悲歌。山川表裏依然在，鳥散魚驚可奈何。

#### 甲申二月賊陷寧武關，大將軍周遇吉死之

　　不使巖關賊騎通，周家猛將本遼東。焚書已作沉舟計，没羽將成射虎功。奮臂大呼天爲怒，忘身殉節鬼稱雄。夫妻部曲同持盡，日月雙懸照爾忠。

#### 甲申二月賊至大同，巡撫衛景瑗死之

　　重樓百雉建霓旌，昔日中山壯北征。群盜雖多烏合侶，官軍不乏虎牙兵。中丞斷舌髯張怒，大帥甘心面縛迎。伯玉曾稱衛君子，至今景瑗復垂名。

#### 甲申三月賊至宣府，巡撫朱國壽等死之

　　宣府鷄田接赤城，輔車唇齒切神京。觀軍虎竹承新旨，大將龍旗空舊名。蒙面喪心嗟若輩，刳腸斷首歎書生。奸人爲賊休兵力，來説君皇禪位行。

#### 甲申三月昌平事

　　重巒萬叠護居庸，鐵壁金城不待攻。邊塞烟塵迷野馬，陵園風雨咽寒松。衣冠掩泣圖肥遁。弁韐飛揚慶偽封。千古興亡一回首，北邙原上草蒙茸。

---

①　(清)黄宗羲：《黄宗羲全集》，杭州：浙江古籍出版社，2005年，第十册，第49—50頁。

甲申三月十九日事

興衰從古似回圈，獨怪危亡頃刻間。天運倏隨長逝水，地維竟絶不周山。忠貞苦被桁楊死，亂賊欣誇黻綬還。慷慨從容皆不乏，烏號但記寺人攀。

甲申三月二十三日余被難涿事

涿鹿曾傳墨守名，赤眉狠顧未加兵。緣知越石肝腸烈，故使狐泥肘腋生。曠野麒麟悲道喪，寥空鳳鳥泣孤鳴。杞人久已憂天墜，一片丹心萬死榮。

甲申五月初一日涿人殺賊

囊頭折肋備諸艱，生死存亡只此關。縞素雲凄揮涕淚，旌旗日麗展愁顔。龍文盡吐連牛氣，鼠輩爭教匹馬還。滄海君蒙饒力士，子房何用棄人間。

追憶甲申二月出師事

晋趙烽烟接帝京，群推綸閣出觀兵。皋門袞袞冕親臨踐，祖道冠紳盡送行。長子興師甘辱國，涓人捐盜早開城。咸陽宮室連天火，萬户傷心恨未卒。

賊攻保定不下，力竭城陷，監視方正化、鄉紳張羅彦死之

上谷咽喉勢必争，中山北望此堅城。觀軍剖膽星同耀，光禄開心月共明。携手甘爲巡遠死，垂芳何遜甫申生。秋來故老趨祠廟，雲白郎山易水清。

太夫人罵賊，甲申四月四日涿州事

四朝綸誥太夫人，高閣長齋禮玉真。石氣可能飛五色，丹心直欲正三辰。倚閭事異王孫母，恤緯憂兼子叔身。聊藉口誅伸義憤，家門禍難未須嗔。

甲申四月十日

群盜既劫余家，又執余入京，將使寇渠李自成親殺以泄其恨也。友人楊玉華、史聯叔、張用徵送余于拒馬河北，涕泗横流，蓋知余必死矣。余慰之曰：有極尋常二語，却極切此事，諸君聞之乎？皆曰：唯。余曰：合乎天理之正，即乎人心之安。諸君何痛焉？

鄒國選言敦取義，尼山垂範貴成仁。時窮更得詩書力，世亂彌彰君父親。諸子千行悲永訣，孤臣一死獲安身。斷橋流水長堤柳，相送渾如執紼人。

馮銓因明熹宗天啓中閹黨的内部鬥争，“以微忤罷去。莊烈帝既誅忠賢，得銓罷官後壽忠賢百韻詩，論徒仗，贖爲民”①，創作此組詩時仍罷官里居，但一直關切時事，並用詩歌記録下那段慘痛的亡國歲月。詩中有對王朝興亡的無限感慨，有對流寇作亂的深惡痛絶，有對捐軀忠烈的熱情褒揚，也有對身處戰亂中之百姓的哀嘆同情。可見馮銓即使罷官在家，面對起義軍的步步緊逼和家國山河被漸漸蠶食，作爲一個從小接受儒家忠孝思想的士大夫，也是渴望報國衛家，奮起抵抗的，即使被執也坦然視之。現存史料對馮銓從被罷官到順治元年被多爾袞征招復出之間的經歷皆未予記載，史僅載“順治元年，睿親王既定京師，以書徵銓，銓聞命即至，賚冠服、鞍馬、銀幣”②。似乎是馮銓不顧民族大義，主動投降清朝。殊不知馮銓亦曾有一段不與李自成軍合作的歷史。事實也正表明，馮銓雖然投降了清朝，却一直未曾向李自成起義軍投降，以

① 《清史稿》，第 9630 頁。
② 《清史稿》，第 9631 頁。

至於其後"給事中龔鼎孳言銓附忠賢作惡,銓亦反詰鼎孳嘗降李自成"①,可見馮銓在未降李自成一事上一直理直氣壯,是有理由的。正史未載此事,而馮銓這組詩正好補正史之闕。

　　馮銓在組詩中褒揚了抗擊李自成起義軍的明忠臣,在《追憶甲申二月出師事》中,批判了喪師辱君的李建泰,史載:"加建泰兵部尚書,賜尚方劍,便宜從事。二十六日行遣將禮。駙馬都尉萬煒以特牲告太廟。日將午,帝御正陽門樓,衛士東西列,自午門抵城外,旌旗甲仗甚設。内閣五府六部都察院掌印官及京營文武大臣侍立,鴻臚贊禮,御史糾儀。建泰前致辭,帝獎勞有加,賜之宴。御席居中,諸臣陪侍。酒七行,帝手金卮親酌建泰者三,即以賜之。乃出手敕曰:代朕親征。宴畢,内臣爲披紅簪花,用鼓樂導尚方劍而出。建泰頓首謝,且辭行,帝目送之。行數里,所乘肩輿忽折,衆以爲不詳。建泰以宰輔督師,兵食並絀,所携止五百人。甫出都,聞曲沃已破,家貲盡没,驚悸而病。日行三十里,士卒多道亡。至定興,城門閉不開納。留三日,攻破之,笞其長吏。抵保定,賊鋒已逼,不敢前,入屯城中。已而城陷,知府何復、鄉官張羅彦等並死之。建泰自刎不殊,爲賊將劉方亮所執,送城中。"②在下一首《賊攻保定不下,力竭城陷,監視方正化、鄉紳張羅彦死之》詩中,馮銓通過與李建泰的對比,對張羅彦等人進行了歌頌。當然,李建泰曾名列東林黨籍,馮銓對其批判是否夾雜着黨爭情緒,亦可以討論。另外如五言古詩《甲戌紀事》"築垣非不高,所賴戰骨撑。鑿池非不深,所賴戰血盈。戰骨今何脆,流血空縱橫"之句,憂國潛民之情溢於言表,最後融合對明廷失敗的軍事策略之抨擊、對百姓命運之憂慮於一體,痛言"慎密緘樞機,勿令氓庶驚"。凡此種種,無不融悲憤憂慮之情于述史之中,繼承並堅持着以詩補史,以詩證史的詩史觀。

# 三、馮銓詩作中的交遊情況及新發現

　　馮銓"以詩補史"的詩史創作觀念不僅很好地繼承並融入了明末清初的詩史傳統與創作之中,而且在有意無意之間留下了許多珍貴的歷史資訊。作爲明末清初的重要歷史人物,這些保留在他詩作中的資訊,無疑是珍貴的一手材料,無論對馮銓個人,還是馮銓所處的時代背景來説,皆可補史料之闕。

## 1. 唱和詩與崇禎中馮銓的政治交遊活動

　　現存史料對馮銓的記述,大多集中在天啓年間魏忠賢專政時期,以及明亡後清軍入關,被多爾袞再度啓用之後。而崇禎年間史料中有關馮銓的記載寥寥,由於他被罷官在家,所以也就漸漸淡出了史家視野。《獨鹿山房詩稿》恰能補充馮銓在這段時間内的行迹。除了上節中所述以詩補史述及李自成起義軍諸事之外,馮銓作爲明末清初閹黨重要成員和文人,在這段時期内的交遊活動,亦頗具補史之價值。而這部分資

　　① 《清史稿》,第 9631 頁。
　　② (清)張廷玉等:《明史》,北京:中華書局,1974 年,第 6550 頁。

訊,主要集中在詩稿中的唱和詩中。以下即列表以示馮銓在這一階段的唱和交遊情況①:

| 唱和詩題 | 交遊時間 | 交遊人物 |
| --- | --- | --- |
| 送潘黄門祭告淮府 | 天啓六年至崇禎四年 | 潘黄門② |
| 柬楊景垣太醫 | 天啓六年至崇禎四年 | 楊景垣 |
| 和阮集之百子山見寄之作(二首) | 崇禎四年至崇禎五年 | 阮大鋮③ |
| 送王子雲南歸 | 崇禎五年至崇禎七年 | 王子雲 |
| 寄贈潘亦式黄門(甲戌五月晦) | 崇禎七年 | 潘亦式 |
| 小池泛舟同劉樂予、史我肅諸友(乙亥秋八月) | 崇禎八年 | 劉樂予、史我肅 |
| 茂之涉山有詠率爾言和(丁丑五月十三日) | 崇禎十年 | 沈宏之④ |
| 中和峪英國賜山(己卯夏日) | 崇禎十二年 | 張之極⑤ |
| 至大龍門共陳子忠夜坐 | 崇禎十五年至崇禎十六年 | 陳子忠 |
| 大龍門樓臺同高元戎、張參戎、陳都閫小酌 | 崇禎十五年至崇禎十六年 | 高元戎、張參戎、陳都閫 |
| 謝周挹齋寄茶(七月三日) | 崇禎二年至崇禎五年 | 周延儒⑥ |
| 答涿二守周肖川先生 | 崇禎五年至崇禎十五年 | 周肖川 |
| 贈汪文仲四旬初度步挹齋韻 | 崇禎五年至崇禎十六年 | 汪文仲、周延儒 |

從上表可以看到,馮銓在罷官里居期間,交遊活動的地點還是京畿地區,由於家鄉涿州離京城很近,所以家居的馮銓一直没有與京城中的人物中斷聯繫。如宫中宦官潘黄門、英國公張之極、太醫楊景垣以及駐守京畿關隘的武將,其中最引人注意的就是與周延儒和阮大鋮的交遊。馮銓與周延儒是萬曆四十一年癸丑科同榜進士,周延儒爲狀元,馮銓位列三甲第一百一十四名⑦,後經館選,馮銓與周延儒同入翰林院,

① 爲保證詩歌創作時間確在明熹宗天啓六年馮銓被罷官至清世祖順治元年被重新啓用之間,因而只選取時間範圍確切可證之詩,如其前一首和後一首詩都可確定時間在此範圍之内者才予選入,缺一則不選。因《獨鹿山房詩稿》中詩作編年有序,用此方法可保無誤。其中人物或以字型大小稱之,或以官職稱之,凡能考得真名者,皆將真名列入“交遊人物”一欄中;不可考者,則依詩題中稱謂列入。
② 此潘黄門疑與後詩《寄贈潘亦式黄門(甲戌五月晦)》中的潘亦式爲同一人,然真名不可考。
③ 阮大鋮,字集之,號圓海,萬曆四十四年(1616)進士,曾因依附魏忠賢閹黨,崇禎帝即位後被罷官,直至南明弘光中復出爲兵部尚書,後降清。
④ 因“五言古詩”中有《樓桑送沈茂之》一詩,故此詩中“茂之”應爲沈茂之。即沈宏之,字茂之,曾爲馮銓幕賓。
⑤ 崇禎十二年在位的英國公,即第八代英國公張之極。
⑥ 周延儒,字玉繩,號挹齋。與馮銓同爲萬曆四十一年(1613)進士,狀元及第,崇禎中曾官至内閣首輔,後於崇禎十六年因貽誤軍機被賜死。
⑦ 朱保炯、謝沛霖:《明清進士題名碑録索引》,上海:上海古籍出版社,2006 年,第 2590—2591 頁。

史載周延儒"與同年生馮銓友善"①。在《獨鹿山房詩稿》中，除了上表所列兩首與周延儒有關的唱和詩之外，還有五言與七言律詩《送周玉繩歸娶》各一首，應當是作於兩人剛中進士不久後。而從表中所列兩首詩的創作時間來看，再結合馮銓在罷官里居期間大多生活在京畿地區等因素，可以推斷此時的周延儒應當亦在京城，所以二人唱和交遊比較便利。

　　周延儒于崇禎年間曾兩度在京城爲官，並長期擔任内閣首輔。第一次是從"莊烈帝即位，召爲禮部右侍郎"開始，經過崇禎三年（1630）九月"延儒遂爲首輔。尋加少保，改武英殿"，一直到"六年（1633）六月引疾乞歸"②。第二次是"十四年（1641）二月詔起延儒。九月至京，復爲首輔"，一直到崇禎十六年"冬十二月，昌時棄市，命勒延儒自盡，籍其家"③。表中所列《謝周挹齋寄茶（七月三日）》正好作于周延儒第一次出任内閣首輔期間，而《贈汪文仲四旬初度步挹齋韻》或作于周延儒第二次出任内閣首輔期間，創作時間當在崇禎十五年或稍早時。原因如下：在五言律詩中有《至大龍門共陳子忠夜坐》與《大龍門樓臺同高元戎、張參戎、陳都閫小酌》二首；在七言律詩中有《大龍門（八月四日）》與《大龍門樓臺（從山海至大龍門樓臺凡八百座，有名記）》二首。可知這兩組四首詩主題相通，當是馮銓同一次登臨大龍門樓臺時所作。而五律《至大龍門共陳子忠夜坐》前一首有確切紀年的詩是五律《柳津莊（壬午七月廿六日）》，即崇禎十五年；而七律《大龍門樓臺（從山海至大龍門樓臺凡八百座，有名記）》後一首有確切紀年的詩是七律《癸未七月河南事》，即崇禎十六年。所以這四首詩的創作時間可以定位在崇禎十五年和十六年之間。而七律《贈汪文仲四旬初度步挹齋韻》與《大龍門（八月四日）》之間只隔了一首《佛洞塔（三月三日）》，而《佛洞塔（三月三日）》與《大龍門（八月四日）》當創作於同一年，因此稍前的《贈汪文仲四旬初度步挹齋韻》之創作時間當亦相隔不遠，再從馮銓所步周延儒之韻來看，當爲文人日常相聚的唱和詩，而馮銓在罷官期間大多里居於靠近京畿的家鄉，所以若要進行文人之間的日常唱和交遊活動，周延儒當亦在京城爲便，由此推斷馮銓的《贈汪文仲四旬初度步挹齋韻》即作于周延儒第二次入京擔任内閣首輔期間。

　　事實上，馮銓對周延儒政治上的影響是一直存在的，如崇禎二年南京給事中錢允鯨在彈劾周延儒的奏疏中曾表示過憂慮："延儒與馮銓密契，延儒柄政，必爲逆黨翻局。"④周延儒的確與閹黨的關係頗爲曖昧，如崇禎元年（1628）"温體仁訐謙益，延儒助之。帝遂發怒，黜謙益"⑤，導致東林黨人錢謙益入閣無望。當周延儒謀求第二次入京擔任内閣首輔之際，"馮銓復助爲謀"⑥。雖然馮銓與周延儒的唱和詩中並未言及黨爭政治，但兩首詩都作于周延儒在京擔任内閣首輔期間，至少證明馮銓雖然被罷官里居，却依然與當朝首輔保持着交往，雖然馮周二人早年就有着不錯的交誼，但此

---

① 《明史》，第 7926 頁。
② 《明史》，第 7926、7927、7928 頁。
③ 《明史》，第 7928、7931 頁。
④ 《明史》，第 7926 頁。
⑤ 《明史》，第 7926 頁。
⑥ 《明史》，第 7928 頁。

時的交往唱和，即使馮銓没有借周延儒以東山再起之念，單就協助周延儒復出一事，亦不得不引起政敵們的懷疑與警覺。同時亦可證明里居期間的馮銓還是不忘與朝局發生關係的。

　　除了周延儒之外，阮大鋮與馮銓的交遊唱和亦頗引人注意。在《獨鹿山房詩稿》中，馮阮二人的唱和詩除了五言律詩《和阮集之百子山見寄之作（二首）》之外，只有一首五律《張房村遇雨展讀阮光禄詠懷堂詩》，而這首詩僅能表示馮銓推崇阮大鋮的作品（如詩末尾有句“不展驚人句，難消萬斛愁”），並非二人交遊唱和之作。可在阮大鋮的《詠懷堂詩集》中，可以看到多首與馮銓的交遊唱和詩，有《詠懷堂詩外集》中的《宴鹿庵相國西郊桴居》六首、《詠懷堂丙子詩》中的《遊仙詩寄鹿庵相國》二首、《詠懷堂辛巳詩》中的《柬鹿庵相國》二首。至於這些詩的創作時間，則《宴鹿庵相國西郊桴居》第三首中有“浩劫塵沙外，同時魚鳥親”①之句，可知是創作於黨爭失敗被罷官之後，按阮大鋮于“明年（崇禎二年，1629）定逆案，論贖徒爲民，終莊烈帝世，廢斥十七年”②，此詩當作於崇禎二年之後，而《詠懷堂詩集外集》的刊刻時間爲崇禎八年③，可知《宴鹿庵相國西郊桴居》六首作於崇禎二年至八年馮阮二人皆被罷官期間。而《詠懷堂丙子詩》中《遊仙詩寄鹿庵相國》二首與《詠懷堂辛巳詩》中《柬鹿庵相國》二首，則明顯作於崇禎九年（1636）與崇禎十四年。因此馮阮二人的唱和交遊詩皆作於同被罷官期間，而阮大鋮在罷官期間依然尊稱馮銓爲相國④，不僅可以説明馮阮二人關係較密，且有着同黨之間互相肯定的情感因素在其中。

　　雖然在馮阮的唱和交遊詩中没有明顯表露黨爭情緒的詩句，但這些詩大多寄托着閑雲野鶴般渴望歸隱林泉、親近自然的情緒，甚至還有着嚮往佛道世界的詩句，如阮大鋮的《遊仙詩寄鹿庵相國》二首即是實證，從一個側面反映出黨爭留在他們心中的烙印。晚明的党爭導致朝政日非，而捲入黨爭並遭遇失敗的士大夫隨着仕途與自我理想的幻滅，他們詩文創作的焦點，從國家社會轉向了自我的内心，開始關注自然與生命個體之間的感應，嚮往超然物外的隱居生活，這種創作傾嚮漸趨抒發自我性靈的詩人們“大量詠贊佛道思想，高談學佛學道的心得體會，以至形成一種時代風尚”⑤。其實這種浪漫主義創作風尚的背後，充滿着黨爭環境下士大夫們的無奈與自我排遣。同時，還有着同一党爭陣營成員之間的相互認可，如馮銓在《和阮集之百子山見寄之作》其二中有“朝有批鱗疏，家多擁鼻吟。書來明月夜，夢到白雲岑。著作千秋富，高名世所欽”之句。其中的“批鱗疏”即是指崇禎帝剛即位時阮大鋮所上的一道奏疏，史載“忠賢既誅，大鋮函兩疏馳報維垣。其一專劾崔、魏。其一以七年合算爲

<hr>

① （明）阮大鋮：《詠懷堂詩集》，合肥：黄山書社，2006 年，第 230 頁。

② 《明史》，第 7938 頁。

③ 胡金望：《人生喜劇與喜劇人生——阮大鋮研究》，北京：中國社會科學出版社，2004 年，第 124 頁中考《詠懷堂詩集外集》刻印時間：“首有《自述》，與《詠懷堂詩集》四卷同，當係同時所刻。”而《詠懷堂詩集》乃明崇禎八年刻本，由此可推斷，《詠懷堂詩集》與《外集》中的詩作，創作時間當不會晚於崇禎八年。

④ 《清史稿》第 9630 頁載：“諳事魏忠賢，累遷文淵閣大學士兼户部尚書，加少保兼太子太保。”明代自太祖洪武初年廢除宰相制度之後，尊稱内閣大學士爲相。

⑤ 廖可斌：《明代文學思潮史》，北京：人民文學出版社，2016 年，第 496 頁。

言，謂天啓四年以後，亂政者忠賢，而翼以呈秀，四年以前，亂政者王安，而翼以東林。"①結果楊維垣上了"合算之疏"，導致崇禎初東林黨重新掌權後，認爲閹党阮大鋮以上疏爲政治投機之法，且語悖東林，導致阮被降罪罷官。若不考慮阮大鋮本人的黨爭立場問題，單看他上疏的内容，還是有一定道理的。而在同黨馮銓眼中，阮大鋮的奏疏則是觸怒當權者的"逆鱗"之舉，一反世人對阮大鋮的負面評價，不但認可了他的著作，也贊美了他的名望。雖然其中不可避免地會有同黨相援相憐的情感因素，但至少可以看出兩人即使在罷官期間也保持着較好的交誼。這些唱和交遊詩，亦證明里居期間的馮銓依然與同黨進行着交往，可補史料之闕。

**2. 悼妻組詩與馮銓滿妻納喇氏之證**

馮銓詩作的一個特點，就是情感較爲深沉真摯。除上述憫同道、憂家國的詩作外，最能表達他深摯情感的就是悼念亡妻的七言絕句組詩《哭訥藍内子》，共有詩 79 首。另外還有七言律詩《爲滿洲内子卜葬（己酉春）》一首，同爲悼念亡妻之作，因此馮銓悼妻體裁的詩作，在《獨鹿山房詩稿》中多達 80 首，占全書詩作數量的 30％，雖不排除滿妻乃皇帝賜婚，因此格外受到馮銓重視之緣故，但能在詩集中寫下那麼多悼念亡妻的詩作，亦足見馮銓對這位滿族妻子的情深意切。如在組詩中回憶兩人婚後琴瑟和諧的幸福生活，點點滴滴，並娓娓道來：

> 禮度從容閨閣宜，溫恭儒雅女中師。每當對月臨風地，深憶齊眉舉案時。芰荷池畔同携酒，蘭蕙窗前對弈棋。二十四年明月夜，一番思憶一番悲。

進而由回憶轉向愛妻已逝、知音難在的空悲，甚至痛不欲生：

> 松下濤聲隨玉指，溪山秋月入金徽。伯牙先別鍾期去，流水高山空落暉。月色徘徊知有恨，春光惱亂欲無生。聽猿已下三聲淚，悲風還牽萬古情。

當然，這組詩的價值尚不止於説明馮銓情感真摯的詩風，更重要的在於可補史料記載之闕。史料中有關馮銓娶滿妻之事，僅有"況叨承寵命，賜婚滿洲，理當附籍滿洲編氓之末"②之記載，至於更多有關馮銓這位滿妻的情況，則史記闕如。清代前期滿漢通婚有着嚴格的規定，而馮銓由於在清朝入主中原後率先迎降，並且對清初朝廷完善典章制度和招攬漢族人才頗有功績，因此被破格賜予滿婚，本人亦被編入旗籍，以示清廷對功臣的重視與恩寵。馮銓對朝廷賜予的這份殊榮，也是感恩戴德，在組詩中有着多次表露，如：

> 鳳閣鸞臺特賜婚，齊姜宋子出高門。宜家不辱君王命，屬續猶懷夫埔恩。九重賜配天恩重，百歲偕歡海誓深。俯仰追尋無報處，惟餘皎日照丹心。

那麼，這位出自"高門"的滿妻是何時被賜婚嫁給馮銓，其真實的身份和家世究竟如何，組詩中給出了一定的綫索。其中一首有句"芳年十四美雲環，愧我當時鬢欲斑"，

---

① 《明史》，第 7937—7938 頁。

② 《清史稿》，第 9632 頁。

可知此滿妻嫁給馮銓時爲十四歲，與馮銓的年齡跨度較大。馮銓與滿妻的婚後生活，除上列詩中句“二十四年明月夜，一番思憶一番悲”外，另一首中亦有句“二十四年渾是夢，而今仍在杳冥中”，可知二人婚後共同度過了二十四年，而在《爲滿洲內子卜葬（己酉春）》一詩中可知，馮銓滿妻去世的時間當在康熙八年春或稍早。綜上所述，可以推斷，馮銓這位滿妻享年三十八歲，若按卒於清聖祖康熙八年（1669）推算，則生於明思宗崇禎五年（1632），于清世祖順治二年（1645）被賜婚給馮銓。馮銓生於明神宗萬曆二十三年（1595），比他的滿妻年長三十七歲，他們被賜婚之時，馮銓已年屆五旬，因此自稱“鬢欲斑”。

　　至於這位滿妻的身份，馮銓在詩題中稱之爲“訥藍內子”，在《獨鹿山房詩稿》以外的文獻中，皆未見有關馮銓滿妻姓氏的記載。查《八旗滿洲氏族通譜》，未見有“訥藍氏”者，恐爲音譯訛傳所至，而音近“訥藍”者，在《八旗滿洲氏族通譜》中有納喇氏、訥勒氏、納賴氏和納喇氏，其中前一個納喇氏屬滿族，而後一個納喇氏屬蒙古族，下面略作簡介，按《八旗滿洲氏族通譜》載：

> 納喇氏（滿洲）：納喇氏爲滿洲著姓，其氏族散處於葉赫、烏喇、哈達、輝發及各地方，雖係一姓，各自爲族。
> 訥勒氏：訥勒爲滿洲一姓，此一姓世居黑龍江地方。
> 納賴氏：納賴係隸滿洲旗分之蒙古一姓，其氏族世居吳喇忒地方。
> 納喇氏（蒙古）：納喇係隸滿洲旗分之蒙古一姓，其氏族世居阿霸垓，及科爾沁地方。①

已知馮銓之妻爲滿洲人，故可將蒙古納賴氏與納喇氏的可能性排除。又據馮銓詩中“齊姜宋子出高門”句可知，這位滿妻的出身應當比較高貴，而訥勒氏僅爲滿洲一小姓，尚稱不上“高門”，堪稱“高門”者，唯滿洲納喇氏，亦譯作納蘭氏或那拉氏，是滿洲八大著姓②之一，人才輩出。又馮銓在組詩中有一首回憶道：

> 當年二豎苦相侵，賴爾周旋幸再生。裹藥戴星朝帝闕，雙親正自望卿卿。

這裏的“二豎”③即指“疾病”，從後句中“裹藥”一詞亦可得證。馮銓在詩中追憶了亡妻當年爲自己求醫問藥，使自己轉危爲安的情景，表露了對亡妻之眷眷深情。同時也説明了一個事實，從“朝帝闕”一詞中可以看出，馮銓滿妻作爲一個官員的妻子，有能力接近宮廷，甚至向當時的皇室求討良藥，替丈夫治病救命，可見這位滿妻的家世背景非同一般，若非高門之女，恐難以做到。因此馮銓滿妻出身滿洲著姓納喇氏，當屬無疑。至於馮銓這位出生著姓納喇氏的滿妻，究竟來自納喇氏的哪個具體部族，或是清初哪位朝廷公卿大臣的親屬，由於當時婦女社會地位比較低下，難入族譜，因而未得確考。但從詩稿中可證馮銓滿妻的生卒年及姓氏背景，亦足可補史料之闕。

---

① （清）愛新覺羅·弘晝等：《八旗滿洲氏族通譜》，瀋陽：遼海出版社，2002 年，第 280、708、761、764 頁。
② 滿洲八大著姓爲：佟佳氏、瓜爾佳氏、馬佳氏、索綽羅氏、赫舍裏氏、富察氏、那拉氏與鈕祜禄氏。
③ 按《左傳·成公十年》載：“公夢疾爲二豎子，曰：‘彼，良醫也，懼傷我，焉逃之？’其一曰：‘居肓之上，膏之下，若我何？’醫至，曰：‘疾不可爲也，在肓之上，膏之下，攻之不可，達之不及，藥不至焉，不可爲也。’”後以“二豎”爲疾病之代稱。楊伯峻：《春秋左傳注》，北京：中華書局，1981 年，第 849—850 頁。

# 四、小結

　　馮銓等晚明閹党成員，由於受到傳統史學觀與倫理道德觀的影響，往往被研究者忽視，甚至鄙棄。他們的著作，連同有關他們的史料記載，大多被歷史的塵沙所覆蓋，而真相也正在這層層覆蓋之下越來越離我們遠去。閹党中的確有不少奸佞小人，但閹党的本質依然是晚明党爭中的一派士大夫集團，其中當有不少值得研究的人物和著作，孔雀雖有毒，不能掩文章，何況閹党中的許多成員，其道德定位在今天亟需被重新審視。而要進行重新審視，就需要有材料作爲支撐，現存史料由於受到傳統史學觀的篩選和修改，較難再有進一步的發現，而這些閹党成員留存下來的個人著作，由於直接反映着他們的情感思想，顯示着他們的人生軌迹，就成了可資研究的珍貴資料。他們的著作，往往留存不多，傳播不廣，有的甚至被有意毀棄，因此對它們的發現與研究，就顯得尤爲迫切而富有價值。希望對孤本《獨鹿山房詩稿》的發現與研究，能引起學界對閹党成員著作文本的進一步重視和挖掘，讓歷史的塵沙漸漸被拂去。

## 古　籍　書　訊

**《施愚山集外編二種》（安徽古籍叢書第三十輯）**

　　（清）施璟撰，彭君華整理，李媛編輯。黃山書社 2020 年版。

　　全書包括《學餘集客問隨述》和《施侍讀年譜》二種，均爲愚山先生長孫施璟手纂稿本。

　　《學餘集客問隨述》爲施璟專門考訂《學餘集》之作，令我們得以窺見三百年前《學餘集》定本的原貌，並據以校勘流傳至今的棟亭刻本。《施侍讀年譜》較之於乃侄施念曾的《愚山先生年譜》資料更爲翔實，引據了頗多如今不能一見的施愚山信劄資料。全書附錄《矩齋先生外傳》和《寄雲樓書目》，於全面認識施愚山生平行實和著作情況頗有裨益。

# 翁方綱時文理論探微<sup>*</sup>

## ——以《復初齋時文》《帖經舉隅》爲中心

### 李文韜

**摘　要**：《復初齋時文》《帖經舉隅》是翁方綱關於時文的代表性著作，既收録時文評點、時文各題的題解，又有關於時文文體的專論，反映出翁方綱對時文創作、時文理論極爲深刻的認識。翁方綱時文理論以經學爲根柢，圍繞經學旨歸而展開，具體體現在文氣、機法、詞章三個方面，構建起了學人之時文的理論體系。同時，在正面建構以經學爲根柢的學人之時文之外，翁方綱亦對崇尚奇險的江西時文風尚進行了批評，以此呼應並深化了以經學爲本、以古雅爲宗的學人之時文主張。

**關鍵詞**：復初齋時文；帖經舉隅；翁方綱；經術；學人之時文

翁方綱（1733—1818），字正三，又字叙彝。號覃溪，又號忠叙、彝齋、蘇齋。其家先世福建莆田人，十世祖官北京，始入籍順天，是以翁方綱爲順天府直隸大興人。翁方綱於乾隆十七年（1752）中二甲進士，欽點翰林院庶吉士。乾隆三十八年（1773），任《四庫全書》纂修官。又一生以文學清華之職，多次出任鄉、會試考官以及地方學政。嘉慶二十三年（1818）卒，年八十六。翁氏生平精心積學，著述宏博，主要撰有《復初齋文集》三十五卷、《石洲詩話》八卷、《杜詩附記》二十卷、《粵東金石略》九卷等①，於經學、詩學、書學、金石學、評點等均有涉及。

作爲乾嘉之際學術界的代表人物，翁方綱在經學、詩學、書學以及金石學方面的著述一直都受到關注，但他所撰時文以及時文理論却鮮有受到矚目。結合其官宦生平來看，翁氏曾一任江西學政，三任廣東學政，一任山東學政，壯年精力多付諸此。其中“校士”是其作爲學政的主要職責，時文理論則是他校士的主要工具。因此，從時文角度進行研究，對完善當今學界關於翁方綱的整體研究無疑是十分有必要的。

---

\* 　作者簡介：李文韜，男，復旦大學中國語言文學系（上海 200433），文學博士，主要從事明代文學研究。
　基金項目：教育部哲學社會科學研究重大課題攻關項目：清代稀見科舉文獻整理與研究（17JZD047）。

　① 　相關著述可參見沈津所撰《翁方綱年譜》（臺北：“中研院”中國文哲研究所出版社，2002）以及段慧子博士論文《翁方綱著作研究》（2011）。翁氏的時文著作，據梁章鉅《制義叢話》載：“翁方綱……有《復初齋時文》。”孫殿起《販書偶記》載：“《帖經舉隅》三卷，北平翁方綱撰，無刻書年月，約乾隆間以自寫本精刻。”可知翁氏時文代表性著作爲此二種。

# 一、《復初齋時文》《帖經舉隅》版本述略

綜觀明清兩代有關時文批評與理論的成書,大致有兩種形態:一是時文選集的評點,此類以《可儀堂一百二十名家制義》《欽定四書文》爲代表;一是時文理論的專書,而在時文理論專書中,有一類專論時文作法,有一類則是專論時文各題的題解,後一類書最貼近《四書》原典,最具經學之性質。翁方綱的時文理論主要保存在《復初齋時文》和《帖經舉隅》兩書中。《復初齋時文》爲其自選時文集,各文均有夾批和文後總評,屬於評點類時文集;《帖經舉隅》除了包含字説、碑銘法帖的筆記外,其主體部分是有關《四書》各題的題解以及對時文的討論等。

《復初齋時文》現存哈佛本、上圖本兩種,其中哈佛大學燕京圖書館藏本爲《復初齋時文》與《帖經舉隅》的合刻本。哈佛本《復初齋時文》全書不分卷,共兩册,每半葉九行,行二十四字,白口,無魚尾,四周雙邊。版心上書口刻“復初齋時文”,下方書葉次,第一册首葉首行下鈐朱文“哈佛漢和圖書館珍藏印”。對該藏本的基本信息,館記說道:“九行,二四字”、“Published:[China]:[publisher not identified],[1787?]”。館記對於其刊刻年限未能下斷語,沈津先生於《年譜》中將該時文集認定爲“清乾隆五十二年(1787)自刻本”,依據的是該書葉首處翁方綱的自序,翁氏自記道:“乾隆五十二年六月望日大興翁方綱自序。”此時翁方綱正擔任江西學政,五十四年(1789)九月方奉旨調回京師。再結合文本内證,文集中的《西江文體論》等篇章亦能證明該文集當是在江西時所作。因此,《復初齋時文》的刊刻時間當在乾隆五十二年(1787)六月至五十四年九月之間。

上海圖書館藏《復初齋時文》共一册。板式上,每半葉九行,行二十四字,白口,無魚尾,四周雙邊。版心上書口刻“復初齋時文”,下方刻葉次,上圖本於册首葉序目下鈐朱文“上海圖書館藏”。該書舊爲民國王培孫所藏,扉頁有小記,叙述得書始末,並於翁方綱自序之後鈐有朱印“王培孫紀念物”。

内容方面,兩藏本均以翁方綱自序居首,先目録後正文,每篇時文題目均空兩字起刻,正文部分均頂格起刻,篇尾的評點則整體空一字起刻。依哈佛本目録所載,時文當爲四十篇,哈佛本實際缺九篇,分别爲《女得人焉爾乎》《古之道也爾愛其羊》《赤之適齊也》《明日》《天油然作雲》《王使人瞯夫子》《誠不以富,亦祇以異,其斯之謂與》《子路從而後　子見夫子乎》《季孫曰:“異哉子叔疑!”一節》,上圖本則篇目結構完整,以上圖本作爲對校本,便能將缺失的九篇補齊。此外,時文集中還附有《西江文體論》一文,論述江西文人爲文之風貌。

通過對照兩本,可以發現除葉次有所顛倒、脱落外,兩本於板式、同篇目下的内容了無差異,這種高度一致顯示出了這兩藏本實爲同套板片所印。舉例來説,查閲哈佛本,發現在題爲《先王有不忍人之心猶其有四體也(其一)》(seq. 49)、《先王有不忍人之心猶其有四體也(其二)》(seq. 50)的時文中,兩題的右上側,即該頁之右欄均有斷口。上圖本(61a、63a)在相同位置亦有相同斷口。又如哈佛本(seq. 53)右上角邊口明顯斷裂,上圖本(66a)亦出現相同情況。再從文字漫漶現象來看,文字漫漶雖然有

很大部分原因是由於後期保存所致，但如果是板片自身的缺陷，依然能很清楚地辨認。哈佛本（seq. 77）中，原文爲“中間扼要争奇……以此圭臬士林”，其中“間扼”與“臬”明顯是屬於刻板問題導致的文字缺損，結合上圖本（88b）對照，可以看到相同問題。上述哈佛本與上圖本所呈現出高度一致的斷口與文字缺損等異常狀況，在兩本中數見，在此僅列舉其顯著者。這樣的情況既非有意爲之，又不是保存不善所致，再結合二者在板式、同篇目下内容的高度相似性，可以斷定二者爲同一套板片印刷而成。

《帖經舉隅》版本有三種，除美國哈佛大學燕京圖書館藏本外，中國國家圖書館亦藏有《帖經舉隅》三卷本、《帖經舉隅》四卷本。由於哈佛大學燕京圖書館所藏《帖經舉隅》與《復初齋時文》是合刻本，二者刊刻體例相同，且《帖經舉隅》文本中亦有屢次提到“江西”的相關文字，可推論《復初齋時文》與《帖經舉隅》應是爲了同一目的而同時刊刻，哈佛合刻本應是初行本，其他單行本應是後來析出，對初行本進行相關增補和删節，上圖本《復初齋時文》便是如此。

哈佛本《帖經舉隅》是三卷本，書册封面左側題識爲“翁覃谿帖經舉隅”，右側題爲“歷代碑帖考”。每半葉九行，行二十四字，白口，無魚尾，四周雙邊。版心上書口刻“帖經舉隅”，下方書葉次，藏本於每卷首葉首行下鈐朱文“哈佛燕京圖書館珍藏”。哈佛本《帖經舉隅》主體部分爲關於《四書》的題解，每卷中主要以“論《××××》題”的形式來闡發對某題的見解，其中有涉及大題如《中庸第二十五章》全節、《大學之道》四節等，亦有涉及小題如《入雲》之類。全書無序無目録，卷一共有十四篇題解。卷二有六篇題解和一篇《制義江西五家論》，此外還附有歐陽修、曾鞏、黄庭堅三人詩文選目，以及《書法舉隅》卷上、下，其中《書法舉隅》上卷論字，下卷論碑銘法帖。卷三有題解八篇以及《文體論》（上、下）、《讀書養氣説》三篇論説文。

國圖《帖經舉隅》兩藏本作爲單行本與哈佛合刻本有所區别。國圖所藏《帖經舉隅》三卷本在刊刻字體上就與哈佛本明顯不同，應是另一塊雕版，但全書在整體内容、文字排版格式上無較大差異，只是在卷三處增加一篇題解（論《子曰孟子曰》題）和兩篇論説文（《論杜詩“前輩飛騰入”句》《杜詩“熟精文選理”“理”字説》）。國圖藏《帖經舉隅》四卷本在刊刻字體、文字排版格式上與哈佛本相同，但内容發生了重大變化，除了删除哈佛本卷二處歐陽修、曾鞏、黄庭三人詩文選目外，還增加了卷四，其中包括一篇《詳詩髓論》以及六篇題解。綜而觀之，無論是《帖經舉隅》國圖三卷本、四卷本，還是前述上海圖書館所藏的《復初齋時文》，所增補的部分在論述風格上始終與全書文風保持統一，應是翁氏在初行本中未收録的文字，於後來的單行本中進行了增補。

以上時文兩種是翁方綱集中論述時文的著作，通過時文創作、時文題解以及相關論説等，向我們展現了成熟的時文理論體系。

## 二、先河後海，或原或委——從經學到時文的思考理路

從明末至清末，時文家陸續對時文風格進行總結，或作階段性的劃分，或作種類上的判定，這無疑是基於時文曲折發展的客觀現實。時文風格的多樣化，其實意味着

士子對時文理解的多元性。如錢謙益所指出：“有舉子之時文，有才子之時文，有理學之時文。”①牧齋結合明代時文的發展，認爲在風格種類上可分爲三種，舉子之時文是其中的正宗。牧齋無疑是以行文風格、行文邏輯來作判定標準，但評價仍有一定局限，如認爲舉子之時文應當在“本經術、通訓故”的同時，摒棄時文機法；又如理學之時文的提出，則主要是顧及當時陽明心學的影響，而別立此一支。

從時文創作的行文風格、邏輯出發，我們認爲，將翁方綱的時文稱之爲學人之時文是不爲過的。學人之時文，既是在牧齋“舉子之時文”基礎上的修正，也彰顯出翁方綱作爲清代學人的個人特點。《清史稿》稱：“方綱精研經術，嘗謂考訂之學，以衷於義理爲主……所爲詩，自諸經注疏，以及史傳之考訂，金石文字之爬梳，皆貫徹洋溢其中。”②翁方綱精研經典，作文、作詩均宗於六經。雖然錢鍾書先生對翁方綱“學人之詩”③評價不高，認爲翁氏乏詩才，却仍好以經籍潤飾詩篇。但其學人特質對時文寫作却極爲重要，如袁枚所説：“時文者，學人之言而爲言。”④士子學習時文，所學之人應上至孔孟，下逮周、程、張、朱，具體到時文寫作之中，援引經籍更是加分項。南橘北枳，翁方綱的學人特質在作詩範圍內顯得“水土不服”，但天然契合於時文領域。

學人之時文，本質上是以經學爲本，這裏包含了兩層含義：一是在具體寫作層面，士子在時文寫作中援引經典；一是在個人學習的價值取捨層面，士子應當宗於經典義理。當然，前者無疑是後者的自然流露。以經學爲本的基本邏輯始終貫徹在翁方綱的時文創作中。事實上，《復初齋時文》與《帖經舉隅》析以爲二，是由於內容的側重不同，兩書主旨却是統一的。翁方綱時文持論亦不離經典，因爲經學是時文的根柢，它決定着時文的深度與價值。

探賾學人之時文的具體內容，首先無疑要説明經典在翁方綱心中的地位。《復初齋詩集》卷三十三至三十八收錄翁方綱督學江西時所作詩，單行本名爲《轂園集》，序言中説道：“是秋奉命視學江西，取夙昔瓣香山谷、道園二先生詩之義以名是卷。”⑤詩集名稱就暗含着翁方綱的價值取向。詩集以《發南昌述懷》十六首最爲重要，翁方綱以組詩的形式將督學三年的感悟進行了整體的回顧，前七首詩作主要表述個人主張，後九首則重在描繪江西風土。

在此不妨以《其五》詩爲例：

> 草廬及道園，文章皆理學。夫豈才筆騁，務與歐曾角。半山急用世，成就或醇駁。當其始學時，本亦勤切琢。士方茅屋居，往往見甚卓。履之乃知艱，境苦不自覺。正要翻覆看，方信志行確。平易初何害，質厚乃完璞。近人學三魏，格調襲煩數。端從肆經始，此事須商榷。

①　（清）錢謙益：《牧齋有學集》，錢仲聯標校，上海古籍出版社，1996年，第1508頁。

②　趙爾巽等：《清史稿·文苑二 翁方綱》卷四八五列傳二七二，中華書局，2003年，第13395頁。

③　錢鍾書：《談藝録》“學人之詩”條，三聯書店，2013年，第462頁。

④　（清）袁枚：《小倉山房詩文集》，周本淳標校，上海古籍出版社，1988年，第1771頁。

⑤　（清）翁方綱：《復初齋詩集》，清嘉慶刻本，卷三十三。以下詩句均引自該本，不再另出注。

雖然從談藝的角度上看,這首律詩或許不入詩人法眼,但從研究個人思想的角度看,却爲研究其崇經主張提供了重要的論據。從該段表述中能發現,翁方綱例舉虞集、王安石等江西先賢,實則是以軒輊江西諸家的方式來表明自己的崇經主張。翁方綱無比推崇吴澄、虞集等江西理學家,原因便在於理學與經學關係密切。詩句中强調的"端從肄經始",其實也是"以古人爲師,以質厚爲本"①的另一種表達。將經學視作學問的起點,這表明只有經學才被翁方綱視作第一流的學問。

《穀園集》帶來的還有文本之外的信息,翁方綱任職學政期間極力推重經典,與其學政身份以及個人治學理念密不可分。具體來看,首先是官方規章對學政履職的要求。乾隆三十八年(1773),《欽定學政全書》由禮部尚書素爾訥主持纂修而成,是書對學政的諸項職責進行了詳盡的規定,比如"崇尚實學""厘正文體""書坊禁例"等,在官方標準的規定下,學政無論是衡文課士,還是赴學宫講學,都必須積極履行官方要求。從翁方綱的履職結果來看,"在江西任内奏報歲試情形,申嚴月課一摺,約束武生一摺,申嚴場規、核實經古學一摺。皆蒙御批嘉奬並敕諭各省學政照依辦理"②,所作所爲無不呼應崇實學以正文體的規章,可見翁方綱也是順應官方話語,作爲朝廷課士標準的代言人。其次是時代經學風氣與個人崇經心態的縮合。翁方綱推崇經學既是由於個人的治學傾嚮,也是當時學術界主流價值觀的體現。乾隆朝開始逐漸扭轉前朝推崇理學的風氣,並加以對實學的重視。結合翁方綱任職廣東學政的治學旨趣、四庫館臣的學術經歷等,可以發現他的治學路綫與時代大潮有着天然的契合。綜而觀之,無論是《欽定學政全書》的要求,還是自上而下的崇經觀念,都是中央話語與主流價值的體現。而翁方綱的治學旨趣、學政主張與時代主流相輔相成,其思想訴諸時文層面,必然是對經學旨歸的深化。

其次,論及從經學到時文的思考理路時,翁方綱主要採取兩種論述方式進行展開。一是從義理的闡釋角度找尋關聯。時文無疑與經典關係密切,甚至可以説是由經典直接推動而生。因此,他指出:"爲經學者當先從事於注疏,而後及於師儒百家之説。爲時文者當先研極於經傳,而後及於藝林流别之派。"③一是從文體的發展歷程而論。時文是一種後起的文體,需要將時文與其他文體等而視之,按時間先後逐漸梳理出經學與時文的聯繫。結合其時文集進行細緻考索,便能發現他也站在文體的發展歷史的角度上,爲時文尋根溯源——以經典爲綱,構建起了文體發展的譜系。

《復初齋時文》中的《西江文體論》詳細闡明了從經學到時文的思考理路。翁方綱在《西江文體論》中品評了諸多人物,既有如馬端臨、鄱陽四洪等以學術聞名的大家,又包括羅萬藻、艾南英等時文名家。涉及的文人、文體看似繁多,在翁方綱眼裏其實都能用經典進行統攝。該文開篇談道:

　　　　古今文,未有不出於《周易》"有物""有序"二言者。然物有本末,而序有原

① (清)翁方綱:《漁陽先生精華録序》,《復初齋文集》卷三,道光丙申刻,光緒丁丑李彦章校,7a。

② (清)翁方綱撰,英和校訂:《家事略記》,清嘉慶刻本,46b。

③ (清)翁方綱:《制藝江西五家論》,《帖經舉隅》卷二,清乾隆刻本,11a。

委，故吾嘗舉《禮》經之語以論文，曰：“先河後海，或原或委。”此即摯虞《流別》之義也。①

“先河後海，或原或委”，出自《禮記·學記》，意味着爲學、爲文要探清源流。翁方綱隨後從經學（包括理學）、史學、詩學等方面進行了論述，認爲後起的文體均發端於經典。比如在古文方面，翁方綱由虞集追溯到曾鞏等宋代古文大家，認爲“經術之氣必以南豐爲至焉。南豐之文，蓋出於班孟堅，而孟堅所次劉向、匡衡、李尋、翼奉諸人，皆經術之文也”②。所謂的“經術之文”，正指向了文之起源。

蘇齋以逆推的手法描述了文體發展的歷程，並確立了文章的正統。這種正統指的並不是某種文體，也不是某種具體的創作手法，而是一種融匯在文章創作中的觀念。何惺庵對此作出了評價：

> “道者，文之根本；文者，道之枝葉。聖賢文章，從心寫出，故文便是道。”至哉紫陽之言！……此所謂載道之文。願承學者，毋徒奉爲制藝律也。③

“道者，文之根本；文者，道之枝葉”，語出《朱子語類·論文》。翁方綱持論不悖朱熹，在於他認同朱熹鑽研經典義理的態度。朱熹曾批評這樣一種寫作現象：“今人作文，皆不足爲文。大抵專務節字，更易新好生面辭語。至說義理處，又不肯分曉。”④翁方綱亦曾批評捨本逐末的時文寫作現象，“（士人）即帖括依經爲之，而亦好用奇字僻事，忘其初入家塾之舊業，則逐末而失其本者衆也。”⑤由此，“先河後海，或原或委”的觀念便更爲清晰，只有沉潛經文，時文方有根柢。從文體發展來看，時文雖然產生較晚，却是依附六經而生。時文的義理與經典相通，以文載道，以時文彰顯經學的價值，這也是時文應有之義。

## 三、文氣·機法·詞章：翁方綱時文持論的多維性

先經傳後時文的思考理路，無疑爲翁方綱時文理論的形成提供了嚴密的邏輯基礎。具體到時文理論層面中，翁方綱則將其精髓進行了深入的闡釋，也向讀者展現了其時文理論的系統框架。

### （一）沉潛經術，涵養文氣

以氣論文一說，在中國文學批評史上是個令人矚目的命題，時至今日依然有值得討論的空間，如郭紹虞先生就以分階段的形式分析術語內涵的流變⑥，有的學者則從

---

① （清）翁方綱：《復初齋時文》，清乾隆刻本，86a。
② 《復初齋時文》，87a
③ 《復初齋時文》，87b。
④ （宋）黎靖德編：《朱子語類·論文（上）》，中華書局，1999 年，第 3318 頁。
⑤ （清）翁方綱：《樹蘭齋時文序》，《復初齋文集》卷四，道光丙申刻，光緒丁丑李彥章校，23a。
⑥ 郭紹虞：《照隅室古典文學論集》，《中國文學批評史上之“神”、“氣”說》，上海古籍出版社，1983 年，第 46 頁。

文學創作的内在心理和外在形式探討了文氣[①]。雖然在文學史的主流書寫中,有關文氣的論述鮮有涉及時文領域。但當我們對明清别集、文話等相關材料進行梳理時,能明顯發現“文氣”一詞既廣泛運用於古文理論處,也是論述時文的重要術語,以下兹舉數例。

　　湯賓尹論制義時指出:“杜牧之論文以氣爲主,蓋氣和則文平,氣充則文暢,氣壯則文雄,氣清則文貴,氣豪爽則文逸宕,然此不可旦夕計效也。”[②]萬曆時黄汝亨也談道:“文之有氣,如人身之有血脉,壅則病矣……心清學術端,則爲醇正之氣,躁心淺見,則爲浮邪之氣,其需於氣則一。”[③]艾南英在針砭明季時文更是指出:“古之至文未有不以氣爲主者,氣有斷續而章法亡矣。氣之斷續非不能文者犯之,文而巧俊者犯之也。”[④]針對明季時文悖理程朱傳注、一味追求奇詭的現象,艾南英認爲要以“渾樸之氣行乎其間”,以此來拯救萎靡文風。清初吕留良論述時文時也談道:“文以氣爲主,有氣方能曲……文無遒蕩迤演之氣,囚瑣嫛婗,皆行尸坐魄耳。”[⑤]以上四者,前二者是論述文、氣間的聯繫,後二者則是針對文風不振的現狀,强調氣對於作文的重要性。

　　與艾南英、吕留良境況相似,翁方綱在論述時文中提出“養氣”一説,也是針對時文寫作的積弊。《讀書養氣説》談道:“使者來視江右學政,屢言文之積敝,而文之所以敝未之剖析也……則姑舉蘇子叙歐陽文所説者,曰‘論卑氣弱’而已。夫論之卑,氣之弱,非一日之病也,積漸使之然也。”[⑥]點出了正是由於文氣極弱,才導致時文格調不高的結果。而如果認爲改善機法便能提高文氣,則又是取徑失當,是“不揣其本而治其末,則其病益以滋蔓,而治之而益難”,如果没有從根本上作改變而徒飾浮詞,所作文章依然顯得空泛。如何從根本上培養自身文氣?《讀書養氣説》進一步點出:“必沉潛善下者,而後論可望其勿卑,必静虚善養者,而後氣可期其勿弱……今日之俄頃,他日之積久也,今日之小得,他日之大成也。江西士人,今日之病,蓋在於不讀書,而其所以病,在於心不能入。”[⑦]翁方綱以批判的口吻説出解決之道,認爲只有沉潛經典才能有所提高。

　　時文創作有其特殊性,唯有將經典爛熟於胸,才能在風簷寸晷中回憶起題目的前後文本,也唯有平素涵養文氣,才能在考場中厚積而薄發。翁方綱於《復張瘦同論聯句書》中談道:“今日讀書考證之學其多且難,已倍於古人,而説經訂史之文,又不可闌入詩句,既不欲多涉議論,又不欲沾滯文字,又不欲空拈風雲花月,則將如何而可乎?

---

①　熊湘:《古代文論範疇“氣”與“脉”之關係探賾》,《文藝理論研究》2013 年第 4 期。

②　(明)湯賓尹:《湯睡庵太史論定一見能文》,見《稀見明人文話二十種》,上海古籍出版社,2016 年,第 874 頁。

③　(明)武之望撰、陸翀之輯:《新刻官板舉業巵言》,見《稀見明人文話二十種》,上海古籍出版社,2016 年,第 314 頁。

④　(明)艾南英:《陳興公湖上草序》,《天傭子集》,《明别集叢刊》第五輯,清康熙張符驤淳如堂刻本,第 178 頁。

⑤　(清)吕留良:《吕晚村先生論文匯鈔》,浙江古籍出版社,2011 年,第 477 頁。

⑥　(清)翁方綱:《帖經舉隅》卷三,清乾隆刻本,17b。

⑦　《帖經舉隅》卷三,17b。

其必有深潛博厚之氣,獨出於古人之所已得與古人之所未言者。"①時文何嘗不是一種"説經之文",同樣的道理,學子只有培養自身的"深潛博厚之氣",才能對經義進行深切的闡發。在《貴溪畢生時文序》中,翁方綱更以"清粹之氣""江山精氣耿耿"來稱讚深究經術之人所撰寫的時文,對該類文章的品格表示高度的讚揚。通過沉潛經術,涵養文氣找到了具體的操作方式,也從抽象的理論轉化爲具象的寫作指導、評價標準。

### (二) 根柢經術,機法並行

談及時文創作,往往離不開時文機法,時文家對機法的態度有褒有貶,這離不開他們所處的時代環境。比如在明末清初時文家眼中,機法始終是一個敏感的詞匯。王夫之曾談道:"無法無脉,不復成文字,特世所謂'成弘法脉'者。"王船山極力駁斥文章成法,認爲"有皎然《詩式》而後無詩,有八大家文鈔而後無文"②。明季陳龍正也提到:"若脉、法二言,惟可神會。文安有脉? 題至則脉隨之;文安有法? 意至則法隨之。謂文之至者,法、脉自具可耳,謂以法、脉成大家,何其隔歟?"③艾南英指出:"今之爲制舉業法者,非國初制也,而士皆去彼取此,曰:'是今日有司之法度也。'"④清初吕留良亦説道:"法脉出落,不可不講。然無蒼秀氣骨,而著意於此,以爲老練,其老練處正是惡俗處。"⑤明季制義文風大壞,王夫之、陳龍正、艾南英、吕晚村等人均針對時文悖離程朱的現狀提出批評,無論是使用文法、以巧取勝,還是雜入百家雜説、六朝偶語,亦或爲坊間俗見蠱惑、隨意作文,都只是這期間文風大壞的一個側面。在這裏,機法只是作爲標靶,時文家往往超出一般性的文學層面而進一步進行針砭,力圖聯繫文風、士習乃至國運三者進行更深層次的解讀。

時運交移,清乾隆朝時局穩定,《復初齋時文》《帖經舉隅》的編選初衷是作爲時文寫作指導用書。翁方綱在《蔣春農文集序》談道:"予嘗謂爲文必根柢經籍,博綜考訂,非以空言機法爲也。"這既是對他崇經觀念的説明,也反映出他對作文機法的重視。對於身處考場的士子來説,要想在諸多限定條件下完成品質尚佳的作品,就不能不牽涉時文寫作機法。

時文寫作首在認題,這其中既包含了對題目所含義理的理解,也包括該以怎樣的論文框架進行論述,這種論調在明清兩代時文大家的論述中屢見不鮮,翁方綱亦是如此,《送張肖蘇之汝陽序》中就談道:"時文之法,在於審題,題得而理定,理定而法生焉,其但務古調以震駭於人者,猶之浮詞也。"⑥如果審題不清,只想以詞氣打動考官,也只是一篇不合格的制義文章。

---

① (清)翁方綱:《復張瘦同論聯句書》,《復初齋文集》卷十一,道光丙申刻,光緒丁丑李彥章校,26a。
② (清)王夫之:《姜齋詩話》,舒蕪點校,人民文學出版社,2012 年,第 169 頁。
③ (明)陳龍正:《幾亭外書》,《叢書集成續編》第 173 册,上海書店,1994 年,4b。
④ (明)艾南英:《萬永師近藝序》,《天傭子集》,《明别集叢刊》第五輯,清康熙張符驤淳如堂刻本,第162 頁。
⑤ (清)吕留良:《吕晚村先生論文匯鈔》,浙江古籍出版社,2011 年,第 475 頁。
⑥ (清)翁方綱:《送張肖蘇之汝陽序》卷十二,《復初齋文集》,道光丙申刻,光緒丁丑李彥章校,10b。

　　要達到審題清晰,首先要能辨認題目所含之義理,否則會出現義理謬誤的硬傷;
其次,則是因題而定法,也即用什麼樣的行文邏輯來闡釋題理,或用考證而行文,或從
虛字找實字以行文等等,機法不一,但均是由題而來。《帖經舉隅》集中探討了時文題
解,大題、小題、長題等都有所闡發。在這之中,尤以截搭題難做,也極易認錯題目而
誤用吊、伏等機法。翁方綱在《論〈陳其宗器,宗廟之禮,所以序昭穆也〉題》中,就對認
錯題目而亂用機法明確指出批評:

　　　　法必從理生,而理從題出,五載以來,使者日久諄諄與學人研切經義,冀其深
　　心體認古人語言意味……至於二節、三節之書,中間抽截出題者,總須相其理脉
　　神致,斷不可鈎棘字句,挑剔一二字以爲清題位。致如搭題之吊、渡、挽者,則將
　　混長題、搭題爲一例,俱目爲機巧串合之法,此則大有關於學術之淳漓,文體之
　　正衰。①

是題出於《中庸・第十九章》,乍看是一個典型的搭題,翁方綱認爲雖然按例屬於截搭
題,但題句神理完整,士子依然可以按文勢而説下,只是在"其聯合機致之處,又必運
以古文之波瀾意度",也即在過文處,用一二散語作過接,而不是單純因題目的形制而
仿效機法。同時,翁方綱又對坊間時文空言機法而導致審題謬誤的弊端進行了批評,
如"'春秋'二節分時祭、祫祭之説,久經前人駁正……而俗塾教師,舉眼但見題句,遂
乃認爲時祭,又因下節有'群昭群穆'句,認爲祫祭。訛以傳訛,所以學者皆不知體味
古書神氣,不善會古人語言,因陋就簡而莫之省。"②時文要闡發的義理必須緊緊圍繞
所出之試題,翁方綱在全書中多次強調,"文從法生,法從理生,理從題出,全在虛心涵
泳""每勸士子作文,先須研求義理,而理即在題中,不煩外索,其舍此而空言機法者,
皆大誤也""渾然天成之法度,未有不從題理中出者也"等等,足見其用心良苦。

　　如艾南英指出:"道一而已,而法則有二焉。有行文之法,有御題之法。"③除前述
認題定法之外,在行文之法方面,翁方綱又提出"前偏後伍、伍承彌縫"的行文機法。
"前偏後伍、伍承彌縫"一詞出自《左傳・桓公五年》,原指兩軍對壘時的佈陣之法,杜
注:"《司馬法》,車戰二十五乘爲偏,以車居前,以伍次之,承偏之隙而彌縫缺漏也。五
人爲伍。此蓋魚麗陣法。"楊伯峻先生進一步説明:"伍之左右在於承偏之隙而彌縫缺
漏。"④通過這種方式,車陣與步兵融合成一個更緊密的整體,以兵法喻文法,翁方綱
以此來形容時文的整體佈局。如在《論〈入雲〉二字題》中談道:"'然'字意已到下節,
而'弗與共之'三疊仍完繳上節,此則前偏後伍、伍承彌縫之大章法。"⑤是題出自《孟
子・萬章》,原文較長不録,但翁方綱使用這條術語的指向性已然十分清晰,即在該題
下,對題前一些字句的闡釋要能暗示到題後,而對題後字句的解讀要能照應到題前,
前後勾連,渾然一體。

---

① 《帖經舉隅》卷一,8a。
② 《帖經舉隅》卷一,7a。
③ (清)戴名世:《己卯行書小題序》,《南山集》,《續修四庫全書》集部第 1419 册,上海古籍出版社,第
99 頁。
④ 楊伯峻編著:《春秋左傳注》第一册,中華書局,1981 年,第 105 頁。
⑤ 《帖經舉隅》卷一,10b。

　　這種做法在截搭題中也時常用到,如《君子易事而難説也。説之不以道,不説也》一題,作爲一個典型的上全下偏題,翁方綱所作之時文便行以前偏後伍、伍承彌縫的機法。在該篇時文中,先在承題中承接"難説",則將題中"不説也"牽連而出,而在後之八比中,則是按題理娓娓道來,先説易事之因,難説之由,進而以過文點出"道而已矣",整篇時文如夾批所言"通篇直如一句"。雖然在該題時文的作法中,直接按題理順序説下亦可,但顯得較爲平衍,如果用這種魚麗之法,則能讓文章平地起波瀾,頗有古文神氣。

　　以上不過略舉翁氏時文機法之兩例,時文機法由來已久,明代時文家已是創制頗多,但其實一本萬殊,首先是要認清題中義理,之後再因題定法。翁方綱不摒棄機法觀念,正是建立在他堅守經典義理的基礎上,如此作文,文氣多歸於醇實,也是時文寫作之正脉。

### (三)篤守經術,不悖詞章

　　對於時文的理解,翁方綱並不是偏執一隅。《吳懷舟時文序》中談道:"有義理之學,有考訂之學,有詞章之學,三者不可强而兼也,況舉業文乎。然果以其人之真氣貫徹而出之,則三者一原耳……然吾有以語吳生者,研理者喜深入而疏於博綜,嗜博者又多騁奇秘而遺坦途,是二者厥失均也。"[1]又如《蛾術集序》中所説:"士生今日經學昌明之際,皆知以通經學古爲本務,而考訂詁訓之事與詞章之事未可判爲二途。"[2]在此,翁方綱將義理、考證、詞章三者視爲寫好時文的重要標準,偏廢其一都有所抱憾。

　　進一步來看,在翁方綱調和漢、宋學説的持論之下,考訂又是爲義理服務。《附錄與程魚門平錢、戴二君議論舊帅》是翁方綱論述漢、宋學的重要文章,所作背景便是錢載與戴震——兩位宋、漢學代表産生了激烈的衝突。文中説道:"訓詁名物豈可目爲破碎,學者正宜細究考訂詁訓,然後能講義理也。宋儒恃其義理明白,遂輕忽《爾雅》《説文》,不幾漸流於空談耶?況宋儒每有執後世文字慣用之義,輒定爲詁訓者,是尤蔑古之弊,大不可也……故吾勸通知者深以考訂爲務,而考訂必以義理爲主。"[3]可見,考證與義理都是爲了發明經義,流於瑣碎或漸入空談都是失當的。認識到這點,回歸翁方綱的時文持論中,便能發現義理、考證、詞章三者其實轉化成了篤守經術、不悖詞章,經義闡釋與文章詞氣應當並駕齊驅。

　　具體到時文的詞章之説,翁方綱則將其與古文的散體文風聯繫起來。他指出:"今如教人爲時文,則必篤守傳注之人以爲之師,精研史漢唐宋諸家義法之人以爲之師,則雖一帖括,而漸可以得爲文之本矣。"[4]篤守經術的同時,又要研習古文義法,如此方能得到"爲文之本"。在《論〈孔子之去齊至遲遲吾行也〉題》中他又談道:"此必平日深悟古文章法,而後知之,所以每勸學者必多讀古文,而後精於時文之法也。"始終

　　① (清)翁方綱:《吳懷舟時文序》,《復初齋文集》卷四,道光丙申刻,光緒丁丑李彦章校,20b。
　　② (清)翁方綱:《蛾術集序》,《復初齋文集》卷四,道光丙申刻,光緒丁丑李彦章校,17b。
　　③ (清)翁方綱:《附錄與程魚門平錢、戴二君議論舊帅》卷七,《復初齋文集》,道光丙申刻,光緒丁丑李彦章校,20b。
　　④ (清)翁方綱:《擬師説(二)》,《復初齋文集》卷十,道光丙申刻,光緒丁丑李彦章校,8a。

強調熟讀古文的重要性。事實上，無論是煉字遣詞，還是對文章結構的整體佈局，古文都有可兹借鑒之處，這在文論家眼中已是共識。①

在這裏又牽涉時文創作中一個重要領域——以古文爲時文。正如雷鋐所言："文必根於經，達於史，浸淫於唐宋大家，而瀋導於濂洛關閩之學脉，則言之有物，皆一心之貫注⋯⋯以古文、時文爲二道，非知者言。"②表明古文、時文未可斷然區分。事實上，用古文作時文，自明代歸、唐二人以來已是屢見不鮮，但是採取這種做法，對於學力深厚的士子來說固然可以，對於不深究經典的人來说，却只是習得皮毛。鑒於當時慣用散體來代替八比做法的風氣，翁方綱於《文體論》中給予了較爲明確的说明，對古文散體保持着一種謹慎的鼓勵態度，《文體論(上)》談道：

> 至於散行者，特文中之一體，必其平日服習古籍，真氣充塞，而後偶一爲之。然亦必具有史漢韓柳諸家氣味格律而後可，如其氣稍弱則不敢，議稍卑則不敢，詞稍平則不敢，蓋散行之難，百倍於對比也。乃近日坊間時文選本，不知始自何人，忽倡爲化板爲活之说，有於起講下省去提比直作一段者，甚至於提比下不作中二比，直用一段散行，而後以兩後比足之者。嘻！其有害於文體豈細哉！夫文以載道，而法從理生，時文名曰經義，是爲聖經而作，代孔孟立言，其事綦重。若以古文格律論之，尚在記、序、論、说之上，其托體如是之尊，而顧可以翻新之说誤之乎？"③

是說高度評價了時文在諸文體中的地位，作爲解經之作，其重要程度甚至超過了記、序、論、说——這些古文家闡發個人思想的重要文體。同時也表示出掌握古文散體寫作的困難性，古文寫作是展現個人才思的一種方式，但是又極易落入空發議論，失之輕弱的境地，只有深切理會經義，才能駕馭散行古文。在《復初齋時文》中，翁方綱便有文章是純用古文散行來闡發義理，如《古之道也爾愛其羊》，全文雖用散體，却結構嚴密，足見翁氏亦是在踐行着這種篤守經術、兼重散體的時文寫作觀念。

## 四、刊落險怪：對江西時文的批評

翁方綱一生以文學清華之職，多次出任鄉、會試考官和地方學政，《復初齋時文》《帖經舉隅》兩種時文著作，便是他於乾隆五十一年(1786)出任江西學政時所編著。通常來看，衡文課士是學政的常規職能，學政以圖書實物的形式將個人所認定的時文正格展示出來，則又是順理成章的事情。但歷史事實往往是復雜的而並非單綫度的，一件事實的出現可能是多種元素的合力，翁方綱的兩部時文著作同樣也是如此。當我們將視野放寬，便能發現翁方綱在督學江西期間將其時文理論以圖書的形式刊出，既是多年來時文思考的總結，也具備極强的現實針對性，與此時江西時文風尚有着莫

---

① 限於篇幅，兹不從明清文話中羅列例證。關於時文借鑒古文的論調，當代學者也有相同見解，如吳承學《中國古代文體形態研究》"明代八股文"一章、蔣寅《科舉陰影中的明清文學生態》等。

② (清)王步青：雷鋐所作《序》，《己山先生文集》，清乾隆刻本，1b—2a。

③ (清)翁方綱：《文體論(上)》，《帖經舉隅》卷三，清乾隆刻本，14a。

大的關聯。

明代以來，眾多江西士子登瀛洲、入館閣，科名之風盛於江西。明代成弘時丘濬談道："國朝文運，盛於江西，開國之四年，策士以問，即得掄魁於金溪……會試天下士，衰然居首者，分宜人也。"[①]至如明季，由於江西五家的出現，更是讓江西成爲時文創作、時文批評一大重鎮。艾千子自謂："予與陳大士、羅文止三人者起而振之，以《易》《詩》《書》《禮》《樂》之言代《語》《孟》之文，以古雅深醇之詞洗里巷之習，一時後輩從風丕變。"[②]足見江西五家對當時制義文風的影響。進入清代，江西五家的影響依舊存在，既有稱頌五家者，又有批評五家者。如袁枚談道："金正希、陳大士與江西五家，可稱時文之聖者。"[③]而在同一時期，澎湖通判胡建偉則談道："惟有一種艱深怪僻者，以妄誕爲新，以判道爲超脱，何異病入膏肓……凡此者，皆托名江西派一説以誤之。夫江西五子之文，或意在筆先，或神遊題外，自成一家機杼，然按之題位、題理，依照一絲不亂，此文之所以可貴而可傳也。今人既無此本領，但剽竊險怪字句。"[④]而在翁方綱調任江西後，於時文集、詩文集中多次談到江西時文的特徵，其中的春秋褒貶也頗能反映出個人的微妙心態。這其中最顯著的例證莫過於《制藝江西五家論》，翁方綱在該篇中專門討論籠罩在江西五家陰影之下的江西時文風氣，他指出："今日江西士習文體，漸入於浮膚矣，所以審其弊而救正之者，果必以五家歟？夫經訓之文，以和平怡愉爲主，而五家之文，幽者，峭者，險而肆者，各詣其極而惟變所適也……吾又懼學人不善用之，而惟才力之是騁矣。"[⑤]在此，翁方綱站在學人之時文的立場上，批判性地看待江西五家。江西五家在此被立爲標靶，不僅是因爲其幽峭險肆的時文風格與經訓之文相悖，翁方綱更對在江西五家影響下，士子唯才是騁而落入險怪的文風表示不滿。

如吳承學先生指出："地域的文化氛圍和傳統，無疑對本地域的作家起着強烈直接的影響。所以同一地域的作家容易產生相近的審美理想。"[⑥]在時文方面，由於明末江西五家珠玉在前，江西士子習文常常仿效，卻又容易走上彎路，艾南英早已意識到這點，他認爲："而四家之中亦有樂其纖詭靈俊，偶一爲之者，則於所謂辭又有不盡純焉，雖力追古文者，時時非之。"[⑦]晚清夏曾佑回溯時文流變時，也指出："金壇六子爲一派，出於明之西江五子，其文高曠幽眇……及陋者爲之，則趑趄囁嚅，語多不辭。"[⑧]"高曠幽眇"的風格本身就與"清真雅正"的標準相去甚遠，更何況如有才力不及者作文，則斯爲下矣。有鑑於此，翁方綱便專門撰以《制藝江西五家論》等文進行批

① （明）黄佐：《翰林記》，傅璇琮、施純德編《翰學三書》，遼寧教育出版社，2003年，第276頁。
② （明）艾南英：《王子鞏觀生草序》，《天傭子集》，《明別集叢刊》第五輯，清康熙張符驤淳如堂刻本，第174頁。
③ （清）袁枚：《隨園詩話》卷八，人民文學出版社，1999年，第267頁。
④ 胡建偉：《文石書院學約》，見鄧洪波主編《中國書院學規》，中西書局，2011年，第1753頁。
⑤ （清）翁方綱：《制藝江西五家論》，《帖經舉隅》卷二，清乾隆刻本，10b。
⑥ 吳承學：《江山之助——中國古代文學地域風格論初探》，《文學評論》1990年第2期。
⑦ （明）艾南英：《四家合作摘謬序》，《天傭子集》，《明別集叢刊》第五輯，清康熙張符驤淳如堂刻本，第170頁。
⑧ 夏曾佑：《夏曾佑集》，上海古籍出版社，2011年，第34頁。

判，離任之際，又在《發南昌述懷·其六》詩再作補充：

> 時文體屢變，前輩稱五家。後來紛摹擬，踵事何陋耶。臨川陳與章，純瑜粹無瑕。觀者但驚絶，異彩揚天葩。文之淡彌旨，咀腴撷其華。彼哉貌襲取，一瞬千里差。從此問歐曾，若海由津涯。士病氣亦驕，奚以洗淫哇。所視夙夜養，豈在礱斫加。漸使胸有書，庶望思無邪。

結合前引詩作，可以發現《發南昌述懷》十六首實則作爲一面鏡子，既表明翁方綱對江西險怪文風的批評，更將其學人之時文的主張折射出來。不難看出，至少在乾隆朝後期，明末江西五家依然在時文領域極具影響力，五家的時文以及時文選集甚是爲江西士子看重，但江西五家“纖詭靈俊”“高曠幽眇”的文風實則是“鄭聲”，並非“雅樂”。江西士子“貌襲”該種文風，只會是南轅北轍。面對這種境況，翁方綱試圖將這種向心力進行扭轉，在詩集中多處談到“崇實學”（《南昌學宮摹刻漢石經殘字歌》）、“貴於經術”（《題盱江書院壁》）。又在時文集中多次批評士子不鑽研經典原文，徒飾浮華，要求士子的注意力從江西五家的時文回到六經原文，沉潛經術，以古雅爲宗。既正面提出學人之時文的主張，又對險怪的江西時文風尚提出批評。

　　《復初齋時文》《帖經舉隅》是翁方綱學人之時文觀念的體現。借助於兩書，翁方綱將其長久以來關於學人之時文的思考進行了系統總結。同時，如王步青所言：“文之盛者，大都義法謹嚴，體氣深厚，而其衰者，率由蹈虛撼寔，兩家輾轉，於浮靡姿媚之相，尋而爲大雅所屏棄。”[①]由於“浮靡姿媚”的江西時文風尚恰好站在“體氣深厚”的學人之時文的對立面，在正、反兩個因素促使下，翁方綱便有心以圖書的形式推出他所認定的時文正格，以學政的名義將時文理論進行廣泛的展示，期望江西制義文風得以改善。

　　從《欽定學政全書》的規定來看，圖書刊刻對於學政來説，是一項非常規的職責，但刊刻著述依然有着典範性意義，如翁方綱督學廣東時刊刻的《粤東金石録》、阮元督學浙江時刊刻《經籍籑詁》等，既表明了學政的治學興趣、態度，也對當時士子的讀書、作文等起指導作用。從刊刻結果來看，我們看到，《復初齋時文》與《帖經舉隅》版本的更迭，內容的增删，也能在一定程度上反映出時文集在士子群體中良好的接受情況。刊刻時文既是對翁方綱的時文理論的認同與發揚，也將江西時文傳統進一步進行了延續。正如有的學者所指出：“（圖書刊刻）甚至建立起了提學名宦與地方文脉之間的親密聯繫。”[②]這兩部時文也使得翁方綱在江西時文文脉的傳承中佔據了一席之位。兩部刊刻的時文，對於江西時文觀念的洗禮，無疑是影響深遠的。

---

① （清）王步青：《題程墨所見集八》，《己山先生別集》卷二，清乾隆刻本，10b。
② 葉曄：《提學制度與明中葉復古文學的央地互動》，《文學遺産》2017 年第 5 期。

# 《南山集》案與方貞觀[*]

## 代利萍

**摘　要**:《南山集》案使桐城文學世家戴氏與方氏遭受重大打擊,其中因此案被牽累流放的方貞觀也深受影響,其心態、詩風輾轉流變,詩學主張與詩學理想相抵牾。方貞觀作爲桐城名士,由其轉變既能見出此案對方、戴兩大家族士子的戕害,也能管窺文字獄對清代士子的摧殘,以及由此導致的清代文學生態發生畸變。

**關鍵詞**:《南山集》案;方貞觀;心態;詩學思想

嚴迪昌先生指出:"桐城文學自錢澄之、方以智父子等人而後,原自有所傳承,唯《南山》一案後,該地邑文風發生歧變。這種歧變簡言之,即批判理念失落,錢澄之以來詩文中的鋒銳的批判性日漸消散。按批判性必悖背趨從、依附性,凡思想識見不能自持、人格獨立之個性不能自守,焉得言批判理念?"[①]《南山集》案作爲康熙朝文字獄的一大高峰,使桐城士子思想委頓,批判精神失落,甚至使桐城文風歧變。其中方貞觀因《南山集》案被流放長達十年,其心態、詩風發生了明顯的轉變,詩學主張與詩學理想相抵牾。貞觀作爲桐城名士,以其轉變來觀照《南山集》案對戴氏、方氏家族士子的影響具有重要意義,以此管窺文字獄對清代士子的影響,探知清代文學生態也有一定參照意義,而目前尚未有學者論及。

## 一、《南山集》案與方貞觀

"方貞觀,字履安,號南堂。生而穎異,里稱神童,事嗣母王氏,以孝聞。弱冠補博士弟子員,工詩善行楷,名噪淮揚,間爲盧雅兩運使所推重。既以事牽累,徙居京師,時與縣孫文定居館職,從之學詩。至雍正十三年,詔開宏詞科,文定首舉貞觀,貞觀以詩謝之,堅辭不就。終於家"[②]。方貞觀(1679—1747),少有詩名,然屢落秋試,後絕意進取,於康熙五十二年(1713)因《南山集》案遭流放,雍正元年(1723)得以赦歸,雍正十三年(1735)舉博學鴻詞不就。著有《方貞觀詩集》六卷,詩話《輟鍛錄》一卷。

　*　作者簡介:代利萍,女,阜陽師範大學信息工程學院(安徽 阜陽 236041)助教,文學碩士,主要從事元明清文學研究。

　①　嚴迪昌:《從〈南山集〉到〈蚪峰集〉——文字獄案與清代文學生態舉證》,《文學遺產》,2001 年第 5 期,第77 頁。

　②　《康熙桐城縣志道光續修桐城縣志》,《中國地方志集成·安徽府縣志輯》(第 12 冊),南京:江蘇古籍出版社,1998 年,第 562 頁。

　　《南山集》案起始於康熙五十年(1711)左都御史趙申喬據戴名世所撰《南山集》、《孑遺集》控告其"倒置是非"、"語多狂悖",其實戴氏所言僅明末史實。"戴案發時適值所謂'朱三太子''一念和尚'殘明遺胤懸疑之案未戢而康熙兩次廢太子事件峻急時"①。因而康熙帝對此事格外警惕。方氏之所以被牽連進《南山集》案,係族人方孝標所致。方孝標被捲入此案有兩方面的原因:其一在《刑部尚書哈山爲審明戴名世〈南山集〉案並將涉案犯人擬罪事題本》中明確記載,戴氏承認在撰寫《南山集》時受方孝標《滇黔紀聞》的影響。"我與餘生書內有方學士名,即方孝標。他作的《滇黔紀聞》內載永曆年號,我見此書即混寫悖亂之語,罪該萬死"②;其二康熙帝認定方孝標身仕僞朝,他在《清聖祖實錄》中批復刑部衙門所奏《南山集》案時道:"此事著問九卿具奏。案內方姓人,俱係惡亂之輩,方光琛投順吳三桂,曾爲僞相,方孝標亦曾爲吳三桂大吏,伊等族人,不可留本處也。"③(關於方氏仕僞朝一事,多數學者持否定意見。)且他所著《滇黔紀聞》中多用南明年號,又尊稱弘光帝,因而觸怒了聖祖。"方孝標身受國恩,已爲翰林,因犯罪發遣,蒙寬宥釋歸。順吳逆已爲僞官,迨其投誠,又蒙洪恩免罪,仍不改悖逆之心,《滇黔紀聞》內以弘光、隆武、永曆为帝,尊崇年號,書記刊刻遺留,大逆已極。之後,刑部對戴氏和方氏擬定處罰,然擬定懲處過重,牽連甚廣。康熙帝斟酌一年多後,決定:"戴名世從寬免凌遲,著即處斬。方登嶧、方雲旅、方世樵俱從寬免罪,並伊妻子發往黑龍江。這案干連應斬絞及爲奴安插流徙人犯俱從寬免罪入旗。"④《南山集》案最終的處理結果是戴名世被處斬,方孝標遭挫尸,其餘戴氏及方氏族人多被流放,入旗籍爲奴。方貞觀因與方孝標同屬方拱乾一脉而被牽連。康熙五十二年(1713)貞觀被發遣至寧古塔,時貞觀正值壯年。

　　雍正帝即位後,大赦天下,頒佈恩詔,他對《南山集》案的意見是,"除本身犯罪外,因族人有罪牽連入旗者,著查奏赦免"⑤。最終的審議結果是,"除戴名世和方孝標的嫡派子孫、媳婦外,戴、方兩姓族人以及受牽連的人共計 82 人均被免罪釋放,返回原籍"⑥。雍正元年(1723)三月貞觀從寧古塔回到故鄉桐城,途中作有《卜居二首·其一》"版籍重爲故土民,一椽從遣卜居新。飄搖已慣經風雨,僻陋終須遠市塵。樹老種從誰氏手,井甘汲共舊時鄰"⑦。貞觀感慨想要獲得平靜的生活一定要遠離塵囂,回鄉後他只願在家安穩度日。方貞觀深知《南山集》案是政治鬥爭的產物,是統治者禁錮士人思想的利器,在《登舟感懷》中他憤恨直言:"山林食人有豺虎,江湖射影多含沙。未聞十年不出戶,咄嗟腐蠹成修蛇。吾宗秉道十七世,雕蟲奚足矜擂爬?豈知道旁自得罪,城門殃火來無涯。破巢自昔少完卵,焚林豈辨根與芽? 舉族驅作北飛

---

　　① 嚴迪昌:《從〈南山集〉到〈蚍峰集〉——文字獄案與清代文學生態舉證》,《文學遺產》,2001 年第 5 期,第 74 頁。

　　② 張玉:《戴名世〈南山集〉案史料》,《歷史檔案》,2001 年第 2 期,第 21 頁。

　　③ 《清实录》(第六冊),北京:中华书局,1985 年,第 465 頁。

　　④ 張玉:《戴名世〈南山集〉案史料》,《歷史檔案》,2001 年第 2 期,第 24 頁。

　　⑤ 張玉:《從新發現的檔案談戴名世〈南山集〉案》,《歷史檔案》,2001 年第 2 期,第 93 頁。

　　⑥ 張玉:《從新發現的檔案談戴名世〈南山集〉案》,《歷史檔案》,2001 年第 2 期,第 93 頁。

　　⑦ 《清代詩文集彙編》編纂委員會:《清代詩文集彙編》(第 244 冊),上海:上海古籍出版社,2011 年,第 190 頁。

鳥，……殺身只在南山豆，伏機頃刻鉏阮瓜。古今禍福匪意料，文網何須説永嘉！君不見烏衣巷里屠沽宅，原是當時王謝家。"①方氏一向秉承正道，卻因《南山案》，下受小人構陷，上遭文網波及，致使闔族流亡。貞觀因《南山集》案認清了清廷統治的嚴酷，返鄉不久後他再次離開，後來長期客居揚州、通州等地，晚年重返桐城。

## 二、《南山集》案陰影下詩人心態的轉變

《南山集》案使方氏家族遭遇重創，方貞觀自身正值壯年卻遭牽累流放長達十年，這雙重的打擊使原本困頓於仕途的貞觀，更添悲憤，心態幾經轉變。被流放後悲痛衰頹，赦歸時余怨難平，餘年仍懷憂懼之心。

### （一）流羈悲痛常衰頹

《南山集》案後，方貞觀被流放至寧古塔一帶，別親老，居苦寒，內心悲痛且衰頹。《癸巳之歲建亥之月奉》："詔隸歸旗籍，官牒夕至行。人朝發倉卒，北向吏役驅。逐轉徙流離，別入版籍瞻。望鄉國莫知，所處先隴棄。遺親知永隔，行動羈縶，存没異鄉。嗚呼哀哉！豈複有言，而景物關會，時序往復，每不能自已。始乎去國，迄于京華。其嗚咽不成聲者……庾信所謂其心實傷者也。後之君子尚其讀而悲之。"②此詩作於康熙五十八年（1779），距被遣發已過六年，但詩人對當時情形仍歷歷在目，悲痛不已，久久不能釋懷。《抵都僦居義興坊題壁》："此生豈複惜餘辰，積習猶教愛絕塵。噉杵已成無想夢，立錐翻羨去年貧。卻嫌席敝勞多轍，幸少兒嬌惱比鄰。莫漫相逢嗟旅食，自今我屬版圖民。"③自被流放後，詩人對於餘生已經没有任何期待，而今羨慕以前貧困潦倒的時候，當年卻嫌生活困頓。詩中悲傷之濃，失望之極，令人心生歎息。

### （二）赦歸餘怨也難平

雍正元年（1723），雍正帝下恩詔，貞觀得以赦歸，此時詩人已 45 歲，最應該有所作爲的年華已經在流放生涯中逝去，雖被放歸，但仍心懷餘怨，只願做避世老翁。其詩《雍正首元三月二十八日詔還故里紀恩書懷》："網開一面感重華，聖澤滂流詎有涯。直似秋霖遷土偶，豈同黨錮怨匏瓜？由來造命憑君相，不料餘年有室家。得遂首邱何以報，惟應努力事桑麻。"④詩人性情耿介，直指《南山集》案背後方氏遭闔族之禍的真正原因是黨爭，且並不避諱於詩中點破。詩人在感恩赦歸的同時內心悽愴，怨氣難平，表示餘生要做不問世事的田間人。《東阿道中》"高嶺谽屏風，孤邨翠靄中。幾行

---

①　《清代詩文集彙編》編纂委員會：《清代詩文集彙編》（第 244 冊），上海：上海古籍出版社，2011 年，第179—180 頁。

②　《清代詩文集彙編》編纂委員會：《清代詩文集彙編》（第 244 冊），上海：上海古籍出版社，2011 年，第179 頁。

③　《清代詩文集彙編》編纂委員會：《清代詩文集彙編》（第 244 冊），上海：上海古籍出版社，2011 年，第182 頁。

④　《清代詩文集彙編》編纂委員會：《清代詩文集彙編》（第 244 冊），上海：上海古籍出版社，2011 年，第190 頁。

山木瘦，一半夕陽紅。歸鳥各競暮，秋烟不礙空。溪流最深處，應有避秦翁"①。返鄉途中，只見高高的山嶺猶如屏障隔絕了秋風，零星幾户人家掩映於翠綠的霧靄之中。在夕陽的餘暉中山與木都一樣清瘦。歸來的鳥兒在暮色中疾馳，幾縷炊烟很快湮滅於空中。在溪流的最深處，應有避世隱居的老翁。詩人内心並無太多喜悦之情，反而如老僧一般淡漠地看着山林村落，希望與避世的秦翁一樣隱居山林。

### （三）餘生憂懼半心酸

貞觀後來長期客居揚州、通州等地，然《南山集》案爲詩人留下了巨大的陰影，導致其晚年仍心懷憂懼。《丁巳冬日病中》："餘生偏自戀微生，一病兼旬轉未平。夢醒乍驚年在巳，鳥來猶幸日非庚。肝家業火方炎上，耳畔客塵時作聲。安得孝光夔傴僂，爲餘傾鉢洗心情。"②距被赦歸已經過了十四年，詩人已到花甲之年，仍因《南山集》案夢中常常突然驚醒，對家族之禍仍懷驚懼之心，由此可見此案對詩人的挫傷之深。《悔游》"丁甯重意氣，然諾可殺身。老懷兒女情，慷慨化酸辛。厭爲淮海遊，喜與鄰里親。伏臘宴同社，迭相爲主賓。……朝昏幸粗給，窶窳豈憂貧。前非悔方悟，後事計誰真？崦嶫分寸暉，一息良可珍。孰謂故山土，不如歧路塵"③。此詩作于詩人晚年客居揚州等地時期，詩人後悔餘生遠行，應留故鄉與親里遊。然而回想前事，又覺故鄉不如客居地。詩人雖未明説遊蕩在外的原因，但大抵是因爲一方面他曾在家鄉因《南山集》案的牽累被流放，另一方面則是由於至今許多族人仍飄流在外，怕自己睹物思人。其中的寥落心酸之意溢於言表。

## 三、《南山集》案前後詩人詩風的曲折變化

《南山集》案不僅使貞觀心態幾番波折，也致其詩風幾經變化。友人李可淳在《方貞觀詩集序》中曾言：

"予與貞觀先生遊近三十年，見其詩幾數變。最初學張籍、王建，既又學孟東野，三十以後盡棄其所素習，沉淫於貞元大曆之間，熔煉淘汰獨標孤詣，務極雅正。而貞觀固欲然自以爲未足。未幾患難歸京師，隸入旗籍，棄先塋，別親故，行動羈摯，出入恐懼，人事都廢，何有於詩？顧其屈鬱抑塞之氣，羈孤離別之感，轉喉即露。隨露隨掩，愈掩愈出，宛轉沉痛，言短意長。貞觀之詩至此始造其極。夫難生慮表，流離顛躓，窮愁無聊，托之謳吟。貞觀之詩之工，亦大可哀矣！如是者十年得複歸江南。今又經十年矣，所爲詩益造平淡益近自然。惜多散逸。所存僅若干首。顧讀之，輒令人流連往復，如其悲喜而不能自已，何其入人之深也。

---

① 《清代詩文集彙編》編纂委員會：《清代詩文集彙編》（第 244 册），上海：上海古籍出版社，2011 年，第 190 頁。

② 《清代詩文集彙編》編纂委員會：《清代詩文集彙編》（第 244 册），上海：上海古籍出版社，2011 年，第 213 頁。

③ 《清代詩文集彙編》編纂委員會：《清代詩文集彙編》（第 244 册），上海：上海古籍出版社，2011 年，第 217 頁。

嘗見粵人陳恭尹之論詩,云感人以理者淺,感人以情者深,感人以言者有盡,感人以聲者靡涯。詩之道,所以後六經而獨存也。貞觀其庶幾乎。"①

李可淳與貞觀交遊近三十年,見其詩風幾經轉變,初學張籍、王建之平易流暢、委婉深摯;繼學孟郊之幽僻冷澀;三十以後沉淫於貞觀大曆詩風,苦心孤詣,力求雅正;流放後,其詩孤詣沉痛;至老而平淡自然。其論貞觀詩較爲符合實際,貞觀詩風的確幾經轉變,流放前,其詩孤詣清寒;居流放地,詩風抑鬱頓挫;晚年客居揚州等地時,詩作平淡自然。

### (一)發遣前詩孤詣清寒

貞觀束髮習誦經史,以詩與書法聞名揚淮,少負才名,身懷抱負,然天不從人願,屢困場屋。"束髮誦典墳,垂髫事孔孟。了了開大義,搜鑿殫厥蘊。十五爲文章,擒毫快風迅。二十學經濟,霸王別邪正。所志在遠途,親朋亦深信,得失匪意測。值彼凶悔吝,伏櫪懷九衢。哀傷致疾疢,飲啜日漸減。壯氣一秋盡。"②詩人自述年少時投身於科舉,然而結果屢不如意,並因此致病,人近中年豪情壯志已然散盡。"我年二十七,衰替若半百。少不問生產,老大計轉拙。文章止費才,年年泣秋血。辭君西入山,匪不與物接。襟袖披烟霞,饗飧淡薇蕨"③。少年時將精力放在文章、經濟上,不事生產,然應考多年並未成功,年紀漸漸大了,開始爲生計發愁,如今只能採摘野菜果腹。一介才子淪落至食不果腹,令人扼腕歎息。科舉的失意、生活的困頓使其詩飽含清寒凄涼之意。其《秋夜與偉珍上人吟集月溪》:"邗江古禪客,石室共搜吟。閉目燃孤燭,千峰在一心。悲風撼遥夜,衆響入橫林。會此苦空意,開門寒月沉。"④"孤燭""悲風""苦""空""寒月"等意象皆飽含孤獨清寒之意,詩人將内心之凄苦透過清冷之秋夜言説,更添一層寒意。

### (二)流寓詩抑鬱頓挫

沈德潛稱貞觀:"十年中別母妻,棄丘隴,行動羈縶,極人世之困窮,然境窮而詩乃工矣。卷中所採,多流離抑鬱時作。"⑤貞觀被流放後,内心凄苦,詩作抑鬱頓挫,飽含沉痛之意。《送大兄隨册使徐諒直之琉球》:"故國飄零遠向燕,星槎更泛斗南天。生涯何至須航海?筋力況當非壯年。萬里回瞻中夏月,八蠻遥辨島夷烟。難餘兄弟相

① 《清代詩文集彙編》編纂委員會:《清代詩文集彙編》(第 244 册),上海:上海古籍出版社,2011 年,第161 頁。

② 《清代詩文集彙編》編纂委員會:《清代詩文集彙編》(第 244 册),上海:上海古籍出版社,2011 年,第168 頁。

③ 《清代詩文集彙編》編纂委員會:《清代詩文集彙編》(第 244 册),上海:上海古籍出版社,2011 年,第163 頁。

④ 《清代詩文集彙編》編纂委員會:《清代詩文集彙編》(第 244 册),上海:上海古籍出版社,2011 年,第167 頁。

⑤ (清)沈德潛等編:《清詩別裁集》,上海:上海古籍出版社,2013 年,第 1170 頁。

爲命,此際能毋一泫然。"①詩人感慨自己飄零在外,距故鄉遙遠,轉而感歎其兄方世弘晚年不得已隨徐諒直遠赴琉球,繼而想象以後只能借助月亮遙望兄長,思及此處,忍不住潸然淚下。詩人將抑鬱哀傷之情輾轉道來,更顯示出哀情之濃厚,使人淚目。《寄十兄沃園塞上》:"大漠悲風隴上烟,零丁誰與慰窮邊。魂招雪窖來無路,書寄龍荒去隔年。鼠穴乘牛真幻夢,馬頭生角枉呼天。並州縱比桑乾近,説着咸陽總泫然。"②詩人從眼前的瘡痍之景,飄零之身,想到此地的荒無人烟和家人音信的稀少。再想到翻案回鄉之事難於上青天。最後提起咸陽總是淚如雨下。凄哀之意在胸中反復流轉,最終未能爆發,而是化作淚再次返回詩人胸中,哀轉回蕩,更添哀傷之意。

### （三）客居詩平淡自然

貞觀被赦歸後不久即從家鄉離開,長期客居揚州、通州等地。此時,詩人雖客居在外,但生活有了好轉,再加上步入老年,其心歸至淡然,因而詩作趨嚮平淡自然。《雲際寺》:"初地何年寺,鐘聲隔嶺聞。樓明穿落日,山白擁秋雲。行過石棧險,坐看麋鹿群。客程方未已,楓葉又紛紛。"③詩人在行至雲際寺的途中,聽見清越的鐘聲越過山嶺陣陣傳來。遠處落日的餘暉將亭樓浸亮,青山與秋雲依偎。穿過石棧險處,坐在亭內看在林中穿越的麋鹿。旅途還未結束,楓葉紛紛下落。詩人將行至雲際寺的見聞細細道來,平淡自然,並無太多情緒流露。《真州旅夢》:"堠短堠長長短程,離家節後又清明。春風野店真州夢,猶在鳳儀坊下行。"④詩人不捨離家遠行,羈旅在外,夢中感覺自己還在故鄉,思鄉之意濃烈。《令聞集拙詩至數百首繕寫成卷出以相示戲題解嘲》:"古人情性多奇癖,或愛驢鳴或斗牛。君好我詩應有説,前身我是孟靈休。"⑤詩人聽聞友人汪廷璋將自己的詩集結成書,便借劉邕嗜痂一事自嘲己詩,調侃中卻蘊含着無法言説的落寞與失意。

## 四、"詩人之詩"説與推重中晚唐詩

在《南山集》案的影響下,詩人心態與詩風轉變的同時,其詩學思想也發生了衝突——"詩人之詩"的詩學理想與推重中晚唐詩的詩歌宗法相抵牾。關於"詩人之詩"説可見於《輟耕録》的卷首:

> "有詩人之詩,有學人之詩,有才人之詩。才人之詩,崇論閎議,馳騁縱橫,富

---

① 《清代詩文集彙編》編纂委員會:《清代詩文集彙編》(第 244 册),上海:上海古籍出版社,2011 年,第 189 頁。

② 《清代詩文集彙編》編纂委員會:《清代詩文集彙編》(第 244 册),上海:上海古籍出版社,2011 年,第 182 頁。

③ 《清代詩文集彙編》編纂委員會:《清代詩文集彙編》(第 244 册),上海:上海古籍出版社,2011 年,第 197 頁。

④ 《清代詩文集彙編》編纂委員會:《清代詩文集彙編》(第 244 册),上海:上海古籍出版社,2011 年,第 193 頁。

⑤ 《清代詩文集彙編》編纂委員會:《清代詩文集彙編》(第 244 册),上海:上海古籍出版社,2011 年,第 215 頁。

贍標鮮,得之頃刻。然角勝於當場,則驚奇仰異;咀含於閑瑕,則時過境非。譬之佛家,吞針咒水,怪變萬端,終屬小乘,不證如來大道。學人之詩,博聞强識,好學深思,功力雖深,天分有限,未嘗不聲應律而舞合節,究之其勝人處,即其遜人處。譬之佛家,律門戒子,守死威儀,終是鈍根長老,安能一性圓明! 詩人之詩,心地空明,有絶人之智慧;意度高遠,無物類之牽纏。詩書名物,別有領會;山川花鳥,關我性情。信手拈來,言近旨遠,筆短意長,聆之聲希,咀之味永。此禪宗之心印,風雅之正傳也。"①

貞觀將"詩人之詩""學人之詩""才人之詩"對舉,認爲"詩人之詩",心地空明,意度高遠,抒發性情,含蓄雋永,蘊含禪意,爲風雅之正傳。貞觀所論"詩人之詩"之内涵與王維之詩風貌頗爲一致。王維爲盛唐詩壇大家,其詩歷來爲人所稱道。趙鐵岩稱:"右丞通於禪理,故語無背觸,甜澈中邊。空外之音也,水中之影也,香之於沈實也,果之於木瓜也,酒之于建康也,使人索之於離即之間,驟欲去之而不可得,蓋空諸所有而獨契其宗。"②姚鼐曰:"盛唐人詩固無體不妙,而尤以五言律爲最。此體中又當以王、孟爲最,以禪家妙悟論詩者正在此耳。"③姚又言:"右丞七律能備三十二相,而意興超遠,有雖對榮觀燕處超然之意,宜獨冠盛唐。"④綜觀王維詩作及歷來詩論家對其詩的評價可知:其詩境界空明、寧靜致遠、悠然禪意。而這正與貞觀"詩人之詩"説契合。

然觀《輟鍛録》,舉例論詩之時,貞觀絶口不提王維,反大讚杜甫與大曆詩人,尤盛讚杜甫《赴奉先縣五百字》:"當時時歌誦,不獨起伏關鍵,意度波瀾,煌煌大篇,可以爲法,即其中琢句之工,用字之妙,無一不是規矩,而音韻尤古淡雅正,自然天籟也。"⑤稱讚杜詩古淡雅正、自然天籟。貞觀還力推大曆詩人之詩,並以此來教育後學。貞觀自言:"晚唐自應首推李、杜,義山之沉鬱奇譎,樊川之縱横傲岸,求之全唐中,亦不多見,而氣體不如大曆諸公者,時代限之也。次則温飛卿、許丁卯,次則馬虞臣、鄭都官,五律猶有可觀,外此則郊、莒之下矣。"⑥他按詩作高下對詩人進行排序,將大曆諸公置於李商隱、杜牧之前。至此,我們可以發現詩人在詩學理想上應是推崇王維之詩的風貌——"詩人之詩",然而在詩歌宗法上卻推重杜甫、大曆詩人等中晚唐詩人之詩,由此可見方貞觀詩學理想與詩學宗法之間矛盾。

之所以會出現這樣的矛盾,應與貞觀所處時代及個人遭遇有關。他雖然欣賞摩詰詩之清新淡雅、境界空明、禪意悠然,然而面對當時詩壇及清廷的現狀,推舉摩詰詩並不合乎時宜;自身的不幸遭遇又使其難以達到摩詰詩的空明境界。因而,在時代與個人的雙重選擇下,詩人將目光轉至中晚唐詩。

正如蔣寅先生所言:"在後王漁洋時代步入中年的方貞觀,實在無法擺脱對親身

---

①  郭紹虞輯、富壽蓀校點:《清詩話續編》(第4册),上海:上海古籍出版社,2016年,第1834頁。
②  (清)高步瀛選注:《唐宋詩舉要》(上),上海:上海古籍出版社,1978年,第10頁。
③  (清)高步瀛選注:《唐宋詩舉要》(下),上海:上海古籍出版社,1978年,第421頁。
④  (清)高步瀛選注:《唐宋詩舉要》(下),上海:上海古籍出版社,1978年,第536頁。
⑤  郭紹虞輯、富壽蓀校點:《清詩話續編》(第4册),上海:上海古籍出版社,2016年,第1838頁。
⑥  郭紹虞輯、富壽蓀校點:《清詩話續編》(第4册),上海:上海古籍出版社,2016年,第1839頁。

經歷的那段詩歌史的失望及連帶産生的對當代詩歌寫作的悲觀意識。在他的回憶中,近幾十年的詩歌史完全是失敗的記録⋯⋯而眼下的詩壇也看不到什麽希望,甚且正在向邪道上滑去。"①貞觀認爲當前詩壇存在鄙棄經史,蔑視唐名家,而專拾宋元小説典故以入詩的邪風。貞觀自小接受儒家教育,自覺有匡世濟民的責任,面對詩壇的"風雅道喪",自覺有匡正詩風之責。爲糾正不良風氣,他大力倡導唐詩,欲引導今人重拾古人精神,重振詩風,並將此理念落實在選詩上。正如程晋芳所言:"先生嘗欲選唐人自劉長卿以下至中唐之末爲一集。去昌黎、長吉、盧仝、劉叉四家,而以義山、牧之、飛卿至堯續焉,以教世之學詩者。"②貞觀選詩時非常謹慎,選用李商隱、杜牧、温庭筠詩,而拋去韓愈、李賀、盧仝、劉叉四家詩。因這四家詩喜用冷僻、怪奇意象,不利於引導詩風歸於雅正。他宣導協律工整的雅正之詩,"詩必言律。律也者,非語句承接,義意貫串之謂也。凡體裁之輕重,章法之短長,波瀾之廣狹,句法之曲直,音節之高下,詞藻之濃淡,於此一篇略不相稱,便是不諧於律。故有時寧割文雅,收取俚直,欲其相稱也"③。他提出詩作必須協律,做到體裁、章法、波瀾、句法、音節、詞藻等協調統一,並極爲讚揚杜詩之雅正古淡。

　　再者,與其不幸遭遇有關。在詩學理想上詩人雖崇尚聲律風骨兼備的"詩人之詩",然而崎嶇的人生經歷已經使他難以心無旁騖、平静淡然地去創作詩歌,由此也影響到其詩歌審美取向。詩人對氣象闊大、樂意進取的盛唐詩閉口不談,而對沉鬱頓挫、孤寂清冷的中晚唐詩更爲偏愛。杜甫及大曆衆人不僅與詩人經歷相似,詩風也都頗有孤寂清寒之意,因而得到詩人的格外青睞。杜甫懷有儒家"修身齊家治國平天下"的抱負,早年過着漫遊南北、裘馬輕狂的生活。中年後求仕無門,十餘年在長安顛沛流離,一度落入安史之亂的叛軍之手。晚年貧困潦倒。杜詩或沉鬱頓挫,《春望》:"國破山河在,城春草木深。感時花濺淚,恨别鳥驚心。烽火連三月,家書抵萬金。白頭搔更短,渾欲不勝簪。"④或蕭散自然,如《月夜》:"今夜鄜州月,閨中只獨看。遥憐小兒女,未解憶長安。香霧雲鬟濕,清輝玉臂寒。何時倚虚幌,雙照淚痕乾。"⑤杜詩或沉鬱或蕭散的詩風、工整的韻律、渾融的境界都使貞觀爲之折服。劉長卿家境貧寒、應舉十年不第,一載登科又因剛直而兩遭謫貶,失意落拓,内心凄涼。《重送裴郎中貶吉州》:"猿啼客散暮江頭,人自傷心水自流。同作逐臣君更遠,青山萬里一孤舟。"⑥劉詩的孤寂凄冷之感與貞觀詩如出一轍。或正因這兩方面的原因,貞觀特重杜甫及大曆詩人。

　　①　蔣寅:《方氏詩論與桐城詩學的發展》,《安徽師範大學學報》(人文社会科学版),2014 年第 6 期,第693 頁。
　　②　《清代詩文集彙編》編纂委員會:《清代詩文集彙編》(第 343 册),上海:上海古籍出版社,2011 年,第496 頁。
　　③　郭紹虞輯、富壽蓀校點:《清詩話續編》(第 4 册),上海:上海古籍出版社,2016 年,第 1834—1835 頁。
　　④　鄧魁英、聶石樵選注:《杜甫選集》,上海:上海古籍出版社,1983 年,第 81 頁。
　　⑤　鄧魁英、聶石樵選注:《杜甫選集》,上海:上海古籍出版社,1983 年,第 76 頁。
　　⑥　儲仲君撰:《劉長卿詩編年箋注》,北京:中華書局,1996 年,第 185 頁。

# 餘　論

胡光奇説:"(清代文字獄)持續時間之長,文網之密,案件之多,打擊面之廣,羅織罪名之陰毒,手段之狠,都是超越前代的。"①清代文字獄之盛對士子的打擊是巨大的。嚴迪昌先生指斥道:"(文字獄)其最明顯而又對民族文化最具破壞性災難效應的,是文士的失語。於是,層累有千百年人文積澱,又歷經翻覆更變之人生體審,本屬才識之士輩出的時代,卻由此陷入令人浩歎之心靈荒漠,呈現一種集體怔忡症:或熱衷拱樞、或冷漠遁野,或餂飣雕蟲……總之,靈光耗散,卓識幽閉,順者昌,逆得亡。"②在文字獄高壓環境下,士子思想受到禁錮,批判精神衰落,或噤若寒蟬,或謳功頌德。這也在一定程度上致使清代思想界、學術界萬馬齊喑,阻礙了本應百花齊放、生機勃勃的清代文學的發展,使清代文學生態發生畸變。

---

① 胡奇光:《中國文禍史》,上海:上海人民出版社,1993 年,第 117 頁。
② 嚴迪昌:《從〈南山集〉到〈蚪峰集〉——文字獄案與清代文學生態舉證》,《文學遺產》,2001 年第 5 期,第 74 頁。

■目録與版本

# 容齋知見書目録（下）*

## 凌郁之

# 三、子部

## 【儒家類】

### 子思子

《三筆》卷三《其言明且清》條："予案《文選》張華《答何劭》詩曰：'周任有遺規，其言明且清。'然則周任所作也。而李善注曰：'子思子詩云："昔吾有先正，其言明且清。"'世之所存《子思子》亦無之，不知善何所據。意當時或有此書，善必不妄也，特不及周任遺規之義，又不可曉。"

　　按：梁章鉅《文選旁證》卷二二《張茂先答何劭》條，引《三筆》本條，謂："此蓋借逸詩以贊周任之言，即以爲周任詩亦未當也。謹按《禮·緇衣篇》，今傳爲公孫尼子所作，説本於劉瓛，然王伯厚《漢藝文志考證》云《子思子》二十三篇，沈約謂《禮記》《中庸》《表記》《坊記》《緇衣》皆取《子思子》也。然則逸詩之在《緇衣》者，李注以爲子思子所作，亦有由矣。"

### 荀子

《續筆》卷一一《楊倞注荀子》條："唐楊倞注《荀子》，乃元和十三年。然《臣道篇》所引《書》曰：'從命而不拂，微諫而不倦，爲上則明，爲下則遜。'注以爲《伊訓篇》。今元無此語。《致士篇》所引曰：'義刑義殺，勿庸以即，汝惟曰未有順事。'注以爲《康誥》，而不言其有不同者。"

### 孔叢子

《三筆》卷一〇《孔叢子》條："予案《孔叢子》一書，《漢·藝文志》不載，蓋劉向父子所未見，但於儒家有太常蓼侯《孔臧》十篇，今此書之末，有《連叢子》上下二卷，云孔臧著書十篇，疑即是已。然所謂《叢子》者，本陳涉博士孔鮒子魚所論集，凡二十一篇，爲六卷。唐以前不爲人所稱，至嘉祐四年，宋咸始爲注釋以進，遂傳於世。今讀其文，略

　　* 作者簡介：凌郁之，男，蘇州科技大學文學院（江蘇蘇州 215009），教授，文學博士，主要從事唐宋文學研究。
　　基金項目：國家社科基金一般項目：《容齋隨筆》箋證（編號 13BZW086）。

無楚漢間氣骨，豈非齊梁以來好事者所作乎？"

　　按：《郡齋讀書志》諸子類："《孔叢子》七卷。右孔子八世孫鮒集先君仲尼、子思、子上、子高、子順之言及己之行事，凡二十一篇，爲六卷，名之曰《孔叢子》。蓋言有善而叢聚之也。孔臧又以其所爲賦與書，謂之《連叢》，上、下篇，爲一卷，附之卷末。其書不見於漢、唐《藝文志》。嘉祐四年，提點廣南西路刑獄公事兼本路勸農事、朝散郎守尚書屯田郎中、上輕車都尉宋咸始爲注釋以進。"

## 連叢子

　　詳前條。

## 揚子法言

　　《續筆》卷一《公子奚斯》、卷一四《陳涉不可輕》，《三筆》卷一二《忠言嘉謨》、《五筆》卷五《萬事不可過》諸條。

## 説苑

　　《續筆》卷一《泰誓四語》、卷一五《宰我作難》，《四筆》卷一《戰國策》、卷二《城狐社鼠》、《趙殺鳴犢》、《五帝官天下》諸條。

## 新序

　　《三筆》卷二《介推寒食》，《五筆》卷一《狐假虎威》、《四筆》卷一《戰國策》、卷三《中天之臺》諸條，引劉向《新序》。

## 中説

　　《續筆》卷一《文中子門人》條："王氏《中説》所載門人，多貞觀時知名卿相，而無一人能振師之道者，故議者往往致疑。……故或者疑爲阮逸所作。"

　　按：《四庫全書總目》卷九一《中説》提要："洪邁必以爲其書出阮逸所撰，誠爲過當。"王欣夫《蛾術軒篋存善本書録·未編年稿》卷三"文中子存五卷一册"條："今此刻於每卷書名下竟題'阮逸著'，不知其據洪説改題歟？抑著爲注之誤字歟？"

## 潛虛

　　《四筆》卷一五《歲陽歲名》條："司馬倬跋温公《潛虛》，其末云：'乾道二年，歲在柔兆閹茂、玄黓執徐月、極大淵獻日。'"

　　按：《宋史·藝文志》儒家類有司馬光《潛虛》一卷。今本未見此跋。《四庫全書總目》卷一〇八《潛虛》提要云："蓋世無原書久矣，姑以源出於光而存之耳。"

## 【道家類】

## 老子

　　《隨筆》卷二《忠恕違道》、《續筆》卷五《唐虞象刑》等條。

## 莊子

　　《隨筆》卷第九《尺棰取半》、《續筆》卷第四《相六畜》等條。

## 列子

　　《隨筆》卷六《上下四方》、《續筆》卷一二《淵有九名》等條。

### 文子

《續筆》卷一六《計然意林》條：“《文子》十二卷，李暹注。其序以謂《范子》所稱計然。但其書一切以老子爲宗，略無與范蠡謀議之事。《意林》所編《文子》正與此同。所謂《范子》乃別是一書，亦十二卷。”

### 鶡冠子

《四筆》卷六《扁字二義》條。

## 【法家類】

### 韓非子

《續筆》卷第三《燕說》、卷一六《酒肆旗望》等條。

### 管子

《三筆》卷一《管晏之言》條。

## 【墨家類】

### 墨子

《續筆》卷四《日者》、卷一四《孔墨》等條。

## 【名家類】

### 尹文子

《續筆》卷一四《尹文子》條：“《漢·藝文志》名家內有《尹文子》一篇，云：‘說齊宣王。先公孫龍。’劉歆云：‘其學本於黄、老，居稷下，與宋鈃、彭蒙、田駢等同學於公孫龍。’今其書分爲上下兩卷，蓋漢末仲長統所銓次也。其文僅五千言，議論亦非純本黄、老者。”

　　按：周中孚《鄭堂讀書記補逸》卷二五“尹文子”條，著録清王繼培校注本，云：“又以今本五千餘言與洪氏《容齋隨筆》所稱合，蓋自宋已然。而唐及宋初諸類書傳注所引出今本外者，尚數百言，因輯逸文，附於卷末。”羅根澤《尹文子探源》：“考洪邁《容齋續筆》卷十四有《尹文子》條，所論即爲今本。”（《古史辨》第六冊）

## 【縱橫家類】

### 戰國策

《四筆》卷一《戰國策》條：“劉向序《戰國策》，言其書錯亂相糅，莒本字多誤脫爲半字，以‘趙’爲‘肖’，以‘齊’爲‘立’，如此類者多。予案，今傳於世者，大抵不可讀，其《韓非子》《新序》《說苑》《韓詩外傳》《高士傳》《史記索隱》《太平御覽》《北堂書鈔》《藝文類聚》諸書所引用者，多今本所無。”

## 【陰陽家類】

### 陰陽局鴉經

《續筆》三《烏鵲鳴》條："世有傳《陰陽局鴉經》，謂東方朔所著，大略言凡占烏之鳴，先數其聲，然後定其方位，假如甲日一聲，即是甲聲，第二聲爲乙聲，以十干數之，乃辨其急緩，以定吉凶。"

　　按：謝維新《古今合璧事類備要別集》卷七二《飛禽門·烏》"著鴉經"條："世有傳《陰陽局鴉經》，謂東方所著，大略先數其聲，第一聲即是甲聲，以十干數之，辨其急緩，以定吉凶。"

### 東方朔占書

《三筆》卷一六《歲後八日》條。

　　按：《舊唐書·經籍志》五行類有《東方朔占書》一卷。

### 錦囊葬經

《隨筆》卷一《郭璞葬地》條："世傳《錦囊葬經》爲郭所著，行山卜宅兆者印爲元龜。"

　　按：《通志·藝文略》葬書類有郭璞《錦囊經》一卷。

### 孝經雌雄圖

《三筆》卷一一《歲月日風雷雄雌》條："予家有故書一種，曰《孝經雌雄圖》，云出京房《易傳》，亦日星占相書也。"

　　按：姚振宗《隋書經籍志考證》卷九《經部九·異說類》："梁有《孝經雌雄圖》三卷，《孝經異本雌雄圖》二卷，亡。"《宋史·藝文志》五行類著録《孝經雌雄圖》四卷。馬氏玉函山房輯本序曰："龐元英《文昌雜録》：'周顯德六年，高麗遣使獻《孝經雌圖》三卷。'又云：'《雌圖》者，止說日之環暈，星之彗孛，亦非奇書。'案古人每以雌、雄代陰、陽字，圖究陰陽，故以爲號。高麗本只稱《雌圖》，當是傳者據上卷題稱也。今佚。從《開元占經》所引輯録。《占經》每稱《雌雄圖》、《三光占》，蓋圖中篇名，據録於卷首。圖中記載如龐《録》所言云。"

### 廣濟陰陽百忌曆

《續筆》卷四《卜筮不同》條："唐呂才作《廣濟陰陽百忌曆》，世多用之。近又有《三曆會同集》，搜羅詳盡。"

　　按：《四筆》卷五《伏龍肝》條引《廣濟曆》，亦當即此書。《新唐書·藝文志》五行類有呂才《廣濟陰陽百忌曆》一卷。《直齋書録解題》陰陽家類："《廣濟陰陽百忌曆》二卷。稱唐呂才撰，有序。案才序《陰陽書》，其三篇見於本傳，曰《禄命》，曰《卜宅》，曰《葬》。盡掃世俗拘滯之論，安得復有此曆？本初固已假托，後人附益，尤不經。"

## 三曆會同集

《續筆》卷四《卜筮不同》條。

　　按：《直齋書録解題》陰陽家類：“《三曆會同》十卷，不知作者。集《百忌》《總聖》《集正》三書。”

### 【兵家類】

## 六韜

《五筆》卷二《吕望非熊》條。

### 【雜家類】

## 吕氏春秋

《四筆》卷二《漢人姓名》、卷五《勇怯無常》等條。

## 淮南子（淮南鴻烈解）

《續筆》卷七《淮南王》條：“屬王子安復爲王，招致賓客方術之士，作爲《内書》二十一篇，《外書》甚衆；又有《中篇》八卷，言神仙黄白之術。《漢書·藝文志》，《淮南内》二十一篇，《淮南外》三十三篇，列於雜家。今所存者二十一卷，蓋《内篇》也。”又《續筆》卷七《建除十二辰》條引《淮南鴻烈解·天文訓篇》。

　　按：《四庫全書》子部十《淮南鴻烈解》卷首提要云：“今所存者二十一篇，蓋内篇也。晁公武《讀書志》稱《崇文總目》亡三篇，李淑《邯鄲圖書志》亡二篇，其家本惟存十七篇，亡其四篇。高似孫《子略》稱讀《淮南》二十篇，是在宋已鮮完本。惟洪邁《容齋隨筆》稱今所存者二十一卷，與今本同。”

## 尹子

《續筆》卷一四《尹文子》條：“《尹子》五卷，共十九篇，其言論膚淺，多及釋氏，蓋晋、宋時細人所作，非此之謂也。”

　　按：王應麟《玉海》卷五三《藝文·諸子》：“《尹子》，《書目》雜家，五卷，不知名，設答問之辭，雜論天地、軍國、地里、靈神、釋老之事，並序論，凡十九篇。”《宋史·藝文志》雜家類：“李恂《前言往行録》三卷、《尹子》五卷。”蓋以爲李恂所著歟？恂字叔英，安定臨涇人，少習《韓詩》，教授諸生常數百人。事迹具《後漢書》卷八一本傳。考《崇文總目》有《尹子》五卷，在儒家類，恐與洪、王所見者非一本。

## 論衡

《隨筆》卷五《元二之災》條。

## 白虎通

《續筆》卷五《唐虞象刑》條。

## 風俗通

《五筆》卷一《風俗通》條：“應劭《風俗通》雖東漢末所作，然所載亦難盡信。其叙希姓者曰”云云。

按：《四庫全書總目》卷一二〇《風俗通義》提要："宋陳彭年等修《廣韻》、王應麟作《姓氏急就篇》，多引《風俗通·姓氏篇》，是此篇至宋末猶存，今本無之，不知何時散佚。"錢大昕《風俗通義逸文》輯有《氏姓》篇。

## 萬機論

《四筆》卷二《五帝官天下》條引蔣濟《萬機論》。

按：蔣濟字子通，楚國平阿人。事蹟具《三國志·魏志》卷一四本傳，謂："濟上《萬機論》，帝善之。入爲散騎常侍。"《隋書·經籍志》雜家載《蔣子萬機論》八卷，注蔣濟撰。《新唐書·藝文志》作十卷，《直齋書録解題》作二卷。逸文見嚴可均輯《全三國文》卷三三。而《四筆》本條所引《萬機論》，嚴氏漏輯。參錢鍾書《管錐編》第三册《全上古三代秦漢三國六朝文·全三國文卷三三》。

## 意林

《續筆》卷一六《計然意林》條："予案，唐貞元中，馬總所述《意林》一書，抄類諸子百餘家。"

## 客語

《五筆》卷五《貧富習常》條引晁以道《客語》。

# 【小説家類】

## 世説

《隨筆》卷一《郭璞葬地》、卷四《鳳毛》、卷七《王導小名》、卷一二《劉公榮》等條。

## 搜神記

《四筆》卷六《臨海蟹圖》條。

## 拾遺記

《五筆》卷五《冥靈社首鳳》條引王子年《拾遺記》。

## 啓顔録

《四筆》卷九《藍尾酒》條："侯白滑稽之語，見於《啓顔録》。《唐·藝文志》，白有《啓顔録》十卷、《雜語》五卷，不聞有《酒律》之書也。"

## 玄怪録

《隨筆》卷一六《吳王殿》條："牛僧孺《玄怪録》載，唐元和中，饒州刺史齊推女。"云云。

按：《太平廣記》卷三五八《齊推女》，注出《玄怪録》。

## 集異記

《隨筆》卷一三《東坡羅浮詩》條："予案唐小説薛用弱《集異記》載蔡少霞夢人召去，令書碑，題云《蒼龍溪新宮銘》，紫陽真人山玄卿撰。其詞三十八句，不聞有'五雲閣吏'之説。'魚車''瑞雲'之語，乃《逸史》所載陳幼霞事，云蒼龍溪主歐陽某撰。"

按：蔡少霞事見《太平廣記》卷五五《蔡少霞》，注出《集異記》。

### 逸史

詳前條。

> 按：陳幼霞事，見《太平廣記》卷四九《張及甫》，注出《逸史》。又《四筆》卷一五《尺八》條引《逸史》，亦見《太平廣記》卷九六《回向寺狂僧》。洪邁或直接依據《太平廣記》。《新唐書·藝文志》有《逸史》三卷，注云："大中時人。"

### 朝野僉載

《續筆》卷一二《龍筋鳳髓判》條引張鷟《朝野僉載》。

### 資暇集

《五筆》卷一《俗語有出》條引李濟翁《資暇集》。

### 闕史

《五筆》卷七《唐賦造語相似》條引高彦休《闕史》。

### 酉陽雜俎

《續筆》卷七《建除十二辰》、卷一六《月中桂兔》，《四筆》卷六《娑羅樹》、卷七《天咫》條。

### 唐朝新纂

《續筆》卷一《李建州》條："建安城東二十里，有梨山廟，相傳爲唐刺史李公祠。……偶閱唐末人石文德所著《唐朝新纂》一書，正紀[李]頻事。"

> 按：《直齋書録解題》小説家類："《唐朝新纂》三卷，融州副使石文德撰。"《宋史·藝文志》："石文德《唐新纂》三卷。"陶岳《五代史補》卷三《石文德獻挽歌》："文德晚尤好著述，乃撰《大唐新纂》十三卷，多名人遺事，詞雖不工，事或可採，時以多聞許之。"

### 稽神録

《四筆》卷一〇《過所》條引徐鉉《稽神録》。

### 野人閑話

《續筆》卷一《戒石銘》條："成都人景焕，有《野人閑話》一書，乾德三年所作。"

> 按：《直齋書録解題》小説家類："《野人閑話》五卷，成都景焕撰。記孟蜀時事，乾德三年序。"

### 摭言

《續筆》卷一一《高鍇取士》條、《四筆》卷五《韓文公薦士》條、《四筆》卷一五《尺八》條。

> 按：所引《摭言》均見王定保《唐摭言》。

### 蘇鶚演義

《四筆》卷九《藍尾酒》條。

### 河東記

《四筆》卷九《藍尾酒》條。

按：《郡齋讀書志》小説類：“《河東記》三卷。右不著撰人，亦記譎怪之事。”

## 南部烟花録

《續筆》卷一五《注書難》條。《夷堅支戊》卷五《任道元》條。

按：《郡齋讀書志》雜史類：“《南部烟花録》一卷。右唐顔師古撰，載隋煬帝時宮中秘事，僧志徹得之於官閣笋箄中。一名《大業拾遺記》。”王明清《揮麈餘話》卷一：“《烟花録》，一名《大業拾遺記》，文詞極惡，可疑。”

## 三水小牘

《夷堅甲志》卷五《江陰民》。

按：《直齋書録解題》小説家類：“《三水小牘》三卷，唐皇甫枚遵美撰。”

## 醉鄉日月

《續筆》卷一六《唐人酒令》條：“予案皇甫松所著《醉鄉日月》三卷，載骰子令。”云云。

按：《直齋書録解題》小説家類：“《醉鄉日月》三卷，唐皇甫松子奇撰。唐人飲酒令，此書詳載，然今人皆不能曉也。”

## 纂異記

《三筆》卷九《漢高祖父母姓名》條引唐小説《纂異記》。

## 辨疑志

《夷堅志補》卷四《九頭鳥》條引唐陸長源《辨疑志》。

按：《直齋書録解題》小説家類：“《辨疑志》三卷。唐宣武行軍司馬吳郡陸長源撰。辨里俗流傳之妄。”

## 靈怪集

《夷堅三志己》卷二《程喜真非人》：“新淦人王生，雖爲閭閣庶人，而稍知書。最喜觀《靈怪集》《青瑣高議》《神異志》等書。”

按：《新唐書·藝文志》：“張薦《靈怪集》二卷。”

## 青瑣高議

見前條。

## 神異志

見前條。

## 北夢瑣言

《夷堅支景》卷八《茅山道士》條。

## 玉堂閑話

《夷堅志補》卷四《張氏燕》條。

按：《崇文總目》著録王仁裕所撰《玉堂閑話》。

## 太平廣記

《五筆》卷四《晋代遺文》條：“《集仙傳》所載《神女成公智瓊傳》，見於《太平廣記》，蓋［張］敏之作也。”

　　按：本條所記《神女成公智瓊傳》，見《太平廣記》卷六一《成公智瓊》，原注出《集仙録》。余嘉錫《世説新語箋疏》云：“《智瓊傳》見《廣記》六十一，不著姓名。洪氏知爲張敏所作者，據《晋代名臣文集》也。”

## 開元天寶遺事

《隨筆》卷一《淺妄書》條：“俗間所傳淺妄之書，如所謂《雲仙散録》《老杜事實》《開元天寶遺事》之屬，皆絶可笑。”“《開天遺事》托云王仁裕所著。仁裕五代時人，雖文章乏氣骨，恐不至此。”“近歲，興化軍學刊《遺事》，南劍州學刊《散録》，皆可毁。”

　　按：《四庫全書總目》卷一四〇《開元天寶遺事》提要：“洪邁《容齋隨筆》則以爲托名仁裕，摘其中舛謬者四事，所駁詰皆爲确當，然《蘇軾集》中有讀《開元天寶遺事》四絶句。司馬光作《通鑑》亦採其中張彖指楊國忠爲冰山語，則其書實在二人以前，非《雲仙散録》之流晚出於南宋者可比。”

## 雲仙散録

見前條。

　　按：胡應麟《四部正譌》下：“《雲仙散録》，題馮贄撰，共八卷。昔人皆以爲僞，洪景盧尤斥之。余讀其前六卷所引諸雜説，無一實者，蓋僞撰其事，又僞撰書名實之。”（《少室山房筆叢》卷一六）

## 老杜事實

見“開元天寶遺事”條。

## 東坡志林

《隨筆》卷一《白公詠史》，《續筆》卷二《湯武之事》、卷一一《古錞于》條。

　　按：《直齋書録解題》别集類《東坡别集》叙録云：“麻沙書坊又有《大全集》，兼載《志林》、《雜説》之類。”同書小説家類有《東坡手澤》三卷，叙録云：“今俗本《大全集》中所謂《志林》者也。”《隨筆》所引，不見於今本《東坡志林》。

## 洞微志

《隨筆》卷四《鬼宿渡河》條引錢希白《洞微志》。

## 東軒録

《隨筆》卷四《野史不可信》條引魏泰《東軒録》。

## 筆談

《隨筆》卷四《野史不可信》條引沈括《筆談》。

## 學林

《隨筆》卷七《羌慶同音》條：“王觀國彦賓、吳棫材老，有《學林》及《叶韻補注毛詩音》二書。”

## 談叢

《隨筆》卷八《談叢失實》條："後山陳無己著《談叢》六卷，高簡有筆力，然所載國朝事，失於不考究，多爽其實。"

## 語林

《續筆》卷一一《唐人避諱》條："《語林》載崔殷夢知舉，吏部尚書歸仁晦托弟仁澤，殷夢唯唯而已。"

　　按：《語林》，應即王讜《唐語林》，今本無此條。周勛初《唐語林校證》據《隨筆》輯補。

## 東齋記事

《隨筆》卷八《真宗末年》條引范蜀公《東齋記事》。又《夷堅三己》卷六《上請堯舜》："《東齋記事》載楊文公知舉日於簾下大笑"云云。

## 龍川略志

《隨筆》卷八《真宗末年》條引蘇子由《龍川志》。又《夷堅志補》卷一三《高安趙生》條，末云："見蘇文定《龍川略志》。"

## 湘山野録

《五筆》卷一〇《謂端爲匹》條：《湘山野録》，"文瑩多妄誕，不足取信"。

## 石林燕語

《四筆》卷九《藍尾酒》條引葉少蘊《石林燕語》。

## 秀水閑居録

《三筆》卷一三《十八鼎》條："今人但知有九鼎，而十八之數，唯朱忠靖公《秀水閑居録》略紀之，故詳載于此。"又《夷堅丁志》卷七《朱勝私印》條，末云："右八事皆見朱丞相《秀水閑居録》。"

## 麈史

《三筆》卷一〇《鄂州興唐寺鐘》條、《夷堅支乙》卷四《再書徐大夫誤》條引王得臣《麈史》。

## 猗覺寮雜記

朱翌《猗覺寮雜記》卷首，有洪邁序云："右上下兩卷，凡四百三十五則，故紫微舍人桐鄉朱先生公所記也。"序作於慶元三年。

## 萍洲可談

《續筆》卷七《月不勝火》條引朱元成《萍洲可談》。

## 能改齋漫録

《續筆》卷八《康山讀書》條引吳曾《能改齋漫録》。

## 事實類苑

《夷堅甲志》卷一九《玉帶夢》條引江少虞《事實類苑》。

## 春渚紀聞

《夷堅丙志》卷一〇《劉景文》、卷一四《錫盆冰花》、《支乙》卷六《羅伯固腦瘤》、《志補》卷一九《蓬州樵夫》、《志補》卷二一《石中龜》條均引何薳《春渚紀聞》。

### 龍城録

《隨筆》卷一〇《梅花橫參》條："今人梅花詩詞，多用'參橫'字，蓋出柳子厚《龍城録》所載趙師雄事，然此實妄書，或以爲劉無言所作也。"又《夷堅支戊》卷五《李林甫》條亦以爲劉無言作。

按：《龍城録》二卷，舊本題唐柳宗元撰，《唐志》不著録。余嘉錫《四庫提要辨證》卷一七《子部八》"雲仙雜記十卷"條："何薳《春渚紀聞》及《朱子語類》皆以《龍城録》爲王銍所僞作，而洪邁《夷堅支志》以爲劉無言作。……薳、邁、邦基與銍皆南北宋間同時之人，去劉燾（無言）時亦不遠，而其説之參差不一如此，然則此事正未易論定也，闕疑焉可矣。"李劍國《唐五代志怪傳奇叙録·龍城録》、程毅中《唐代小説瑣記》（載《文史》第二十六輯），皆認爲不能輕易否定柳宗元之著作權。陶敏《柳宗元龍城録真僞新考》（《唐代文學與文獻論集》）則認爲《龍城録》既非柳宗元所作，亦非王銍或劉燾所作，而此書之編造大約在北宋前期，即宋太祖至仁宗前期。考據頗詳，可參，不贅。

### 碧雲騢

《隨筆》卷一五《孔氏野史》條：世傳孔毅甫《野史》一卷，"予謂決非毅甫所作，蓋魏泰《碧雲騢》之流耳"。

按：葉夢得《避暑録話》卷上："世傳《碧雲騢》一卷，爲梅聖俞作，皆歷詆慶曆以來公卿隱過，雖范文正亦不免。議者遂謂聖俞游諸公間，官竟不達，懟而爲此以報之。君子成人之美，正使萬有一不至，猶當爲賢者諱，况未必有實。聖俞賢者，豈至是哉？後聞之，乃襄陽魏泰所爲，嫁之聖俞也。"

### 續樹萱録

《隨筆》卷一六《續樹萱録》條："頃在秘閣抄書，得《續樹萱録》一卷，其中載隱君子元撰夜見吳王夫差與唐諸詩人吟詠事。……何子楚云：'《續萱録》乃王性之所作，而托名他人。'"

按：《續樹萱録》，不見諸家書目。李劍國《宋代志怪傳奇叙録》"續樹萱録一卷"條："何薳謂劉燾無言作，劉燾元祐三年進士，蘇軾門生，與秦觀同時，又同在蘇門，必不至於竊秦詩入己書。洪邁引何薳語，又誤爲王銍（字性之）作。胡應麟《少室山房筆叢·二酉綴遺下》云'《樹萱録》宋王銍性之撰'，以訛傳訛。"

### 貽子録

《續筆》卷一三《貽子録》條："先公自燕歸，得龍圖閣書一策，曰《貽子録》，有'御書'兩印存，不言撰人姓名，而序云：'愚叟受知南平王，政寬事簡。'意必高從誨擅荆渚時賓僚如孫光憲輩者所編，皆訓儆童蒙。"

### 邇齋閑覽

《四筆》卷八《通印子魚》條、《四筆》卷八《莆田荔枝》條、《四筆》卷一四《梁狀元八十二歲》條，又《夷堅丙志》卷一三《張鬼子》條，引陳正敏《邇齋閑覽》。

按：《宋史·藝文志》小説類有陳正敏《邇齋閑覽》十四卷。《郡齋讀書志》小説類亦著録，謂崇、觀間撰。

## 開譚録

《五筆》卷七《門生門下見門生》條。

　　按：趙希弁《郡齋讀書後志》：“《開譚録》兩卷。右皇朝蘇耆撰，舜欽之父也。記五代以來雜事，下帙多載馮道行義。”蘇舜欽《先公墓志銘》（《蘇學士集》卷一四）謂其著《開談録》五卷。

## 鑒誡別録

《直齋書録解題》小説家類：“《鑒誡別録》三卷，廬陵歐陽邦基壽卿撰，周益公、洪景盧有序跋。”

　　按：邁序已佚。周必大《文忠集》卷一九《跋歐陽邦基勸誡別録》：永新歐陽邦基，嘗著《勸誡別録》，“凡經史百家所記與夫近世士大夫善言善行，皆聚而筆之，析爲三卷，總十五門”。

## 冥司報應

《夷堅丙志》卷一三《林翁要》條末注：“右四事皆福州太平寺僧蔣寶所傳。寶有一書曰《冥司報應》，記此事。”

## 荆山編

《夷堅丁志》卷二《宣城死婦》條。

　　按：《宋史・藝文志》小説類有梁嗣真《荆山雜編》四卷，李劍國《宋代志怪傳奇叙録》謂即此書。

## 聞善録

《夷堅支甲》卷二《衛師回》條。

## 夢兆録

《夷堅支乙》卷二《黄溥夢名》條引臨川劉君所記《夢兆録》。

　　按：劉名世《夢兆録》。詳李劍國《宋代志怪傳奇叙録》。

## 東皋雜録

《夷堅支景》卷六《富陵朱真人》《李綬祝火》條，引孫宗鑒《東皋雜録》。

## 碧雞漫志

《夷堅三志壬》卷七《清平樂六詞》引王晦叔《碧雞漫志》。

## 睽車志

《夷堅支丁》卷八《趙三翁》條引郭象伯象《睽車志》。

　　按：《直齋書録解題》小説家類：“《睽車志》五卷，知興國軍歷陽郭象次象撰。”

## 時軒居士筆記

《夷堅支庚序》：“鄉士吴潦伯秦，出其乃公時軒居士昔年所著筆記，剽取三之一爲三卷，以足此篇。”

按：所取吳書見《夷堅支庚》卷七至卷九，末注云：“以上三卷皆德興吳良史之子秦傳其父書。”

## 清尊録

《夷堅支庚》卷一《鄂州南市女》條。

按：高儒《百川書志》卷八：“《清尊録》一卷。宋廉宣仲布撰。或謂陸務觀所作，非也。二公同時，後人因誤指耳。”

## 花月新聞

《夷堅支庚》卷四《花月新聞》引淄川姜子簡廉夫手抄《花月新聞》一編。

## 懶真録

《四筆》卷一二《景華御苑》條引馬永卿《懶真録》。《夷堅支癸》卷一〇《古塔主》條末云：“右三事見馬永卿《懶真子録》。”

按：《宋史·藝文志》著録，晁、陳二家書目皆不載。書存。

## 説異

《夷堅三志己》卷一《秦忠印背》條末云：“有一書名《説異》，自序云羅漢寺僧舍歸虛子述。凡兩卷，纔十事。以其不傳於世，擇取其三。”即本條與前之《石六山美女》《孝感寺石魚》二條。

## 筆奩録

《夷堅三志己》卷一《吳女盈盈》條、《長安李妹》條，録王山《筆奩録》。

按：《宋史·藝文志》：“王山《筆奩録》七卷。”

## 蘭澤野語

《夷堅三志己》卷八《浪花詩》條録李子永《蘭澤野語》。

按：董更《書録》下篇“虞仲房”條：“李漢老族孫詠所著《蘭澤野語》云：善篆隸，隸法尤工。家徒四壁，藏漢隸刻數千卷。”云云。李劍國《宋代志怪傳奇叙録》作“李泳”。

## 松溪居士徑行録

《夷堅三志辛》卷四《孟廣威獼猴》條末云：“右十三事皆武陵陳莘叔尹《松溪居士徑行録》所載。陳以恩科入仕至峽州推官，與上官不合，拂衣歸。”

## 【藝術類】

## 法書要録

《四筆》卷五《黃庭換鵝》條引張彥遠《法書要録》。

## 徐氏法書記

《四筆》卷五《黃庭換鵝》條引武平一《徐氏法書記》。

## 古迹記

《四筆》卷五《黃庭換鵝》條引徐季海《古迹記》。

### 雲林繪鑑

《三筆》卷一二《顏魯公祠堂詩》條：“予家藏《雲林繪鑑》册，有顏魯公畫像。”《五筆》卷七《韓蘇杜公叙馬》條：“坡公賦《韓幹十四馬》詩，……誦坡公之語，蓋不待見畫也。予《雲林繪鑑》中有臨本，略無小異。”

　　按：《雲林繪鑑》，未見著録。考黄伯思，字長睿，自號雲林子，好古博雅，有《東觀餘論》三卷，序跋古書畫器物甚富，未知是否即其所編。

## 【醫書類】

### 本草

《四筆》卷三《治藥捷法》條、《續筆》卷一〇《苦蕒菜》條、《四筆》卷五《伏龍肝》條。

　　按：各條所引“本草”，均見唐慎微《證類本草》。

### 雷公炮炙論

《四筆》卷三《雷公炮炙論》條。

　　按：《四筆》此條所引《雷公炮炙論》及解説，均見唐慎微《證類本草》卷一《雷公炮炙論序》。《郡齋讀書後志》：“《雷公炮炙》三卷。右宋雷斅撰，胡洽重定。”

### 外臺秘要

《四筆》卷四《外臺秘要》條。

　　按：《外臺秘要》四十卷，王燾撰。燾序云：“嘗得古方書數千百卷，因述諸病證候，删集方藥符禁針灸之法。”（趙希弁《郡齋讀書後志》卷二）

### 太平聖惠方

《夷堅丙志》卷一二《舒州刻工》：“紹興十六年，淮南轉運司刊《太平圣惠方》板，分其半於舒州。”又《夷堅三志壬》卷九《劉經絡神針》、《四筆》卷八《茸附治疽漏》條引用。

## 【類書類】

### 太平御覽

《五筆》卷七《國初文籍》條：“國初承五季亂離之後，所在書籍印板至少，宜其焚煬蕩析，了無孑遺。然太平興國中編次《御覽》，引用一千六百九十種，其綱目並載於首卷，而雜書、古詩賦又不及具録。以今考之，無傳者十之七八矣，則是承平百七十年，翻不若極亂之世。”又見《續筆》卷七《五十絃瑟》、《三筆》卷一《上元張燈》、《三筆》卷三《兔葵燕麥》諸條。

### 初學記

《續筆》卷二《歲旦飲酒》條、卷七《五十絃瑟》條、卷一五《逐貧賦》條。

### 北堂書鈔

《四筆》卷一《戰國策》條。

### 藝文類聚

同前條。

**海録碎事**

《三筆》卷三《兔葵燕麥》條引葉庭珪《海録碎事》。

**續六帖**

《隨筆》卷一《淺妄書》條："孔傳《續六帖》，采摭唐事殊有工，而悉載《雲仙録》中事，自穢其書。"

> 按：《直齋書録解題》類書類："《後六帖》三十卷，知撫州孔傳世文撰，以續白氏之後也。傳，襲封衍聖公。"

## 【道藏類】

**福州道藏**

《隨筆》卷五《易舉正》條："唐蘇州司户郭京有《周易舉正》三卷，……予頃於福州《道藏》中見此書而傳之，及在後省見晁公武所進《易解》多引用之，世罕有其書也。"

> 按：福州《道藏》，即《政和萬壽道藏》。梁克家《淳熙三山志》卷三八《寺觀類六·道觀》：閩縣報恩光孝觀，"《政和萬壽道藏》。政和四年，黄尚書裳奏請建飛天法藏，藏天下道書五百四十函，賜今名，以鏤板進於京。淳熙二年，令以所藏經文送於行在所"。

## 【釋氏類】

**大般若經**

《隨筆》卷一《半擇迦》條、《四筆》卷一三《金剛經四句偈》條。

> 按：所引經，見玄奘譯《大般若波羅蜜多經》。

**大集經**

《隨筆》卷一《六十四種惡口》條。

> 按：所引經文，見《大方等大集經》卷第八《海慧菩薩品》，文字亦與今所見大正藏《大集經》少異，蓋譯本不同。又《隨筆》卷六《上下四方》條引"風住何處？曰：風住虛空"。云云。所引見《大方等大集經》卷二二《虛空目分中净目品第五》。

**維摩詰經**

《隨筆》卷一五《二士共談》條。

> 按：所引見鳩摩羅什譯《維摩詰所説經》卷中《文殊師利問疾品第五》。

**八大人覺經**

《續筆》卷一三《曹子建七啓》條。

> 按：所引見安世高譯《佛説八大人覺經》。

**金剛經諸譯本**

《四筆》卷一三《金剛經四句偈》條："今世所行《金剛經》，用姚秦鳩摩羅什所譯，其四句偈曰："一切有爲法，如夢幻泡影，如露亦如電，應作如是觀。"又曰："若以色見我，以音聲求我，是人行邪道，不能見如來。"予博觀它本，頗有不同。"以下歷舉元魏天竺三藏菩提流支譯、陳天竺三藏真諦譯、唐三藏玄奘譯、唐沙門義净譯諸本。

　　　　按：趙彦衛《雲麓漫抄》卷三："《金剛經》凡有六譯：姚秦鳩摩羅什、元魏菩提流支、陳真諦、隋笈多、唐玄奘、義净。古今所宗，惟秦譯。"

### 寶積經

《隨筆》卷五《稗沙門》條。

　　　　按：所引見《大寶積經》卷一一三《寶梁聚會第四十四·旃陀羅品第三》。

### 多心經

《四筆》卷一三《多心經偈》條。

　　　　按：唐三藏法師玄奘譯《般若波羅蜜多心經》。

### 大明咒經

《四筆》卷一三《多心經偈》條。

　　　　按：姚秦天竺三藏鳩摩羅什譯《摩訶般若波羅蜜大明咒經》。

### 無量壽經

《四筆》卷一三《天宮寶樹》條。

　　　　按：康僧鎧譯《佛説無量壽經》。

### 四十二章經

錢大昕《潛研堂金石文跋尾》卷一六《四十二章經》："右四十二章經，在杭州之六和塔。凡四十二人，人各爲一章。"邁書第四十二章。

### 法苑珠林

《三筆》卷一六《佛胸卍字》條、《四筆》卷九《南舟北帳》條、《三筆》卷一一《歲月日風雷雄雌》條。

# 四、集部

## 【楚辭類】

### 楚詞補注

《續筆》卷一五《注書難》條引洪慶善注《楚辭》。

　　　　按：即洪興祖《楚詞補注》，存。李詳《媿生叢録》卷一引《續筆》此條，後按云："今本洪氏《楚辭補注》所引與容齋之説小異。……容齋言此説慶善向彼自言，則當時必改補可知。近所流傳者，蓋慶善初行之本也。"

## 【總集類】

### 晋代名臣文集

《五筆》卷四《晋代遺文》條：“故簏中得舊書一帙，題爲《晋代名臣文集》。凡十四家，所載多不能全，真太山一毫芒耳。”

按：《宋史·藝文志》有《晋代名臣集》十五卷。王應麟《玉海》卷五五《藝文》“宋朝晋代名臣集”條：“《書目》，十五卷。晋王濟、棗據、劉寶、閒丘冲、樂肇、王贊、郤正、張敏、伏緯、應亨、索靖、閭纘、嵇紹、卞粹、虞溥十五家，文各爲一卷，著爵里於卷首。乾道中，汪應辰云：‘蓋國初館閣之士得晋人殘缺文聚爲此編。’”

### 文選（五臣注、李善注）

《隨筆》卷第一《五臣注文選》、卷七《羌慶同音》、卷一四《李陵詩》、《三筆》卷二《絳灌》、《四筆》卷一二《主臣》等條，多見引用。

### 類文

《四筆》卷二《抄傳文書之誤》條：“今代所傳文書，筆吏不謹，至於成行脱漏。予在三館假庾自直《類文》，先以正本點檢，中有數卷皆以後板爲前，予令書庫整頓，然後録之。”

按：《新唐書·藝文志》有庾自直《類文》三百七十七卷。《宋史·藝文志》著録爲三百六十二卷。周必大《乾道庚寅奏事録》：“有書號《類文》，隋時集兩漢以來古文，多今時所無，如曹植文尤衆，植集中未嘗載。”

### 唐制詔

《續筆》卷一一《昭宗相朱朴》條：“《唐制詔》有制詞，學士韓儀所撰。”

按：《宋史·藝文志》有《唐制誥集》十卷，又有《雜制詔集》二十一卷。

### 唐賢啓狀

《三筆》卷八《唐賢啓狀》條：“故書中有《唐賢啓狀》一册，皆汎汎緘題。其間標爲獨孤常州及、劉信州太真、陸中丞長源、吕衡州温者，各數十篇，亦無可傳誦。時人以其名士，故流行至今。”

### 唐文粹

《五筆》卷七《國初文籍》條：“姚鉉以大中祥符四年集《唐文粹》，其序有云：‘況今歷代墳籍，略無亡逸。’觀鉉所類文集，蓋亦多不存，誠爲可歎。”

### 唐類表

《隨筆》卷一《八月端午》條。

按：《直齋書録解題》總集類著録《唐類表》二十卷，云：“不知集者，《館閣書目》有李吉甫所集五十卷，未之見也。”

### 古文苑

《隨筆》卷一二《曹操殺楊修》條、《續筆》卷一《王孫賦》條。

　　按：所引均見今本《古文苑》（宋章樵注）。趙希弁《讀書附志》卷下著録《古文苑》九卷，云：“世傳孫巨源于佛寺經龕中得唐人所藏文章一編，莫知誰氏録也，皆史傳所不載，《文選》所未取。……《容齋隨筆》嘗引之。然訛舛謬缺，不敢是正。淳熙中，韓元吉之記已言之。”

## 文苑英華

　　《續筆》卷一二《崔斯立》條、《五筆》卷四《晋代遺文》條。

## 名臣奏議

　　《玉海》卷六一云：“乾道二年，陳騤進《名臣奏議》，五月十八日詔遷秩。洪邁爲之序。”

## 楚漢逸書

　　《文獻通考》卷二四八：“《楚漢逸書》，八十二篇，豫章洪芻編。宋玉、司馬相如、司馬遷、董仲舒、賈誼、枚乘、路喬如、公孫詭、鄒陽、公孫乘、羊勝、中山王勝、淮南王安、班婕妤、王褒、劉向、劉歆、揚雄、班固，凡十九家。叙其可考而讀者，共八十二篇。野處洪公題後曰：‘此書傳於道山。又有《漢賢遺集》，所載略同。凡所脱字，皆據以衍入，猶有疑而不可知者。他日當以諸書互出者參校之。’”

## 漢賢遺集

　　詳前條。

## 唐才調詩

　　《續筆》卷七《昔昔鹽》條引韋縠編《唐才調詩》。

　　　　按：此即《才調集》。書存。

## 皮陸唱和集

　　《隨筆》卷一五《唐詩人有名不顯者》條。

## 泉山秀句集

　　《儀顧堂題跋》卷五：“唐黃滔《泉山秀句集》十卷，有楊萬里、洪邁序。”

　　　　按：《新唐書·藝文志》著録《泉山秀句集》三十卷。

## 五寶聯珠集

　　《四筆》卷六《韓文公逸詩》、《寶叔向詩不存》條。

　　　　按：《竇氏聯珠集》五卷，唐西江褚藏言所輯竇常、竇牟、竇群、竇庠、竇鞏兄弟五人之詩，人爲一卷。五竇，事迹具《新唐書》卷一七五本傳。

## 百家詩選

　　《三筆》卷一五《六言詩難工》條引王荆公《詩選》。《四筆》卷六《寶叔向詩不存》條引荆公《百家詩選》。

## 吳良嗣家所抄唐詩

　　《四筆》卷六《寶叔向詩不存》條：“予嘗得故吳良嗣家所抄唐詩，僅有叔向六篇，皆奇作。念其不傳於世，今悉録之。”

按：鄭樵《通志·藝文略》有吳良嗣《籝金堂書目》三卷，蓋家富藏書者也。《宋史·藝文志》有鄱陽吳氏《籝金堂書目》三卷，則良嗣乃容齋之鄉人。

## 樂府録

《續筆》卷七《五十絃瑟》條。

## 樂府解題

同前條。

## 樂苑

《續筆》卷七《昔昔鹽》條。

## 樂府詩

《三筆》卷一五《六言詩難工》條："唐張繼詩，今人所傳者唯《楓橋夜泊》一篇，荆公《詩選》亦但别有兩首，《樂府》有《塞孤》一篇。"又《四筆》卷八《穆護歌》條："郭茂倩編次《樂府詩》，《穆護歌》一篇"云云。

按：《穆護歌》、《塞孤》，均見郭茂倩《樂府詩集》卷八。《近代曲辭》。知《隨筆》所稱之《樂府》、《樂府詩》即今《樂府詩集》。

## 江西宗派詩

《四筆》卷四《一百五日》條。

按：楊萬里《誠齋集》卷八○有《江西宗派詩序》。《宋史·藝文志》有吕本中《江西宗派詩集》一百十五卷。

# 【别集類】

## 陶淵明集

《三筆》卷三《東坡和陶詩》條："《陶淵明集》，《歸田園居》六詩，其末'種苗在東皋'一篇，乃江文通《雜體三十篇》之一，……今陶集誤編入，東坡據而和之。"又《五筆》卷一《問故居》條："陶淵明《問來使》詩，……諸集中皆不載，惟晁文元家本有之。"

按：蔡絛《西清詩話》卷上：《陶淵明集》，"屢經諸儒手校，然有《問來使》篇，世蓋未見，獨南唐與晁文元家二本有之"。郭紹虞《陶集考辨》三"北宋本"條，引《五筆》卷一《問故居》條，謂："與蔡絛《西清詩話》所言同，豈此本即出南唐本耶？又此非刊本，蓋就晁氏家中所藏者言之耳。"（《照隅室古典文學論集》上編）

## 陳後主文集

《續筆》卷五《作詩先賦韻》條："予家有《陳後主文集》十卷。"

按：《隋書·經籍志》著録《陳後主集》三十九卷。《舊唐書·經籍志》，五十卷；《新唐書·藝文志》，五十五卷；《崇文總目》别集類，十卷；《宋史·藝文志》則僅一卷。丁福保輯《全陳詩》中，洪氏所引詩及序，均失收。

## 龍筋鳳髓判

《隨筆》卷一○《唐書判》條、《續筆》一二《龍筋鳳髓判》條。

## 王勃集

《四筆》卷五《王勃文章》條:"勃之文,今存者二十卷云。"

按:《舊唐書》本傳稱勃有文集三十卷。《宋史·藝文志》著録《王勃詩》八卷,又《文集》三十卷,《雜序》一卷。

## 王維集

洪邁《萬首唐人絕句序》:"如王涯在翰林,同學士令狐楚、張仲素所賦宮詞諸章,乃誤入於《王維集》。"

## 高適集

《隨筆》卷四《李宓伐南詔》條。

## 李太白集

《續筆》卷八《康山讀書》條:"予案當塗所刊《太白集》,其首載《新墓碑》,宣、歙、池等州觀察使范傳正撰,凡千五百餘字。"

## 杜甫集

《隨筆》卷一《淺安書》條,謂"今蜀本刻《杜集》",以《老杜事實》入注。又《四筆》卷四《老杜寒山詩》條:"老杜《春日憶李白》詩云'白也詩無敵',今集別本一作'無數',殆好事者更之乎?"

## 顏魯公集

《三筆》卷一六《顏魯公戲吟》條。

## 元次山集

《隨筆》卷一四《次山謝表》條、《四筆》卷四《左黃州表》條。

## 文編　元子

《隨筆》卷一四《元次山元子》條:"元次山有《文編》十卷,李商隱作序,今九江所刻是也。又有《元子》十卷,李紓作序,予家有之,凡一百五篇,其十四篇已見於《文編》,餘者大抵澶漫矯亢。"

按:元結所著《元子》、《文編》十卷,並見《唐志》,今皆不傳。王應麟《玉海》卷五三《藝文》"元子"條:"《唐志》儒家《元子》十卷。天寶九載庚寅至十二年癸巳,成書五篇,一萬六千五百九十五言,分爲十卷。卷首有《元氏家録》,紀其世次。中書舍人李紓序。其中《惡圓》、《惡曲》至于《世化》凡十四篇,《文編》亦有之。"《四庫全書總目》卷一四九《次山集》提要:"觀洪邁譏所記二十國事,如方國、圓國、言國、相乳國、無手國、無足國、惡國、忍國、無鼻國、觸國之類,見於《容齋隨筆》者,此本皆無之,則其佚篇多矣。"

## 韋蘇州集

《隨筆》卷二《韋蘇州》條。

按:姚寬《西溪叢語》卷下:"葛繁校蘇州《韋刺史集》十卷,今平江板本是也。"

## 韓愈集

《續筆》卷一二《崔斯立》條:韓文公《藍田丞壁記》:"予案杭本韓文作'再屈千人',

蜀本作'再進屈千人'，《文苑》亦然。"又《四筆》卷五《藍田丞壁記》條：韓退之《藍田縣丞廳壁記》，"莆田方崧卿得蜀本，數處與今文小異，其'破崖岸而爲文'一句，繼以'丞廳故有記'，蜀本無'而'字。"《四筆》卷六《韓文公逸詩》："唐五寶《聯珠集》載，寶牟爲東都判官，陪韓院長、韋河南同尋劉師不遇，分韻賦詩。都官員外郎韓愈得'尋'字，其語云：'秦客何年駐，仙源此地深。還隨躑鳧騎，來訪馭雲襟。院閟青霞入，松高老鶴尋。猶疑隱形坐，敢起竊桃心。'今諸本韓集皆不載。"

## 韓集舉正

《四筆》卷六《韓文公逸詩》："近者莆田方崧卿考證訪賾甚至"云云。

　　　按：方崧卿著《韓集舉正》。今人劉真倫《韓愈集宋元傳本研究》第一編《集本》四《方崧卿韓集校理本考述》：據《四筆》本條，"知洪氏所見方本缺此篇。但朱熹《考異》遺文'尋劉尊師不遇'條下注：'方云：此詩得于《五寶聯珠集》。'可見朱氏所見方本有此篇。由此可以斷定：洪、朱所見方本並非一本。"

## 柳子厚集

《續筆》卷九《國初古文》條。

## 盧仝集

《續筆》卷五《玉川子》條："仝集中《有所思》一篇"云云。

## 元稹長慶集

《五筆》卷二《元微之詩》條："《唐書·藝文志》，元稹《長慶集》一百卷，《小集》十卷。而傳於今者，惟閩、蜀刻本，爲六十卷。三館所藏，獨有《小集》。文惠公鎮越，以其舊治，而文集蓋缺，乃求而刻之。"

　　　按：《直齋書録解題》別集類著録《元氏長慶集》六十卷，謂"《中興書目》止四十八卷，又有逸詩二卷"。

## 白樂天集

《隨筆》卷一《樂天侍兒》、《白公詠史》，卷二《唐重牡丹》，《五筆》卷八《白蘇詩紀年歲》、《白公説俸禄》條。

## 朱慶餘詩

《五筆》卷四《作詩旨意》條："余獨愛朱慶餘《閨意》一絕句。……慶餘名可久，以字行。登寶曆進士第，而官不達。著録於《藝文志》者只一卷，予家有之。"

　　　按：《宋史·藝文志》有《朱慶餘詩》一卷。

## 皇甫持正集

《隨筆》卷九《簡師之賢》條。

## 舒元輿集

《隨筆》卷一四《舒元輿文》條："舒元輿，唐中葉文士也，今其遺文所存者才二十四篇。"

　　　按：《全唐文》録舒元輿文十六篇。《全唐詩》録其詩六首。

## 麴信陵集

《五筆》卷七《書麴信陵事》云："少年寓無錫時，從錢伸仲大夫借書，正得《麴信陵集》。"

按：《郡齋讀書志》別集類著録《麴信陵集》一卷，云："貞元元年進士，爲舒州望江令，卒。"

## 皇甫冉集

《三筆》卷一五《六言詩難工》條。

## 樊南甲乙集

《三筆》卷一六《唐世辟寮佐有詞》條。

按：《直齋書録解題》別集類有李商隱《樊南甲乙集》四十卷，云："《甲乙集》者，皆表章啓牒四六之文。"

## 顧雲編稿

《三筆》卷一六《唐世辟寮佐有詞》條。

按：《遂初堂書目》有顧雲《編稿》。《直齋書録解題》別集類有顧雲《鳳策聯華》三卷，云："多以擬古爲題，蓋行卷之文也。"

## 羅隱湘南雜稿

《三筆》卷一六《唐世辟寮佐有詞》條。

按：《直齋書録解題》別集類有羅隱《湘南集》三卷，謂："《湘南集》者，長沙幕中應用之文也。"《崇文總目》別集類有《湘南應用》三卷，當即此書。《湘南集》僅存自序一篇，今見《羅昭諫集》卷中。

## 杜牧之續集　別集

洪邁《萬首唐人絶句序》："金華所刊杜牧之續、別集，皆許渾詩也。"

## 徐凝集

《隨筆》卷一〇《徐凝詩》條。

## 一鳴集（司空表聖集）

《隨筆》卷一〇《司空表聖詩》條："予讀表聖《一鳴集》有《與李生論詩》一書。"《續筆》卷一四《盧知猷》條："偶讀《司空表聖集·太子太師盧知猷神道碑》。"

## 黃御史集

《四筆》卷六《乾寧覆試進士》條："有黃滔者，是年及第，閩人也，九世孫沃爲吉州永豐宰，刊其遺文，初試覆試凡三賦皆在焉。"

按：黃滔《黃御史集》卷首，有洪邁慶元二年序。

## 靈溪集

《郡齋讀書志》別集類著録王貞白《靈溪集》七卷，云："《靈溪集》七卷，右唐王貞白之文也。慶元中，洪文敏公邁爲之序。"

按：《直齋書録解題》詩集類上亦著録之，云："其集自有序，永豐人有藏之者，洪景盧得而刻之。"

## 浣花集

《三筆》卷七《冗濫除官》條："韋莊《浣花集》有《贈僕者楊金》詩。"

按：此詩不見今本《浣花集》。

## 張景集

《續筆》卷九《國初古文》條。

## 劉敞集

《四筆》卷六《告命失故事》條："劉原甫掌外制，……今觀劉集有《太平州文學袁嗣立改江州文學制》。"

按：劉敞，字原甫。清四庫館臣《永樂大典》輯本《公是集》五十四卷，無《四筆》本條所引之篇。

## 司馬光集

《五筆》卷九《擒鬼章祝文》條："司馬季思知泉州，刻温公集。"

## 田承君集

《三筆》卷一一《記張元事》條："西夏曩霄之叛，其謀皆出於華州士人張元與吳昊，而其事本末，《國史》不書。比得《田畫承君集》，實紀其事。"

按：《直齋書録解題》別集類著録《田承君集》三卷。《宋史·藝文志》，二卷。

## 歐陽公文集（六一集）

《隨筆》卷五《負劍辟咡》條："歐陽公作其父《瀧岡阡表》云：'回顧乳者劍汝而立于旁。'正用此義。今廬陵石刻由存，衢州所刊《六一集》已得其真。"《五筆》卷三《歐陽公勛封贈典》條："吉州新刊《歐陽公文集》，於《年譜》下盡載官爵、制詞，無一遺落。"

## 蘇魏公集

《四筆》卷二《抄傳文書之誤》條："周益公以《蘇魏公集》付太平州鏤板，亦先爲勘校。"

## 秦少游集

《隨筆》卷一六《兄弟直西垣》條、《續樹萱録》條。

## 余襄公集

《隨筆》卷三《鄱陽學》條。

## 浮休集

《隨筆》卷四《張浮休書》："張芸叟："《浮休集》百卷，無此二篇。（按指《與石司理書》《答孫子發書》）今豫章所刊者，附之集後。"又《夷堅丁志》卷四《劉士彦》條，末云："右二事，見《浮休集》。"

按：張舜民，字芸叟，自號浮休居士。《直齋書録解題》別集類有張浮休《畫墁集》一百卷。《宋史・藝文志》:"《張舜民集》一百卷。"今存《畫墁集》八卷,乃清四庫館臣《永樂大典》輯本。

## 伐檀集

《四筆》卷七《小官受俸》條:"黃亞夫皇祐間自序其所爲《伐檀集》云……山谷先生乃其子云。"又《四筆》七《考課之法廢》條:"慶曆、皇祐中,黃亞夫庶佐一府、三州幕,其集所載考詞十四篇。"

　　按:黃庶《伐檀集》,存。本條所引《黃司理第二考詞》《舞陽尉第三考詞》《法曹劉昭遠考詞》,見集卷下。

## 東坡大全集

《五筆》卷九《擒鬼章祝文》條:東坡在翰林作《擒鬼章奏告永裕陵祝文》,"今蘇氏眉山功德寺所刻大小二本,及季真給事在臨安所刻,並江州本、麻沙書坊《大全集》,皆只自'耘耔'句下便接'憬彼西戎,古稱右臂'。正是好處,却芟去之,豈不可惜"。

　　按:《直齋書錄解題》別集類:"《東坡別集》四十六卷。坡之曾孫給事嶠季真刊家集於建安,大略與杭本同,蓋杭本當坡公無恙時已行於世矣。麻沙書坊又有《大全集》,兼載《志林》《雜說》之類,亦雜以潁濱及小坡之文,且間有訛偽剿入者。"《四筆》卷六《東坡作碑銘》條所云"眉州《小集》"當即"眉山功德寺所刻大小二本"之小本。

## 黃山谷集

《續筆》卷八《詩詞改字》條:"黃魯直詩:'歸燕略無三月事,高蟬正用一枝鳴。'用字初曰'抱',又改曰'占',曰'在',曰'帶',曰'要',至'用'字始定。予聞於錢伸仲大夫如此。今豫章所刻本,乃作'殘蟬猶占一枝鳴'。"又《四筆》卷七《天怒》條:"黃魯直和王定國詩《聞蘇子由病臥績溪》云:'潚被瘴霧姿,朝趨去天怒。'蜀士任淵注"云云。又卷八《承天塔記》條:"今豫章集不載其文(按指《荆南承天塔記》),蓋謂因之兆禍,故不忍著錄。其曾孫鬒續編別集,始得見之。"

　　按:所謂"豫章集",乃指《詩詞改字》條"今豫章所刻本"也。上海古籍出版社、中華書局點校本《容齋隨筆》均將"豫章集"加書名號,誤。

## 石室先生丹淵集

《四筆》卷一一《文與可樂府》條:"今人但能知文與可之竹石,惟東坡公稱其詩騷,又表出'美人却扇坐,羞落庭下花'之句。予常恨不見其全,比得蜀本《石室先生丹淵集》,蓋其遺文也。"

　　按:葉德輝《郎園讀書志》卷八:"新刻石刻先生《丹淵集》四十卷,《年譜》一卷,《附錄》一卷,明萬曆壬子知鹽亭縣事蒲以懌刻本。……按,宋晁公武衢州本《郡齋讀書志》、陳振孫《直齋書錄解題》均載文同《丹淵集》四十卷,又洪邁《容齋隨筆》稱'得蜀本石室先生《丹淵集》,蓋其遺文也'云云。是今本標題及卷序皆宋本之舊。"

### 晁无咎集

《夷堅丙志》卷一四《忠孝節義判官》條。

### 晁以道集

《續筆》卷一五《王韶熙河》條："偶讀《晁以道集·與熙河錢經略書》。"《三筆》卷一《晁景迂經説》條："景迂子晁以道留意六經之學，各著一書，發明其旨，故有《易規》、《書傳》、《詩序論》、《中庸》、《洪範傳》、《三傳説》。其説多與世儒異。"

> 按：晁説之，字以道，號景迂。《郡齋讀書志》別集類著録《晁氏景迂集》十二卷。《續筆》本條所引《與熙河錢經略書》見今本《景迂生集》卷一五。

### 張文潛集

《夷堅丙志》卷一六《王屋山》條。

### 韓駒集

《三筆》卷九《向巨原詩》條："亡友向巨原，自少時能作詩。……巨原初見韓子蒼，得一詩，曰：'老子真祠地，君來覓紙題。文如士衡俊，年與正平齊。聞説鍾陵郡，官居章水西。涪翁詩律在，佳處可時携。'而韓集佚不收，但見序中耳。"

### 東觀餘論

《四筆》卷四《礜石之毒》條，黃伯思撰。

### 彭器資尚書文集

《隨筆》卷四《浮梁陶器》條，彭器資撰。

> 按：彭汝礪，字器資，饒州鄱陽人。其《鄱陽集》，今存。

### 朱新仲詩集

《隨筆》卷一六《靖康時事》條："近讀《朱新仲詩集》，有《記昔行》一篇。"

> 按：朱翌，字新仲，號灊山居士。《宋史·藝文志》謂其集四十五卷、詩三卷。今有清四庫館臣輯本《灊山集》三卷，未見此詩。

### 傅洪秀才注坡詞

《續筆》卷一五《注書難》條："紹興初，又有傅洪秀才注坡詞，鏤板錢塘，至於'不知天上宮闕，今夕是何年'，不能引'共道人間惆悵事，不知今夕是何年'之句；'笑怕薔薇罥'，'學畫鴉黃未就'，不能引《南部烟花録》。如此甚多。"

> 按："傅洪"，當是"傅幹"之誤。考《直齋書録解題》歌詞類有仙谿傅幹撰《注坡詞》二卷。今傳本殘缺，卷首有傅共（字洪甫）序。徐乃昌《積學齋藏書記》著録舊影宋鈔本《注坡詞》十二卷，前有竹溪散人傅共洪甫序，稱爲族子幹字子立所撰。徐氏謂此即《直齋書録》之書，"唯卷數不同，或傳刻脱誤耳"。龍榆生《東坡樂府箋·後記》謂洪邁"殆以卷首有共序，共字洪甫，牽涉而率詆之歟？"

### 畢仲游集

《四筆》卷一《畢仲游二書》條。

> 按：《郡齋讀書志》別集類著録畢仲游《西臺集》二十卷。《宋史·藝文志》有

《畢仲游文集》五十卷。今有四庫館臣據《永樂大典》輯本。

## 潏水集

《四筆》卷六《記李履中二事》條:"上饒所刊《潏水集》。"

按:《潏水集》十六卷,李復撰。復字履中,《宋史翼》卷八有傳。

## 上官校書詩

《三筆》卷一五《題先聖廟詩》條:"予頃在福州,於呂虛己處,見邵武上官校書詩一冊。內一篇題爲《州西行》。州西者,蔡京所居處也。注云:'靖康元年作。'"

按:上官校書,名仲恭,上官彥衡之子。見《朱子語類》卷一四〇《論文下》。

## 于湖集

《四筆》卷一三《二朱詩詞》條,張安國撰。

## 頤堂集

《夷堅三壬》卷七《莫少虛詞》條末云:"右十一事皆見王晦叔《頤堂集》。"

## 華陽集

《五筆》卷三《三衙軍制》條。王珪撰。

## 華陽集

張綱《華陽集》卷首,有洪邁序,云:"《華陽集》四十卷,故參知政事資政殿學士章簡張公所著也。……嗣子戶部郎中堅搜拾論次,合八百五十九篇,將刊鏤垂世,未克而歿。後二十三年,慈孫池州使金釜乃出捐家貲,板置郡學。"序作於紹熙二年。

## 莆陽知稼翁集

黃公度《莆陽知稼翁集》卷首,洪邁序:"惟莆田黃公師憲,名聲最卓卓,而財至尚書郎,壽不滿半百。……公既没,其嗣子邵州君沃,收拾手澤,彙次爲十有一卷,詩居大半焉。"序作於慶元二年。

## 竹隱畸士集

《夷堅支癸》卷一《趙承之遊岱岳》條,趙承之鼎臣撰。

按:《直齋書錄解題》別集類:"《竹隱畸士集》四十卷。右文殿修撰韋城趙鼎臣承之撰。元祐甲科,紹聖宏詞。又自號葦溪翁,其孫綱立刊於復州。本百二十卷,刊止四十卷而代去,遂止。"今有《四庫全書》輯本(《永樂大典》本)。

## 徐中車集

《夷堅支丁》卷九《淮陰張生妻》條。

按:《皕宋樓藏書志》卷三九:"《節孝語録》一卷,明刊本,末有許及之跋,云:'右《節孝先生語》一卷,得之鄱陽洪公紫微手抄。'"

## 浯溪集

《直齋書錄解題》詩集類著錄:"《浯溪集》二十一卷,僧顯萬撰。洪景盧作序。前二卷爲賦,餘皆詩也。"

## 學易集

《四庫全書總目》卷一五五《學易集》提要云:"《學易集》八卷,《永樂大典》本。宋劉跂撰。……其集原本二十卷，陳振孫《書錄解題》謂最初李相之得於跂甥蔡瞻明，紹興間洪邁傳於長樂官舍，後施元之刻板行世。"

　　按：《直齋書錄解題》別集類著錄："《學易集》二十卷。朝奉郎東光劉跂斯立撰。"

### 霜傑集

　　《夷堅乙志》卷一六《董穎霜傑集》："饒州德興縣士人董穎，字仲達，平生作詩成癖，每屬思時，寢食盡廢，詩成必徧以示人。嘗有警語云：'雲璺釀成千嶂雨，風蘋吹老一汀秋。'蒙韓子蒼激賞。徐師川爲改'汀'字爲'川'。汪彥章曰：'此一字大有利害。'目其文曰《霜傑集》，且製叙以表出之。"

### 葵齋雜稿

　　《三筆》卷九《向巨原詩》條："亡友向巨原，自少時能作詩。……後裒其平生所作數千篇，目爲《葵齋雜稿》，倩予爲序。"

### 敕語堂判

　　《隨筆》卷一〇《唐書判》條："宰臣每啓擬一事，亦必偶數十語。今鄭畋《敕語堂判》猶存。"

　　按：《遂初堂書目》有鄭畋《敕語集》。《直齋書錄解題》別集類上鄭畋《敕語堂判集》一卷。《宋史·藝文志》有鄭畋《敕語堂判》五卷。

### 章宜叟奏稿

　　《四筆》卷一五《討論濫賞詞》條："紹興初，范覺民爲相，……范公用是爲臺諫所攻，今章且叟《奏稿》中正載彈疏，竟去相位云。"

　　按：章誼，字宜（作"且"字誤）叟。建州浦城人，登崇寧四年進士第。事蹟具《宋史》卷三七九本傳。《宋史·藝文志》有章誼《奏議》二卷。楊士奇等撰《歷代名臣奏議》卷一四三所錄章誼數篇，或即作於紹興初。

## 【文史類】

### 文心雕龍

　　《四筆》卷一〇《露布》條："用兵獲勝，則上其功狀於朝，謂之露布。今博學宏詞科以爲一題，雖自魏晉以來有之，然竟不知所出，唯劉勰《文心雕龍》云：'露布者，蓋露板不封，布諸觀聽也。'"

　　按：此句見《太平御覽》卷五九七《文部》一三《露布》引《文心雕龍》。今本《文心雕龍·檄移》云："張儀檄楚，書以尺二，明白之文，或稱露布，播諸視聽也。"

### 溫公詩話

　　《隨筆》卷一五《唐詩人有名不顯者》條。

　　按：《溫公詩話》，即司馬光《續詩話》一卷，乃續《六一詩話》而作。

### 蔡絛詩話

《隨筆》卷一二《王珪李靖》條。

### 藝苑雌黃

《續筆》卷一四《玉川月蝕詩》條：“近世有嚴有翼者，著《藝苑雌黃》。”又《四筆》卷一六《嚴有翼詆坡公》條：“嚴有翼所著《藝苑雌黃》，該洽有識，蓋近世博雅之士也。然其立説頗務譏詆東坡公。”

> 按：《四庫全書總目》卷一九七《藝苑雌黃》提要云：“今考此本止有十卷，而無序及標目，與宋人所言俱不合。”“蓋有翼原書已亡，好事者摭拾《漁隱叢話》所引，以偽托舊本。”

### 漁隱叢話

《續筆》卷二《存歿絶句》條：“近歲，新安胡仔著《漁隱叢話》，謂魯直以今時人形入詩句，蓋取法於少陵。”

### 竹坡詩話

《夷堅丙志》卷一〇《雍熙婦人詞》，末注：“右二事皆見周紫芝少隱《竹坡詩話》。”

## 【樂曲類】

### 蘭畹曲集

《四筆》卷一三《秦杜八六子》條：“予家舊有建本《蘭畹曲集》，載杜牧之一詞，但記其末句云：‘正銷魂，梧桐又移翠陰。’”

> 按：《碧雞漫志》卷二：“《蘭畹曲會》，孔寧極之子方平所集，其自作者稱魯逸仲，皆方平隱名。”《花草粹編》卷一李後主《搗練子·聞砧》，末注出《蘭畹曲會》。《草堂詩餘》卷二載寇平仲《陽關引·離别》，末注引舊本《蘭畹集》。《蘭畹集》、《蘭畹曲會》，當即《蘭畹曲集》。

# 現存南京古代書目叙録<sup>*</sup>

## 陳彩霞

　　**摘　要：**作爲特定時代、地域內文化與學術面貌的反映，書目是傳承學術、進行文化建設的重要資源，而厘清史實、考求體制，則是其基礎性工作。自先秦以降，南京即爲文化發達之地，典籍宏富，學術昌盛，在中國文化史、學術史上具有舉足輕重的地位。本文聚焦於南京古代目錄學的發展，旨在通考南京地區現存古代書目，各加叙録，爲更進一步研究奠定基礎。

　　**關鍵詞：**南京；書目；朝代；地域；叙録

　　南京歷史悠久，文化發達，在目錄學史上，具有十分重要的地位。南朝各代均定都於此，且十分重視文化典籍之編纂與整理，在經學、史學等學術領域貢獻頗豐，在目錄學領域，尤爲顯著。其亡佚書目如李充《晋元帝書目》按甲（經）、乙（史）、丙（子）、丁（集）四部部次群書，爲後世經、史、子、集四部分類法奠定基礎；摯虞《文章志》、傅亮《續文章志》等，踵續而作，成爲文學目錄系列，蔚然稱盛。現存書目如《七録》（存《七録目錄》部分）、《千頃堂書目》等更是目錄學領域研究之重點。但長期以來，學術界對南京古代目錄學之總體成就，還缺少必要之專門研究。有鑒於此，本文對現存南京古代書目（包括殘闕者）進行梳理①，加以叙録，既豐富南京文獻文化史之研究，亦藉以推動以地域爲中心的目錄學研究之發展。

## 一、《出三藏記集》十卷

　　梁釋僧祐（445—518）撰。僧祐本姓俞氏，祖籍彭城下邳（今江蘇睢寧縣），世居建

　　＊　作者簡介：陳彩霞，女，南京大學文學院（江蘇南京，210046），碩士研究生，主要從事中國古典目錄學與清代學術史研究。

　　①　按：本文主要依據江慶柏《江蘇現存著述目錄・南京卷》（江慶柏等編，南京：鳳凰出版社，2016 年）。徵引書目有：《（武英殿）四庫全書總目》（（清）永瑢等撰，《景印文淵閣四庫全書》，臺北：台灣“商務印書館”，1983 年）、《二十五史藝文經籍志考補萃編》（以下簡稱“《萃編》”，王承略等編，北京：清華大學出版社，2012 年）、《江蘇地方文獻書目》（江慶柏主編，揚州：廣陵書社，2013 年）、《秦淮著作志》（楊獻文主編：《秦淮夜談》第十六輯，南京：南京市秦淮区地方史志編纂委員会，1986 年）、《江蘇藝文志・南京卷》（趙國璋、江慶柏等主編，南京：江蘇人民出版社，1995 年）、《中國地方志集成・江蘇府志輯》（付振倫、顧廷龍等輯，南京：鳳凰出版社；上海：上海書店；成都：巴蜀書社，2008 年）等。徵引叢書有：《地方經籍志彙編》（賈貴榮、杜澤遜輯，北京：國家圖書館出版社，2008 年）、《日本藏中國罕見地方志叢刊》（殷夢霞選編，北京：北京圖書館出版社，2003 年）等。

　　又按：本文之收録範圍，在時間上止於 1912 年。在空間上涵蓋歷代以來南京所有區域。本文之“南京人”有四種意義界定：（一）其籍貫爲南京；（二）其籍貫非南京而長期活動、流寓、做官於此；（三）籍貫非南京而對南京之文化發展有非凡之影響；（四）祖籍爲南京而長期活動於外地。

業。幼時入建初寺禮拜，踴躍樂道，師事僧範道人。修習於建初、定林二寺，精於律部，德高望重，先後師法達、法穎等高僧。建造經藏，搜校卷軸，廣開法言，推崇佛法，門徒計一萬一千餘人。詳慧皎《高僧傳》。

釋道宣《大唐内典録》載："《出三藏集記》十六卷。"①三藏者，經、律、論。《歷代三寶記》、文廷式《補晉書藝文志》等誤作《出三藏集記》。明南藏十五卷，北藏十七卷。北藏無卷六，以卷六爲卷七，又分卷十二爲兩卷，固有十七卷，嘉興藏因之。昔安法師輯撰經録，分卷訂正，炳然區分，祐承其志，誓弘大化，乃撰《出三藏記集》（"祐録"）四部十卷，撰緣記一卷，銓名録三卷，總經序三卷，述列傳三卷。後銓名録擴充爲四卷，總經序增爲六卷，另加雜録一卷，成十五卷之數。每部之下列有小序，與《出三藏記集序》，成十六篇之數。陳垣先生稱之爲"簿録體"②，先著書名、卷數、作者，後附校訛。《出三藏記集》初創於齊建武年間，梁天監中成十卷。入梁後，有所增補。

該書傳本僅有印本。光緒三十一年鉛印本，十五卷。南京圖書館（以下簡稱"南圖"）藏。

## 二、《七録》十二卷

梁阮孝緒（479—536）撰。阮氏字士宗，陳留尉氏（今河南尉氏縣）人。父彦之，宋太尉從事中郎。孝緒七歲出爲其伯胤之子，年十三遍通五經，年十五屏居而處，無事不出，時人謂之"居士"。天鑒十二年（513）與范元琰俱徵不到，終生未仕。大同二年（536）卒，謚曰"文貞處士"。著書二百五十餘卷。詳《梁書·阮孝緒傳》。

《隋書·經籍志》（以下簡稱"《隋志》"）、《舊唐書·經籍志》、《新唐書·藝文志》均著録十二卷。阮孝緒採宋齊以來王公之家藏書，參校官簿，而成《七録》，分内外篇，内篇五録：經典録、記傳録、子兵録、文集録、技術録；外篇二録：佛録、道録。阮氏《古今書最》云："新集《七録》内、外篇圖書凡五十五部，六千二百八十八種，八千五百四十七袠，四萬四千五百二十六卷。"（《廣弘明集》卷三）阮氏《七録》記録部分圖書内容與形式，比王儉《七志》之傳録體更爲詳備，但又不及劉向《别録》，仍可謂之"叙録體"。

是書僅存《七録序録》，除載于《廣弘明集》者外，清人有鈔本數種：（1）清鈔本，《七録》一卷，阮孝緒撰。復旦大學圖書館藏。（2）道光七年劉氏味經書屋鈔本（朱大源校），國家圖書館（以下簡稱"國圖"）藏。（3）《七録序》，清鈔本，國圖藏。（4）《阮氏七録》二卷，鈔本，清臧庸輯。國圖藏。

## 三、《國史經籍志》六卷

明焦竑（1540—1620）撰。竑字弱侯，别號漪園，學者稱澹園先生，隸應天旗手

---

①　（唐）釋道宣：《大唐内典録》卷四下，《續修四庫全書》第 1289 册，上海：上海古籍出版社，2002 年，第 72 頁。

②　陳垣：《中國佛教史籍概論》，北京：中華書局，1988 年，第 2 頁。

衛籍①。萬曆十七年（1589）以殿試第一人官翰林修撰，二十二年（1594）大學士陳于陛議修國史，欲竑專領其事。乃先撰經籍志，其他率無所傳，而館竟罷。卒後追諡"文端"。竑善書法，好墨池，著述甚富，有《易筌》《禹貢解》《遜國忠臣録》《獻徵録》《老子翼》《莊子翼》《南華經餘事雜録》《陰符經解》《支談》《焦氏筆乘》《焦氏類林》《澹園集》《漪園集》等二十種②。《明史》有傳。

是書原祇有五卷，分制書類、經類、史類、子類、集類，另加《糾繆》一卷，成六卷之數。該書依鄭樵《通志·藝文略》之例，以四部分類，類各一卷，類下細分目，經部十一目，史部十五目，子部十六目，集部六目，冠以制書類一卷。周中孚曰："其著録既非據見存之書，而歷代史志所載，又重復録之。"③此書四部四十八類之後皆有小序，加一篇總序，共四十九篇序。

該書傳本主要有：（一）鈔本。（1）清金俊明鈔本。（2）清曹琰鈔本。（3）清康熙三十五年鈔本。傅增湘跋。山西文物局藏。（4）清康熙間鈔本。臺灣圖書館藏。（5）清盧文弨鈔本。天一閣博物館藏。（6）清南枝堂鈔本，國圖藏。（二）刻本。（1）明萬曆三十年會稽陳汝元函三館刻本。上海圖書館（以下簡稱"上圖"）藏。收入《四庫全書存目叢書》。（2）明萬曆四十四年錢塘徐象枟曼山館刻本，南圖藏。收入《續修四庫全書》。（3）日本翻刻曼山館刻本。美國國會圖書館藏。（4）清徐氏梅隱書屋刻本。浙江圖書館藏。（5）清咸豐元年粵雅堂刻本，五卷附録一卷。國圖藏。（三）印本。清初木活字印本。國圖藏。

# 四、《國史經籍志補》一卷

清宋定國、謝星纏補。

其序云："雍正元年夏，從金星輅借鈔焦先生《國史經籍志》訖，適錢子柱西見遺《篆竹堂》《絳雲樓書目》兩種。檢閱之頃，多焦《志》所無，因啓增補之思。翻案頭諸家藏目，以玉峰建安先生傳是樓本爲首，取焦《志》之所無者而增廣之，互相校勘，訂正卷册，其次補諸家目，雖互有焦氏所無，然同於徐本者，則不再録。此蓋補焦氏所未逮，非會粹諸藏書目云爾。"④是書遵循焦竑之著録體系和分類方法，查缺補漏，加以考證，以《傳是樓書目》爲底本，凡增補約二千八百條。

該書傳本僅有清雍正元年鈔本，《國史經籍志》六卷（補一卷），存四卷，四至六補全。南圖藏。

---

① 　按：（明）顧祖遜《明狀元圖考》卷三云："焦竑……應天旗手衛人。"（影印漢陽葉氏平安館藏明萬曆三十七年本）《明史·焦竑傳》云："焦竑，字弱侯，南京江寧人。"（（清）張廷玉等，《明史》卷二八八，北京：中華書局，1974 年，第 7392 頁）

② 　參見（明）過庭訓《明分省人物考》卷一三，《明史》卷九八。因有卷數不明者，故統一不言卷數。

③ 　（清）周中孚：《鄭堂讀書記》卷三二，北京：中華書局，1993 年，第 148 頁。

④ 　（清）宋定國、謝星纏：《國史經籍志補》，《萃編》卷二三，第 667 頁。

## 五、《續道藏經目録》一卷

明白雲霽撰，李傑注。白雲霽字明之，自號在虛子。上元人。南京冶城山朝天宫道士，後居茅山。

此書撰成於明天啓六年（1626），是《正統道藏》與《萬曆續道藏》之總目提要，以道藏之文分門編次，大綱分三洞、四輔、十二類。此書雖名詳注，事實上極爲簡略，不少書祇標明書名、卷數、注者或著者，注文相當簡略甚至多數無注。

該書傳本主要有：（一）鈔本。清鈔本。（二）刻本。（1）明天啓刻本。國圖藏。（2）清康熙間刻本，國圖藏。（3）道光二十五年重修康熙間刻本。國圖藏。（4）清秦氏石研齋刻本。（5）清乾隆中刻本。（三）印本。民國間徐世昌退耕堂影印文津閣《四庫全書》本。

## 六、《千頃堂書目》三十二卷

清黄虞稷（1629—1689）撰。黄氏字俞邰，一字楮園。江寧人，祖籍福建晋江。順治十一年（1654）與丁雄飛等結古歡社。康熙十七年（1678）以諸生薦博學鴻儒，越年丁母憂，未與殿試。十九年（1680）經徐元文薦修《明史》，分纂傳記與藝文志。二十年（1755）召入翰林院，授檢討。二十三年（1684）兼任《大清一統志》纂修官，負責纂修福建全省分志，歷時五年而成。二十八年（1689）隨徐乾學於太湖包山書局編修《一統志》。在館十餘年，後乞假歸，益務收藏，有書八萬卷。學問淵博，文章雅健，有《千頃堂書目》等。《清史稿》有傳。

黄氏撰是書"以備藝文志採用"[①]，故《明史藝文志稿》依黄氏書目删定而成[②]。雍正九年，杭世駿奉敕撰《浙江通志》，得黄氏書目[③]，以之爲底本撰《浙江通志·經籍志》（以下簡稱"《浙志》"），待書成，復以《浙志》校黄氏目並將其稱名，遂有《千頃堂書目》。[④]

---

①　（清）杭世駿：《千頃堂書目跋》，載黄虞稷：《千頃堂書目》，瞿起鳳、潘景鄭整理，上海：上海古籍出版社，2001年，第797頁。

②　盧文弨《與弟書》云："黄俞邰有《明史經籍志》，原稿體例較好，今《千頃堂書目》乃從其出，雖增添甚多，而雜亂無序，是買客之賬簿而已。我已先鈔得書目，今難於改易，祇得將黄志細細校補，所增添小注甚多，並書目之所漏者亦間有之，俱補全矣。"（《抱經學士與其弟書》，（清）吴壽旸：《拜經樓藏書題跋記》卷三，《續修四庫全書》第930册，第415頁。）

③　"辛酉春（當爲"辛亥"之誤），不佞修《浙志·經籍》，需此書甚亟，當湖陸陸堂檢討甞携二册來，有經史而無子集。暨抵京師，句甬全孝廉復携五册見示，皆從史館録出。"（杭世駿《黄氏書録序》，《千頃堂書目》，第797頁）蓋杭氏所得爲黄虞稷原本。

④　《千頃堂書目》有"余深《雜史》十卷（字魯淵，桐廬人。明初建寧府教授。《嚴陵志》作《聽松集》）。"（《千頃堂書目》，第466頁）《浙志》載："《聽松集》，《嚴陵志》，俞深著，字景淵，桐廬人。按黄氏書目作《雜詩》十卷。"（《（雍正）浙江通志·經籍》，《景印文淵閣四庫全書》第525册，第661頁。）而萬斯同《明史藝文志》作"俞深《雜詩》十卷，字魯淵，桐廬人。明初建寧府教授。"（（清）萬斯同：《明史藝文志》，《萃編》卷二四，第389頁。）萬氏《明史藝文志》依黄氏《志稿》而成，高度反映《志稿》之原貌，故《千頃堂書目》中"《嚴陵志》作《聽松集》"當爲後人補進。而《浙志》云"按黄氏書目作《雜詩》十卷"，則《浙志》參考黄氏書目。杭氏"因取所聞見者，稍足成之，一則以備史職之考信，一則以完此書之遺闕，且慰俞邰於九原也。"（杭世駿《黄氏書録序》，《千頃堂書目》，第797頁。）故杭氏校補黄氏書録，將其稱名爲"《千頃堂書目》"（杭世駿《千頃堂書目跋》）"。

現今之《千頃堂書目》已非黄氏原作。

此目凡三十二卷,分四部五十一類,按經、史、子、集四部排列,經部十二類收書二千四百餘部,史部十八類收書五千零六十部,子部十三類收書兩千九百餘部,集部八類收書七千三百七十餘部。除補録明代著作一萬四千餘種外,還收宋、遼、金、元四代所缺之著作兩千四百餘種。記述甚富,條目下詳述作者信息,部分叙述該書編撰情况與大概内容。姚名達謂是書:"書目卷數之外,更注撰人略歷,較其他各志,特爲祥明。"①故是書當爲"傳録體"。此書在目録史上有着重要意義,《四庫全書總目》評價曰:"考明一代作者,終以是書爲可據。"②

是書傳本③有:(一) 鈔本:(1) 清吳騫録杭世駿、盧文弨校本手校本。(2) 清鮑氏知不足齋鈔本,清盧文弨、吳騫校補,清潘萬志跋。三十二卷,存十六卷。華東師範大學圖書館藏。(3) 清錢時霽鈔本,清潘萬志跋,安徽師範大學圖書館藏。(4) 鐵琴銅劍樓藏王振聲校本。南圖藏。(5) 王國維校並跋,録杭世駿校跋。國圖藏。(6) 歸安姚覲元咫進齋鈔本,烏絲欄本。國圖藏。(7) 清劉喜東跋東吳劉氏味經書屋道光六年鈔本。國圖藏。(8) 清鈔本,不分卷。南圖藏。(9) 清鈔本。三十二卷,存經部二。南圖藏。(10) 寫本。二册,不分卷。南圖藏。(11) 舊鈔本。故宮博物院圖書館藏。(12) 清鈔本,八行二十一字,紅格、白口、四周雙邊。十七册,國圖藏。(二) 刻本:(1) 張鈞衡《適園叢書》本,以十萬卷樓鈔本、漢唐齋鈔本互校刻本。國圖藏。(2) 民國二年吳興張氏刊本,十二册,三十二卷。東海大學圖書館藏。(三) 印本:(1) 民國初上海書店據《適園叢書》本石印巾箱本。《叢書集成續編》據此影印。(2) 民國十四年千頃堂書局石印本,五册,國圖藏。一册,南圖藏。(3) 石印本,三十二卷,存卷十一、十四、十七、十八、二十一至二十六、三十一、三十二。南圖藏。(4) 2001 年上海古籍出版社排印瞿起鳳、潘景鄭點校本。南圖藏。

## 七、《明史藝文志稿》

清黄虞稷撰。

康熙二十年(1681),徐元文任明史館總裁,薦黄虞稷入館,歷時五年而成《明史藝文志稿》,以收録明代著述爲主,兼收宋、遼、金、元四代藝文志④。該目分經、史、子、集四部五十一類,著録書目多採自明代各官私書目,如《國子監書目》《國史經籍志》《内閣藏書目録》《萬卷堂書目》《聚樂堂書目》《世善堂書目》《澹生堂藏書目》等。目下

---

① 姚名達:《中國目録學史》,上海:上海古籍出版社,2005 年,第 161 頁。

② (清)永瑢、紀昀等:《(武英殿)四庫全書總目》卷八五,《景印文淵閣四庫全書》第 2 册,第 766 頁。

③ 以下不注明卷數者,皆三十二卷。

④ 盧文弨《題明史藝文志稿》云:"此志稿傳是温陵黄虞稷俞邰氏所纂輯,今以頒行《明史》校之,所分門類,多有删並移易之處,史於書不甚著及無卷數者俱削之,黄志中小注,爲史採入者亦幾耳。《志稿》自南宋及遼、金、元之書,俱搜集殆遍……郡縣制幾於無所不載,别集各就其科第之年,以爲先後取便於檢尋耳。宗藩與宗室離而爲二,俱失體裁。而小注又爲鈔胥任意删减,益失黄志之舊。但此《志稿》别集類於羽流外國亦俱缺如,篇第亦閒或顛倒,恐此尚有脱簡。"(《千頃堂書目》,第 797—798 頁。)據此可知,《千頃堂書目》與《志稿》大致相同,雖有删改,但亦可知《志稿》之體例。

有小注，介紹著者姓名字號、生平爵里、成書經過、注書内容、注起訖時間等，注釋多從墓志、詩文中摘録出。今黄氏原稿已佚。

康熙三十三年（1694）王鴻緒任總裁，萬斯同於王鴻緒家中對稿本分合增删，四十一年（1702）以《志稿》爲底本成《明史藝文志》五卷。雍正元年六月王鴻緒上《明史稿藝文志》四卷（以下簡稱“王志”），王志以《志稿》爲藍本，分四部三十五類，删削《志稿》中卷數不詳、考釋未定者衆多，又依朱彝尊《經義考》補入經部著述一百六十餘種。

雍正元年（1723），張廷玉奉敕重修《明史》，於乾隆四年（1739）成書奏上。張廷玉以《王志》爲底本修成《明史藝文志》，張氏對《王志》改動甚微，可不計。乾隆四十二年（1777）敕令英廉等人考核修訂《明史》，重刊頒行，但其中《藝文志》未作改動，爲今天通行本之《明史藝文志》。

該書傳本有[①]：（一）鈔本：（1）《明史藝文志》手鈔本殘本，存史部、子部、集部殘卷。日本京都大學藏。（2）吳騫據盧校本手校本。（3）盧文弨據《明史藝文志稿》校本。（4）鐵琴銅劍樓藏王振聲以知不足齋本移録盧校、吳校本。（5）十萬卷樓鈔本。（6）漢唐齋殘鈔本。（7）朱彝尊家藏本。佚。（8）杭世駿校補本。（二）刻本：《適園叢書》本。

# 八、《宋史藝文志補》一卷

清黄虞稷撰，清盧文弨校録，有倪燦《明史藝文志序》。

盧文弨以黄虞稷《志稿》中《宋史藝文志》爲底本、又以吳騫校本校對補正。因倪燦作序，誤以其爲倪燦所作[②]。該書以經、史、子、集四部分之，其中經部九十四家九百卷，史部八十五家二千七百四十九卷，子部一百五十六家三千七百八十二卷，集部三百四十三家五千三百十一卷，凡六百七十八家，一萬二千七百四十二卷。間或有注文，或注作者自號爵里，或明書目信息，而重在考釋著者。

該書傳本有：（一）鈔本：清李慈銘越縵堂鈔本。以盧文弨《抱經堂群書拾補初編》爲底本。（二）刻本：（1）清光緒十七年廣雅書局刻本。收入《萃編》。（2）清光緒二十四年晦齋刻本。南圖藏。（三）印本：清光緒十三年（1887）上海蜚英館石印《群書拾補初編》本。

---

① 按：黄虞稷《志稿》於康熙二十八年脱稿後由徐乾學奏上，是爲“進呈本”，又有朱彝尊藏本與朱文游藏本，前二者皆佚。盧文弨得朱文游藏《志稿》，校己之手鈔本《千頃堂書目》，即“金陵新校本”（又稱“盧校本”）。吳騫又將“金陵新校本”移録於杭世駿舊藏本，是爲“吳騫校杭世駿鈔本”。後王振聲又將吳騫校本移録於知不足齋抄本，此即“鐵琴銅劍樓本”。

② 盧文弨序云：“本朝康熙年間議修《明史》，時史官有欲仿《隋書》兼五代史志之例，而爲之補著，余得其底稿，乃上元倪燦闇公所纂輯也。”又云：“今略訂正，且合之余友海寧吳騫槎客校本，庶爲完善。”（（清）黄虞稷、倪燦：《宋史藝文志補》，《萃編》卷二十，第377頁。）

## 九、《補遼金元藝文志》一卷

　　清黃虞稷撰,清盧文弨校録,清倪燦作序。

　　《八千卷樓書目》載:"《補遼金元藝文志》一卷,國朝就金門詔撰,《昭代叢書》本。"《鄭堂讀書記》題作倪燦撰。今《萃編》本題黃虞稷、倪燦撰。

　　該書以經、史、子、集四部分類,經部五百二十家、三千九百八十四卷,史部二百九十四家、六千四百五十五卷,子部三百八十家、四千五百五十卷,集部六百六十家、七千二百三十一卷,四部合一千七百一十家、二萬二千二百二十卷。無小序、解題。

　　該書僅有鈔本流傳:(1)民國北平圖書館鈔本。北京圖書館藏。(2)琴川張氏鈔本。北京大學圖書館(以下簡稱"北大館")藏。

## 十、《徵刻唐宋秘本書目》一卷
## (附《考證》一卷、《徵刻書啓五先生事略》一卷)

　　清黃虞稷、清周在浚(1640—?)撰。葉德輝撰《考證》與《徵刻書啓五先生事略》[①]。周在浚字雪客,號梨莊,一號蒼古,又號耐龕。祥符人,流寓江寧。康熙十年(1671)於秋水軒别墅與名公賢士相互唱和,成《秋水軒唱和詞》二十六卷。康熙十九年(1680)爲陸游《南唐書》作注,歷十餘年而成。二十三年(1684)任山西番幕府。晚年隱居棲霞山。著述有《南唐書注》《秋水軒集》《雲烟過眼録》《梨莊集》等。《清史稿》有傳。

　　黃、周二人感慨"天地菁英有聚必散,況諸本半係宋槧元鈔,即在斯世,亦無多藏本,倘不及時流傳,恐古人慧命,由此而絶。"[②]故將自家所珍藏之唐宋罕見傳本遴選近百種,校訂文字,遂成此書。"五先生"者指朱彝尊、錢陸燦、魏禧、紀映鍾、汪楫。所收四部書九十六種,其中唐代九種,五代、後周各一種,金代五種,元代十七種,明代十三種多係向未刊行之書。《通志堂經解》刊二十二種,《知不足齋叢書》刊九種,其他各書嘉慶以來,漸次流傳。[③]該目先著作者朝代,後著撰者與書名。目下有注,説明該書之撰者、性質與對該書之評價。

　　該書僅有鈔本流傳:(1)民國北平圖書館鈔本。北京圖書館藏。(2)琴川張氏鈔本。北大館藏。

---

　　①　《中國古籍總目》載:"《徵刻唐宋秘本書目》一卷《考證》一卷《徵刻書啓五先生事略》一卷,清黃虞稷、周在浚撰,葉德輝考證並撰事略。"(傅璇琮、楊牧之:《中國古籍總目·史部》,北京:中華書局,上海:上海古籍出版社,2009 年,第 4908 頁。)故《考證》與《徵刻書啓五先生事略》爲葉德輝所撰。

　　②　來新夏:《清代目録提要》,济南:齊魯書社,1997 年,第 30 頁。

　　③　(清)潘景鄭:《著硯樓讀書記》,沈陽:遼寧教育出版社,2002 年,第 218 頁。

## 十一、《楝亭書目》四卷

清曹寅(1658—1712)撰。寅字子清，號荔軒，又號楝亭，別號柳山居士。遼陽人，包衣，隸滿洲正白旗。其母爲康熙乳母。七歲識文，博聞强識，嘗伴讀康熙帝。康熙三十一年(1692)任江寧織造，兼理巡視兩淮鹽課監察御史，在任二十年。多才藝，喜吟詠，精鑒賞，擅書畫劇作，藏書富贍。有《楝亭集》。《清史稿》有傳。

該目爲曹氏私家藏書目録，收録宋元秘本三千二百八十七種，原無卷數，以類分隸，後《遼海叢書》本釐爲四卷並補總目。以四部排列，但不標以經、史、子、集之名。較之別家書目，曹目經部首列"書目"，獨此一家；其次將"理學"納入經部；增加經濟類。

該書傳本有：(一)鈔本：(1)清鈔本。南圖藏。(2)清道光六年(1826)劉氏味經書屋鈔本。國圖藏。(3)清萬寶齋鈔本。(4)巽盦鈔本。北京師範大學圖書館藏。鈔本均無卷數。(二)印本：《遼海叢書》本，四卷。收入《叢書集成續編》。

## 十二、《補後漢書藝文志》十卷

清顧櫰三(1785—1846)撰。櫰三亦作槐三，字秋碧，上元人。嘉慶十一年(1806)補諸生。二十年補弟子員。道光十一年(1831)與車持謙、王章等結苔岑詩社，咸豐三年死於戰亂。治經通訓詁，尤長史學。以《後漢書》無藝文志，竭十數年精力補成之。著作甚重，惜多爲人剽竊，且戰亂流離，存者十不一二。詳《江蘇人物傳記叢刊·顧櫰三傳》。

此書按經、史、子、集四部分類，於書名之後注明撰者並小傳，間有按語闡明觀點，或於書名之下，用小字注明各志所載不同卷數，收補圖書資料甚爲完備，可爲讀者提供不同版本參考。

該書傳本有：(一)鈔本。(1)稿本。不分卷。山東師範大學圖書館藏。(2)清末藝風堂鈔本。二十九卷。國圖藏。(3)清光緒十三年翁長森家鈔本。十卷。南圖藏。(4)清鈔本。二十九卷。何澂跋。温州市圖書館藏。(二)刻本。清光緒二十二年晦齋刻本。十卷。(三)印本。《小方壺齋叢書》據手稿排印本。三十一卷。(2)民國三年上元蔣氏慎修書屋鉛印本。十卷。國圖藏。收入《金陵叢書》。

## 十三、《補五代史藝文志》

清顧櫰三撰。

是書以經、史、子、集四部分類，收録圖書一萬一千一百八十卷。條目下著録書名，卷數，作者等信息。有總序、經部後序，無解題。

該書傳本有：(一)鈔本。姚振宗鈔本。國圖藏。(二)刻本。(1)光緒十七年廣雅書局刻本，收入《萃編》。南圖藏。收入《廣雅書局叢書》本。國圖藏。(2)光緒二十二年晦齋刻本。南圖藏。

## 十四、《開有益齋讀書志》六卷《續志》一卷附《金石文字記》一卷

清朱緒曾（1805—1860）撰，劉壽曾、朱桂模編。緒曾字述之，號北山。上元人。幼嗜讀書，稍長師從孫鈴，於《爾雅》用力尤深。道光二年（1822）舉鄉試，以大挑知縣分發浙江，補孝豐知縣，兼攝秀水事。二十六年（1846）奉旨收復定海。三十年（1850）主持修復曝書亭。其藏書十萬餘卷，皆毀於太平天國戰亂①。著作有《金陵舊聞》《國朝金陵詩徵》《金陵詩徵》等。詳盧如平《歷代台州知府傳略》。

是書歷十三載而成，依《郡齋讀書志》體例，按經、史、子、集四部分類，條目下列書名、卷數、著者，詳考人物生平兼内容評論，間涉書籍流傳以及版本真偽等，共收題記一百七十五篇。

該書傳本有：（一）寫本、稿本。存卷一、卷二。北大館藏。（二）刻本。清光緒六年金陵翁氏茹古閣刻本。南圖藏。（三）印本。（1）1991 年江蘇廣陵古籍刻印社影印本。國圖藏。（2）1993 年中華書局影印本。國圖藏。

## 十五、《可園存書目録》四卷《跋尾》五卷 ②

陳作霖（1835—1920）撰。作霖字雨生，號伯雨，晚號可園，又號可園老人，重光老人。祖籍河南，清末民國間移居江寧。年十五補諸生。同治七年（1868）入“吾知齋”，隨汪士鐸學習古文；十三年分纂《（同治）上江兩縣志》。光緒元年（1875）中舉。六年（1880）任《續纂江寧府志》分纂；十六年出任文正書院講習。歷任奎光書院山長、崇文經塾教習、上江兩縣學堂堂長、江楚編譯官書局分纂、南洋官報局幫總纂、江南圖書館典籍。民國七年出任江蘇通志館總纂，直至去世。其對南京地方文獻之保存與整理貢獻頗豐。著作有《金陵通紀》《金陵通傳》《金陵通表》《棠芬老屋文稿》《警説》《可園詩存》《延清亭外稿》等。詳陳三立《江寧陳先生墓志銘》。

該書僅有稿本流傳：四册，存八卷，書録四卷，跋尾乾、元、亨、利。乾部分叢書類、全書類，總計二十五種凡一百八十四卷。跋尾五卷分上、下卷，題跋順序與書目順序一致。南圖藏。

## 十六、《可園存書跋尾》□卷　續一卷

陳作霖撰。

該書僅存乾部六篇、貞部。著録圖書二百五十三卷，均爲集部圖書，貞部下又分

---

① （清）劉壽曾跋曰：“所著《開有益齋集》，都十萬餘言，佚於兵火，此《讀書志》六卷，《金石文字記》一卷，蓋全集三分之一，嘉興王君春漁得於寧波，以致先生喆嗣崇嶧，別繼今名也。”（（清）葉昌熾：《藏書紀事詩附補正》，王欣夫補正、徐鵬輯，上海：上海古籍出版社，1989 年，第 650—651 頁。）

② 按：陳氏著作多手稿本，其三十七種手稿本原藏於中央圖書館，後被運往台灣。1976 年台灣聯經出版事業公司選取其中未經刊行者十八種影印出版，是爲《冶麓山房叢書》。

二十一個小類。《續》著録圖書五十八部,蓋爲其子代抄。其跋説明該書來源,既不叙述書本形態,也不梳理版本源流,而重在對圖書内容之批判。

該書僅有稿本流傳:二册。南圖藏。

## 十七、《冶麓山房藏書跋尾》二卷

陳作霖撰。

該書著録圖書五百二十七部,按甲、乙、丙、丁排列,部下又分若干類。其中甲部八十二部,乙部一百六一部,丙部六十部、丁部二百二十四部。

該書傳本有:(一)稿本。(1)清末手稿本。臺灣"中央圖書館"藏。(2)明清未刊稿本。"中央大學"圖書館藏。(二)印本。臺灣聯經出版事業公司 1976 年影印《冶麓山房叢書》本,以明清未刊稿本爲底本。南圖藏。

## 十八、《金陵藝文志》不分卷

宗舜年(1865—1933)撰。舜年字子戴,一作子岱,號耿吾。上元人。光緒十四年(1888)中舉人,郎中衛内閣中書,分發浙江,署金華知府,保升補用道。二十九年(1903)應經濟特科考試。後於端方幕中專司與盛宜懷聯絡事宜,並任江蘇籌辦地方自治總局的四局長之一。1913 年分纂《江蘇通志稿》。1923 年任常熟圖書館館長。其藏書室名曰"咫園",因其中藏有宋刻本《湘山野録》,故又名"野録軒"。藏宋元明刊本及鈔校本甚富,屢經戰亂,散佚頗多。著作有《爾雅注》《金陵藝文志》《耿吾剩稿》等。詳鄧邦述撰《上元宗府君墓志銘》。

本書不分卷,按朝代分册,著録歷史上金陵籍(包括屬縣)作者著作。全書採用"以年繫人,以人繫書"的編寫方法,作者大致以生活年代先後爲次,附有小傳。著録作者著作,有些著作還著録版本或注明出處,間有考證。

該書僅有稿本流傳,二十二册。南圖藏。

## 十九、《咫園書目》十卷

宗舜年撰。

此目爲宗舜年咫園藏書目録,共五册。首册題爲《咫園藏書樓善本書目》,附《咫園書目》補遺。其餘四册題作《閲覽室檢查書目》。前者著録古籍四百一十五部,以明刻本居多,兼有少量宋元本及清刻本。後者所收均爲普通古籍,約五千部。首册按經、史、子、集四部排列。此目亦爲著録宗氏藏書最全者,雖記版本,而無提要,但可見宗氏藏書之概貌。

該書僅有手稿本流傳,南圖藏。

## 二十、《咫園宗氏藏書殘目》不分卷

宗舜年撰。

此書分《咫園宗氏藏書殘目》、《咫園所藏金石書目》（一六七種）及《明本書目》（七十二種）三門。其中《藏書殘目》收元明本一百七十種、鈔校本八十九種。潘景鄭跋曰："數年前，曾見一目，較此爲備，意屢經斥散，目亦遞改，區區二百餘種，當不過咫網所藏善本之二三。兹目所存，又不逮四五。"[①]

該書僅有鈔本流傳。上圖藏。

## 二十一、《宗氏明本及印譜書目》

宗舜年撰。

《宗氏明本》收書七十三種，較之宗氏《藏書殘目》中《明本書目》多"周易傳義二十四卷，白皮紙，明經廠本，十二册"一條。《印譜書目》著録印譜二十四種，爲《殘目》所未收。書中鈐有"潘承弼藏書記"朱文長方印。

該書僅有鈔本流傳：吳縣潘氏寶山樓鈔本。上圖藏。

## 二十二、《海虞宗氏書録》不分卷

宗舜年撰。

全稿寫於烏絲欄稿紙上。著録明清刻本、鈔本八十餘種，而以古文選本爲主。書中有"欣夫"朱文方印，知其原爲王大隆蛾術軒藏書。此書目部分並非宗舜年編，但能窺其藏書情況，故一並著録。

該書僅有稿本流傳，復旦大學圖書館藏。

## 二十三、《雙漚居藏書目初編》

鄧邦述（1868—1939）撰。鄧氏字孝先，號正闇，晚稱漚夢老人、群碧翁。江寧人。年十五隨父入黔，讀書省城。光緒二十五年舉進士。二十七年入湖北巡撫端方幕，協助其收購丁氏八千卷樓藏書，籌辦江南圖書館。三十年（1904）始築藏書處曰"雙漚居"；三十二年（1906）得黃丕烈士禮居宋本《群玉集》《碧雲集》，改藏書處曰"群碧樓"。三十三年（1907）署吉林省交涉司使。宣統二年（1910）任吉林民政司使。民國間歷署東三省鹽運使，任清史館纂修。1926 年得明刊本《賈浪仙長江集》，之前已藏有明刊本《孟東野詩集》，緣"郊寒島瘦"，改藏書處曰"寒瘦山房"。師從朱祖謀，曾與吳梅等建"六一詞社"。詳張耘田、陳巍《蘇州民國藝文志》。

---

① 《著硯樓讀書記》，第 245 頁。

　　該目爲鄧氏所編首部書目，成書於光緒三十二年（1906），著録鄧氏1907年之前的藏書狀況。著録宋元本十二種，明本一百二十種，僅著版本册數，不加題識；鈔校本六十五種，約略注其出處；清刻本三百六十二種，均爲初印精槧之本。

　　該書僅有稿本流傳。[①]

## 二十四、《群碧樓書目初編》九卷　附《書衣雜識》一卷

　　鄧邦述撰。

　　此目乃鄧氏藏書未散時所編，係其所著第二部目録書，是其到宣統三年六月爲止之藏書總目。鄧氏盡十年之力收宋本八百十六卷，元本二千七百四十三卷，鈔本五千三百三十八卷，明本一萬五千四百八十八卷，批校本八百四十九卷，凡二萬四千九百六十四卷。該書條目下注明作者，卷數，册數以及版本、版式、序跋、藏書印等内容。

　　該書傳本有：（一）鈔本。民國二十九年鈔本。國圖藏。（二）印本。清宣統三年鉛印本，有"上海東亞同文書院"印。南圖藏。

## 二十五、《群碧樓善本書録》六卷

　　鄧邦述撰。

　　此目爲鄧氏所鬻書目，係其第三本目録著作。1927年鄧氏將自己所藏書目之一半鬻於中央研究院歷史語言研究所，作《群碧樓善本書録》與《寒瘦山房鬻存善本書目》。是書爲鄧氏1911年至1926年所得善本書目及提要，收録宋本三十四種，元本三十七種，明本一百六十五種，鈔校本二百零二本，共四百三十八種，一萬三千一百零八卷。

　　該書僅有鈔本流傳：民國間北平圖書館緑絲欄鈔本。國圖藏。

## 二十六、《寒瘦山房鬻存善本書目》七卷

　　鄧邦述撰。

　　此目爲鄧氏1927年鬻出部分藏書之後剩餘精本圖書之目録，爲其第四部目録著作，收宋元本二十四種，明本一百三十五種，鈔校本八十三種，明鈔本以及名人手鈔本一百十三本，自校本三十二種，共三百八十七種。

　　該書傳本有：（一）鈔本。民國間北平圖書館緑絲欄鈔本。國圖藏。（二）刻本。民國十七年刻本。國圖藏。

---

　　① 　《著硯樓讀書記》，第242頁。按：是書衹有稿本流傳，潘景鄭《著硯樓讀書記》中有記載。但搜索各圖書館均未有記録，尚不知其藏於何處。

## 二十七、《鄧氏所藏善本書目》不分卷

鄧邦述撰。

此目著録宋、元、明刻本、明嘉靖刻本、鈔校本等，凡四百二十五部、四千九百八十册。對《群碧樓書目初編》中的著録有改正之處。這批圖書後經蔡元培介紹，鬻與中央研究院語言研究所。

該書僅有鈔本流傳。南圖藏。

## 二十八、《群碧樓書目》不分卷

鄧邦述撰。

此目複寫在"國立中央圖書館一號用紙"上，鄧氏去世後，家屬將其藏書售與孫伯淵，孫伯淵將其中三百餘種精本製成目録，方便出售，故此目並非鄧氏自著。此書著録宋刻本二十五部三百八十三册，元刻本三十四部七百三十册，明刻本一百十四部一千一百九十八册，嘉靖刻本四十六部一千零七十四册，鈔校本兩百零六部一千五百九十五册，共計四百二十五部四千九百八十册。詳江慶柏《鄧邦述藏書目録考説》①。

該書僅有鈔本流傳：民國間中央圖書館複寫本。南圖藏。

## 二十九、《群碧樓普通書目》一卷《善本書目》一卷<br>《第二期遺失書目》一卷

鄧邦述撰。

該書僅有稿本流傳。上圖藏。

綜上所録，本文共收録著者十四人，著述書目凡三十種。以程千帆、徐有富《校讎廣義·目録編》之目録類型，即綜合目録、學科目録、特種目録爲據，將上揭諸目歸類如下：

| | 國家藏書目録 | 《七録》 |
|---|---|---|
| 綜合目録 | 史志目録 | 《國史經籍志》《國史經籍志補》《明史藝文志稿》《宋史藝文志補》《補遼金元藝文志》《補後漢書藝文志》《補五代史藝文志》 |
| | 地方文獻目録 | 《金陵藝文志》 |
| | 私人藏書目録 | 《七録》《千頃堂書目》《棟亭書目》《開有益齋讀書志》《可園存書目録》《可園存書跋尾》《冶麓山房藏書跋尾》《咫園書目》《咫園宗氏藏書殘目》《宗氏明本及印譜目録》《海虞宗氏書録》《雙漚居藏書目初編》《群碧樓書目初編》《群碧樓普通書目》《群碧樓書目》 |

---

① 　江慶柏：《鄧邦述藏書目録考説》，《古籍研究》1999 年第 4 期，第 18—22 頁。

| 學科目録 | 子學書目録 | 《出三藏記集》《道藏目録詳注》《續道藏經目録》 |
|---|---|---|
| 特種目録 | 鬻販書目録 | 《寒瘦山房鬻存善本書目》《鄧氏所藏善本書目》 |
| | 版本目録 | 《群碧樓善本書録》 |
| | 徵訪書目 | 《徵刻唐宋秘本書目》 |

綜合前揭叙録及上表,知現存南京古代書目具有以下特點:

(一)就書目類型而論,學科目録(三種)、特種目録(僅四種)較少,而綜合目録最多(其中國家藏書目録僅一種[《七録》雖出私人之手,但係阮孝緒綜合當時公私書目而成,具有國家書目的性質],史志目録七種,地方文獻目録僅一種,私人藏書目録十四種,合計二十三種)。

(二)從分類上看,採用經史子集四部分類法的書目有十種:《國史經籍志》《國史經籍志補》《千頃堂書目》《明史藝文志稿》《宋史藝文志補》《補遼金元藝文志》《棟亭書目》《補後漢書藝文志》《補五代史藝文志》《開有益齋讀書志》;以版本爲分類標準的書目有十二種:《徵刻唐宋秘本書目》《咫園書目》《咫園宗氏藏書目殘目》《宗氏明本及印譜目録》《海虞宗氏書録》《雙漚居藏書目初編》《群碧樓書目初編》《群碧樓善本書録》《群碧樓普通書目》《群碧樓書目》《寒瘦山房鬻存善本書目》《鄧氏所藏善本書目》;《七録》以經典録等七部分之;《出三藏記集》以撰緣記、銓名録、總經序、述列傳四部分類;《道藏目録詳註》《續道藏目録詳註》以三洞四輔十二類分之;《冶麓山房藏書跋尾》以甲乙丙丁四部分之;《可園存書跋尾》《可園存書目録》以乾元利亨四部分之;《金陵藝文志》以朝代分之。總之,上揭書目分類方法多樣,形式豐富,具有較高的研究價值。

(三)從解題上看,南京古代書目或簡或繁,多有提要。《出三藏記集》爲輯録體,《七録》《明史藝文志稿》等書目既有作者小傳,又有内容介紹與版本考訂,爲叙録體書目;《千頃堂書目》《金陵藝文志》等是爲傳録體書目;補史志目録《補後漢書藝文志》爲輯考體書目;《國史經籍志》《補五代史藝文志》有小序而無解題。鄧氏藏書目録爲藏書志體目録,《開有益齋讀書志》《可園存書跋尾》《冶麓山房藏書跋尾》等爲題跋記體目録。南京現存古代書目數量不多,但類型豐富,既有史志目録,又有藏書目録;體例上既有叙録體、輯考體、又有輯録體、題跋記體、藏書志體等多種形式,具有很高的研究價值。

(四)從傳本形式上看,本文收録書目凡三十種,有刻本、印本、鈔本流傳者七種,有鈔本與刻本流傳者三種,有鈔本或印本流傳者三種;一種書目衹有印本,而十六種書目衹有稿本或鈔本流傳,占現存書目之一半,此類未經刊行面世之書目對研究江蘇地區文獻發展有着重要的作用,是以後研究中不可忽視的重要部分。

總之,現存南京古代書目雖僅占古代書目之小部分(據筆者考索,南京古代書目應當不少于九十五種),但類型完全,分類、解題頗具特色,不僅對于研究古典目録學各具價值,且未經刊印、整理之鈔本更是值得深入研究的學術富礦,對于江蘇文脉之梳理,以及古典文獻之整理與文化傳承,均具有重要的研究價值。本文之考述,其志意正在于此。

# 《四庫全書總目》子部雜家類提要獻疑*

## 孫利政

**摘　要:**《四庫全書總目》是中國古代集大成的目録學著作。文章以中華書局整理本《欽定四庫全書總目》爲底本,參校各種類型的四庫提要,並採用《總目》著録之典籍與提要徵引之原文獻,就卷一一七至一二三子部雜家類提要進行考校,共校正各類訛誤三十則。

**關鍵詞:**四庫全書總目;雜家類;訂誤

《四庫全書總目》是中國古代集大成的目録學著作,一直備受學者關注,對其進行考辨校訂的專著、論文也層出不窮。1997 年中華書局出版了《欽定四庫全書總目》"整理本",以殿本爲底本,以浙、粤二本爲校本,同時廣泛吸取前人校訂成果。2012 年上海古籍出版社出版了魏小虎《四庫全書總目彙訂》,以浙本爲底本,對校殿本,極力搜集 2011 年底前發表的考校成果,資料頗爲完備。然校書如掃塵,旋掃旋生,《總目》仍然存在不少問題。今以中華書局整理本《欽定四庫全書總目》爲底本,參校各種類型的四庫提要,並採用《總目》著録之典籍與提要徵引之原文獻,就卷一一七至一二三子部雜家類提要進行考校,凡排印之誤及前賢時修已訂正者從略,共校正各類訛誤三十則。每條提要原文及按考徵引《總目》文字均附整理本頁碼,以便按覈。

1. 卷一一七"《鶡子》一卷"條:"舊本題周鶡熊撰。……考《漢書·藝文志》道家《鶡子説》二十二篇,又小説家《鶡子説》十九篇,是當時本有二書。"(頁 1564)

按:"鶡子説二十二篇"之"鶡子説",文淵閣書前提要、文津閣書前提要、《文溯閣四庫全書提要》作"鶡子",是。《總目》檢《漢書·藝文志》道家著録《鶡子》二十二篇①,小説家著録《鶡子説》十九篇②。提要前"説"字蓋涉下"鶡子説"而衍。

2. 卷一一七"《墨子》十五卷"條:"舊本題宋墨翟撰。……第五十二篇以下皆兵家言,其文古奥,或不可句讀,與全書爲不類。疑因五十一篇言公輸般九攻、墨子九拒之事,其徒因採摭其術,附記於末。"(頁 1564—1565)

按:五十一篇,當作"五十篇"。《墨子》第五十一篇已亡佚,提要所指實爲《墨子·公輸第五十》載公輸般九攻、墨子九拒之事③。

3. 卷一一七"《尹文子》一卷"條:"周尹文撰。……晁公武《讀書志》以爲誦法仲

---

＊ **作者簡介:**孫利政,男,南京大學文學院(江蘇南京 210023),博士研究生,主要從事中國古典文獻學研究。

① (漢)班固:《漢書》卷三〇,北京:中華書局,1962 年,第 1729 頁。
② 《漢書》卷三〇,第 1744 頁。
③ (戰國)墨翟:《墨子》卷一三,《景印文淵閣四庫全書》第 848 册,上海:上海古籍出版社,1987 年,第 124—125 頁。

尼,其言誠過,宜爲高似孫《緯略》所譏。然似孫以儒理繩之,謂其淆雜,亦爲未允。”(頁1565)

按:緯略,當作“子略”。檢高似孫《緯略》無相關文字,其《子略》“尹文子”條有“此有希於老氏者也。……此有合於申、韓。然則其學雜矣,其學淆矣,非統乎道者也。……晁氏嘗稱其‘宗六藝,數稱仲尼’,熟考其書,未見所以稱仲尼、宗六藝者,僅稱誅少正卯一事耳”①云云,《文獻通考·經籍考》“《尹子》二卷”條引同②。據提要上下文所引晁公武《讀書志》、周氏《涉筆》、李淑《邯鄲書目》等,疑提要據《通考》轉引,而《通考》正引作“高氏《子略》”,提要誤記。

4. 卷一一七“《公孫龍子》三卷”條:“周公孫龍撰。……鄭樵《通志略》載此書,有陳嗣古注、賈士隱注各一卷,今俱失傳。”(頁1566—1567)

按:賈士隱,當作“賈太隱”。《通志·藝文略》:“《公孫龍子》一卷,戰國時人,舊十四篇,今亡八篇。又一卷,陳嗣古注。又一卷,賈太隱注。”③此即提要所據。然其人實當作“賈大隱”,蓋取古人“大隱隱朝市”之義。《舊唐書·經籍志》:“《公孫龍子》三卷,公孫龍撰。又一卷,賈大隱注。”④《新唐書·藝文志》:“賈大隱注《公孫龍子》一卷。”⑤《通志》史源本於《新唐志》,蓋“大”“太”混用,遂誤作“太隱”。賈大隱爲賈公彥子,其傳附見《新唐書·儒學·張士衡傳》⑥。

5. 卷一一七“《人物志》三卷”條:“魏劉劭撰。……其註爲劉昞所作。昞字廷明,燉煌人。……《漢魏叢書》所載,惟每篇之首存其解題十六字,且以卷首阮逸之序訛題晉人,殊爲疏舛。此本爲萬歷甲申河間劉用霖所刊,蓋用隆慶壬申鄭旻舊板而修之,猶古本云。”(頁1569)

按:廷明,浙本、粵本、文淵閣書前提要、文津閣書前提要、文瀾閣書前提要、《文溯閣四庫全書提要》作“延明”,《四庫全書初次進呈存目》作“彦明”⑦。《魏書》⑧、《北史》⑨本傳載其字均作“延明”。程榮纂輯《漢魏叢書》本《人物志》書末宋庠跋引《北史》本傳同⑩。明萬歷刻本崔鴻《十六國春秋·北涼錄四·劉昞傳》作“字彦明”,小字注云“一作延明”⑪,亦可參證。則提要“廷”爲“延”之形誤明甚。

又按:劉用霖,《四庫全書初次進呈存目》作“劉元霖”⑫,是。《漢魏叢書》本《人物志》書末隆慶六年(1572)壬申鄭旻跋後有《附題》一篇,末署“時在萬歷閼逢涒灘太歲,

①　(宋)高似孫:《子略》卷三,《景印文淵閣四庫全書》第674册,第511—512頁。
②　(元)馬端臨:《文獻通考》卷二一二,北京:中華書局,1986年,第1739頁。
③　(宋)鄭樵:《通志》卷六八,北京:中華書局,1987年,第797頁。
④　(後晉)劉昫等:《舊唐書》卷四七,北京:中華書局,1975年,第2031頁。
⑤　(宋)歐陽修、宋祁:《新唐書》卷五九,北京:中華書局,1975年,第1532頁。
⑥　《新唐書》卷一九八,第5649—5650頁。
⑦　江慶柏等整理:《四庫全書初次進呈存目》,北京:人民文學出版社,2015年,第266頁。
⑧　(北齊)魏收:《魏書》卷五二,北京:中華書局,2017年,第1274頁。
⑨　(唐)李延壽:《北史》卷三四,北京:中華書局,1974年,第1267頁。
⑩　(魏)劉劭:《人物志》卷末,《漢魏叢書》本,明萬歷二十年新安程氏刻本。
⑪　(北魏)崔鴻:《十六國春秋》卷九七,明萬歷刻本。
⑫　《四庫全書初次進呈存目》,第266頁。

月臨黄鐘天道行南日也,瀛海用齋劉元霖元澤甫題"①。"萬曆閼逢涒灘太歲"即萬曆十二年(1584)甲申,則提要"劉用霖"爲"劉元霖"之誤亦明。劉元霖,《明史·饒伸傳》附其傳②。

6. 卷一一七"《金樓子》六卷"條:"梁孝元皇帝撰。……如許由之父名,兄弟七人,十九而隱,成湯凡有七號之類,皆史外軼聞,他書未見。"(頁 1569—1570)

按:許由之父名,文淵閣書前提要、文津閣書前提要、《文溯閣四庫全書提要》作"許由之父名耳"。《金樓子·興王篇》:"時許耳之子,名曰由,字道開,一字仲武。仲武黄白色,長八尺九寸。兄弟七人,十九而隱。"③則《總目》提要誤脱"耳"字。

7. 卷一一七"《劉子》十卷"條:"惟北齊劉晝,字孔昭,渤海阜城人,名見《北史·儒林傳》,然未嘗'播遷江表',與孝政之序不符。傳稱晝'孤貧受學,恣意披覽,晝夜不息。舉秀才不第,乃恨不學屬文,方復綴輯詞藻,言甚古拙'。"(頁 1570)

按:受學,文淵閣書前提要、文津閣書前提要、《文溯閣四庫全書提要》作"愛學",是。《北史·劉晝傳》作"愛學"④,《北齊書·劉晝傳》同⑤。

8. 卷一一八"《古今註》三卷附《中華古今註》三卷"條:"《古今註》三卷,舊本題晋崔豹撰。《中華古今註》三卷,舊本題後唐太學博士馬縞撰。豹書無序跋。縞書前有自序,稱'昔崔豹《古今註》博識雖廣,殆有闕文。洎乎黄初,莫之聞見。今添其註,以釋其義'。"(頁 1575)

按:黄初,當作"廣初"。《中華古今註》卷首馬縞自序作"廣初"⑥。文津閣書前提要、文瀾閣書前提要作"廣初",雙行夾注云:"案:'廣初'疑爲'黄初'之訛。"則諸提要作"黄初"者乃館臣所改。考"廣初"爲五代十國時期錢鏐年號,《玉海·律曆·改元·歷代年號》"廣初"下注:"吳越錢鏐。"⑦《永樂大典·六模·初》"廣初"條引《五代史》:"吳越王錢鏐,改元廣初。"⑧馬縞與錢鏐同時,故序云"洎乎廣初",與三國曹魏文帝年號"黄初"無涉。提要蓋因"廣初"年號衆人不知,宋元明文獻,僅見於《玉海》與《永樂大典》所載,學人難以索考,故有此誤改,而盧文弨則又疑爲"唐初"之誤⑨。

9. 卷一一八"《能改齋漫録》十八卷"條:"宋吳曾撰。……盛如梓《恕齋叢談》又載當日有知麻城縣鄭顯文者,遣其子之翰赴御史臺,論曾事涉謗訕,有旨'曾、顯文各降兩官',臣僚繳奏,乃黜顯文,送其子汀州編管,後京鏜愛其書,始版行。"(頁 1580)

按:恕齋叢談,當作"庶齋叢談"。《總目》卷一二二著録元盛如梓《庶齋老學叢談》三卷,提要云:"庶齋其自號也。"(頁 1628)今存明、清諸本書名均題作"庶齋老學叢

① 《人物志》卷末,《漢魏叢書》本。

② (清)張廷玉等:《明史》卷二三〇,北京:中華書局,1974 年,第 6015 頁。

③ (梁)蕭繹撰,許逸民校箋:《金樓子校箋》卷一,北京:中華書局,2011 年,第 74 頁。

④ 《北史》卷八一,第 2729 頁。

⑤ (唐)李百藥:《北齊書》卷四四,北京:中華書局,1972 年,第 589 頁。

⑥ (五代)馬縞:《中華古今註》卷首,吳企明點校:《蘇氏演義》(外三種),北京:中華書局,2012 年,第 61 頁。(按:點校本據《古今逸史》本、《四庫》本、《四庫全書總目》引文改"廣初"作"黄初",誤。)

⑦ (宋)王應麟:《玉海》卷一三,上海:上海書店;南京:江蘇古籍出版社,1987 年,第 246 頁。

⑧ (明)解縉等纂:《永樂大典》卷二四〇六,北京:中華書局,1986 年,第 1133 頁。

⑨ (清)盧文弨:《崔豹古今注書後》,《抱經堂文集》卷一〇,北京:中華書局,1990 年,第 150 頁。

談”，《總目》卷一六五《〈潛齋文集〉提要》引此書名同（頁 2190）。皆可證。《總目》卷一五二《〈河東集〉提要》亦誤作“《恕齋叢談》”（頁 2033）。

10. 卷一一八“《雲谷雜記》四卷”條：“宋張淏撰。……此書《書錄解題》、《宋史·藝文志》皆不載，惟《文淵閣書目》載有一冊，其本久佚。今從《永樂大典》中採撮得一百十條。”（頁 1580）

按：《文淵閣書目》：“張淏《雲谷雜記》一部四冊。”①提要謂“《文淵閣書目》載有一冊”不確。

又按：一百十條，文淵閣書前提要、文津閣書前提要、《文溯閣四庫全書提要》、聚珍版書前提要作“一百數十條”，疑是。《雲谷雜記》目錄卷一下注“二十三條”，卷二下注“三十九條”，卷三、卷四下并注“三十一條”②，凡一百二十四條，非一百十條，《總目》提要當脫“數”字。

11. 卷一一八“《演繁露》十六卷《續演繁露》六卷”條：“宋程大昌撰。……中如‘衛士扈駕請道等子當爲鼎子’一條，岳珂《愧郯錄》引吳仁傑《鹽石新論甲編》，謂《魏·典韋傳》有‘等人’之稱，洪翰林云‘等人’猶‘候人’，蓋軍制如此。大昌所疑，未爲詳允。”（頁 1583）

按：請道，文淵閣書前提要、文津閣書前提要、《文溯閣四庫全書提要》作“清道”，是。“清道”即舊時帝王或官員出行時常常會清除道路，驅散行人。《演繁露》“鼎子”條云“今衛士扈駕清道者，其著籍明爲等子，誤矣”③，岳珂《愧郯錄》“打子”條引《演繁露》同④，此即提要所據。則《總目》提要“請”爲“清”之誤字亦明。

12. 卷一一八“《經外雜抄》二卷”條：“宋魏了翁撰。……然如鄒淮所記星象之數、楊鼎臣《方圓相生圖》、吳沆《對問錄》論明堂制度、任直翁《易心學·先天圖中圖》之類，頗足以資考證。”（頁 1586）

按：楊鼎臣，當作“楊鼎卿”。《經外雜抄·方圓相生圖》云：“異時觀楊鼎卿《易圖·先天方圓圖》下有此一本，不著其所自，但云相傳以爲《先天圖》注脚，顧不解其義。後於張學古得此，乃知爲鄭少梅所作。”⑤此即提要所據。楊鼎卿名甲，此出其《六經圖》。《總目》卷三三“《六經圖》六卷”條云“宋楊甲撰，毛邦翰補。甲，字鼎卿”（頁 426），即此人。考宋朱彧《萍洲可談》載有“楊鼎臣”之人⑥，然未言著述，提要誤記。且據魏了翁原文，《方圓相生圖》作者實爲鄭東卿（字少梅）。

13. 卷一一八“《賓退錄》十卷”條：“宋趙與旹撰。……惟趙孟堅《彝齋文編》有《從伯故麗水丞趙公墓銘》曰：‘……（趙行之）蹢踔西階逾三十年，未嘗一日忘科舉業也。故自丁卯迄乙卯，以鎖廳舉而試者亦三。……君疾不可復起矣。年五十七，紹定四年十一月終。上章告謝，尋通直命下，弗之覯也。’”（頁 1588）

---

① （明）楊士奇編：《文淵閣書目》卷二，《景印文淵閣四庫全書》第 675 冊，第 155 頁。
② （宋）張淏：《雲谷雜記》卷首，《景印文淵閣四庫全書》第 850 冊，第 853 頁。
③ （宋）程大昌：《演繁露》卷一六，《景印文淵閣四庫全書》第 852 冊，第 200 頁。
④ （宋）岳珂：《愧郯錄》卷一〇，《景印文淵閣四庫全書》第 865 冊，第 163 頁。
⑤ （宋）魏了翁：《經外雜抄》卷一，《景印文淵閣四庫全書》第 853 冊，第 86 頁。
⑥ （宋）朱彧：《萍洲可談》卷三，北京：中華書局，2007 年，第 165 頁。

　　按：乙卯，當作"己卯"。據下文趙行之卒於宋理宗紹定四年(1231)，年五十七，知其生於宋孝宗淳熙二年(1175)，其間丁卯年爲宋寧宗開禧三年(1207)，此年之後之乙卯年首爲宋理宗寶祐三年(1255)，顯然與其生平牴牾。己卯年則指宋寧宗嘉定十二年(1219)。檢趙孟堅《彝齋文編・從伯故麗水丞趙公墓銘》正作"己卯"①，則提要"乙卯"爲"己卯"之誤明甚。

　　14. 卷一一九《日損齋筆記》一卷"條："元黄溍撰。……其辨史十六則，尤精於辨經。如引《史記》'沛公左司馬得泗州守壯殺之'之文，證顏師古《漢書》註之誤。……此本首有至正甲午宋濂序，末有危素所作行狀及詔令、移文、博士傅泰謚議，而末附以劉剛序。"(頁 1591)

　　按：泗州，文淵閣書前提要、《紀曉嵐刪定〈四庫全書總目〉稿本》作"泗川"，是。《日損齋筆記》："《史記》本文云'沛公左司馬得泗川守壯，殺之'，師古蓋因班孟堅刪去'泗川守壯'四字，而誤以'得'字屬於上文。小司馬《索隱》知其誤而疑左司馬當有名，遂以爲曹無傷。無傷之名，僅見於沛公入關之後，而前無所考，姑存其闕文可也。"②此即提要所據。《史記・高祖本紀》正作"泗川守壯"③，可爲確證。提要"泗州"或館臣誤改。

　　又按：傅泰，《文溯閣四庫全書提要》作"傅亨"，是。《日損齋筆記》附錄《請謚文移》稱"太常博士傅亨嘗謂'天啓文明之運，時生純德之賢'"④云云，又《謚議》末署"太常博士傅亨謹議"⑤。考《元史・順帝紀》至正二十年春正月乙卯會試舉人，有"同考官太常博士傅亨"⑥，即此人。又劉剛《日損齋筆記後序》云"遂以中書參議危公太樸所撰神道碑及太常博士傅公子通定謚等文以附其後"⑦，此作"傅通"，"亨""通"義近，劉剛或因諱而改，亦證"亨"字不誤。《總目》蓋因"亨泰"爲詞殆而一時誤記。

　　15. 卷一一九《通雅》五十二卷"條："明方以智撰。……書中分四十四門。曰《疑始》……凡二卷。曰《釋詁》……凡七卷。曰《天文》……凡二卷。曰《地輿》……凡五卷。曰《身體》，曰《稱謂》，各一卷。曰《姓名》……凡二卷。曰《官職》……凡四卷。曰《事制》……凡二卷。曰《禮儀》，曰《樂曲》《樂舞》，附以《樂器》，共三卷。曰《器用》……凡五卷。曰《衣服》……凡二卷。曰《宮室》，曰《飲食》，曰《算數》，各一卷。曰《植物》……凡三卷。曰《動物》……凡三卷。曰《金石》，曰《諺原》，曰《切韻聲原》，曰《脉考》，曰《古方解》，各一卷。"(頁 1594)

　　按：據提要所述二十四門各門卷數相加，凡五十卷，與《通雅》五十二卷"之數不合。文淵閣《四庫全書》本《通雅》卷三至卷一〇爲《釋詁》，凡八卷，非"七卷"；卷四一至四四爲《植物》，凡四卷，非"三卷"，總計五十二卷。清康熙五年(1666)浮山此藏軒

　①　(宋)趙孟堅：《彝齋文編》卷四，《景印文淵閣四庫全書》第 1181 册，第 367 頁。
　②　(元)黄溍：《日損齋筆記》，《景印文淵閣四庫全書》第 854 册，第 701 頁。
　③　(漢)司馬遷：《史記》(修訂本)卷八，北京：中華書局，2014 年，第 447 頁。
　④　《日損齋筆記》附錄，第 712 頁。
　⑤　《日損齋筆記》附錄，第 713 頁。
　⑥　(明)宋濂等：《元史》卷四五，北京：中華書局，1976 年，第 950 頁。
　⑦　《日損齋筆記》卷末，第 714 頁。

刻本《通雅》卷次同。提要計數有誤。又"四十四門"當作"二十四門","官職"當作"官制",《彙訂》已發①。

16. 卷一一九"《卮林》十一卷"條:"明周嬰撰。……王士禎《池北偶談》……謂其'詮鍾'一條不知《名媛詩歸》爲吳下人托名鍾、譚,其中文明太后《青雀臺歌》、杜蘭香《降張碩詩》數條,皆不足辨。"(頁 1594—1595)

按:青雀臺歌,文淵閣書前提要作"青臺雀歌",是。《池北偶談》"名媛詩"條作"青臺雀歌"②。《名媛詩歸》載文明太后《青臺歌》云:"青臺雀,青臺雀,緣山采花額。"③則提要誤倒其文。

又按:降張碩詩,當作"贈張碩詩"。《池北偶談》"名媛詩"條作"贈張碩詩"。《名媛詩歸》載杜蘭香《贈張碩詩》。

17. 卷一一九"《義府》二卷"條:"國朝黃生撰。……引《莊子》,證《列子》'蕉鹿'之'蕉'爲'樵';引《世說注》,證'茗柯'即'酩酊',皆根柢訓典,鑿鑿可憑。"(頁 1595—1596)

茗柯,浙本作"茗艼"。魏小虎校從浙本,云:"此書卷下'酩酊'條云:'"酩酊"二字,古所無。《世說》"茗艼無所知",蓋借用字。今俗云懵懂,即茗艼之轉也。'"④

今按:"茗艼無所知"見《世說新語·任誕》"山季倫"條正文⑤,非注文,與提要所指《世說注》不合。《義府》"茗柯"條云:"'劉尹茗柯有實理'注:'柯,一作杜,又作仃,又作打。'予謂此當即襄陽人歌山簡之茗艼,茗艼即酩酊,復轉聲爲懵懂,皆一義。此云茗艼有實理,言當其醉中,亦無妄語,恨傳寫訛誤,其義遂晦。近時一名公乃以茗柯爲號,想定讀如字,二字有何深趣? 而貽識者以不學之譏耶?"⑥《世說新語·賞譽》"簡文云'劉尹茗柯有實理'"下劉孝標注:"柯,一作杜,又作仃,又作打。"⑦《義府》"茗柯"條雖未明言引自《世說》,然著一"注"字,與《世說》及注全同,則提要所據實"茗柯"條。浙本"茗艼"殆因"酩酊"條引《世說》文,且"茗柯"條又有"茗艼即酩酊"語,遂改作"茗艼",未詳考提要"注"字也。且據提要引證之例,皆以本書內容先後爲次,"茗柯"條正在"蕉鹿"條後。"酩酊"條則在"蕉鹿"條前,與文例不合。

18. 卷一一九"《義門讀書記》五十八卷"條:"國朝蔣惟鈞編,皆其師何焯校正諸書之文也。……凡《四書》六卷,《詩》二卷,《左傳》二卷,《公羊》《穀梁》各一卷,《史記》二卷,《漢書》六卷,《後漢書》五卷,《三國志》二卷,《五代史》一卷,韓愈集五卷,柳宗元集三卷,歐陽修集二卷,曾鞏集五卷,蕭統《文選》五卷,陶潛詩一卷,杜甫集六卷,李商隱集二卷,考證皆極精密。"(頁 1598)

按:蔣惟鈞,浙本、粵本、文津閣書前提要、《文溯閣四庫全書提要》作"蔣維鈞",

① 魏小虎:《四庫全書總目彙訂》卷一一九,上海:上海古籍出版社,2012 年,第 3780 頁。
② (清)王士禎《池北偶談》卷一八,北京:中華書局,1982 年,第 435 頁。
③ (明)鍾惺輯《名媛詩歸》卷七,《四庫全書存目叢書》集部第 339 册,第 82 頁。
④ 《四庫全書總目彙訂》卷一一九,第 3785 頁。
⑤ (南朝宋)劉義慶撰,徐震堮校箋:《世說新語校箋》卷下,北京:中華書局,1984 年,第 369 頁。
⑥ (清)黃生:《義府》卷下,《景印文淵閣四庫全書》第 858 册,第 352 頁。
⑦ 《世說新語校箋》卷中,第 267 頁。

是。《義門讀書記・凡例》末署"同里後學蔣維鈞硯溪氏識"①，又蔣元益序有"從弟維鈞好讀書，嗜何氏學"②云云，則其名當作"維鈞"。

又按："《三國志》二卷"之"二卷"，當作"三卷"。提要所述各書合計凡五十七卷，與《義門讀書記》五十八卷"之數不合。《義門讀書記・總目》詳列卷次，《三國志》爲"三卷"，即卷二六《三國志・魏志》，卷二七《三國志・蜀志》，卷二八《三國志・吳志》，則提要"二卷"顯係"三卷"之誤。

19. 卷一二〇《封氏聞見記》十卷"條："唐封演撰。……(第七卷中)'蜀無兔鴿'一條佚其前半，'月桂子'一條僅完其下，'石鼓'一條、'弦歌驛'一條又闕。'高塘館'一條亦完其下。'溫湯'一條又闕其末。"(頁 1602)

按：高塘館一條亦完其下溫湯一條又闕其末，浙本作"高唐館一條亦不完其上下溫湯一條又闕其末"。中華整理本原標點作"'高塘館'一條亦完。其'下溫湯'一條，又闕其末。"《彙訂》謂浙本"高唐館"當從殿本作"高塘館"，且據殿本謂"下溫湯"上衍"上"字，即校點作"高塘館一條亦不完。其下'溫湯'一條又闕其末"③。

今考"高塘館"三字，浙本、粤本、文淵閣書前提要、文瀾閣書前提要、《紀曉嵐刪定〈四庫全書總目〉稿本》作"高唐館"，是。文津閣書前提要、《文溯閣四庫全書提要》作"高唐驛"，"驛"涉前文"弦歌驛"而誤。《封氏聞見記》作"高唐館"，內有詩"高唐不是這高唐"④云云，則殿本"塘"爲"唐"之誤字。

《封氏聞見記》"高唐館"條佚前半，後半全，故殿本稱"亦完其下"，"亦"承上文"'月桂子'一條僅完其下"而言。浙本作"亦不完其上"，語義實同，"下"則屬下讀。文淵閣書前提要本句作"'高唐館'一條闕前半，其下'溫湯'一條又闕其末"，文雖略異而語義並同。《彙訂》誤校。

20. 卷一二〇《麈史》三卷"條："宋王得臣撰。……'讒謗'門第三條稱：'王莘樂道奉議，穎人也。'"(頁 1605)

按：王莘，文淵閣書前提要、文津閣書前提要、《文溯閣四庫全書提要》作"王莘"，是。葉夢得《避暑錄話》有"蓋今《類要》也，王莘樂道尚有數十紙"⑤云云。其名字蓋取自《孟子・萬章上》："伊尹耕於有莘之野，而樂堯舜之道焉。"⑥《麈史・讒謗》第三條亦作"王莘"⑦，可爲確證。

21. 卷一二〇《仇池筆記》二卷"條："舊本題宋蘇軾撰。……此書陶宗儀《説郛》亦收之，而刪節不完。明萬歷壬寅趙進美嘗刊其全本，板已久佚。此本前有進美序，蓋即從趙本録出。書中與《志林》互見者，皆但存標題，而下註'見《志林》'字，疑亦進美所改竄云。"(頁 1607)

① (清)何焯：《義門讀書記》卷首，北京：中華書局，1987 年，第 2 頁。
② 《義門讀書記》附録，第 1289 頁。
③ 《四庫全書總目彙訂》卷一二〇，第 3801 頁。
④ (唐)封演：《封氏聞見記》卷七，《景印文淵閣四庫全書》第 862 册，第 449 頁。
⑤ (宋)葉夢得：《避暑録話》卷上，《景印文淵閣四庫全書》第 863 册，第 660 頁。
⑥ (清)焦循：《孟子正義》一九，北京：中華書局，1987 年，第 653 頁。
⑦ (宋)王得臣：《麈史》卷三，《景印文淵閣四庫全書》第 862 册，第 642 頁。

按：趙進美，文淵閣書前提要、文津閣書前提要作"趙開美"，是。《總目》提要下文兩"進美"亦爲"開美"之誤記。《仇池筆記》書前序末署"萬曆壬寅孟夏日，海虞清常道人趙開美識"①，明萬曆趙開美刻本《東坡雜著五種》本《仇池筆記》卷首《引言》署名同②。趙開美（1563—1642），又名琦美，字玄度，號清常道人，江蘇常熟（古稱"海虞"）人，撰有《脉望館書目》。《總目》卷三八"《皇祐新樂圖記》三卷"條云"又有元天曆二年吳壽民跋，明萬曆三十九年趙開美跋"（頁 501），即此人。考同時稍後有趙進美（1620—1693），明崇禎十三年（1640）進士，撰有《清止閣集》，生平詳見趙執信《飴山文集·中大夫福建提刑按察使司按察使先叔祖韞退趙公暨元配張淑人合葬行實》③。萬曆壬寅爲萬曆三十年（1602），顯非此"趙進美"。又《總目》卷七八"《西洋朝貢典錄》三卷"條云"末有二跋，一爲東川居士孫允伽，一爲清常道人趙進美"（頁 1054），"趙進美"當從浙本、粵本作"趙開美"，《彙訂》已發④。

22. 卷一二〇"《呂氏雜記》二卷"條："宋呂希哲撰。……至於直載劉經《太學頌》，以見過尊安石，直載程公遜賀待制詩，以見過諛王雱，則於荆舒父子亦有微詞，非竟相黨附者矣。"（頁 1609）

按：劉經，文淵閣書前提要作"劉涇"，是。《呂氏雜記》："熙寧時，劉涇爲《太學頌》曰：'有四大儒，越出古今。王氏父子、呂氏兄弟。'荆公聞之，怒曰：'我四分中只得一分。'"⑤此即提要所據。《宋史·文苑·劉涇傳》云"劉涇字巨濟，簡州陽安人。舉進士，王安石薦其才，召見，除經義所檢討。……涇爲文務奇怪語，好進取，多爲人排斥，屢躓不伸"⑥，即此人，則提要"經"爲"涇"之誤字亦明。

23. 卷一二一"《寓簡》十卷"條："宋沈作喆撰。作喆字明遠，號寓山，湖州人。……又有《寓林集》三十卷，亦久佚。"（頁 1615—1616）

按：寓林集，《四庫全書初次進呈存目》作"寓山集"⑦，是。《文獻通考·經籍考》著録沈仲喆《寓山集》三十卷⑧，當即提要所據。《直齋書録解題》著録書名亦作"《寓山集》"⑨。提要云"沈作喆字明遠，號寓山"，則以其號名集，"林"爲"山"之誤記亦明。

24. 卷一二一"《示兒編》二十三卷"條："宋孫奕撰。……其書雜引衆説，往往曼衍，又徵據既繁，時有筆誤。如《經説》類中以《廣雅》、《博雅》並言，而皆云張揖作。"（頁 1618）

按：經説，當作"文説"。《示兒編·文説》"擬聖作經"條云："《爾雅》，周公所記

---

① 題（宋）蘇軾：《仇池筆記》卷首，《景印文淵閣四庫全書》第 863 册，第 2 頁。

② 題（宋）蘇軾：《東坡雜著五種》卷首，明萬曆刻本。

③ （清）趙執信：《飴山文集》卷一〇，《清代詩文集彙編》第 210 册，上海：上海古籍出版社，2010 年，第 416—420 頁。

④ 《四庫全書總目彙訂》卷一二〇，第 2505 頁。

⑤ （宋）呂希哲：《呂氏雜記》卷下，《景印文淵閣四庫全書》第 863 册，第 224 頁。

⑥ （元）脱脱等：《宋史》卷四四三，北京：中華書局，1977 年，第 13104 頁。

⑦ 《四庫全書初次進呈存目》，第 269 頁。

⑧ 《文獻通考》卷二四五，第 1938 頁。

⑨ （宋）陳振孫：《直齋書録解題》卷二〇，上海：上海古籍出版社，1987 年，第 603 頁。

也。……張楫又衍爲《廣雅》（原注：魏），以至《博雅》（張楫）、《埤雅》（陸農師），譊譊而起。"①此即提要所據。《博雅》即《廣雅》，避隋煬帝諱改。《示兒編》卷一至六爲《經說》，無相關文字，蓋因《廣雅》隸屬經部小學類，故提要誤記。

25. 卷一二一"《密齋筆記》五卷《續記》一卷"條："宋謝采伯撰。……是編乃其易班東歸時所撰，録以示其子者。雜論經史文義凡五萬餘言，自序以爲無牴牾於聖人。"（頁 1619）

按：文義，文淵閣書前提要、文津閣書前提要、文瀾閣書前提要、《文溯閣四庫全書提要》作"文藝"，是。《密齋筆記》書前謝采伯自序云："經史、本朝文藝、雜説幾五萬餘言，固未足追媲作者，要之無牴牾於聖人。"②此即提要所據。"文藝"指文學作品。書末其子謝奕棽跋亦云："右《密齋筆記》，別經史、本朝文藝、雜書，釐爲五卷，《續記》一卷。"③則提要"文義"爲"文藝"之音誤甚明。

26. 卷一二一"《梁谿漫志》十卷"條："宋費袞撰。……惟其持論具有根柢，舊典遺文，往往而在。……朱勝非起復制乃綦崇禮貼麻，非陳與義自貼，謝顯道崇寧元年入黨籍，崇寧四年未入黨碑，則糾謝汲《四六談塵》之失。"（頁 1619—1620）

按：謝汲，浙本、粤本、文瀾閣書前提要作"謝伋"，是。《梁谿漫志》"《四六談塵》差誤"條云："近世謝景思伋作《四六談塵》……景思記此二事皆誤。'宅憂'二字，乃有旨令綦處厚貼麻，去非曾待罪，非令其自貼改也。謝顯道崇寧元年入黨籍，至四年立姦黨碑時，出籍久矣。"④此即提要所據。《總目》卷一九五"《四六談塵》一卷"條云："卷首但題'靈石山藥寮'字，不著撰人。《書録解題》載爲謝伋撰。考書中時自稱伋，則其説有也。伋字景思，上蔡人。"（頁 2747）又卷一九七"《容齋四六叢談》一卷"條亦引作"謝伋《四六塵談》"（頁 2763），則提要"謝汲"爲"謝伋"之誤可知。

27. 卷一二一"《齊東野語》二十卷"條："宋周密撰。……而所記南宋舊事爲多，如張浚三戰本末……慶元開禧六士、張仲孚反間諸條，皆足以補史傳之闕。"（頁 1624—1625）

按：開禧，當作"開慶"。文淵閣《四庫全書》本《齊東野語》"慶元開元六士"條云："開元間，丁大全用事，以法繩多士，陳宜中與權、劉黻聲伯、黃鏞器之、林則祖興周、曾唯師孔、陳宗正學，亦以上書得謫，號六君子。"⑤"開元"爲唐玄宗年號，宋無此年號。據《宋史·丁大全傳》，丁大全爲嘉熙二年（1238）進士，寶祐六年（1258）拜參知政事，開慶元年（1259）罷相，以觀文殿大學士判鎮江府，與開禧（1205—1207）無涉。考明正德十年（1515）耒陽胡文璧刻本《齊東野語》作"開慶"⑥，與《宋史·理宗本紀》所云"追開慶丁大全用事"⑦相合，當是。則此由毛晉《津逮秘書》本誤刻作"開元"，提要知其

①　（宋）孫奕：《示兒編》卷七，《景印文淵閣四庫全書》第 864 册，第 458 頁。
②　（宋）謝采伯：《密齋筆記續記》卷首，《景印文淵閣四庫全書》第 864 册，第 644 頁。
③　《密齋筆記續記》卷末，第 689 頁。
④　（宋）費袞：《梁谿漫志》卷五，《景印文淵閣四庫全書》第 864 册，第 727—728 頁。
⑤　（宋）周密：《齊東野語》卷二〇，《景印文淵閣四庫全書》第 865 册，第 844 頁。
⑥　（宋）周密：《齊東野語》卷二〇，明正德十年刻本。
⑦　《宋史》卷四五，第 879 頁。

誤而未及詳考，遂據“慶元”年號相近者而徑改作“開禧”。

28. 卷一二三“《雲烟過眼録》四卷《續録》一卷”條：“宋周密撰。……又記吳彩鸞書《切韻》以‘一先’、‘二仙’爲‘十三仙’、‘二十四先’，稱不可曉。”（頁1637）

按：十三仙、二十四先，當作“二十三先、二十四仙”。《雲烟過眼録》“鮮于伯機樞所藏”條云：“吳彩鸞書《切韻》一本，其書‘一先’爲‘廿三先’、‘廿四仙’，不可曉。字畫尤古。”①此即提要所據。

29. 卷一二三“《紺珠集》十三卷”條：“不著編輯者名氏。……（《方言》）今本‘私、策、纖、葰、稗、杪，小也’一條，此書引作‘私、纖、稗、杪、策，少也’。證之下文，‘策’字本次在‘杪’字下，則此書所引爲長。”（頁1641）

按：“私纖稗杪策少也”之“少也”，文淵閣書前提要、文津閣書前提要、《文溯閣四庫全書提要》作“小也”。《紺珠集·輶軒使者絶代語》“私、纖、葰、稗、杪、策，小也”條云：“自關至梁益間，凡物小者謂之私，繒帛之細者謂之纖。凡草生而初達謂之葰，言鋒萌始出也。稗，年少也。木細枝謂之杪，燕之北鄙謂之策，齊又謂之蔓。”②據此《紺珠集》所引《方言》此條與今本唯“策”字位次不同而已。則《總目》“少”爲“小”之形誤明甚，且諸本提要“纖”下脱“葰”字。

30. 卷一二三“《古今説海》一百四十二卷”條：“明陸楫編。……是編輯録前代至明小説，分四部七家。一曰説選，載小録、編記二家。二曰説淵，載别傳家。三曰説略，載雜記家。四曰説纂，載逸事、散録、雜纂三家。”（頁1644）

按：編記，浙本、粤本、文瀾閣書前提要、《文溯閣四庫全書提要》作“徧記”，文淵閣書前提要、文津閣書前提要作“偏記”。《古今説海》説選部分小録、偏記二家③。劉知幾《史通·雜述》將編年、紀傳兩種題材以外的史書分爲十類，“一曰偏記，二曰小録，三曰逸事，四曰瑣言，五曰郡書，六曰家史，七曰别傳，八曰雜記，九曰地理書，十曰都邑簿”④，顯係陸楫所分“偏記家”之淵源。則提要“編”爲“偏”之誤字亦明。又“徧”通“偏”，作“徧記”不誤，要之正字當作“偏記”。

①　(宋)周密：《雲烟過眼録》卷一，《景印文淵閣四庫全書》第871册，第48頁。
②　題(宋)朱勝非：《紺珠集》卷八，《景印文淵閣四庫全書》第872册，第432頁。
③　(明)陸楫：《古今説海》，《景印文淵閣四庫全書》第885册，第225頁。
④　(唐)劉知幾著，(清)浦起龍通釋：《史通通釋》卷一〇，上海：上海古籍出版社，2009年，第253頁。

# 《四庫全書總目》釋家別集訂誤十則<sup>*</sup>

## 李舜臣

**摘　要**：《四庫全書總目》所收釋家別集共 39 種，然因館臣輕視釋氏詩歌，所撰提要頗顯粗疏，於朝代、俗姓、字號、籍貫、事蹟多有訛誤。今略作辨證十則，都爲一篇。

**關鍵詞**：《四庫全書總目》；釋家別集；訂誤

《四庫全書總目》（以下簡稱《總目》）"別集類"收釋家別集 39 種，列入存目者有 20 種。四庫館臣向來頗輕視釋氏詩歌，每以"蔬筍氣""酸餡氣"譏之，所撰提要亦顯粗疏，訛誤屢出。今試作厘正十則，所據底本爲中華書局 1965 年影印本。

## （一）釋居簡《北磵集》十卷

《總目》卷一六四"別集類"云：

> 《北磵集》十卷。宋釋居簡撰。居簡，字敬叟，潼川王氏子。嘉熙中，敕住净慈光孝寺。因寓北磵日久，故以名集。其集詩、文各爲一編，此則皆其所作雜文也。

按："潼川王氏子"，誤。釋居簡之生平，吳之鯨《武林梵刹志》卷九、曹學佺《蜀中廣記》卷八十九、釋明河《補續高僧傳》、厲鶚《宋詩紀事》卷七十二等皆有小傳，或作"王氏"，或作"龍氏"。宋釋大觀《北磵禪師行狀》云："居簡，潼川通泉人，俗姓龍。"[1]大觀乃居簡入室弟子，隨其杖履多年，所載必不誤。故此則"潼川王氏子"，應更正爲"潼川龍氏子"。

## （二）釋圓至《牧潛集》七卷

《總目》卷一六六"別集類"云：

---

　＊　**作者簡介**：李舜臣，男，江西師範大學文學院（江西南昌 330022），教授，文學博士，主要從事佛教文學研究。
　　**基金項目**：國家社科基金一般項目：歷代釋家別集叙錄（14BZW085）；全國高校古籍整理委員會直接資助項目：元明清釋家別集提要（教古字［2014］097 號）；江西省社科規劃重點項目：明代釋家別集提要。

　　①　（宋）釋大觀：《北磵禪師行狀》，載《物初賸語》卷二十四，金程宇《和刻本中国古逸書叢刊》第 54 册，南京：鳳凰出版社，2012 年，第 337 頁。

《牧潛集》七卷。編修汪如藻家藏本。元釋圓至撰。至字牧潛，號天隱，高安人。至元以來，遍歷荆襄吴越，禪理外頗能讀書，又刻意爲古文，筆力嶄然，多可觀者。

按：“至字牧潛，號天隱”，誤。戴表元《圓至師詩文集序》云：“師諱圓至，字天隱，江西高安姚氏子。……今世言禪者亦多推天隱，又或號筠溪、牧潛云。”①戴表元與圓至交往甚密，所記可信。顧嗣立《元詩選》：“圓至，字天隱，別號牧潛，高安姚氏子。”②可見“天隱”當爲圓至之字，“牧潛”爲其號。館臣所誤當源於《牧潛集》前釋明河所撰序：“又數年在皋亭，固如法友得抄寫《牧潛集》一册于武陵書肆中，持以相示，展視則爲至本集。知至字牧潛，號天隱。”③釋明河此處偶誤，其所撰《補續高僧傳·元筠高安圓至傳》即作：“圓至，字天隱，高安姚氏子。”④

# （三）釋宗泐《全室外集》九卷、《續集》一卷

《總目》卷一七〇“別集類二三”：

《全室外集》九卷、《續集》一卷。安徽巡撫采進本。明僧宗泐撰。宗泐，字季潭，臨安人。洪武初舉高行沙門，命住天界寺，尋往西域求遺經，還授左善世。太祖欲授以官，固辭。太祖爲撰《免官説》。其後胡惟庸謀逆，詞連宗泐，特原之。

按，此則提要有三處疏誤：

其一，“宗泐，字季潭，臨安人”。“臨安”爲“臨海”之誤。明釋心泰《前天界禪寺住山全室大禪師塔銘》云：“師諱宗泐，字季潭，別號全室。台之臨海人。”⑤明清諸多僧傳如《南宋元明僧寶傳》《續高僧傳》等，亦皆作“台之臨海人”。

其二，“尋往西域求遺經，還授左善世”。“左善世”誤，應作“右善世”。“左善世”“右善世”，乃明初所設職掌全國佛教事務之機構——僧録司中二員。釋大聞、幻輪編《釋鑑稽古略續集》卷二：“（洪武十五年）四月二十二日准吏部諮，除授各僧道録司，諮本部知會：僧録司左善世戒資，右善世宗泐，左闡教智輝，右闡教仲羲，左講經玘太樸，右講經仁一初，左覺義來復，右覺義宗曥。”⑥可見，宗泐所授爲右善世。釋心泰《全室大禪師塔銘》亦云：“洪武十五年三月還朝，當年開僧録司，以右街善世之職授師。”錢謙益《列朝詩集》作“開僧録司，授右街善世”。⑦“右街善世”即“右善世”別稱。

① （元）戴表元：《圓至師詩文集序》，載《剡源文集》卷九，《景印文淵閣四庫全書》第 1194 册，臺北：臺灣“商務印書館”，1986 年，第 123 頁上—123 頁下。

② （清）顧嗣立：《元詩選·初集》卷六十七，載《景印文淵閣四庫全書》第 1469 册，第 740 頁下。

③ （明）明河：《書姚序後》，載《牧潛集》卷首，《景印文淵閣四庫全書》第 1198 册，第 107 頁下。

④ （明）明河：《元筠高安圓至傳》，載《補續高僧傳》卷二十四，《卍新續藏》第 77 册，第 525 頁中。

⑤ 此塔銘附於《全室和尚語録》末。《全室和尚語録》未見刻本，明清諸家書志亦罕見著録。今所見爲明初天龍禪寺釋昌海抄本，存于日本藏經書院，國內未有傳本。日本學者佐藤秀孝《季潭宗泐與〈全室和尚語録〉——〈全室和尚語録〉的介紹及其翻刻》，進行了初步研究和整理。

⑥ （明）幻輪：《釋鑑稽古略續集》卷二，載《大正藏》第 49 册，第 931 頁下。

⑦ （清）錢謙益：《全室禪師泐公》，載《列朝詩集》閏集卷一，北京：中華書局，2007 年，第 6072 頁。

　　宗泐終其一生，未升"左善世"一職。釋心泰撰《佛法金湯編》卷首有宗泐所撰題識，末署"洪武辛未夏僧録司右善世善世禪寺住山全室比丘宗泐識"①。"辛未"乃洪武二十四年（1391）。是年，宗泐以老求退，明太祖賜歸安徽鳳陽之槎峰，九月十四日即示寂。

　　傳世文獻中，誤載宗泐爲"左善世"亦復不少。朱彝尊《明詩綜》本傳："宗泐字季潭，臨海人。洪武初，舉高行沙門，居首命，住天界寺，尋往西域求遺經，還授左善世。"②《明史·姚廣孝傳》："高皇后崩，太祖選高僧侍諸王，爲誦經薦福。宗泐時爲左善世，舉道衍，燕王與語甚合，請以從。"③館臣或沿襲其中一些文獻之訛，誤書"右善世"爲"左善世"。

　　其三，"洪武初舉高行沙門，命住天界寺，尋往西域求遺經，還授左善世。太祖欲授以官，固辭，太祖爲撰《免官説》。"似太祖撰《免官説》在宗泐西行求經之後。據釋心泰《全室大禪師塔銘》，宗泐西行求遺經事，從洪武十一年（1378）至洪武十五年（1382）三月。而太祖撰《免官説》則在洪武九年（1376）。明太祖《賜宗泐免官説》云："洪武九年春，遐遊天界，見住持僧宗泐博通今古，儒術深明。……於是朕命育鬚髮，以官之。"④故而，《提要》此句應釐正爲：洪武初舉高行沙門，命住天界寺。太祖欲授以官，固辭，太祖爲撰《免官説》。尋往西域求遺經，還授右善世。

# （四）釋德净《山林清氣集》一卷、《續集》一卷

《總目》卷一七四"別集類存目一"：

> 　　釋德净《山林清氣集》一卷、《續集》一卷。浙江巡撫采進本。元釋德净撰。德净，字如鏡，錢塘人。泰定、天曆間，嘗與仇遠、馮子振、白珽諸人游。其詩皆五、七言律體，又《續集》僅詩七十六首，而詠物者至五十三首，格調亦皆淺弱。末有附集一卷，皆同時諸人酬贈之作。前有三山王都中題五言律詩一首，又一首署"蒙古"作，亦和王韻。蓋即集中所稱錢蒙古松壑僉事也。

按：今《四庫全書存目叢書》所收釋德净《山林清氣集》，乃據清人趙之玉星鳳閣鈔録本影印。此本亦分正、續集兩卷，《續集》收詩七十六首，與《提要》所云吻合。然《提要》所云"詠物者至五十三首"，不確。館臣所謂"詠物者至五十三首"，乃指《詠物次韻宏叟五十二首》及此前之《詠梅》詩。然《詠物次韻宏叟五十二首》實僅五十一首。此組詠物詩下，有鈔者小字注："詩存五十一首，題爲五十二首，恐誤。"⑤從《續集》所編之詩看，除此五十一首和《詠梅》外，餘皆爲倡和遣興之作。故《提要》所云"詠物者至五十三首"，實爲"詠物者至五十二首"。

　　①　（明）釋心泰：《佛法金湯編》，《四庫未收書叢刊》第 5 輯第 13 册，第 563 頁。
　　②　（清）朱彝尊：《明詩綜》卷九十，北京：中華書局，2007 年，第 4263 頁。
　　③　（清）張廷玉：《明史》卷一百四十五，北京：中華書局，1974 年，第 4079 頁。
　　④　（明）朱元璋：《賜宗泐免官説》，載《金陵梵刹志》卷一，《大藏經補編》第 29 册，第 33 頁上。
　　⑤　（元）德净：《山林清氣續集》，載《四庫全書存目叢書》集部第 22 册，濟南：齊魯書社，1997 年，第 13 頁上。

又，館臣以爲是集卷首二詩，"署蒙古作"者，即"集中所稱錢蒙古松壑僉事"。今檢是書，集中有《次韻餞蒙古松壑僉事之海康任》《謝松壑僉事逌道知州下訪》二詩，然皆未提及此"蒙古"姓錢，蓋館臣將"餞"誤認作"錢"字。檢陶宗儀《書史會要補遺》有名"松壑"者，云："松壑，以字行，蒙古人。士夫間多推其書。"①虞集《道園學古録》卷三亦有《題蒙古松壑畫》一詩："長風壑中來，吹雨灑高竹。憶昔曾見之，終南跨黄犢。"②據此，爲《山林清氣集》題詩者即"松壑"，"蒙古"指他爲蒙古人，"僉事"爲其官名。

## （五）釋德祥《桐嶼集》四卷

《總目》卷一七五"別集類存目二"：

> 《桐嶼集》四卷。浙江巡撫采進本。明釋德祥撰。德祥，字麟洲，號止庵，錢塘人。洪武中住持徑山。吳之鯨《武林梵刹志》稱："德祥以《西園》詩忤上意。"今觀集中所載《夏日西園》一律，有"熟時無處可乘涼"，又有"林木三年未得長"諸句，語意頗近譏諷。之鯨説當有所據。

按，《桐嶼集》今未見傳本，釋德祥生平亦未見任何碑傳資料。今檢四庫本《武林梵刹志》，内中未載德祥詩禍事，不知館臣所據爲何本？明代載兹事者，有蔣一葵《堯山堂外紀》卷七十八、陳師《禪寄筆談》卷六等文獻，均與明初另一詩僧一初守仁詩禍事並載。例如，《堯山堂外紀》卷七十八載：

> 仁一嘗題翡翠云："見説炎州進翠衣，網羅一日遍東西。羽毛亦足爲身累，那得秋林静處棲。"祥止庵有《夏日西園》，詩云："新築西園小草堂，熟時無處可乘涼。池塘六月由來淺，林木三年未得長。欲净身心頻掃地，愛開窗户不燒香。曉風只有溪南柳，又畏蟬聲鬧夕陽。"二詩爲太祖見之，謂守仁曰："汝不欲仕我，謂我法網密耶？"謂德祥曰："汝詩'熟時無處乘涼'，以我刑法太嚴耶？"又謂："六月由淺，三年未長，謂我立國規模小，而不能興禮樂耶？"頻掃地""不燒香"，是言我恐人議而肆殺，却不肯爲善耶？"遂皆棄市。③

錢謙益《列朝詩集》則力辨之，其云："德祥字麟洲，錢塘人。……《西園》詩今載集中，不知所謂忤上者何語。野史流傳，不足信也。祥公有題倪雲林、周履道書畫云：'東海東吳兩故人，別來二十四番春。'又有《爲王駙馬賦清真軒》詩，則知公生元季，至永樂中尚在也。"④牧齋明證德祥至永樂間仍在，且與王駙馬頗有交誼，故所謂"棄市"事，實不足爲信。明代野史傳聞釋德祥事者不少，但多不可據。例如，田汝成《西湖遊覽志餘》有"德祥者，號止庵，仁和人。故宋時爲僧，涉元屬念舊國"⑤云云，誤其爲宋元

---

①　(明)陶宗儀：《書史會要補遺》，載《景印文淵閣四庫全書》第814册，第809頁上。

②　(元)虞集：《題蒙古松壑畫》，載《全元詩》第26册，北京：中華書局，2013年，第160頁。

③　(明)蔣一葵：《堯山堂外紀》卷七十八，載《四庫全書存目叢書》子部第148册，第293頁上—293頁下。

④　(清)錢謙益：《止庵法師祥公》，載《列朝詩集》閏集卷二，第6207—6208頁。

⑤　(明)田汝成：《西湖游覽志餘》卷十四，載《景印文淵閣四庫全書》第585册，第486頁上。

僧。四庫館臣或沿襲之，未加細辨，遂致誤。

## （六）釋大善《西溪百詠》二卷

《總目》卷一八〇“別集類存目七”：

> 《西溪百詠》二卷。浙江巡撫采進本。明釋大善撰。大善號虛閑道人，其始末未詳。以其詩考之，蓋崇禎初人也。西溪在武林西北欽賢鄉，宋高宗欲都其地，後卜遷鳳凰山。在南渡時，梵刹甚盛。宋人舊有《西溪百詠》，此復追詠古跡，每題七律一首，凡百首，拾遺五首。又附《福勝庵八詠》《曲水庵八詠》《梅花十絕》於末。

按：館臣據釋大善之詩，推考“蓋崇禎初人”，不够精確。釋大善生年實可考實。今《四庫全書存目叢書》所收《西溪百詠》二卷，乃據中國人民大學圖書館藏光緒六年丁氏八千卷樓刻本影印。此本前有釋大善所撰自序，末題“崇禎庚辰重陽日虛閑道人大善書于安樂山下古福勝庵”①，序中又有“今年七十謝參罷讀，偶拈舊題，並爲分注”②云云。“崇禎庚辰”爲崇禎十四年（1640），上推七十年，則大善當生於隆慶五年（1571）。

又，此書卷上題“古福勝”序稱：“萬曆間，虛閑子結茅于此，初顏溪巢，亦種梅栽竹，閉戶著書，三十餘年影不出山，崇禎改元，重復古額。”③據此，萬曆間釋大善即隱於西溪。

## （七）釋清珙《石屋山居詩》一卷

《總目》卷一八〇“別集類存目七”：

> 《石屋山居詩》一卷。浙江巡撫采進本。題曰石屋禪師撰，不著其名。《明史·藝文志》《浙江通志》亦不載其目。詩中有“吾家住在雪溪西”之語，蓋明代湖州僧也。是集前爲山居各體詩，後附偈頌九十首。首署參學門人至柔編，新安吳明春校正。其詩不脱釋家語録之氣，不足以接跡吟壇。

按：石屋禪師，即元代臨濟宗高僧石屋清珙。據元末明初釋元旭所撰《福源石屋珙禪師塔銘》稱：“師諱清珙，字石屋。蘇之常熟人也。俗姓温。……至正壬辰秋七月廿有一日示微疾，閲二日，中夜與衆訣。……壽八十有一，臘五十有四。”④據此，石屋清珙圓寂於至正十二年（1352），距入明尚有十七年，不應稱爲“明代湖州僧”。

倘若館臣稍留意明清文獻，實不難考定清珙之生卒年。明末釋正勉、性㳽所編《古今禪藻集》元代部分即收有其詩。顧嗣立《元詩選》初集卷六十八《清珙小傳》亦明

①② （明）釋大善：《西溪百詠集》卷首，載《四庫全書存目叢書》集部第 195 册，第 622 頁下。

③ （明）釋大善：《西溪百詠集》卷上，載《四庫全書存目叢書》集部第 195 册，第 626 頁下。

④ （元）釋元旭：《福源石屋珙禪師塔銘》，載《石屋清珙禪師語録》卷二，《卍新續藏》第 70 册，第 676 頁上—676 頁中。

確説："壬辰秋示寂"，並收有他的《山居吟》二十首、《閑詠》二十首等詩，《提要》所引"吾家住在霅溪西"之句亦在其中。然館臣無視文獻，率爾操觚。

又，《提要》云："《浙江通志》亦不載其目。"然檢四庫本《浙江通志·仙釋》即有清珙小傳，稱其"字石屋，常熟人。……至正間，朝廷降香幣旌異，賜金襴衣。所著有《石屋詩》"①。

## （八）釋斯學《幻華集》二卷

《總目》卷一八〇"別集類存目七"：

> 《幻華集》二卷。浙江孫仰曾家藏本。明釋斯學撰。斯學字悦支，號瘦山。海鹽慈會寺僧。是集爲萬曆丁酉斯學殁後，屠隆哀其遺稿，與姚士粦同編。……

按，錢謙益《列朝詩集》本傳："斯學字悦支，號庾山。"②陶元藻《全浙詩話》本傳亦謂："斯學，字悦支，號庾山。"③朱彝尊《明詩綜》："斯學，字悦支，號庾山。"④據此，館臣謂斯學"號瘦山"，是以字形誤也。

## （九）釋元璟《完玉堂集》十卷

《總目》卷一八一"別集類存目八"：

> 《完玉堂詩集》十卷。浙江巡撫采進本。國朝釋元璟撰。元璟，字借山，浙江天童寺僧也。是編分十集：曰《東湖集》《名山集》《紅椒集》《紫柏集》《太白集》《綠瓊集》《京師百詠》《晚香集》《黄琮集》《鵲南集》，每集爲一卷。前有元璟自序，及題辭二十餘則。……

按，《完玉堂集》，今常見者爲《四庫全書存目叢書》，據中國社科院文學所藏清雍正刻本影印本。館臣所述"前有元璟自序及題辭二十餘則"，此本亦具在，應與四庫底本屬同一系統。然核之諸集名，館臣所云"鵲南集"，實爲"鶴南集"之誤。

## （十）釋正勉、性㳄《古今禪藻集》

《總目》卷一八九"總集類四"：

> 《古今禪藻集》二十八卷。浙江汪啓淑家藏本。明釋正勉、性㳄合編，其裒輯則釋普文也。普文字理庵，正勉字道可，並嘉興人。性㳄，字蘊輝，應天人。所録皆釋子之作，而不必其有關於佛理，曰"禪藻者"，猶曰僧詩云爾。

---

① （清）沈翼機：《浙江通志》卷一百九十九，載《景印文淵閣四庫全書》第 524 册，第 398 頁上。
② （清）錢謙益：《庾山學公》，載《列朝詩集》閏集卷二，第 6449 頁。
③ （清）陶元藻：《全浙詩話》卷三十八，北京：中華書局，2013 年，第 1076 頁。
④ （清）朱彝尊：《斯學》，載《明詩綜》卷九十二，北京：中華書局，2007 年，第 4349 頁。

按，性涵，“應天人”，誤。《古今禪藻集》除四庫全書本外，今尚存萬曆年間刻本。萬曆本卷首有“萬曆戊午季春六夢居士虞淳熙序”“萬曆己未孟冬朔旦匡山逸老憨山德清序”“長水掃庵道譚貞默叙”，又有《禪藻集選例》十則、《歷代詩僧履歷節略》，皆四庫本所無。其中，《歷代詩僧履歷節略》價值尤高。《履歷》稱：“性涵，字蘊輝，姓鄒氏，梁溪人。”《古今禪藻集》爲正勉、性涵合編，故此記載必不誤。梁溪，即今之江蘇無錫，屬常州府；明代“應天”指今之南京，所轄六縣中並無梁溪。故此則提要應更正爲“性涵，字蘊輝，梁溪人”。

## 古　籍　書　訊

《李宗棠文集·光緒徵要録》（安徽古籍叢書第二十九輯）

（清）李宗棠纂輯，李興武整理，李媛編輯。黄山書社 2020 年版。

本書是《李宗棠文集》之第三種。全書八卷續二卷，輯録了“戊戌變法”前後五年（1895—1899）五年間朝廷發佈的懿旨、聖旨共 535 道。

《李宗棠文集》所收録的光緒朝的奏章和諭令還集中於其所輯《奏議輯覽初編》（已版）。該書是各省將軍督撫、部院長官等封疆大吏自下而上呈給朝廷的奏章，可與《光緒徵要録》互爲參照。

# 《四庫全書總目》數字疑誤集校<sup>*</sup>

## 王　勇

**摘　要:**《四庫全書總目》提要中所涉數字問題較多。本文就《四庫全書
總目》史部雜史類存目、詔令奏議類、詔令奏議類存目、傳記類存目及子部雜
家類存目三十三則提要中一些疑似錯誤的數字，依據相關材料進行考辨
訂正。

**關鍵詞:**四庫全書總目;數字疑誤;集校

　　《四庫全書總目》中涉及數字方面錯訛較多。除一些據史實、序言等不依靠版本即可明確的數字錯訛外，尚有一些須經版本校勘之處。從版本校勘而言，糾正這些錯誤，當依據當時所據四庫底本。但四庫底本出自鈔本很多，本身即可能有誤，即便刻本，亦可能產生錯誤，且最主要問題在於四庫底本存世極少。羅琳先生近纂《四庫全書底本叢書》（文物出版社，2019 年 1 月），收錄四庫底本亦不過 314 種。即便現在有人試圖依據當時黄簽考證官王太嶽《四庫全書考證》中所著錄版本信息加以復原四庫底本[①]，但此舉前提之相關可參考古籍存世情況卻並不樂觀，因此，實際操作層面難度甚大。本文以所涉主要爲存目書，故在校勘時，多依據杜澤遜先生《四庫存目標注》及《四庫全書存目叢書》，《四庫存目標注》基本上囊括了存世所能見到的相關古籍，而《四庫全書存目叢書》所收除一部分係四庫底本外，多是卷帙、序跋等方面最接近四庫底本的版本，在一定程度上能反應四庫底本面貌。故本文所校内容，嚴謹而言，有一部分乃校異同，非校是非，即便所校正確，目前暫無四庫底本可參。但希望爲《四庫全書總目》深入辨誤、爲日後發現底本，或發現新的佐證，提供一種考辨的基礎與視角。

## 1.《北征事蹟》一卷

　　明袁彬撰。……其他與《明史》異者，若喜寧等燒毀紫荆關，殺都御史孫祥事，此書在正統十四年九月，而《明史》則在十月。彬日侍英宗左右，其見聞當獨真，而所記與他書輒有異同。豈其書上於成化元年，距從征之年前後凡十有七載，諸所記憶，或有疑闕歟?[②]

---

　　\* 作者簡介:王勇，男，山東理工大學齊文化研究院（山東淄博 255000），講師，文學博士，主要從事中國古典文獻學研究。

　　**基金項目:**全國高校古委會直接資助項目:《四庫總目補正》(1957)。

　　① 可參琚小飛《〈四庫全書考證〉與四庫所據底本考索》一文，《歷史文獻研究》總第 40 輯。
　　② （清）永瑢等:《四庫全書總目》，北京:中華書局，1965 年，第 478 頁。下皆隨文標注頁碼。

按：據明《紀録彙編》本及《存目叢書》所收明嘉靖《金聲玉振集》本此書，均載“十月……初五日，喜寧領前哨進紫荆關北口。初九日，喜寧等燒毀紫荆關，殺都御史孫祥。”是本亦書在十月。與《明史·景帝紀》所載“冬十月……丙辰，也先陷紫荆關，孫祥死之”①合。則非袁彬記憶疑闕，疑館臣錯看或所據之本有誤。

### 2.《商文毅疏稿略》一卷

明商輅撰。……《明史》所載景泰時請清理塞上軍田，招集開封、鳳陽諸處流民。成化時首陳八事及辯林誠之誣，請皇太子視紀妃疾、弭災八事、劾西廠太監汪直諸疏，今皆在集中。惟劾汪直一疏，史載列直十一罪，而不言其目。此集所載乃止十條，或爲傳寫佚脱一條，抑或史文誤衍“一”字歟？（第 497 頁）

按：考明人所載均題“十罪”，如《存目叢書》所收明萬曆博古堂刻明雷禮《皇明大政紀》卷十五載“大學士商輅等疏權竪汪直十罪”。考《明史》稿本、《續修四庫全書》所收清鈔萬斯同《明史·商輅傳》作“中官汪直督西廠，數興大獄，輅率同官條直十罪”②，尚不誤。《明史》後來乃誤作“十一”。“一”字當衍。

### 3.《王端毅公奏議》十五卷

明王恕撰。……劉昌《懸笥瑣探》稱恕“歷仕四十五年，凡上三千餘疏”，則此猶汰而存之者矣。《明史》恕本傳稱其“歊歷中外五十餘年，剛正清嚴，始終一致”。（第 497 頁）

按：《明史·王恕傳》殿本原作“恕歊歷中外五十餘年”，誤，中華書局本已據其生平校改爲“恕歊歷中外四十餘年”③，是，此《總目》沿《明史》之誤。

### 4.《留都疏稿》一卷

明吴文華撰。文華於萬曆十五年任南京工部尚書，十六年進兵部尚書，旋以病乞歸。此其兩年之中所上諸疏，凡十一首。謝恩者三，乞休者二，爲人請蔭者一，其四皆營伍常事。惟乞誅内監張鯨一疏，尚見風力云。（第 507 頁）

按：“凡十一首”，當作“凡十二首”。據《存目叢書》所收明刻清印本，諸疏之中，其中謝恩者四，非“謝恩者三”，爲：《南京工部到任謝恩疏》《謝恩賫疏》《南京兵部到任謝恩疏》，又《謝恩賫疏》。《謝恩賫疏》有二篇，《總目》計爲一篇。“乞休者二”，即《患病乞休疏》《再上患病乞休疏》。爲人請蔭者一，即《代請郵典疏》。“其四皆營伍常事”者，即《條陳增飭留都營務保固根本疏》《敷陳愚見以裨營務疏》《議處舊京軍貧法弊永保治安疏》《議處倉糧善後疏》四篇。以上十一篇。《會劾權瑺申救言官疏》即《乞誅内監張鯨》一疏，合之爲十二篇。

①　（清）張廷玉等：《明史》，北京：中華書局，1974 年，第 142 頁。
②　（清）萬斯同：《明史》，《續修四庫全書》第 328 册，上海：上海古籍出版社，1995 年，第 89 頁。
③　（清）張廷玉等：《明史》，第 4850 頁。

### 5.《掖垣題稿》三卷

明顧九思撰。……是編皆其爲給事中時所上奏疏。在戶科者一，在禮科者十三，在兵科者二十。（第 508 頁）

按：所上奏疏，非皆在給事中時。《存目叢書》收有明萬曆二十九年（1601）自刻本《掖垣題稿》，據是刻，卷上載戶科、禮科，卷中、卷下載兵科，下卷兵科中尚有官太僕寺少卿、右通政時各一疏，《總目》漏計。可知非皆在給事中時所上。又，在兵科者奏疏有二十六，非二十。《總目》統計數字亦有誤。

### 6.《治河奏疏》四卷

明李化龍撰。……是編奏疏乃萬曆三十一年化龍以工部右侍郎總督河道時所上。時黃河橫決，化龍遍行淮徐，得泇河遺迹，乃奏請疏鑿。凡開二百六十丈。（第 508 頁）

按：所開泇河爲二百六十里，《總目》"里"誤作"丈"。《明史·河渠五》載此事甚詳，可參。

### 7.《楊全甫諫草》四卷

明楊天民撰。……其鄉人爲梓先後疏稿共成四卷，後附贈官制及諭祭文。贈官在天啓二年九月，諭祭在三年十月。（第 509 頁）

按：《存目叢書》收有此書之明刻本，據卷後諭祭之文，題"天啓三年歲次癸亥閏十月"，則本年爲閏年，有十月，有閏十月，《總目》言"十月"者不確。

### 8.《兵垣奏疏》一卷

明劉懋撰。……是集凡奏疏十二篇。……《平寇志》又載懋崇禎三年論流寇二疏，於當日情形極切，而此集佚之，則不知其何故也。（第 510 頁）

按："論流寇二疏"當作"論流寇一疏"。檢《存目叢書》所收清康熙活字本《平寇志》，所載崇禎三年（1630）劉懋惟此一疏。

### 9.《聖門志》六卷

明呂元善撰。……又以諸儒未入祀典者，別載擬祀三十五人。中如岳飛之精忠，不在乎闡明理學；錢唐之直諫，亦未聞其詮釋聖經；乃欲例諸歷代儒林，擬議亦爲失當。（第 533 頁）

按：此書《存目叢書》收有明崇禎刻本。據是刻卷二中，擬祀爲三十八人，非三十五人。其中孔廟三十五人，孟廟三人。分別爲孔門二人（懸亶、顏何）、漢儒一人（鄭玄）、唐儒一人（孔穎達）、宋儒十七人（范仲淹、魏了翁、李侗、羅從彥、何基、王柏、金履祥、黃幹、輔廣、蘇軾、孫復、文天祥、岳飛、游酢、呂大臨、謝良佐、胡宏）、元儒二人（劉因、許謙）、明儒十七人（蔡清、陳真晟、羅倫、章懋、黄仲昭、吳與弼、鄒守益、王艮、羅欽順、羅洪先、吕楠、曹端）、孟廟擬配一人（韓愈）、孟廟擬祀三人（趙岐、孫奭、錢唐）。

### 10.《三遷志》五卷

　　明吕元善撰。……所載孟廟事蹟，每卷之中又各分三子卷，凡二十一類。（第 533 頁）

按：《存目叢書》收有明天啓七年（1627）刻本，據此本，除卷四分上下二子卷外，其餘皆分上、中、下三子卷，《總目》言“每卷之中又各分三子卷”者不確。

### 11.《洙泗源流》無卷數

　　不著撰人名氏。前有《自序》，亦不署年月。《序》稱所採始於堯、舜，以爲洙泗之源。終於顔、曾、思、孟，爲洙泗之流。今考其書，僅自唐、虞訖孔門弟子二十餘人至子思而止，未及孟子。蓋不全之本。（第 535 頁）

按：此書今不可見，然明《内閣藏書目録》、清《千頃堂書目》均有《洙泗源流》八卷著録，前者云：“元至元間，金華時崇因孔氏弟子問答見於魯《論》者止三十四人，餘多不載，乃采經史傳記子集註疏，凡孔門事蹟以及從事釋奠諸儀聚集成編，凡八卷。”[1]後者注：“至元間金華人，因孔子弟子見於《論語》者僅三十四人，餘多不著。乃采摭經傳子史注疏，凡孔門弟子及釋奠諸儒事蹟聚爲一編。”[2]此書作者，《千頃堂書目》題名“時榮”著，“時崇”“時榮”，未詳孰是，“崇”“榮”二字形似，蓋必有一訛者。疑《總目》所見係此書或節本。若然，則《總目》云孔門弟子“二十餘人”當作“三十餘人”。

### 12.《商文毅公行實》一卷

　　明商汝頤編。……凡王獻所作《行實》一篇，尹直所作《墓志銘》一篇，楊子器所作《神道碑》一篇。（第 540 頁）

按：《神道碑銘》乃謝遷所撰。《存目叢書》收有正德十六年（1521）刻本，據是刻，此書所録實王獻《行實》一篇、尹直《墓志銘》一篇，謝遷《神道碑銘》一篇，楊子器《商文毅公傳》一篇。《總目》檢閱不謹，漏謝遷篇後題名，又併入下篇《商文毅公傳》，故誤題楊子器。

### 13.《米襄陽外紀》十二卷

　　明范明泰撰。……是編紀米芾遺事，分《恩遇》《顛絶》《潔癖》《嗜好》《麈談》《書學》《畫學》《譽羨》《書評》《雜記》《考據》十二門。（第 542 頁）

按：《總目》所列爲十一門。《存目叢書》收有明萬曆三十二年（1604）范氏清宛堂刻舞蛟軒重修本，據是刻卷前目録題辭，實分十三門，考卷前作者范明泰補識亦稱“詮

————————

① （明）孫能傳：《内閣藏書目録》，清遲雲樓鈔本。

② （清）黄虞稷著，瞿鳳起、潘景鄭整理：《千頃堂書目》，上海：上海古籍出版社，2001 年，第 320 頁。

次爲十三目"①。知《總目》脱二門："恩遇"上脱"世系","書評"下脱"畫評"。

### 14.《旌義編》二卷

　　元鄭濤撰。……先是,綺六世孫龍灣税課提領太和,爲家規五十八則。七世孫欽及其弟鉉,增添九十二則。共一百五十則,勒之於石,至濤,復謂禮有當隨時變通者,乃酌加增損爲一百六十八則,列爲上卷。又彙輯諸家傳記碑銘之文有關鄭氏事實者,列爲下卷。(第548頁)

按:此書《存目叢書》收有清同光間永康胡氏退補齋刻《金華叢書》本。前有宋濂引,言:"其持守之規,前録五十八則,六世孫龍灣税課提領太和所建。後録七十則、續録九十二則,七世孫青楝府君欽、浙江行省都事鉉所補。"又言"今八世孫太常博士濤復爲三規閲世頗久"②云云,其"三規"即指前録、後録、續録。此三録之總數,當合計之,爲二百二十條。《總目》但記前録、續録,漏載後録,故得一百五十之數。且亦不得言"七世孫欽及其弟鉉,增添九十二則",實則鄭欽補後録七十則,鄭鉉補續録九十二則。

### 15.《禪寄筆談》十卷《續談》五卷

　　明陳師撰。……書中……有稱"更四百六十餘甲子"者。案《左傳》絳縣人四百四十五甲子爲七十三年,則師之年合閏計之應亦近八十。(第1099頁)

按:"四百六十"當作"四百五十"。《禪寄筆談》十卷,《存目叢書》收有明萬曆二十一年(1593)自刻本,卷十《鄉飲酒禮議》中稱"予犬馬之齒今已歷四百五十甲子"③,檢書中别未有"更四百六十餘甲子"或類似之記載。考四百五十甲子,乃得二萬七千日,以一年三百六十日計之,凡七十五年,若以今之三百六十五日計之,則不足七十五。《總目》誤以"四百六十"甲子計之,約爲七十七年,故言"近八十",實則不確。

### 16.《應庵任意録》十四卷

　　明羅鶴撰。……是書計二百四十四條。(第1100頁)

按:《存目叢書》收有明萬曆刻本,據是刻,此書共二百五十二條。凡卷一15條,卷二11條,卷三27條,卷四29條,卷五13條,卷六24條,卷七13條,卷八8條,卷九24條,卷十15條,卷十一19條,卷十二19條,卷十三27條,卷十四8條。《總目》統計疑誤。

### 17.《説頤》八卷

　　明余懋學撰。……是書凡三百五十二則。(第1101頁)

---

①　(明)范明泰:《米襄陽外紀》,《四庫全書存目叢書》史部第84册,濟南:齊魯書社,1996年,第405頁。

②　(元)鄭濤:《旌義編》,《四庫全書存目叢書》史部第87册,第701頁。

③　(明)陳師:《禪寄筆談》,《四庫全書存目叢書》子部第103册,第767頁。

按：《存目叢書》收有明萬曆三十六年（1608）直方堂刻本，據是刻，是書凡三百八十八則，非“三百五十二則”。

### 18.《書肆説鈴》二卷

明葉秉敬撰。……是書乃其隨筆劄記，原分三卷。後烏程閔元衢爲之重編，分十一類，併爲上、下二卷，而仍載原次於卷首，以存其舊，即此本也。（第 1104 頁）

按：“十一類”當作“十二類”。《存目叢書》收有明萬曆刻《類次書肆説鈴》二卷，與《總目》説合。前有烏程閔元衢《類次書肆説鈴》，稱：“爲類凡十二，爲卷凡二。”①原書次目後著録類次目録，分：論《毛詩》、論《春秋》、論《爾雅》、論《道德經》、論《莊子》、論《國語》、論《文選》、論古詩、論天文、論時令、論道學、論韻，總十二類。

### 19.《秋涇筆乘》一卷

明宋鳳翔撰。……其記太倉王千户入海見龍抱石事，則又涉於神怪矣。（第 1104 頁）

按：《存目叢書》收有商務印書館影印晁氏木活字《學海類編》本，據是刻，此條本作：“太倉王萬户蒼野，爲相國宗人。領兵巡海，泊舟一山下，閑過山寺，有僧出迓，作駭狀曰：‘此非泊舟所，得無懼乎？’王疑僧厭客，又其地爲港口，可避風。而是夜安寝，益謂僧言虚也。旋登山巔，見古廟無人。廟後臺際石長二丈有半，闊厚皆尺餘。明瑩如水晶，照見内趺坐金觀音。大奇之，曰：‘此異寶也。’因下尋問前所遇僧，問石誰主，可售乎？僧曰：‘此名龍枕石。’”②云云。可知“千户”當作“萬户”，“龍抱石”當作“龍枕石”。

### 20.《露書》十四卷

明姚旅撰。……其書分《核篇》二，《韻篇》三，《華篇》《雜篇》《迹篇》《風篇》《錯篇》《人篇》《政篇》《籟篇》《諧篇》《規篇》《枝篇》《異篇》各一。（第 1105 頁）

按：《存目叢書》收有明天啓刻本，據是刻，“枝篇”當作“技篇”，其内容爲古代方技之類，作“枝”顯誤。其中，《核篇》分上下，即“核篇二”。“韻篇”分上中下，即“韻篇三”。其餘華篇、雜篇、迹篇、政篇、籟篇、諧篇、規篇、技篇各一篇。依《總目》統計之例，風篇、異篇分上中下，當爲三篇。錯篇、人篇各分上下，當爲二篇。《總目》爲例不謹，描述有誤。

### 21.《枕談》一卷

明陳繼儒撰。僅寥寥數條。（第 1105 頁）

---

① （明）葉秉敬：《書肆説鈴》，《四庫全書存目叢書》子部第 110 册，第 235 頁。
② （明）宋鳳翔：《秋涇筆乘》，《四庫全書存目叢書》子部第 110 册，第 664 頁。

按："數條"當作"數十條"。《存目叢書》收有明刻本,據是刻,正文收録凡六十一條。

### 22.《明辨類函》六十四卷

明詹景鳳撰。……首列《作者辨》,以發明周子《太極圖》至蔡氏《範極》十書之旨。(第 1105 頁)

按:《存目叢書》收有明萬曆刻本,核以是刻卷目、正文,自周子《太極圖》至蔡氏《範極》當爲十一書。即:太極圖、纘圖新説、通書説零、發踪至論、西銘一映、正蒙一映、經世略意、易學本生、家禮從宜、新書義測、範極存雄。

### 23.《經史慧解》六卷

國朝蔡含生撰。……是書雜取經史事蹟人物各著論一篇,凡二百二十一首。(第 1111 頁)

按:《存目叢書》收有清康熙刻本,據是刻卷目,此書所收實一百九十六篇,中有一題分上下或上中下者,計之亦不過二百一十九篇。《總目》既言"各著論",則當以題爲標,而作"二百二十一",是混入分篇者,且又混計其數。

### 24.《都氏鐵網珊瑚》二十卷

明都穆撰。……是書……第七卷内"鶴鵲"一條,又忽標《爾雅》二字之目,皆不可解。(第 1113 頁)

按:"第七卷"當作"第八卷"。《存目叢書》收有清乾隆二十三年(1758)刻本,第八卷有"爾雅"一條,言"鶴以聲交,鵲以意交"云云,即《總目》所論。

### 25.《考槃餘事》四卷

明屠隆撰。……是書雜論文房清玩之事。一卷言書版碑帖,二卷評書畫琴紙,三卷、四卷則筆硯爐瓶,以至一切器用服御之物皆詳載之,列目頗爲瑣碎。(第 1114 頁)

按:《存目叢書》收有明萬曆綉水沈氏刻《寶顏堂秘笈》本,據是刻,筆、硯實在卷二内,卷三收筆床、筆屏、筆筒、筆洗等與筆硯所關之物。

### 26.《墨林快事》十二卷

明安世鳳撰。……此書以所見古器、古刻、古書畫各爲跋語,凡六百九十五則,多涉議論,頗乏考據之功。(第 1114 頁)

按:《存目叢書》收有清鈔本,據卷前目録下所列條數,一卷五十條,二卷六十條,三卷六十九條,四卷六十條,五卷五十七條,六卷五十一條,七卷六十二條,八卷七十條,九卷五十四條,十卷五十三條,十一卷四十三條,十二卷六十二條,合之爲六百九十一條，非"六百九十五"條。然細核諸卷，二卷實六十四條，十二卷實六十六條，較總數多八條，則總數實爲六百九十九條也。

### 27.《帝王寶範》三卷

明馬順孫撰。……《千頃堂書目》載此書作六十卷，今考《永樂大典》所載，實止三卷。雖編録時或有合併，不應懸絶至此，殆黄虞稷未見原書也。（第 1118 頁）

按：《千頃堂書目》卷十一儒家類載"馬順孫《帝王寶範》六十二卷"①。焦竑《國史經籍志》卷四子類儒家亦著録"《帝王寶範》六十二卷，馬順孫"②。則《千頃堂書目》未嘗所載爲"六十二卷"，《總目》誤作"六十"。

### 28.《景仰撮書》一卷

明王達撰。……是書一名《尚論篇》，取古人可爲師法者凡五十二事。（第 1118 頁）

按："五十二"當作"五十三"。《存目叢書》收有明刻本，據是刻數之，其中所論凡五十三事。明高儒《百川書志》卷四："《尚論編》一卷，即《景仰撮書》，皇明翰林學士錫山天游子王達善撰。論周秦以下五十三事。"③所載論事數目亦同。

### 29.《物異考》一卷

宋方鳳撰。……是書載水異、火異、眚異、木異、金石異、人異、蟲異凡七條。歷代災異見於正史、雜史者不可勝紀，鳳於每條舉二三事，真所謂挂一漏萬矣。（第 1119 頁）

按：《叢書集成新編》收有排印《寶顔堂秘笈本》，據是本，《水異》載魯襄公、秦武王、漢安帝、苻堅時、南宋紹興中五事。《火異》載惠帝元康中、天順中、齊武帝永明中三事。《眚異》載哲宗政和中、宣和中、哀帝建平中、和帝建和中、魏公孫淵時、吳將登喜、晉武帝太康中、劉聰建興中、天寶中、李林甫家、建炎中新城縣等十一事。《木異》載哀帝建平中、靈帝時、劉曜時三事。《金石異》載元帝永昌中、後唐天成中、成帝鴻嘉中、魏明帝青龍中、唐垂拱中、熙寧中六事。《人異》載春秋文公時、秦始皇時、漢景帝時、魏襄王時、哀帝建平中、平帝元始中、靈帝時、元康中、惠帝時、元帝大興中、安帝義熙中、儀鳳中、淳熙中等十三事。《蟲異》載長慶中、漢文帝時、靈帝和光中、惠帝大安中、周建德中、成帝咸和中、隋開皇末、開皇中、成帝和平中、吳諸葛恪、後主時、天寶中、惠帝永康中、安帝雍熙中、魏齊王正始中、慶元中等十六事。④《總目》謂"每條舉二三事"，其説不確。

---

① （清）黄虞稷著，瞿鳳起、潘景鄭整理：《千頃堂書目》，第 321 頁。
② （明）焦竑：《國史經籍志》，《續修四庫全書》第 916 册，第 383 頁。
③ （明）高儒等：《百川書志 古今書刻》，上海：古典文學出版社，1957 年，第 59 頁。
④ （宋）方鳳：《物異考》，《叢書集成新編》第 82 册，臺北：新文豐出版公司，1985 年，第 547—548 頁。

### 30. 《灼艾集》八卷

不著撰人名氏，書前亦無序例。據高儒《百川書志》云，九沙山人萬表灼艾時所集也。……是編凡分正、續、餘、別四集，每集各分上、下卷。採輯唐、宋以來説部，每書只載一二條，或四五條。（第 1121 頁）

按：《總目》稱“每書只載一二條，或四五條”，不確。據《存目叢書》收有明嘉靖刻本，其中正集所引《鶴林玉露》即已至二十條。

### 31. 《群書摘草》五卷

明王國賓編。……其書仿庾仲容《子鈔》、馬總《意林》之例，摘取《家語》以下至明張時徹《説林》三十二種，附以兵書七種。（第 1122 頁）

按：“兵書七種”疑當作“兵書六種”。《存目叢書》收有明萬曆刻本，據是刻本，張時徹《説林》之後所附爲《六韜》《司馬子》《孫子》《吳子》《尉繚子》《孔明心書》凡六種。

### 32. 《諸經品節》二十卷

明楊起元編。……是編刪纂道、釋二家之書。道家凡《陰符經》《道德經》《南華經》《太元經》《文始經》《洞古經》《大通經》《定觀經》《玉樞經》《心印經》《五厨經》《護命經》《胎息經》《龍虎經》《洞靈經》《黄庭經》十六種。（第 1122 頁）

按：《存目叢書》收有明萬曆刻本，據是刻，《太玄經》之後脱“清净經”，則凡“十七種”，非“十六種”。

### 33. 《稗史彙編》一百七十五卷

明王圻撰。……是書搜採説部，分類編次。爲綱者二十八，爲目者三百二十，所載引用書目凡八百八種，而輾轉裨販，虚列其名者居多。（第 1124 頁）

按：“八百八”當作“八百九”。《存目叢書》收有明萬曆刻本，前有作者自序，稱“無慮七百餘種”。《總目》未迷信前序，乃據《引書目録》統計，惜計數不免小疵，此目實著録八百零九種。

# 葉夢得《巖下放言》版本考[*]

## 劉澤華

**摘　要:** 葉夢得《巖下放言》可分爲弘治本系統、袁氏本系統、《蒙齋筆談》本系統和《説郛》本系統。弘治本系統和袁氏本系統皆爲三卷本，袁氏本系統中魚元傅鈔本即鐵琴銅劍樓藏本過錄自明袁表鈔本，《石林遺書》本之底本爲槑花盦本未定之本，《郎園先生全書》本爲葉德輝之子據《石林遺書》本重印。弘治本爲後人自朱存理鈔本過錄，周星詒藏本與劉承幹藏本同出，漢陽本與周、劉二本之祖本似同出。《蒙齋筆談》本上卷節自弘治本系統，下卷節自袁氏本系統，可知，其編者所見的當是各卷散佚單行的本子，即弘治本系統中某本之卷下與袁氏本中某本之卷中，因兩卷均已散亂，不知前後順序，故誤將兩卷順序顛倒合二爲一。《説郛》本系統似與《四庫全書》本同出，其中《宋人百家小説》本、《説脡》本出自百二十卷本《説郛》，"巴家富詩""白紙詩""來歲狀元賦"三則爲宛委山堂本《説郛》誤收入《巖下放言》。

**關鍵詞:** 葉夢得；巖下放言；版本

　　葉夢得（1077—1148），字少藴，號石林居士，爲兩宋之交著名政治家、文學家，哲宗紹聖四年（1097）進士及第，得蔡京舉薦入朝，仕宦顯達，歷任户部尚書、尚書左丞、崇慶軍節度使等。其生長於儒學世家，曾叔祖葉清臣爲仁宗時翰林學士，舅父晁補之爲蘇門四學士之一，夢得亦是學識淹貫，著述頗豐，見於著錄者有《石林燕語》《避暑錄話》《石林詩話》《玉澗雜書》等數十種，今存十餘種。

　　《巖下放言》是葉夢得晚年休致後退居卞山時所作，多爲對早年經歷的回憶和對人生的感慨，談古論今，無所顧忌，常言及佛老，廣涉經史，偶可補史之闕，對於研究葉夢得生平和宋代歷史文化等具有一定的價值。《巖下放言》多爲三卷本，亦有一卷本和兩卷本傳世，歷代目錄中陳振孫《直齋書錄解題》、馬端臨《文獻通考》、錢曾《錢遵王述古堂藏書目錄》、徐乾學《傳是樓書目》著錄爲一卷本，祁承㸁《澹生堂藏書目》著錄爲三卷又一卷，朱睦㮮《萬卷堂書目》、紀昀等《四庫全書總目》、瞿鏞《鐵琴銅劍樓藏書目錄》、陸心源《儀顧堂題跋》《皕宋樓藏書志》、周星詒《周氏傳忠堂藏書目》等著錄爲三卷本，今可見三卷本皆爲單行本，一卷本和兩卷本多爲叢書本。是書早期多爲鈔本，在流傳過程中被刪去上卷，將中下兩卷顛倒順序，改換名目作《蒙齋筆談》，作者題爲宋代鄭景望。經《四庫全書總目》等考證，鄭景望之《蒙齋筆談》確爲後人刪改葉著僞造。通過文本對勘和參考前人研究成果，筆者將《巖下放言》分爲弘治本系統、袁氏

---

　　* **作者簡介:** 劉澤華，男，華東師範大學中文系（上海 200241），博士研究生，主要從事宋代文學與文獻研究。

本系統、《蒙齋筆談》本系統和《説郛》本系統。

# 一、弘治本系統

弘治本，明鈔本，三卷，是本現藏國家圖書館，左右雙邊，半頁十行，行十四到十七字不等，白口，無魚尾，封面有長方形朱印云："乾隆三十八年十一月浙江巡撫三寶送到范懋柱家藏《巖下放言》壹部記壹本。"第一頁鈐有白文方印"犀盦藏本""羅繼祖讀書記"，蓋是本爲范氏天一閣藏，又先後歸錢桂森①、羅繼祖所有。

書後有跋文兩則云：

> 右《巖下放言》石林家舊本，板不知刊於何所，歲久腐爛將有不可辨者。半村俞氏有抄本，今歸徐君壁書房，故從而借録之。延祐丙辰三月二十四日識。

> 《巖下放言》三卷，計三十九翻，迺延祐間人抄本，有歲月題識。今弘治五年新正十日從朱垚民借歸，命兒子逮臨寫此本，寫畢特爲校讀一過，有誤處已正之矣，垚民蓋又轉假於祝君希哲也。予家先有《避暑録》，尚聞《詩話》《燕語》等書俟訪。雲樓居道人朱存理性文記。

第一則跋文爲延祐丙辰年（1316）元人所題，其有言："石林家舊本，板不知刊於何所，歲久腐爛將有不可辨者。"由此可知《巖下放言》原有刻本，而非《四庫全書總目》中所言"原無刻本"，且"歲久腐爛"，很多文字已難以辨認，元人乃自俞氏鈔本謄録。

第二則跋文爲弘治年間藏書家朱存理所題，言是本抄自朱凱（字垚民）所藏延祐元人鈔本，是本爲朱垚民借自祝允明（字希哲）。此跋文中言"雲樓居道人朱存理性文記"，朱存理字性父，此處訛作"性文"，如果此本爲朱存理本人所謄録則不可能出現這樣的錯誤，且此本脱訛甚多、難以卒讀，朱存理爲明代學者，不可能出現如此多的訛誤，蓋此本當是他人由朱氏鈔本所謄録而非朱氏手鈔本。王國維先生亦有言："本書與跋出一人手筆，誤字累累，又無校讀之迹，蓋又明人傳性父本。"②但到底此本出自何人之手實難有確證，故仍用跋文云"弘治年"名之謂"弘治本"。

王國維先生於《庚辛之間讀書記》中言此本爲"天一閣進呈本四庫館所發還者也"。《各省進呈書目》中《浙江省第五次范懋柱家呈送書目》録有《巖下放言》三卷，《浙江采集遺書總録》中亦録："《巖下放言》三卷，寫本。右宋葉夢得撰。陳氏曰：'夢得休致所作。'今本有明朱存理借抄祝希哲家跋語。"③《浙録》提要所言與是本跋文同，故是本當爲浙江巡撫自范氏天一閣采集發還者無疑。然檢《四庫全書總目》，却言《巖下放言》爲兩淮鹽政采進本。是本字迹不甚工整，脱訛頗多，實難稱善，四庫館臣蓋因此而未擇是本，別選兩淮鹽政采進本爲抄寫之據。

文徵明藏本蓋亦屬弘治本系統，但此本如今已埋没難尋，只能從棫花盦本（棫花

---

① "犀盦藏本"爲藏書家錢犀盦之印，關於錢犀盦爲誰歷來説法不一，有錢大昕、錢桂森等説，本文從錢桂森説，可參看謝泉等發表於《新世紀圖書館》2008年第5期的論文《藏書家錢犀盦身份考》。

② 王國維：《王觀堂先生全集》，台灣：文華出版公司，1968年，第1489頁。

③ （清）沈初等著，杜澤遜、何燦點校：《浙江採集遺書總録》，上海：上海古籍出版社，2010年，第378頁。

盦本屬袁氏本系統，詳見後文）的校勘記中睹其面貌之一二，槑花盦本之校勘記中言：“文衡山鈔本九行廿一字”，且葉廷琯將文徵明藏本與槑花盦本異文書於正文右側。通過對勘可知文徵明鈔本與弘治本闕佚情況基本一致。如卷上“先事而誠謂之豫”一條中“而豫之義不在豫文也”下袁氏本系統脫四十三字，文徵明鈔本、弘治本皆有之，故將其歸入弘治本系統。除弘治本外，該版本系統如今可見的版本有：

1. 潘介祉藏本，清鈔本，三卷，是本現藏南京圖書館，半頁十行，行二十字，無格，卷首有朱文印“潘叔潤圖書記”“潘氏淵古樓藏書記”“古吳潘介祉叔潤氏收藏記”“玉笋”，白文方印“潘氏秘印”，可知此本爲晚清藏書家潘介祉所藏。卷首有序云：“……此書近無刻本，余得之一故家敗篋中，更爲校錄，深足珍也。”書後有延祐丙辰年三月之跋，即弘治本書後延祐間跋文，可知是本自延祐本過錄。

2. 周星詒藏本，清鈔本，三卷，是本現藏國家圖書館，半頁八行，行二十一字，無格，所蓋藏印有“周星詒印”“祥符周氏瓜瑞堂圖書”“星詒印信”“翁斌孫印”“茂苑香生蔣鳳藻秦漢十印齋秘匧圖書”“北京圖書館藏”等。“周星詒印”“祥符周氏瓜瑞堂圖書”“星詒印信”皆爲周星詒鈐記，“茂苑香生蔣鳳藻秦漢十印齋秘匧圖書”爲蔣香生藏印。周星詒爲清末著名藏書家，周氏之藏書曾“迫於丁日昌製造的‘蚊船案’，讓售於蔣香生”[1]，蔣香生即蔣鳳藻，香生其字也，是本蓋爲“讓售於香生”群書中之一部，後爲藏書家翁斌孫所得。檢周星詒所撰《周氏傳忠堂藏書目》云：“《巖下放言》三卷一册，宋葉夢得撰。趙晋齋鈔本第七條不脫。”此本蓋爲清代藏書家趙魏（號晋齋）所鈔，檢葉德輝輯趙魏之藏書目録《竹崦盦傳鈔書目》却不見其著録。《傳忠堂藏書目録》提要所言：“第七條不脫”即指卷上“先事而誠謂之豫”一條，“而豫之義不在豫文也”下袁氏本系統所脫四十三字。

3. 劉承幹藏本，清鈔本，三卷，是本現藏國家圖書館，半頁九行，行十八字，無格，所鈐藏印爲“吳興劉氏嘉業堂藏書記”“北京圖書館藏”。“吳興劉氏嘉業堂藏書記”爲劉承幹之藏印。檢其所撰《嘉業堂藏書日記抄》，是本爲“1913 年 9 月自書商湯治平處購得”[2]。此本與周星詒藏本當自同一祖本出，原因有二：一是此二本卷上“人遇事應物不可無素養”一條中“孫權者”下有小注“者字上下疑缺”，“老子論氣”一條“老氏孟子俱可與皆”下有小注“皆字疑多”，其他諸本皆無；二是此二本卷上“堯舜禹湯四字”一條“子生三月而名最”下，至“《楚辭》言些”一條“之音”上皆脫，共計 338 字，其他諸本皆不若此。

4. 漢陽本，鈔本，三卷。關於漢陽本葉廷琯《吹網録》云：“余初借得漢陽宗人潤臣中翰名澧[3]家藏舊鈔本細校”。《皕宋樓藏書志》中著録《巖下放言》，所録季錫疇之題跋中云：“大抵此書以漢陽本爲最善，依之校定可無遺憾矣。”漢陽本今已不可見，但魚元傅鈔本和槑花盦本均據此本校過，且將校勘記書於正文旁，可據此以窺漢陽本之貌。漢陽本最顯著的特點爲卷首無葉夢得自撰之序，且卷上“先事而誠謂之豫”一條中“而豫之義不在豫文也”下袁氏本系統脫四十三字，而漢陽本有之。

---

① 范鳳書：《中國著名藏書家與藏書樓》，鄭州：大象出版社，2013 年，第 280 頁。

② （清）劉承幹著，陳誼整理：《嘉業堂藏書日記抄》，南京：鳳凰出版社，2016 年，第 117 頁。

③ 即葉名澧，字潤臣，號翰源，湖北漢陽人，道光年間舉人，官内閣侍讀。

　　漢陽本當與周星詒藏本、劉承幹藏本之祖本同出，此三本闕佚情況大體一致，如周劉二本卷上"堯舜禹湯四字"一條"子生三月而名最"下，至《楚辭》言些"一條"之音"上脱 338 字，楙花盦本校勘記則於"堯舜禹湯四字"一條處書"漢陽本'爲重'以下至《楚辭》條'三合'字上全脱正文并夾注三百三十二字"，此處漢陽本較周劉二本少脱 6 字，而其餘諸本此處不脱。漢陽本書前無葉夢得自撰序文，此序文《石林遺書》本、魚氏本、弘治本等皆入卷上，惟有周氏本、劉氏本將此序自卷上析之，另題作《〈巖下放言〉序》，故有整篇序文脱漏的可能，漢陽本當是其例。

　　5.《四庫全書》本，鈔本，三卷，是本四周雙邊，半頁八行，行二十字，白口，單黑魚尾，魚尾上方象鼻處書"欽定四庫全書"，魚尾下方書卷數、書名及頁數，《四庫全書總目》著録爲兩淮鹽政采進本。是本卷首無葉夢得自撰之序，且闕佚情況多與弘治本系統諸本相同，然卷上"堯舜禹湯四字"一條至《楚辭》言些"一條無脱文，故《四庫全書》本之底本并非自漢陽本、周星詒藏本或劉承幹藏本謄録。

# 二、袁氏本系統

　　關於袁氏本見《巖下放言》魚元傅鈔本書後跋語云："嘉靖戊申八月一日汝南袁表□□子拙謄於陶齋時年六十一。"袁表，字邦正，號陶齋，明代藏書家，此本爲嘉靖年間袁表鈔本，魚元傅鈔本當是自袁氏本過録。

　　葉夢得裔孫清人葉廷琯所撰《吹網録》中言：

> 余初借得漢陽宗人潤臣中翰名灃家藏舊鈔本細校，續借友人處文衡山、袁陶齋二鈔本覆勘，間又參以《説郛》節采本，凡得補正數十處。拾遺三條，即從《説郛》本采附卷後。知此書舊多闕疑，或尚不止此耳。[1]

《吹網録》中此處所言校補之本爲道光二十六年刻楙花盦本（對該本的考述詳見後文），此本有葉廷琯手書之校勘記，從校勘記中可窺見袁氏本之面貌。其校勘記言"文校録右方，袁校録左方"，即將文徵明本與此本之異文書於正文右方，將袁氏本與此本之異文書於正文左方，且言"袁陶齋鈔本九行十八字"。該版本系統如今可見的版本有：

　　1. 魚元傅鈔本，即鐵琴銅劍樓藏本，三卷，是本現藏國家圖書館，半頁九行，行十八字，無格，所蓋藏印有"每愛奇書手自鈔""北京圖書館藏""魚元傅印""虞巖""鐵琴銅劍樓"等。書後有跋語云："嘉靖戊申八月一日汝南袁表□□子拙謄於陶齋時年六十一"，"萬曆癸卯年春三月若渝校"，"丁巳秋九月日仁和胡心耘茂才以葉調生所得漢陽葉氏藏本見示，遂據以校一過，正誤頗多，月之二十日校訖季錫疇。"

　　《鐵琴銅劍樓藏書目録》著録是本云：

> 題石林翁邑中魚氏虞巖藏本，得袁氏舊本，以藏者中多訛脱不可讀。仁和胡

① （清）葉廷琯著，黃永年點校：《吹網録》，沈陽：遼寧教育出版社，1998 年，第 139 頁。

心耘嘗携葉君調生所得漢陽葉氏家藏本以示，校正爲多。①

《皕宋樓藏書志》著録《巖下放言》爲舊鈔本，并録季錫疇題跋：

> 虞山瞿氏藏有魚元傅鈔本《巖下放言》三卷，以之校核改訛二字，填注一字，補脱一字，餘悉相同，蓋均出袁氏本也。大抵此書以漢陽葉氏本爲最善。依之校訂，可無遺憾矣。心耘詞兄囑爲襄校，爰書數語以質之。丁巳小春上旬婁東季錫疇記。②

"魚元傅"顯係"魚元傅"形近而訛。魚元傅爲清代江蘇昭文人，字虞巖，喜藏書，愛好金石書法，"虞巖""每愛奇書手自鈔"等皆是其鈔記。此本乃魚元傅自袁氏本抄録，季錫疇以胡心耘③所藏漢陽本校之，校勘記皆書於正文旁。

2.《石林遺書》本，即長沙葉氏觀古堂刻本，三卷，是本現藏國家圖書館，半頁十一行，行二十二字，小注雙行同，左右雙邊，白口，雙黑魚尾，版心處刻卷數，牌記題"甲辰初夏刻"，書前有葉德輝《刊〈巖下放言〉序》：

> 宋石林公《巖下放言》三卷，吾家莙生先生手校本，向爲元和江建霞太史所藏。太史以其爲吾宗先德遺書，舉以相贈，暇日披閱一過。《提要》及後跋臚列諸證爲石林公撰，可謂精確之至。然余常見宋人李昌齡《樂善録》上卷載廣西轉運王延範一事，小注明稱葉石林《巖下放言》，雖爲本書佚文，足見此爲石林公所撰，宋人即有明證，惜不能起先輩一共質耳。莙生先生自撰《吹網録》中録是書校語與此又詳略不同，未知孰爲定本。今姑以此付刊，俾吾宗子姓得窺先人青箱之萬一云爾。甲辰初夏佛生日葉德輝序。

莙生先生即葉廷琯，莙生④其字也。通過是序可知此本之底本爲葉德輝自其友人江建霞⑤處所得葉廷琯手校本，《吹網録》中言："拾遺三條，即從《説郛》本采附卷後。"然此本卷末只有補遺一條，并無所謂"拾遺三條"，由此可推測是本并非葉廷琯所校最後定本。葉德輝刻葉夢得著作十三種五十四卷編成《石林遺書》，《石林遺書》刊刻時間爲清光緒三十年至宣統三年（1904—1911）⑥，是本爲其中之一，刊刻時間爲甲辰年（1904）。

有學者以爲《石林遺書》本是以《四庫全書》本爲底本，如《石林遺書》本卷末褚逢春之跋語云"蓋依四庫定本而參以《稗海》之《蒙齋筆談》訂其訛謬"，今人潘殊閑於《葉夢得〈巖下放言〉考》一文中言"（《石林遺書》本）係葉夢得裔孫葉廷琯以四庫本爲定本，再參以《稗海》之《蒙齋筆談》"⑦。然筆者將其與魚元傅本、《四庫全書》本、《蒙齋筆談》本對校，發現其闕佚情況與魚元傅本相類，而與《四庫》本相較則異文頗多，如：

①　（清）瞿鏞：《鐵琴銅劍樓藏書目録》，上海：上海古籍出版社，2000 年，第 241 頁。

②　（清）陸心源：《皕宋樓藏書志·皕宋樓藏書續志》，北京：中華書局，1990 年，第 642 頁。

③　胡心耘即胡珽，字心耘，仁和（今浙江杭州）人，清藏書家，官太常寺博士。

④　亦寫作"調生"。

⑤　江建霞即江標，字建霞，號萱圃，元和（今江蘇蘇州）人，光緒年間進士。

⑥　蘇曉君：《蘇齋選目》，北京：中國經濟出版社，2013 年，第 234 頁。

⑦　潘殊閑：《葉夢得〈巖下放言〉考》，《河北大學學報》，2004 年，第 5 期，第 70—74 頁。

《石林遺書》本與魚元傅本卷首皆有葉夢得自撰序文,而《四庫全書》本無之,《蒙齋筆談》本缺卷上,亦無此序,故《遺書》本不可能以《筆談》本補之;卷上"先事而誠謂之豫"一條中"而豫之義不在豫文也"下,《石林遺書》本與魚元傅本皆脫四十三字,而《四庫全書》本有之,故筆者將該本歸入袁氏本系統。

認爲《石林遺書》是以《四庫全書》本爲底本之原因略有二端:一是該本書前有《四庫全書》之提要,二是書後褚逢椿跋文誤導後人。先看其一,《四庫》提要可分爲三類,即書前提要、《四庫全書總目》提要、分纂提要。書前提要又稱原書提要,即分題於各書之前者。《四庫全書總目》提要即將各書提要總編爲《四庫全書總目》,此與書前提要不完全相同。筆者以文淵閣《四庫全書》本之書前提要與《石林遺書》本書前提要對校,其異文頗多,兹録之。《四庫全書》本書前提要:

> 《巖下放言》三卷,宋葉夢得撰。夢得有《石林春秋傳》《石林燕語》《避暑録話》《石林詩話》皆別著録。是編乃其自崇慶節度使致仕退居卞山時作也。陳振孫《書録解題》作一卷,此本乃三卷。疑振孫爲傳刻之訛,又明商濬《稗海》中別有《蒙齋筆談》二卷,題曰湘山鄭景望撰。其文全與此同,但删去數十條耳。屬鶚書考證頗詳,不應舛謬至此,又此書舊無刻本或疑其即剟取景望書而作。然考書中稱"先祖魏公",又稱"余紹聖年間春試不第",又稱"大觀初余適在翰林",又稱"在潁州時初自翰林免官",又稱"余守許昌時洛中方營西内",又稱"錢塘兵亂",又稱"余鎮福唐",又稱"出入兵間十餘年所將數十萬",又稱"余頃罷鎮建康",所述仕履皆與夢得本傳相合。又稱嘗撰《老子解》《論語釋言》二書,今考《書録解題》《論語》類有葉夢得《論語釋言》十卷,道家類中有葉夢得《老子解》二卷,并所載《老子解》中生之徒十有三,死之徒十三,本《韓非子》之説,以爲四支九竅云云亦與此書相符,然則爲《蒙齋筆談》剟此書而作非此書剟《蒙齋筆談》而作確有明證,屬鶚蓋考之未審矣。夢得老而歸田,耽心二氏書中所述,多提倡釋老之旨,沈作喆、王宗傳、楊簡等之以禪説《易》實萌芽於此,殊不可以立訓。然夢得學問博洽,又多知故事,其所記録亦頗有可采。宋人舊帙姑存以備一家焉。

《石林遺書》本書前提要:

> 《巖下放言》三卷,宋葉夢得撰。其自崇慶節度使致仕退居卞山時作也。陳振孫《書録解題》作一卷,此本乃三卷。疑振孫爲傳刻之訛,又明商維濬《稗海》中別有《蒙齋筆談》二卷,題曰湘山鄭景望撰。其文全與此同,但删去數十條耳。屬鶚作《宋詩紀事》,稱景望爲元豐、元祐間人,所録景望《潁川》一詩亦即此書之所載。此書舊無刻本,或疑其即剟取景望書而作。然考書中稱"先祖魏公",又稱"余紹聖年間春試不第",又稱"大觀初余適在翰林",又稱"在潁州時初自翰林免官",又稱"余守許昌時洛中方營西内",又稱"錢塘兵亂",又稱"余鎮福唐",又稱"出入兵間十餘年所將數十萬",又稱"余頃罷鎮建康",所述仕履皆與夢得本傳相合。又稱嘗撰《老子解》《論語釋言》二書,今考《書録解題》《論語》類有葉夢得《論語釋言》十卷,道家類中有葉夢得《老子解》二卷,并所載《老子解》中生之徒十有三,死之徒十三,本《韓非子》之説,以爲四支九竅云云亦與此書相符,然則爲《蒙

齋筆談》剽此書而作非此書剽《蒙齋筆談》而作確有明證，商維濬、厲鶚蓋皆誤信僞書，考之未審矣。夢得老而歸田，耽心二氏書中所述，多提倡釋老之旨，沈作喆、王宗傳、楊簡等之以禪説《易》實萌芽於此，殊不可以立訓。然夢得學問博洽，又多知故事，其所記録亦頗有可采。宋人舊帙姑存以備一家焉。

顯然《石林遺書》本所録提要與文淵閣書前提要不同，以殿本《四庫全書總目》一書中所録《巖下放言》提要相對校，發現《石林遺書》本書前提要與之相同。那葉廷琯所見可能是其他六閣之書前提要嗎？一般認爲文淵閣《四庫全書》本書前提要是與《總目》提要最爲接近的，其與《遺書》本提要尚且有如此大的不同，更遑論其他六閣了。由此可知，葉廷琯所見僅是《總目》之提要。

此外，枞花盦本中葉廷琯手書之序談及漢陽本時言："卷上第八則論猶字一處當校刻時□亦□□不應獨釋豫字，然非見此本□不能補一字也"，《四庫》本此處與漢陽本一樣亦未脱字，葉氏却説此處非漢陽本不能補一字，顯然葉廷琯并未見過《四庫全書》本。卷上"西塞山"一條中，"今震澤東有泊宅村"下有葉廷琯按語云："原鈔本作泊家村"，然《四庫》本此處作"泊宅村"。通過以上論述，顯然葉廷琯并未見過《四庫全書》本，只看到了《總目》提要中對於《巖下放言》的論述，將其置於書前蓋以證明《蒙齋筆談》爲删改葉夢得之作。褚逢春跋語中言："右《巖下放言》三卷，調生得鈔本重爲校補，蓋依《四庫》定本而參以《稗海》之《蒙齋筆談》訂其訛謬，辨其同異，遂成完書，快事也。"褚逢春言"蓋依《四庫》定本"，亦只是推測，而非確鑿，故不能以此認定《石林遺書》本是以《四庫全書》本爲底本的。

是本書後有葉廷琯跋文云：

> 《巖下放言》明徐一夔曾編入《藝圃搜奇》中，見匯刻書目，徐實未經梓行，藏書家但傳鈔副本，故此書世不多見，余求之數年未得。今春三月，王君亮生言其友藏有鈔本，乃乞借録之，謹按《四庫全書提要》言世所傳鄭景望《蒙齋筆談》實全襲葉某《巖下放言》之文。

跋文所言甚明，葉廷琯所據底本爲王亮生之友所藏鈔本，而非《四庫全書》本，此鈔本當出自袁氏本系統。是本卷上"名生於實"一條後有葉廷琯按語云："原鈔本此條與前條相連"，諸鈔本中只有魚氏本此條與前條相連。卷下"孔子與子貢、子夏言"一條後亦有廷琯按語云："原鈔本此條與前條誤合爲一"，諸鈔本中也只有魚氏本此條與前條相連。然卷上"西塞山"一條中，"今震澤東有泊宅村"下有葉廷琯按語云："原鈔本作泊家村"，魚氏本此處却作"泊宅村"。由此可見《石林遺書》本之底本并非魚氏本，而是袁氏本系統中另一鈔本。

3. 枞花盦校本，三卷，卷後附拾遺三條，爲清道光二十六年（1846）葉鍾所刻，據《中國古籍總目》是本現藏國家圖書館、上海圖書館、吉林圖書館、哈爾濱師大圖書館、南京圖書館、蘇州圖書館。[①] 是本莫友芝著録云："《巖下放言》三卷，葉調生新刊

---

① 《中國古籍總目》編委會：《中國古籍總目》（子部），上海：上海古籍出版社，2010 年，第 1648 頁。

本”①，王欣夫《蛾術軒存善本書録》著録云：“清道光二十六年葉鍾、葉虔元據葉廷琯校本重刊。”②筆者所經眼之本爲國家圖書館藏本，是本左右雙邊，半頁十行，行二十二字，小注雙行同，白口，單黑魚尾，魚尾上方刻書名，下方刻卷數，扉頁爲釋祖觀題“楙花盦校本”，牌記題“道光二十六年丙午春三月裔孫鍾、安山虔元冠山覆校刊版”，書前刊陳文述、褚逢椿、釋祖觀、彭翊、葉廷琯序文以及葉廷琯手書之序，所蓋藏印有“蘇州市圖書館藏書”“調生手校”“叔鵬手校”“長洲張氏儀許廬藏書”等，“叔鵬手校”“長洲張氏儀許廬藏書”皆爲張炳翔③之印，蓋此本原藏葉氏，後歸長洲張炳翔。

調生即葉廷琯，其手書之序云：

　　道光丙午四月，兒子道芬在都門見漢陽宗人潤臣中翰（名灃）家藏有此書舊鈔本，借攜至臨潤臣舍，令僮僕知書者録副郵寄來南。余用以覆校刻本得以補正删改者數十處，如卷上第八則論猶字一處當校刻時□亦□□不應獨釋豫字，然非見此本□不能補一字也。他日擬另爲□證附刊帙尾庶可爲完書矣。惟卷首自序漢陽本無之，則余昔所見鈔本善膳爾。是歲十月校畢謹記，廷琯。

由此序可知在此本刊刻完成後（1846 年 3 月）葉廷琯於 1846 年 4 月得漢陽本覆校之，同年 10 月校畢，是本卷上第一頁有手書校語云“文衡山鈔本九行廿一字”“袁陶齋鈔本九行十八字”“文校録右方”“袁校録左方”，且下卷卷末有拾遺三條，分別爲“李黨學卿大女”“士人郭暉”“祥符中西蜀有二舉人”，“李党學卿大女”一條後有小注云：

　　《石林四筆》，按：此書不知何人取《石林燕語》《玉澗雜書》《避暑録話》《巖下放言》四種，各節採十餘條集爲一帙，强題此名。鍾人傑刻之《唐宋叢書》中此條及下條似亦非全文也。

是本拾遺之三條即《説郛》本、《宋人百家小説》本中“巴家富詩”“白紙詩”“來歲狀元賦”（此三條爲他書誤入葉氏書，不當據補，詳見後文），由此知此本即《吹網録》中所言之版本：

　　余初借得漢陽宗人潤臣中翰名灃家藏舊鈔本細校，續借友人處文衡山、袁陶齋二鈔本覆勘，間又參以《説郛》節采本，凡得補正數十處。拾遺三條，即從《説郛》本采附卷後。④

細檢此本，同《遺書》本闕佚情況相類，偶有異文或據旁本所改。《石林遺書》本書後有葉廷琯、褚逢椿之跋文，葉文所署年月爲“己亥四月”（1839），褚文所署年月爲“道光癸卯九月”（1843）。楙花盦本將褚逢春之跋文置於書前，將葉廷琯所撰之跋文稍作增删改動，亦置於書前，葉文所署年月則改爲“道光癸卯嘉平月”（1843），又增陳文述、釋祖觀、彭翊之序，據此可知《石林遺書》本爲葉廷琯所校未定之本，而

①　（清）莫友芝編，傅增湘訂補：《藏園訂補邵亭知見傳本目録》，北京：中華書局，1993 年，第 84 頁。

②　王欣夫：《蛾術軒存善本書録》，上海：上海古籍出版社，2002 年，第 1529 頁。

③　張炳翔，字叔鵬，江蘇吳縣（今蘇州）人，喜藏書，與葉廷琯、葉道芬父子交往甚密，葉氏曾以藏書相贈，儀許廬爲張氏之藏書樓。

④　（清）葉廷琯著，黃永年點校：《吹網録》，沈陽：遼寧教育出版社，1998 年，第 139 頁。

楸花盦本則爲其定本。

4.《郎園先生全書》本，即長沙中國古書刊印社本，是本爲《石林遺書》本之重印本。《郎園先生全書》共一百三十五種，或爲葉德輝所撰，或爲葉德輝所校刻，此叢書爲葉德輝之子葉啓倬於 1935 年據其父刻版匯印，仍使用葉氏觀古堂的舊稱。

三卷本《巖下放言》卷上異文舉隅：

| 魚元傅鈔本 | 《石林遺書》本 | 楸花盦校本 | 弘治本 | 周星詒藏本 | 劉承幹藏本 | 《四庫全書》本 | 漢陽本 |
|---|---|---|---|---|---|---|---|
| 有葉夢得自撰序文 | 有葉夢得自撰序文 | 有葉夢得自撰序文 | 有葉夢得自撰序文 | 有葉夢得自撰序文 | 有葉夢得自撰序文 | 無葉夢得自撰序文 | 無葉夢得自撰序文 |
| 古語雖不同 | 古語雖不同 | 古語雖不同 | 古語多不同 | 古語多不同 | 古語多不同 | 古語多不同 | 古語多不同 |
| 而未悟也 | 而未悟也 | 而未悟也 | 而弗悟也 | 而弗知也 | 而弗知也 | 而弗知也 | 而弗知也 |
| 不脱 | 不脱 | 不脱 | 不脱 | "堯舜禹湯四字"一條,至"《楚辭》言些"一條,共脱338字 | "堯舜禹湯四字"一條,至"《楚辭》言些"一條,共脱338字 | 不脱 | "堯舜禹湯四字"一條,至"《楚辭》言些"一條,共脱計332字 |
| "先事而誠謂之豫"一條中"而豫之義不在豫文也"下袁氏本系統脱43字 | "先事而誠謂之豫"一條中"而豫之義不在豫文也"下袁氏本系統脱43字 | "先事而誠謂之豫"一條中"而豫之義不在豫文也"下袁氏本系統脱43字 | 不脱 | 不脱 | 不脱 | 不脱 | 不脱 |
| 法華人發古冢 | 法華人發古冢 | 法華人發古冢 | 法華山人發古冢 | 法華山人發古冢 | 法華山人發古冢 | 華人發古冢 | 法華山人發古冢 |
| 清秀圓通住蔣山 | 清秀圓通住蔣山 | 清秀圓通住蔣山 | 請秀圓通住蔣山 | 請秀圓通住蔣山 | 請秀圓通住蔣山 | 請秀圓通往蔣山 | 請秀圓通住蔣山 |
| 遂少衰乎 | 遂少衰乎 | 遂少衰乎 | 遂少衰然 | 遂少衰然 | 遂少衰然 | 遂少衰然 | 遂少衰然 |

## 三、《蒙齋筆談》本系統

《蒙齋筆談》作者題爲鄭景望，據《四庫全書總目》以及潘殊閑先生[①]等學者的考證，此書爲删改自葉夢得《巖下放言》無疑。學者凡言及《蒙齋筆談》皆言見於明代萬曆年間商濬半埜堂所刻《稗海》叢書，似乎以爲此前無《蒙齋筆談》一書，葉德輝於《書林清話》中亦言："明人刻書有一種惡習，往往刻一書而改頭換面，節删易名，如……先

---

[①]　潘殊閑先生於《河北大學學報》2004 年第 5 期發表論文《葉夢得〈巖下放言〉考》對《蒙齋筆談》與《巖下放言》之關係進行了詳細的考證，認爲《蒙齋筆談》確爲删改自葉夢得《巖下放言》。

少保公《巖下放言》,商維濬刻《稗海》本改爲鄭景望《蒙齋筆談》。"①檢《趙定宇書目》中《稗統》叢書第三十三册録有《蒙齋筆談》,《稗統》目録下有小注"黄葵陽家藏本"五字,黄葵陽即黄洪憲(號葵陽),生於明嘉靖二十年,卒於萬曆二十八年,"黄洪憲在世時所藏《稗統》已轉移到趙用賢手中"②,由此可知《稗統》的刊刻時間不晚於萬曆年間,然難考訂其與《稗海》孰先孰後。如今可見較早的《蒙齋筆談》還有明嘉靖甲辰年陸氏儼山書院刊陸楫編《古今説海》,但是本爲節鈔本,只節録十條。《蒙齋筆談》本系統如今可見的版本有:

　　1.《稗海》本,二卷,收於明代商濬所編《稗海》叢書第三函,據《中國古籍總目》是本有明萬曆間商氏半埜堂刻本,現藏復旦大學圖書館、南京圖書館等館,清康熙間振鷺堂據商氏刊板重編補刻本,現藏北京大學圖書館、清華大學圖書館等館,清康熙乾隆間修補重訂本現藏國家圖書館、北京大學圖書館等館,清順治間廣寧郎廷極振鷺堂刻本,現藏北京大學圖書館。③ 筆者所經眼者爲藏國家圖書館藏清康熙乾隆間修補重訂本,是本四周單邊,半頁九行,行二十字,白口,單魚尾。是本删去《巖下放言》三卷本之卷上,卷中和卷下顛倒順序,從"前史載李廣"一則析出"世傳歐陽希範五臟圖",其餘與《巖下放言》三卷本無異。將此本與三卷本對勘,發現此本卷上(即三卷本卷下)之文字與弘治本系統相類,然卷下(即三卷本卷中)則與袁氏本相類(詳見下表)。據此似可推斷將《巖下放言》編成《蒙齋筆談》者所見的本子當是上中下三卷散佚單行的本子,并非完帙,其所見爲弘治本系統中某本之卷下與袁氏本中某本之卷中,因所見兩卷均已散亂,不知前後順序,故誤將兩卷順序顛倒合二爲一。其未見卷上,故不知作者爲誰,至於題鄭景望撰爲何故就不得而知了。

　　《稗海》本與《石林遺書》本(袁氏本系統)、周星詒藏本(弘治本系統)卷上(三卷本作卷下)異文舉隅:

| 《稗海》本 | 《石林遺書》本 | 周星詒藏本 |
| --- | --- | --- |
| 或得之則躍而出 | 或得之即躍而出 | 或得之則躍而出 |
| 與杜歧公極相厚善 | 與杜祁公極相厚善 | 與杜歧公極相厚善 |
| 會皇祐大饗明堂 | 會皇祐大享明堂 | 會皇祐大饗明堂 |
| 《禮記》之傳駁 | 《禮記》之言駁 | 《禮記》之傳駁 |
| 蓋以詆佛老 | 蓋以誠佛老 | 蓋以詆佛老 |
| 學出中庸而不膠其言 | 學出中庸而不謬其言 | 學出中庸而不膠其言 |
| 故曰不膠其言 | 故曰不謬其言 | 故曰不膠其言 |
| 形前則精後 | 形全則精復 | 形前則精後 |
| 便作吳江暫退身 | 便作江湖暫退身 | 便作吳江暫退身 |

　　① (清)葉德輝:《書林清話》,上海:上海古籍出版社,2012年,第150頁。
　　② (明)趙用賢:《趙定宇書目》,上海:上海古籍出版社,2005年,第3頁。
　　③ 《中國古籍總目》編委會:《中國古籍總目》(叢書部),上海:上海古籍出版社,2010年,第177頁。

《稗海》本與《石林遺書》本（袁氏本系統）、周星詒藏本（弘治本系統）卷下（三卷本作卷中）異文舉隅：

| 《稗海》本 | 《石林遺書》本 | 周星詒藏本 |
| --- | --- | --- |
| 余讀《莊子》記 | 余讀《莊子》記 | 余嘗讀《莊子》見 |
| 猶是落第二 | 猶是落第二 | 猶是落第二義 |
| 驕梵鉢提無舌知味 | 驕梵鉢提無舌知味 | 驕楚鉢提異舌知味 |
| 至老始終 | 至老始終 | 至老終始 |
| 不甚視政事 | 不甚視政事 | 不甚視事 |
| 更須要講解 | 更須要講解 | 何須更要講解 |
| 余家與之有連 | 余家與之有連 | 余家與之有舊 |
| 不以不肖視余 | 不以不肖視余 | 不以後輩視余 |
| 相與推高 | 相與推高 | 相與推敲 |

2. 《筆記小説大觀》本，二卷，民國上海進步書局石印，四周雙邊，半頁十四行，行三十二字，黑口，單黑魚尾，魚尾上方有書名，魚尾下方有卷數和頁數，此本據《稗海》本刊印。

3. 《古今説海》本，一卷，收於明陸楫所編《古今説海》之《説略部・雜記家》，據《中國古籍總目》著録《古今説海》有明嘉靖二十三年陸氏儼山書院雲山書院刻本，現藏國家圖書館、北京大學圖書館等館，清道光元年苕溪邵氏西山堂翻刻本，現藏國家圖書館、首都圖書館等館，清宣統元年上海集成圖書館鉛印本，現藏國家圖書館、首都圖書館等館，民國四年上海進步書局石印本，現藏國家圖書館、首都圖書館等館。[①]筆者所經眼之本爲明嘉靖二十三年刻本，是本四周雙邊，半頁八行，行十六字，白口，雙白魚尾，上魚尾下方刻書名、卷數，下魚尾下方刻“雲山”。是本共十條，分別爲：“楊樸魏野”“余守許昌”“前史載李廣”“世傳歐陽希範五臟圖”“韓退之有木居士詩”“余居山間”“富鄭公少好道”“世傳神仙吕洞賓”“余少好藏三代秦漢間遺器”“陶淵明所記桃花源”。潘殊閑於《葉夢得〈巖下放言〉考》中認爲“（《蒙齋筆談》）一卷本有《古今説海》……《學海類編》……一卷本、四則本都是二卷本的節采本”[②]，但是本字句闕佚情況與二卷本即《稗海》本多有不同，不可能節自《稗海》本。

4. 《學海類編》本，一卷，收於清曹溶所編《學海類編》之《集餘四・記述》，據《中國古籍總目》是本有清道光十一年六安晁氏木活字印本、民國九年上海涵芬樓據道光十一年六安晁氏木活字本影印本，現藏國家圖書館、北京大學圖書館等館。[③]筆者所經眼者爲民國九年上海涵芬樓影印本，是本左右雙邊，半頁九行，行二十一字，白口，綫魚尾，魚尾上方刻“學海類編”，魚尾下方刻“蒙齋筆談”及頁數。此本合“前史載李

①　《中國古籍總目》編委會：《中國古籍總目》（叢書部），上海：上海古籍出版社，2010 年，第 144 頁。

②　潘殊閑：《葉夢得〈巖下放言〉考》，《河北大學學報》，2004 年，第 5 期，第 70—74 頁。

③　《中國古籍總目》編委會：《中國古籍總目》（叢書部），上海：上海古籍出版社，2010 年，第 237 頁。

廣""世傳歐陽希範五臟圖"爲一條,其餘條目與《古今説海》本同,當是自《古今説海》本出。

　　5.《蒙齋筆談》排印本有 1914 年商務印書館《舊小説》本、1934 年商務印書館《歷代小説筆記選》本、中華書局《叢書集成初編》本等。《舊小説》本爲四則本,《歷代小説筆記選》本爲九則本,皆節録自《稗海》本。《叢書集成初編》本爲二卷本,亦據《稗海》本排印。

## 四、《説郛》本系統

　　1. 涵芬樓百卷本《説郛》,一卷,四周單邊,半頁十三行,行二十五字,白口,雙黑魚尾,上魚尾下方刻"説郛",下魚尾上方刻頁數。是本共録《嚴下放言》九條,皆擬標題,分別爲:字義、揚雄好奇、卒語之辭、斛石之辨、晋古冢碑法、論種竹、與僧論合、冥報、殺降。與其他諸本對校,此本字句多與弘治本系統相類,且"卒語之辭"一條中"楚辭言些沈存中謂梵語薩縛阿三合"幾字不脱,周氏藏本、劉氏藏本、漢陽本皆脱。"字義"一條中"造字初之未備"與《四庫全書》本同,弘治本作"造字初之未滿"。"卒語之辭"一條中"母也天只"與《四庫全書》本同,弘治本作"無也天只"。"斛石之辨"一條中"麥言斛石麥亦未必正"與《四庫全書》本同,弘治本作"麥言石斛麥亦未必正"。"晋古冢碑法"一條中"華人發古冢"與《四庫全書》本同,弘治本作"法華人發古冢"。"論種竹"一條中"既久不覺成林"與《四庫全書》本同,弘治本作"既成不覺成林"。蓋是本或與四庫本同出。

　　2. 宛委山堂一百二十卷本《説郛》,一卷,左右雙邊,半頁九行,行二十字,白口,單白魚尾,上魚尾上方刻"嚴下放言",下方刻頁數。是本共收《嚴下放言》十二條,前九條除第一條標題"字義"作"字釋"外,皆與涵芬樓百卷本《説郛》相同。後三條爲:巴家富詩、白紙詩、來歲狀元賦,此三條即槑花盦本葉廷琯所附拾遺之三條(大象出版社出版《全宋筆記》本《嚴下放言》亦將此三條補於書後),除是本與《宋人百家小説》本外,其他諸本皆無。《石林遺書》本後有葉廷琯跋語云:

　　　　屬樊榭《宋詩紀事》采葉某《崖下放言》一條云:"士人郭暉因妻問,誤封一白
　　紙去,細君得之,乃寄一絶云:'碧紗窗下啓械封,咫尺從頭徹尾空。應是仙郎懷
　　別恨,憶人全在不言中。'"考先生所著《説部》別無《崖下放言》之名,應是"嚴"字
　　傳寫之訛。今書中不見此條,蓋尚有闕佚也。然此條所記實與全書筆墨不類,姑
　　附録以俟考。

葉廷琯見"士人郭暉"一則時亦察覺"此條所記實與全書筆墨不類",然其在之後的定本即槑花盦本中依然將三條作爲拾遺。宛委山堂本《説郛》爲陶珽增訂,其錯誤頗多,一直以來被人們所詬病,故當對此三則是否爲《嚴下放言》所有進行考察。

　　清人張豫章編撰《四朝詩》中將"巴家富詩"收録於元詩卷四十二。《山堂肆考》卷九十八録"巴家富詩",云此詩爲"元時李氏女"作。陳衍《元詩紀事》卷十七亦談及"巴家富詩"與"白紙詩"云:

　　　　以上二詩（巴家富詩）據《肆考》（《山堂肆考》）顯係元人，而亦見《巖下放言》，
又疑宋人，前首一詩（白紙詩）《放言》作郭暉妻，而《肆考》以爲吳仁叔妻，并著其
爲韓氏與仁叔業太學，復答以詩。各等語則較詳，而當別有所據矣，其亦見《放
言》者或後人誤羼入也。

可見"巴家富詩"一則大有可能是元代人所作，而非《巖下放言》所有，同時陳衍先生對
於"白紙詩"的産生年代亦提出質疑。

　　　　明人徐伯齡所撰《蟬精雋》卷十一"空箴"一條即"白紙詩"，其云："《雋永》士人郭
暉……"明曹學佺《蜀中廣記》卷七十九引"來歲狀元賦"一條，云此出自《雋永録》。
據《中國小説總目》（文言卷），《雋永録》又名《詩話雋永》，爲元人所編①。

　　　　檢宛委山堂本《説郛》，其於第三十卷收《雋永録》，《雋永録》中亦録有"巴家富詩"
"白紙詩""來歲狀元賦"三條，且"來歲狀元賦"後有小注《續清夜録》，標明此條出自
是書。據李劍國《宋代志怪傳奇叙録》，《續清夜志》爲南宋王銍撰②。由此可知，"巴
家富詩""白紙詩""來歲狀元賦"三則爲宛委山堂本《説郛》誤收入《巖下放言》，不當
據補。

　　　　3.《説脄》本，一卷，收於清代陸椿輯《説脄九十八種》第二函，半頁九行，行二十
字，白口，單白魚尾，左右雙邊，是本現藏北京大學圖書館。是書以明刻《續百川學海》
《廣百川學海》《合刻三志》及百二十卷本《説郛》之殘本，亂其次序而重訂，其所收《巖
下放言》與百二十卷本《説郛》同。

　　　　4.《宋人百家小説》本，即《五朝小説》本，一卷，明人所編。關於《宋人百家小説》
見《中國小説總目（文言卷）》：

　　　　　　明代文言小説叢書，未見著録。《叢書綜録》收有清代據《説郛》《續説郛》刊
　　　　重編印本，題《五朝小説》……此本版式與重編《説郛》相同，但遠在重編《説郛》之
　　　　前。且今全本《五朝小説》與《説郛》又不盡相同。故《五朝小説》與重編《説郛》的
　　　　關係尚須重新認定……諸本皆未題輯撰者，惟黃霖、韓文同選注《中國歷代小説
　　　　論著選・唐人小説序》注文稱此書題爲馮夢龍所編輯，未詳所據……分魏晉小
　　　　説、唐人百家小説、宋人百家小説、皇明百家小説四部，因魏晉小説含兩代作品，
　　　　故合稱爲"五朝小説"。③

《巖下放言》收於《宋人百家小説》之《偏録家》第六十七帙。筆者所經眼者兩種：一種
爲四周雙邊，半頁九行，行二十字，單白魚尾，上魚尾上方刻"巖下放言"，下方刻頁數；
一種爲四周雙邊，半頁十五行，行三十四字，白口，單黑魚尾，魚尾上方刻"巖下放言"，
下方刻頁數。是本共録十二條，皆與宛委山堂一百二十卷本《説郛》相同。

　　　　綜上所述，《巖下放言》可分爲弘治本系統、袁氏本系統、《蒙齋筆談》本系統和《説
郛》本系統。其中弘治本系統和袁氏本系統皆爲三卷本，袁氏本系統中魚元傅鈔本即
鐵琴銅劍樓藏本過録自明袁表鈔本，《石林遺書》本之底本爲楸花盫本未定之本，《郎

　　①　石昌渝主編：《中國古代小説總目》（文言卷），太原：山西教育出版社，2004 年，第 206 頁。
　　②　李劍國：《宋代志怪傳奇叙録》，天津：南開大學出版社，1997 年，第 256 頁。
　　③　石昌渝主編：《中國古代小説總目》（文言卷），太原：山西教育出版社，2004 年，第 497 頁。

園先生全書》本爲葉德輝之子據《石林遺書》本重印。弘治本爲後人自朱存理鈔本過録，周星詒藏本與劉承幹藏本同出，漢陽本與周、劉二本之祖本似同出。《蒙齋筆談》本上卷節自弘治本，下卷節自袁氏本。《筆記小說大觀》本出自《稗海》本，《學海類編》本出自《古今說海》本。《說郛》本系統似與《四庫全書》本同出，其中《宋人百家小說》本、《說腋》本出自百二十卷本《說郛》，"巴家富詩""白紙詩""來歲狀元賦"三則爲宛委山堂本《說郛》誤收入《巖下放言》。

　　諸本關係如下圖①所示：

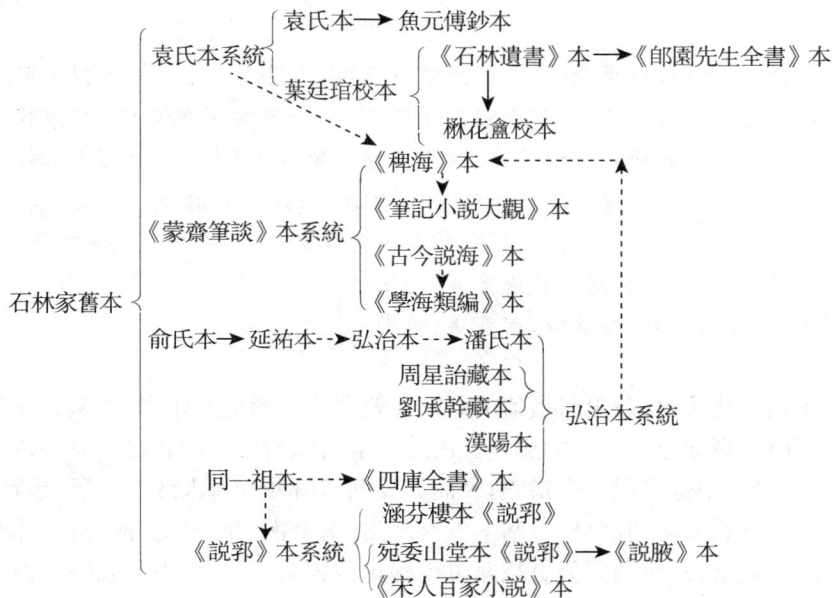

```
                            ┌ 袁氏本 ──→ 魚元傅鈔本
               袁氏本系統 ┤       ┌ 《石林遺書》本 ──→《郎園先生全書》本
                            └ 葉廷琯校本 ┤
                                         └ 楸花盦校本
                                 《稗海》本 ←------------┐
               《蒙齋筆談》本系統 ┤《筆記小說大觀》本     ┆
                                 │《古今說海》本        ┆
                                 └《學海類編》本        ┆
   石林家舊本 ┤  俞氏本 ──→ 延祐本 --→ 弘治本 --→ 潘氏本  ┆
               │       周星詒藏本 ┐                    ┆
               │       劉承幹藏本 ├ 弘治本系統         ┆
               │       漢陽本     ┘                    ┆
               │  同一祖本 ----→《四庫全書》本          ┆
               │            涵芬樓本《說郛》            ┆
               └《說郛》本系統┤宛委山堂本《說郛》──→《說腋》本
                             └《宋人百家小說》本
```

<hr>

①　　實綫表示確定某本自某本而來，虛綫則表示某本與某本之間具有衍生關係。

■校勘與注釋

# 《建康實録·魏虜傳》对《南齊書》的校勘價值<sup>*</sup>

## 郭　碩

**摘　要：**由於《建康實録》以南朝政權爲正統，並沿用了南朝史書以北朝爲僭僞的做法，其《魏虜傳》在很大程度上保留了《南齊書·魏虜傳》在唐代的原始面貌。在同時代的其他史書對《南齊書·魏虜傳》的材料都極少加以採用的情況下，《建康實録》成爲《南齊書·魏虜傳》最重要的他校文獻。在直接校正史文、補充有價值異文、補充前人校勘成果、補正原書脱謁等方面，都可以找到體現《建康實録·魏虜傳》校勘價值的實例。

**關鍵詞：**建康實録；魏虜傳；南齊書；校勘

長期以來，對《建康實録》史料價值的研究主要關注其補史的作用，強調其保存了諸多六朝諸史所不載或今已不存的史料。由於其書對原始史料删省過多而導致史事支離破碎，流傳過程中也出現不少錯誤，因而其校勘價值較少爲人注意。《建康實録》南齊部分是全書最爲簡略的部分，且基本没有超出《南齊書》和《南史》的史料範圍，其史料價值向來不被重視，校勘價值更是難以得到正確認識。不過，由於該書成書于唐代，且存有南宋紹興刊本，該版本的時間在現存各種正史版本之前，在文獻校勘方面自有不可忽視的價值。某些特定的卷次校勘意義尤爲重要，《魏虜傳》可謂典型。今就該書校勘方面的一些問題作一梳理，以便重新認識其文獻價值。

## 一、史家正統觀念與《建康實録·魏虜傳》的他校價值

由於以《魏書》爲代表的北魏史書記載頗多隱晦不實之處，因而《宋書·索虜傳》和《南齊書·魏虜傳》所記北魏史事的史料價值非常高[1]。不過，《索虜傳》和《魏虜傳》獨特的史料價值却是 20 世紀以來才逐漸被史家所認識的。自隋唐以來，由於史家觀念的變化，《索虜傳》和《魏虜傳》分別是《宋書》和《南齊書》最受詬病的部分，少有史家認識到其史料價值，甚至極少引述其中的文字。

---

\* 作者簡介：郭碩，男，四川大學歷史文化學院（四川成都 610065），副研究員，歷史學博士，主要從事魏晋南北朝史研究。

國家社科基金後期資助項目：北魏時代的名號變遷與國家社會轉型研究（19FZSB032）。

① 代表性論著可參周一良：《魏晋南北朝史劄記》"崔浩國史之獄"條，北京：中華書局，1985 年，第 342—350 頁。

　　隋唐之際的李大師對南北朝各自所修史書的一段著名批評説："常以宋、齊、梁、陳、魏、齊、周、隋南北分隔,南書謂北爲'索虜',北書指南爲'島夷'。又各以其本國周悉,書别國並不能備,亦往往失實。"①隋唐以降,"索虜"與"島夷"這類侮辱性的稱謂自然很難爲統一國家史家的歷史觀所接受,因而李大師所謂"書别國並不能備"的情況針對的内容,南朝史書中首當其衝的便是《索虜傳》和《魏虜傳》。在其子李延壽所作的《北史》中,曾對其不取《魏書·島夷傳》有過解釋:"至如晋、宋、齊、梁雖曰偏據,年漸三百,鼎命相承。《魏書》命曰《島夷》,列之於傳,亦所不取,故不入今篇。蕭詧雖云帝號,附庸周室,故從此編,次爲《僭僞附庸傳》云爾。"②《南史》雖不見有類似的説明文字,但從文本來看,其處理方式也大體相類。正因爲如此,在《南史》中不僅《索虜傳》和《魏虜傳》篇目無存,甚至連此二卷中成句的内容也少見引用。至於《北史》中所記的北魏事,與二傳記載相關的内容雖多有涉及,但李延壽也基本未予采信,是否有參考引用或據以考訂也值得懷疑。

　　與李大師父子類似的歷史觀也影響到了唐宋之際類書的編纂。經筆者搜集檢索,就《南齊書·魏虜傳》的文字而言,幾部類書中,《太平御覽》所引者僅 2 條,不到70 字;《册府元龜》則僅有卷二一五《閏位部·和好》以及卷二一七《閏位部·交侵》各引數條,只有總計不到 300 字的内容。除此以外,今存的唐宋以來各種類書甚至都找不到直接引用該卷内容成段乃至成句的具體例證了。

　　與《南史》和各種類書不同,《資治通鑒》及其《考異》是采信《魏虜傳》較多的一種史著。從《資治通鑒》的體例來説,由於司馬光等人下過很深的考證功夫,對史料進行細緻的判斷選擇之外,更多的是對史料的重新梳理和剪接。這種態度對於史事的梳理當然是極具價值的,但就史料校勘層面而言,《通鑒》所引用的材料,究竟在多大程度上保留了原始史料的本來面目,則不得不仔細加以分辨。具體到《魏虜傳》這類記載,司馬光也堅持貶斥"宋、魏以降,南、北分治,各有國史,互相排黜,南謂北爲索虜,北爲南爲島夷"③的歷史觀,對其記載更是抱着極爲謹慎的態度。由此,《通鑒》采信《魏虜傳》的材料往往都經過了考辨和改寫,所引内容往往都與《魏書》以及其他材料錯出,基本找不到完整引用的段落。最常見的情況是前一句來自《魏虜傳》,後一句便來自《魏書》,即便能夠判斷其出於《魏虜傳》,字句之間也很少有完全相同的。除去個别《考異》有對原文的引用和相關説明以外,對《通鑒》與今本《魏虜傳》文字的大多數相異之處,今人已經很難判斷哪些是引自原文,那些來自于司馬光的改寫。因此,就《南齊書》的文本校勘而言,《通鑒》這部分材料的價值可能要大打折扣。

　　在今存唐宋以來的史書中,只有《建康實録》秉持一種與主流正統觀念不相符契的歷史觀,延續了《宋書》、《南齊史》等南朝史書的正統觀,以定都建康的政權作爲歷史叙事的正統王朝。南朝史書以北朝政權爲僭僞的做法,也加以沿用。或許正因爲如此,《建康實録》爲《魏虜傳》保留了一個專傳的位置,而且是在南齊部分諸傳中篇幅最長的一篇。許嵩雖對《南齊書·魏虜傳》的材料也有不少的删節,但仍舊保留一千

---

① 《北史》卷一〇〇《序傳》,北京:中華書局,1975 年,第 3343 頁。

② 《北史》卷九三《僭僞附庸列傳》序,第 3061—3062 頁。

③ 《資治通鑒》卷六九魏文帝黄初二年"臣光曰",北京:中華書局,1956 年,第 2186 頁。

二百餘字,是《南齊書》成書以後今存諸種史書中承襲該傳內容篇幅最長的一種,其字數比各種類書和《通鑒》所引的總數還要多。與《通鑒》等後世史書支離破碎的引用相比,《建康實録·魏虜傳》首尾完具,段落次序也基本能與《南齊書》對應,是《南齊書》成書以後承襲該卷內容最完整的一種。更爲重要的是,《建康實録》對《魏虜傳》文字較爲完整的承襲,在今存各種史書乃至類書中都是唯一的。

另一方面,《建康實録》對南齊部分的史事考辨極爲粗疏,對原始材料的處理在大段刪芟之外基本上都是原文照抄,少有潤色和改寫之處。或許是和蕭子顯所秉持的歷史觀接近,許嵩對《南齊書》中的諸多侮辱性成爲如"索虜""魏虜""虜"一類稱謂都予以保留。不過,從《建康實録》全書的情況看,若是所引材料來自《南史》等史料,亦是沿用李延壽將"虜"易爲"魏""魏軍",將"北討"易爲"北侵""北略"等稱謂,並不回改。這在唐代以後的史書中是極罕見的。這一點早已爲宋代以來的史家所注意,但除了招致"至於名號稱謂,又絶無法"[①]的批評以外,却很少有學者注意到許嵩保留原始稱謂的做法,其實在最大的程度上保留了原始材料的本來面目。雖然由於刪略不當產生了很多不必要的錯誤,成書後在流傳過程中又衍生了某些錯誤,但從保留史書原貌的角度來説,《建康實録》仍舊是其他史書所無法比擬的。《魏虜傳》由於全文皆不見於《南史》等史書,許嵩缺乏更多的材料以供參考,更是做到了最大限度上忠實於《南齊書》的本來面貌。

《魏虜傳》在《南齊書》中可算作最爲獨特的一卷,存世文獻對其承襲和參考的情況也與其他卷次極爲不同。由於《建康實録·魏虜傳》是今存唐宋史料中獨一無二的相對完整地襲用《南齊書·魏虜傳》的文獻,因此將其列爲《南齊書·魏虜傳》最重要的他校文獻應當不爲過分。

## 二、校勘舉例

如果抛開史法等層面而單就校勘而言,《建康實録·魏虜傳》的意義顯然是不容忽視的。可惜的是這並未引起足够的重視。如校勘《南齊書》最重要的成果即中華書局 1974 年點校本《南齊書》,於《魏虜傳》列校勘記 47 條,無一條涉及《建康實録》者;其後陸續出現的補正著作,如朱季海《南齊書校議》和丁福林《南齊書校議》,二書校勘《魏虜傳》的篇幅都是各傳中最長的,但都沒有一條引用《建康實録·魏虜傳》的內容。筆者在修訂點校本《南齊書》的過程中,僅《魏虜傳》一卷據《建康實録·魏虜傳》新出或補充校勘記就達 11 條之多[②]。因限於體例,校勘記對相關內容均未作詳細説明。今結合點校本修訂的成果,以具體實例對《建康實録·魏虜傳》的校勘價值進行重新檢討,分四類情況略具校例如下:

### 1. 直接校正史文之例

(1) "佛狸破梁州、黄龍"條(點校本第 984 頁,修訂本第 1090 頁):"梁州"《建康

---

① 　晁公武撰:孫猛校證:《郡齋讀書志校證》卷六《實録類》,上海:上海古籍出版社,1990 年,第 225 頁。

② 　參見《南齊書》點校本修訂本,北京:中華書局,2017 年。

實録·魏虜傳》作"凉州"，點校本、朱季海《校議》、丁福林《校議》均失校。按嚴耕望《正史脱譌小記》云："按梁州指北凉沮渠氏，黄龍指北燕馮氏，此'梁'當作'凉'，中古史書往往有此音誤"[1]；田餘慶《拓跋史探》亦有兩處注釋指出此"梁"當是"凉"之譌[2]。拓跋燾統一北方攻滅的最後兩個政權是北燕和北凉，北凉在凉州，北燕都城被稱爲黄龍。梁州之地則主要在宋、齊控制之下。此當從《建康實録》作"凉州"爲是，諸家考校皆未注意到《建康實録》的他校依據。

（2）"宏西郊，即前祠天壇處也"條（點校本第 991 頁，修訂本第 1097 頁）："祠"字《南齊書》宋元遞修本、南監本、北監本、汲本、殿本、局本等傳世版本皆作"相"，點校本逕改作"祠"而未出校。《建康實録·魏虜傳》作"祠"。北魏郊天之處《水經注》、《通典》皆寫作"郊天壇"[3]，不過《南齊書》前文有"城西有祠天壇，立四十九木人"云云，與"即前祠天壇處"文意照應，作"祠"是。由《建康實録》可知，《南齊書》較早的本子可能正是寫作"祠"，是唯一的他校依據，今修訂本據以補充校勘記。

### 2. 異文文意兩通，而《建康實録》更優之例

（1）"皆使通虜漢語，以爲傳驛"條（點校本第 985 頁，修訂本第 1091 頁）："傳驛"《建康實録·魏虜傳》作"傳譯"，點校本、朱季海《校議》、丁福林《校議》均失校。"傳驛"與"傳譯"雖形近，但文意全然不同。前句云"皆使通虜漢語"，則《建康實録》作"傳譯"文意似乎更貼近前後文意。此異文很有出校之必要。

（2）"南門外立二土門"條（點校本第 984 頁，修訂本第 1090 頁）："土門"《建康實録·魏虜傳》作"土闕"，點校本、朱季海《校議》、丁福林《校議》均失校。按照當時都城修建的慣例，南門是宮城的正門，門外立雙闕是符合當時制度的。按《正德大同府志·古跡·後魏宮垣》條云"在府城北門外，有土臺東西對峙，蓋雙闕也"[4]，可見北魏平城宮城雙闕遺跡明代尚存。據陳連洛、郝臨山所考，雙闕位置大致在今大同市操場城範圍内之北魏宮垣南門口[5]。從雙闕之遺跡與所處位置看，皆與《建康實録》所記吻合。以此來看，今本《南齊書》中的"門"很可能是"闕"字筆劃缺損而譌。如果采用較謹慎的處理方式，也有保留這一異文的必要。

（3）"平城南有干水，出定襄界，流入海，去城五十里，世號爲索干都"條（點校本第 990 頁，修訂本第 1096 頁）：《建康實録·魏虜傳》"干"上有"索"字，原點校本、朱季海《校議》、丁福林《校議》均未校。按《水經注》卷一三"漯水"條云："漯水自南出山，謂之清泉河，俗亦謂之曰千泉，非也。""千泉"明萬曆朱刻本作"干水"。熊會貞云："《寰

①　嚴耕望：《正史脱譌小記》，收入《嚴耕望史學論文集》，上海：上海古籍出版社，2009 年，第 1189 頁。

②　田餘慶：《拓跋史探（修訂本）》，北京：三聯書店，2011 年，第 63 頁注釋〔4〕、第 242 頁注釋〔1〕。

③　《水經注》卷一三云"城周西郭外有郊天壇"，參見酈道元注，楊守敬、熊會貞疏：《水經注疏》，南京：江蘇古籍出版社，1989 年，第 1142 頁；《通典》卷四四《吉禮三》云後魏"至孝文太和十三年，詔祀天皇大帝及五帝之神於郊天壇"，參《通典（修訂本）》，北京：中華書局，2016 年，第 1222 頁。

④　（明）張欽：《〔正德〕大同府志》，四庫全書存目全書第 186 册影印明正德刻嘉靖增修本，濟南：齊魯書社，1996 年，第 261 頁。

⑤　陳連洛、郝臨山：《大同北魏平城形制與建城年代探析》，《山西大同大學學報（社會科學版）》，2011 年第 1 期，第 37 頁。

宇記》薊縣下引《隋圖經》云，出山謂之清泉河，亦曰千泉，非也。本酈氏説，酈氏蓋以千與清音近字別，故駁之。足證今本干爲千之誤，水亦泉之誤”①。陳橋驛回改作“千水”②，不過未出校辨析。即算作“干水”不誤，亦是灅水東流至薊縣之地才稱此名，而非“平城南”，今本《南齊書》之文仍頗存疑問。又，灅水流經平城時又稱桑乾水，楊守敬云“灅水上源爲桑乾水，其下流爲灅水，非桑乾水與灅水爲二也。”③《三國志·任城威王彰傳》裴注云：“臣松之案：桑乾縣屬代郡，今北虜居之，號爲索干之都。”④錢大昕《廿二史考異》卷二五云：“索干即桑乾之轉”⑤。又按《水經注》亦云“灅水又東北流。左會桑乾水，縣西北上下。洪源七輪，謂之桑乾泉，即潃涫水者也。”⑥此“潃涫”亦“索干”音轉。以上諸例可證《建康實録》作“索干水”不誤。從《南齊書》前後文看，下文云“世號爲索干都”，前作“索干水”，文意方有着落。因此，《建康實録》“索干水”之異文很有可能是正確的，有保留之必要。

### 3. 補充原校勘之例

（1）“魏、晉匡輔”條（點校本第 988 頁，修訂本第 1094 頁）：“輔”字宋元遞修本、南監本、北監本、汲本、殿本、局本皆作“戰”，點校本依據《通鑑》改爲“輔”。今按《建康實録·魏虜傳》亦作“輔”，較《通鑑》更早，可資補充。

（2）“皇師雷舉”條（點校本第 993 頁，修訂本第 1099 頁）：底本“雷舉”文義不通，汲本、殿本、局本作“電舉”，點校本據以出異文校，然“電舉”似亦不通。按，《建康實録·魏虜傳》作“電擊”，用以指稱軍隊長驅直入，前人用例頗多，如《漢書》卷一〇〇《叙傳》稱衛青、霍去病出擊匈奴“長驅六舉，電繫雷震”，《文選》卷四七陸士衡《漢高祖功臣訟》稱曹參“長驅河朔，電擊壤東”，卷六〇陸士衡《吊魏武帝文》稱“摧群雄而電擊，舉勍敵其如遺”，等。三者相較，以“電擊”最優。今修訂本以此補充出校。

### 4. 補正原書脱誤之例

（1）“佛狸討羯胡于長安，殺道人且盡”條（點校本第 990 頁，修訂本第 1096 頁）：此條有兩處校勘點。其一，“羯”字宋元遞修本作“及”，而南監本、北監本、汲本、殿本、局本改作“羯”，《建康實録·魏虜傳》作“反”，點校本以“及胡”不通，據諸本改爲“羯”。按此條所記之事，乃北魏史上著名的蓋吳之亂。《宋書》卷九五《索虜傳》云“二十三年，北地盧水人蓋吳，年二十九，於杏城天臺舉兵反虜”⑦，史料均指明蓋吳爲盧水胡，並非羯胡。一般而言，盧水胡主要是分佈於關中以西的胡族，羯胡則指分佈于

①　酈道元注，楊守敬、熊會貞疏：《水經注疏》，第 1191—1192 頁。

②　陳橋驛：《水經注校證》，北京：中華書局，2007 年，第 324 頁。

③　酈道元注，楊守敬、熊會貞疏：《水經注疏》，第 1133 頁。

④　《三國志》卷一九《任城威王彰傳》，北京：中華書局，1982 年，第 556 頁。

⑤　錢大昕：《二十二史考異》卷二五《南齊書》，上海：上海古籍出版社，2004 年，第 435 頁。

⑥　酈道元注，楊守敬、熊會貞疏：《水經注疏》，第 1128—1129 頁。

⑦　《宋書》卷九五《索虜傳》，北京：中華書局，1974 年，第 2339 頁。

河北的并州雜胡後代①，二者有一定區別，在南北朝的文獻中也有明確區分。今存魏晋南北朝時期的"羯胡""胡羯""羯"用例，或確指石趙一族的雜胡，或用作北方雜胡的貶稱，没有一例用以指代盧水胡的。今按"及""反"形近，史書中二字相譌者極多，但"及"與"羯"只是音近，《建康實録》作"反胡"説明在唐人所見的文獻中並不是作"羯胡"的，因此南監本等作"羯胡"當出自明人臆改。據此，此處當從《建康實録》作"反"，而不應從後出的版本改作"羯"。

其二，《建康實録·魏虜傳》在"于長安"下多"有道人射殺虜三郎將斛洛真佛狸大怒悉毁浮屠"二十字②。今本《南齊書》此前後文意不接，對"討羯（反）胡于長安"與拓跋燾屠殺僧人二事之間有何聯繫全無交代。從《建康實録》補入此二十字後，文意方才顯明。核諸《建康實録》南齊部分，溢出《南齊書》和《南史》的史料而有字數連續達二十字者，這是唯一一例。又按《魏書》卷一一四《釋老志》云："會蓋吴反杏城，關中騷動，帝乃西伐，至於長安。先是，長安沙門種麥寺内，御騾牧馬于麥中，帝入觀馬。沙門飲從官酒，從官入其便室，見大有弓矢矛盾，出以奏聞"③，《魏書》對蓋吴之亂的記載細節方面完全不同，許嵩也不大可能依據北魏方面的史料對此細節進行補充。引文中稱北魏爲"虜"、稱拓跋燾爲"佛狸"，也都是南朝方面史書中的寫法。更重要的是，此二十字中出現了"三郎將斛洛真"一詞，不見於傳世文獻。但在上世紀出土的《文成帝南巡碑》碑陰題名中，出現了"三郎""三郎幢將""斛洛真""斛洛真軍將"諸名號，皆北魏直宿禁中之武官④。按《南齊書·魏虜傳》前文記"帶杖人爲'胡洛真'"，後文又稱"輦邊皆三郎曷剌真"，朱季海《校議》云："鮮卑語'曷剌真'即幢將之屬，魏收從漢名書之，子顯特存代北舊名耳。"⑤從《南齊書》的用例來看，蕭子顯對北魏的人名、官名，往往隨音翻譯，所取之字往往不同，常見同一人、同一職官在《南齊書》中有多種譯名者。實際上，"斛洛真"與"曷剌真""胡洛真"應該都是"帶杖人"同音異譯，與《南齊書》對人名、官名的寫法非常吻合。綜合以上情況，此二十字很有可能是《南齊書》流傳過程中的脱文，賴《建康實録》得以保存。

總之，《南齊書》在流傳過程中産生的問題，能够通過《建康實録》他校解決的問題雖然只是少數，但已極具意義。儘管《建康實録》本身存在諸多錯譌之處，但對其他南朝史書的校勘價值是不應該忽略的。如《魏虜傳》這類特殊卷次，《建康實録》的他校價值要比其他卷末更爲突出。

---

① 參見陳勇：《後趙羯胡爲流寓河北之并州雜胡説》，《漢趙史論稿》，北京：商務印書館，2009 年，第 189—211 頁。

② 按"斛洛真"張校本、孟校本《建康實録》誤作"斛浴真"，係形近而訛。四庫本不訛，今從之。

③ 《魏書》卷一一四《釋老志》，點校本修訂本，北京：中華書局，2017 年，第 3296 頁。

④ 參見靈丘縣文管所：《山西靈丘縣發現北魏"南巡御射碑"》，《考古》，1987 年第 3 期，第 281—282 頁；張慶捷：《北魏文成帝〈皇帝南巡碑〉的内涵與價值》，《民族匯聚與文明互動：北朝社會的考古學觀察》，北京：商務印書館，2010 年，第 3—48 頁。

⑤ 朱季海：《南齊書校議》，北京：中華書局，1984 年，第 131 頁。

# 《韓昌黎文集校注》校點錯訛舉隅[*]

## 吳欽根

**摘　要：**由桐城後學馬其昶校注、馬茂元整理的《韓昌黎文集校注》，自 20 世紀 50 年代整理出版以來，一直是韓文最爲通行的注本之一。1986 年、2014 年此書又由上海古籍出版社重排初版、再版，由於校點工作的繁難，其中不免存在標點斷句、文字校改等方面的疏漏。今不揣固陋，爲之羅列，以就正于方家。

**關鍵詞：**《韓昌黎文集校注》；校點；錯訛

　　韓文至宋代而大盛，學者非韓不學[①]，由此而衍生的韓集注本亦不勝枚舉，有所謂"千家注杜，五百家注韓"之説[②]。而在這些名目繁多的韓集注本中，又以方崧卿、朱熹校理本最爲通行，此後王伯大《朱文公校昌黎先生文集》、廖瑩中世綵堂本《昌黎先生集》等均屬此一系統。至明代，徐時泰復用世綵堂本翻雕，以朱子校本考異爲主，而删取諸家要語，附注其下，即所謂東雅堂本。此本因刻印精良，最爲通行於後世。陳景雲《韓集點勘》、王元啓《讀韓記疑》、方成珪《韓集箋正》等均以此爲底本。馬氏此本亦以東雅堂本爲底本，朱筆細字，博取諸家校語、評點，書於行間眉上。其中評點以桐城派諸大家，如方苞、姚範、劉大櫆、姚鼐、曾國藩、張裕釗等爲主，大部分屬内部批本的過録，至爲寶貴；而校理則廣泛吸收了沈欽韓、陳景雲、方成珪等諸家成果，沈氏《韓集補注》更爲初注稿本，多數校語爲刻本《補注》所未收[③]，可謂徵引繁富。此本 1957 年由古典文學出版社首次斷句印行，1986 年上海古籍出版社又出版了首個分段標點本，2014 年再版，是現今最爲流行的韓集注本之一。然由於徵引上的博贍，加上韓文本身文辭奥博，以及校語多出手書等原因，錯訛之處在所不免。今筆者一以明徐氏東雅堂原刊本（簡稱徐本）爲據，參以廖瑩中世綵堂本《昌黎先生集》（簡稱廖本）、方崧卿《韓集舉正》（簡稱《舉正》）、朱子《韓文考異》（簡稱《考異》）、宋蜀刻本《昌黎先生文集》（簡稱宋蜀本）、魏仲舉《新刊五百家注音辨昌黎先生文集》（簡稱魏本）、王伯大

---

　　\* **作者簡介：**吳欽根，男，湖南大學中國語言文學學院（湖南長沙，410082），助教，文學博士，主要從事清代文獻文化、清代學術與文學研究。

　　① （宋）歐陽修撰，洪本健校箋：《歐陽修詩文集校箋·外集》，卷二十三《記舊本韓文後》，上海：上海古籍出版社，2009 年，第 1927 頁。

　　② 杜詩有黄希、黄鶴補注《黄氏補千家集注杜工部詩史》，徐居仁編次《集千家注分類杜工部詩》，韓文有魏仲舉《新刊五百家注音辨昌黎先生文集》等。

　　③ 沈欽韓《韓集補注》有光緒十七年（1891）廣雅書局刻本，收録於《叢書集成續編》第 100 册。又沈氏批本見存者，有國家圖書館藏東雅堂本《昌黎先生集》、南京圖書館藏《五百家注音辨昌黎先生文集》、韋力私藏秀野草堂本《昌黎先生詩集注》等。

《朱文公校昌黎先生文集》（簡稱王本）諸本，互爲比勘，其不能無疑者，爲之詳加羅列，以就正于大方之家。

1. 或從閣杭苑作可，云可人，見禮記鄭注曰："此人可也。"（頁 32）

按：標點有誤，當作："或從閣、杭、《苑》作'可'云，'可人'，見《禮記》鄭注，曰：'此人可也。'"

2. 孫樵又與王霖書曰：玉川子《月蝕詩》、楊司城《華山賦》、韓吏部《進學解》、馬常侍《清河壁記》，莫不拔地倚天。（頁 50）

按：徐本無"楊司城《華山賦》""馬常侍《清河壁記》"十三字，當是校註者據《孫樵集》卷二《與王霖秀才書》一文增補。且馬當作馮，馮常侍即馮宿。馮宿，字拱之，東陽人，敬宗朝嘗官左散騎常侍，新舊《唐書》均有傳。《清河壁記》今不存，《文苑英華》卷八百二十五、《唐文粹》卷七十四載有其《蘭溪縣靈隱寺東峰新亭記》一文。

3. "顯"，或作"白"，《舊史》四句皆無"而"字。（頁 54）

按："白"，徐本作"洎"。陳景雲《韓集點勘》云："按：'洎'字與'顯'字義絶不相近，恐是'白'之誤，'白'作'洎'，後又轉訛爲'洎'耳。"①馬氏蓋據此校改。考《莊子》卷九《寓言》："曾子再仕而心再化，曰：'吾及親仕三釜而心樂，後仕三千鍾不洎吾心悲。'"郭象注云："洎，及也。"②則"不洎於衆"即"不及於衆"，義近於"不顯於衆"，不得言絶不相近。宋蜀本及《考異》正作"洎"，又《册府元龜》卷七百七十所載亦作"洎"，均可爲證，不煩校改。

4. 《太玄經》亦曰：山川褊庫而禍高。（頁 54）

按："褊"當作"福"，魏本、廖本同。《四部叢刊》景明翻宋本《太玄經》亦作"福"。是。

5. 沈欽韓曰：司馬彪注《莊子》云：豕橐，一名岑，其根如猪矢。（頁 55）

按："岑"當作"苓"。司馬彪《莊子注》早亡，沈氏所引當出於他書。考《太平御覽》卷九百八十六藥部六"猪苓"條所引司馬彪注文正作"苓"。"岑"爲"苓"之形誤。

6. 頸，或作頜。（頁 58）

按：頜，徐本作領，魏本、廖本及《考異》同。所屬正文爲"朝夕舉踵引頸"，或作"領"者，所謂引領而望也。

7. 呦，音饒。（頁 63）

按：饒，徐本作"鐃"，魏本、廖本及《四部叢刊》景元本王伯大《朱文公校韓昌黎先

① （清）陳景雲：《韓集點勘》，卷三，《景印文淵閣四庫全書》本，上海：上海古籍出版社，1987 年，第 1075 册，第 557 頁。

② （清）郭慶藩撰，王孝魚點校：《莊子集釋》，卷九，北京：中華書局，2006 年，下册，第 946 頁。

生集》(簡稱王本)同。當是形近而誤。

8. 何焯曰:《潛夫論》本傳著其五篇:曰《浮侈》、曰《實貢》、曰《貴忠》、曰《愛日》、曰《述赦》。(頁 66)

按:《潛夫論》後當讀斷。意謂《後漢書》本傳載其《潛夫論》中五篇也,見《後漢書》卷四十九。

9. 方又云:康駢《劇談録》謂公此文因元稹而發,董彦遠謂賀死元和中,使稹爲禮部亦不相及爭名,蓋當時同試者。(頁 67—頁 68)

按:"使稹爲禮部"以下標點有誤,當斷爲"使稹爲禮部,亦不相及,爭名蓋當時同試者",方文從字順。所謂"不相及"者,元稹爲禮部在長慶初,賀已故去久矣。

10. 安或作知云,此以教葉僑與囂,《車牽》詩用韻如此。(頁 76)

按:"云"字當屬下讀。《考異》云:"安或作知,方云此以……",可知"云"以下爲方崧卿語。書中類此者尚多,如"'遲',諸本作'違',今從閣杭蜀苑云。《新史》與《文粹》作'依違',以意改也。"(頁 136);"'以吾',或作'以餘'。今從閣蜀本云,除下文'江湖予樂也'一語,餘並作'吾'。"(頁 153);"'移族從'以下八字,閣杭本如此云。頓世雄朔易……"(頁 165);"'於古',閣作'於吾'云,或作聞,而無邪字。"(頁 277);"'洛師',或作'洛陽'。'及鄭',或作'反鄭'云。此序疑作'於鄭'。"(頁 280);"'階'下一本複出'即客'二字云,《文粹》亦有即字,則知古本誠然也。"(頁 297)等。均當正之。

11. "若干",或作"著干"。"獻"下或有"之"字。今按:"'著干篇'雖古語,然施之於此,似不相入。"(頁 77)

按:兩"著干"字當作"著于"。"著于"見於秦漢典籍如《晏子春秋》《史記》《漢書》等頗夥,故云古語。徐本及《考異》均作"著于",當正之。

12. "敵以",或作"敵已"。《國語》,"自敵以下則有讎"。注"敵體也",今人多用"敵已"字者,非。(頁 78)

按:兩"已"字,諸本或作"己"、或作"巳",刻本於此三字多混刻,疑當作"己",《考異》正作"己"。"敵己"見於《列子》,所謂"天下之敵己者,一人而已。"①朱子亦屢用之,如《朱子語類》卷一百一云:"明仲甚畏仁仲議論,明仲亦自信不及,先生云人不可不遇敵己之人。"②又卷一百七云:"先生于父母墳墓所托之鄉人,必加禮,或曰敵己以上拜之。"③另宋杜范《回丞相劄子》亦云:"温詞曲論,開曉諄諄,若施之敵己者。"④又《宋史》卷三百七十二《沈與求傳》云:"與求歷御史三院,知無不言,前後幾四百奏。其

①　楊伯俊:《列子集釋》,卷五《湯問篇》,北京:中華書局,2013 年,第 193 頁。
②　(宋)朱熹撰,黎靖德編次,王星賢校點:《朱子語類》,北京:中華書局,2003 年,第 7 册,第 2582 頁。
③　《朱子語類》,第 2674 頁。
④　(宋)杜範:《清獻集》,卷十五,《景印文淵閣四庫全書》本,第 1175 册,第 732 頁。

言切直，自敵己已下，有不能堪者。"①另柳宗元《先太夫人河東縣君歸祔志》亦云："尊己者敬之如臣事君，下己者慈之如母畜子，敵己者友之如兄弟，無不得志者也。"②韓柳同時，且所言語意相近。均可爲作"己"之證。

13. 今鄧州有淅水縣，以淅水得名。（頁 94）

按：上"水"字，徐本作"江"，廖本、王本同。《舉正》《考異》作"川"，魏本引樊汝霖説亦作"川"，無作"水"者。考《宋史》卷八十五《地理志》鄧州下有淅川縣，又宋歐陽忞《輿地廣記》云："淅川縣，本後漢南鄉縣，魏置南鄉郡，晋改爲順陽郡，後魏復爲南鄉郡，又分置淅川縣，後周省之。隋開皇初郡廢，大業初置淅陽郡，其後淅陽及南鄉縣皆廢焉。五代時復置淅川縣，屬鄧州。"③知作"川"字爲是。

14.《舊唐・禮儀志》云：田再思議曰：改葬之服。鄭玄服緦三月。（頁 128）

按：徐本"三月"後有"注云訖葬而除"六字，今不知何故而删去。考《舊唐書》卷二十七《禮儀七》云"改葬之服，鄭云'服緦三月'，王云'訖葬而除'。"則此處"玄"當作"云"，"服緦三月"乃鄭玄注《儀禮》之文。又《唐文粹》卷四十二載田再思《服母齊衰三年議》正作"云"。當據改。

15. 退之以貞元五年後來京師，至是十五年矣。（頁 157）

按："後"徐本作"復"，魏本、廖本同。韓愈初至京師在貞元二年，不得云於貞元五年後方來。本書卷二《上兵部李侍郎書》"凡二十年矣"注即云："退之以貞元二年入京師，至此二十年矣。"（頁 161），作"後"者，當是形近而誤。

16. 謹，或作謂。（頁 158）

按："謂"徐本作"請"，《舉正》《考異》、王本、廖本同。當是形近而誤，當據改。

17. 唐德宗以後，方鎮多制樂舞以獻……雄健壯妙，號爲文武順聖樂。（頁 165）

按："文"徐本作"孫"，魏本、廖本同。考李肇《唐國史補》卷下云："于司空頓因韋太尉奉聖樂，亦撰順聖樂以進，每宴必使奏之，其曲將半，行綴皆伏，獨一卒舞於其中，幕客韋綬笑曰：'何用窮兵獨舞'。言雖詼諧，一時亦有謂也。頓又令女妓爲六佾舞，聲態壯妙，號孫武順聖樂。"④注文所引或出於此。又王讜《唐語林》卷三、《新唐書》卷二十二《禮樂志》及王應麟《玉海》卷一百五均作"孫"，作"文"者蓋因正文有"文武順聖樂辭"而改。當以"孫"字爲正。

18. 夫馬之智不賢於夷吾，農之能不聖于尼父，然且云爾者，聖賢之能多，農馬之

①　（元）脱脱等：《宋史》，北京：中華書局，1997 年，第 33 册，第 11542 頁。
②　（唐）柳宗元撰，吳文治等校點：《柳宗元集》，卷十三，北京：中華書局，1979 年，第 1 册，第 326 頁。
③　（宋）歐陽忞撰，李勇先、王小紅校注：《輿地廣記》，成都：四川大學出版社，2003 年，第 174 頁。
④　（唐）李肇：《唐國史補》，卷下，上海：上海古籍出版社，1979 年，第 59 頁。

知專故也。（頁 166）

　　按：“多”字下不當讀斷。“多”字古有讚揚、讚美之義，管子“釋老馬”，孔子使問老農，即以農、馬之知各有所專而“多”之也。

　　19. 日或作由，仁鈞以讒流愛州。（頁 311）

　　按：“由南”不詞，《舉正》《考異》及宋蜀本、王本均作“山”，當從。愛州地處嶺南，猶山南也。“由”蓋“山”之形誤。

　　20. 申叔字子重，年二十一舉進士。（頁 341）

　　按：“二十一”當作“二十二”。考柳宗元《亡友故秘書省校書郎獨孤君墓碣》云：“君諱申叔，字子重，年二十二舉進士。”①又魏本、廖本正作“二十二”，當從。

　　21. 元和元年四月，以兵部侍郎李巽爲度支鹽鐵轉運使。（頁 415）

　　按：“李異”徐本作“李巽”，魏本及廖本同。考《唐會要》卷八十八《鹽鐵使》條云：“元和元年四月，兵部侍郎李巽充諸道鹽鐵使。”②又《册府元龜》卷四百八十三《邦計部》同。

　　22. “道易”上或有“其次曰序”。（頁 416）

　　按：“序”徐本作“字”，《考異》及魏本、王本、廖本同，當從。則此處當斷爲“‘道易’上或有‘其次曰’字。”

　　23. 建字杓真。（頁 418）

　　按：“真”徐本作“直”，魏本、廖本同。考白居易《白氏長慶集》卷二十四《有唐善人墓碑》云：“唐有山人曰李公，公名建，字杓直，隴西人。”③又有《贈杓直》《秋日懷杓直》等詩。《舊唐書》卷一百五十五《李遜傳》亦作“直”。當正之。

　　24.《舊史·畢誠傳》乃稱吏部。（頁 425）

　　按：“誠”當是“諴”字之形誤。畢諴，《舊唐書》卷一百七十七、《新唐書》卷一百八十三均有傳。

　　25. 後琳客死源朔間。（頁 457）

　　按：“客死源”徐本作“死客河”，魏本、廖本同，是。檢本書卷六《唐故檢校尚書左僕射右龍武君統軍劉公墓志銘》云：“琳死，脱身亡，沉浮河朔之間。”（頁 507）此亦與正文“終琳之已，還卧民里”（頁 456）相應。又《新唐書》卷一百七十《劉昌裔傳》正作

　　①　《柳宗元集》，第 277 頁。
　　②　（宋）王溥撰，牛繼青校證：《唐會要校證》，西安：三秦出版社，2012 年，下册，第 1378 頁。
　　③　（唐）白居易撰，朱金城箋注：《白居易集箋校》，上海：上海古籍出版社，1988 年，第 6 册，第 2676 頁。

“子琳死，客河朔間。”①是客河朔間者乃劉昌裔。此處文字、標點多所訛誤，當正之。

26. 九月丙午，中官季建章坐受啓賄。（頁471）

按：“季”當作“李”，魏本、王本、廖本均作“李”。檢《册府元龜》卷一百五十三《帝王部·明罰二》云：“辛酉，罰國子司業韋繟等一十四人各一月俸，以其不赴曲江之宴也。是月，中官李建章坐受桂州觀察房啓之賄，杖一百，處死。”②可見“季”乃“李”之形誤，當正之。

27. 元和元年四月，應材識兼茂明於體用科，中第四第，爲右拾遺。（頁502）

按：“中第四第”不詞，徐本作“中第三”，下另有“辛酉”二字。考《舊唐書》卷一百六十八本傳云：“元和初應制舉，才識兼茂，明於體用，策入第四等，拜左拾遺。”③又《唐大詔令集》卷一百六《政事》：“才識兼茂，明於體用科第三次等元稹、韋惇，第四等獨孤鬱、白居易、曹景伯、韋慶復。”④是郁乃第四等，徐本誤。今云“中第四”，乃馬氏所校改，則後一“第”字應是“等”字之誤。

28. 斥，或作許，或作訴。（頁520）

按：“訴”徐本作“訴”，《考異》及魏本、王本、廖本同。方成珪《韓集箋正》卷九云：“《舉正》所謂閣本作‘訴’。‘訴’當是‘訴’字之誤，然亦未詳其義。”⑤《孟子·盡心上》云：“終身訴然，樂而忘天下。”注云：“訴，與欣同。”⑥是訴乃喜義，用於此處，文義、語氣均不契合，作“訴”爲是。

29. 《月令》“盲食至”，注“疾風也”。（頁543）

按：“食”徐本作“風”，是。《禮記注疏》云：“盲風至，鴻雁來，玄鳥歸，群鳥食羞。注云：盲風，疾風也。正義曰：盲風，疾風者，皇氏云：秦人謂疾風爲盲風。”（卷十六）可見其誤。

30. 陳景雲曰：舟中樹兩旗，設寓焉以迎神：此嶺外祀神舊俗，見南宋臨邛韓本注。（頁552）

按：“焉”徐本作“馬”。考魏本引朱廷玉注語云：“湖湘土人云：柳人迎神，其俗以一船兩旗，置木馬偶人于舟，作樂而導之登岸，而趨於廟。”⑦又《漢書》卷二十五上《郊祀志》云：“詔有司增雍五畤路車各一乘，駕被具。西畤、畦畤寓車各一乘，寓馬四匹，

①　(宋)歐陽修、宋祁：《新唐書》，北京：中華書局，1997年，第16册，第5166頁。
②　(宋)王欽若等編纂，周勳初等校訂：《册府元龜》，南京：鳳凰出版社，2006年，第2册，第1710頁。
③　(後晋)劉昫等：《舊唐書》，北京：中華書局，1997年，第13册，第4381頁。
④　(宋)宋敏求：《唐大詔令集》，北京：中華書局，2008年，第544頁。
⑤　(清)方成珪：《韓集箋正》，《續修四庫全書》本，上海：上海古籍出版社，2008年，第1310册，第647頁。
⑥　(宋)朱熹：《四書章句集注》，卷十三，北京：中華書局，第360頁。
⑦　《新刊五百家注音辨昌黎先生文集》，卷三十一，《中華再造善本》影宋慶元六年魏仲舉家塾刻本。

駕被具。"①又卷二十五下云："以木寓馬代駒,寓馬代獨行,過親祠,乃用駒。"②是漢郊祀禮已有所謂"木寓馬""寓馬"迎神之說。則"焉"爲"馬"之誤可以無疑。

31. 續純絢縉繒紘縉絳縑。(頁 580)

按："繒"徐本作"繪",魏本、廖本同。考劉禹錫《劉夢得文集》卷二十九《唐故福建等州都團練觀察處置使福州刺史兼御史中丞贈左散騎常侍薛公神道碑》云："公諱謇,字某,曾祖寶胤,以名家子且有學行,歷尚書郎、雍州司馬、邠州刺史。王父繪,有俊材,刺三郡:金、密、綿,皆以治聞,累績至銀青光禄大夫,封龍門侯。"③是薛謇之父名"繪","繒"字誤。

32. 長慶元年正月,戡自湖南觀察又爲少府監。(頁 594)

按："又"當作"入"。所屬正文云："公之薨,戡自湖南入爲少府監。"可見其誤。

33. 凉武昭王名暠,字玄感。(頁 614)

按："感"當作"盛",諸本均作"盛"。《魏書》卷九十九本傳云："李暠,字玄盛,小字長生。"④《晋書》卷八十七《凉武昭王傳》同。可證其誤。

34. 朱居靖公《秀水閑居録》云。(頁 639)

按："居"當作"忠"。朱忠靖即朱勝非,陳振孫《直齋書録解題》卷十一云:"《秀水閑居録》三卷,丞相汝南朱勝非藏一撰,寓居宜春時作。秀水者,袁州水名也。"⑤又《宋史》卷三百六十二本傳云:"朱勝非,字藏一,蔡州人。……諡忠靖。"⑥可見作"居"者誤也,當正之。

35. 縛盧從史,收澤潞等五州。注:五洲,澤、潞、邢、洛、磁。(頁 681)

按："洛"徐本作"洺",廖本同。檢《舊唐書》卷一百七十七《盧鈞傳》、卷一百七十八《王徽傳》、卷一百九十《唐次傳》,均以澤、潞、邢、洺、磁五州連稱。五州于唐皆屬河東道,《元和郡縣志》卷十五"洺州"條云:"《禹貢》冀州之域。春秋時赤狄之地,後屬晋荀林父,敗赤狄于曲梁。按曲梁,即今州理地也。七國時屬趙,趙敬侯始都邯鄲,至幽王遷,爲秦所滅,秦兼天下,是爲邯鄲郡。漢武帝置平干國,宣帝改曰廣平。自漢至晋,或爲國,或爲郡。永嘉末,石勒據有其地,石氏滅,又屬慕容儁,至子暐滅,又屬苻堅,後慕容垂得山東,其地復屬焉。周武帝建德六年於郡置洺州,以水爲名。隋大業三年罷州爲永安郡,武德元年又改爲洺州,兼置總管。二年陷於竇建德,四年討平,又

① (漢)班固撰,(唐)顏師古注:《漢書》,北京:中華書局,2010 年,第 4 册,第 1212 頁。

② (漢)班固撰,(唐)顏師古注:《漢書》,第 4 册,第 1246 頁。

③ (唐)劉禹錫撰,瞿蜕園箋證:《劉禹錫集箋證》,上海:上海古籍出版社,1989 年,上册,第 71 頁。

④ (北齊)魏收:《魏書》,北京:中華書局,1997 年,第 6 册,第 2202 頁。

⑤ (宋)陳振孫撰,徐小蠻、顧美華點校:《直齋書録解題》,上海:上海古籍出版社,2015 年,第 342 頁。

⑥ (元)脱脱等:《宋史》,第 32 册,第 11315—11319 頁。

爲建德舊將劉黑闥所陷，尋討平之。六年罷總管，復爲洺州。"①洛州屬河南道，或改稱東都，與澤、潞等州不相連屬，作"洺"爲是。

36. "歎，或作歡。"（頁780）

按："歡"徐本作"暵"，《考異》及王本、廖本均作"暵"，是。《説文》："暵，乾也。耕暴田曰暵。"與旱義同。《周禮》云："教皇舞帥而舞旱暵之事。"（卷三《地官司徒》）是"旱暵"連言之例。作"歡"無理，當正之。

　　除以上所舉之外，尚有一些明顯屬於排印時出現的錯訛，如將"入"誤作"人"，將"土"誤作"士""士"誤作"土"，將"土"誤作"上"，將"上"誤作"人"，將"凡"誤作"幾"，將"宇"誤作"字"，將"於"誤作"子"，將"子"誤作"予"，將"干"誤作"千"，將"水"誤作"冰"，將"注"誤作"窐"，將"謹"誤作"謹"，"瀠"誤作"溁"等②，所在多有。其中又有文句竄亂者，如"會周平齊，改爲《關東風俗傳》，更廣見聞，勒成卅載卒於卷以上之""兢撰《梁》《齊》《周史》各十卷，《陳史》五卷，《隋史》二十卷。天寶八恒王傅。《舊唐書·吳兢傳》云云"（頁745）兩句，前句"載卒於"三字當在下句"天寶八"之下。其他標點上的細微錯誤亦不勝枚舉。③ 當然，這些在校點過程中産生的訛誤，完全不影響此書的經典性。今將其疏漏之處舉出，但有望於此書之日臻完善。

---

① （唐）李吉甫撰，賀次君注解：《元和郡縣圖志》，北京：中華書局，1983年，上册，第430頁。
② 如頁738注五"於，或作子"，"子"當作"于"；頁552注一"蕉下或有'葉'字，或有'予'字"，"予"當作"子"；頁697正文"葬華陰縣東若千里"，"千"當作"干"；頁287正文"白金水銀丹砂石英鐘乳橘柚之包"，"水"當作"冰"；頁562注一三"補窐"，"窐"當作"注"；頁294正文"謹愉之辭難工，而窮苦之言易好也"，"謹"當作"謹"；頁565注七"補注：何焯曰：溁洄曲折，不可一覽而盡"，"溁"當作"瀠"。
③ 如頁145注四"國子、太學、四門、律、書、算，爲六館"，"算"字後的頓號不當有；頁173注四"補注：沈欽韓曰：按'載'之訓，'則'也"，"訓"字後不當斷；頁179注文"'之'爲''耳'三字，或作'爲之耳'"，當標作"'之爲耳'三字，或作'爲之耳'"；頁184注六"或無'兩之'字"，"兩"字不當引；頁201注八"'吾下'或無'豈'字"，"下"字不當屬内；頁259注文"方從閣本作'咸而'，屬上句"，"而"字不當引；頁259注文"方從閣杭本'光翔'下皆有'兮'字"，"光"、"翔"本分屬兩句，不當合引。當作"方從閣杭本'光'、'翔'下皆有兮字。"頁294注一"或作'集'，或云'卒業'。字見《漢·楚元王傳》。""卒業"後不當讀斷；頁525注一一"……李季卿黜陟江淮，奏皋節行，改著作郎復，不起。""復"字當屬下讀；頁769注文"或無'日'字'於'，一作'于'"，"字"後當斷不斷。其他多有，不備舉。

# 高麗新藏本可洪《〈廣弘明集〉音義》
# 詞目用字校勘舉例[*]

## 辛睿龍

**摘　要：**《廣弘明集》是唐道宣晚年編撰的一部佛教思想文獻集，是中古漢語研究的重要語料之一。《新集藏經音義隨函録》（以下簡稱《可洪音義》）是五代可洪編撰的一部偏重辨析手寫佛經疑難俗字的音義書，該書卷 29、30 爲《廣弘明集》注了 5480 條音義。可洪每則音義條目主要包括詞目、注音、釋義、説字、校勘等。可洪《〈廣弘明集〉音義》的詞目用字是可洪所據本《廣弘明集》經文文字的直接轉録，一定程度上可以反映了唐寫本《廣弘明集》的經文用字情況。目前，《可洪音義》的完整本僅見於高麗新藏中。綜合運用文字學、音韻學、訓詁學、文獻學等方面的知識，試對高麗新藏本可洪《〈廣弘明集〉音義》詞目用字中存在的傳刻失誤問題進行分析和解決。

**關鍵詞：**《可洪音義》；《廣弘明集》；詞目用字；高麗新藏；校勘

　　《廣弘明集》成書于唐高宗麟德元年（664），是唐道宣晚年編撰的一部佛教思想文獻集，它不僅是我國宗教史、思想史、文化史的研究寶庫，還是我們語言文字工作者研究中古漢語的理想語料。《新集藏經音義隨函録》（以下簡稱《可洪音義》）成書於後晉天福五年（940），是五代僧人可洪歷經 10 年編撰的一部偏重辨析手寫佛經中疑難俗字的佛經音義書。《可洪音義》全書 15 册，入藏以後，每册一分爲二，共計 30 卷。經測查，《可洪音義》第 29、30 卷爲《廣弘明集》注了 5480 條音義，這些音義材料對研究和整理《廣弘明集》具有重大的學術意義。

　　我們將《可洪音義》中要加以注釋藉以建立單條音義的任何語言單位稱作“詞目”。《可洪音義》的詞目往往就是可洪所據本佛經文字的直接轉録。在摘録需要注釋的經文字詞時，爲説明僧徒確定被釋字所處佛典的具體位置，可洪往往摘録被釋字及被釋字之前或之後的一個或幾個字，一般不去考慮被釋字所處的語言環境。於是，構成《可洪音義》詞目的語言單位可以是詞，可以是詞素，可以是詞組，甚至也可以是没有語義、語法關係的兩個或幾個語言單位的簡單相加。《可洪音義》收録的詞目有單字的、雙字的、三字及三字以上的，其中以雙字詞目爲主，我們將構成《可洪音義》詞

---

　　\* 作者簡介：辛睿龍，男，山西臨汾人，山西大學語言科學研究所（山西太原 030006），講師，文學博士。主要從事文字訓詁學、佛教文獻學研究。

　　基金項目：國家社科基金重大招標項目“中、日、韓漢語音義文獻集成與漢語音義學研究”（19ZDA318）；山西省高等學校人文社會科學重點研究基地項目“中日文獻語言學視角下災害話語的回溯學研究”。

目的一個字或幾個字稱作"詞目字"。

　　具體到可洪《〈廣弘明集〉音義》(以下簡稱《音義》)中,可洪以河府方山延祚寺藏本《廣弘明集》爲底本,在爲《廣弘明集》進行注釋時,每條音義所標明的詞目往往就是可洪所據本《廣弘明集》原經文字的直接轉録,詞目字的字形在很大程度上保存了唐寫本《廣弘明集》經文用字的真實面貌。

　　目前來看,《可洪音義》的完整本僅見於再雕本高麗大藏經(以下簡稱"高麗新藏①")中,高麗新藏于高麗高宗三十八年(1251)刻成。《可洪音義》在這三百多年(940—1251)的傳抄刻印中出現了訛誤、脱漏、增衍、錯亂等種種文字問題,這在音義的《廣弘明集》部分同樣有比較突出的表現。我們認爲《音義》的釋文内容主要包括詞目、注音、釋義、説字、校勘等②。經筆者校讀,《音義》每一部分内容的文字都存在傳刻失誤的問題,其中尤以文字訛誤爲多③。俯拾皆是的文字訛誤等問題給研究和利用《音義》帶來了極大的不便,亟需全面、徹底的解決。綜合運用文字學、訓詁學、音韻學、文獻學等方面的知識,試專門對高麗藏新本《音義》詞目字中存在的傳刻失誤問題進行分析和解決。

　　(1)《可洪音義》卷二九《廣弘明集》卷一三音義:"浩唱,上胡老反,大也。《辯正》作浩唱也。又音吉,誤。"(K1257V35P0679c11L)④

　　按:可洪此條出自《廣弘明集》卷一三釋法琳《辯正論·九箴篇下·内異方同制》。高麗新藏本《音義》詞目作"浩唱",高麗新藏本《廣弘明集》同,對應經文如下:"其次,鬼笑靈談,安哥浩唱。吞刀吐火,駭仲卿之庸心;漱雨嘘風,驚劉安之淺慮。"(K1081V33P0415b13L)高麗新藏本《辯正論》卷六亦作"浩唱"(K1076V33P0067a18L)。

　　經文"安哥""浩唱"連言,"安哥"即"安歌",謂自然歌唱,"浩唱"謂放聲歌唱,"浩唱"之"浩"用字不誤。可洪此條詞目用字與異文用字同形,皆作"浩唱",不合注釋體例。注文末言"又音吉,誤",此當可洪以又音辨析同形異字。"音吉"當爲詞目字本字

---

　　① 高麗大藏經有初雕本高麗大藏經(簡稱"高麗舊藏")和再雕本高麗大藏經(簡稱"高麗新藏")兩種版本。高麗朝顯宗二年(1011),爲抵抗契丹軍的入侵,顯宗發大誓願刻造大藏經,此時所刻大藏經版本正爲高麗舊藏的初雕部分。顯宗刻高麗時十八年,至顯宗二十年(1029)完成,顯宗以後,補遺工作繼續進行。高麗舊藏本藏于大邱符仁寺,高麗朝高宗十九年(1232)蒙古軍侵略開京,高宗遷都江華,存于符仁寺的高麗舊藏被燒毀殆盡。高麗舊藏焚毀後,高麗高宗二十四年(1237)開始雕造高麗新藏,費時16年,至高宗三十八年(1251)完成。詳參何梅《歷代漢文大藏經目録新考》,社會科學文獻出版社,2014年,第49—57頁。

　　② 《音義》的釋文體例參辛睿龍《可洪〈廣弘明集〉音義〉誤釋舉例》,《中國典籍與文化》2018年第1期,第70頁。

　　③ 筆者已撰專文討論了高麗新藏本《音義》注音、釋義、説字、引證等内容存在的傳刻失誤問題,參辛睿龍《高麗新藏本可洪〈廣弘明集〉音義〉説字校勘舉例》,《殷都學刊》2019年第1期;辛睿龍《高麗藏本可洪〈廣弘明集〉音義〉説字校勘舉例》,《北斗語言學刊》2019年第1期,第4輯。

　　④ 本文徵引《可洪音義》《廣弘明集》等漢文佛典,皆以韓國東國大學譯經院1976年版高麗新藏本爲工作本。所引經文皆隨文標注頁碼,括弧中,首字母K代表高麗藏,字母K後爲該部佛經經號,經號數之後爲該部佛經所處册數,標記爲V,册數之後爲頁碼,標記爲P,頁數之後又有a、b、c,分別代表該頁上、中、下三欄,最後是所在欄的行數,標記爲L。《廣弘明集》工作本爲高麗新藏,參校本爲高麗舊藏(高麗大藏經初刻本輯刊,西南師範大學出版社2012年版)、趙城金藏(《中華大藏經》底本)、毗盧藏(日本宮内廳圖書寮藏本)、思溪藏(國家圖書館藏本,國家圖書館出版社2018年版)、磧砂藏(上海影印宋版藏經會1935年版)等。

讀音，今考字形與“浩”相近且讀與“吉”同者當爲“洁”字。《玉篇·水部》：“洁，音吉。水也。”《廣韻》入聲質韻居質切（小韻字爲“吉”）：“洁，水名。”高麗新藏本《音義》“浩唱”條詞目字“浩”當爲“洁”字傳刻之訛。

（2）《可洪音義》卷二九《廣弘明集》卷一五音義：“銀匣，下甲反，正作匣也。又音甲，非也。”（K1257V35P0683b01L）

按：可洪此條出自《廣弘明集》卷一五沈約《佛記序》，高麗新藏本對應經文如下：“河 東 蒲 阪 有 育 王 寺，時 出 光 明。姚 秦 時，掘 得 佛 骨 于 石 函 銀 匣 中。”（K1081V33P0440c12L）

通過文意可知，“銀匣”的“匣”用字不存在錯訛或假借的情況，當讀其本音本義。《廣韻》入聲狎韻胡甲切：“匣，箱匣也。”可洪“下甲反”與“胡甲切”音同。《音義》此條詞目字“銀匣”之“匣”與正作字“匣”同形，不合注釋體例，詞目字或正作字當存傳刻訛誤。注文末言“又音甲，非也”，而“匣”無有異音讀與“甲”同。“又音甲，非也”當是可洪以又音辨析同形異字，與“甲”音同、字形與“匣”相關、當正作“匣”者應爲“迎”字。“迎”“甲”《廣韻》皆讀入聲狎韻古狎切。構件“匚”草寫多誤作“辶”，“迎”即“匣”字俗誤，故可洪言“正作匣”。高麗新藏本《音義》“銀匣”條詞目字“銀匣”之“匣”當爲“迎”字傳刻之誤。

（3）《可洪音義》卷二九《廣弘明集》卷一五音義：“捃采，上居運反，拾也，正作捃也。又音君，悮。”（K1257V35P0683b08L）

按：可洪此條出自《廣弘明集》卷一五蕭綱《上菩提樹頌啓》，高麗新藏本對應經文如下：“捃采致佳，辭味清净。仰贊法王，稱歎道樹。”（K1081V33P0443c23L）

從經文用字來看，“捃采”之“捃”不存在訛誤或假借的情況，當讀其本音本義。《廣韻》去聲問韻居運切：“攈，《説文》：拾也。捃，上同。”《音義》此條詞目字“捃采”之“捃”與正作字“捃”同形，不合注釋體例，當存傳刻失誤。注文末言“又音君，誤”，可知可洪此處當是以又音辨析同形異字，詞目字本當作“桾采”，“桾”當爲“捃”之誤。“桾”“君”音同，《廣韻》皆讀平聲文韻舉云切。“木”旁“扌”旁形近相亂，高麗新藏本《音義》“捃采”條詞目字“捃”當爲“桾”字傳刻之誤。

（4）《可洪音義》卷二九《廣弘明集》卷一七音義：“治下，上音持，正作冶，以廟諱故作治也。”（K1257V35P0686a11L）[①]

按：可洪此條出自《廣弘明集》卷一七隋著作王邵《舍利感應記》。高麗新藏本《音義》詞目“治下”，高麗新藏本《廣弘明集》同，經文如下：“蒲州於棲巖寺起塔，九月二十六日，舍利在治下仁壽寺。”（K1081V33P0458b22L）

“治下”指所管轄的範圍内，經文此處“治下”即指蒲州。《廣弘明集》卷一七隋著作王邵《舍利感應記》下緊接隋安德王雄百官等《慶舍利感應表》。《慶舍利感應表·恒州表》云：“舍利詣州建立靈塔，三月四日到州，即共州府官人巡曆檢行，安置處所，唯治下龍藏寺堪得起塔。”（K1081V33P0462a21L）《慶舍利感應表·趙州表》云：“舍

---

① 《音義》此條詞目字、正作字以及説解中的避諱字都存在傳刻失誤，筆者此處重點討論可洪此條詞目字存在的傳刻失誤問題。

利以三月四日到州,臣等於治下文際寺安置起塔。"(K1081V33P0463c22L)此三"治下"詞義相同,可相參比。

在明確"治下"之"治"用字不存在訛誤、假借以後,我們具體分析可洪此條音義。高麗新藏本《音義》"治下"條中,詞目字爲"治下",注音爲"上音持",説字爲"正作冶",避諱説解爲"以廟諱故作治也"。根據詞目字"治"、正作字"冶"以及相關避諱説解,可知,爲避高宗李治之諱,可洪所據本"治下"之"治"本當寫作"治"之避諱字形。可洪此條注音"音持","治"《廣韻》一讀平聲之韻直之切,同小韻亦收"持"字,"治""持"音同,可知正作字本當作"治"。高麗新藏本此條音義詞目字回改録正作"治",避諱説解中亦回改録正作"治",正作字錯録作"冶",皆不合注釋體例。

可洪此條音義雖然詞目字、正作字存在傳刻訛誤的問題,但根據相關文字信息,可知可洪此條主要涉及的是"治"的避諱寫法,未涉及替換"治"字、省闕"治"字等避諱方式。可洪所據寫本佛經中,爲避諱高宗李治之諱,"治"常缺橫筆寫作"治"。《可洪音義》卷三:"療治,音持。除病也。又音值,理也。正作治也。以諱故省之。"(K1257V34P0726c07L)同書卷二七:"治蜀,上持、值二音。正作治。避廟諱故省一畫耳。"(K1257V35P0606b04L)竊以爲可洪所據本《廣弘明集》"治下"之"治"本當作"治"或"冶"。准此,則可洪此條音義當改寫爲:"治/冶下,上音持,正作治,以廟諱故作治/冶也。"歷史上未見"治"避諱缺筆作"冶"的記載,雖然這種可能也不能完全排除,但筆者還是傾嚮于可洪此條是"治"缺筆避諱作"治/冶",而非缺筆避諱作"冶"。《續高僧傳》卷二四《唐終南山智炬寺釋明瞻傳》:"宋氏無道之君,不拜交招顯戮。陛下有治存正,不陷無罪,故不敢拜。"(K1075V32P1188b10L)《可洪音義》卷二八《續高僧傳》卷二四音義:"有治,持、值二音。正也,理也,天下康寧也。《傳》文作治,避廟諱故省一畫(畫)也。"(K1257V35P0608a08L)可洪此條在注文引出所據本《續高僧傳》"治"的避諱寫法,在詞目中以正字"治"替之。注文已明言"避廟諱故省一畫(畫)也",而高麗新藏本可洪《〈續高僧傳〉音義》注文錯誤回改録正作"《傳》文作治",依可洪之義,《傳》文本當作"治"。高麗新藏本《音義》"治下"條與可洪《〈續高僧傳〉音義》"有治"條傳刻致誤原因相同,可相參證。

(5)《可洪音義》卷三〇《廣弘明集》卷二〇音義:"猶稱稱,處陵反。"(K1257V35P0692b14L)

按:高麗新藏本《音義》"猶稱稱"上接詞目爲"古樂",下接詞目爲"混淆",根據詞目之間的相對位置,可知可洪此條當出自《廣弘明集》卷二〇引蕭綱《莊嚴旻法師〈成實論義疏〉序》。高麗新藏本對應經文如下:"是以問《玄經》於揚子,且云不習;奏古樂於文侯,猶稱則睡。曆校清台,壽王之課不密;氣現斗牛,南昌之地或爽。況乎慧門深邃,入之者固希;法海波瀾,泛之者未易。自使河渭混淆,魔塵紛糾,皎皎毒霜,童童苦樹。"(K1081V33P0502a24L)可洪注文"處陵反"是爲"猶稱"之"稱"字注音。可洪此條高麗新藏本《廣弘明集》對應作"猶稱","猶稱則睡"與上文"且云不習"對仗工整,知高麗新藏本《音義》詞目"猶稱稱"當衍一"稱"字。

(6)《可洪音義》卷三〇《廣弘明集》卷二四音義:"乞乞,下丘既反。"(K1257V35P0698b07L)

按:《音義》"乞乞"條上接詞目爲"禺然",下接詞目爲"爲黥",根據詞目之間的相對位置,可知可洪相關詞目當出自以下文句。

《廣弘明集》卷二四沈休文《述僧設會論》:"出家之人,本資行乞,誠律曷然,無許自立厨帳,並畜净人者也。今既取足寺内,行乞事斷。或有持鉢到門,便呼爲僧徒,鄙事下劣。既是衆所鄙耻,莫復行乞。悠悠後進,求理者寡,便謂乞食之業不可復行。白净王子,轉輪之貴,持鉢行詣,以福施者,豈不及千載之外,凡庸沙門,躬命僕豎,自營口腹者乎? 今之請僧一會,既可仿像行之,乞丐受請,二事不殊。若以今不復行乞,又復不請召,則行乞之法於此永寘(冥)。此法既寘(冥),則僧非佛種;佛種既離,則三寶墜於地矣。今之爲會者,宜追想在昔四十九年,佛率比丘入城乞食,威儀舉止,動自應心。以此求道,道其焉適? 若以此運心,則爲會可矣。"下緊接北齊文宣帝《議沙汰釋李詔並啓》:"問:朕聞專精九液,鶴竦玄州之境;苦心六歲,釋擔煩惱之津。或注神鬼之術,明尸解之方;或説因緣之要,見泥洹之道。是乙太一闡法,竟於輕舉;如來證理,環於寂滅。自祖龍寝跡,劉莊感夢,從此以歸,紛然遂廣。至有委親遺累,棄國忘家。館舍盈於山藪,伽藍遍於州郡。若黄金可化,淮南不應就戮;神威自在,央掘豈得爲鯨。"(K1081V33P0546a04L)

可洪"乞乞"之"乞乞"當即"乞"之俗寫。考詞目"禺然(昺然)""爲黥(爲鯨)"之間下字爲"乞"的條目共有 8 處。分别爲"寺内行乞事斷"之"行乞"、"莫復行乞"之"行乞"、"便謂乞食之業不可復行"之"謂乞"、"既可仿像行之"之"行乞"、"乞丐受請二事不殊"之"行乞"①、"若以今不復行乞"之"行乞"、"則行乞之法於此永寘"之"行乞"、"佛率比丘入城乞食"之"城乞"。可知下字爲"乞"的詞條主要是"行乞""謂乞"和"城乞",而未見可洪"乞乞(乞乞)"條。可洪此條注音"下丘既反",若可洪所據本果真作"乞乞(乞乞)",則注音當爲"丘既反",不當有"下"字,"下丘既反"與可洪注音體例不合。"行乞"出現 6 次,"謂乞"出現 1 次,"城乞"出現 1 次,結合詞目的確立原則,我們認爲"行乞"更適合作爲被釋詞目。"行乞",佛教語,謂僧人托鉢以求佈施。高麗新藏本《音義》詞目"乞乞"疑本當作"行乞",《音義》此條本應爲"行乞,下丘既反"。這樣,不僅使詞目"禺然""行乞""爲黥"在經文中順序排列,而且使注音"下丘既反"與《可洪音義》音例相合。

(7)《可洪音義》卷三〇《廣弘明集》卷二九音義:"剪撲,普木反。"(K1257V35P0714c10L)

按:《音義》"剪撲"條上接詞目爲"抒簨""從横",下接詞目爲"驃騎",根據詞目順序可知,相關詞目本當出自《廣弘明集》卷二九元魏懿法師《魔主報檄》,對應經文如下:"擊道品官軍,霜夜抒簨。一心既没,還源彌遠。六愛已然,宅火逾盛。縱横剪掠,腹背羅討。六奇三略,先藴胸襟。百步千榮,本無横陣。遂雲消霧捲,吾道興焉。於是分官置職,行我風化。敕無廉驃騎虎踞貪山,性澀將軍龍蟠慳海。"(K1081V33P0652a13L)

———————————

① 高麗新藏本"既可仿像行之"之"之",高麗舊藏、毗盧藏、思溪藏、普寧藏、徑山藏皆作"乞",當以"乞"字爲是。高麗新藏本"乞丐受請二事不殊"之"乞丐",高麗舊藏、毗盧藏、思溪藏、普寧藏、徑山藏皆作"行乞",當以"行乞"爲是。

　　高麗新藏本《音義》“從橫”“剪撲”“驃騎”，高麗新藏本《廣弘明集》對應作“縱橫”“剪掠”“驃騎”。然“剪掠”無由寫作“剪撲”，竊以爲高麗新藏本《音義》“剪撲”條傳刻錯亂，當置於《音義》下文詞目“陷穽”與詞目“塹柵”（K1257V35P0715a12L）之間。“陷穽”“剪撲”“塹柵”出自《廣弘明集》卷二九元魏懿法師《破魔露布文》，高麗新藏本對應經文如下：“方乃忽聖誣賢，欺真枉正，陷穽黎元，羅絡凡庶，妄計苦空，以爲己有，驃驚之勢，謂固同金石者也。以正月三十日黃昏時，有一人姓善字知識，從道場來告云：賊去此不遠，宜急剪撲，不爾當爲大患。臣聞此語，未悉敬信，單駕羊車，轉軍化城，深修塹柵，自備而已。”（K1081V33P0653b14L）思溪藏、磧砂藏《廣弘明集》卷二九隨函音義中，“剪掠”“剪撲”並出，可作爲校高麗新藏本《音義》“剪撲”條傳刻錯亂之證。思溪藏隨函音義中，“剪掠”上接詞目爲“抒籜”，下接詞目爲“驃騎”，謂：“剪掠，下音略～。”[1]磧砂藏隨函音義同。思溪藏隨函音義中，“剪撲”上接詞目爲“陷穽”“驟”，下接詞目爲“塹柵”，謂：“剪撲，下疋木反。”磧砂藏隨函音義同。

　　我們對《音義》的詞目字存在的傳刻失誤問題進行分析和解決，這項工作有助於不斷恢復可洪所據唐寫本《廣弘明集》的經文用字原貌，有助於逐步增加和提高佛經音義與佛經文獻比較閱讀的經驗和水平，有助於初步歸納高麗新藏本《可洪音義》詞目字傳刻失誤的類型和規律，有助於進一步探索《可洪音義》詞目確立的原則和標準[2]。

---

　　① 　本文以“～”代替思溪藏、磧砂藏隨函音義的短豎符號，“～”可替代詞目字，也可替代“也”字。此處正是替代“也”字。

　　② 　關於高麗新藏本《可洪音義》詞目等內容傳刻失誤的類型和規律以及《可洪音義》確立詞目字的原則和標準等選題，待進一步熟悉《可洪音義》的材料後，筆者將另作專文討論。

■文獻輯考

# 《全宋詩》補遺 137 首[*]

## 郭 麗

**摘 要:** 有宋一代詩歌總集《全宋詩》尚有遺漏之處,今在前人補遺之外,據相關文獻載録,又補宋人詩作 137 首。其中,補《全宋詩》已收作者 4 人詩作 89 首,補《全宋詩》未收作者 3 人詩作 48 首。

**關鍵字:**《全宋詩》;補遺;137 首

　　《全宋詩》是有宋一代詩歌總集,于宋詩"長篇短制,細大不捐,斷章殘句,在所必録"[①],爲宋代文學、歷史乃至文化研究提供了極大方便,是二十世紀古籍整理最重要的成果之一。但由於宋代文獻浩繁,遺珠之憾在所難免。自《全宋詩》出版以來,學者們作了大量補遺工作,但仍有不少宋詩散落在浩如烟海的古籍中。筆者在閱讀宋代趙鼎臣《竹隱畸士集》[②]、宋代陳起《江湖後集》[③]和《江湖小集》[④]、清代厲鶚《宋诗纪事》[⑤]等文獻時又發現趙鼎臣、趙崇璠、項安世、武衍、劉仙倫、徐從善、杜旟 7 位詩人 137 首佚詩,這些詩歌未見於其他《全宋詩》輯補文章,可補《全宋詩》之闕,今臚列如下,以饗同好。其作者以《全宋詩》已收與未收相區分。已收者按《全宋詩》收録順序排列,並注明所在冊數及卷數;未收者置於已收者之後,並於詩末附簡要小傳。不妥之處,敬祈方家賜教。

## 一、《全宋詩》已收詩人

　　趙鼎臣、項安世、趙崇璠、武衍 4 人大部分詩作已見《全宋詩》著録,今補此 4 人詩作 89 首,均未見于《全宋詩》。

---

　　* **作者簡介:** 郭麗,女,首都師範大學文學院(北京 100089),副教授、碩士生導師,主要從事魏晉南北朝隋唐五代文學、樂府學研究。

　　**基金項目:** 本文爲全國高校古委會古籍整理項目"宋代樂府詩整理"階段性成果。

　　① 傅璇琮等:《全宋詩·凡例》,北京:北京大學出版社,1995 年,第 23 頁。
　　② (宋)趙鼎臣《竹隱畸士集》,《影印文淵閣四庫全書》集部第 1124 冊,臺灣"商務印書館",1986 年。
　　③ (宋)陳起《江湖後集》,《影印文淵閣四庫全書》集部第 1357 冊,臺灣"商務印書館",1986 年。
　　④ (宋)陳起《江湖小集》,《影印文淵閣四庫全書》集部第 1357 冊,臺灣"商務印書館",1986 年。
　　⑤ (清)厲鶚《宋詩紀事》,上海:上海古籍出版社,2013 年。

## （一）趙鼎臣 50 首（册 22，卷一三〇九至一三一四）

### 《正旦大朝群臣第一盞〈正安〉之曲》

開歲發春，錫兹純嘏。皇膺受之，惠及臣下。有俶兹觴，咸拜稽首。熏兮樂胥，如此春酒。（《竹》十五：231[①]）

### 《冬至大朝會公卿入門〈正安〉之曲》

帝乘新陽，受福無疆。有壬有林，執贄捧觴。造廷無譁，同寅有莊。紛如葵傾，列此雁行。（《竹》十五：231）

### 《景靈宮奉香幣〈靈安〉之曲大吕宮》

我躬我饗，以我齊明。肅乎儼然，如聞其聲。有度斯筐，明德惟馨。猗歟格思，綏我思成。（《竹》十五：231）

### 《太廟酌獻》

禧祖室，《基命》之曲無射宮

宋之初基，受命於天。皇矣我祖，有開必先。奕奕清廟，是饗是宜。顧予蒸嘗，曾孫思之。

亞、終獻，《正安》之曲無射宮

維皇蒸蒸，先祖是承。有虔辟公，來相來登。聲以五均，獻以三成。如式如几，戩穀是膺。（《竹》十五：231—232）

### 《冬祀圓壇》

出入大小次，《斡安》之曲黃鐘宮

穆穆皇皇，天子之光。肅肅雝雝，毖祀之容。有夙其興，匪居則寧。彼鏘斯何，玉佩之鳴。（《竹》十五：232）

### 《秋饗明堂》

降神，《誠安》之曲夾鐘宮

於昭明堂，惟聖時制。我卜元辰，以祀上帝。曰我昭考，既侑饗之。雲車在天，跂予望之。

撤豆肅雝，《顯相》之曲大吕宮

嘉薦饗矣，不愆於儀。撤兹豆籩，我不敢遲。帝之居歆，豈以其物。于單厥心，肆用有格。（《竹》十五：232）

### 《夏祭方澤》

太祖位奠幣，《恭安》之曲應鐘宮

于赫烈祖，受命作宋。俾我文孫，萬年承統。陟配於郊，惟帝時克。吉蠲爲饎，薦是筐實。

飲福，《禧安》之曲應鐘宮

惟聖能饗，式禮莫愆。受貺之厘，神不以言。隆福無疆，實在兹酒。酌言舉之，天子萬壽。（《竹》十五：232）

---

① 《竹》指趙鼎臣《竹隱畸士集》，"十五"指第十五卷，"231"指第 231 頁。下同。

《祭神州地祇》

迎神，《寧安》之曲林鐘宮

于鑠神州，以乂萬國。厥壤五千，惟祇是職。時和年豐，匪神孰依。我烹羊牛，神母我違。

曲同前太蔟角

至哉坤元，福此神州。博厚其德，以爲民休。維月之陽，祇薦芬芳。神其吐諸，有苾其香。

曲同前姑洗徵

有充斯牲，有豐斯盛。穆將愉之，其純其精。載坤惟輿，行地斯馬。有風蕭然，神兮來舍。

曲同前南吕羽

昆侖之南，幅員既長。神持載之，俾民用康。于豆於登，亦有牲俎。饗以御神，欣其來許。

盥洗，《正安》之曲太蔟宮，輿歸版位、望瘞通用

載謀載惟，穀旦於差。自豆徂籩，靡不静嘉。酌言饗之，敢不潔清。克咸厥恭，熙事備成。

捧俎，《豐安》之曲太蔟宮

牲也碩之，鼎也滌之。於俎斯登，神也食之。我斬神饗，亶惟齋明。神允予衷，豈伊割烹。

神州地祇位酌獻，《嘉安》之曲應鐘宮

厥民蚩蚩，食土之毛。爰報其德，其敢弗昭。酌我清酤，薦我嘉玉。我祖侑之，綏予祉福。

退文迎武，《威安》之曲太蔟宮

有奕其舞，文德既崇。幹威係興，昭此武功。至陰肅肅，不怒而威。我儀厥成，神其宴娭。

撤豆，《和安》之曲應鐘宮

羞之芬芬，酌之熏熏。舞之蹲蹲，饗之欣欣。神莫予違，維志用竭。既顧而歆，其敢弗撤。

送神，《寧安》之曲林鐘宮

霓旌舒舒，式旋其驅。百神駿奔，萬靈翼趨。我寧神歸，神介予祉。原隰畇畇，黍稷薿薿。（《竹》十五：232）

《祀黑帝》

降神，《高安》之曲夾鐘宮

帝厘天工，宅坎之維。陰翕而藏，實顓其機。迄成歲功，用薦明祀。我維忱斯，神其饗止。

曲同前黄鐘角

皇天平分，以運四時。盛德在水，神則司之。黍稷惟馨，籩豆有踐。維天蓋高，神降無遠。

曲同前太蔟徵

旆兮繽紛，騜兮如雲。有北之神，孰不駿奔。從帝之車，來即於壇。噬其肯留，式燕以安。

曲同前姑洗羽

既博我牲，又豐我盛。我酌惟醨，我肴既馨。周旋執事，靡不欽承。神其來歆，以孚我誠。

酌獻，《佑安》之曲南呂羽

物成於冬，惟帝之庸。寒之時若，厥庸允博。以我精純，薦是苾芳。其庥我民，裕此蓄藏。

送神，《理安》之曲夾鐘宮

神之俫止，肅然餘喜。神旋言歸，邑餘之思。沛乎天遊，我不敢留。時節來臨，以爲民休。

中望迎神，《凝安》之曲姑洗宮

節彼崇山，宅田之中。儲祉炳靈，爲皇屏墉。協德之符，用望以秩。羯其來思，維時之吉。

酌獻，《成安》之曲南呂宮

彼高維嵩，有峻其霍。奠於並汾，宅是河洛。跂于望之，於薦有格。匪祝之私，暘雨時若。

送神，《凝安》之曲姑洗宮

假之愉愉，去之徐徐。川祇前馬，谷靈後車。言還言歸，眷我無射。福此京師，及彼邦國。（《竹》十五：234）

## 《祭晶鼎》

迎神，《凝安》之曲南呂宮

帝纘禹功，以作寶鎮。屹然皇威，萬國時訓。曰兗之方，神司其職。既分而中，維薦用格。

升降殿，《同安》之曲南呂宮

有將維馨，有假維誠。蹌蹌其降，栗栗其升。神錫余休，惠然肯留。敢不肅祇，薦此庶羞。

奠幣，《明安》之曲南呂宮

嘉薦惟時，精意式孚。沼沚之毛，其可虛拘。明禋而求，又實以筐。雖儀之多，物不敢廢。

酌獻，《成安》之曲南呂宮

秋既分矣，物落其華。剝棗登禾，穰穰滿家。神奠其方，穀我士女。敢不吉蠲，以薦稷黍。

亞終獻，《成安》之曲南呂宮

既薦清酤，神樂且湛。尚其饗之，於再而三。我之媚神，夫豈其已。鼛瑟歙笙，神具醉止。

送神，《凝安》之曲南呂宮

神既饗矣，浩其莫留。乘彼閶闔，燕於蕘收。奸妖播奔，魑魅執囚。維皇之將，百祿是遒。（《竹》十五：234）

### 《祠司中、司命、司民、司禄》

迎神，《興安》之曲姑洗宫

文昌煌煌，不顯其光。惟神彪列，以介福祥。物成於冬，禮報其本。我殽既將，神降其敏。

升、降壇，《欽安》之曲南吕宫

甫盥而升，其志兢兢。厥降以趨，其色愉愉。一降一登，豈曰瘽止。欽以事神，庶幾燕喜。

奠幣，《容安》之曲南吕宫

戒期惟先，諏日既良。神徠況予，肅如有光。儀以物將，物以誠顯。我交匪紓，肆用有薦。

酌獻，《雍安》之曲南吕宫

于昭於天，有粲其職。厥臨孔威，於鑒靡忒。坎其擊皷，酌此嘉觴。神毋我違，降以福祥。

送神，《欣安》之曲姑洗宫

車隱雷兮，閶闔開兮。升泰階兮，神歸徠兮。神歸康祇，弭節遑祇。降福禳祇，佑我皇祇。（《竹》十五：234—235）

### 《祭先農》

迎神，《凝安》之曲姑洗宫

厥初生民，茹毛飲血。神實惎之，俾康稼穡。維孟之春，土膏脉起。祇以薦神，神其顧止。

升降壇，《同安》之曲太蔟宫

陟彼壇矣，如或臨之。神斯假斯，載降不遲。有齋其容，有棣其儀。匪躬之瘏，神實在兹。

奠幣，《明安》之曲太蔟宫

噫嘻田祖，粒我烝民。匪今斯今，利澤則均。何以事神，惟牲用幣。餘忱是將，而寓諸筐。

酌獻，《成安》之曲太蔟宫

我稷我黍，自彼中田。爲末爲耦，神則使然。錫我士民，福既多有。何以娛之，跪薦兹酒。

送神，《凝安》之曲姑洗宫

惟風其馬，翩然來下。惟雲其車，忽兮去餘。其來不勤，其去欣欣。畀我豐年，其穡如雲。（《竹》十五：235）

### 《祭會應廟》

迎神，《禧安》之曲姑洗宫

惟皇建國，宅是浚都。百神受職，靡功弗圖。嘯雨呼雲，偉此神物。賁然來思，饗我嘉栗。

升降堂,《雅安》之曲南吕宫

我酒惟旨,我樂惟諧。既升於堂,複降於階。匪伊勤斯,維神之假。其安其徐,嗜此飲食。

奠幣,《文安》之曲南吕宫

神之至矣,會言嘉矣。幣惟禮矣,實此筐矣。宵兮幽幽,誰則測之。皇祀之恤,其必格之。

酌獻,《愷安》之曲南吕宫

日吉時良,神兮滿堂。薦我桂酒,酌我椒漿。暗嗚爲雲,咄嗟爲雨。天子是承,介予稷黍。

送神,《登安》之曲姑洗宫

靈兮連蜷,忽兮蛇蜒。或升於霄,或降於淵。食於帝都,錫號有崇。其欽其承,咸祗厥功。(《竹》十五:235—236)

### (二) 項安世 1 首(册 44,卷二三七〇至卷二三八二)

#### 《抛球》

彩球丹柱倚春風,寒食清明罷繡工。漢北將軍貪蹴鞠,豈知兵法在吳宫。(《宋》五四:1383)①

### (三) 趙崇嶓 1 首(册 60,卷三一七一)

#### 《清平樂》

樂府新聲替舊歌,沉香亭北醉顔酡。牡丹謝後生秋草,一曲霓裳已覺多。(《後集》八:815)②

### (四) 武衍 37 首(册 62,卷三二六八至卷三二六九)

#### 《白鶴愁》

白鶴愁,竹籞窄。凋玄裳,緇素翮。夕陽移影瘦,空庭秋草碧。

白鶴愁,竹籞低。秋夜清,思歸飛。天風吹夢落,明月冷瑶池。(《後集》二二:991)

#### 《題楊伯起菊莊圖》

落落莊中人,英英霜下傑。酌水擷清露,餐香帶寒月。頹齡良可製,高興未渠輟。醉幘岸西風,長吟鬖吹雪。(《後集》二二:991)

#### 《復歸絲桐原注琴名玉壺冰芸居以詩見賀紀述備盡報以長篇兼簡葵窗》

爨桐製作妙莫傳,冥搜恰恰三十年。大雷小雷不可見,一生夢想空流涎。玉壺冰本王氏物,指下琅然頗清越。不知傳來凡幾姓,隱隱蛇跗細如髮。銅駝陌上春風和,湖邊得侶相委蛇。古囊提携帶詩酒,一時樂事何其多。座有知音豈容已,滕上泠泠寫

---

① 《宋》指厲鶚《宋詩紀事》,"五四"指第五四卷,"1383"指第 1383 頁。下同。

② 《後集》指陳起《江湖後集》,"五四"指第五四卷,"1383"指第 1383 頁。下同。

流水。夕陽催雨入烟城，回憶清歡如夢裏。孟光有問我獲疑，匣中朱絲胡不歸。鄰翁籌燈出相慰，官河棹夫猶可追。踉蹡十里夜幾午，認得登舟元處所。始知尤物果累人，終喜明珠還合浦。拂拭徽弦正孤坐，欲記微吟未成課。忽聞風外剥啄聲，報導芸居以詩賀。（《後集》二二：991）

### 《謝芸居惠歙石廣香》

家無長物祇書卷，又無良田惟破硯。寥寥此道人共嗤，君獨相憐復相善。鄰侯架中三萬籤，半是生平未曾見。一癡容借印疑似，留客談玄坐忘倦。探懷忽出片石方，雙池絲刷潤且光。芙蓉溪深古坑遠，論新品舊殊未遑。慷慨珍投意何永，更配番禺心字餅。歸來喜歡舉廢典，春雨書樓閴深静。手抄羲經誤未刊，塵侵商鬲灰久寒。便燒團煤炙雲母，旋滴清泉凝露薄。點朱塗黃細商確，時有烟絲嫋風幕。心融終日游聖涯，恍若置身天禄閣。（《後集》二二：991）

### 《謝秀松庵蒲大韶墨》

古來墨工號奇手，廷珪仲將骨已朽。老蒲近世曾獨步，伐盡西岷古松肘。天收此老五十年，膠法源流無複有。松庵講師出一挺，自説藏來爲最久。聯翩雙鳳飛雲頭，規若光璧照窗牖。後來製作無此樣，盈尺笏□堅且厚。十年一寸玉不如，持以衒人人識否。誠齋有詩昔曾誦，始信得名渠不苟。松庵識人欲炙色，勇割見投歸我袖。摩挲把玩何時休，巾襲永言珍所授。一生當著幾兩屐，性嗜遠慚蘇子後。家有中巖舊坑硯，歸試寒窗雲碧溜。却愁癡坐學臨書，畫竹不成徒似柳。（《後集》二二：991—992）

### 《月中桂》

詩人欲斫月中桂，不知上有西河生。年年奮斤伐仙樹，帝愁桂長侵蟾精。今夕月團團似扇，桂影分明月中見。廣庭香薄悲姮娥，留得喬枝罩孤殿。（《後集》二二：992）

### 《題薛益齋所藏馬遠夜潮圖兼簡方孤雲》

海天雲刷青漫漫，天風飛上白玉盤。濕銀山橫出空闊，蕩來一色涵芒寒。錢塘江頭奇絶者，費盡丹青最難寫。是誰吮筆貌天真，應奉上方人姓馬。馬生後進甲等倫，妙處或能肩古人。當時運意入縑素，浩然心府空無塵。壁間掛起忽驚異，秋色滿堂醒客醉。請君收卷勿複觀，中有夷□千古淚。（《後集》二二：992）

### 《有所思寄二琴友》

懷伊人兮在帝鄉，山月白兮秋夜長。流泉響絶橫秋床，感而不寐摧我腸。美人遺我正始音，何以報之百煉金。相暌相離兮歲月深，欲往從之兮夢難尋。

懷伊人兮在東粵，山月出兮寒照雪。匣塵不拂朱絲折，感而不寐心惆結。美人贈我瑤瑛樂，何以報之和氏璞。相思相望兮天一角，欲往從之兮雲路邈。（《後集》二二：992）

### 《次韻簡吳静庵》

冰雪親玄論，塵埃洗客衣。幾回晨見速，長是晚忘歸。壺裏春常在，人間事盡揮。樊籠狂鬧者，回首悟前非。

畫展唐摩詰，書藏晉右軍。滿樓宣賜物，插架古遺文。竹影三更月，爐香一縷雲。有誰知此趣，孤鶴語殷勤。（《後集》二二：992）

### 《次芸居湖中韻》

放棹湖心去，風恬雨盡時。插天青嶂合，戀水白雲飛。酬酢杯頻舉，摴蒲局屢移。

碧蓮香不斷,歸路浥人衣。(《後集》二二:992—993)

### 《送汪謙齋赴松陽簿》

愛爾名家千里駒,別親遠宦問津初。要知撫字覦爲錦,豈但勾稽事出朱。青眼相逢須入幕,綠窗得暇且觀書。故人此外無他屬,嵐翠高寒保二雛。(《後集》二二:993)

### 《謝友人惠簟兼簡儲文卿》

風綯秋波細織成,展來堂上眼增明。若因古制當爲席,或用方言强作笙。居士未眠心已爽,此君到死骨猶清。呼兒掃净池軒上,便欲移床聽雨聲。(《後集》二二:993)

### 《遇故人會飲分韻得山字》

剩呼歡伯作清歡,百日終無此日閑。苦被俗緣欺綠髮,莫談世事對青山。一天秋色雁聲外,十里香風桂子間。光景易流人易散,杖頭須帶夕陽還。(《後集》二二:993)

### 《琴川致道觀簡葉制幾》

巋然樓殿壓崇岡,八百年來古道場。三級危壇封翠蘚,七星靈檜滴清霜。丹空綠合人何在,塵滿朱欄井尚香。絕愛陰符碑字古,每來模索立修廊。(《後集》二二:993)

### 《送汪耘業赴番易判官》

柳寒莫折折官梅,持贈君行盡此杯。惜別不能無淚落,相逢難得便心開。改弦作意趨元幕,通籍那愁滯遠才。指點芝山應更喜,板輿迎自日邊來。(《後集》二二:993)

### 《白髮詩》

白髮晶晶抑可籲,鑷來渾覺鬢邊疏。近緣病起頻添此,全謂吟多枉謗渠。老境漸侵羞覽鏡,清晨閑理不勝梳。頭顱如許真堪笑,猶向書中作蠹魚。(《後集》二二:993)

### 《觀棋》

洞口雲深晝景遲,支筇閑看野人棋。路無寬褊眼須活,機有淺深心自知,忽忽滿盤紛黑白,明明一著繫安危。要當險處精神到,何用頻更局面爲。(《後集》二二:993)

### 《憶舊游》

二十年前氣頗豪,每逢潮上客相招。松間躍馬游三竺,花底移舟醉六橋。拂壁便題誇得句,扣舷相和索吹簫。欲尋此樂何時再,對水看山意未消。(《後集》二二:993—994)

### 《宜永雜興》

雙蝶來何許,騰騰翅粉妍。蘧然風逴去,却在楝花邊。簷隙蒲蘆祝,籬根熠耀飛。静中觀物化,頗亦見天機。竹偃竿竿碧,檉搖穗穗紅。午過書未讀,清坐一簾風。臨字每僵指,煉詩常斷須。不知勤苦學,學到古人無。(《後集》二二:994)

### 《呼猿洞》

雲裏諸峰冷未開,洞深無路陟崔嵬。杖藜厯石驚猿去,却倩山僧喚得回。(《後集》二二:994)

### 《積雪折竹有感》

清修抱節碧欄東,積雪俄摧玉一叢。擬奏通明劾螣六命,祇愁天路有剛風。(《後集》二二:994)

### 《寓吳氏園》

杏花風裏蝶翻翻,池館無人自往還。不把詩來供日課,也難消遣許多閑。(《後

### 《寄番易判官汪耘業》

賞音投合事非難,五鶚齊鳴上九關。從此暮雲休悵望,春風催入紫宸班。(《後集》二二:994)

### 《跋龍眠春牧圖》

鐵脊驕驄玉面騍,分明相逐下晴坡。當時不聽支郎語,駿骨人間應是多。(《後集》二二:994)

### 《冷泉亭》

鳥語泉聲自抑揚,松風時拂藥花香。老僧坐足歸寮去,替與游人憩晚凉。(《後集》二二:994)

### 《清湖》

兩河秋水碧瀰瀰,鑿得西湖一脉通。流去有聲曾細聽,市橋人静月明中。(《後集》二二:994)

### 《游南山》

屐齒黏雲上石梯,躋攀巇絶立移時。好奇一世應成癖,咋指從來笑退之。

上山得似下山輕,不用笻枝緩緩行。行到水邊才覺倦,却浮一葉指烟城。(《後集》二二:994—995)

### 《金林檎花》

半拂馬支帶露香,玉環春晚試新妝。三郎晚節無公論,剛把丰肌比海棠。(《後集》二二:995)

### 《步虚詞四闋壽吳静庵》

朝元天路慶雲多,桂樹吹香冷郁羅。應爲仙翁今日壽,玲玲環佩下星河。

紫鳳銜書出九關,頻年光動虎林山。龍奎錫號恩雖異,自視浮榮衹等閑。

欲識吾庵以静名,内觀何有外無形。探天别得長生訣,獨抱清明合至靈。

金簡標名玉篆階,莫將松鶴擬年華。逍遥太極秋光裹,細挹天漿對菊花。(《後集》二二:995)

### 《書扇》

榴花枝上雨實迷,睡起鈎簾放燕歸。簪玉無聲窗几潤,一簾香靄自熏衣。(《後集》二二:995)

## 二、《全宋詩》未收詩人

《全宋詩》未收劉仙倫、徐從善、杜旟 3 人詩作,今補此 3 人詩作 48 首。

### (一) 劉仙倫 35 首

### 《中秋有懷》

吾廬有寒梅,老幹秋風多。上有雙棲烏,夜月聽我歌。一别三載强,梅影應婆娑。

烏今來不來,奈此明月何。(《小集》四九:370)①

### 《梅樹秋》

誰將和羮姿,植彼江之墳。老葉才脱柯,生意覺已欣。寒流帶孤標,淡月寄一痕。莫作搖落看,不有春風根。(《小集》四九:370)

### 《水楓歎》

楓葉不耐冷,露下燕支紅。無復戀本枝,策策隨驚風。鄉來樹頭蟬,去盡不見蹤。日落秋水寒,哀哀叫征鴻。(《小集》四九:370)

### 《得蟹無酒》

水鄉秋晚得白蟹,望斷碧雲無酒家。此意凄涼何所似,淵明醒眼對黃花。(《小集》四九:370)

### 《盱江道中》

過雨青山啼杜鵑,池塘水滿柳飛綿。田家正是忙時節,女採桑歸男下田。(《小集》四九:370—371)

### 《有懷二小姪》

殊鄉憶諸姪,觸緒成歎嗟。阿獮蚤失父,笂笂垂兩髽。已知陟岵悲,啼哭聲啞啞。阿赣幼丰下,出入常隨爺。別時俱學書,落紙翻老鴉。倒指今三年,爲學當日佳。應解對我兄,言叔不還家。何時重抱持,課書賞梨楂。看渠俱成人,憐我雙鬢華。侍我兄弟醉,會當相扶義。(《小集》四九:371)

### 《贈曾相士》

大曾兩眼如磨銅,坐上一顧凡馬空。發天機緘被天惡,老死不遇悲途窮。小曾短小眼如鶻,冷地看人看入骨。誰云輪扁不傳心,獅子還生獅子窟。倒拖挂杖行九州,平生慣識公與侯。得錢送家養老母,衣袂慘澹行囊羞。我慵百事不入耳,休說功名老無味。它年相伴竹溪頭。同采芙蓉渡秋水。(《小集》四九:371)

### 《西林留題》

路入康廬西復西,翠烟深處著招提。山僧幾輩雪垂領,水鳥數聲雲滿溪。莫對青山談世事,且循粉壁看留題。禪房夜卧衣裳冷,夢破鐘聲落月低。(《小集》四九:371)

### 《盱江驛舍中有婦人書一憶字筆勢頗姿媚游子明王相之皆題詩其後率余同賦》

陽臺雨歇行雲杳,天闊鴻稀春悄悄。鸂鶒孤眠怨芳草,夜夜相思何日了。妾非無聲不敢啼,妾非無淚不敢垂。柔情欺損青黛眉,夢魂暗逐蝴蝶飛。春風著人瑣窗綠,綠窗書字寄心曲。細看香翰婉且柔,中有閑愁三萬斛。向隅棄筆惆悵時,此情默默誰得知。無緣相見空相憶,不如當日休相識。(《小集》四九:371)

### 《盱江道中》

屈曲清江遠徑斜,綠陰深處隱人家。嵐昏山色未還觀,水落漲痕猶在沙。麥熟村村喧水碓,蠶成處處響繅車。馬頭忽覺清香近,路轉橋南有野花。(《小集》四九:371)

### 《挽萬知丞》

大策雄文屢決科,可憐身世竟蹉跎。韋編絕後門長閉,衫色青時鬢已皤。楚澤風

---

① 《小集》指陳起《江湖小集》,"四九"指第四九卷,"370"指第 370 頁。下同。

烟閑簿領，藍田松竹飽吟哦。詩魂今夜誰招得，奈此西山暮雨何。（《小集》四九：371—372）

### 《哀青樓曲》

東風吹衣樓百尺，青錢喚酒春壺碧。樓中女兒顏如花，欄幹斜倚春無力。翻騰舊曲偷宮商，顧曲豈怕周家郎。態濃意遠淡梳掠，依約風韻追韋娘。樽前時複度芳呀，長恐秋波落金盞。自言流落小民家，似恨相逢太晚。籲嗟綠綺琴，弦絕無知音。行雲忽何處，十二巫山深。巫山深兮君不來，春無色兮意裴回。夕陽下兮猿叫哀，可憐宋玉空多材。（《小集》四九：372）

### 《送徐淵子知縣二首》

君作西昌宰，人如太史賢。化行黃犢外，心在白鷗邊。訟理無公事，官清祇俸錢。篷窗載書畫，頗似米家船。

城郭春寒夜，郵亭小泊時。相逢一樽酒，共説十年詩。風雨成輕別，江山莽後期。著鞭從此去，早到鳳凰池。（《小集》四九：372）

### 《過嘉興》

惆悵嘉興路，三年幾度經。航船連夜發，更皷隔城聽。落月低烟樹，秋風冷露螢。客懷容易感，宜醉不宜醒。（《小集》四九：372）

### 《陳惟定得蜀墨一笏於觀音老僧磨試奇甚落刀中分賦此爲贈》

吾聞蜀道如天高，寸步千嶺愁猿猱。蒼官老據岷峨上，誰肆斬伐焚其膏。生刲長鯨割其白，丁當萬杵舂成膠。甄陶出此數寸玉，山靈河伯俱啼號。蜀人寶之夜光發，六丁竊取潛通逃。麗眉老僧打化得，要與祇樹供題抄。却憐南澗詩壇豪，贈之爲染霜兔毫。欲令拍肩李供奉，脱靴醉換紅錦袍。梅坡覓句心切切，沉著無處安推敲。陳玄嫌我窘到骨，隨世冷暖成絶交。賢哉南澗得此寶，中分肯落并州刀。得之欲顛喜欲舞，助我詩思來滔滔。自臨清流洗破研，赤脚不怕風霜饕。歸來小試病風手，玄雲潑潑生烟濤。未能接武居螭蚴，萬古一筆定貶褒。爲君且費千幅紙，鴉兒大字書離騷。（《小集》四九：372）

### 《熊帥生朝》

南極星明夜未央，將軍初度近重陽。平生忠義心如鐵，今日棲遲鬢點霜。沙漠草凋邊馬健，玉關秋老角弓强。朝廷緩急須公出，更看黃花晚節香。（《小集》四九：373）

### 《以騎驢鍾旭送秦先之》

髯鍾矍鑠老據鞍，曾入大内見阿瞞。樸頭垂脚藍綬敝，不知班簿爲何官。天寒歲晚日雲暮，霜風吹驢耳卓竪。老臧負笠衣裳單，反袂掩口趾穿屨。華門我恐難留君，收卷送似秦將軍。將軍文事有武備，眉骨自是凌烟人。汝當訶護謹厥職，勿但縮頭徒掛壁。將軍來歲在殿巖，豐汝牲醪作除夕。（《小集》四九：373）

### 《秋夜長曲》

秋夜長，秋月明，愁人不成眠，搔首行中庭。天高氣肅萬籟息，銀床凍損寒露零。碧梧已蕭條，栖烏中夜驚。枯荷倒秋水，夜氣冰流螢。銅壺悲咽漏下澀，深閨何處鳴寒砧。亦有朱門人，環坐圍娉婷。玉觴催喚酒，銀甲紛彈箏。衣篝龍腦熏繡被，珊瑚枕暖愁鷄聲。秋夜長，秋月明，此時幾人知此情。（《小集》四九：373）

### 《魏塘道中》

霜葉紅於染，寒溪湛若澄。幾聲歸雁急，數點暮山青。淺盞頻斟酒，長塗小作程。萬緣天已定，得喪一毫輕。（《小集》四九：373）

### 《題惠崇鷺鷥》

清霜著木高柳枯，驚風獵獵吹寒蘆。蘆根敗蓼色慘澹，沙觜無復菰與蒲。風標皎皎四公子，來從西雝有閑思。肝腸澡濯秋水清，雪衣不受泥土滓。偶得一飽即自如，鵬飛萬里何關渠。出離風波岸上立，豈祇臨淵常羨魚。惠也小景稱獨步，那知寫生尤得趣。傍邊謹勿生機心，恐即長鳴過溪去。（《小集》四九：373）

### 《江亭晚望》

瘦筇支我碧波灣，小倚危亭取次閑。斷雨挾雲歸嶺嶠，怒濤推月出雲間。猿啼遠樹家何處，雁斷西風鬢欲斑。歸計未成秋又老，浩然無語對南山。（《小集》四九：373）

### 《李泰伯祠堂》

城西泰伯舊祠堂，碧蘚斕斑草樹香。曩昔功名雲樣薄，後來文字日爭光。蒼髯冉冉猶含怒，辯口痁痁尚帶霜。若使先生居戰國，不知何道處齊梁。（《小集》四九：374）

### 《送陳惟定惟定有伏闕上書之意因以箴之二首》

征衫結束賦歸歟，出得樊籠氣便舒。爲福定知因失馬，浩歌元不歎無魚。江湖是處堪垂釣，虎豹當關莫上書。食肉宜憂我何預，問津恐復遇長沮。

傾蓋相逢二紀前，六回相見兩華顛。詩成神鬼皆遭役，命薄文章不直錢。此事如斯君可去，西齋重到我凄然。他年卜築如相覓，更約西山暮雨邊。（《小集》四九：374）

### 《寄蕭彥毓》

蕭郎門巷近何如，想見青青長碧梧。樓外青山無恙否，琴中流水有知無。他年歸橐惟詩卷，別後春風負酒爐。望斷碧雲無過雁，夕陽孤鳥沒平蕪。張漕仲隆快目樓，天上張公百尺樓。眼高四海氣橫秋，祇愁笑語驚閭閻。不管欄干犯斗牛，遠水拍天迷釣艇。秋風萬里入貂裘，面前不著淮山礙。望到中原天盡頭。（《小集》四九：374）

### 《寄韓平叔二首》

相從車轍半江西，同歷悲歡共險夷，孺子亭前春繫馬，庾公樓下夜聞鷄。放懷呼酒長歌日，促膝挑燈細語時。暗憶凄涼多少事，此情不語有誰知。

淡烟秋水白漫漫，夜別江亭劍氣寒。千里思君愁月色，有時無語倚欄幹。倡酬詩卷應無恙，耐久交情過後看。他日歸舟無俗客，撐篷容我話辛酸。（《小集》四九：374）

### 《臨川報恩寺與涂子載陳惟定分韻得丹字》

杏花枝上雨初乾，梵宇苔深碧瓦寒。三客燈前共湖海，五言詩裏定金蘭。殘年短髮因愁白，多病衰顏借酒丹。後夜相思月千里，不堪獨自倚欄幹。（《小集》四九：375）

### 《驄馬行》

憶昔初見驄馬歸，主人愛馬過愛兒。丁寧圉人謹相視，一夜十起芻秣之。長年煮料雜以豆，按時飼馬欲馬肥。爬梳剔抉去疥癩，裂鼻灌藥煩獸醫。膘成十個料花出，如以膏沐膏其皮。青絲絡頭鞍韉好，鎏金作鐙光陸離。主人愛馬馬戀豆，牽來顧主時驕嘶。口才三齒力方壯，未老保生常乘騎。淮南忽然有馬至，骨骼比此尤雄奇。驕黃鐵脊豹其脚，雲鬃霧鬣風披披。刺頭齧齕過若電，脫兔犇鹿何由追。主人意却在新馬，衆口共譽無一違。停燈在厩潔水草，恰似驪馬初來時。驪馬在傍意慘澹，雖未見斥頭已垂。嗚呼驪馬勿用悲，自古世事皆如斯。幽王昔日娶申後，既得褒姒後寵衰。楚王宮中棄前魚，紅袖嗚咽流涕洟。人心改變在頃刻，嗚呼驪馬勿用悲。嗚呼驪馬勿用悲，淮南無日無馬來音離。（《小集》四九：375）

### 《寄朱濟仲》

家在三千里，人來天盡頭。角聲連夜月，草色帶邊秋。妻子仍多病，音書缺寄郵。歸心與寒雁，先已過瓜洲。（《小集》四九：375）

　　　　筆者按：劉仙倫，生卒年不詳，一名儗，字叔儗，號招山，廬陵人。仙倫詩名聞海内，曾與劉過並稱，淳熙間稱“廬陵二劉”。才甚豪，不遇，布衣終其身。其詩新警峭拔，洗脱塵腐，不爲格律所拘，有《招山小集》。又，陳起《江湖小集》卷四九所收劉仙倫《招山小集》中另有《仲立於枕上和余韻夜半得詩句敲門唤余攝衣而起相對語於野航橋上殊爲勝絶因再用韻》一首，《全宋詩》卷二八六三亦有收録，題作《廬陵劉氏以仲立於枕上和余韻夜半得詩句敲門唤余攝衣而起相對語於野航橋上殊爲勝絶因再用韻》，作徐文卿詩，兩處所收詩作題異詞同，兹不重複收録。

## （二）徐從善 12 首

### 《山中》

山中隱計成，習懶自無營。醉薄人生事，貧諳世俗情。床頭惟有易。身外不須名。千載知吾意。無如向子平。（《後集》十五：918）

### 《呈芸居》

生來稽古心，文士獨知音。世事隨年懶，詩愁入鬢深。夢拋三尺組，書敵幾篇金。何似謀清隱，湖山風月林。（《後集》十五：918）

### 《趙令尹知常軒》

利欲如雲翳碧虚，已私克盡始還初。人情多向巧中拙，造物偏從密處疏。冷笑金多堪作塢，極知水到自成渠。作詩曾廣名軒義，應記南州孺子徐。（《後集》十五：918）

### 《題雅溪必種軒》

之子風流邁晋人，區區凡木肯同群。數竿隨寓堪爲友，一日豈容無此君。鏤月影憐虚處見，吟秋聲愛静中聞。凌霄事業符高趣，看取年年長綠雲。（《後集》十五：918）

### 《題碧雲禪房》

我輩偷閑祇暫時，買山應負昔年期。客因覓句心自語，僧説坐禪寒不知。香滯濕雲看穗冷，磬隨深澗覺聲遲。小窗風掠梅花落，清逐茶烟度竹籬。（《後集》十五：918—919）

### 《初春》

霜曉初陽潔，游嵐散薄痕。夜來殘雪盡，新水滿漁村。（《後集》十五：919）

### 《江上夕思》

蘆葦風輕晚色和，秋光清潤入漁歌。夕陽灎灎長江上，最是歸舟載得多。（《後集》十五：919）

**《桃花飄盡悵然有感》**

東風如幻已飛埃,劉阮逡巡去不回。惆悵香紅能幾日,又隨流水到蓬萊。(《後集》十五:919)

**《書白雲石上》**

精舍雲深流水遶,世事良多松自老。山中僧定幾朝昏,門前石徑無人掃。(《後集》十五:919)

**《瓜洲別吳菊潭》**

鄉國無書憶老親,昨來邊報不堪聞。江頭握手收征淚,不喜留君喜別君。(《後集》十五:919)

**《宿山家》**

好山長向屋頭橫,竹建泉聲入甕鳴。洗得芋魁留客坐,旋吹灶火點榕明。(《後集》十五:919)

**《即事》**

七十衰翁雪滿頭,未談邊事涕先流。更言近日無和糴,縱是凶年亦免愁。(《後集》十五:919)

> 筆者按:徐從善,生卒年不詳,字仲善,古括人,有《月窗摘藁》。

## (三) 杜旟 1 首

**《白頭吟》**

長安春風萬楊柳,新人妖妍舊人醜。貧賤相從富貴移,舊時犢鼻今存否? 長門作賦價千金,不知家有白頭吟。(《宋》五六:1423—1424)

> 筆者按:杜旟,生卒年不詳,字伯高,金華人。嘗登呂成公之門,淳熙開禧間,兩以制科薦,有《橋齋集》。

# 閻若璩未刊書劄十一通輯釋<sup>*</sup>

## 宣燕華

　　**摘　要：**通行的乾隆十年眷西堂刻本閻若璩《潛邱劄記》卷五，收閻氏書劄 173 通，內容大體皆爲論學談藝，對於研究閻若璩及清初學術皆有重要價值。現藏上海圖書館的拜經樓舊藏抄本《潛邱劄記》七卷，其內容形成於刻本之前，且較刻本多出詩 19 首、雜文 8 篇及書信 11 通，具有極高的版本和校勘價值。其中的書信 11 通，在抄本中是完全連續的，且皆爲言之有物的論學之文，其未入於刻本很可能是出於無意的遺漏而非有意的刪削，是此抄本所見佚文中最有價值的一部分。今輯録之，以供學者研究。

　　**關鍵詞：**閻若璩；潛邱劄記；上海圖書館；佚文；書劄

　　閻若璩（1636—1704，山西太原人，寄籍江蘇山陽）是清代樸學開山時期最重要的學者之一，除最著名的《尚書古文疏證》一書外，其筆記體著作《潛邱劄記》亦久負盛名，《四庫全書簡明目録》稱其“與顧炎武《日知録》方軌並騖，未決誰先”①。通行的乾隆十年眷西堂刻本《潛邱劄記》卷五，收閻若璩書劄 173 通，內容大體皆爲論學談藝，對於研究閻若璩及清初學術皆有重要價值。現藏上海圖書館的拜經樓舊藏抄本《潛邱劄記》七卷，其內容形成於刻本之前，且較刻本多出詩 19 首、雜文 8 篇及書信 11 通，具有極高的版本和校勘價值。其中的書信 11 通，在抄本中是完全連續的，且皆爲言之有物的論學之文，其未刊入刻本很可能是無意的遺漏而非有意的刪削，是此抄本所見佚文中最有價值的一部分。11 通書劄皆列於《與戴唐器②書》目下，對應眷西堂刻本的位置爲卷五頁五十三“李商隱與陶進士書”條與頁五十四“虹考去後”條之間。今輯録並略作考釋如下，以供學者之研究。

---

一

　　吳草廬序王荆公文，以唐宋文人有七家，小蘇不預焉③，可見元尚未有八家之目。萬曆中南豐刻曾集云：“世藏先生《隆平集》數十卷，別無副本，未敢示人，即豐人士亦不知先生復有是書，雅欲手寫，傳之好事，以困公車未能。”④可見今

---

　　* **作者簡介：**宣燕華，女，南京大學文學院（江蘇南京 210023），在讀博士生，主要從事清代學術史研究。
　　① （清）永瑢等撰：《四庫全書簡明目録》，華東師範大學出版社，2012 年，第 483 頁。
　　② （清）戴晟（1659—1735），字西洮，又字晦夫、唐器，江蘇山陽人，師從黃宗羲，有《瘞硯齋集》。
　　③ （元）吳澄（1249—1333），《臨川王文公集序》云“合唐宋之文，可稱者僅七人”，分別爲韓愈、柳宗元、歐陽修、蘇洵、蘇軾、曾鞏和王安石。
　　④ （明）寧瑞鯉《重刻曾南豐先生文集序》。

尚有此書，在其裔孫家也。連閱宋、金、元天文及曆志證成。《疏證》中及曆法者，頗爲絕學，蓋知曆者不知《胤征》僞書，紛紛附會，日食至不可言。弟以爲僞，再參以曆法，虛空粉碎矣。

按：此劄涉及閻若璩對《尚書古文疏證》中曆法部分的自我評價，認爲以曆法證僞是自己的一大發明，反過來又可以糾正曆法學者對古文《尚書》的附會之失。具體見《尚書古文疏證》卷六上第八十一條"言以曆法推仲康日食《胤征》都不合"。

## 二

　　錢宗伯學第一，詩次之，文又次之。今人以爲文勝其詩者，非也。顧處士學第一，詩次之，不在能文之列。徐昭法以爲今之作者，此胡説也。黃徵君學第一，文次之，不在能詩之列。今人以爲文勝其學者，亦非。① 聖人復起，不易吾言。吾兄具眼人也，楊序果從小杜《李賀序》脱胎②，但不及杜文之有意味，豈唐宋人之別耶？豈廷秀原不及牧之，非關時代邪？放翁却佳，似勝廷秀。《宋史》本傳"堰在松陽、遂昌之間，激漢水溉田"③，此處那得有漢水，應是溪字之訛。三顧于此等不能辨，仍其訛舛，此昌黎以詩人爲餘事，韋蘇州以"讀書事已晚，把筆學題詩"自命也。然《序》以黃衣屬健步，不知何典故，知否？戰國時黑衣，晋時白衣，皆吏之衣也，或宋不同在此。學問真無窮無盡也，可勝浩嘆不盡。

按：此劄評騭清初三家錢、顧、黃的詩文和學術成就，並指出了與時人評價之不同。閻氏認爲三人最突出的成就皆不在詩文，而在學術。他在《潛邱劄記》中屢屢表達對三人學問的拳拳服膺之情，例如在另一通寫給戴唐器的信中説道"生平所心摹手追者，錢也，顧也，黃也，黃指太冲先生，顧指寧人先生"④，在《南雷黃氏哀辭》中又寫道："博而能精，上下五百年，縱橫一萬里，僅僅得三人焉，曰錢牧齋宗伯也，顧亭林處士也，及先生而三。"⑤閻氏將錢、顧、黃三人視爲清初學術界的巨擘，而並不看重他們的文學地位，認爲時人的普遍看法不甚恰當，這對我們認識當時的學界和文壇格局具有很大的參考價值，同時也有助于我們理解閻若璩的學術宗旨和淵源。

## 三

　　張東海名弼，字汝弼，華亭人，成化丙戌進士，官南安府知府，詳牧齋《列朝詩集》丙之四，可檢看也。但牧齋原本稱其弘治丙戌進士，弟一見疑之。孝宗十八年，始戊申，終乙丑，安得有丙戌紀年。嘗記羅一峰爲成化二年丙戌狀元，弘治其成化之訛乎？且陳白沙以成化十八年辟召至京，道出南安，正張東海爲太守，賦

---

① 以上分別指錢謙益（1582—1664）、顧炎武（1613—1682）、黃宗羲（1610—1695）。徐昭法爲徐枋（1622—1694），江蘇長洲人，有《居易堂集》。
② 楊序指楊萬里《石湖先生大資參政范公文集序》，見《誠齋集》卷八十二；杜序指杜牧《李賀集序》，見《樊川文集》卷十。
③ 《宋史》卷三百八十六《范成大傳》。
④ 《潛邱劄記》卷五，閻氏眷西堂刻本。
⑤ 《潛邱劄記》卷四上，閻氏眷西堂刻本。

詩往復,有《玉枕山詩話》盛傳于世,安得弘治方成進士? 故敢放筆改正。所謂觀天下書未遍,不得妄下雌黄。弟觀書遍天下,豈尚有疑於中,而輒筆不下乎? 弟嘗自謂:話到即覺,境到即悟,書籍不得而欺我,實海内絶學。黄先生①亦有不及閻生處,况他人乎?

按:此劄提供了閻氏考據和校勘的一個實例,以"觀書遍天下"的自負"放筆"理校,正是閻氏學術的一個鮮明特徵。

# 四

《史記》《漢書》俱作咸,注,咸一作函,自然咸字爲是,《文選》安知非傳寫之訛增偏旁?② 雖然,就减字解,亦無不可,古人所謂兩義並通者是也。以《史》《漢》正《選》,或尚可,竟以《文選》正《史》《漢》,斷斷不可,惟高明者知之。如運籌帷幄之中,《漢書》語也,《史記》作帷帳,豈得謂《史記》非耶? 各有所出耳。一飯之德,見《范睢傳》,若大丈夫勿顧一飯之恩,又出《唐書·劉從諫傳》,豈得謂恩字無本耶? 文憲③雖朱子一派,其實純乎禪,錢牧齋以爲當入從祀④,非矣。連考陽明之入從祀,廷議不許,申時行密揭神宗,取中旨而行,醜矣醜矣! 念臺先生⑤曾議薛文清⑥在内閣,不能救于謙之死,精嚴之至。此等議論,可配聖經,見《雒閩源流録》⑦,此書不可不覓一部藏之。

按:此條可見閻若璩對于宋明理學的態度。《雒閩源流録》中的相關文字,閻若璩曾全加手録,見今《潛邱劄記》眷西堂刻本卷一頁六十六—六十七。

# 五

《顧命》明是"兑之戈、和之弓、垂之竹矢",安得有"兑弓和矢"之文? 近方覺□□(筆者按:原文空兩格,當爲震川,指歸有光)先生文用事亦多誤處,如《洪範傳》"大事先筮而後卜,晉侯得阪泉之兆僖二十五年,趙鞅遇水適火哀九年,又筮之是也"⑧。如此則當云先卜而後筮,《左傳》可考,何得誤以先筮而後卜耶? 吾兄于此等可考《尚書》《左傳》,以見弟非謬,而于學問亦思過半矣。王圻《續文獻通考》于二十四考補一考曰謚法,即取王元美《古今謚法考》全全登載。遍查元臣謚,無潘昂霄,此自有故,元美止按《元史》列傳有謚者録出,潘既無傳,安從考其謚,只好兩載,以出自子孫爲近是耳。

按:歸有光在閻氏心中的地位與錢謙益頗有相似處,即于文學成就之外更看重其

① 指黄宗羲。
② 司馬相如《難蜀父老》中的一句,《史記》、《漢書》作"上咸五,下登三",《文選》作"上减五,下登三"。
③ (明)宋濂(1310—1381),謚文憲。
④ 見錢謙益《牧齋有學集》卷四十九《書趙太史魯游稿後》。
⑤ (明)劉宗周(1578—1645),字起東,號念臺,浙江山陰人,有《劉蕺山集》。
⑥ (明)薛瑄(1389—1464),謚文清,理學巨儒。
⑦ 見《雒閩源流録》卷三薛瑄條。
⑧ 見《震川集》卷一。

學術造詣,此則雖爲批評,却仍可見其服膺。歸氏對清初學術的影響至今仍没有得到恰當的估計,閻氏的相關表述是我們考察此問題的重要參照。

## 六

昨述李退庵侍郎①對汪苕文②云,《菁菁者莪》之什,什字用不得,此篇名在《彤弓》之什內,查《毛詩注疏》、朱子《詩集傳》皆可見。駁人者乃爲人所駁乎? 真可一笑。雲九③兄枉過,將寒食畢竟在何日,出《月令廣義》所載异説,令其折衷,反復良久,方得表裏洞達,吾兄可切記。曰中曆自漢至明,寒食在清明前二日,如清明係丙寅,寒食則甲子是也。西曆愈精,寒食在清明前一日,如清明係丙寅,寒食則乙丑是也。老弟蓄意數十年,今方一口説盡。《元史·河源附録》,"至元十七年,都實窮河源,還並圖其城傳位置以聞。其後翰林學士潘昂霄從都實之弟闊闊出得其説,撰爲《河源志》。臨川朱思本又從八里吉思家得帝師所藏梵字圖書,而以華文譯之,與昂霄所志互有詳略。今取二家之書,考定其説,有不同者,附注于下",潘昂霄見《元史》僅此。愚嘗謂元有二絶,郭守敬曆法也,都實河源也,皆出世祖至元十七年一年間。可笑王守溪不信,真夏蟲不可以語冰。

**按:** 閻氏所謂二絶,其實也代表了他本人的兩個重要學術方向——地理學和曆法學,這兩種實學色彩非常濃厚的專門之學,實際也是乾嘉學術的重要組成部分,從這一學術取向的承繼也可以看出閻氏在清代學術史上的地位。

## 七

顧景範④地學得其大,黃子鴻⑤得其細。□□(筆者按,原文爲兩空格)未遇江夏南雷先生⑥,《水經》已被渠攻駁無完膚,每駁每絶倒也。所説某上人既爲遵王⑦高第弟子,則牧齋之再傳門人,今聞出南雷先生門,得其緒餘者,無不可喜可愕,況虞山乎? 施虞山學問似未討論,不可不兼攝之。嘉靖時詩,時天水胡纘宗出獄,謝榛貽之詩曰"白首全生逢聖主,春山何意見騷人",又玉峰王永祚之子詩曰"無恙此山色,相思只酒人"。遵王改句似從此偷來⑧,真盜狐白手也。弟欲一面某上人,問牧齋遺事一二,竟不可得而把臂矣。元祐黨籍碑,鮮于綽乃鮮于侁之子,字子駿,東坡最交好,不獨司馬、范、吕三家爲父子,南雷先生又一逗漏矣。雖然,此不見《宋史》,黃僅據《宋史》,未博極群書也,恐此等輸却牧齋一籌。安得趁其一息尚存,縮地告之,使後生可畏,來者難誣。

---

① (清)李敬(1620—1665),字聖一,號退庵,江蘇六合人,有《退庵集》。
② (清)汪琬(1624—1691),字苕文,號鈍翁,江蘇長洲人,有《堯峰文鈔》。
③ 當爲秦文淵,通天文曆法,有《秦氏七政全書》。
④ 顧祖禹(1631—1692),字景範,江蘇無錫人,有《讀史方輿紀要》。
⑤ 黃儀(1636—?),字子鴻,江蘇常熟人,有《紉蘭集》。
⑥ 指黃宗羲。
⑦ 錢曾(1629—1701),字遵王,江蘇常熟人,從學於族曾祖錢謙益。
⑧ 可能指錢曾《莪匪樓成詩以自賀八首》其三"但覺窗中山窈窕,不論床下客何如"一句。此詩作于康熙十二年(1673),詳見謝正光:《錢遵王詩集箋校》(增訂版),"中央研究院"中國文哲研究所,2007年,第225頁。

　　按：此則可見閻氏推重牧齋更甚于南雷。閻氏的批評針對的是黃宗羲《陳定生先生墓志銘》中“元祐黨人，唯司馬光、司馬康、范純仁、范正平、吕公著、吕希仁父子名在黨籍，而先生之父子實似之”①一句。此劄當與《潛邱劄記》卷五頁二十八—二十九《與戴唐器書》“歸讀《陳處士墓表》”一劄參觀，二劄皆論及黃氏《陳定生先生墓志銘》一文中的錯誤，當約略爲一時所作。

<h1 style="text-align:center">八</h1>

　　《傳是樓記》②，“經則傳注義疏之書附焉”，此句不通之甚，《易》《書》《春秋》等雖有專刻正文本，畢竟算不得，經豈有舍傳注義疏者哉？當改曰“經則義注、讖緯、小學之書附焉”。細讀《隋·經籍》《唐·藝文》及《通考·經籍考》，方知此句之妙也。《御書閣記》③，“冬十月戊午，越二日庚申”，此句亦不合經。《召誥》“三月丙午朏，越三日戊申，越三日庚戌”，皆連本日數，則越二日庚申，當改曰越三日庚申。唯《武成》“丁未祀于周廟，越三日庚戌”，離本日數，此偽書之顯露破綻者，詳見《疏證》④。《傳是樓記》前云“子孫未必能世富、世寶、世享娛樂”，即司馬溫公之唾餘，後云“讀而不行，與弗讀同”，又老生之常談也。試取牧齋《千頃齋藏書記》⑤，《有學集》刪節了，非原本；黃先生《天一閣藏書記》⑥如數家珍，歷歷指諸掌，不千百倍于鈍翁乎？鈍翁自喜文集多説經，牧翁不及我，弟獨議其經學不深。如云自唐世盛行毛、鄭，而齊、魯、韓三家遂亡⑦，何异説夢？殊未讀《隋·經籍志》乎？亦知高子遺書之妙⑧，難得難得。蓋文章家多不尚理學也。《徐圃臣集序》⑨佳絶，三記有法不待言，豈有鈍翁而無法者哉？弟則終以爲遜侯朝宗、魏叔子⑩。且姑存此論，他年垂七十再案此言，何如？每遭此輒欲發憤讀書忘言，願先助我。

　　按：此則評論汪鈍翁文章，多譏談。蓋閻氏與汪氏夙怨甚深，故多相互詆毀。而汪氏對于閻氏極推崇之錢牧齋多所詆訶，如《讀初學記》一文云“夫理學固非牧齋所知。姑以文字言之，集中如《天臺泐法師靈异記》《萬尊師》《徐霞客》諸傳，駮駮不經，曾郘書燕説之不若。尚未能望見班馬藩籬，況敢攀六經乎”⑪，或許也是招致閻氏以彼之道還施彼身的原因。但閻氏所論汪琬不深于經學，則堪稱的評，鈍翁亦恐不能自辯。從閻氏所論也可看出，當時已將汪琬、侯方域和魏禧三人並稱。

---

①　見（清）黃宗羲著，陳乃乾編：《黃梨洲文集》，中華書局，2009 年，第 184 頁。
②　（清）汪琬《傳是樓記》，見《堯峰文鈔》卷二十三。
③　（清）汪琬《御書閣記》，見《堯峰文鈔》卷二十三。
④　見《尚書古文疏證》卷四第五十三條“言《武成》癸亥甲子不冠以二月非書法”按語第一則。
⑤　（清）錢謙益《黃氏千頃齋藏書記》，見《牧齋有學集》卷二十六。
⑥　（清）黃宗羲《天一閣藏書記》，見《南雷文定》卷二。
⑦　（清）汪琬《詩説序》，見《堯峰文鈔》卷二十六。
⑧　（清）汪琬《重刻高子遺書後序》，見《堯峰文鈔》卷二十七。高攀龍著。
⑨　（清）汪琬《徐圃臣集序》，見《堯峰文鈔》卷二十八。
⑩　時汪琬古文與侯方域、魏禧齊名，有“國初三家”之稱。
⑪　（清）汪琬《讀初學集》，見《鈍翁類稿》卷五十。

# 九

　　黄先生《庚戌集自序》末云，"先聖庚戌生，朱子庚戌生，余亦庚戌生，論者以謂朱子發明先聖之道，似非偶然"①，妙妙。今日讀宋景濂門人□□（筆者注：原文空兩格，當爲林静）曰："吾夫子與朱子生同庚戌，今濂溪先生之生亦於是歲。人謂聖賢之出，鍾靈降秀，爲世禎祥，天之所畀信乎？其不偶也。"②若黄先生更將景濂之生補出，在朱子後，己之前，豈不更妙？或曰："我先生直繼朱子，豈屬濂溪？"非也。此考之不博，無高明勝己之人告之耳，告則未有不欣受者。

**按：**閻氏自負高明過于黄宗羲，在私人書信中顯露無疑。戴晟爲南雷及門弟子，閻氏屢在信中直言批評其師，或許是想通過戴氏轉致黄氏之耳。黄宗羲曾爲閻氏《尚書古文疏證》四卷本作序，但二人終身未曾晤面。南雷死後，閻氏方因戴氏兄弟之介而執弟子禮于靈前，詳見《南雷黄氏哀辭》。

# 十

　　輿圖偶一披覽，具茨山在陽關之外，怪哉，不可解矣。按《莊子·徐無鬼》篇，黄帝將見大隗音委乎具茨之山，至於襄城之野，七聖皆迷。司馬彪注，山在滎陽密縣東，今名秦隗山，即《明一統志》山在新鄭縣西南四十里是也。考之《水經注》，潩音亦水出密縣大騩音貴山，即具茨山。黄帝登具茨之山，升於洪堤上，受神芝圖於黄蓋童子，即是山也。又考之《國語》，主芣音浮騩又音委而食溱洧，韋昭注，芣騩，山名，在密縣，此大隗之訛。又證以《統志》，襄城在開封府許州西南九十里，與新鄭縣相近，豈得遠在异域？且從來説具茨者止此一處，不比黄帝問道于空同，《史記》注一在平涼府，一在肅州衛，有二處也。安得見江夏父子③而面質之？若以此子呶呶，以後有刻不與之看，則大繆矣。《初學記》有虹入君子之室則吉等語，即以此本假我。蓋《詩》《禮》《爾雅》所載虹事，盡披覽矣，豈容獨遺却此耶？舊城有虹入其灶屋，此不祥也。有來叩我考此，答之：末二句定、哀之微辭，非實語。朱子《詩傳》螮蝀倐然成質，似有血氣之類，奇絶。

**按：**刻本《與戴唐器書》有"虹考"一條，抄本在下條之下，合此條可見閻氏與友人商量考證的原委經過。

# 十一

　　詩人、文人、學人，斷分三種，此何待言？其年④亡友止嫻詞章，若文便兼學問。有文人之詩，實自少陵始，加以昌黎、樂天，益又甚焉。詩人之詩，則高、岑、王、孟是也，界畫甚明。分舊雨、鬥新晴十四字，酷似坡公也，不甚似老杜，然真絶

---

① 見《南雷文定》卷一。
② 見《雒閩源流録》卷一。
③ 不詳何人，可能指黄宗羲、黄百家。
④ （清）陳維崧（1625—1682），字其年，號迦陵，江蘇宜興人，有《湖海樓詩》《湖海樓詞》《迦陵文集》等。

調矣。字書:示,告也,又呈也。雖字含二義,其實杜詩于先輩及同輩皆曰呈,子
侄方曰示,此兄指摘最確。弟欲聞其姓名字,願告我。郝京山①《草堂集》《談經》
各爲一書,王三原②《石渠意見》並《續意見》若干卷,錢牧齋稱之;李騰芳《説莊》、
萬廷言《經世要略》、于慎行《讀史漫録》③,並梁公狄④稱之;何喬新⑤《宋元臆見》,
孫北海⑥稱之;切記隨時覓之,勝《玉堂才調集》⑦遠矣。近來方知《八大家文鈔》⑧
好不通,黃《答張爾公書》⑨駁正不盡。《韓文起》⑩尤不通,然有一二解釋,真足解
頤。以知坊本俗刻,亦不可放過。欲與吾兄談者甚多,奈何奈何。

按:此劄論及明人著述,可以考見清初學界對明代學術的接受情況,其中郝氏、王
氏著作被閻若璩稱引頗多。儘管現在的學術史叙述中清學和明學似乎關係甚微,但
從閻氏這樣的清初學者的著作中却可以發現,明人著述仍然是他們極重要的學術
資源。

以上 11 通書信,所論包括詩文、曆法、地理、文字考證等方面,涉及人物包括錢謙
益、顧炎武、黃宗羲、汪琬、顧祖禹、黃儀、錢曾等,内容豐富,具有較高的研究參考價
值。此外,抄本中《張孺人行略》一篇佚文,是閻氏爲亡妻所作,對于閻氏生平的研究
亦有較大幫助。

---

①　(明)郝敬(1558—1639),字仲輿,號楚望,湖北京山人。
②　(明)王恕(1416—1508),字宗貫,號介庵,晚號石渠,陝西三原人。
③　皆明人。李騰芳(1572—1633),湖南湘潭人;萬廷言(1522—1566),江西南昌人;于慎行(1545—1608),
山東東阿人。
④　(清)梁以樟(1608—1665),字公狄,直隸清苑人,有《梁鷦林先生全書》。
⑤　(明)何喬新(1427—1502),江西廣昌人。
⑥　(清)孫承澤(1594—1676),號北海,順天大興人,有《春明夢餘録》、《研山齋集》等。
⑦　(清)于朋舉編,刊于康熙十四年(1675)。
⑧　(明)茅坤編:《唐宋八大家文鈔》。
⑨　(清)黃宗羲:《答張爾公論茅鹿門批評八家書》,見《南雷文定》卷三。張自烈(1597—1673),字爾公,江
西宜春人。
⑩　(清)林雲銘編:《韓文起》。

■古文字研究

# 釋戰國璽印中的複姓"延陵"*

## 王　磊

　　摘　要:《古璽彙編》3660 號著録一方齊私名璽,銘文舊釋"□陵繽鉌",通過字形對比,首字應釋作"延"。並肯定學者考釋《古璽彙編》3555 號秦私名璽的姓氏用字爲"延陵"的意見。"延陵"是複姓,春秋時期吳王夢壽第四子季札避居(一説受封)於吳邑延陵,後嗣因以爲氏。

　　關鍵詞:戰國;璽印;複姓;延陵;考釋

　　《古璽彙編》3660 號著録如下一方私名璽印①:

　　原釋"□陵□鉌"。用爲私名的字,徐寶貴先生釋"繽(繽)"②,可從。從銘文第二字"陵"和第四字"鉌"的寫法來看,無疑當屬齊璽。

　　右側兩個姓氏字③,舊僅釋出"陵"④,上一字學者或釋"旂"⑤,尚無統一意見。我們知道,璽印文字由於受到印面大小等的限制,形體多有省變,例如部件穿插移動、筆畫拉直變形等,均是比較常見的現象。根據璽印文字的這些特點,我們認爲首字當釋"延"。齊系文字中,有兩個確定的"延"寫作:

　　　鵬公劍《集成》11651　　　《璽彙》0634

　　首字祇是將レ、Ц的筆畫變形爲ㄐ,類似〜的形體則處理作∧,並置於字形

---

　　* 作者簡介:王磊,男,安徽大學漢字發展與應用研究中心(230039),漢語言文字學專業博士生,研究方向爲古文字學。

　　① 故宮博物院編、羅福頤主編:《古璽彙編》"姓名私璽",北京:文物出版社,1981 年 12 月,第 338 頁。
　　② 徐寶貴:《戰國璽印文字考釋七篇》,《考古與文物》,1994 年 03 期,第 103、104 頁。
　　③ 從印面格式判斷,右側兩個當爲複姓。參吳良寶:《古璽複姓統計及相關比較》,《古籍整理研究學刊》,2002 年 04 期,第 42 頁;劉傑:《戰國文字複姓統計與初步整理》,《古文字研究》第 30 輯,北京:中華書局,2014 年 9 月,第 308、311 頁。
　　④ 第二字"陵"吳振武先生隸定爲"墬",爲"陵"字異體。參吳振武:《〈古璽彙編〉釋文訂補及分類修訂》,《古文字學論集(初編)》,香港:香港中文大學,1983 年,第 517 頁。
　　⑤ 孫剛:《齊文字編》,福州:福建人民出版社,2010 年,第 185 頁。

的正下方，各筆均有對應，當即"延"字。

　　複姓"延陵"是"姬"姓的一個分支。春秋時期，吴王壽夢的第四子札讓國避居（一説受封）於吴邑延陵，地望在今江蘇常州市一帶，後嗣即以地名爲氏。《公羊傳·襄公二十九年》："（季札）去之延陵，終身不入吴國。"何休注："延陵，吴下邑。"《史記·吴太伯世家》："季札封於延陵，故號曰延陵季子。"以"延陵"爲氏者，春秋末期有趙襄子謀臣延陵玉，戰國時有趙成王臣延陵鈞，秦印中見有"延陵悁"[1]等。另據典籍記載，季札讓國後，子孫多散居於齊魯一帶，例如《通志·氏族略二·吴氏》云："勾踐滅吴，子孫以國爲氏。季札避國，子孫居齊、魯之間。"這方齊私名璽，或即爲散居齊地的季札後人所有。

　　《古璽彙編》3555 號另著録一方秦私名璽，印面如下：

　　原釋"□□"。文字陰刻，殘泐的現象比較嚴重。右側的字形，學者或釋"延陵"，徐在國師釋"延"[2]，作爲一字。我們認爲將上部較清晰的字形之與"延"相聯係，是很可信的。"延"左側有"阜"旁，其下又有⬥等筆畫，應當是"陵"的殘字。秦文字中的"陵"或寫作：

　　　　　𨺖《秦泥考》1603　　　　𨸏陽陵虎符《近出》1255　　　陵里耶簡·J1(16)9 正

　　可與殘存筆畫相對照。如果我們所釋不誤的話，該璽也應爲複姓"延陵"，"陵"所從的"阜"旁拉長並占據兩字的空間，以使印面的佈局看起來比較均匀。

**附記：**

　　本文蒙徐在國師、劉建民先生、劉剛先生、李鵬輝先生審閱指正，謹致感謝！

　　①　康殷、任兆鳳主輯：《印典》，北京：中國友誼出版社，2002 年 5 月，第 2254 頁。
　　②　徐在國、程燕、張振謙編著：《戰國文字字形表》"0812 延"字頭下，上海：上海古籍出版社，2017 年 9 月，第 254 頁。

# 《尚書·湯誓》新證二則[*]

## 趙朝陽

**摘　要:**《尚書》文辭古奧，素稱難解，但是近代大量古文字資料的湧現爲《尚書》新證帶來了契機。前人依據"二重證據法"已經解決了不少疑難。本文藉助古文字寫法，認爲《尚書·湯誓》"舍我穡事而割正夏"應作"舍我穡事而割夏"，"正夏"乃古文"夏"字誤析；又根據楚簡的用字習慣讀"今朕必往"之"往"爲"匡正"之"匡"。

**關鍵詞:**尚書；訓詁；新證

## 一、"舍我穡事而割正夏"

《湯誓》:

> 格爾衆庶，悉聽朕言。非台小子，敢行稱亂；有夏多罪，天命殛之。今爾有衆，汝曰:"我后不恤我衆，舍我穡事而割正夏。"予惟聞汝衆言；夏氏有罪，予畏上帝，不敢不正。

此處經文，《殷本紀》作"格女衆庶，來，女悉聽朕言。匪台小子敢行舉亂，有夏多罪，予維聞女衆言，夏氏有罪。予畏上帝，不敢不正，今夏多罪，天命殛之，今女有衆，女曰:'我君不恤我衆，舍我嗇事而割政。'"段玉裁謂其"適與古文《尚書》先後倒易。以《漢書》考之，《尚書》每簡或廿二字，或廿五字，此則伏生壁藏之簡甲乙互異之故也"[①]。馬楠從其説，並謂:"《殷本紀》本移'天命殛之'至'舍我穡事而割正'以下二十三字(無'夏'字)于'今'字之下，又補'夏多罪'三字。"[②]此説應是。

"舍我穡事而割正夏"，《殷本紀》作"舍我嗇事而割政"，少一"夏"字。僞《孔傳》釋作:"正，政也。言奪民農功而爲割剥之政。"僞孔解"正"爲名詞"政"，未釋"夏"字。蔡沈云:"舍我刈獲之事，而斷正有夏。"[③]蔡氏將"正"釋爲動詞。

　＊　**作者簡介:**趙朝陽，男，吉林大學古籍研究所(吉林長春 130012)，歷史學博士研究生，主要從事出土文獻研究。

　①　(清)段玉裁:《古文尚書撰異》卷五，《四部要籍注疏叢刊·尚書(中)》，北京:中華書局，1998 年，第1903 頁。

　②　馬楠:《周秦兩漢書經考》，清華大學博士學位論文(指導教師:彭林教授)，2012 年 5 月，第 209 頁。

　③　(宋)蔡沈:《書經集傳》卷三，《景印文淵閣四庫全書(第五八册)》，臺北:臺灣"商務印書館"，1986 年，第45 頁下。

　　江聲認爲“夏”是衍字，並云：“據《史記》所録無‘夏’字，僞孔本雖作‘割正夏’，其《傳》云……是並不解‘夏’字，則似僞孔本實亦無‘夏’字，後人誤增之者。”①段玉裁亦謂“夏”字爲“淺人據《正義》妄增之”。②孫星衍、皮錫瑞等俱從之。③ 王引之亦謂：“唐初本已有‘夏’字，此即涉下文‘率割夏邑’而誤衍耳。”④

　　莊述祖云：“‘夏’字在‘敢行稱亂有’下。”⑤其意殆是認爲“舍我穡事而割正夏”之“夏”是涉上文“敢行稱亂有夏多罪”之“夏”而衍。或是謂“有夏”之“夏”當重，作“敢行稱亂有夏，夏多罪，天命殛之”。

　　徐灝謂“正夏”爲“夏時”，其説云：“此‘夏’字，唐初本已有之，故《正義》云爾。然則陸氏所見亦同，故《釋文》不著各本同異，蓋相傳舊本如是，不得謂後人據《正義》妄增之也。史遷蓋偶遺之，或本有‘夏’字，後人因僞孔《傳》之謬解而删之，亦未可知。裴駰即承僞《傳》之誤，如《傳》所云‘爲割剥之政’，但云‘而割政’，則不詞甚矣。愚謂有‘夏’字是也。‘舍我穡事而割正夏’言奪農時也，‘正夏’即謂夏時，此與下文‘夏邑’，言各有當，孔冲遠誤以‘夏邑’爲解，遂致語意牽混而文不成義矣。”⑥將此句解爲奪農時，用“割”字亦頗怪異。

　　吳汝綸亦從段玉裁之説，並云：“‘割’者，害之借字；害，何也。‘正’‘政’皆征之借字，舍我農功而何征也？下‘不敢不征’，答此問也。”⑦顧寶田、何新等均從此説。⑧ 王世舜亦解“割”爲“曷”，但訓“正”爲“糾正偏差”。⑨

　　章太炎云：“夏，《唐石經》所加。……割，制也。《荀子·解蔽》曰：‘制割大理。’正讀爲政。《夏官·序官》：‘乃立夏官司馬，使帥其屬而掌邦政。’割政，謂制軍旅之事。”⑩其釋“割”爲“制”，詞義尤偏，恐非。

　　屈萬里云：“割，《説文》：‘剥也。’下文‘率割夏邑’之割，《史記》作奪；是割有奪義。正，古與征通。割正，謂剥奪之、征伐之。”⑪屈氏將“割正夏”與下文“率割夏邑”相參，頗可從。但訓“割正”爲“剥奪之、征伐之”，於載籍無徵。

　　吳世昌讀“正”爲“征”，又讀“割”爲“害”。⑫ 訓“割正”爲“害征”，亦嫌不辭，亦無此用法。

---

　　① （清）江聲：《尚書集注音疏》卷四，《四部要籍注疏叢刊·尚書（中）》，北京：中華書局，1998 年，第 1563 頁。

　　② 《古文尚書撰異》卷五，《四部要籍注疏叢刊·尚書（中）》，第 1902 頁上。

　　③ （清）孫星衍撰，陳抗、盛冬鈴點校：《尚書今古文注疏》，北京：中華書局，2004 年，第 217 頁；（清）皮錫瑞撰，盛冬鈴、陳抗點校：《今文尚書考證》，北京：中華書局，1989 年，第 199 頁。

　　④ （清）王引之撰，虞思徵、馬濤、徐煒君點校：《經義述聞（一）》，上海：上海古籍出版社，2016 年，第 178 頁。

　　⑤ （清）莊述祖：《尚書今古文考證》卷一，清道光刻珍埶宧遺書本。

　　⑥ （清）徐灝：《通介堂經説》卷十一，咸豐四年（1854）刻本。

　　⑦ （清）吳汝綸：《尚書故》，北京：中西書局，2014 年，第 102—103 頁。

　　⑧ 顧寶田：《尚書譯注》，長春：吉林文史出版社，1995 年，第 57 頁；何新：《大政憲典·〈尚書〉新考》，北京：中國民主法制出版社，2008 年，第 201 頁。

　　⑨ 王世舜：《尚書譯註》，聊城：山東師範學院聊城分院中文系古典文學教研室，1979 年，第 129 頁。

　　⑩ 章太炎講，諸祖耿整理：《太炎先生尚書説》，北京：中華書局，2013 年，第 85 頁。

　　⑪ 屈萬里著，李偉泰、周鳳五校：《尚書集釋》，上海：中西書局，2014 年，第 79 頁。

　　⑫ 吳世昌：《舍我穡事而割正夏》，吳世昌著，吳令華編《文史雜談》，北京：北京出版社，2000 年，第 34 頁。原載 1979 年 12 月 19 日香港《大公報·藝林》新 103 期。

　　《尚書選譯》讀"割"爲"害"，訓爲"大"；讀"正"爲"征"。[1] 解"割正夏"爲"大征夏"，文義雖然通暢，但是"害"字本無"大"義，又須通假作"夯"，這樣便輾轉曲折許多。

　　柯馬丁訓"割"同於吳世昌，訓"正"同於王世舜。[2] 此釋於文義難通，較上述說法尤不可取。

　　按，頗疑經文本作"舍我穡事而割夏"。魏石經古文"夏"字作█，舒連景認爲其是古璽█（夏）之省變[3]，冀小軍也認爲是簡牘中█字省頁之形[4]，張富海亦有相近似的說法[5]。另外，《說文》"正"字古文作█，張富海認爲其是在郭店簡《唐虞之道》█（正）形之基礎上又上加一横、同時變填實爲鈎廓而形成的。[6] 冀小軍則認爲是"夏"字之誤釋，字形本當爲█（石經"夏"字古文）。冀氏之說可從。《史記》所承今文《尚書》"舍我嗇事而割政"之"政"殆本作█，被誤釋爲"正"，而讀爲"政"。

　　至於僞孔本《尚書》作"正夏"，則存在兩種情況，壁中古文殆作█（新甲 3.159—2），一種情況是：時人不識此字，誤釋爲"正夏"合文，或誤析爲二字，傳世文獻和出土文獻不乏此例；另一種情況是：校書中秘的劉向知其爲"夏"字，但今文已作"正"，遂將"夏"字記於側，後轉入正文，便爲"正夏"。這種在傳抄過程中將小注混入正文的情況，傳世文獻中很常見。此經"割夏"義同下文"率割夏邑"，即"征夏"之意。

## 二、"今朕必往"

《湯誓》：

> 夏王率遏衆力，率割夏邑，有衆率怠弗協。曰："時日曷喪？予及汝皆亡！"夏德若兹，今朕必往。

　　經文"夏德若兹，今朕必往"句，僞《孔傳》釋爲"凶德如此，我必往誅之"。後之學者皆將"往"如字讀，似未見不同說法。

　　按，"往"若如字讀，必增訓"誅之"，語意方完足。頗疑"往"當讀爲"匡正"之"匡"，即《詩經·小雅·六月》"王于出征，以匡王國"之"匡"。"往"可讀爲"匡"，上博簡（二）《容成氏》簡 5"又（有）吳（無）迵（通），坙（匡）天下之正（政）十又（有）九年而王天下"可證。又僞古文《泰誓中》"百姓有過，在予一人，今朕必往"之"往"似亦當讀爲"匡"。

　　① 李國祥、劉韶軍、謝貴安、龐子朝：《尚書選譯》（修訂本），南京：鳳凰出版社，2011 年，第 65 頁。

　　② ［德］柯馬丁：《〈尚書〉裏的"誓"》，劉耘華、李奭學主編《文貝　比較文學與比較文化》2014 年第 2 輯（總第 12 輯），上海：復旦大學出版社，2015 年，第 107 頁。

　　③ 舒連景著，丁山校：《說文古文疏證》，上海：商務印書館，1937 年，第 41 頁。

　　④ 冀小軍：《〈湯誓〉"舍我穡事而割正夏"辨正》，中國人民大學中文系編《語言論集》第四輯，北京：中央民族大學出版社，1999 年。

　　⑤ 張富海：《漢人所謂古文之研究》，北京：綫裝書局，2008 年，第 96 頁。

　　⑥ 《漢人所謂古文之研究》，第 42 頁。

# 論《離騷》的"女嬃"與清華簡的"有嬃女"*

## 侯瑞華

**摘　要:**根據出土漢印的相關材料以及清華簡第九輯《禱辭》的"有嬃女"一語,我們認爲"嬃"兼有幼小與美好二義。《離騷》中的"女嬃"即相當於《禱辭》中的"有嬃女",是指幼弱嬌美的女子。借"女嬃"來設辭立言,仍是"香草美人"這種修辭手法的體現。

**關鍵詞:**《離騷》;女嬃;清華簡

《離騷》:"女嬃之嬋媛兮,申申其罵予。"①

對於"女嬃"一語,衆説紛紜。根據學者最新的梳理,"有關女嬃身份的各種解讀共有七大類二十餘種"②。細繹以往諸説,雖然所得結論各異,但各家所據以立説之材料則相差無幾。下面我們先將傳世文獻中的相關材料按照内容分組,逐一進行考辨。

第一組文獻:

(1) 王逸《楚辭章句》:"女嬃,屈原姊也。"③《楚辭·九歌·湘君》:"女嬋媛兮爲太息",王逸注云:"女謂女嬃,屈原姊也。"④

王逸之説在後世影響甚大,但是從文義、辭氣出發,前人多有疑"女嬃"非屈原之姊。姜亮夫先生在《楚辭通故》中曾有詳辨,其説謂:

> 一則以"絃婞直"而至於大過爲此,則以婞直爲戒也。"博謇而好修","獨有婍節",則以博謇、好修、婍節爲戒也。"世並舉而好朋兮,夫何煢獨而不予聽。"則不必煢獨,與世爲朋也。原若有姊,則期其弟爲壬佞,爲不修,爲無婍節,爲結黨以自營,爲判離不服,此無識尾瑣婦人之言,使原有此不明大義之姊,原又豈忍彰之"報章",騰諸口説,以爲快哉。且下文總結時,有閨中邃遠之詞,何得以閨中指斥姊氏,本節冒語有申申詈予之語,何得以詈語言及姊氏,且嬋媛一詞,王訓牽引,以今語譯之,有面柔體柔,婉轉作媚之義(《九歌》"女嬋媛兮爲余太息。"亦此義,王逸注亦以指原姊女嬃),又安能以此等絶不莊嚴之詞,形及同懷。則就詞氣

* **作者簡介:**侯瑞華,男,清華大學中文系(北京市 100084),博士生,主要從事出土文獻研究。

**基金項目:**國家社科基金重大項目:楚文字綜合整理與楚文字學的構建(18ZDA304)。

① (漢)王逸著,黃靈庚校點:《楚辭章句》,上海:上海古籍出版社,2017 年,第 15 頁。按:"罵"一作"詈"。

② 曾廣麗:《文獻與義理視野下的女嬃研究》,《三峽大學學報》(人文社會科學版),2019 年第 2 期,第 22 頁。

③ 《楚辭章句》,第 16 頁。

④ 《楚辭章句》,第 48 頁。

論之,此不宜爲姊氏,而當爲小妻。①

儘管對"女嬃"的身份仍多爭議,但後人對王逸之說多不采信。

(2) 酈道元《水經注・江水》"又東過秭歸縣之南"下注引袁山松云:"屈原有賢姊,聞屈原放逐,亦來歸,喻令自寬。全鄉人冀其見從,因名曰秭歸。即《離騷》所謂女嬃嬋媛以詈余也。……縣東北數十里有屈原舊田宅……宅之東北六十里有女嬃廟,擣衣石猶存。"②

此說明代汪瑗、李陳玉等已經辨之甚詳,如李陳玉《楚詞箋注》云:

> 從來詮者,謂女嬃爲屈原姊,不知何所根據,蓋起於袁崧之誤。袁崧因夔州秭歸縣有屈原舊田宅在,遂謂秭歸以屈原姊得名,不知秭歸之地,志稱歸鄉,原歸子國。舜典樂官夔封於此,故郡名曰夔州。《樂》緯曰:昔歸典吁聲律。然則歸即夔,後人乃讀爲歸來之歸。宋忠曰:歸即夔,歸鄉蓋夔鄉矣。酈道元好奇而不能辨,遂兩志之《水經注》,故世互相沿習。③

可知《水經注》之說實不可信據。

第二組文獻:

(3) 文獻中有星名"須女"。

作爲星名的"須女"在較早的傳世文獻中一般稱爲"婺女",如《左傳・昭公十年》:"有星出于婺女"④,《禮記・月令》:"季冬之月,日在婺女。"⑤之後則似乎並行互用。如睡虎地秦簡《日書》甲種六見"須女"一詞,如簡77"須女,祠、賈市、取妻,吉。"相同的内容,睡虎地《日書》乙種簡105作"婺女"。⑥《淮南子・時則訓》:"旦婺女中",高誘注云:"婺女一曰須女。"《淮南子・天文訓》:"北方曰玄天,其星須女、虛、危、營室。"⑦《史記・天官書》:"婺女,其北織女。織女,天女孫也。"張守節《正義》云:"須女四星,亦婺女,天少府也。南斗、牽牛、須女皆爲星紀,於辰在丑,越之分野,而斗牛爲吳之分野也。須女,賤妾之稱,婦織之卑者,主布帛裁製嫁娶。"⑧

上引張守節的《正義》一段常被用來證成《離騷》"女嬃"是侍妾或賤妾之說,然而作爲星宿的"須女"是否與"女嬃"有關是很成問題的。

首先,對於須女的得名,文獻中實際上已有解釋。《史記・律書》:"東至于須女。言萬物變動其所,陰陽氣未相離,尚相胥[如]也,故曰須女。"(據張文虎説:"'如'字疑衍,胥、須義通")⑨則須女之須,從語源上來説是來自"胥"。"須"與"胥"音義皆近,

---

① 姜亮夫:《姜亮夫全集》二《楚辭通故》第二輯,昆明:雲南人民出版社,2002年,第175—176頁。
② 陳橋驛:《水經注校證》,北京:中華書局,2007年,第791頁。
③ 轉引自崔富章、李大明主編:《楚辭集校集釋》,武漢:湖北教育出版社,2003年,第302頁。
④ 《十三經注疏》整理委員會整理:《春秋左傳正義》,北京:北京大學出版社,2000年,第1469頁。
⑤ 《十三經注疏》整理委員會整理:《禮記正義》,北京:北京大學出版社,2000年,第651頁。
⑥ 陳偉:《秦簡牘合集.釋文注釋修訂本》(壹、貳),武漢:武漢大學出版社,2016年,第364、497頁。
⑦ 張雙棣:《淮南子校釋》(增訂本),北京:北京大學出版社,2013年,第559、295頁。
⑧ (漢)司馬遷:《史記》,北京:中華書局,2013年,第1558—1559頁。
⑨ [日]瀧川資言著,楊海崢整理:《史記會注考證》,上海:上海古籍出版社,2015年,第1422頁。

《史記・趙世家》：“太后盛氣而胥之。”裴駰《集解》“胥猶須也”①，可以爲證。

其次，“須女”一名“婺女”，且女宿又有“織女”，可知“X＋女”是其構詞方式，文獻中也並未見到“須女”倒文作“女須”的。

至於張守節之説“須女，賤妾之稱”，未詳何據，且與《史記・律書》所言不合。不過從“婦織之卑者”一語推測，張説應是以天文比擬而論。《説文》“婺”字下朱駿聲《説文通訓定聲》云：“按天文北方宿女四星亦曰須女，光微小。天市垣、織女三星明大，故織女爲貴，須女爲賤。”②織女三星明亮，且如《史記・天官書》所言是“天女孫也”，而且又象徵紡織；“須女”光微小，相比之下，正可以説是“婦織之卑者”。

根據以上三點，可以首先排除作爲星名的“須女”與“女婺”的關係。

第三組文獻：

（4）《周易・歸妹》：“六三：歸妹以須，反歸以娣。”《釋文》“以須”下云：“如字，待也。鄭云：‘有才智之稱’。荀、陸作‘嬬’。陸云：‘妾也’。”③

（5）《鄭志》答冷剛云：“須，才智之稱，故屈原之姊以爲名。”④（《詩經・小雅・桑扈》“君子樂胥”句《正義》引）

前人多已指出，鄭玄的解釋是將“須”破讀爲“諝”，如《説文》“婺”字下段注云：“按鄭意，須與諝、胥同音通用，諝者，有才智也。”⑤

馬王堆帛書本此句作“歸妹以嬬”⑥，與荀、陸本相同。從破讀方向上看，鄭玄的解釋應該是有問題的。結合初九爻辭作“歸妹以娣”，可知今本的“須”字亦不當如字讀，而應讀爲“婺”。而根據初九爻辭以及“歸妹以須，反歸以娣”對文，則“婺”當與“娣”相對，指姊姊。陳鼓應、趙建偉《周易今注今譯》解釋説：“古時女子出嫁，例以侄娣爲媵（陪嫁），今以姊姊爲媵，是爲‘未當’（《小象》語），故被遣歸而仍以娣爲媵。”⑦其説可從。

至於《釋文》所引訓“妾”之説，與上説也並無矛盾。以“嬬”字而論，《説文》云：“弱也。一曰下妻也。從女，需聲。”⑧下妻即是妾，正妻以外的媵女嫁到夫家自然是妾，“歸妹以娣”、“歸妹以婺／嬬”中的“娣”與“婺／嬬”正是這種身份。從文義出發“嬬”可以理解爲“妾”，但從詞義出發，“歸妹以須”的“須”則應以訓“姊”爲是。

第四組文獻：

（6）許慎《説文》：“頾，女字也。《楚詞》曰：‘女頾之嬋媛。’賈侍中説：楚人謂姊爲

---

①　《史記》，第 2184 頁。

②　轉引自丁福保編：《説文解字詁林》，北京：中華書局，2014 年，第 12095 頁。

③　（唐）陸德明：《經典釋文》，北京：中華書局，1983 年，第 29 頁。

④　“姊”原作“妹”，阮元《校勘記》云：“‘姊’誤‘妹’，下同，是也。”孫詒讓《十三經注疏校勘記》云：“《周禮・天官・叙官》疏引《易》注亦作‘姊’。”參見《十三經注疏》整理委員會整理：《毛詩正義》，北京：北京大學出版社，2000 年，第 1009 頁。

⑤　（清）段玉裁：《説文解字注》，上海：上海古籍出版社，1988 年，第 617 頁。

⑥　于豪亮：《馬王堆帛書〈周易〉釋文校注》，上海：上海古籍出版社，2013 年，第 33 頁。

⑦　陳鼓應、趙建偉《周易今注今譯》，北京：中華書局，2015 年，第 477 頁。

⑧　（漢）許慎：《説文解字》，北京：中華書局，1963 年，第 264 頁。

頿。从女,須聲。”①

（7）吕后的妹妹名吕須（又作“嬃”）《史記·樊酈滕灌列傳》：“噲以吕后女弟吕須爲婦”②,《漢書·高后紀》“（吕禄）過其姑吕嬃”③。

（8）《漢書·武五子傳》：“始,昭帝時,胥見上年少無子,有覬欲心。而楚地巫鬼,胥迎女巫李女須,使下神祝詛。”顔師古注曰：“女嬃者,巫之名也。”④

這一組文獻主要有兩個觀點：第一是“嬃”爲女字,吕后之妹名嬃以及《漢書》女巫李女須可以爲證。第二是賈逵之説,“楚人謂姊爲頿”。

賈逵之説似與《周易》“歸妹以須”相合,但是與吕后之妹名嬃這點矛盾。面對這個問題,《楚辭》學者的解釋是：

張鳳翼云：

> 恐嬃者女人通稱,未必原姊,不過如室人交遍責我之謂耳。⑤

張雲璈亦據吕后之妹名嬃,認爲：

> 是妹亦可稱嬃,則知嬃乃女之通稱,不必專屬姊妹。⑥

《説文》學者對此也有不謀而合的論斷。《説文》所引的“楚人謂姊爲嬃”一句,傅雲龍《説文古語考補正》云：

> 嬃之本義爲女字。“楚人”上無“一曰”字,則“姊”當作“女”。《集韻》、洪興祖《楚辭補注》引《説文》“楚人謂女爲嬃”,作“女”可据以訂正古語,云“嬃”不專屬“姊”。⑦

《楚辭》學者從文義出發,《説文》學者則找到了版本上的證據。即以《周易·歸妹》的辭例而論,也有學者據“吕嬃”之名立説。如李鏡池《周易通義》云：

> 須：借爲嬃,亦即女弟。須與娣對文,用换辭法避免重複。《史記·高后紀》：“太后女弟吕嬃。”以嬃爲名,意謂吕妹妹。⑧

可見“嬃”字很難明確究竟是稱“姊”還是稱“妹”,並且很有可能就是女性的通稱。

此外,第（8）條材料過去常被人引爲證明《離騷》的“女嬃”是女巫,然而此中只是女巫名叫李女須,並不是説凡是女嬃就是女巫。況且顔師古的注釋已經説得很明白了,“女嬃者,巫之名也”,是説這個女巫的名字是“女嬃”。游國恩先生指出：“蓋巫者名須,名須者不必皆爲巫者也。吕后之妹亦名嬃,豈亦巫者乎？”⑨

---

① 《説文解字》,第 260 頁。
② 《史記》,第 3205 頁。
③ （漢）班固：《漢書》,北京：中華書局,1962 年,第 101 頁。
④ 《漢書》,第 2760—2761 頁。
⑤ 《楚辭集校集釋》,第 301 頁。
⑥ 《楚辭集校集釋》,第 303 頁。
⑦ 《説文解字詁林》,第 12095—12096 頁。
⑧ 李鏡池：《周易通義》,北京：中華書局,1981 年,第 108 頁。
⑨ 游國恩主編：《離騷纂義》,北京：中華書局,1980 年,第 189 頁。

　　至此，各家據以立説的傳世文獻梳理完畢。總結以上的論據和論點，我們能够知道："嬃"是女字，可以作爲人名。此外，"嬃"也很可能是女性的通稱。而且這兩者也可以同時成立。如吕后字娥姁（《史記·外戚世家》），其姊名長姁（《史記·惠景間侯者年表》），而"姁"字《説文》云："嫗也。"徐灝《説文段注箋》云："姁蓋即嫗之異文。""嫗"即爲婦女通稱，如桓寬《鹽鐵論·毁學》："趙女不擇醜好，鄭嫗不擇遠近。"秦漢女性又多以"姬"爲名字，如人們熟悉的"蔡文姬"。《詩經·陳風·東門之池》："彼美淑姬"，孔穎達疏云："美女而謂之姬者，以黄帝姓姬，炎帝姓姜，二姓之後子孫昌盛，其家之女美者尤多，遂以姬姜爲婦人之美稱。成九年《左傳》引逸詩云：'雖有姬姜，無棄憔悴'，是以姬姜爲婦人美稱也。"[①]《史記·貨殖列傳》："今夫趙女鄭姬。"足證"姬"亦爲婦女通稱，且可以爲女性名字。

　　"嬃"可能是女性通稱，則"女嬃"一詞就與"婦女"一詞同例。游國恩先生即持此説，認爲"女嬃爲楚人婦女之通稱"。那麼"女嬃"的涵義是否僅此而止？下面我們根據出土文獻的材料，進一步分析"女嬃"的問題。

　　既然"嬃"和"女嬃"在漢代作爲人名出現，我們可以從人名的角度切入這個問題。"嬃"字亦見於秦漢私印的印文中[②]，如：

　　　　秦印：新嬃
　　　　漢印：趙嬃、侯嬃、妾女嬃、趙穉嬃[③]

此外，漢代私印中有一些雙面穿帶印，其正反二面分別是其人的姓名與姓字：

　　　　韓嬃之印——韓少孺
　　　　酈到——酈少嬃

在以上這些人名中，唯一能够確定其爲女性之名的只有"妾女嬃"。漢代的私印中往往使用謙稱，一般男性在名前加"臣"，女性在名前加"妾"，因此該印的主人是女性並且以"女嬃"爲名。這就和《漢書·武五子傳》所載女巫李女須的名字相合。這樣我們就更加確定"女嬃"可以作爲女性的名字，也能够反證"女嬃"並非巫女之稱。

　　而對於"妾女嬃"以外的私印，儘管不能確定這些名"嬃"者的性別，但是通過上面這些名、字的關係，我們仍然能够對這些名字中"嬃"的含義有所了解。首先，韓嬃名嬃字少孺，而少孺乃是漢代習見的字。如枚乘之子枚皋，《漢書·賈鄒枚路傳》載："皋字少孺。"從漢印中亦可知漢人常以"少孺"爲字：

　　　　許視——許少孺、孫成印——孫少孺、劉廣國——劉少孺、曹小——曹少孺、肥武——肥少孺、趙敢信印——趙少孺、韓願之印——韓少孺、高未央——高少孺、龍賈之——龍少孺、尹棨——尹少孺、董偃——董少孺、董可——董少孺、孫樂成——孫少孺、申合諸——申少孺、肥奚傷——肥少孺

----

　　①　《毛詩正義》，第 521 頁。
　　②　以下所引漢印文字如無特殊説明，皆引自李鵬輝：《漢印文字資料整理與相關問題研究》，安徽大學博士學位論文，2017 年。
　　③　羅福頤：《漢印文字徵補遺》，北京：文物出版社，1982 年，第 165 頁。

由前文所引《周易·歸妹》的異文可知，"須"與"嬃"相通。在出土文獻中，還有一些"須"與"需"相通的例子。《睡虎地秦簡·爲吏之道》簡 41 叁"須（懦）身旔（遂）過"①、北大漢簡《蒼頡篇》支部"謦欬嬃媞"②，"嬃"字整理者讀爲"嫛"。故"嫛"與"孺"應該也是音義俱近的一組詞。從以上這些情況來看，酈到—酈少嫛的"少嫛"，很可能就是"少孺"。而上引人名中的"趙穉嫛"（《漢印文字徵補遺》），漢印中又有人名字作"馬適穉孺"，皆可以說明"嫛"與"孺"的關係。

　　孺本來是幼小孩童之意，少孺即是此義。以"穉孺"一名而論，穉乃幼稚之意，與"孺"意近。《世説新語·德行》："至，便問徐孺子所在，欲先看之。"劉孝標注云："謝承《後漢書》曰：'徐稚字孺子'。"③從名字相應的角度上看，"韓嫛之印—韓少孺""曹小—曹少孺"都是名字意義相近的例子。秦漢時人往往以幼兒義的孺、稚、嬰、兒等作爲名、字，且男女通行。如先秦有"程嬰""晏嬰""田嬰"，漢代有"項嬰""灌嬰""夏侯嬰""韓嬰""寶嬰"等等。《急就篇》中載常見人名，其中有"田細兒"。"細兒"自然就是小兒，《列女傳·節義》："友娣者，鄐陽邑任延壽之妻也，字季兒"，又《漢書·衛青霍去病傳》："衛媪長女君孺，次女少兒"，江蘇盱眙大雲山西漢江都王陵北區陪葬墓 M12 出土一方雙面穿帶銅印④，一面印文爲"妾勝適印"，一面印文爲"淳于嬰兒"，墓主人是江都王劉非的嬪妃，則此人名爲勝適，字嬰兒。蘇鶚《蘇氏演義》卷上云："兒者，嬃也。謂嬰兒嬃嬃然，輸輸然，幼弱之象也。亦曰孺子，與嬃同義。"⑤

　　不僅如此，古人常以"孺""兒"等稱呼女子。"孺"字《説文》訓"乳"，本爲孩童之意。對於女子稱"孺"，章太炎先生有過這樣的解釋："《左傳》'南孺子'，《禮記》有'孺人'，漢宫有'孺人'。蓋本訓乳子，因古人視女子甚小，故引申稱婦爲孺，猶稱小童也。"⑥説明古人通常將女子視作幼弱、幼小。此外，文獻中的"女兒"一詞亦可爲證。"女兒"猶言婦女，如《史記·張耳陳餘列傳》："今女兒乃不爲將軍下車"，其中的"女兒"指趙王姊。又《漢書·地理志》載："襄公淫亂，姑姊妹不嫁，於是令國中民家長女不得嫁，名曰'巫兒'，爲家主祠。"巫兒即是巫女。後世婦女仍多以"兒"稱。

　　人名中的"嫛"與"孺""稚""嬰""兒"等意義相近；而且"嫛"既與"嬃"相通，《集韻·虞韻》："嬃，婦人弱也。"《説文》："嬃，弱也。"段注云："嬃之言濡也。濡、柔也。"⑦因此"嫛"應該有幼弱、幼小的涵義。

　　在此基礎上進一步考察，我們認爲"嫛"還有美好、美麗的意思。首先，從詞義上來説，幼小與美好二義的關係非常密切。《廣雅·釋詁》"好也"條王念孫《疏證》云："凡小與好義相近""凡好與柔義相近"，可以爲證。⑧《説文》中的"嫛"被訓爲"女字"，

---

①　《秦簡牘合集. 釋文注釋修訂本》（壹、貳），第 309 頁。

②　北京大學出土文獻研究所編：《北京大學藏西漢竹書》壹，上海：上海古籍出版社，2015 年，第 107 頁。

③　余嘉錫：《世説新語箋疏》，北京：中華書局，2007 年，第 1 頁。

④　南京博物院、盱眙縣文廣新局：《江蘇盱眙縣大雲山西漢江都王陵北區陪葬墓》，《考古》2014 年第 3 期，第 34 頁。

⑤　（唐）蘇鶚著，吳企明校點：《蘇氏演義》，北京：中華書局，2012 年，第 19 頁。

⑥　章太炎：《章太炎説文解字授課筆記》，北京：中華書局，2010 年，第 610 頁。

⑦　《説文解字注》，第 624 頁。

⑧　（清）王念孫：《廣雅疏證》，北京：中華書局，1983 年，第 28—29 頁。

而從《説文》中被訓爲“女字也”的字來看,很多字都與女性美好有關。《説文》中訓爲“女字也”的字一共13個(如果算上新附字“妲”則有14個),分别是:嬿、妸、嫍、婕、嬩、嫑、嫽、婡、娳、姶、改、娃、奻。其中“改”應該是姓,文獻中一般作“己”。“娃”、“奻”二字,馬叙倫先生認爲“蓋出《字林》”①。“婡”、“娳”二字無考。除去以上五字,其餘諸字則均有美好意。

“嬿”,段注云:“毛詩‘燕婉之求’,傳曰:‘燕,安。婉,順也。’韓詩作‘嬿婉’,‘嬿婉,好皃。’見《西京賦》注。”②

“婀娜”又作“妸娜”,是轻盈柔美貌。

“婕嬩”即文獻中的“婕妤”(“嬩”下徐鍇云:“古婕好字也”),而《史記·外戚世家》:“幸夫人尹婕妤”,《索隱》:“一云:美好也。”③

《詩經·陳風·月出》:“佼人僚兮”,毛傳云:“僚,好貌。”《釋文》云:“僚,本亦作嫽。”④

“嫑”字見於西周金文,“嫑(靈)冬(終)”(《集成》9433)“靈終”即“令終”,是善終之意。可見“嫑”大概也是善好之意。

“姶”字見於漢印人名“乘馬姶-乘馬少娃”,《方言》:“娃,美也。”《廣雅·釋詁一》:“娃,好也。”如果名字相應的話,那麽“姶”應該也有美好意。

其次,幼小與美好意義相因在《楚辭》中是有實際例證的,《楚辭·九歌·少司命》:“竦長劍兮擁幼艾”,洪興祖《楚辭補注》云:“《孟子》曰:‘知好色則慕少艾’,説者曰:‘艾,美好也。’《戰國策》云:‘今爲天下之工或非也,乃與幼艾。’又:‘齊王有七孺子’,注云:‘孺子,謂幼艾,美女也。’《離騷》以美女喻賢臣,此言人君當遏惡揚善,佑賢輔德也。”⑤古人將幼艾、孺子、美女這些詞互相訓釋,可見幼小與美好二義相因。特别是聯繫上文“嬃”與“孺”的密切關係,而“孺子”又指美女,“嬃”有美好、美麗的意思自然是可以理解的。

準此,“嬃”字除了幼小之外,還應該有美好的意義。姜亮夫先生《楚辭通故》云:

> 按此須,蓋即漢人所用之娵字。《七諫·怨世》云:“親讒諛而疏賢聖兮,訟謂閭娵爲醜惡。”王注云:“閭娵,好女也。”《補注》引《荀子·佹詩》“閭娵(今本或誤姝,聲近字也。)子奢,莫知媒兮”。韋昭注梁王魏瞿之美女娵,音鄒。《集韻》音須。又《哀時命》“戚廉與孟娵同宫”。王逸注“孟娵,好女也”。洪補音須,又音鄒,是須當即娵之異文…… 魏王美女曰閭娵,則吕后弱妹亦得吕須,廣陵厲王有女巫曰李女須,此用須字名女娟美幼小者,後人名人女曰娙、曰娥、曰娟、曰秀而已……則女嬃者,戰代以來婦女幼小娟好者之詞耳。⑥

從出土文獻來看,姜説把“嬃”與“娵”視爲一字是有問題的,但是他對“嬃”字詞義

① 李圃:《古文字詁林》,上海:上海教育出版社,2004年,第816頁。
② 《説文解字注》,第617頁。
③ 《史記》,第2391頁。
④ 《毛詩正義》,第528—529頁。
⑤ (宋)洪興祖著,白化文等校點:《楚辭補注》,北京:中華書局,1983年,第73頁。
⑥ 《姜亮夫全集》二《楚辭通故》第二輯,第176頁。

的把握則十分準確。北大漢簡《蒼頡篇》魚部有"盨娶裹嬿"一句。"盨"當讀爲"嬃";"娶"字整理者以爲嫁娶之娶,但是出土文獻中往往以"取"記録嫁娶之"娶"。簡文"娶"字實即上引漢人所用之"姁",乃訓美女。簡文中的"裹""嬿"二字整理者分别注云:

> 《淮南子・原道訓》"馳要裹",高誘注:"裹,橈弱之弱。"又《文選》陸機《擬魏太子鄴中集詩》"白楊信裹裹",李善注曰:"裹裹,風摇木貌。"故"裹裹"即柔弱、輕盈而摇曳之貌。裹,泥母宵部字,同音字有"嬈""嫋",亦均輕盈柔美貌。
>
> 《説文》:"嬿,好也。"《玉篇》:"嬿,美女也。"《漢書・司馬相如傳》之《上林賦》有"柔橈嬿嬿"句,《史記・司馬相如列傳》作"柔橈嬛嬛",索隱引郭璞曰:"柔橈嬛嬛,皆骨體耎弱長艷兒也。"①

則簡文的"姁裹嬿"三字皆是柔弱美麗之意,"嬃"字自應與其義近。

所以,作爲女性人名的"嬃"應該兼有幼弱與美好二義,而且"女嬃"很可能如姜亮夫先生所云,是"戰代以來婦女幼小娟好之詞"。

清華簡第九輯新刊佈的《禱辭》爲我們檢驗以上論斷,確定"嬃"的詞義,提供了新的材料。《禱辭》的内容是爲禱祠地祇的告事求福之辭,其中簡 21—22 提到了獻祭的物品(釋文用寬式):

> 皋!告爾君夫、君婦、某邑之社:使四方之民人遷著於邑之於處,吾使君㘘食,且獻乘黄馬與二有嬰女。乘黄馬未駕車,二有嬰女未有夫。②

祭品是"乘黄馬"與"二有嬰女",並且承諾祭品的品質很高:"乘黄馬未駕車"、"二有嬰女未有夫。"

根據簡文所言的"二有嬰女未有夫",説明"有嬰女"是可以有夫、可以無夫的。以往一些説法認爲"嬰"指小妻或者媵妾,自然和簡文相矛盾,所以這種説法不能成立。

"乘黄馬"與"二有嬰女"的結構一致,"乘"與"二"是量詞,"黄"和"有嬰"是修飾成分,"馬"和"女"是被修飾的中心語。整理者已經指出:"黄爲馬之上色"③,則"嬰"也一定不會是賤稱,而應該是對女性的某種美好特質的形容。

討論至此,同樣與獻祭有關的一個故事不能不引起我們的注意。《史記・滑稽列傳》:"巫行視小家女好者,云是當爲河伯婦"、"西門豹曰:'呼河伯婦來,視其好醜。'即將女出帷中,來至前。豹視之,顧謂三老、巫祝、父老曰:'是女子不好,煩大巫嫗爲入報河伯,得更求好女,后日送之。'"④故事中爲河伯娶婦的情節,實質上也是一種對於神靈的獻祭,而且祭品同樣有女子。值得注意的是,故事中特別提到了"視其好醜"以及"是女子不好"。衆所周知,"好"是指女子貌美,可見作爲祭品向神靈獻祭的女子需要滿足一個條件,就是貌美。回過頭來看清華簡《禱辭》的辭例,則"二有嬰女"自然也

---

① 《北京大學藏西漢竹書》壹,第 101 頁。
② 黄德寬主編:《清華大學藏戰國竹簡》(玖),上海:中西書局,2019 年,第 183 頁。
③ 《清華大學藏戰國竹簡》(玖),第 188 頁。
④ 《史記》,第 3872—3873 頁。

是指兩個容貌美麗的女子。因此，前文"嫛"作爲人名具有"幼弱"與"美好"二義的論斷進一步得到了清華簡《禱辭》辭例的證實。

需要説明的是簡文中"有嫛女"的結構。簡文中以女子與車馬獻祭的句子還有下面兩處的描述：

（1）"吏（使）此樟（淳）女莬（乘）此岂（美）馬，以舟（周）此【簡 15】邑之㞷（野）。"①

（2）"以此兩女與亓（其）岂（美）車馬，以畜于宗坴（社）。【簡 17】"②

很顯然，簡文的"淳女"與"兩女"以及我們上面所討論的"二有嫛女"所指相同。對於"樟（淳）女"一詞，整理者注釋云："樟，讀爲'淳'，可訓'清白'。《玉篇》：'淳，清也。'淳女，即後文未有夫之女。"③整理者應該是基於"樟女"與"美馬"對文，所以將"樟"理解爲形容詞。但是例（2）的"兩女"與"美車馬"却不都是形容詞。況且"淳"當清白講恐怕出現得比較晚。將全篇的"樟女""兩女""二有嫛女"綜合起來看，"樟"應該也是量詞。"樟"字从木、臺聲，讀爲"淳"自然可通。不過"臺"聲字在出土文獻中還有一個重要的通假，就是讀爲"純"。朱德熙先生的名文《説"屯（純）、鎮、衞"》曾詳細討論了總括副詞"純"字的源流，並且指出：

> 用爲總括詞的"屯"除了寫作"純"字以外，還有寫作"淳"的。……"淳"和"純"古音同聲同部，可以相通。《周禮·天官·内宰》："出其度量淳制"，鄭注"故書淳爲敦，杜子春讀敦爲純"；又《地官·質人》"壹其淳制"，鄭注"杜子春云淳當爲純"，並可證。④

尤其是朱先生指出了"純"的一種用法是指一對。"殷人稱卜骨或背甲一對爲'一屯（純）'。卜骨一屯指牛之左右肩胛骨各一塊。背甲一屯指背甲從中間剖開後的左半和右半。"⑤他引用《儀禮·鄉射禮》"二算爲純"，鄭玄注："純猶全也，耦陰陽"來説明這種用法。此外，《大戴禮記·投壺》："二算爲純，一純以取一算爲奇"，孔廣森《補注》云："凡物耦曰純。"⑥都可以證明"純"是一對的意思。我們認爲《禱辭》簡 15 的"樟女"當讀爲"純女"，就是他處簡文的"兩女"、"二有嫛女"。⑦

我們知道，楚地墓葬中往往陪葬以木俑。而女性形象的木俑更是常以成對出現，如江陵馬山楚墓出土有 4 件彩繪着衣女木俑⑧，曹家崗楚墓出土 2 件女性面俑⑨等等。不少墓葬同出的遣册中還有相應的記載，如湖北雲夢西漢墓 M1 木牘載"女子禺

---

① 《清華大學藏戰國竹簡》（玖），第 183 頁。
② 《清華大學藏戰國竹簡》（玖），第 183 頁。
③ 《清華大學藏戰國竹簡》（玖），第 188 頁。
④ 《朱德熙古文字論集》，北京：中華書局，1995 年，第 175 頁。
⑤ 《朱德熙古文字論集》，第 178 頁。
⑥ （清）孔廣森著，王豐先校點：《大戴禮記補注》，北京：中華書局，2013 年，第 232 頁。
⑦ 李守奎師在看過本文後指示筆者，"二有嫛女"的"有"可能讀爲"友"，也是指一對。見李天虹：《楚國銅器與竹簡文字研究》，武漢：湖北教育出版社，2012 年，第 189 頁。不過考慮到"兩女"與"純女"的結構，而且"二有（友）"兩個量詞並列似乎少見，故本文仍以"有"爲助詞。
⑧ 湖北省荆州地區博物館：《江陵馬山一號楚墓》，北京：文物出版社，1985 年，第 80 頁。
⑨ 黄岡市博物館、黄州區博物館：《湖北黄岡兩座中型楚墓》，《考古學報》2000 年第 2 期，第 268 頁。

(偶)人四"①,長沙馬王堆 M3 遣册簡 43"美人四人,其二人仇(袿)服,二寨(褰)"。簡 44"美人四人,其二人楚服,二人漢服"。② 湖北江陵鳳凰山 M168 簡 6"美人女子十人"③等等,可見楚人有以成對美人殉祭的習慣。也可以從側面證明《禱辭》的"純"是指一對。

既然"純""兩""二"都是量詞,那麼"有嬃女"應該是一個獨立的名詞性結構。"有"應該是一個助詞,放在單音節形容詞之前。《詩經》中常見其例,前人多稱爲"狀物之詞"。《詩經·小雅·何草不黄》:"有棧之車",孔穎達疏云:"有棧是車狀,非士所乘之棧車也。"④《詩經·周頌·載芟》:"有厭其傑",毛傳云:"言傑苗厭然特美也。"⑤"嬃"是形容女子柔弱嬌美之詞,"有嬃女"即"有嬃之女",相當於《何草不黄》的"有棧之車",指柔弱嬌美的美女。

結合以上論述,我筆認爲《離騷》的"女嬃"是指柔弱嬌美的美女。與"女嬃"構詞類似的有"女好",見《荀子·賦》:"此夫身女好而頭馬首者與。"梁啓雄《荀子簡釋》云:"《方言》:'凡美色或謂之好',女好即女娥。此言蠶身似女娥,蠶頭似馬首。"⑥這類形容女性的詞往往既是形容詞又是名詞,如《方言》:"娥,好也"、"秦晋之間美貌謂之娥"、"娃,美也"⑦,也同樣可以作爲名詞指美女,還常常作爲女性名字,如吕后字娥姁。幼弱嬌美的美女《楚辭》中還有"姱女",見於《九歌·禮魂》:"姱女倡兮容與",王逸注云:"姱,好貌也。謂使童稚好女先倡而舞。"⑧

而對於爲何此處以"女嬃"這樣的美女來設辭立言,前人從文義和辭氣上已有很多論述,如清人施愚山云:"屈所謂女嬃,明從上文美生端。"⑨又游國恩先生在《離騷纂義》中指出:"此處必以女嬃爲言者,因屈子嘗托美人以自喻,故假設有人責勸之亦當托爲女性,此亦猶上文嫉余蛾眉者之必爲衆女也。"⑩其説於修辭文情都十分融洽,更可從側面説明"女嬃"一語乃是指一柔弱嬌美之美女。

---

①　陳振裕:《雲夢西漢墓出土木方初釋》,《文物》1973 年第 9 期,第 37 頁。

②　湖南省博物館、湖南省文物考古研究所:《長沙馬王堆二、三號漢墓》第一卷"田野發掘報告",北京:文物出版社,2004 年,第 50 頁。

③　湖北省文物考古研究所:《江陵鳳凰山西漢簡牘》,北京:中華書局,2012 年,第 184 頁。

④　《毛詩正義》,第 1113 頁。

⑤　《毛詩正義》,第 1597 頁。

⑥　梁啓雄:《荀子簡釋》,北京:中華書局,1983 年,第 359 頁。

⑦　(漢)揚雄:《方言》,北京:中華書局,2016 年,第 1、18 頁。

⑧　《楚辭章句》,第 65—66 頁。

⑨　《姜亮夫全集》二《楚辭通故》,第 177 頁。

⑩　《離騷纂義》,第 189 頁。

■年譜與傳記

# 徐芳年譜*

## 王亞男

**摘　要**：徐芳（1619—1670），字仲光，號愚山子，又號拙庵，江西南城（今江西省撫州市南城縣）人。明崇禎十三年進士，崇禎十四年任職山西澤州，以治行第一聞，乙酉年間唐王僭立，先後任南明隆武朝驗封司、文選郎、翰林編修，後以病乞歸。入清不仕，順治七年以遺逸獲薦翰林院右春坊，辭不就任，晚年開壇講學。爲人“慷直廉介，不墮流俗”，與歸莊、周亮工、錢謙益、施閏章、方以智、方文、文德翼等很多名人有交往。一生著作豐厚，有《藏山稿》《行脚篇》《松明閣詩選》《傍蓮閣草》《砭蛋吟》《憩龍山房制藝》等。徐芳盛年有爲，聲名係一時之望，但其人生平模糊，故據方志、詩文集等資料考證其事蹟，以做補充。

**關鍵詞**：徐芳；明末清初；年譜；著作

徐芳（1619—1670），字仲光，號愚山子，後改號拙庵，江西南城人。《皇明遺民傳》卷二、曹溶《明人小傳》卷四、黃容《明遺民錄》卷三、陳田《明詩紀事》辛籤卷二十一、朱彝尊《明詩綜》卷六十九、曾燠《江西詩徵》卷六十三、《（同治）南城縣志》卷八等皆載其傳。錢謙益稱：“仲光蒼蒼涼涼孤行孑立，有崖山柴市之忠而不爲將相，有西臺皋井之節而不忍稱遺民。”①徐芳盛年有爲，名盛一時，值得關注，故本文對徐芳行年加以考據，進一步推動其人研究，補充清代文壇史料。

## 1619 年　明萬曆四十七年　己未　生　一歲

出生。

　　《懸榻編》卷五《卯闈紀事》：“予己卯鄉試，出吾郡司李蕭問玄先生門……笑問年幾何，予對二十有一。”②
　　《懸榻編》卷二《壽錢牧齋宗伯序》：“予之生後先生三十七年。”③

＊　作者簡介：王亞男，女，安徽大學文學院（安徽合肥 230039），中國古代文學專業碩士研究生，研究方向唐宋文學。

　　基金項目：國家社科基金重大項目：清代文人事蹟編年匯考（13&ZD117）。

①　《皇明遺民傳》卷二，國立北京大學影印如皋魏氏藏朝鮮人著鈔本，民國二十五年。
②　（清）徐芳：《懸榻編》，《四庫禁毀書叢刊》集部 86，北京：北京出版社，2000 年，第 210 頁。
③　《懸榻編》，第 64 頁。

按，徐芳崇禎己卯歲(1639)參加鄉試，時二十一歲，從崇禎十二年上推，應生於萬曆四十七年己未(1619)。徐芳出生晚錢謙益三十七年，據方良《錢謙益年譜》，錢謙益"(萬曆十年壬午)九月二十六日，生於常熟城東賓湯門內坊橋西"①，從萬曆十年下推三十七年，徐芳生年亦爲萬曆四十七年(1619)。

### 1636 年　明崇禎九年　丙子　十八歲

春，歸潘氏。

　　《懸榻編》卷六《亡妻潘氏宜人墓志銘》："丙午春，歸予，年十九。""乙巳冬十一月，南城徐芳妻潘氏宜人卒。""宜人生萬曆戊午年十一月二十七日未時，距卒，得年四十有八"。②

按，丙午應誤，潘氏生於萬曆四十六年(1618)戊午，卒於康熙四年(1665)乙巳，得年四十八歲，據此推算，潘氏十九歲時應爲崇禎九年(1636)丙子。

### 1639 年　崇禎十二年　己卯　二十一歲

鄉試第二中舉，得蕭問玄先生贊許。

　　《懸榻編》卷五《卯闈紀事》："予己卯鄉試，出吾郡司李蕭問玄先生門。"③
　　《懸榻編》卷六《亡妻潘氏宜人墓志銘》："己卯予舉於鄉。"④
　　李人境《(同治)南城縣志》卷八："徐芳，字仲光，號拙庵。崇禎乙卯鄉試第二，明年成進士。尋授澤州知州，以治行第一聞。"⑤

按，《(同治)南城縣志》"乙卯"應爲"己卯"之誤，己卯鄉試第二應無誤。

### 1640 年　崇禎十三年　庚辰　二十二歲

冬，以選人身份入京，適淮北饑荒，赴京途經燕齊，見白骨遍地。

　　《懸榻編》卷二《白骨會序》："庚辰冬，淮北饑，予逐選人隊赴京師，走燕齊間，數十里，流殍相屬，白骨撐掛於道，與霜雪相亂。"⑥

中進士第二甲五十名。

　　《懸榻編》卷六《亡妻潘氏宜人墓志銘》："明年庚辰成進士。"⑦
　　《明清進士題名碑錄索引》載，徐芳名列第二甲五十名。⑧

---

①　方良：《錢謙益年譜》，北京：中國書籍出版社，2012 年，第 5 頁。
②　《懸榻編》，第 226 頁。
③　《懸榻編》，第 210 頁。
④　《懸榻編》，第 227 頁。
⑤　(清)李人境修：《南城縣志》，同治十二年刻本。
⑥　《懸榻編》，第 61 頁。
⑦　《懸榻編》，第 227 頁。
⑧　朱保炯，謝沛霖編著：《明清進士題名碑錄索引》，上海：上海古籍出版社，1980 年，第 2616—2617 頁。

友方以智中進士,兩人訂交。

《懸榻編》卷三《愚者大師傳》:"愚者舉進士在崇禎庚辰。"①

《懸榻編》卷三《都禦使貞述方先生傳》:"長即浮山愚者以智,以庚辰進士擢翰林簡討。"②

按,方以智,字密之,號"浮山愚者",兩人同爲崇禎十三年(1640)庚辰進士,兩人當是此時相識訂交。

友方以智之父方孔炤因事被逮,方以智上書請代父死,尋擢翰林簡討。

《懸榻編》卷三《愚者大師傳》:"愚者舉進士在崇禎庚辰,是歲,貞述先生以楚撫被逮,愚者爲上書請代卒。自其枉,語在本傳,有詩曰'激楚讀者悲之',尋擢翰林簡討,供事講讀。"③

友同郡黃公於匡山削髮爲僧。

《懸榻編》卷二《募修密雲菴序》:"後十年庚辰,予倖捷南宫,公已髡頂入匡山,雖尺素間通,然已無從覓一晤語。"④

過山左,於萬某處聞徽州汪家換心之事。

《懸榻編》卷四《換心記》:"族子某爲郡從事,庚辰與予過山左道中縷述之。古未聞有換心者,有之自此始。"⑤

## 1641 年　崇禎十四年　辛巳　二十三歲

正月,以選人留京兩月。

《懸榻編》卷五《辛巳紀夢》:"烈皇帝之十四年,辛巳春正月,有旨召故閣臣周延儒、賀逢聖、張四知入輔政。三行人叩命往,趨就道,所以奬寵之甚至。予時以選人留京邸兩月矣。"⑥

夢周延儒、賀逢聖、張四知三公不詳事。

《懸榻編》卷五《辛巳紀夢》⑦,題即"辛巳",此爲以選人留京兩月中所作之夢。

四月,吏部任命山西澤州。

---

①　《懸榻編》,第 100 頁。
②　《懸榻編》,第 99 頁。
③　《懸榻編》,第 100 頁。
④　《懸榻編》,第 83 頁。
⑤　《懸榻編》,第 152 頁。
⑥　《懸榻編》,第 208 頁。
⑦　《懸榻編》,第 208 頁。

《懸榻編》卷二《寶墨卷序》："予辛巳待罪晋澤。"①

《懸榻編》卷五《辛巳紀夢》："夏四月，謁吏部，選得澤州，澤故晋地，去吳遠，不甚聞京師事。"②

冬十月，母染病。

《懸榻編》卷六《亡妻潘氏宜人墓誌銘》："辛巳謁□得澤州守……冬十月，先妣染疾漸亟。"③

作《三民論》上下兩篇，討論社會士人風氣。

《懸榻編》卷一《三民論》下題"辛巳"。④

崇禎皇帝下旨收白骨，自京歸淮北見災後恢復繁華之氣象。

《懸榻編》卷二《白骨會序》："易歲歸，而熙攘者，歌舞者，華裾而珍饌者，户相比則益以異焉，而或高興焉，大馬焉。""予得繼以目辛巳者，目之乎，辛巳之變其時之白骨有天子以爲歸矣，今之白骨安歸耶！"⑤

按庚辰後一年爲辛巳。

## 1642年　崇禎十五年　壬午　二十四歲

正月，母逝。

《懸榻編》卷六《亡妻潘氏宜人墓誌銘》："冬十月，先妣染疾漸亟，予天涯邊阻，鄉信杳絶，宜人蕪子職，衣不解帶，前後三月。"⑥

《懸榻編》卷五《辛巳紀夢》："壬午奔先宜人訃。"⑦

按，崇禎十四年（1641）辛巳十月徐母染疾漸重，妻潘氏侍奉前後三月，壬午徐芳奔孝，則其母應爲崇禎十五年（1642）壬午正月逝世。

又四月，奔母喪南歸，過廣陵，湯惕菴述周延儒近狀，告湯惕菴辛巳之夢。

《（雍正）澤州府志》卷三十三"官跡"有小傳："甫一載，以艱歸。"⑧

《懸榻編》卷五《辛巳紀夢》："壬午奔先宜人訃，過廣陵，湯惕菴爲郡李來晭，乃具述宜興近狀。予以夢告，惕菴亦吒惜。"⑨

按，徐芳任澤州知州僅一年時間，則崇禎十五年（1642）壬午四月左右奔母喪南

---

① 《懸榻編》，第52頁。
② 《懸榻編》，第208頁。
③ 《懸榻編》，第227頁。
④ 《懸榻編》，第28頁。
⑤ 《懸榻編》，第61、62頁。
⑥ 《懸榻編》，第189、190頁。
⑦ 《懸榻編》，第227頁。
⑧ （清）朱樟編：《澤州府志》，雍正十三年刻本。
⑨ 《懸榻編》，第208頁。

歸,告湯惕菴辛巳之夢應爲返鄉守孝途中過廣陵之事。

八月,於江西南城,爲李雯《破夢鷗》作序。

《懸榻編》卷二《破夢鷗序》無作者題署。①

《明清孤本稀見戲曲匯刊》下編"傳奇類"收録《破夢鷗》有徐芳序,署"崇禎壬午秋桂月上浣榖旦,年家眷弟拙庵徐芳頓首題贈"。②

按,"壬午"爲崇禎十五年(1642),"桂月上浣榖旦",即八月上旬吉日,因此,序應撰於這一年八月上旬,正是徐芳在江西南城家居守孝期間。

冬,奉書馬素修自陳拙劣狀,得馬素修回書嘉許。

《懸榻編》卷六《拙菴銘》:"予壬午冬,奉書馬素修先生,自陳拙劣狀,先生答書嘉許,且曰'今之人巧於謀利,拙於謀義;巧於謀名,拙於謀實,乃之害久矣。子能拙,子復何憂?'予得書再拜佩之。"③

### 1643 年　崇禎十六年　癸未　二十五歲

友陳公繼中進士,兩人訂交。

《懸榻編》卷三《緒衣僧記》:"予友平西陳徵白……後登崇禎癸未榜進士,選得粤東潮州司李。"④

《懸榻編》卷二《募修密雲菴序》:"後十年庚辰,予倖捷南宫……又三年,平西徵白陳公繼起於乾竺學,耽癖稍遜公而了徹等之,予不獲進黄公者,於徵白得以傾懷而迭唱也。"⑤

按,庚辰後三年,應爲癸未,兩人當此時訂交。

秋,遊苦竹館。

《懸榻編》卷四《重遊苦竹館記》:"嗚呼,予之歷是館三矣,去歲以夏,癸未之役以秋,兹行以冬。"⑥

秋,與傳子遊龍潭,過迎仙峰,遇修髯老僧及隱菴、慈菴二上人。

《懸榻編》卷四《遊迎仙峰記》:"往歲癸未秋,嘗從傳子遊龍潭,假道登是峰……其時記有一修髯老僧及隱菴、慈菴二上人,別予於峰頂,今已七年矣。"⑦

秋,携家眷入福建綏安避亂。

---

① 《懸榻編》,第 59 頁。
② 黄仕忠編校:《明清孤本稀見戲曲匯刊》(下編),桂林:廣西師範大學出版社,2014 年,第 593 頁。
③ 《懸榻編》,第 226 頁。
④ 《懸榻編》,第 134 頁。
⑤ 《懸榻編》,第 83 頁。
⑥ 《懸榻編》,第 170—171 頁。
⑦ 《懸榻編》,第 175 頁。

《懸榻編》卷六《亡妻潘氏宜人墓志銘》："癸未秋,宜人從予避亂樵川之綏安。"①

十月,於福建綏安,於楊子翠竹山房三月。

《懸榻編》卷四《翠竹山房記》："翠竹山房者,綏安楊子讀書齋名也。""予癸未十月避亂至綏,與楊子共是齋三月,既而別去。"②

冬,於福建綏安,知鄒守音與程九萬夢中軼事。

《懸榻編》卷三《斷魂記》："予癸未冬避亂入閩綏,耳鄒君事最悉。"③鄒君,名守音,戊辰進士,江西豐城人。程君,名九萬,乙丑進士,江燕饒州人。

家居見奇雀。

《懸榻編》卷五《雀先生》："予癸未家居,有老婦攜小籠,畜班雀一,云能推命。"④

## 1644 年　清順治元年　甲申　二十六歲

李闖攻陷京師,明亡,友方以智被捕囚禁。

《懸榻編》卷三《愚者大師傳》："闖賊陷京,愚者見繫,幽囚榜楚,幾濱於死。"⑤

三月,友馬素修殉國,改號拙菴。

《懸榻編》卷六《拙菴銘》："會先生(即馬素修)殉甲申三月難,予因改號拙菴,既自勉,且終身不敢忘先生,遂爲銘。"⑥

## 1645 年　順治二年　乙酉　二十七歲

三月,雷震異常,次日聽聞一不孝子雷震而死。

《懸榻編》卷六《雷震不孝》："乙酉三月某夜,雷震異常,予意必有所擊。次日傳聞,果斃一進子。"⑦

乙酉之變,再入福建綏安避亂。

《懸榻編》卷六《亡妻潘氏宜人墓志銘》："乙酉旴變,再從入綏。"⑧

---

① 《懸榻編》,第 227 頁。
② 《懸榻編》,第 143 頁。
③ 《懸榻編》,第 119 頁。
④ 《懸榻編》,第 221 頁。
⑤ 《懸榻編》,第 100 頁。
⑥ 《懸榻編》,第 226 頁。
⑦ 《懸榻編》,第 239 頁。
⑧ 《懸榻編》,第 227 頁。

任南明隆武朝驗封司，後擢文選郎。

　　《（同治）南城縣志》卷八：“唐王僭立，起驗封司，擢文選郎。……林友蘭按江西，遁還閩，懼劾，上章極詆曾櫻及楊廷麟、萬元吉等。芳言友蘭奸邪黨比，誣陷正人，降友蘭光祿錄事。由是奸人切齒，謂芳與湯來賀等爲江西黨，改芳翰林編修。留延津，以病乞歸。”

　　《明史·列傳第六·諸王三》：“大清順治二年五月，南都降。聿鍵行至杭，遇鎮江總兵官鄭鴻逵、戶部郎中蘇觀生，遂奉入閩。南安伯鄭芝龍、巡撫都御史張肯堂與禮部尚書黃道周等定議，奉王稱監國。閏六月丁未，遂立於福州，號隆武，改福州爲天興府。”①

　　《思文大紀》“隆武元年十一月二十七日（戊戌）”條下載：“命太僕寺少卿監察禦史林蘭友巡按江西。”②

　　按，徐芳任南明隆武朝驗封司、文選郎的時間應當在隆武朝建立之後，林友蘭巡江西被貶之前。順治二年閏六月南明隆武朝建立，隆武元年十一月二十七日唐王授命林蘭友巡按江西，此时已近年末，則徐芳應在清順治二年（隆武元年）間應任南明隆武朝驗封司、文選郎。

過福建綏安楊子翠竹山房。

　　《懸榻編》卷四《翠房山竹記》：“予癸未十月避亂至綏，與楊子共是齋三月，既而別去。乙酉再過，丙戌三過，先後四歲矣。”③

### 1646 年　順治三年　丙戌　二十八歲

再過福建綏安楊子翠竹山房。

　　《懸榻編》卷四《翠房山竹記》：“乙酉再過，丙戌三過。”④

於南明隆武朝爲官，時林蘭友按巡江西後上章詆毀楊廷麟、萬元吉等，徐芳上書指林蘭友誣陷正人，後遭報復，改任翰林編修，留延津，後以病乞歸。

　　《明史·列傳第六·諸王三》載：“（順治三年）八月，聿鍵出走，數日方至汀州。大兵奄至，從官奔散，與妃曾氏俱被執。”⑤

　　按，由上述已知，清順治二年（隆武元年）十一月二十七日，唐王命林蘭友巡按江西，此时已近年末，則後續事件應發生於隆武元年之後。大清順治三年（南明隆武二年）八月，隆武帝被捉，隆武朝覆滅，則徐芳上書指林蘭友誣陷正人，後遭報復改任翰林編修，留延津，後以病乞歸等事件應當發生於順治三年（隆武二年）八月之前。

---

①　（清）張廷玉等撰，中華書局編輯部編：《明史》，北京：中華書局，2000 年，第 2388 頁。
②　《思文大紀》，《台灣文獻史料叢刊》第 5 輯，台北：台灣大通書局，1987 年，第 45 頁。
③　《懸榻編》，第 143 頁。
④　《懸榻編》，第 143 頁。
⑤　《明史》，第 2389 頁。

## 1647 年　順治四年　丁亥　二十九歲

四月，福建綏安亂，携家往湖南嘉禾縣避亂。

　　《懸榻編》卷六《亡妻潘氏宜人墓志銘》："丁亥四月，綏安訌，乃徙嘉禾之王田。"①

五月，自福建綏安過湖南武陵山及響水潭。

　　《懸榻編》卷四《響水潭記》："丁亥五月，予自閩綏徙是山，嘗一過其上，賞其異而不能去也。""是山"即湖南武陵山。②

夏，遊苦竹館。

　　《懸榻編》卷四《重遊苦竹館記》："嗚呼，予之歷是館三矣，去歲以夏，癸未之役以秋，兹行以冬。四時之觀幾無不傳子敵也，所負者春耳。主人無苦客乎？傍簷桃李，他時猶得，爲傳子詠之。是館因觀名曰苦竹，別署紫薇山房云。予戊子爲之記。"③

按，戊子爲順治五年（1648），去歲即爲康熙四年（1647）。

作《翠房山竹記》。

　　《懸榻編》卷四《翠房山竹記》下題"丁亥"。④

## 1648 年　順治五年　戊子　三十歲

於福建綏安，林逸菴過訪留宿。

　　《懸榻編》卷二《送林逸菴之鏡山序》："行予避寇，入綏安……三山林生逸菴，酉戌間嘗從事於延津。戊子過予盱，固留泊焉。"⑤

自湖南嘉禾還江西故居。

　　《懸榻編》卷六《亡妻潘氏宜人墓志銘》："丁亥四月，綏安訌，乃徙嘉禾之王田。戊子暫還故居。"⑥

八月，雙虹堤建成。

　　《（同治）南城縣志》卷九《藝文》之《雙虹堤記》："始先君，予辟荆啓土堂構於是，曰伏龍居，蓋三十餘年矣。稍疑前溪斜曠，議築堤蔽之，而埋其舊溪，更導使曲鳩工，戊子八月甫終。"

―――――――――――

① 《懸榻編》，第 227 頁。
② 《懸榻編》，第 142 頁。
③ 《懸榻編》，第 170—171 頁。
④ 《懸榻編》，第 143 頁。
⑤ 《懸榻編》，第 60 頁。
⑥ 《懸榻編》，第 227 頁。

秋八月，長子一麟生。

　　《懸榻編》卷六《亡妻潘氏宜人墓志銘》："戊子暫還故居，是秋八月，一麟生。"①

冬，遊苦竹館，作《重遊苦竹館記》。

　　《懸榻編》卷四《重遊苦竹館記》："兹行以冬……予戊子爲之記。"②

父逝。

　　《懸榻編》卷六《亡妻潘氏宜人墓志銘》："戊子暫還故居……逾旬先考病，遂不起，宜人佐予奉祝，彌月不寐，大事内替，備極瘏瘁。"③

### 1649 年　順治六年　己丑　三十一歲

二月一日晚，陳象中饋贈小魚十尾。

　　《懸榻編》卷四《放魚小記》："己丑二月朔日夜，陳子象中饋予小魚十尾，再却弗得。"④

春，携家眷避亂湖南嘉禾王田，後轉徙竺峰。

　　《懸榻編》卷六《亡妻潘氏宜人墓志銘》："己丑春，□從避兵王田，尋徙竺峰。"⑤

十月十三日，赴友傳子芙蓉峰之約。

　　《懸榻編》卷四《柳園記事》："己丑十月，前望之二日，予自山菴至鯉湖，赴瀛濱傳子芙蓉約也。芙蓉者，西山之最深峰名，傳子以爲不可不遊，期十年矣。"⑥

冬，雪晴後携子一麟登劉季尖。

　　《懸榻編》卷三《水蓮紀異》："去平西之西數十里，有劉季尖，不知所自名也。其高入雲，老屋數間，祀古仙像，遊人到者絶少。己卯冬，携子子宣讀書近地，雪霽偶登是山。"⑦

　　《懸榻編》卷六《亡妻潘氏宜人墓志銘》："宜人所生子一，即一麟，今爲郡庠生，娶媳傳氏。次子一鸞，孔氏出，尚幼。"⑧

按，徐芳共兩子，長子一麟，次子一鸞，潘氏卒於康熙四年（1665）乙巳，徐芳作《亡

---

① 《懸榻編》，第 227 頁。
② 《懸榻編》，第 170—171 頁。
③ 《懸榻編》，第 227 頁。
④ 《懸榻編》，第 150 頁。
⑤ 《懸榻編》，第 227 頁。
⑥ 《懸榻編》，第 168 頁。
⑦ 《懸榻編》，第 124 頁。
⑧ 《懸榻編》，第 229 頁。

妻潘氏宜人墓志銘》時言一鸑尚幼,則此次同登劉季尖之子當爲長子一麟,子宣或爲其字。

### 1650 年　順治七年　庚寅　三十二歲

三月,自遠刹還竺峰,遇一牧者而論。

《懸榻編》卷五《牧者言》:“庚寅三月,予自遠刹步還竺峰,日既暮矣,有牧驅牛而前。”①

七月十二日,與友趙淳生、趙玉衡觀麻姑山瀑布。

《懸榻編》卷四《麻姑觀瀑記》:“是日,境甚幽,觀甚皙。所謂客,趙子淳生、玉衡,凡三人。時庚寅七月十二日。”②

十一月,與兩友人登鑄仙峰。

《懸榻編》卷四《鑄仙簾記》:“予少時入城,登從姑,觀所謂鼇峰蟾窟,僂而坐於石印之下,心愕焉,以爲山之奇,世不復有也。嗣山中人有言,中方之嚴最鑄仙,則益以爲念,十餘載,弗獲過其處。庚寅十一月久霽,乃率二友裹糧往驗之。”③

往福建松溪避亂,未至,返伏龍故居。

《懸榻編》卷六《亡妻潘氏宜人墓志銘》:“庚寅再走松溪,寇至無所往,始復返肰龍里居。”④

按,此肰龍里居,應爲徐芳江西南城之伏龍故居。

過迎仙峰,見慈菴、隱菴二上人,聞修髯僧寂去。

《懸榻編》卷四《遊迎仙峰記》:“往歲癸未秋,嘗從傳子遊龍潭,假道登是峰,一飯遽返焉。以吉州寇警震鄰也,其時記有一修髯老僧及隱菴、慈菴二上人別予於峰頂,今已七年矣。及是再過,則慈菴仍主是菴,隱菴亦適自麻姑至,相見歡甚,獨問向修髯僧,則已寂去矣。”⑤

按,癸未爲崇禎十六年(1643),七年後即爲順治七年(1650)庚寅。

以遺逸獲薦仕清廷,不就。

《(同治)南城縣志》卷八:“國朝順治七年,分巡道莫可期以遺逸薦,起翰林院右春坊,不就。”

別友黄維輯。

---

① 《懸榻編》,第 205 頁。
② 《懸榻編》,第 146 頁。
③ 《懸榻編》,第 167 頁。
④ 《懸榻編》,第 227 頁。
⑤ 《懸榻編》,第 175 頁。

《（同治）南城縣志》卷九《復黃維輯》："別教自庚寅於今十有三載。"

## 1651 年　順治八年　辛卯　三十三歲

寄書黃維輯，談論功名與學問之關係，表明淡泊明志之意。

《懸榻編》卷五《寄黃維輯》下題"辛卯"。①

建四明閣。

《懸榻編》卷四《四明閣記》："辛卯還山中，環堵就荒，跬足靡所，乃因傍舍之隙趾，倚土續木，增器斗室，架小樓其上，顏曰：'四明閣'。"②

## 1652 年　順治九年　壬辰　三十四歲

春，於河南延津之浦開詩壇。

黎士弘《托素齋文集》卷一中《徐光仲詩序》："記壬辰春仲光開詩壇於延津之浦，同學者二十五人，予以一二淺言殿簡末然。予即次延津，而光仲即去五日，實未得見。"③

七月，雙虹堤修葺訖工。

《（同治）南城縣志》卷九《藝文》之《雙虹堤記》："因不忍遺緒之廢墜，而就之計役工，二子有奇，費金溢百，始事，壬辰之七月訖工。"

十月，與伯兄居雙虹堤三月。

《（同治）南城縣志》卷九《藝文》之《雙虹堤記》："十月，而吾與伯兄晨夜食息於奮錘喧啖者，凡三閱月。"

## 1653 年　順治十年　癸巳　三十五歲

初夏，於同鄉何碧堵處聞曲阜孝童之事。

《懸榻編》卷三《孝童記》："時癸巳初夏，同里何碧堵客其地，得詳聞。"④

## 1655 年　順治十二年　乙未　三十七歲

秋，友方以智之父方孔炤逝，方以智自金陵天界寺還桐江，築樂廬守孝不出。

《懸榻編》卷三《都禦使貞述方先生傳》："乙未秋，無疾一日逝，年六十有五，門人私謚曰貞述先生。""長即浮山愚者以智……□緇歸住金陵天界寺，以先生喪

① 《懸榻編》，第 182 頁。
② 《懸榻編》，第 144 頁。
③ （清）黎士弘：《托素齋文集》，《清代詩文集彙編》第 68 冊，上海：上海古籍出版社，2010 年，第 564 頁。
④ 《懸榻編》，第 116 頁。

還,居樂廬不出,遠近尊爲愚者大師。"①

　　《懸榻編》卷三《愚者大師傳》:"貞述先生訃至,再返桐江,結廬三載,有樂廬草已。"②

## 1657 年　順治十四年　丁酉　三十九歲

寄書高自山,論詩之流變。

　　《懸榻編》卷五《與高自山書》下題"丁酉"。③

過夏生家,於方亭作詩一首。

　　《懸榻編》卷六《紀將樂張孝廉事》:"予丁酉過夏生家,見其奄奄一息,零落瑣尾之狀,心感之,因生方亭作詩曰'九曲池塘活水流,雕闌面面俯清幽。半生心力經營盡,好與人間話鵁鶄。'"④

問督學歲試首名文章之題。

　　《懸榻編》卷六《樵城箕仙紀》:"昨歲丁酉,督學歲試臨吾樵。予與數友問場中首何題。"⑤

## 1658 年　順治十五年　戊戌　四十歲

於太行山腳拜張藐山先生墓。

　　《懸榻編》卷二《寶墨卷序》:"陽城張藐山先生,國家三百年有數人品也……近歲戊戌再行腳太行得拜先生墓。"⑥

寄書馮石室。

　　《懸榻編》卷五《與友石室》下題"戊戌"。⑦

秋,往金陵。

　　《懸榻編》卷六《亡妻潘氏宜人墓志銘》:"戊戌秋,予爲俗所迫乃赴長平故人看山約,尋行腳金陵,流浪五載。"⑧

冬,友方以智来江西南城荷葉山訪徐芳,不遇。

　　徐芳《懸榻編》卷三《愚者大師傳》:"登匡廬五老峰,再入盱江,訪所知愚山荷

---

① 《懸榻編》,第 99 頁。
② 《懸榻編》,第 100 頁。
③ 《懸榻編》,第 192 頁。
④ 《懸榻編》,第 242 頁。
⑤ 《懸榻編》,第 255 頁。
⑥ 《懸榻編》,第 52 頁。
⑦ 《懸榻編》,第 203 頁。
⑧ 《懸榻編》,第 228 頁。

葉山中。適山行脚遠出,則就所居草庵棲止,凡三閲月。"①

　　方文《嵞山续集》收録徐芳《西江遊草序》:"予同籍密之……戊戌冬訪予山中,因止日旴、黎間。"②方以智,字密之。

### 1659年　順治十六年　己亥　四十一歲

友方以智遊禪,未定行蹤,寄書詢其近况。

　　《懸榻編》卷五《寄木立道兄》下題"己亥"。③

夏,與楊東犧、塗宜振等人共助方以智修廪山精舍。

　　任道斌《方以智年譜》:"(順治十六年)夏,壽昌寺僧及建昌府士人徐芳、楊日生、涂景祚等助修精舍。"④

　　《冬灰録》卷首三《廪山緣起》載:"徐仲光、楊東曦、涂宜振、萬年諸居士,共發歡喜,許建精舍,乃題之曰:'參天夢筆掃烟痕,杖指泉源在石根。扶起破盆齊出手,西江頂上一瓢吞。'"⑤

### 1660年　順治十七年　庚子　四十二歲

八月,進金陵,寓南關三忠祠。老僧瞿輝設茶叙奇夢之事。

　　《懸榻編》卷五《紀瞿輝老僧夢》:"予庚子八月進金陵,寓南關三忠祠。一日老僧瞿輝,設茶告曰:'夜來奇甚,夢一僧語予。'"⑥

### 1661年　順治十八年　辛丑　四十三歲

春,自江西往金陵,會方文,告之方以智情形。

　　李聖華《方文年譜》:"徐芳自江西來,得知方以智廪山近事。"⑦

　　方文《嵞山集(中)》《西江遊草》之《寄藥地上人》:"今春徐子來,云在廪山半。學道既已深,著書復無算。"⑧

四月二十三日,過嘉定訪歸有莊。

　　趙經達《歸玄恭先生年譜》"永曆十五年,順治十八年,辛丑,四十九歲"條下有"(九月)二十三日,侯記原携徐仲光芳過訪。案,徐芳,字仲光,南城人,庚辰進

---

①　《懸榻編》,第100頁。

②　(清)方文:《嵞山續集》,《清代詩文集彙編》第38册,上海:上海古籍出版社,2010年,第546頁。

③　《懸榻編》,第184頁。

④　任道斌:《方以智年譜》,合肥:安徽教育出版社,1982年,第210頁。

⑤　(明)方以智撰,邢益海校註:《冬灰録》,北京:華夏出版社,2014年,第56頁。

⑥　《懸榻編》,第214頁。

⑦　李聖華:《方文年譜》,北京:人民文學出版社,2007年,第360—361頁。

⑧　《嵞山續集》,第549頁。

士,隆武時吏部郎。"①

十月,自嘉定歸,過虞山,錢謙益拜訪,翌日回訪,與錢謙益飲酒年野堂之胎仙閣。

　　《懸榻編》卷二《壽錢牧齋宗伯序》:"歲在辛丑十月,予以嘉定山水之役,還過虞山,牧齋先生聞而見訪。翌日,報謁年野堂之胎仙閣,先生飲之酒。"②

友周亮工出獄,仲光與吳淇滋、高永清、王沄、朱靜一、申繹芳前去慰問。

　　王先謙《東華録·順治三十六》:"順治十八年辛丑春正月壬子,上不豫。……上大漸,遣内大臣蘇克薩哈傳諭:京城内,除十惡死罪外,其餘死罪及各項罪犯,悉行釋放。丁巳(初七)夜子刻,上崩於養心殿。"③

　　周亮工《賴古堂集》卷十《南還,吳庭發至自毗陵、高澄甫至自梁溪、王勝時至自雲間、朱靜一至自秋浦、申霖臣至自吳門、徐仲光至自旴江,相慰感賦》:"北轍南轅意倍縈,群公千里慰煢煢。新還不夢家曾到,再見反疑客更生。江上分風吹短棹,燈前制淚約浮萍。庭花亦識人來好,可奈烏啼白下城。"④

寄書錢謙益。

　　《懸榻編》卷五《與錢牧齋宗伯》下題"辛丑"。⑤

## 1662 年　康熙元年　壬寅　四十四歲

春,與何三省等人募梓爲方以智刻印《通雅》一書。

　　任道斌《方以智年譜》:"(康熙元年)春,遊南城,友人何三省、徐芳發起募梓密之《通雅》。"⑥

　　方中通《陪集》卷一《與熊魯子書》:"《通雅》五千卷,五年前爲揭子宣所抄,而何觀我、李石臺、徐仲光、王願五諸先生合力倡之。"⑦

與文德翼、方以智、苗蕃、湯恪素、何印兹、傅用兹、魏仲平等同遊江西南城從姑山。

　　任道斌《方以智年譜》:"(康熙元年)與徐芳、文德翼等遊南城從姑山。"⑧

　　文德翼《求是堂文集》卷十三《遊從姑山記》載:"是月也,癸酉仲光復作從姑主人,墨曆師乘觀我扁舟。"⑨

　　①　趙經達:《歸玄恭先生年譜》,《北京圖書館藏珍本年譜叢刊》第 71 册,北京:北京圖書館出版社,2010年,第 237 頁。

　　②　《懸榻編》,第 63 頁。

　　③　(清)王先謙:《東華録》,上海:上海古籍出版社,2008 年,第 477 頁。

　　④　(清)周亮工:《賴古堂集》下册,上海:上海古籍出版社,1979 年,第 455 頁。

　　⑤　《懸榻編》,第 179 頁。

　　⑥　《方以智年譜》,第 219 頁。

　　⑦　(清)方中通:《陪集》,《清代詩文集彙編》第 133 册,上海:上海古籍出版社,2010 年,第 23 頁。

　　⑧　《方以智年譜》,第 220 頁。

　　⑨　(明)文德翼:《求是堂文集》,《四庫禁毁書叢刊》集部第 141 册,北京:北京出版社,2000 年,第 577 頁。

《（乾隆）建昌府志》卷五十五收徐芳《再同無可道兄、湯恪素先生、文燈巖、何印兹、傅用兹、魏仲平諸公登從姑》，詩云：“丹峰峻贈壓紫烟，到來呆瞪雜酣眠。半闌以外憐無地，一綫之中賴有天。苔壁巧書真古傷，石梁度展即飛仙。蘭亭好友遣蓮社，不朽斯遊也或然。”①

寄書陳少遊，叙世道艱難及相思之意。

《懸榻編》卷五《與陳少遊》下題“壬寅”。②

**1663 年　康熙二年　癸卯　四十五歲**

正月，建傍蓮閣。

《懸榻編》卷四《傍蓮閣記》：“今歲正月，因倚簷跨徑，結爲小閣，穿内垣以通之。”“時癸卯四月朔日。”③

四月一日，作《傍蓮閣記》。

《懸榻編》卷四《傍蓮閣記》：“時癸卯四月朔日。”④

寄書黄維輯。

《（同治）南城縣志》卷九《復黄維輯》：“别教自庚寅於今十有三載，然精神來往不啻同堂晨夕。”

按，順治七年（1650）庚寅後十三年應爲康熙二年（1663）癸卯。

**1664 年　康熙三年　甲辰　四十六歲**

苗蕃任南城縣令，來訪，二人訂交。

《（同治）建昌府志》卷六“苗蕃”條載：“康熙三年令南城。……抵任訪徐芳於荷葉山，建懸榻亭鰲峰之滸以居之，爲梓其集曰《懸榻編》。”⑤

寄書梅律之，望關注兒輩讀書。

《懸榻編》卷五《與梅律之》下題“甲辰”。⑥

春，自綏安買舟趨延津，自舟人吳敬處聽聞虎化人形食人之事。

《懸榻編》卷四《鬼化虎記》：“予甲辰春自綏安買舟趨延津，舟人吳敬爲言其鄰子某。”⑦

---

①　（清）孟焰等修，黄祐等纂：《建昌府志》，清乾隆二十四年刻本。
②　《懸榻編》，第 202 頁。
③　《懸榻編》，第 140、141 頁。
④　《懸榻編》，第 141 頁。
⑤　（清）邵子彝等修，魯琪光等纂：《建昌府志》，清同治十一年刻本。
⑥　《懸榻編》，第 201 頁。
⑦　《懸榻編》，第 161 頁。

春,客居三山。

《懸榻編》卷六《亡妻潘氏宜人墓志銘》:"甲辰春,予再客三山。"①

## 1665 年　康熙四年　乙巳　四十七歲

寄書方以智,探討《周易》。

《懸榻編》卷五《寄木公三》下題"乙巳",書云:"自佛説圓通法門而外,其最微者,莫如《周易》。"②

自三山歸,秋,妻潘氏病重幾殆,長子一麟娶親。

《懸榻編》卷六《亡妻潘氏宜人墓志銘》:"甲辰春,予再客三山,一載歸而宜人貌悴甚,咳唾時帶絲血,猶不肯自逸,抵秋一病幾殆。稍間,復强起爲一麟娶婦,勞瘁過甚,不旬日而疾大作,遂不可救。"③

按,康熙三年(1664)甲辰年一載後即康熙四年(1665)乙巳年。

冬十月,友張伯老謝世。

《懸榻編》卷五《與公庵書》下題"丙午",書云:"張伯老去冬十月已謝世,其署中人曾向鄰□寄語,近始聞之,當事別無議者。"④

按,丙午前一年應爲乙巳。

冬十一月,妻潘氏逝。

《懸榻編》卷六《亡妻潘氏宜人墓志銘》:"乙巳冬十一月,南城徐芳妻潘氏宜人卒。"⑤

## 1666 年　康熙五年　丙午　四十八歲

寄書方以智勸其隱居深山,不宜開堂講學。

《懸榻編》卷五《寄木公四》下題"丙午"。⑥

錢謙益逝,姜仲聯至,述柳如是從死狀。

《懸榻編》卷三《柳夫人小傳》:"丙午某月,宗伯公即世。""昨歲聞虞山先生變,悵歎良久,不知柳夫人事,頃京口姜仲聯至,使備述其從死狀。"⑦

托林孔碩寄書鼓山永覺和尚。

---

① 《懸榻編》,第 228 頁。
② 《懸榻編》,第 186 頁。
③ 《懸榻編》,第 228 頁。
④ 《懸榻編》,第 189、190 頁。
⑤ 《懸榻編》,第 226 頁。
⑥ 《懸榻編》,第 187 頁。
⑦ 《懸榻編》,第 113 頁。

《懸榻編》卷五《與公庵書》下題"丙午"，書云："三山故知林孔碩，銓部名人又高人也，與鼓山和尚莫逆，到彼定應相見，一劄寄候，希爲致之，冗中不盡欲語。"①

寄書林涵齋。

《懸榻編》卷五《與林涵齋書》下題"丙午"。②

## 1667 年　康熙六年　丁未　四十九歲

正月，前訪周亮工，爲其《字觸》作序。

周亮工《字觸》附徐芳序："及是，再過長幹，而櫟園《字觸》成，來索言，曰：'此昔人零碎本子也。'……康熙六年歲次丁未孟春之吉，江年同學弟徐芳拜手書於情話軒。"③

夏，與文德翼、方以智、苗蕃、湯恪素、何觀我、劉幼立等同遊麻姑山。

文德翼《求是堂文集》卷十三《遊麻姑山記》載："丁未孟夏甲子，抵旴。越翼日，乙丑，謁苗南城九符。苗曰：'墨曆禪師住錫景雲，公幸少留。'遂客餘定應。……丁卯，霽。苗報徐仲光來矣。散步往尋仲光，正供墨師午齋，座上客滿，南豐湯恪素年伯、廣昌何觀我、新城楊東曦、峽江曾公子在焉，其一南城鄧幼立也，皆驚視相笑，有三十年相思者，有二十年相別者，遂訂遊姑山。"④

十月十三日，葬妻於石奇嶺。

《懸榻編》卷六《亡妻潘氏宜人墓志銘》："閲兩歲丁未，得吉壤於邑之河西，地名石奇嶺。以仲秋十月朔十有三日，舉柩穸焉。"⑤

作《柳夫人小傳》。

《懸榻編》卷三《柳夫人小傳》序："昨歲聞虞山先生變，惋歎良久。"⑥

按，錢謙益康熙五年(1666)逝，"昨歲聞虞山先生變"，今應爲康熙六年(1667)。

## 1668 年　康熙七年　戊申　五十歲

友方文爲徐芳題《荷山草堂圖》。

李聖華《方文年譜》："（康熙七年）爲徐芳題《荷山草堂圖》。"⑦

---

① 《懸榻編》，第 189、190 頁。
② 《懸榻編》，第 191 頁。
③ (清)周亮工《字觸》，北京：中華書局，1985 年，前言第 4 頁。
④ 《求是堂文集》，第 576 頁。
⑤ 《懸榻編》，第 226 頁。
⑥ 《懸榻編》，第 113 頁。
⑦ 《方文年譜》，第 472 頁。

方文《嵞山集（下）》卷四《題徐仲光荷山草堂卷》："嶺海歸來重歎嗟，荷山深處老烟霞。漫言此地堪終隱，底事頻年不在家。玩世且同華表鶴，維舟先聽白門鴉。問君可是徐鴻客，行見楊花變李花。"①

## 1669 年　康熙八年　己酉　五十一歲

三月四日，與施閏章、何印玆同遊麻源三谷，回程登鳳凰山。

施閏章《悼徐仲光》題下注："公隱於盱江之荷山，撰著極富，己酉春同遊麻源三谷。"②

施念曾《施愚山先生年譜》"康熙八年己酉先生五十二歲"條下有："（三月）四日，同仲光、印玆遊靈谷麻源，回登鳳凰山。"③

與施閏章約遊麻姑，未至。

施念曾《施愚山先生年譜》："康熙八年己酉先生五十二歲"條下有"（十一月）廿五日，舟中草《廬陵縣志序》，又有盱江諸山遊記，又有《麻姑山遲徐仲光不至》。"④

## 1670 年　康熙九年　庚戌　五十二歲

於揚州，與汪楫相識。

羅茜《清初詩人汪楫及其詩歌研究》據汪楫《長歌答徐仲光先輩》、孫枝蔚《徐仲光先生來揚州，爲題荷山草堂圖》考證汪楫與徐芳相識。⑤

汪楫《山聞詩》之《長歌答徐仲光先輩》叙述二人相識之事。⑥

孫枝蔚《溉堂集》卷三《徐仲光先生來揚州，爲題荷山草堂圖》可知徐芳此時在揚州。⑦

十一月二十四日，卒於祁門。

《（同治）南城縣志》卷九載苗蕃《祭徐仲光文》："康熙庚戌十一月廿四日，仲光先生卒於祁門舟次，梓既歸矣，掛劍撤琴，千古奇慟。"

施閏章《聞伯玑璣》下題"時西江陳士業、熊雪堂、朱遂初、李梅公、徐仲光諸公相繼卒"。⑧

---

① 《嵞山續集》，第 632 頁。
② （清）施閏章著，何慶善、楊應芹點校：《施愚山集》第 3 册卷二十九，合肥：黃山書社，2014 年，第 96 頁。
③ （清）施念曾：《施愚山先生年譜》，《北京圖書館藏珍本年譜叢刊》第 74 册，北京：北京圖書館出版社，2010 年，第 390 頁。
④ 《施愚山先生年譜》，第 391 頁。
⑤ 羅茜《清初詩人汪楫及其詩歌研究》，2018 年揚州大學碩士學位論文。
⑥ （清）汪楫：《山聞詩》，《清代詩文集彙編》第 140 册，上海：上海古籍出版社，2010 年，第 707—708 頁。
⑦ （清）孫枝蔚：《溉堂集》中册，上海：上海古籍出版社，1979 年，第 706—707 頁。
⑧ 《施愚山集》第 2 册卷十，第 189 頁。

　　按，徐芳應卒於陳士業、熊雪堂、朱遂初、李梅公之後，陳伯璣之前。陳宏緒，字士業，號石莊，據《歷代名人生卒録》卷八"康熙四年（1665）三月五日卒，年六十九。"[①]熊文舉，字公遠，號雪堂，江西南昌人，崇禎辛未進士，據周駿富《清代傳記叢刊》之《貳臣傳》卷十二《熊文舉傳》，其康熙二年以病乞歸，六年後因病卒於家中，即康熙八年（1669）己酉卒。[②]　朱憲副，字遂初，生卒年不詳。李元鼎，字梅公，江西吉水人，天啓壬戌進士，據李元鼎之子李振裕《白石山房文稿》卷八《先府君行述》"府君生於明萬曆乙未年十一月十四日，卒於清康熙庚戌年十月十二日，享年七十有六"[③]，應卒於康熙九年（1670）庚戌。陳允衡，字伯璣，建昌南城人，據姚範《援鶉堂筆記》卷四十五考證，"陳允衡卒於康熙辛亥壬子之間"[④]。則徐芳當卒於康熙庚戌年十月十二日之後，故苗蕃言其卒於康熙庚戌十一月二十四日當無誤。

　　徐芳一生著作頗多，著有《藏山稿》《藏山稿外編》《行脚篇》《松明閣詩選》《傍蓮閣草》《砌蛩吟》《憩龍山房制藝》《諸皋廣志》等，苗蕃選刻《藏山稿文》十之一曰《懸榻編》。今存文《懸榻編》六卷及《憩龍山房後記》《有事齋記》《雙虹堤記》《重修南城縣治碑》《陳伯璣願學集序》《重建口山禪寺志》《送湯惕菴備兵東粵序》《上府館當事言馬政書》《與郡司李狄公言清軍事書》《與鄧伯勉言清丈事書》《再與鄧伯勉言馬户事書》《與苗邑侯言均丁事》《復黃維輯》[⑤]《休園詩餘序》[⑥]十四篇；存詩《重修密雲庵序》《登從姑》《再同無可道兄、湯恪素先生、文燈巖、何印兹、傅用兹、魏仲平諸公登從姑》[⑦]《過虎巖》《夏日芙蓉峰登眺》《城門高》《踏月行》《立春日賦示武陵諸友》《新晴》《晝寢》《喜渡河洛再過伊闕》《渡孟津》《五日竺峰登眺有感寄家升伯》《五日遣興》《古樓峰晚眺》《冬日宿净土巖》[⑧]《灘舟吟》《上河晚眺》《秋日同林孔碩登鼓山宿白雲堂即事》[⑨]共計十九首。

　　①　（清）钱保塘编：《歷代名人生卒録》，北京：北京圖書館出版社，2002 年，第 769 頁。

　　②　周駿富輯：《清代傳記叢刊》第 39 册，台北：明文書局，1985 年，第 829 頁。

　　③　（清）李振裕：《白石山房文稿》，《清代詩文集彙編》第 159 册，上海：上海古籍出版社，2010 年，第 116 頁。

　　④　（清）姚範：《援鶉堂筆記》，《續修四庫全書》第 1149 册，上海：上海古籍出版社，1996 年，第 127 頁。

　　⑤　《憩龍山房後記》《有事齋記》《雙虹堤記》《重修南城縣治碑》《陳伯璣願學集序》《重建口山禪寺志》《送湯惕菴備兵東粵序》《上府館當事言馬政書》《與郡司李狄公言清軍事書》《與鄧伯勉言清丈事書》《再與鄧伯勉言馬户事書》《與苗邑侯言均丁事》《復黃維輯》此十三篇文章存於《（同治）南城縣志》卷九《藝文》。

　　⑥　（清）鄭慶祜：《揚州休園志》，《四庫禁毁書叢刊》史部 41 册，北京：北京出版社，第 526—527 頁。

　　⑦　《重修密雲庵序》《登從姑》兩詩收於《（同治）南城縣志》卷九《藝文》；《再同無可道兄、湯恪素先生、文燈巖、何印兹、傅用兹、魏仲平諸公登從姑》一詩收於《（乾隆）建昌府志》。

　　⑧　（清）卓爾堪選輯《明遺民詩》，北京：中華書局，1961 年，第 413—416 頁。《過虎巖》《夏日芙蓉峰登眺》《城門高》《踏月行》《立春日賦示武陵諸友》《新晴》《晝寢》《喜渡河洛再過伊闕》《渡孟津》《五日竺峰登眺有感寄家升伯》《五日遣興》《古樓峰晚眺》《冬日宿净土巖》十三首詩見於卓爾堪《明遺民詩》，其中《喜渡河洛再過伊闕》張豫章《四朝詩》（文淵閣四庫全書本）明詩卷六十五亦有收録。

　　⑨　（清）陳田：《明詩紀事》，上海：上海古籍出版社，1993 年，第 3299—3300 頁。

■皖籍文獻專題

# 晚清桐城派詩人徐鐵華生平發覆*

## 李永卉　黄柏芝

**摘　要:**徐鐵華是晚清民初活躍於安徽詩壇和教育界的桐城派詩人之一。由於英年早逝,長久以來,其生平履歷幾近淹没,對其在桐城派和近代詩壇之地位,學界也認識不足。筆者在整理安徽師範大學圖書館古籍文獻之時,發現了徐氏光緒癸卯恩科硃卷、個人詩文集及其與友人的來往信劄,據此考證了其家世、生平等。徐氏熟悉西學,但是反對激進的革命,這與其自身的成長經歷和晚清桐城派學者的總體思潮一致。

**關鍵詞:**徐鐵華;桐城派;生平;晚清

晚清民國時期,桐城派出現了以方東樹、姚瑩、梅曾亮、吳汝綸、張裕釗、姚永樸、姚永概、方守彝等爲代表的作家群體,其中池州府石埭縣(今安徽省石台縣)人徐鐵華(1879—1915)也是活躍於這一時期的桐城派學者之一。徐鐵華生於 1879 年,長期居於安慶,與桐城派學者往來密切,與當時一些皖垣名流同享"耆儒桀士"之稱,並與姚永概等同執教於安徽高等學堂。①　光緒三十二年(1906)四月,沈曾植升署安徽提學使時②,曾先後招致"程抑齋、方倫叔博士(守彝)、常季、馬通伯主事(其昶)、鄧繩侯、胡季庵、徐鐵華、姚仲實(永樸)、姚叔節解元(永概),時時相從,考論文學"③。徐鐵華英年早逝,遺留的作品並不多,他的好友方守彝在其生前整理了部分詩作;死後,包括桐城派學者在内的友人們"相與集貲"④,將其詩集付梓。另外,以"規範桐城派"爲宗

*　**作者簡介:**李永卉,女,江蘇大學科技信息研究所(江蘇鎮江 212013),歷史學博士,碩士研究生導師,副研究館員,主要研究方向爲文獻學、數字人文、宋史。

黄柏芝,女,江蘇大學科技信息研究所(江蘇鎮江 212013),碩士研究生,主要研究方向爲數字人文、地方文獻。

**基金項目:**安徽省哲學社會科學規劃青年項目:清末民初皖南下層士紳研究(AHSKQ2014D67)。

①　政協安慶市文史資料研究委員會編:《安慶文史資料》(第 11 輯),合肥:安徽省出版局,1985 年。徐鐵華時任國文教習(王開玉:《安慶史話》,合肥:安徽人民出版社,1981 年,第 228 頁)。

②　錢實甫編:《清代職官年表》第四册《學政(提學使)年表》,北京:中華書局,1980 年,第 2761 頁。

③　王蘧常編:《沈寐叟年譜》,《民國叢書》第 76 輯,上海:上海書店,1989 年,第 50—51 頁。

④　《鐵華詩鈔·徐建生跋》載:"其喪殯葬即畢,桐城方眞初先生出其録存鐵華所爲古今體詩一册,亟爲印行,且商之鐵華生前神交契洽故人,如霍邱裴伯謙、無爲丁叙庵、合肥周頌臙、涇縣洪澤臣、貴池高文伯、桐城姚叔節、方玉山、貴叟弟磐君、懷寧陳端甫、胡淵如諸先生,及吾弟醉石相與集貲贊助,責建督其役。"(徐鐵華:《鐵華詩鈔》,1916 年安慶鉛印本)

旨的《晚清四十家詩鈔》也收録了徐氏十九首詩。[1] 雖然徐鐵華是晚清民國時期桐城派比較重要的人物之一,但是其家世、生平等現存資料不多。[2] 最近筆者在整理安徽師範大學圖書館古籍藏書時,發現了徐氏的鄉試硃卷[3]、個人詩集《鐵華詩鈔》及與友人的來往信劄,這些文獻的發現對於勾稽徐鐵華的生平、學術和生活軌迹,具有極高的價值。

一

　　徐鐵華出生於安徽池州府石埭縣,原籍徽州府歙縣,始祖徐汝"由歙縣隍呈圩遷居本邑下五都"[4],其家一直未有顯達人物。直至高祖秉良,始为"太學生",曾祖徐秀(譜諱權然)亦爲太學生。父親徐炯,"譜諱天助,字謹庵,太學生。輯有《學庸詳解》(待梓)、《周易挈要》《春秋便讀》(未成)"[5],對經學有一定的研究。徐鐵華一直僑寓安慶,"世居本邑下五都徐村,現喬寓安慶溝兒山"[6],膝下無子,"幼失怙恃,三娶妻而無子,弟早亡,遺一孤","門庭衰落,幾人所不堪"[7],曾曰:"余無嗣,先人之澤中絶矣。"[8] 雖然家世凋零,但是他的從叔父徐定文[9]是安徽著名學者,編纂有《皖學篇》[10]一書。叔叔徐建生在安徽也頗有影響力,工於書法,曾任安徽省長公署秘書、參議等職務。[11] 徐

　　① 吳闓生選評、寒碧點校:《晚清四十家詩鈔》,杭州:浙江古籍出版社,2006 年,第 178—186 頁。吳闓生是桐城派領袖吳汝綸之子,"執父先生之學,以古文詔後進,又嘗問學於范先生"(曾克端:《晚清四十家詩鈔序》,第 27 頁),即曾問學於著名詩人范肯堂,范氏則爲張裕釗門生。吳、張二人不但齊名,且"同出於曾國藩門下",而"曾氏是桐城派最有力的倡導者"(寒碧:《重印晚清四十家詩鈔序》,第 2 頁),因此,吳闓生選評詩人詩作的標準,主要"以師友源瀾爲主,凡四十一家可觀覽"( 吳闓生:《晚清四十家詩鈔自序》,第 25 頁),亦即寒碧先生謂"意在規範桐城派"(寒碧:《重印晚清四十家詩鈔序》,第 1 頁)。
　　② 《安慶晚報·文化周刊》2015 年 3 月 20 日(電子版)載有汪軍文章:《大觀亭的"迷羊"》,介紹了徐鐵華的生平,比較簡略。
　　③ 《徐鐵華鄉試硃卷》,清末楊萬春刊印,現藏安徽師範大學圖書館。
　　④ 《徐鐵華鄉試硃卷》。
　　⑤ 《徐鐵華鄉試硃卷》。
　　⑥ 《徐鐵華鄉試硃卷》。
　　⑦ 胡遠濬:《鐵華詩存叙》,載《鐵華詩鈔》,第 1 頁。
　　⑧ 徐鐵華:《吾病恐不可爲口呻二小詩一以自吊一以貽皖中諸舊好》詩中小注,載陳惟壬等纂:《民國石埭備志彙編》卷五《藝文志下》,載《中國地方志集成·安徽府縣志輯》,南京:江蘇古籍出版社, 1998 年據民國三十年(1941)鉛印本影印,第 89 頁。
　　⑨ 《徐鐵華鄉試硃卷》載:"定文,員外郎,衛大理寺寺丞,左寺正主稿。"
　　⑩ 陳惟壬等纂《民國石埭備志彙編》卷三《人物志初稿》:"徐定文,字質夫,石埭人也。幼端重,止若成人,長而好義理之學,讀宋儒書,務躬行實踐,而尤服膺於朱子","嘗仿湯文正《洛學篇》著《皖學篇》十二卷。"(第 39 頁)
　　⑪ 徐建生(1869—1940),字笠雲,別署律韻,晚號遲廬老人。石台人,清末寄居金陵,民國初定居安慶。任安徽省長公署秘書、參議,安徽大學國文講師。工書法,對小篆造詣頗深。有《遲廬字話》《遲廬閑話》《遲廬小説》;另有大、小楷書《模範字帖》印行(戎毓明主編:《安徽人物大辭典》,團結出版社,1992 年,第 305 頁)。"建生,邑庠生,辛卯堂備,丁酉房薦。"(《徐鐵華鄉試硃卷》)

鐵華的授業恩師有兩位,分別是姚石荃①(錫光,前任石埭縣知縣)和余壽平②(誠格,前主講敷敬書院)兩位地方名流。1903 年,24 歲的徐鐵華参加了"江南鄉試闈藝光緒癸卯恩科","中式第一百二十七名舉人"③。

　　據硃卷記載,徐鐵華生於"光緒己卯年(1879)二月十七日吉時,生係安徽省石埭縣廩膳生民籍"④,民國"乙亥年(1915)夏四月望日","卒於安慶"⑤,年僅 37 歲。在現存史料記載中,關於他的字、號,有一些出入,如程演生的《長楓詩話》載:

> 徐鐵華先生經綸,石埭人,亦余中學業師也。弱冠登賢書,文采照耀一時,工於詩、古文,與方倫叔、姚叔節爲唱和之友,風格道上,句法警煉,鑽研唐宋諸大家,而尤好元遺山。有《鐵華詩抄》,已刊行。民國卒,年未四十也。倫叔先生(方守彝)與諸友好爲葬之省垣西門外大觀亭下,題曰"詩人石埭徐鐵華先生之墓",從其志也。⑥

同鄉石埭蘇蔭椿在其手稿中亦載:

> 存誠名經綸,一字鐵華,徐村人,光緒癸卯科舉人。文詞汪洋浩瀚,有倒傾巫峽之勢,尤善駢文,詩賦詞曲自成一家。余壽平太史稱爲江南名士,惜未四十而卒。葬皖垣大觀亭側,余太史題"石埭詩人徐鐵華之墓",有詩集刊行。⑦

民國《石埭備志彙編》載:

> 徐經綸,字鐵華,石埭人,光緒癸卯舉人。⑧

上述文獻均將"鐵華"作爲徐經綸的字,但是其鄉試硃卷則記載:"徐經綸,字存誠,號鐵華,行二。"⑨硃卷前的履歷是應舉士子自己填寫的,雖然明清時期硃卷允許民間刻印,但是明確規定必須按照原卷刊刻,不得隨意竄改,如"(順治)三十二年,覆準刊刻

---

　　①　姚錫光(1857—?),字石全/泉,又作石荃,江蘇丹徒人。一生著述頗豐,有《東方兵事紀略》《東瀛學校舉概》《籌藏芻議》《籌蒙芻議》《姚錫光日記》《姚錫光文稿》等傳世(見舒習龍:《姚錫光述論》,《史林》,2006 年第 5 期);姚錫光於光緒己亥(1899)九月到石埭任知縣,辛丑年(1901)三月調署和州直隸州知州,在石埭縣任二年有餘(姚錫光:《吏皖存牘》卷上,光緒三十一年(1905)刻本)。

　　②　《徐鐵華鄉試硃卷》。徐經綸曾作詩《寄余壽平師桂林》,載《鐵華詩鈔》。黃叔璥《國朝御史題名·光緒二十四年》,清光緒刻本載:"余誠格,號壽平,安徽望江縣人,己丑科進士,由翰林院編修補授山東道御史。"余壽平在宣統三年(1911)曾先後任陝西巡撫、湖南巡撫。(趙爾巽:《清史稿》,本紀二十五《宣統皇帝本紀》,中華書局,1977 年,第 994 頁)

　　③　《徐鐵華鄉試硃卷》。

　　④　《徐鐵華鄉試硃卷》。

　　⑤　胡遠濬:《鐵華詩存叙》,載《鐵華詩鈔》,第 1 頁。

　　⑥　程演生:《長楓詩話》一册,稿本,安徽省博物館藏。

　　⑦　蘇蔭椿:《蘇氏文稿·覆徐存誠孝廉》,(壬寅)二月二十七日,民國間抄本(蘇蔭椿是清末民初石埭縣生員,皖南蘇氏家族成員,後棄儒就賈,從事家族的典業經營,留有系列手稿。生平、家世詳見李永卉:《蘇蔭椿年譜簡編》,《池州學院學報》,2014 年第 5 期,第 82—85 頁)。

　　⑧　陳惟壬等纂:《民國石埭備志彙編》卷五《藝文志下》,第 88 頁。

　　⑨　《徐鐵華鄉試硃卷》。

闈墨，務照原卷，若考官不照原卷發刻者，交部議處"①。因此，刊刻本與原始的硃卷在内容上是應當一致的。另外，雖然硃卷記載卷主出生年存在"官年"等造假情況②，但是姓名、字號一般不會弄錯。所以，徐經綸的正確字、號當如硃卷記載，字存誠，號鐵華。

徐鐵華死後並未歸葬家鄉，而是葬於安慶西門外大觀亭畔。"余不欲歸葬，思於西門外大觀亭畔求得數尺宜地，以掩遺蜕。面前題片碣曰'石埭詩人徐鐵華旅葬處'，碣尾略綴數語，以識平生。"③

## 二

徐鐵華在光緒二十八年（1902）收到安徽高等學堂的聘約，並於光緒二十九年（1903）中舉。同鄉蘇蔭椿在光緒二十八年的信中曰："聞閣下應高等學堂之聘④，修金不薄。"⑤此後，他便一直在高等學堂任職。如《光緒三十三年（1907）安徽省城高等學堂教員調查表》記載，徐氏此時任教的資格是"舉人，揀選知縣"，擔任校科是詩學，薪水爲月薪四十兩。⑥ 1913 年，安徽高等學堂停辦，徐氏隨即接替姚永概，任安徽省立第一師範學校校長。⑦ 1914 年因病辭職⑧，此時還兼任安徽教育會會長。⑨ 可能是在省立第一師範學校校長任上，編撰了《安徽師範學堂中國史講義》⑩一書，有人評價其"爲近代較早較完整的中國通史之一"，但是"書中誇譽清朝和反對革命處較多。有

　　① 官修：《大清會典則例》卷六六《禮部》，文淵閣四庫全書本，台北：台灣"商務印書館"，1986 年，第 620 册，第 378 頁。

　　② 參見郁志群：《封建科舉、職官中的"官年"——從楊守敬的鄉試硃卷談起》，《歷史研究》，2003 年第 4 期，第 154—157 頁。

　　③ 徐鐵華：《吾病恐不可爲口呻二小詩一以自吊一以貽皖中諸舊好》詩中小注，《民國石埭備志彙編》卷五《藝文志下》，第 89 頁。

　　④ 安徽高等學堂，"光緒二十一年開辦，原名求是學堂，校址舊在鷺鷥橋。二十八年移建康府學宫旁，改稱大學堂。三十一年復改稱高等學堂，民國二年停辦。"參朱之英修：《民國懷寧縣志》卷八《學堂》，南京：江蘇古籍出版社，1998 年據民國七年（1918）鉛印本影印，第 137 頁。

　　⑤ 蘇蔭椿：《蘇氏文稿·覆徐存誠孝廉》，（壬寅）二月二十七日。

　　⑥ 見《光緒三十三年（1907）安徽省城高等學堂教員調查表》，載朱有瓛主編：《中國近代學制史料》第二輯（上册），上海：華東師範大學出版社，1987 年，第 648 頁。

　　⑦ "省立第一師範學校在城西，即舊考棚，民國元年就安徽全省優級師範學堂改設，舊爲安徽全省師範學堂。光緒三十二年即舊安慶考棚改建。宣統元年改名優級師範學堂。"參朱之英修：《民國懷寧縣志》卷八《學堂》，第 137 頁。

　　⑧ 安慶市文史資料委員會：《安慶文史資料》第 28 輯《教育史料專輯》，北京：中國文史出版社，2000 年，第 28 頁。

　　⑨ 《直隸等省教育會聯合呈請設置地方教育獨立官廳（1914 年 6 月）》，《教育雜志》，第 6 卷（1914）第 4 號，《記事》，第 33—34 頁。

　　⑩ "是書一共三册，首《通論》六篇，論史官建置、史書體裁、地理人種大略等。繼分《上世期》《中世期》《下世期》，以正統史觀叙上古迄明亡歷史。仿紀事本末體，釐爲八十四課，期以二年卒業。"《中國歷史大辭典·史學史卷》，上海：上海辭書出版社，1983 年，第 175 頁。

光緒末年刊本"①。還參編有《混合課本》(1—6 册)。②

徐鐵華雖然在民國時期安徽教育界頗有名氣，然而被人稱道的還是他的詩人身份。現存徐氏的詩"所存不足三百篇"③，全賴好友方守彝在其生前收集、抄録④，友人們評價也很高。如程演生評價其詩"風格遒上，句法警煉"⑤；蘇蔭椿評其"文詞汪洋浩瀚，有倒傾巫峽之勢，尤善駢文，詩賦詞曲自成一家"⑥；胡遠濬曰："雖然使四子(李、杜、韓、蘇)而在，吾知誦鐵華詩，服其性真襟懷識量，其必忻然引爲吾徒無疑也。"⑦方守彝曰："先生之作幽思入妙，雋語成狂，有時作名酒微醺，有時忽驚濤橫放。"⑧他的詩還有比較强烈的現實關懷，如《汽車行》描寫了汽車駛過的場景，"一語未必餘飛烟，驚蛇入草箭脱弦"，形象生動。隨之感歎"陋儒硜硜好稽古，祇以淫巧交顛頓。豈知一跌已後時，跛龜寧望千里塵"⑨，表達了對守舊人士的鄙夷。但是，他也經常流露出對新事物的抵觸情緒，如曾作詩"譏效西法"⑩，對向日本學習也持有不同意見⑪，對辛亥革命有畏懼之情⑫，曾"譏清末新政"⑬。

然而，徐鐵華並不是頑固的守舊派，這點也可以在硃卷上的應試文章中看出。一般清代的會試、鄉試考題，形式主要包括"首場四書文三篇，五言八韻詩一首；二場五經文五篇；三場策問五道"，"因清代取士最重首場，故首場撰寫的四書文與試帖詩，成爲鄉會試硃卷刊刻慣例"⑭。徐鐵華的鄉試硃卷選刻了其中三篇文章。其中，《漢武帝時懲吏民有明當世之務習先聖之術者縣次續食令與計偕論》一文，他分析了漢武帝時人才興盛的原因，是時人"習於先聖之術，明於當世之務"⑮，而反觀"後世之士，談

①　《中國歷史大辭典・史學史卷》，第 175 頁。

②　王倘等主編、徐經編等助編：《混合課本》，上海：商務印書館，1935 年 8 月—1936 年 6 月初版。

③　徐建生：《鐵華詩鈔・徐建生跋》，載《鐵華詩鈔》；曾克端：《晚清四十家詩鈔序》，載《晚清四十家詩鈔》，前序，第 27 頁。

④　徐鐵華：《病中致賁初居士書》，載《鐵華詩鈔》，第 1 頁。"生平所爲詩，都二百餘篇，其忘年友賁初老人嘗手録而存之，鐵華每笑謂不足存"(胡遠濬：《鐵華詩存叙》，載《鐵華詩鈔》，第 2 頁)。又見《桐城方賁初先生致鐵華書》："大詩二册，抄存點識。"(《鐵華詩鈔》，第 1 頁)

⑤　程演生：《長楓詩話》。

⑥　蘇蔭椿：《蘇氏文稿・覆徐存誠孝廉》，(壬寅)二月二十七日。

⑦　胡遠濬：《鐵華詩存叙》，載《鐵華詩鈔》，第 2 頁。

⑧　方守彝：《桐城方賁初先生致鐵華書》，載《鐵華詩鈔》，第 1 頁。

⑨　徐鐵華：《汽車行》，載《鐵華詩鈔》，第 4 頁。

⑩　徐鐵華：《感春》之一："皎皎西鄰女，容若朝日暉。火齊衘釵鈿，驚龍交崔嵬。青春桃李月，流光出羅幃。豈伊耀嚴飾，内美固難希。朱樓起大道，中羅無鹽妃。千金買明珠，百金裁春衣。刻畫鉛黛間，齗齗論瘦肥。籲嗟壽陵子，匍匐竟安歸？"吳闓生點評，載《晚清四十家詩鈔》，第 181 頁。

⑪　徐鐵華：《感春》之一："萬金求大藥，云在扶桑東。連帆耀海日，驚浪凌天風。仙官揮玉斧，導我神山重。金光千萬樹，柯葉交青葱。馨香豈不茂，三嗅且從容。靈苗與毒草，殺人疑似中。服食苟不慎，磐石隨飄風。吾其駿六龍，披雲訪神龍。"吳闓生點評，載《晚清四十家詩鈔》，第 181—182 頁。

⑫　徐鐵華：《春日雜詩》之一："心恐雕梁非，未忘故人惠。呢喃君不聞，日暗重凝睇。"吳闓生點評，載《晚清四十家詩鈔》，第 182 頁。

⑬　徐鐵華：《秋熟》："風吹赤日流，意與深秋競。頗似盟主衰，猶誇瘠牛僨。或言秔稻遲，結實喜熱盛。非時反爲祥，理屈寧必信？可憐團扇微，努力休委命。綌紵亦薄材，望外起相慶。"吳闓生點評，載《晚清四十家詩鈔》，第 185 頁。

⑭　張傑：《清代硃卷的文獻價值》，《文獻》，2002 年第 2 期，第 234 頁。

⑮　《徐鐵華鄉試硃卷》。

時務則詆聖術爲迂，守聖術則薄時務爲鄙。其陋者，老死章句而不羞；其狂者，決裂冠冕而無忌。二者之中始未嘗無人才，上失其駕馭，沉迷流蕩，一往而不反”，後果便是“遂令天地有乏才之恨，而國家不收養士之報也”①。經世理國的抱負溢於言表。另外一篇《明太祖詔商税毋定額論》。明太祖洪武二十年，户部奏請商税定額徵收，朱元璋“以爲病民而不從”，文章針對這一事件進行了評述。徐鐵華首先讚揚了朱元璋的遠見卓識，但是隨之指出只有在明初吏治清廉的社會環境中，此種制度才可能有效施行，一旦吏治敗壞，便會弊端重重，並以“漢之均輸、鹽鐵，唐之間架陌錢，宋之青苗市易”和“明季礦税練餉”等“弊政”爲例。最後，他説“君子觀於税額輕重之間，可以通一代盛衰升降之故矣”②。他還聯繫所處的時代，認爲“泰西各國設商部，定商律，訂商約，輔以工學，衛以兵力，其保商也雖細而必週，故其征商也雖重而不怨”，呼吁“今之世有能采商戰之法，以起中國之衰者乎”，如果“如明祖之僅僅恤商，而未籌所以保商者，抑無足羨矣”，應該説很有遠見。因此，考官批語曰：“綜觀三場研究，中西學養兼到，洵屬美才”，“運筆靈、措詞雅、酌古準今，是謂通達治體之才。指陳詳細，切實老當”③。

<h1 style="text-align:center">三</h1>

從徐鐵華的硃卷和詩作中反映的對新事物既充滿興趣、又害怕變革的矛盾思想，可以從他的生活經歷找到綫索。鐵華年紀尚輕，便在皖省學術界嶄露頭角，“弱冠孤露，從事皖江學校垂廿年，得與諸耆宿時賢輩遊，學日進，而名亦漸著”④。但在未取得舉人科名前，其生活十分困頓。他曾經給同鄉蘇蔭椿覆信：

> 別月餘矣，旅祉想甚佳。貴典中諸務，當必料理就緒。此間月初，已燠熱似夏，頃數日連得雨，天氣仍和平矣。十四日，撫憲甄別，我鄉如楊藩卿等均未到。邇來風氣一變，讀書人實無大生色。閣下儒而兼賈，謀生之道，固較弟輩多多矣。寶兄此時，想在貴典，渠本領頗好，惜不逢時耳，得閣下吹噓，當增色矣。寄上龍洋三元，以彌舊歲之欠，望詧收。並附一紙與寶泉，手泐即請財安不宣。⑤

他寫信的主要目的，是歸還蘇蔭椿的龍洋三元欠款。這封信寫於 1902 年，前一年八國聯軍攻入北京，簽訂了《辛丑條約》，舉國動蕩，因此他感歎“邇來風氣一變，讀書人實無大生色”。蘇蔭椿的家境與徐鐵華頗爲類似⑥，然已放棄科考，加入蘇氏家族的典當業，這讓他很是羨慕，“閣下儒而兼賈，謀生之道，固較弟輩多多矣”。另外，蘇蔭椿在寫給友人的信中還提到，徐鐵華的家中曾經被盗，“徐存誠寓皖考課，屢獲優等，

①　《徐鐵華鄉試硃卷》。
②　《徐鐵華鄉試硃卷》。
③　《徐鐵華鄉試硃卷》。
④　徐建生：《鐵華詩鈔·徐建生跋》，載《鐵華詩鈔》。
⑤　蘇蔭椿：《蘇氏文稿·覆徐存誠孝廉·附來函》，（壬寅）二月十七日。
⑥　李永卉：《蘇蔭椿年譜簡編》，《池州學院學報》，2014 年第 5 期，第 82—85 頁。

文名噪甚。惟日前爲梁上君子光顧，失去衣件，約合大衍之數，亦寒士一小厄也"①。也不過被竊衣服幾件，便是"小厄"，可見生活之艱辛。幸運的是，1903 年，他參加了江南鄉試，並"中式第一百二十七名"②，使其可以繼續在高等學堂任教。可以説，徐鐵華是科舉制度的受益者，但是他也並不是一味的反對西學，不是頑固的守舊派。同時，他所屬的桐城派，雖然有姚永概等倡導變法者，但是桐城派宗法古文，對新體文學持反對態度，因此，他對激進的革命如辛亥革命感到恐懼，眷戀舊時代，在著作中也處處流露出對變革的擔心與嘲諷，也是個人生活經歷與社會環境所致。

　　我們以徐鐵華的鄉試硃卷與存世文獻相印證，可以較爲清晰地了解其家世、生平及其思想，爲進一步研究這位才華橫溢又英年早逝的桐城派學者，提供了寶貴資料。

---

① 蘇蔭椿：《蘇氏文稿·致汪性初》，(辛丑)七月初二日。
② 《徐鐵華鄉試硃卷》。

■學術叢劄

# 清三通館續考*

## 韓李良

**摘　要:**清乾隆時設立三通館續纂"三通",修成《續文獻通考》等六書,這是古代政書纂修的一件大事。三通館及相關問題,前賢雖已有考述,但由於此前條件所限,一些問題考證不夠充分。今從《清實錄》、同年齒錄及地方志中輯得材料,對三通館館職的設立、館臣數量、在館時間及有無助校等問題予以考證。

**關鍵詞:**三通館;館職;館臣數量

　　清乾隆年間爲續纂"三通",曾設立三通館。三通館及相关問題研究,學界也已取得一些成果。① 但由於此前條件所限,一些材料未能進入研究者視野,導致一些論述不够充分。而現在,隨着清史纂修工作的進行,清代史料整理成果蔚爲大觀。三通館相關問題,如館臣數量、來源及構成,館臣在館時間,纂修中是否存在助校等,就有了較大的研究空間和可能。今不揣淺陋,考述如下。

## 一、增補館臣名録

　　三通館的開館時間至少有四十二年,②纂修書籍一千六百餘卷,期間有多少纂修

---

　　* 作者簡介:韓李良,男,山西大學國學研究院(山西太原 030006),講師,文學博士,主要從事版本目録學研究。

　　基金項目:山西省高等學校哲學社會科學研究項目:清代晉人五經類著述研究(2019W019)。

　　① 目前僅見王鍾翰先生撰《清三通纂修考》一文,從三通館構成及運作、"清六通"體例、取材和價值等方面予以論述,但其限於當時客觀條件,所見材料不夠豐富,如其自言未能見到張廷玉墓志碑傳等材料,所以一些論述不夠充分。此文之後被收入王氏文集,筆者目驗三種,發現僅有一處變動,但未作説明,即 1963 年中華書局版《清史雜考》收録《清三通纂修考》中記載翁方綱曾於乾隆十七年與博明同時充任三通館纂修官,而 1957 年人民出版社版《清史雜考》與 2004 年中華書局版《王鍾翰清史論集》收録的《清三通纂修考》中都僅載有博明,而無翁方綱的記載。王氏此論,所據爲震鈞《天咫偶聞》,經查核原書,當以 1963 年中華書局版爲是。詳氏著:《清三通纂修考》,《清史雜考》,北京:中華書局,1963 年,第 209,218—221 頁。此文寫作於 1938 年,原名《清三通之研究》,後刊於《史學年報》1939 年第 2 卷第 5 期;(清)震鈞:《天咫偶聞》卷二,北京:北京古籍出版社,1982 年,第 37—38 頁。

　　② 乾隆十二年六月續文獻通考館開,僅負責纂修《續文獻通考》一書。至三十二年時,乾隆命增修《通典》、《通志》等書,且古今分別,需修成"續三通""清三通"等六書,故將館名改作三通館,之後館名没有再變化。直至五十三年十月,還有三通館承辦書籍繕寫工作仍未完成的記載,故推算其開館時間持續至少有四十二年。詳見乾隆十二年六月十五日上諭,轉引自《清三通纂修考》,第 209 頁;"論内閣所有武英殿、國史館等承辦空函各書著派八阿哥等督飭趕辦",中國第一歷史檔案館編:《纂修四庫全書檔案》,上海:上海古籍出版社,1997 年,第 2137 頁。

人員參與，並無明文記載。王鍾翰先生據《清實録》《上諭》及浙江官書局本“清六通”（下文簡稱“浙本”）書前所載三通館職名表等，共輯得三通館纂修人員七十四人，其中總裁二十三人，纂修官五十一人。① 其實在浙本“清六通”外，《續通典》及“清三通”的武英殿本（下文簡稱“殿本”）②，以及“續三通”的文淵閣《四庫全書》本（下文簡稱“庫本”）卷首都附有一份三通館職名表。將這七份三通館職名表與浙本“清六通”所附相校，新發現二十四名館臣不見於後者記載。此外，通過查核《清實録》、清人詩文集、年譜、同年齒録及地方志等相關記載，又輯得館臣五十名。下文依館職如總裁、纂修、協修及其他（含館職不明）等四類論述，每一類内按科第先後爲序。若該人入館與離館時間可考者詳述之，否則僅注明其科第。

### （一）總裁

彭元瑞於乾隆“四十年三月，充三通館副總裁”③，鍾音於乾隆四十三年五月“充三通館副總裁”④。

### （二）纂修官

新見殿本與庫本“清六通”所附三通館職名表，可補纂修兼總校官一人：乾隆三十七年進士王坦修；纂修兼校對官十六人：乾隆三十四年進士吳典，三十六年進士周厚轅，三十七年進士蘇青鰲，四十年進士許烺、賀循、饒慶捷，四十三年進士孫希旦、馮敏昌，四十五年進士汪如洋、徐準，四十六年進士曠楚賢、祝堃、陳廷慶、歐陽健、曾燠、屈爲鼎；滿纂修四人：巴達爾呼、齡椿、嵩年、明達。

二十一人中入館時間可考者有三人：孫希旦，乾隆四十六年春充三通館纂修官，四十九年卒於任，在館近三年，曾作《續通典凡例十二則》；⑤馮敏昌，或與孫氏同時入館，五十年二月離館；⑥汪如洋，乾隆“四十八年充三通館纂修官”，五十一年離館。⑦

此外，通過考察清人詩文集、年譜、方志及檔案等，又可補纂修官三十六名，依科

---

① 先爲纂修官後充總裁者如劉墉、陳兆崙等，皆計入總裁内，纂修官中則不再重復計數；多次出任總裁、纂修官者如梁詩正等，也僅計一次，不再重復計算。此外，王鍾翰先生還據浙本書前三通館職名表來考證“清三通”成書時間，但所得結論有值得商榷之處，筆者另撰有文對其予以討論，此不贅言。詳見《清三通纂修考》，第209—217,221頁。

② 筆者所見武英殿本“清六通”，有北京大學圖書館藏《續通典》一部；復旦大學圖書館藏《續通典》及“清三通”。其中，復旦所藏爲劉承幹舊藏，有“劉承幹字貞一號翰怡”白文方印、“吳興劉氏嘉業堂藏書印”朱文方印。

③ 《清史列傳》卷二十六《彭元瑞傳》，第1999頁。因彭元瑞之後又於乾隆五十二年充三通館總裁，已被王鍾翰先生計入增補名録，故本文不再重複計數。下文錢大昕情況同此。詳《清三通纂修考》，第211,216頁。

④ 《清高宗實録》卷一〇五七，第127頁。

⑤ 乾隆四十六年春，孫希旦“散館一等，充武英殿分校官、國史館、三通館纂修官”，詳孫延釗：《孫敬軒先生年譜》，《孫延釗集》收録，上海：上海社會科學出版社，2006年，第217—220頁。

⑥ 馮氏年譜僅載其於四十六年充“武英殿分校官”，未言充三通館纂修，但其與孫希旦同榜，亦一同散館，故推論其入三通館或應與孫氏同。馮氏於五十年二月“以部屬用，遂改授主事”，其離館應在此之後。詳（清）馮士鑑編：《先君子太史公年譜》，《北京圖書館藏珍本年譜叢刊》第117册，北京：北京圖書館出版社，1999年，第22—27頁。

⑦ 汪如洋於乾隆五十一年“冬督雲南學政使”，詳（清）程恩澤：《程侍郎遺集》卷八《翰林院修撰汪先生墓志銘》，《清代詩文集彙編》第548册，上海：上海古籍出版社，2010年，第212頁。

第先後論述如下：

孫人龍，乾隆"甲子冬視學粵中，秩滿入都，充文獻通考纂修官"①。按乾隆十二年十月，興泰繼孫人龍之後爲肇高學政。② 可知孫氏入京充續文獻通考館纂修應在此之後，離館時間不詳。

萬松齡，曾充三通館纂修官③，乾隆十三年六月，萬氏在翰詹大考中因位列四等，著休致。④ 故萬氏在館時間至多一年。

王康佐，乾隆七年進士，二十三年"補原官充三通館纂修官。己卯以病乞歸，自此優遊林下"⑤。其在館時間約一年。

李友棠，乾隆十年"乙丑成進士，由翰林擢充三禮義疏、續文獻通考兩館纂修官，辛未五月補授福建道監察御史"。⑥ 知李氏在乾隆十六年五月離館。

汪廷璵，乾隆十三年進士，曾"充會典、續文獻通考兩館纂修"⑦。

吳鼎，乾隆十六年辛未科特恩保舉經學，"三十年乙酉，充續文獻通考館纂修官，分辨《樂考》、《經籍考》兩門"⑧，離館時間不詳。

艾茂，乾隆十六年進士，"甲戌兼文獻通考纂修官，丁丑以母憂去官"⑨。

秦百里⑩與周澧⑪是乾隆十六年進士，邵嗣宗⑫與朱陽⑬是乾隆十七年進士，以上四人皆曾充任續文獻通考館纂修，但在館時間不詳。

紀昀，乾隆十九年進士，三十二年"充三通館提調兼纂修"，次年即因涉盧見曾案，遣戍烏魯木齊。故，紀氏在館時間約一年。⑭

---

① （清）宗源瀚等纂修：《（同治）湖州府志》卷七十六，清同治十三年刊本。

② 《清高宗實録》卷三〇一，第 933 頁。

③ 萬氏入館時，爲續文獻通考館，該館至乾隆三十二年二月時才改稱三通館。但清人所撰傳文、行狀等多有以"三通館"代稱"續文獻通考館"的情況，下文就有多例。詳（清）阮升基等纂修：《（嘉慶）重修宜興縣志》卷三《萬松齡傳》，清嘉慶二年刻本。

④ 《清高宗實録》卷三一六，第 193 頁。

⑤ 王氏請假南下時原任檢討，此復任"原官"，當即"檢討"，詳（清）張紹棠等纂修：《續纂句容縣志》卷九上《王康佐傳》，清光緒刻本。

⑥ （清）童范儼等纂修：《（同治）臨川縣志》卷四十一《李友棠傳》，清同治九年刻本。

⑦ （清）王昶等纂修：《（嘉慶）直隸太倉州志》卷二十八《汪廷璵傳》，清嘉慶七年刻本。

⑧ "分辨"疑爲"分辦"之誤。（清）楊潮觀：《吳公易堂墓志銘》，轉引自劉世德《楊潮觀撰述考》，《藝文志》第一輯，太原：山西人民出版社，1983 年，第 241 頁。

⑨ 劉鍾蔭等纂修：《（民國）麻江縣志》卷十六《艾茂傳》，1938 年鉛印本。

⑩ 秦百里《太康縣志序》末署有"充續文獻通考館纂修官加三級秦百里"，知其應曾充三通館纂修官，詳（清）武昌國等纂修：《（乾隆）太康縣志》卷首，清乾隆二十六年刻本。

⑪ 乾隆"敕修《續文獻通考》"，總裁諸公屬以分纂，咸推巨手"，分纂即纂修官別稱，知其應入三通館，詳（清）江峰青等纂修：《重修嘉善縣志》卷二十四《周澧傳》，清光緒二十年刻本。

⑫ 《乾隆四十八年癸卯科江南鄉試同年齒録》，善本書號 03849，中國國家圖書館藏。

⑬ 朱陽《晉寧州序》末署有"充武英殿三通館纂修官"，知其曾在三通館任職，詳（清）毛敫、朱陽纂修：《（乾隆）晉寧州志》卷首，清乾隆二十七年刻本。

⑭ （清）李宗昉：《聞妙香室文》卷十四《紀文達公傳略》，《清代詩文集彙編》第 530 册，第 687 頁。

　　朱筠①、沈業富②與陳夢元③爲乾隆十九年進士，皆曾充任三通館纂修官，在館時間不詳。

　　錢大昕於三十七年復"充三通館纂修官"，三十九年七月離館。④

　　蔣士銓，乾隆二十二年進士，"二十八年充續文獻通考館纂修官。明年奉母南歸"。⑤ 知蔣氏在館時間約一年。

　　鄭爔，乾隆二十二年進士，"充國史館、三通館、武英殿纂修官"⑥。

　　陳蘭森，乾隆二十二年進士，後"改庶吉士，授編修，充國史、三通館纂修官"⑦。按：二十五年時，陳氏散館，被授翰林院編修⑧，則其入館應在此之後。

　　劉焯，乾隆二十六年進士，"充國史、方略、三通各館纂修，勤於其職。保薦御史，俄出爲河南西華知縣"⑨。按：乾隆三十三年四月，劉焯因大考三等，著以知縣用⑩，知其於三十三年四月後離館。

　　余廷燦，乾隆二十六年進士，三十四年散館授職後入三通館，三十六年時乞假歸里⑪，在館時間約兩年。

　　周位庚，"乾隆二十八年進士，改庶常，授檢討，充三通館纂修。三十三年大考，休致，尋授刑部主事"⑫。按：周氏於乾隆三十一年散館時被授爲檢討⑬，則其入館應在此之後，三十三年著休致，則在館時間約兩年。

　　李鐸，乾隆二十八年進士，"丙午散館，授翰林院檢討，兼武英殿、國史館、三通館纂修、起居注官。戊子大考，改用江西會昌知縣，調彭澤新建署理饒州府景德鎮同知"⑭。從傳文所載可知，李鐸應在三十一年散館後才入三通館，三十三年戊子大考後改知縣用，則其在館時間約在三十一年至三十三年間。

　　龔驄文，"乾隆二十八年進士，改庶吉士，授檢討，充三通館纂修"⑮。依傳文所述，龔氏或與李鐸同時入三通館，離館時間不明。

　　①　見章學誠《朱先生墓志銘》、王昶《翰林院編修朱君墓表》，載（清）錢儀吉：《碑傳集》卷四十九，北京：中華書局，1993 年，第 1385，1395 頁。
　　②　《乾隆四十八年癸卯科江南鄉試同年齒錄》，善本書號 03849，中國國家圖書館藏。
　　③　（清）翁元圻等纂修：《（嘉慶）湖南通志》卷一百四十一《陳夢元傳》，清刻本。
　　④　（清）錢大昕著，陳文和主編：《嘉定錢大昕全集·錢辛楣先生年譜》，南京：江蘇古籍出版社，1997 年，第 16，24—25 頁。
　　⑤　（清）王昶：《春融堂集》卷五十六《翰林院編修蔣君墓志銘》，《清代詩文集彙編》第 358 冊，第 555 頁。
　　⑥　《乾隆四十八年癸卯科江南鄉試同年齒錄》，善本書號 03849，中國國家圖書館藏。
　　⑦　（清）蔡呈韶等纂修：《（嘉慶）臨桂縣志》卷二十九《陳蘭森傳》，清嘉慶七年修光緒六年補刊本。
　　⑧　《清高宗實錄》卷六一三，第 893 頁。
　　⑨　（清）邵子彝等纂修：《（同治）建昌府志》卷八《劉焯傳》，清同治十一年刻本。
　　⑩　《清高宗實錄》卷八〇八，第 926 頁。
　　⑪　（清）唐仲冕：《陶山文錄》卷八《賜同進士出身翰林院檢討兼充三通館纂修官余公墓表》，《清代詩文集彙編》437 冊，第 554 頁。
　　⑫　（清）蔡呈韶等纂修：《（嘉慶）臨桂縣志》卷二十九《周位庚傳》。
　　⑬　《清高宗實錄》卷七六〇，第 363 頁。
　　⑭　（清）董誥：《琪園李太史傳》，載宋憲章等纂修：《（民國）壽光縣志》卷十二，民國二十五年鉛印本。又，《清高宗實錄》載李鐸散館爲乾隆三十一年丙戌，此處作"丙午"，誤，見《清高宗實錄》卷七百六十，第 363 頁。
　　⑮　（清）夏修恕等纂修：《（道光）高要縣志》卷二十《龔驄文傳》，清道光六年刻本。

　　陳昌圖，乾隆三十一年進士，三十三年“戊子秋昌圖奉命充三通館纂修官，分撰《續（通）典》”①，其文集卷十九及二十收錄其所撰《續圖譜略稿》。從此可知，陳昌圖曾參與《續通典》及《續通志》兩書的纂修工作。乾隆四十年時陳昌圖“由翰林院編修考選山西道御史”②，則其在館時間應在乾隆三十三年秋至四十年間。

　　鄒玉藻，乾隆三十一年進士，曾“充三通館、四庫全書館纂修官，校勘勤謹稱職”③，四十年“由翰林院編修考選浙江道御史”④。知鄒氏應在乾隆四十年時離館。

　　金蓉，“乾隆三十四年成進士，入翰林，充三通、四庫全書纂修官”⑤。

　　邵晉涵，乾隆三十九年“仍纂修《四庫全書》，兼輯《續三通》”⑥。

　　龔大萬，乾隆三十六年進士，三十七年四月因劉統勛奏請而入三通館。⑦

　　王爾烈，乾隆三十六年進士，“歷充四庫全書處、三通館纂修”⑧，後於四十六年“由翰林院編修考選陝西道御史”⑨，知其應在此之後離館。

　　閔思誠，“乾隆三十六年進士，官編修，充四庫、三通館纂修”⑩。

　　鄒炳泰，乾隆三十七年“成進士，改翰林院庶吉士。散館，授編修，充四庫館、三通館纂修，文淵閣校理”⑪。按傳文所載，鄒炳泰入三通館在其散館之後，即四十年四月後，何時離館則無明文記載。

　　吳紹燦，乾隆四十年進士，四十九年充三通館纂修官，五十三年歸里⑫，在館時間約五年。

　　許兆棠，乾隆四十五年進士，“充內廷方略館、三通館纂修，提調翰林院事”，之後於“乾隆甲辰歿於京寓，年甫三十有三”⑬。

　　錢棨，乾隆四十六年辛丑科狀元，“除修撰。丁父憂，服除入京，奉命在上書房行走，充三通館纂修、武英殿分校”⑭。按：錢棨不知何時丁憂，但其於乾隆“五十一年八月，充順天鄉試同考官”⑮，知其服闋入京當在此之前。

　　蔡共武，乾隆“辛丑科進士，朝考入選翰林院庶吉士，授職檢討，充四庫全書分校、

————————————

　　①　（清）陳昌圖：《南屏山房集》卷二十一《嘉禮續典》，《清代詩文集彙編》第 400 冊，第 401—402 頁。

　　②　（清）黃叔璥撰，戴璐等續補：《國朝御史題名》，《續修四庫全書》第 751 冊，第 340 頁。

　　③　（清）呂懋先等纂修：《（同治）奉新縣志》卷八《鄒玉藻傳》，清同治十年刻本。

　　④　《國朝御史題名》，第 340 頁。

　　⑤　（清）司能任等纂修：《（嘉慶）嘉興縣志》卷二十三《金蓉傳》，清嘉慶六年刻本。

　　⑥　（清）邵晉涵：《南江文鈔》卷五《廣西鄉試錄序》，《清代詩文集彙編》405 冊，第 356 頁。黃雲眉先生考證，《續通志·金石略》當爲邵晉涵所編，見黃雲眉：《邵二雲先生年譜》，載《史學雜稿訂存》，濟南：山東人民出版社，1960 年，第 43 頁。

　　⑦　（清）應先烈等纂修：《（嘉慶）常德府志》卷四十一《龔大萬傳》，清嘉慶十八年刻本。

　　⑧　翟文選等纂修：《（民國）奉天通志》卷二一一《王爾烈傳》，民國二十三年鉛印本。

　　⑨　《國朝御史題名》，第 342 頁。

　　⑩　（清）宗源瀚等纂修：《（同治）湖州府志》卷七十六《閔思誠傳》，清同治十三年刻本。

　　⑪　（清）王引之：《王文簡公文集》卷四《協辦大學士鄒公墓志銘》，《續修四庫全書》本第 1490 冊，第 399 頁。

　　⑫　（清）吳錫麒：《有正味齋駢體文》卷二十四《家蘇泉編修傳》，《清代詩文集彙編》第 415 冊，第 402 頁。

　　⑬　（清）呂錫麟等纂修：《（道光）雲夢縣志略》卷九《許兆棠傳》，清道光二十年刻本。

　　⑭　（清）宋如林等纂修：《（道光）蘇州府志》卷一〇二《錢棨傳》，清道光四年刻本。

　　⑮　《清史列傳》卷二十八《錢棨傳》，第 2189 頁。

三通館纂修、武英殿提調"①。

潘奕藻,乾隆"甲辰會試府君中式第六十九名""廷試改庶吉士,充内廷三通館纂修""丁未散館,改部屬,分刑部直隸司行走,旋補山西司主事"②。從上載,知潘奕藻在乾隆四十九年即入三通館任纂修官,五十二年四月散館改部用,則其應在此之後即離館。故潘氏應於乾隆四十九年至五十二年四月間在館。

### (三) 協修

在以上總裁、纂修之外,新增補協修三人,分別是:

董誥,乾隆二十八年進士,"朝考入選,改翰林院庶吉士,充國史館、三通館協修"③。

沈步垣,乾隆"四十六年進士,由庶吉士充武英殿纂修、三通館協修。甲辰改刑部主事,升員外郎,擢浙江道監察御史"④。考《清高宗實錄》,沈步垣於乾隆四十六年五月改庶吉士⑤,則其入館當在此時,四十九年改刑部主事,則其應在此之後離館。

楊志信,乾隆"甲辰成進士,殿試置二甲,授翰林院庶吉士,充三通館協修官。散館,改禮部主事,升員外郎、郎中,充《學政全書》纂修官"⑥。據此,我們可知楊志信在乾隆四十九年殿試後即入館,任協修,五十二年散館後即離館。其離館時間當與上文潘奕藻同。

### (四) 館職不明及其他

除上述諸人之外,又增補提調官三人:西精額、彭元玩及索寧安。⑦ 此外,還增補分校與校理二人,這兩種館職並未在三通館設置的諭旨中有記載,分別是:

分校一人,潘紹觀,由"舉人官内閣中書、軍機處行走,充四庫館、三通館分校。旋通籍,以庶吉士改刑部四川司主事,晋郎中"⑧。

按:依傳文所載,潘紹觀以内閣中書入三通館充分校,之後於乾隆四十六年中進士。疑傳文所言"分校"應是校對官。

校理一人,孫星衍,乾隆五十二年進士,"授翰林院編修,充三通館校理",五十四年散館以部員用,後補刑部直隸司主事⑨。按:張紹南所撰年譜,記載較阮元爲詳。張氏指出孫星衍"充三通館校理"在乾隆五十三年,次年四月散館後就部,"九月題補

① 《光緒六年庚辰科會試同年齒録》,中國國家圖書館藏。

② 《(江蘇蘇州)大阜潘氏支譜》卷十九《誥授朝議大夫賜進士出身刑部陝西司郎中加一級前翰林院庶吉士顯考畏堂府君行述》,清光緒十三年松鱗莊木活字印本。

③ (清)姚文田:《邃雅堂集》卷四《太傅董文恭公行狀》,《清代詩文集彙編》第 448 册,第 627 頁。

④ (清)宋如林等纂修:《(嘉慶)松江府志》卷六十《沈步垣傳》,清嘉慶松江府學刻本。

⑤ 《清高宗實錄》卷一一三〇,第 107 頁。

⑥ (清)李蔚等纂修:《(同治)六安州志》卷二十七《宦績》,清同治十一年刊光緒三十年重印本。

⑦ 載於文淵閣《四庫全書》本《續通典》及《續文獻通考》書前三通館職名表。

⑧ (清)多祺纂修:《(光緒)蘄水縣志》卷十《宦迹》,清光緒六年刻本。

⑨ (清)阮元撰,鄧經元點校:《揅經室集》二集卷三《山東糧道淵如孫君傳》,北京:中華書局,1993 年,第 432—433 頁。

刑部直隸司主事"①。可知孫星衍應在乾隆五十三年至五十四年四月間在館,此時
"清六通"皆已告竣,三通館主要工作轉爲繕寫四庫正本及清本(交武英殿刊刻),故其
另立新職——校理,亦有可能,然所見充校理者僅此一例,孤證難立,存疑俟考。

以下八人,皆爲進士,亦參與纂修"清六通",然所任館職爲何,未見明文記載,故
將其定爲館職不明,分別是:

李英,乾隆十年進士,參與"纂修三禮、《續文獻通考》等書"②。

張裕犖,乾隆十三年進士,"纂修《續文獻通考》"③。

秦承恩,乾隆二十六年進士,曾參與纂修《續通典》。④

嵇承謙,乾隆二十六年進士。從楊鸞《贈稽(嵇)晴軒學使》詩小注"時修三通"⑤,
三十七年壬辰科庶吉士,⑥則其三十七年時已在館,但具體何時入館則不考,其離館
或在乾隆三十九年出任陝西學政時。

楊壽楠,乾隆三十四年進士,"充武英殿纂修,校理三通、四庫等館"⑦。

鍾蟠雲,乾隆四十三年"戊戌進士,由三通館事議叙知縣補用"⑧。

又,王昶及褚廷璋二人。據王昶《軍機處題名記》載,乾隆時"開方略、國史、三通
諸館",其"皆爲斟酌條例,用副右文稽古之至意"⑨。從王氏自述可知,其曾參與三通
館事務。此事在其《年譜》中記載則更爲詳細。《年譜》云,乾隆三十三年"開續三通
館,凡纂修條例屬先生與褚君左羪撰定而奏進之"⑩。從此所述可知,不僅王昶曾參
與三通館纂修條例等擬定,而且褚左羪(名廷璋)也曾參與其中。但可惜的是,兩人擔
任何種館職却没有明文記載。其中,王昶在乾隆三十三年七月時又因涉兩淮鹽運事
不密罷職,則其在館時間約半年。褚氏在館時間則不詳。

綜上,筆者增補三通館纂修人員七十四人。綜合王鍾翰先生增補纂修人員來看,
纂修官人員選擇基本遵循了設立時的規定,即"由翰詹選派"。同時從上文中有明確
入館時間的記載來看,有在庶常館學習期間即入館者如陳昌圖、潘奕藻;亦有在庶常
館學習期滿,散館授職後才入館者如龔大萬、鄒炳泰;亦有在翰林院任職多年後被選
入館者如王康佐。可知纂修人員入館時間并無規律可循。

①　(清)張紹南:《孫淵如先生年譜》,《叢書集成續編》本,臺北:新文豐出版公司,1988 年,第 720 頁。

②　(清)唐仲冕等纂修:《(嘉慶)重刊荆溪縣志》卷三《李英傳》,清嘉慶二年刻本。

③　(清)廖大聞等纂修:《(道光)續修桐城縣志》卷十六《張裕犖傳》,清道光七年修十四年刻本。

④　乾隆三十四年,章學誠"爲秦芝軒師校編《樂典》"云云,可判定秦承恩曾參與纂修《續通典》,詳(清)章學
誠:《章學誠遺書》補遺《上朱先生書》,北京:文物出版社,1985 年,第 608 頁。

⑤　(清)楊鸞:《邀雲樓集六種·後續邀雲四編》,《四庫未收書輯刊》拾輯 13 册,北京:北京出版社,1997
年,第 579 頁。"稽"爲"嵇"之訛。

⑥　(清)朱珪等纂,余來明、潘金英校點:《皇朝詞林典故》卷五十八《題名·小教習》,武漢:武漢大學出版
社,2009 年,第 1041 頁。

⑦　(清)潘懿等纂修:《(同治)清江縣志》卷八《人物志上》,清同治九年刊本。

⑧　(清)楊英燦等纂修,余天鵬等續修:《安縣志》卷二十四,清同治二年增補嘉慶本。

⑨　(清)王昶:《春融堂集》卷四十七《軍機處題名記》,第 475 頁。

⑩　(清)嚴榮:《述庵先生年譜》,附王昶《春融堂集》末,第 667 頁。

# 二、館臣構成考

乾隆三十二年改續文獻通考館爲三通館時,曾對館職人員構成有明確規定:

> 纂修官十員,仍由翰詹選派。與提調官二員,收掌官二員……至原設謄録十二缺,不敷繕寫,應酌添四缺。供事、匠役亦應各添二名。[1]

上述爲新開三通館時預設館臣構成情况,庫本《續通典》等所附三份三通館職名表則是經過一段實際運作後,重新作出調整的實際情况。將兩者比較可以發現,在實際運作中除提調官及收掌官人數没有變化外,其餘情况有了很大不同,主要有以下幾點:

一是纂修官數量已遠超預設名額。乾隆三十二年開三通館時,預設纂修官僅爲十員。此時,他們並没有意識到實際纂修開始後工程量的浩大。而且,三十八年又開四庫館,三通館館臣又多兼四庫館職,而整個官方重心向《四庫全書》轉移。所以,在這種情况下,僅十員纂修官已無法滿足正常運行,三通館增加纂修官已成必然。這個情况在三份三通館職名表中得到了證實:庫本《續通典》職名表中纂修兼總校官八人,纂修兼校對官三十一人,滿纂修三人;庫本《續文獻通考》職名表中纂修兼總校官八人,纂修兼校對官三十人,滿纂修三人;庫本《續通志》職名表中纂修兼總校官七人,纂修兼校對官三十四人,滿纂修四人。從上述三通館職名表可看出,同時在館纂修官數量的常態即爲四十餘人,已遠超原定名額四倍。

二是館内職務細化。乾隆三十二年改稱三通館時,續文獻通考館已運行二十年,但是纂修人員及館規課程制訂仍顯粗疏。在後來的實際運作中,這種情况逐漸地被改變。

首先增添新館職。從上文所述三份三通館職名表纂修官情况,我們可以看出館職方面新增總校官及校對官兩個職務,但並未另外增添人員,而是由纂修官兼任。實際上,是在纂修官内部進行了細化和分級。從三通館職名表排序中可看出,總校官在校對官前,一般爲七至八人,職務應高於校對官,可看做區分館職高低的標準。此外,從上文增補纂修人員第二類情况可看出,有部分翰詹人員被選爲三通館協修,説明在實際纂修過程中又增添有協修這一新的館職。但是這一館職未載於三通館職名表中,因材料缺乏,原因俟考。

其次,纂修官分滿漢。原先三通館在設立纂修官時並未區分滿漢,之後或因實際纂修工作需要,如《續通志》《清朝通志》中《六書略》及《七音略》等需要專業人員的緣故,增添了滿纂修官,同國史館例。實際上,又將纂修官細化,分爲滿漢二類。這一點從上文三通館職名表所述纂修官情况中可證實。

三是纂修官來源並不單一。三通館開館時規定“纂修官十員,仍由翰詹選派”。通過三通館職名表及上文增補纂修人員發現[2],三通館選派纂修官實際並未嚴格執

① 《清高宗實録》卷七七八,乾隆三十二年二月,第548頁。

② 增補纂修人員中有明確入三通館時間者,考其時任官職,皆出自翰詹。

行這一規定,主要體現在滿纂修官的來源。這一點在三通館職名表中可得到證實。三通館職名表載纂修兼校對官有顧宗泰,官職爲文淵閣檢閲内閣中書,漢纂修官僅此一例;此外新增滿纂修官,則基本出自各部主事、筆帖式等低級官員,如理藩院主事巴達爾呼等。①

　　四是三通館同其他官方修書機構一樣,也存在助校現象。除王鍾翰先生《清三通纂修考》提到三通館總裁梁詩正延請馮浩參與纂修外②,筆者又輯得三人:萬光泰③、盧清④、章學誠⑤。其中除萬光泰亦爲總裁梁詩正所延請,盧清爲紀昀延請,章學誠爲秦承恩延請。其中紀昀館職爲提調及纂修官,秦承恩所任館職未見記載,但不可能是總裁等,只能是纂修或協修等職。從此四例看出延請助校者有總裁,亦有纂修官,並無一定之規。

# 結　語

　　筆者據新發現殿本及庫本"清六通"所附三通館職名表,並結合《清實録》、清人詩文集、年譜、同年齒録及地方志等相關記載,在王鍾翰先生輯補基礎上又新輯三通館臣七十四名,並詳考其在館時間,發現其入館時間並無一定之規。又通過對館臣來源、數量、館職名稱及纂修工作考察,發現館臣并非僅從翰詹中選取,同一時期在館館臣數量一般爲四十名左右,遠超之前預設數量;館内職務也有細化,如纂修官細化爲總校官及校對官;同時,在原定館職基礎上,又新設有協修等館職,而且分滿漢等;纂修工作中,同其他官方修書機構一樣,也存在助校現象。

---

　　①　文淵閣《四庫全書》本"續三通"所附三通館職名表皆載有顧宗泰、巴達爾呼。
　　②　馮浩先被梁詩正延請參與纂修,後入館成爲正式纂修人員,轉引自《清三通纂修考》,第 210 頁。
　　③　萬光泰,乾隆元年舉人,"梁詩正續修《通考》,延光泰董其事",載《清史列傳》卷七十二《萬光泰傳》,第 5900—5901 頁。
　　④　"紀文達時修《續文獻通考》,延爲佐理校勘",載羅汝澤等纂修:《(民國)霞浦縣志》卷三十一《盧清傳》,1929 年鉛印本。
　　⑤　"現爲秦芝軒(名承恩)師校編《樂典》",載《章學誠遺書》補遺《上朱先生書》,第 608 頁。

# 程穆衡生平交遊及著述考略*

## 魯夢宇

　　摘　要：作爲清代較早箋注吳偉業詩歌的注家，程穆衡雖功名不顯，但以其學問篤實、著作宏富獲譽當時。程穆衡家學淵源有自，交遊極重學問和人品，著作廣涉經、史、子、集四部，舉凡考證、箋注、評選、删定以及自己的詩文創作近六十種，大部分未經刊刻，幾乎散佚殆盡，但尚有部分稿鈔本存世。晚清藏書家王祖畬、王保讓父子先後致力於程穆衡著作的搜集和整理，但亦有未及見者，程穆衡其人及著作的整理研究尚待深入。

　　關鍵詞：程穆衡；生平交遊；著述考略

　　程穆衡，字惟惇，號迓亭，江蘇太倉人，乾隆二年（1737）進士，授山西榆社知縣。因開罪上司遭罷官，歸里後除曾參與撰修《太倉州志》，主修《鎮洋縣志》外，大半生再無仕宦履歷，以撰述爲主。生平著作近六十種，由於大多未經刊刻，幾乎散盡，部分著作以稿、鈔本形式存於上海、南京兩地圖書館。程穆衡在"三禮"研究、《水滸傳》注解、吳偉業詩歌箋釋等相關領域都建樹頗豐，程穆衡其人生平交遊和著作的詳細情況尚未有專門研究者。

## 一、生卒年小考

　　關於程穆衡生卒年，黄永年在影印保蘊樓鈔本《吳梅村詩集箋注》前言中判斷爲（1702—1795），但並未給出具體分析和論證[2]，程穆衡壽至耄耋，時所罕見，釐清其生卒年的確切時間十分重要。

　　程穆衡《吳梅村詩箋》卷末第二則跋語云：

　　　　因取原本，分散各類，依年排次，自甲申冬至乙酉春，多有俗務縈牽，乘間理翰，復書此本，益以詩餘爲十三卷，時年已六十有四。[3]

　　按，清代自順治帝至嘉慶帝在位期間，"甲申""乙酉"連續者，只有順治元年甲申（1644）、順治二年乙酉（1645），康熙四十三年甲申（1704）、四十四年乙酉（1705）、乾隆二十九年甲申（1764）、三十年乙酉（1765），以程穆衡"乙酉"年六十四歲上推，其生年

　　*　作者簡介：魯夢宇，男，西北大學文學院（陝西西安 710127），博士研究生，主要從事明清文學與文獻研究。
　　基金項目：國家社科基金青年項目：宋刊《詳注昌黎先生文》整理與研究（19CZW021）。

　　②　（清）程穆衡原箋，楊學沆補注：《吳梅村詩集箋注·前言》，上海：上海古籍出版社，1983 年，第 2—3 頁。
　　③　（清）程穆衡：《吳梅村詩箋》，國家圖書館藏舊山樓鈔本。

分別爲明萬曆十年丁丑(1582)、明崇禎十五年壬午(1642)以及清康熙四十一年壬午(1702)三種。第一種顯然與史實不符合,1582 年吳偉業尚未出生,程穆衡又如何作《吳梅村詩集箋注》。又據《(嘉慶)直隸太倉州志》①以及《鎮洋縣志》記載②,程穆衡爲乾隆元年丙辰(1736)舉人,乾隆二年丁巳(1737)進士。假定程穆衡出生於 1642 年,那麼乾隆二年(1737)取得進士功名時,程穆衡已經 96 歲,第二種亦完全不合事實。因此康熙四十一年壬午(1702)即为程穆衡生年。

關於程穆衡卒年,有兩處材料值得注意,(清)林晃《(嘉慶)鶴市志略》卷中"人物"載:"程穆衡……年九十二卒"③,《(嘉慶)鎮洋縣志》卷九"人物"載:"程穆衡……生平撰述甚富,卒年九十三。"④依據程穆衡壽數,程穆衡卒年在 1794 年或 1795 年。

# 二、家世生平與仕宦履歷

程穆衡祖籍安徽休寧⑤,其《吳梅村詩箋》凡例中所稱之"先祖篁墩公",即明朝成化年間名臣程敏政。敏政,字克勤,號篁墩,明成化二年(1466)殿試一甲第二名,授翰林院編修,官至太常卿⑥,著有《篁墩集》,集前有李東陽序⑦。又據程敏政爲其父程信所撰《太子少保謚襄毅程公事狀》載,程氏先世祖遠紹宋代程頤、程顥二公⑧,程穆衡亦可謂名門之後,出身不凡,至其曾祖程其謨時,雖已仕宦不顯,但尚屬讀書人行列,程其謨其人可考資料不多,但有詩文存世,王昶《(嘉慶)直隸太倉州志》卷三十六記載:

> (程穆衡)又取太倉人詩集,始於明偶桓訖於其曾祖其謨,二百十人,甄爲三十六卷,凡遺民野老,枯槁不傳者,悉撰小傳,以志顛末,尤於先民有益,惜未授梓。⑨

按,此即程穆衡所編總集《烏吟集》的過程,起於明代文人偶桓,終於曾祖程其謨。又據柯愈春《清人詩文集總目提要》著錄:"《翼庵遺草》一卷。程其謨撰,其謨字翼庵,江蘇太倉人。此集乾隆間鎮洋程穆衡抄本,南京圖書館藏。"⑩由此可見程穆衡對先祖遺稿珍愛有加,在董理舊業中沾漑家門遺風。程穆衡祖父史無記載,程父繼默時,舉家遷往江蘇太倉鶴市。⑪ 程母楊氏,卒於乾隆二十年乙亥(1755),胞弟紀常,字聞卿,

---

①　(清)王昶等:《(嘉慶)直隸太倉州志》卷三十六,嘉慶七年(1802)刻本。

②　《鎮洋縣志》卷九《人物一》,民國八年(1918)刊本。

③　(清)林晃:《增修鶴市志略》,《中國地方志集成·鄉鎮志輯》,南京/上海/成都:江蘇古籍出版社/上海書店/巴蜀書社,1992 年,第 9 輯:第 487 頁。

④　《鎮洋縣志》卷九《人物一》。

⑤　《(嘉慶)直隸太倉州志》卷三十六。

⑥　(清)張廷玉:《明史》卷二八六,北京:中華書局 1974 年版,第 7343—7344 頁。

⑦　(明)程敏政:《篁墩先生文集》卷首序,明正德二年(1507)刻本。

⑧　《篁墩程先生文集》卷四十一。

⑨　《(嘉慶)直隸太倉州志》卷三十六。

⑩　柯愈春:《清人詩文集總目提要》,北京:北京古籍出版社,2001 年,第 492 頁。

⑪　《(嘉慶)直隸太倉州志》卷三十六。

廩生。穆衡子師愨，字願夫，清諸生，有學行，亦工詩。①

　　程穆衡一生功名不顯，乾隆元年（1736）中舉，二年（1737）中進士，授山西榆社知縣，據《（嘉慶）直隸太倉州志》卷三十六記載："邑多盜，親縛其魁，爲治勤約，不病民。然以耿介不合上官，罷歸，貧如諸生時。"②程穆衡爲地方官期間，治縣有方，親民愛民，但終因耿介開罪上官。罷官後的程穆衡對地方志編纂曾做過重要貢獻，《（嘉慶）直隸太倉州志》載：

　　　　貴中孚，號嵩崖，武陵人。乾隆九年舉人，歷任知縣，升知州。中孚精明强幹，亦長於掄文。《州志》自明張采後，無繼起修之者，中孚慮事久淹没，嘗設局尊經閣下，請王宬、程穆衡排纂，草創未就，滿任去，事遂寢。③

除參與排纂《州志》外，程穆衡還曾秉筆《鎮洋縣志》。《吳梅村詩箋》卷一《五月尋山夜寒話雨》詩"客衣輕百里，長夏惜登臨。正爾出門夜，忽逢山雨深。聊將斗酒樂，無作薄寒吟。年少追涼好，難爲父母心"句下程穆衡箋注：

　　　　公少作已工練如此。《鎮洋縣志》采陋人語，謂公少不能詩，誣妄實甚。余時預秉筆，舉此詩爲證，力請艾削，而不見從。④

按，程穆衡編修《鎮洋縣志》秉承了他一貫耿介孤直的性格與作風。除了參編地方志外，程穆衡大半生以著述講學爲主，再無仕途行跡。

# 三、師承與交遊

## （一）"愨庵先生"與家學淵源

　　程穆衡家學多承自外祖"愨庵先生"之教。《吳梅村詩箋》所列凡例最後一則云："先外祖愨菴先生據梧齋藏書極富，余幼所卒業也。"⑤又據《（嘉慶）直隸太倉州志》卷五十四《烏吟集》下雙行小字："余家藏詩集至侈，多承王父愨庵先生據梧齋副本，幼而承習。後登仕籍，沉迷簿領，風雅一途寄焉而已。"⑥按，程穆衡外祖"愨庵先生"即楊楨。據《（嘉慶）直隸太倉州志》卷五十四"藝文"著錄："《愨庵集》，楊楨著。"又同書卷三十二載：

　　　　楊楨，字寧侯，幼知孝讓，舉動必以禮。身長八尺，狀貌魁梧，鄉黨有爭競者，理論之，咸釋然而退。年八十，後命其子盡鬻田廬，代族人償逋賦，里閭益重之。雍正十年秋海溢，所藏著述俱漂没無存。⑦

① 《鎮洋縣志》卷九《人物一》。
② 《鎮洋縣志》卷九《人物一》。
③ 《（嘉慶）直隸太倉州志》卷十。
④ 《吳梅村詩箋》卷一。
⑤ 《吳梅村詩箋》卷前凡例。
⑥ 《（嘉慶）直隸太倉州志》卷五十四《藝文》。
⑦ 《（嘉慶）直隸太倉州志》卷三十二《孝義》。

按，《州志》所載"壬子海溢"，即雍正十年壬子（1732）秋江蘇太倉發生的海災，鶴市人楊楨藏書損毀大半，此事已入《州志》記載中。而程穆衡自撰凡例中所言"壬子海災，無隻字之遺"事與此《州志》記載正合①，故程穆衡外祖"愨庵先生"爲此楊楨無疑。程穆衡少時，外祖家富藏書，且多詩集藏本，耳濡目染之餘，又得外祖悉心指導，這對於程穆衡以後學術譜系的形成起著至爲重要的作用，從程穆衡子"師愨"之名，也能看出他對外祖學問品行的敬服。

### （二）交遊

程穆衡仕宦不顯，交遊圈相對狹窄，只能從幾則零星材料中勾稽出一些綫索。據《吳梅村詩箋》凡例，程穆衡曾與《明史》編纂者有過交遊，甚至有幸閱讀官府藏書：

> 余丁巳通籍時，《明史》尚未頒行。寓庶常直廬間，與諸纂修者遊，探爲中秘，凡《實録》《明史一統志》率得一斑，書中所采皆是也。他日頒佈，當取勘讎，然料亦無大異同也。②

關於程穆衡與哪位或者哪些《明史》纂修者交遊，沒有明確的材料佐證。無論如何，程穆衡在與這些史籍編纂者的交流中，經眼了官方《明史》頒行之前的版本以及與明史相關的其他材料，爲他以後撰寫史著以及箋注、考證諸書奠定了一定的文獻基礎。隨著仕途不暢，程穆衡的交遊圈開始轉向直隸太倉州一帶。

程穆衡家學素養深厚，除了師承外祖楊楨之外，也曾作過太倉州著名文士吳學尹的門人，據《（嘉慶）直隸太倉州志》卷三十六記載：

> 吳學尹，字莘來，御史之彦曾孫，爲州學生，砥礪廉隅，士林推重。供時文，詩和平剴切，門人程穆衡輯其遺稿藏之。③

吳學尹其人生平資料亦鮮見，但從這則記載中可以看出，至少在江南太倉一代文名尚在。此外，由於參與編寫州志和纂修縣志，程穆衡結交了一些志同道合之士，特別是在整理典籍和校對群書方面的人才。

> 浦還珠，字遇伯，歲貢生。從程穆衡遊，洽聞强記，尤通六書之學，嘗入都，董文恭誥，延校群籍。尋歸，年八十餘卒。④

自西漢劉向始，校對群籍的工作一般由那些知識淵博、學問篤實的學者擔任，程穆衡博學多聞，他和蒲還珠一樣，也得到過同時人的類似評價。《吳梅村詩箋》凡例云：

> 余發慮箋此書，實由老友穆簡臣氏。簡臣名坤，號南谷苑先，先生侄孫也，能縷舉梅村軼事。十四入邑校，以歲貢需次，遍遊秦楚燕豫，丙午旋里。余與談梅村詩，簡臣曰：君英年精博若此，曷不爲之箋釋，亦著述有功事。歸而條次，因有

---

① 《吳梅村詩箋》卷前凡例。
② 《吳梅村詩箋》卷前凡例。
③ 《（嘉慶）直隸太倉州志》卷三十六。
④ 《鎮洋縣志》卷九。

此編。今數吾友之殤已十年，爲之黯悵。簡臣詩渾麗，余採入《烏吟集》。①

按，穆坤乃程穆衡摯友，據《（乾隆）洵陽縣志》載：“穆坤，字簡臣。江南太倉州人，試諸生，八冠其群。入太學，南北鄉試皆不遇。康熙三十二年，同里楊崙謁選得洵陽令，延入幕中，佐州守王希舜纂修州志。州志故有武進高寄舊本，坤廣搜博采，加以潤色，俾後之珥筆者有可依據，長於詩。所著有《聽秋軒集》《越州集》，皆不傳。今見采於州志者，猶吉光片羽也。”②從穆坤對程穆衡的評價來看，“英年精博”正是他建議程穆衡箋注吳梅村詩歌的前提。

程穆衡的交遊不僅局限於學術圈，受到外祖的影響，那些仗義疏財、胸懷天下的高潔之士，也是程穆衡交遊圈中的常客。《崇明縣志》卷十二記載了雍正朝文士張濟二子張鳳起，與當時名士程穆衡的交遊：

> （張濟）二子起鳳，字鷗臣，國學生，貌雄偉，豪邁好施。邑災，嘗首蠲萬緡賑之。工書，喜吟詠，漫遊燕趙吳楚，交當世知名士如任蘭枝、程穆衡輩，皆相契合。著有《品芳齋集》，多佚。③

這則材料中與程穆衡交遊的張鳳起，與其說屬於當時名士之後，倒不如說他身上的諸多特徵與行爲舉止，如“貌雄偉”“豪邁好施”與程穆衡祖父頗爲相像，從而能相互欣賞。同樣，在向程穆衡問學的後來人中，也不乏以品行和學問並稱者：

> 沈亦元，字履安，少問學於太倉程穆衡，乾隆三十九年舉人，年八十始選知縣，不仕。舉止方重，抱玊守素，爲邑經師，學務根柢，有所不知，輒引爲恥。詩得晚唐人風格。④

其實從上述材料可以看出，外祖楊楨“雄偉魁梧”的氣貌體格、“散家産以助人”的高潔品行對程穆衡交友的影響，在工書吟詠和詩歌品鑒的共同興趣之外，程穆衡與張鳳起、任蘭枝、沈亦等人的相交，更多的是品行、氣場的相互契合。

## 四、著述滿屋與未付梨棗

程穆衡一生功業以著述爲主，在回歸州縣的大半生中，閉門讀書，筆耕不輟，創作了書稿近60種。這些著作涉及經、史、子、集四部，經部如《考訂檀弓》《夏小正注疏》，史部如《准噶爾考》《金川紀略》《婁東耆舊傳》，子部如《燕程日記》《據梧齋麈談》《聲帨卮談》等。至於集部則在《水滸傳》注解、輯錄後人的和陶詩、吳梅村詩歌箋釋等方面建樹頗豐。這些書稿大都未能付梓，其稿、鈔本亦散失大半，少部分今存於南京、上海兩地圖書館。有幸刊刻的書稿中較爲著名的即屬《水滸傳注略》一書，鄭振鐸曾撰長

---

① 《吳梅村詩箋》卷前凡例。
② 《（乾隆）洵陽縣志》卷十，清同治九年（1870）增刻本。
③ 《崇明县志》卷十二，民国十九年（1930）刊本。
④ 《崇明县志》卷十二。

跋介紹該書的得書原委和價值①,聽香閣刻本《水滸傳注略》已收入朱一玄《水滸傳資料彙編》中②。其實程穆衡著作並非一朝盡散,後來的太倉鄉賢都曾致力於保存程穆衡的著作,然而幾乎每一代的搜集整理者或爲生計,或迫於動蕩,都未能使這些著作免於厄運,太倉一代英傑之著作大部分消散於天壤之間。

### (一) 王保譿對程穆衡書稿的輯録整理

在清末民初的江蘇藏書家群體中,王祖畬、王保譿父子並不突出,但一門兩代的藏書和搜集整理地方先賢著作的功業,至少能在藏書史上留下一筆。江慶柏《近代江蘇藏書研究》第六章單列一節介紹王保譿及其藏書功業。王保譿(1890—1938),字慧言,號“溪山小農”,清末民初藏書家,學者,江蘇太倉人。③ 除繼承乃父王祖畬的藏書外,任職民國太倉圖書館主任期内,王保譿搜羅、整理、謄抄、出版了很多太倉鄉賢的著作,程穆衡的著作就是其中一部分。《辛亥以來藏書紀事詩·續補藏書紀事詩》特别提到了程穆衡《梅村詩箋》的稿本:

> 王慧言(保譿)守其先人紫翔大令(祖畬)楹書,抗日戰爭時,兩遭寇彈,篋版多碎,而書尚無恙。惜身後乏資,家人出以易粟,散失垂盡矣。就中太倉鄉先哲遺著稿本特多,程迂亭(穆倩)④《梅村詩注》稿本,其上駟也。⑤

王保譿自己的藏書多散失,戰爭中家人迫於生計,將其藏書變賣,所幸程穆衡稿本《梅村詩箋》尚存於南京圖書館。王保譿去世後,其藏書“散失垂盡”的命運一定是他無法接受的,至少在最初搜羅程穆衡的著作時,他還曾慨歎前賢保存之失,《程迂亭先生著述録》序文云:

> 迂亭先生以乾隆丁巳成進士,令榆社二載,罷歸,年正強仕,閉户讀書,至九十三而歿。蓋孜孜矻矻,潛心篤志者五十餘年,著述等身,晚近莫與焉。先生子師愬、孫宗洛等,皆寒士,不克謀梓,惟保存弗失。宗洛無子,以歸其子婿陸子範太守模,子範遊他方,轉授其門人王佐才,王佐才英年嗜學,亦曾受業於宗洛者,子範以爲付托得人,而不幸早世(逝),書遂散失。迨子範歸里,重事收拾,大半不可復得。⑥

這段話再結合王保譿身後藏書散失大半的情況來看,似有後人復哀後人之感。《程迂亭先生著述録》藏於南京圖書館,書體封面有“丙寅四月録稿”字樣,並鈐“溪山小農”朱文方印,知爲王保譿本人手稿。在這部書中,王保譿不僅勾稽了程穆衡書稿早期的傳承流散綫索,還對每部書稿的刊刻存佚情況作了詳細交待,按經、史、子、集四部分

---

① 鄭振鐸:《劫中得書記》,上海:上海古籍出版社,2006 年,第 9—10 頁。
② 朱一玄:《水滸傳資料彙編》,《中國古典小説名著資料叢刊》第 2 册,天津:南開大學出版社,2002 年,第376—431 頁。
③ 江慶柏:《近代江蘇藏書研究》,合肥:安徽文藝出版社,2000 年,第 299—310 頁。
④ 按,“穆倩”爲“穆衡”之誤。
⑤ 倫明等著,楊琥點校:《辛亥以來藏書紀事》,北京:北京燕山出版社,第 181—182 頁。
⑥ 王保譿:《程迂亭先生著述録》卷前序,南京圖書館藏稿本。

類,條分縷析、章法井然,對所目見之手稿本,將其中序文或跋語予以節錄,並對其中個別書稿進行考訂,按語書於眉批之端,堪稱程穆衡著作整理第一人。

### (二)《程迓亭先生著述録》分類

《程迓亭先生著述録》關涉梅村著作 56 種,其中有部分書籍是王保諟本人通過勾稽他人跋語以及程穆衡自己文章中的綫索進行輯佚,遺憾的是不少書籍也只能是名存實亡,但王保諟手中保存了不少程著的手稿本和傳抄本,對於經眼者詳列書籍卷數目次,並作書目提要以名梗概;對於未經眼者,亦盡力搜求與該書有關之序跋,而序跋大部分都出自程穆衡自己所作,可信度較高,兹羅列如下(表1)。

**表1 程穆衡著作分類一覽**

| 分類 | 書名 | 來源 | 王氏經眼與否及其撰寫提要簡介 | 考略 |
|---|---|---|---|---|
| 經部(7種,存2種) | 《删定蔡氏書傳》 | 《家帚集》存程跋 | 否,引程跋,無提要 | 今佚 |
| | 《周禮闡微》 | 《(嘉慶)直隸太倉州志》卷三十六;《鎮洋縣志》卷十一 | 否 | 今佚 |
| | 《禮經發覆》 | 同上 | 否 | 今佚 |
| | 《删定禮記》 | 《家帚集》存程跋 | 否,引程跋,無提要 | 今佚 |
| | 《考訂檀弓》二卷 | 民國太倉圖書館藏手稿本 | 是,王氏引程跋並自撰提要 | 今存:上圖遞藏稿本;《借閱山房匯抄》本;《澤古齋重抄》本;《叢書集成(初編)》本① |
| | 《禮經論文發覆》 | 《據梧齋文集》存程跋 | 否,引程跋,無提要 | 今佚 |
| | 《夏小正注疏》 | 《家帚集》存程跋 | 否,王氏引程跋,並自撰提要,且加按語考訂 | 今存:復旦大學圖書館藏稿本一册② |
| 史部13種(存8種) | 《金元史注釋》 | 《據梧齋詩文集》存陸模(子範)跋 | 否 | 今佚 |
| | 《〈國語〉〈國策〉評注》 | 《據梧齋詩文集》存陸模跋 | 否 | 今佚 |
| | 《皇朝謹動録》無卷數 | 民國太倉圖書館藏手稿本 | 是,王氏自撰提要 | 今存:南圖 |
| | 《准噶爾考》無卷數 | 民國太倉圖書館藏手稿本 | 是,王氏自撰提要 | 今存:南京博物院 |
| | 《金川紀略》二卷 | 王氏家藏手稿本 | 是,王氏自撰提要 | 今存:南京博物院 |

---

① 王鍔:《三禮研究論著提要》,兰州:甘肅教育出版社,2001 年,第 340—341 頁。
② 《三禮研究論著提要》,第 377 頁。

| 分類 | 書名 | 來源 | 王氏經眼與否及其撰寫提要簡介 | 考略 |
|---|---|---|---|---|
| 史部 13 種(存 8 種) | 《婁東耆舊傳》八卷 | 王氏家藏傳鈔本 | 是,王氏自撰提要,並且分卷介紹書籍梗概 | 今存:南圖;國圖 |
| | 《烈女志》 | 《(嘉慶)直隸太倉州志》卷五十四 | 否 | 今佚 |
| | 《燕程日記》一卷 | 王氏家藏傳鈔本 | 是,王氏引程跋,並自撰提要 | 今存:上圖 |
| | 《箕城雜綴》三卷 | 王氏家藏傳鈔本 | 是,王氏引田崇寶序,並自撰提要 | 今存:南圖 |
| | 《州乘備采》無卷數 | 王氏家藏手稿本 | 是,王氏引程跋,並自撰提要 | 今存:南圖 |
| | 《瓜步山志》五卷 | 《家帚集》存程跋 | 否,引程跋,無提要 | 今佚 |
| | 《臺灣勝語》 | 《家帚集》存程跋 | 否,引程跋,無提要 | 今佚 |
| | 《淳化閣帖考釋》十卷、《附錄》一卷 | 王氏家藏傳鈔本 | 是,引程跋,並自撰提要 | 今存:南圖 |
| 子部 6 種,存 3 種 | 《據梧齋塵談》 | 《(嘉慶)直隸太倉州志》卷五十四 | 否,王氏考證"據梧齋"由來 | 今存:南圖 |
| | 《據梧齋隨筆》 | 《增修鶴市志略·人物》卷中 | 否 | 今佚 |
| | 《文藝雜鈔》 | 《家帚集》存程跋 | 否,引程跋,無提要 | 今佚 |
| | 《碎翠集》四卷 | 王氏家藏手稿本 | 是,引程跋,並自撰提要 | 今存:南圖 |
| | 《翰林新語》一卷 | 王氏家藏手稿本 | 是,自撰提要 | 今存:南圖 |
| | 《水滸傳注略》一卷 | 程穆衡舊藏手稿本 | 否,王氏自撰提要,並稱好友李慧言曾見程氏稿本 | 今佚 |
| 集部(30 種,存 16 種) | 《修綆集》一卷 | 王氏家藏手稿本 | 是,兩書一册,自撰提要 | 今存:南圖 |
| | 《夢華集》一卷 | 王氏家藏手稿本 | | 今存:南圖 |
| | 《瓊靡集》一卷 | 王氏家藏手稿本 | 是,自撰提要 | 今存:南圖 |
| | 《燕程集》《日下集》 | 陸模曾刻程氏詩集,包括此二集 | 否,自撰提要,並從《燕程日記》中輯佚此二集中之詩 | 今佚 |
| | 《牽絲集》一卷 | 王氏家藏手稿本 | 是,自撰提要 | 今存:南圖 |

續表

| 分類 | 書名 | 來源 | 王氏經眼與否及<br>其撰寫提要簡介 | 考略 |
|---|---|---|---|---|
| 集部（30種，存16種） | 《觀海集》 | 《逢春集》序提及此書 | 否，王氏考此書又名《桑梓集》 | 今佚 |
| | 《逢春集》一卷 | 王氏家藏手稿本 | 是，引程跋，並自撰提要 | 今存：南圖 |
| | 《俄晷集》二卷 | 民國太倉圖書館藏手稿本 | 是，王氏有分卷提要 | 今存：南圖 |
| | 《據梧齋詩鈔》 | 民國太倉圖書館藏手稿本 | 是，王氏考此書爲程穆衡門人在《牽絲集》等六部詩集基礎上的合編 | 今存：南圖 |
| | 《據梧齋詩集》六卷 | 清道光甲午刻本 | 是，引陸模（子範）跋，並自撰提要 | 今存：南圖 |
| | 《據梧齋文集》八卷 | 清道光甲午刻本 | 是，引陸模（子範）跋，並自撰提要 | 今存：南圖 |
| | 《家帚集》無卷數 | 王氏家藏手稿本 | 是，《家帚集》乃程穆衡文集之一，保存很多程著的序言、題跋，王氏有對此書有分體介紹和按語考訂 | 今存：復旦 |
| | 《傳狀》一卷 | 王氏家藏原刻本 | 是，五篇一册，王氏有詳細提要，並考程著散佚情況 | 今存：南圖 |
| | 《尺牘有斐集》 | 《家帚集》存程跋 | 否，引程跋，無提要 | 今佚 |
| | 《歷試草》 | 《家帚集》存程跋 | 否，引程跋，無提要 | 今佚 |
| | 《陶詩輯傳》二卷、《附錄蘇氏和陶詩注》一卷 | 王氏家藏傳鈔本 | 是，引程跋，並自撰提要 | 今存：南圖 |
| | 《杜詩分類》 | 《鑾帨厄談》存程跋 | 否，王氏引程穆衡《鑾帨厄談》歷評各家杜詩注本；自撰提要 | 今佚 |
| | 《蘇子美文鈔》 | 《家帚集》存程跋 | 否，引程跋，無提要 | 今佚 |
| | 《評注李空同詩集》二十一卷 | 《家帚集》存程跋 | 否，引程跋，無提要 | 今佚 |
| | 《梅村詩箋》十二卷 | 民國太倉圖書館藏手稿本 | 是，王氏提要引程跋，同時關涉吳詩其他注本，比較得失，略施考證 | 今存：南圖 |

| 分類 | 書名 | 來源 | 王氏經眼與否及其撰寫提要簡介 | 考略 |
|---|---|---|---|---|
| 集部（30種，存16種） | 《陳檢討集箋注》二十卷 | 《繆氏書目》《梅村詩箋》都提到此書 | 否，王氏引《梅村詩箋》程序，並考證此書已失傳 | 今佚 |
| | 《烏吟集》三十六卷 | 王氏家藏傳鈔本 | 是，王氏引程跋，並標明其家藏並非全帙，王氏作分卷提要 | 今存：南圖 |
| | 《召風集》一卷 | 民國太倉圖書館藏手稿本 | 是，王氏提要稱此集爲程穆衡輯録他人詩詞之集，爲詩詞選本 | 今存：南圖 |
| | 《舊雨集》 | 《家帚集》存程跋 | 否，引程跋，無提要 | 今佚 |
| | 《庚辛選本》 | 《家帚集》存程跋 | 否，引程跋，無提要 | 今佚 |
| | 《〈文選〉評注》 | 《據梧齋詩文集》陸模序跋提及此書 | 否，無提要 | 今佚 |
| | 《增删〈回文類聚〉》 | 《據梧齋文集》存程式 | 否，無提要 | 今佚 |
| | 《聱悗卮談》一卷 | 民國太倉圖書館藏手稿本 | 是，引程跋，自撰提要。王氏稱此書爲《家帚集》中"説"部一種，蓋仿明代王世貞《四部稿》之體例 | 今存：南圖 |
| | 《晚唐詩律派》 | 《據梧齋詩文集》陸模序跋提及此書 | 否，無提要 | 今佚 |
| | 《詞集》二卷 | 《據梧齋詩文集》陸模序跋提及此書 | 否，無提要 | 今佚 |

表中所列的56部程穆衡著述可以分成四類：

第一，程穆衡自己的創作，如《據梧齋詩文集》《燕程日記》《家帚集》等合計29種。

第二，程穆衡門人及後學所輯程氏著作，多爲合集。如《據梧齋詩鈔》《傳狀》2種。

第三，程穆衡輯録他人詩文，即選本類，如《召風集》《庚辛選本》2種，還有傳記資料類的合編，如《婁東耆舊傳》1種。

第四，程穆衡輯録他人文集，即總集類，如《烏吟集》1種。

第五，程穆衡對前人著作的删定、分類以及研究。如《删定蔡氏書傳》《增删〈回文類聚〉》《蘇子美文鈔》《杜詩分類》等合計6種。

第六，程穆衡對前人著作的考證、箋釋、評注、研究，如《考訂檀弓》《淳化閣帖考釋》《水滸傳注略》《梅村詩箋》《評注李空同詩集》《陶詩輯傳》《晚唐詩律派》等合計15種。

## （三）補考

由於《程迓亭先生著述錄》成於民國，對不少未經眼之程著無法及時了解，部分書籍經名家收藏而得以廣泛流傳，如《水滸傳注略》一書後來經由鄭振鐸收藏並撰寫長跋，部分書籍在王保譿之後亦陸續散失，這些都非王保譿所能預見，因此筆者在王書基礎上對程著的現存情況進行重新考訂。

1.《金川紀略》除兩卷本外，還有四卷本，遼寧大學圖書館藏清乾隆間鈔本，上海圖書館藏清鈔本；遼寧省圖書館藏鈔本。①

2. 史部程穆衡尚有《太倉風俗記》一卷，《太倉州名考》一卷，均爲道光刻《婁東雜著》本。②

3.《婁東耆舊傳》除王祖畬八卷鈔本外，還有：六卷末一卷清鈔本，上海圖書館藏；清光緒三十二年（1906）王晋元九卷鈔本，南京圖書館藏。③

4. 子部程穆衡有《迓亭雜説》一卷，程穆衡撰，邵廷烈輯，道光刻《婁東雜著》本。④

5.《水滸傳注略》今存聽香閣刻本及鄭振鐸藏本，《劫中藏書記》有長跋介紹此書。⑤

6. 集部《家帚集》除稿本外，還有十二卷本，南京圖書館藏清繆氏杏香廬鈔本。⑥

7. 集部《據梧齋詩文集》除王氏稿本外，社科院文研所、蘇州博物館藏清道光十四年（1834）青琅玕刻本。⑦

8. 集部《梅村詩箋》除稿本外，尚有《吳梅村詩箋》十二卷，附錄一卷，計鈔本 6 種：國家圖書館藏舊山樓鈔本；國家圖書館普通古籍閱覽室藏"溪西草堂"鈔本；中科院文獻情報中心藏獨醒盦校錄鈔本⑧；社科院文學研究所藏"北皮亭"寫本⑨；南京图书館藏清鈔本；辽宁省图书馆藏清鈔本⑩。

程穆衡的著作涵蓋了中國古代學術的諸多方面，如輯佚、注釋、選評、考證、闡釋以及自我創作等，其數量之多、品質之高，不能不讓後來的研究者重新對程穆衡給予關注。《吳梅村詩箋》卷末跋語中，程穆衡盡道半生著述之辛酸：

---

① 《中國古籍總目》編纂委員會：《中國古籍總目·史部》，北京/上海：中華書局/上海古籍出版社，2009 年，第 346 頁。

② 《中國古籍總目·史部》，第 3762 頁。

③ 《中國古籍總目·史部》，第 642 頁。

④ 《中國古籍總目·子部》，第 1956 頁。

⑤ 鄭振鐸：《劫中得書記》云："爲章回小説作注者，於此書外，未之前聞。程穆衡引書凡數百種；自《史》《漢》以下至耐得翁《都城紀勝》、吳自牧《夢梁錄》，僻書頗多。《水滸》多口語方言，作者於此亦多加注釋，不獨著意於名物史實之訓詁，故此書之於語言文字者亦一參考要籍也。"見《劫中得書記》，上海：上海古籍出版社，2006 年，第 9—10 頁。

⑥ 《中國古籍總目·集部》，第 1413 頁。

⑦ 《中國古籍總目·集部》，第 1413 頁。

⑧ 中國科學院圖書館編：《中國科學院圖書館藏中文古籍善本書目》，北京：科學出版社，1994 年，第 505 頁。

⑨ 中國社會科學院文學研究所圖書館編：《中國社會科學院文學研究所藏古籍善本書目》，北京：中國社會科學院文學研究所圖書館，1993 年，第 265 頁。

⑩ 遼寧省圖書館編：《遼寧省圖書館古籍普查登記目錄》，北京：國家圖書館出版社，2016 年，第 261 頁。

時年已六十有四，精神日衰，目愈昏，手愈顫，幾不成字，榆影風燭能有幾時？著書滿屋，再欲清録他種，力不能爲已，開椷批牘，不勝泫然。①

明清以來的很多文人在官場失意後，都選擇閉門著書，類似程穆衡這樣的學者還有很多，但家境富足且善交遊者，大多數著作都能很好地得到保存，似程穆衡這樣半生窮困潦倒，等身著作在身後即消亡大半者，還是不多見的。

## 五、小結

程穆衡出自名臣之後，少時承襲外祖家藏書籍，有良好的學問功底。中年短暫入仕後旋歸里中，交遊範圍幾乎不出江南太倉一帶，除參與撰修地方志、收徒講學之外，生平主要功業以撰述爲主，但其所撰大部分著作都未能刊刻，在一定程度上削弱了程穆衡及其著作的影響力。從後人的著録和整理來看，其近 60 種著作内容上廣泛涉及了經、史、子、集各部，創作方式上涵蓋了中國古代學術的很多方面，取得了相當的成就。

在存世的程穆衡著作中，南京圖書館藏稿本《梅村詩箋》可謂其中最有代表性者，此書在程穆衡生前甚至身後很長一段時間由於種種原因未能刊刻，但却保存了程穆衡箋注吳偉業詩歌的最初面貌，具有重要的文獻價值。程穆衡箋注體例明晰，内容豐富，貼近詩旨，後來的吳詩注本如靳榮藩《吳詩集覽》、吳翌鳳《吳梅村詩集箋注》鮮有不稱頌者，僅從吳偉業詩集注本的整理來看，對程穆衡原箋的重視顯然不够充分。此外，《陶詩輯傳》在整理各家陶詩注本的基礎上，對後人的和陶詩一一編次，頗具章法。《婁東耆舊傳》則是太倉一代文人傳記資料的彙編，可以補充史料之不足。以《據梧齋詩文集》爲代表的程穆衡自己的詩文創作别集等，都值得進一步研究。

---

① 《吳梅村詩箋》卷末跋。

# 注釋學視野下的《太上感應篇》研究<sup>*</sup>
## ——以惠棟、俞樾對《太上感應篇》的注釋爲例

### 劉祖國　桑萌春

**摘　要：**《太上感應篇》是中國第一部勸善書，南宋以至明清，此書影響深遠。清代學者惠棟作《太上感應篇箋注》，俞樾作《太上感應篇纘義》，這兩個注本是公認的各種注釋中最有影響者。在構成典籍注釋的要素中，典籍文本、注釋者、讀者和注釋文本產生的環境等，對注釋活動起着至關重要的作用。文章從體例、注釋對象、注釋內容、注釋方法、注者思想等方面對兩種注釋進行對比研究，探討不同注家如何注釋《感應篇》，比較二者的注釋特點，找尋造成注釋差異的原因，對於探索《感應篇》注釋的方法與實踐，豐富注釋學的內涵有十分重要的意義。

**關鍵詞：**太上感應篇；惠棟；俞樾；注釋學；比較研究

　　《太上感應篇》，宣揚天人感應，勸善懲惡，是中國第一部勸善書。經文簡短，僅1277 字，約撰成於北宋仁宗朝前。<sup>①</sup>《太上感應篇》書名下題"李昌齡傳，鄭清之贊"，"傳"是對經書的注解，"贊"是一種押韻的文體。《太上感應篇》每句之下，有李昌齡"傳曰"詳細解釋經中文字並舉例以闡釋經義，其後爲鄭清之"贊曰"，以四言十句韻文，頌贊其事。李昌齡爲南宋初人，廣舉善惡報應事例以釋經文，共成三十卷，李注約完成於南宋孝宗隆興二年（1164）。李注是目前所見《太上感應篇》最早的注釋，在內容上，李注也極爲詳博。

　　南宋以至明清，《太上感應篇》一書影響深遠，除了普通民衆，許多儒家士大夫乃至帝王也給予了高度關注。清代學者惠棟作《太上感應篇箋注》（下文省稱《箋注》），俞樾作《太上感應篇纘義》（下文省稱《纘義》），這兩個注本可謂《太上感應篇》詮釋史之力作，是公認的各種注釋中最有影響者。目前學界對惠棟、俞樾二注的研究非常

　　*　作者簡介：劉祖國，男，山東大學文學院（山東濟南，250100），副教授，文學博士，主要從事漢語史、道教文獻整理及語言研究。

　　桑萌春，女，山東大學文學院（山東濟南，250100），在讀碩士生，研究方向爲漢語史。

　　**基金項目：**國家社科基金項目：道經故訓材料的發掘與研究（18BYY156）。

　　①　李冀（2017）最新研究指出，《感應篇》編纂者應是收集、整理《萬壽道藏》的道士或官員，該篇成於政和六年（1116）十月至政和八年（1118）十月之間（李冀：《〈太上感應篇〉文本來源及其成書時間考析》，《宗教學研究》，2017 年第 1 期，第 111 頁）。

少，目力所及，僅見石立善(2012)①、朱新屋(2012)②、劉濤(2017)③三篇論文。

　　爲一本書作注釋，一般情況下是由於時間、空間原因造成了閱讀障礙，因而需要解決這些語言文字難題。对于《感應篇》來說，情況則有些特殊，因爲這本千餘字的小書，"原文明白易曉"，根本談不上有什麽真正的阅读障碍，兩位大儒的注釋本却均達到五萬字，這就不是單純的以疏通文本爲目的的注釋了，其中必多有發揮，一定程度上反映出注釋者的興趣、需要或者目的，並有時代思想潮流的影響。從注釋學角度來看，具體有哪些差異？ 爲了回答這個問題，我们將對兩個注本進行一番细致的對比分析。

# 一、體例的比較

　　石立善(2012)指出，縱觀惠棟、俞樾之前的歷代《太上感應篇》的注釋體裁，可大致分爲證事、引經、直解、圖説四類。④《箋注》和《續義》都不是傳統的注體，《續義》序中評價《箋注》時曾談道："余猶惜其多用駢詞，有乖注體。"同時坦承《續義》也並非一般的注體。"解釋體式的創建和選定，不僅要針對解釋對象的性質和特徵，要依據解釋主體的視角和目的，而且還要憑藉解釋學的傳統和經驗。"⑤"原文明白易曉，初不待注而明"是不採用傳統注體很重要的一個原因，那爲什麽惠棟要寫《箋注》，俞樾還要寫《續義》？ 從文本闡釋來看，"闡釋是一種介入闡釋者主體意識的個體創造性行爲"。⑥ 通觀序言及正文，二者都有一個很重要的目的，即通過徵引、比附和發明經義，使世人知"道家之書不悖乎儒家之旨""道家之學未嘗不原本聖人"。

　　這種出發點反映到具體注釋工作中，即多方徵引儒家經傳、諸子百家作品，包括《詩》《書》《禮》《易》《春秋》，先秦諸子，以及《淮南子》《漢書》等，在注釋中大量引入儒家話語。《太上感應篇》原文僅千字，惠棟的《箋注》、俞樾的《續義》都達到五萬字，使一部"明白易曉"的勸善之書反而變得雅馴精深。

　　全書結構上，兩個注釋本都是隔句作注，注中除了訓詁內容，還借先秦經傳闡發儒家義理，不過二者在具體體例上也有不同。

　　《箋注》博引經籍文句，甚至可以説，没有一句無出處，然後將其化爲己用，組織成文，其體有駢有散，有韻語，文字出處及需要校勘、注音、辨字、釋義的地方多以小字注於其後。試看以下《箋注》之注文：

　　1)"竈神亦然"【段成式《酉陽雜俎》曰：竈神名隗，又姓張名單，夫人字卿忌，有六

---

　　① 石立善：《清代儒學家與〈太上感應篇〉——惠棟〈太上感應篇箋注〉與俞樾〈太上感應篇續義〉的比較考察》，《國際儒學論壇·2012》，第 618—626 頁。

　　② 朱新屋：《作而非述——從〈太上感應篇注〉看惠棟的學術取向》，《蘇州科技學院學報》(社會科學版)，2012 年第 5 期。

　　③ 劉濤：《古今視野下的〈太上感應篇〉》，《南方文壇》，2017 年第 1 期。

　　④ 《清代儒學家與〈太上感應篇〉——惠棟〈太上感應篇箋注〉與俞樾〈太上感應篇續義〉的比較考察》，第 622 頁。

　　⑤ 周光慶：《中國古典解釋學導論》，北京：中華書局，2002 年，第 156 頁。

　　⑥ 劉洪波：《闡釋學視野下的〈楚辭補注〉研究》，北京：中國社會科學出版社，2016 年，第 73 頁。

女，皆名察洽。察一作祭，洽一作治。】①

2)"欲求天仙者，當立一千三百善。欲求地仙者，當立三百善。"【天數十二，左傳言一千三百，非其次，三當爲二字之誤也。】

3)"月晦之日，竈神亦然"【《雜五行書》曰：竈神名禪禪單字相近，蓋禪讀爲單。】

4)"叛其所事"【牛馬維婁，維繫馬，婁繫牛委己者也，委飼己者而柔焉。柔，服也。《公羊傳》。】

石立善(2012)指出，重視訓詁，並結合儒家經學爲之説，是俞書的一大特色。②《纘義》以比附經義③，考之秦漢古書爲主要形式，其注釋多與徵引、考證、義理闡發相結合。試看《纘義》之注文：

5)"陵孤逼寡"【《釋名·釋親屬》曰：無父曰孤。孤，顧也，顧望無所瞻見也。無夫曰寡。寡，踝也。踝踝，單獨之言也。】

6)"男不忠良，女不柔順……"【《大戴禮》曰：女者，如也；女子者，言如男子之教也。】

7)"訶風罵雨"【《管子》曰：風，漂物者也。風之所漂，不避貴賤美惡。雨，濡物者也。雨之所墮，不避大小强弱。】

8)"很戾自用"【《莊子》曰：見過不更，聞諫愈甚，謂之很。《周書·諡法》曰：不悔前過曰戾。】

9)"神仙可冀"【神仙之説，不見於經傳，然秦漢間相傳有宋毋忌、正伯僑、充尚、羨門高之流，則知古有此説矣。神仙非有異術，惟以仁義爲本。】

## 二、注釋内容的比較

從注釋内容來看，《箋注》中有不少條目是關於校勘、注音、辨字的，與之相比，《纘義》則較少這方面的内容，校勘、注音方面僅有的幾例亦均爲對《箋注》的説明、補充和糾正。究其原因，正如《纘義》序中所言，一是《纘義》於"(惠氏)所已及者，則從略焉"，二是"原文明白易曉，初不待注而明"。

另外，通過考察《箋注》校勘、注音、辨字的訓詁内容，可見其注釋對象很大一部分是對《箋注》引文的注釋，而少有對原文的注釋。從《箋注》的注釋對象來看，由於原文需要注釋疏通的地方並不多，而《箋注》喜歡廣泛徵引經傳，有些内容反而需要注釋，例如：

10)"見他色美，起心私之"【烝報騑通上淫曰烝，旁淫曰通，淫親族之妻曰報，與妻婢交曰騑。】

---

① 文中引例，《感應篇》原文加引號置於前，《箋注》或《纘義》内容放在魚尾號中。

② 《清代儒學家與〈太上感應篇〉——惠棟〈太上感應篇箋注〉與俞樾〈太上感應篇纘義〉的比較考察》，第624頁。

③ 比附經義的做法早有先例，据劉洪波研究："從王逸的《楚辭》闡釋還能看出他'依經立義'的儒家視角……他以儒家視角關照《楚辭》，在具體文句的闡釋上，王逸大量引用儒家典籍，頻繁徵引《詩經》《爾雅》《尚書》《周易》《論語》等儒家經典來比附《楚辭》文句。"(劉洪波：《闡釋學視野下的〈楚辭補注〉研究》，第45頁)

11）“取非義之財者……死亦及之”【《良規篇》曰：無異乎渴者之資口於雲日之酒，飢者之取飽於鬱肉漏脯也。雲日，即運日鴆鳥。】

因而，《箋注》呈現出一種非常特殊的面貌，《箋注》之注幾乎多於原文之注，石立善先生曾指出：“《箋注》古奧難懂，很多注文與正文關聯不大。”①

據筆者統計，從釋義内容來看，四十七處中有二十五處是原文的注釋，箋注引文之注有二十二處，將近半數；從校勘内容來看，九處中只有三處是對《感應篇》原文的校勘，其餘六處全是對《箋注》引文所作的校勘；從注音來看，二十六處注音，其中只有六處是爲原文字詞注音，這個結果是匪夷所思的；從辨字的内容來看，有關通假字、古今字、俗字的内容共九處，竟無一處與原文文字相關。這種現象在一般的注疏典籍中是極少見到的，可視爲《箋注》的一大特色，值得特別关注。

比較而言，廣泛徵引古籍是二者的共同點，但其中差異在於，《箋注》隨文釋義的色彩比較突出，常增加原文所没有的意思，增字爲訓，主觀臆斷，過度闡釋。俞樾十分反對增字解經，因此《續義》中較少增字強釋。

比之《箋注》，《續義》的注釋對象則以原文爲主，緊扣原文，並呈現出兩方面的特點。

一是在注釋對象的選擇上，充分參考《箋注》，注意吸收《箋注》之成果，並訂正《箋注》之疏漏。例如：

12）“禍福無門，惟人自招”句，二者注語迥然有別

《箋注》云：《春秋傳》閔子騫之言。

《續義》云：此《左氏春秋》所載閔子馬之言。按《後漢書·楊秉傳》引此二句，李賢注曰：《左傳》閔子騫之辭。《文選·檄吴將校部曲》亦引此二句，李善注曰：《左氏傳》閔子騫之辭。據二李之注，則《左傳》“閔子馬”，古本有作“閔子騫”者。

此例，俞樾以他校之法，列出異文，對比異同，溯源探流，分析辨正，高人一籌。

13）“人皆惡之”句

《箋注》云：惡去聲。

《續義》云：古無四聲，皆一義之引申。因其善而善之，因其惡而惡之，無異讀也。

《箋注》以爲此處“惡去聲”，《續義》則強調無異讀，可見《續義》是有自己獨立思考的。

14）“鬥合争訟”句

《箋注》云：持兵曰鬥，衆鬥曰合。私争曰争，鳴於官曰訟。

《續義》云：鬥，讀如鈎心鬥角之鬥，或以持兵曰鬥釋之，失其義矣。考之《説文》，鬥本訓遇，故有構合之義，異乎争鬥之鬥也。

《續義》此處亦是糾正《箋注》，《箋注》正是以“持兵曰鬥”注釋的。

同時，俞樾對《箋注》注釋精當之處則適當從略，尊重前人成果，不掠人美，不做多餘闡發。例如：

---

① 《清代儒學家與〈太上感應篇〉——惠棟〈太上感應篇箋注〉與俞樾〈太上感應篇續義〉的比較考察》，第623頁。

15)"欲求天仙者,當立一千三百善。欲求地仙者,當立三百善"句

《箋注》云:天數十二,《左傳》言一千三百,非其次,三當爲二字之誤也。《抱朴子》曰:聞之先師云:仙人或升天,或住地,要於俱長生。《玉鈴經》鈴疑作鈴曰:人欲地仙,當立三百善。欲天仙,當立千二百善。若有千一百九十九善,而忽複中行一惡,則盡失前善,乃當複更起善數耳。以上皆《抱朴子》。《真誥·甄命授》曰:積功滿千,雖有過,固得仙。功滿三百,而過不足相補者,子仙;功滿二百者,孫仙。子無過,又無功德,籍先人功德,便得仙。所謂先人餘慶,其無志多過者,可得富貴,仙不可冀也。

《續義》云:一千三百當作一千二百,惠氏已訂正矣。

朱新屋指出,惠棟的注本改變了《感應篇》的原義,而俞樾自身乃是要恢復和繼承《感應篇》的原義(即"續義")。①

二是《續義》往往在注釋中加以申說,發明議論,這種傾嚮直接影響了其注釋的總體風格。石立善評價認爲:"(《續義》)雖略嫌繁瑣枝蔓,却具有體系化的傾嚮。"②

16)"刑禍隨之"句

《續義》云:刑,古字與"型"通。《尚書》:五刑之屬三千。《隸釋》引《石經》作"型"。型者,鑄器之法也。有是罪,必有是刑,猶器之適肖其型矣。若夫刑之所不及,鬼神亦從而禍之。《説文》曰:禍,害也,神不福也。明則有刑,幽則有禍,亦可畏矣。《太玄》曰:僕禍介介,凶人之郵。

以"型"通"刑",發明"刑"義。對"刑禍"的注釋與"有罪必刑,刑之所不及,鬼神亦從而禍之"之議論,緊密結合在一起。一般情況下注釋對象主要是那些構成閱讀障礙的字詞,而"刑禍"作爲常用詞,却被《續義》詳細注釋,跟這種發明議論的傾嚮有一定關係。

比較而言,二者作注時選擇的對象雖多相同,但釋語各有側重,並無重複之言。從訓詁方法來講,即使二者注釋的對象一樣,但具體釋義方法也有不同。

例如"刑禍隨之"句,《箋注》採用近義詞辨析的方法,注"刑禍"爲"官刑鬼禍";而《續義》引《説文》,採用義界的方法,釋"禍"爲"害也,神不福也",並從通假的角度釋"刑"。

再如"苟或非義而動,背理而行"句,《箋注》以"背音佩"注音,《續義》則云"義之與理,一而已矣,故《禮記》曰:理者,義也"。

注釋偶或有對象同、側重點亦同之處,則是《續義》對《箋注》的補充糾正,如"不衒己長"句,《箋注》云:"衒,《説文》作衙,行而賣也。"此處引《説文》有誤,《續義》云:"《説文》曰:衒,行且賣也。"《續義》不厭其煩地引《説文》,並不屬重複,實爲糾正《箋注》引《説文》之誤。

以訓詁方法爲例,據筆者窮盡性統計,二者形訓的注釋對象無重合,《箋注》更注重引《説文》,三處形訓中兩處點明引用《説文》;聲訓的注釋對象亦無重合,《箋注》聲訓只有三條,《續義》聲訓共計九條,九條中又有四條引用《釋名》,二者比較來看,《續

---

① 《作而非述——從〈太上感應篇注〉看惠棟的學術取向》,第 62 頁。

② 《清代儒學家與〈太上感應篇〉——惠棟〈太上感應篇箋注〉與俞樾〈太上感應篇續義〉的比較考察》,第 626 頁。

義》更喜歡聲訓。

以上情況的出現,在於《感應篇》雖然屬於道教經典,但其倫理道德观念幾乎都是儒家的,文本思想雜糅儒道,甚至還吸收了佛教的因果報應思想,因此注者對於當注之處的認識存在一定差異,在具體對象、注釋内容方法的選擇上有較大的發揮空間,另外,注釋者本人的思想傾嚮、知識結構等因素也會在其中産生影響。

## 三、道教特色語詞的注釋比較

道教特色語詞方面,在注釋對象選擇上,《續義》和《箋注》多有重合,均對道教人物和修仙禁忌有所涉及。例如都有對"太上""司過之神""三尸神""庚申日"的注釋,值得注意的是,由於注釋者對儒、道的看法和態度不同,《續義》與《箋注》在道教特色語詞的注釋上存在較大差異。一是在引證文獻方面,《箋注》所引道教文獻更多,在以儒證道之外,更有認道證道的一面,而《續義》則比較排斥道家無稽之談,更加竭力地以儒家經典闡釋《感應篇》,因此,很多在《箋注》中屬於道教禁忌的名物考辨,到了《續義》中一變而成風俗禮儀的闡釋。

17)"對北唾涕及溺"句

《箋注》云:《雲笈七籤·禁忌篇》曰:凡人不可北嚮唾,北嚮尿。又《青律戒》曰:不得北嚮便溺,觸忤玉晨。老君曰:嚮竈罵詈,三不祥。《禁忌篇》曰:勿舉足嚮火,对竈罵,勿咨嗟呼奈何聲,此名請禍,特忌之。

《續義》則云:古以東嚮爲尊,而朝廷之禮,則以南面爲上。故曰君必南嚮,答陽之義也。臣之北面,答君也。古之君子,不敢對北涕唾及溺,避君位也……然則人君之位在北,士大夫敢對之涕唾及溺乎? 若謂不敢觸忤玉晨,斯道家之説矣。

可見,《續義》此處明確貶斥道家之説,而以儒家古禮、古事附會。《箋注》序曰:"道家之學未嘗不原本聖人。"《續義》序云:"道家之書實不悖乎儒家之旨。"二注皆博引儒家經傳試圖以儒證道,但對比可以發現,兩書對道教的態度並不像對待儒家般一致。

表1　主要道經及其引用次數對比

| | 道經 | 《箋注》引用次數 | 《續義》引用次數 |
|---|---|---|---|
| 1 | 《雲笈七籤》 | 13 | |
| 2 | 《真誥》 | 7 | |
| 3 | 《抱朴子》 | 17 | 4 |
| 4 | 《太上三尸中經》 | 1 | |
| 5 | 《玉樞經》 | 1 | |
| 6 | 《老君崇百藥》 | 2 | |
| 7 | 《老君説百病》 | 7 | |
| 8 | 《素書》 | 1 | |

續表

| | 道經 | 《箋注》引用次數 | 《纘義》引用次數 |
|---|---|---|---|
| 9 | 《孝經援神契》 | 1 | 1 |
| 10 | 《太真科經》 | 1 | |
| 11 | 《金書仙志戒》 | 3 | |
| 12 | 《青律戒》 | 3 | |
| 13 | 《養性延命録》 | 3 | |
| 14 | 《神仙傳》 | | 1 |
| 15 | 《太上科律》 | | 1 |
| | 總計 | 60 | 7 |
| | 抽掉《抱朴子》後總計 | 43 | 3 |

通過表 1 主要道經及其引用次數對比，可見《箋注》所引道經種類數目、單篇引用次數、總計引用次數都遠高於《纘義》，總計引用次數之比接近 10∶1。《纘義》中只有《抱朴子》引用了四次，而《箋注》所引的十三部道經中，就有八部引用次數在一次以上，其中《雲笈七籤》《真誥》《抱朴子》《老君説百病》在《箋注》中的引用次數均比《纘義》引用《抱朴子》的次數還多。

具體分析《箋注》所引道經。《雲笈七籤》由張君房在北宋真宗天禧年間摘録《大宋天宫寶藏》的精要編成，是大型道教類書，共有一百二十二卷。《老君説百病》也是道教文獻，所謂"百病"是道家所反對的思想、行爲，並認爲這些思想和行爲是災禍的根源，與《太上感應篇》形式、内容有很多相似之處。

特别值得注意的是《抱朴子》一書，它是《太上感應篇》的主要經典依據①，惠棟所引《玉鈐經》《易内戒》《赤松子經》《河圖記命符》皆晉以前道書。《抱朴子》分内篇與外篇，内篇在論證道本儒末的同時，將儒家倫理納入道教教義，而外篇則更是以儒家爲宗，這也就解釋了爲什麽《抱朴子》在二注中引用次數最多。《纘義》全書引用道典僅七次，《抱朴子》一部書被引四次之多。

《纘義》在序中直言"附以經義，證以秦漢古書，使人知其與儒書表裏"，對道教不符合儒家經義的説法，俞氏也表現出審慎的態度。長生成仙是道教修煉的終極目的，但《纘義》對"神仙可冀"的解釋却充滿了儒家色彩："神仙之説，不見於經傳，然秦漢間相傳有宋毋忌、正伯僑、充尚、羨門高之流，則知古有此説矣。神仙非有異術，惟以仁義爲本。"俞氏注釋中尚儒排道的傾嚮是很明顯的，對道教人物進行了儒家化的闡發，尤其是對道教中不符合儒家的成分，例如"欲求天仙者，當立一千三百善。欲求地仙者，當立三百善"注云："夫自來言神仙者，不過坎離吐納之功、金石服餌之術，而此篇

---

① 李冀（2017）研究指出，《感應篇》文本的編纂以《赤松子中誠經》《抱朴子·内篇》等魏晉道書爲底本，沿用了宋徽宗注《老子西升經》語句，摘用了《上清金匱玉鏡修真指玄妙經》的部分文字，抄襲了《太上金櫃玉鏡延生洞玄燭幽懺》（李冀：《〈太上感應篇〉文本來源及其成書時間考析》，第 111 頁）。

獨以積善爲基,可爲知本矣。"所謂的"本"正是指儒家思想,俞氏對道教的神仙人物、宗教禁忌等説法,不僅多有貶斥,甚至指爲"無稽之談"。

對於《箋注》中某些體現認道證道的注釋,《續義》也多有批評。

18)"越井越竈"句

《續義》云:民非水火不生活,故井竈重焉……若謂竈神名隗,井鬼名瓊,斯則巫覡之談,市井之見,君子致謹,初不以此。

《箋注》云:《雲笈七籤·雜戒忌》曰:勿跋井,今古大忌。又曰婦人勿跋竈,坐大忌。吹簫之女,載於白澤之圖。白澤圖曰:井神曰吹簫女子。白澤圖,黃帝時書。段成式據《太真科經》云:井鬼名瓊。

對比可知,《續義》所批評的"巫覡之談,市井之見",恰恰是《箋注》所認同的,《雲笈七籤》《太真科經》《酉陽雜俎》多有相關記載。

19)"月晦之日,竈神亦然"句

《續義》云:竈者,先王所列於五祀者也……若乃《酉陽雜俎》諸書,虛設姓名,羅陳子女無稽之談,近於褻矣。

《箋注》云:段成式《酉陽雜俎》曰:灶神名隗,又姓張名單,夫人字卿忌,有六女,皆名察洽。察一作祭,洽一作治。常以月晦日上天白人罪狀,大者奪紀,小者奪算。

此例中,《續義》對《箋注》的批評更是顯露無遺了。

注釋中所體現的這種不同傾嚮,其根源在於《太上感應篇》原文本身儒道雜糅的性質,至於所表現出的具體傾嚮,也跟注釋者本人對道教的態度有關係。兩个注本雖然同樣秉持以儒釋道的思想原則,但是通過對比可以發現二者對於道教的不同態度。

《箋注》的注釋手法主要是徵引文獻輔以補充説明,《雲笈七籤》《抱朴子》《真誥》等道書被多次徵引,在以儒證道之外,通過徵引道書爲道教人物、禁忌注釋,《箋注》體現了惠棟認道證道的一面。相比而言,《續義》的注釋在以儒釋道之外,對文本中與儒家思想旨趣大異的,富有道教神仙鬼怪色彩的内容,採取的是一種化道爲儒、尚儒排道的方式,以消解、轉化、批判爲手段。

"注釋同一種文獻,不同的注釋者,由於思想的差異,也會導致注釋内容和注釋風格的差異。"[1]佛經翻譯中,常見"同經異譯"[2]現象,我們認爲道經注釋史上也多有"同經異注",即同一部道經先後有不同注本,通過對"同經異注"的多種比較,可以發現歷代道經訓詁的同中之異與異中之同。

以約出於唐代的《太上老君説常清静妙經》爲例,先後有以下重要注本:五代杜光庭《太上老君説常清静經注》、南宋白玉蟾分章正誤、王元暉《太上老君説常清静注》、金侯善淵《太上老君説常清静經注》、金劉通微《太上老君説常清静經頌注》、元王玠《太上老君説常清静妙經纂圖解注》、元李道純《太上老君説常清静經注》,另外還有佚名《清静經注》一卷、原題無名氏《太上老君説常清静經注》一卷等。這些"同經異注"是訓詁學、漢語史、文獻學研究的寶貴材料,利用"同經異注"互相對照,對於異文

① 李紅霞:《注釋學與詩文注釋研究》,北京:中國大地出版社,2009 年,第 45 頁。
② 董琨:《"同經異譯"與佛經語言特點管窺》,《中國語文》,2002 年第 6 期。

考辨、字詞釋讀、語法成分判定等都具有重要的參考價值。

## 四、從注釋的差異、特點看注釋者

在構成典籍注釋的幾個要素中,典籍文本、注釋者、讀者和注釋文本產生的環境等幾個要素對注釋活動起着至關重要的作用。[①] 從《感應篇》文本來説,一者"原文明白易曉,初不待注而明",二者儒道杂糅,基本上是道教儒家化、世俗化的产物,因此在注釋對象選擇、注釋内容側重上給注釋者提供了各自發明的巨大空間。

就《箋注》和《續義》的注釋者來説,注釋者本人的注釋標準、思想傾嚮、知識結構、治學興趣等都對注釋會產生影響。注釋者與注釋的關係,不僅僅是注釋者影響注釋,注釋反過來也體現了注釋者的思想傾嚮、治學方法、知識結構等。在文本充足的發明空間中,注釋的差異和特點,一定程度上可以體現注釋者以下幾個方面的特點:思想傾嚮上,兩位注釋者均爲經師碩儒,注釋中充分體現了以儒説道的傾嚮,具體到對待道教的態度上二者又有很大不同,惠棟有認道證道的一面,"惠棟對方術也是很尊重的"[②],而俞樾很少採用道家之説,甚者貶爲無稽之談,更多的是一種化道爲儒、尚儒排道的態度;知識結構上,從文本注釋看,二位都對先秦經典極爲熟悉,但特別值得注意的是,道經在惠氏知識結構中也是很重要的組成部分,惠棟曾深入研读过《道藏》,並認同《道藏》對儒家文獻古本保留的價值;治學方法上,俞樾的考辨、訓詁方法似乎更豐富,多種手段綜合運用。當然以上結論局限於對注釋的比較分析,很多因素未納入考量,如各人所處的學術階段等。

本文所佔有的資料有限,此歸納只是一點嘗試,甚至談不上管中窺豹,但這種由注釋的比較進而考察注釋者的研究是有價值的。比如,《惠棟評傳》中以"惠棟的《太上感應篇注》完全以儒家經典注釋道家"[③]爲根據之一,得出了惠棟以儒説道的觀點。通過注釋的比較,我們發現,惠棟的注釋並非"完全以儒家經典注釋道家",與俞樾的注釋相比,惠棟的注釋不僅多次引用道經,而且採用了道經的許多觀點與説法,並因此遭到俞樾的指責。由此可見惠棟"以儒説道"之外,還有"認道證道"的一面,楊向奎即指出惠棟"作为汉学家而有浓厚的道士气息"[④]。再比如,梁啓超評價惠棟的學術取向是"述而不作",本文對比的結果亦可爲"述而不作"之説做註脚。朱新屋以《箋注》爲例對此觀點提出了商榷[⑤],但倘若與《續義》比較來看,認爲惠棟是"述而不作"應該是比較恰當的,《箋注》的體例與《續義》相比,多是徵引和考據,梁啓超曾言:"惠派治學方法,吾得以八字蔽之,曰:'凡古必真,凡漢必好。'"[⑥]從《箋注》及其與《續義》

① 《注釋學與詩文注釋研究》,第 37 頁。
② 《清代儒學家與〈太上感應篇〉——惠棟〈太上感應篇箋注〉與俞樾〈太上感應篇續義〉的比較考察》,第 625 頁。
③ 李開:《惠棟評傳》,南京:南京大學出版社,1997 年,第 400 頁。
④ 楊嚮奎:《中國古代社會與古代思想研究(下册)》,上海:上海人民出版社,1964 年,第 909 頁。轉引自朱新屋:《作而非述——從〈太上感應篇注〉看惠棟的學術取向》,第 59 頁。
⑤ 《作而非述——從〈太上感應篇注〉看惠棟的學術取向》,第 60—62 頁。
⑥ 梁啓超:《清代學術概論》,北京:中華書局,2016 年,第 31 頁。

的對比來看，的確是非常恰當的評價。在訓詁中，崇古尊經是比較常見的，毋庸諱言，二者都存在這一問題，《箋注》一般直接借用古訓，其考據亦多是考而不辨，《纘義》雖然以古爲尚，但與《箋注》有區別，一是考據上注意條縷分析；二是注意運用對文求義、互文見義等訓詁方法適當斷以己見；三是對於儒道衝突的内容不避臧否，力圖以儒家的説解進行轉化、消解或者批判。

## 五、總結

　　體例方面，二者雖然整體上都是通過比附儒家經傳、先秦古書以達到以儒釋道的目的，但是在具體形式方面並不相同，《箋注》多用駢詞，廣泛徵引典籍，較少個人發揮，而《纘義》則以考據、訓詁、義理相融合的方式作注，有述有作，間有新意，這是其突出特徵。

　　注釋對象方面，受自身體例的影響，《箋注》不僅注原文，而且更多地爲所徵引的典籍原文作注釋；《纘義》則緊扣原文，實事求是，信而有征，在注釋對象選擇上注意對《箋注》的吸收、補充和糾正。

　　注釋方法上，相對而言，《纘義》注意各種手段的綜合運用，多管齊下，破解疑難，質量明顯更勝一籌。

　　注者思想方面，《箋注》在以儒釋道之外，還有認道證道的一面，而《纘義》主要是肯定道教中符合儒家的成分，對與儒家旨趣相異的内容，努力加以轉化、消解或者批判。

　　注釋是一種複雜的傳意行爲，是溝通作者、原典和讀者的橋樑和紐帶。本文從注釋活動的本體出發，全面探討影響注釋結果的主客觀因素，如：文本内容、語言形式、時代環境①、注者思想、注者知識結構等。通過對《箋注》和《纘義》注釋内容的分類和比較，可見兩個注本間多有差異，這是單獨分析一個注本所不能發現的。

　　《箋注》和《纘義》是《感應篇》注釋史上的兩座里程碑，是《感應篇》注釋中影響深遠並多有創新的著作。研究這兩種注釋，梳理二者的注釋内容，探討不同注家如何注釋《感應篇》，比較兩者的注釋特徵，尋找造成注釋差異的原因，對於探索《感應篇》注釋的方法與實踐，豐富注釋學的内涵有十分重要的意義。

---

　　①　石立善對二注的“時代背景”多有論及，指出“清廷的重視，古學的興起，都是《箋注》與《纘義》誕生的時代背景”，“這是明代中後期的儒者愛讀道教善書風氣的延續”（石立善：《清代儒學家與〈太上感應篇〉——惠棟〈太上感應篇箋注〉與俞樾〈太上感應篇纘義〉的比較考察》，第 621、626 頁）。

# 和刻本《前定易數》考略<sup>*</sup>

## 田　森

**摘　要：**日本學者井上了柏的校正本《前定易數》以明代熊氏厚德堂本爲底本，輔以交趾本，對《前定易數》的錯訛問題進行校正，是《前定易數》目前唯一的單行本，現藏於早稻田大學圖書館。該和刻本在版本特徵、基本內容、版本流傳上都頗有特色。通過與《永樂大典》殘卷《前定易數》相校，其在異文考辨方面具有重要的文獻學價值。

**關鍵詞：**前定易數；和刻本；永樂大典；版本

邵雍（1011—1077）是北宋著名的思想家、易學家和詩人，傳世而爲人熟知的著作有三種：《皇極經世書》《漁樵問對》和《伊川擊壤集》。前二種主要闡釋邵雍的先天哲學思想，後一種是邵雍的詩集。晁公武《郡齋讀書志》云：“（邵雍）邃於易數……歌詩蓋其餘事，亦頗切理，盛行於時。”[1]程毅指出：“《伊川擊壤集》收詩三千餘首，是今天研究宋詩及邵雍易學的必讀之書。”[2]

根據鄭定國研究[3]，《伊川擊壤集》現存諸家版本，《擊壤集》均只有 1500 首左右。不過《伊川擊壤集》卷十七《擊壤吟》載：“擊壤三千首，行家十二窩。”[4]又《失詩吟》云：“前後落人間，三千有餘首。”[5]因此邵雍詩歌總數當在 3000 首左右。

《永樂大典》的《諸家星命》中存有邵雍《前定數》詩歌。《諸家星命》實際共包括五種內容：《鬼谷分定經》《康節前定數》《前定易數》《四字經》和《郭璞數》，其中《康節前定數》《前定易數》題爲邵雍所作。胡彥、丁治民指出：“在邵雍之前已有《前定數》這一類的書，邵雍沿襲了前人《前定數》的框架，又加以發展，發展的主要內容就是《前定易數》。《前定數》是以天干十個名稱相互組合爲一百個，《前定易數》再以地支十二個分男命、女命，並以五言或七言詩（僅四首爲六言）的形式表達某人在某年某個時辰出生就注定一生的際遇。”[6]他們根據《永樂大典》殘卷輯佚出《前定數》1493 首（亡佚 7 首），這一數字與《擊壤集》現存詩歌數量之和接近 3000 首。

---

\* **作者簡介：**田森，男，復旦大學古籍整理研究所（上海 200433），博士研究生，主要從事漢語史及古典文獻學研究。

國家社科基金重大項目：《漢語等韻學著作集成、數據庫建設及系列專題研究》（17ZDA302）。

① （宋）晁公武著，孫猛校證：《郡齋讀書志》，上海：上海古籍出版社，1990 年，第 1041 頁。
② （宋）邵雍著，程毅整理：《邵雍集》，北京：中華書局，2010 年，序第 10 頁。
③ 鄭定國：《邵雍及其詩學研究》，台北：文史哲出版社，2000 年，第 95—99 頁。
④ 《邵雍集》，第 461 頁。
⑤ 《邵雍集》，第 465 頁。
⑥ 胡彥、丁治民：《邵雍“擊壤三千首”考論》，《上海大學學報》（社科版），2011 年第 4 期，第 81 頁。

實際上,《前定易數》不僅存於《永樂大典》殘卷之中,至今還有單行本存世,即早稻田大學所藏之和刻本。

# 一、和刻本《前定易數》版本特征及基本内容

和刻本《前定易數》今存於早稻田大學圖書館,據早稻田大學圖書館檔案記録,此書舊爲雲英末雄收藏。全書爲一册,和裝,共 206 葉。開本爲 27.1cm×17.9cm,正文板框各葉高廣存在差異,第一葉右半葉爲 25.4cm×15.3cm。序、跋及正文行款均不同,詳見下文,但均無界行。白口,但上卷第 21、22 葉書口處有黑色填實。上卷第 1～22 葉無魚尾,第 55、57 葉單、花魚尾,下卷第 51、52、58、59、60、98、99、100 葉爲單、白魚尾,其餘爲單、綫魚尾。書衣爲黄色硬厚紙,與漢籍常用的軟紙書衣明顯不同。書衣上舊帖有長條狀題簽,但是已被撕去。書衣、序文葉及正文前 12 葉書首處有明顯殘損。

和刻本《前定易數》有序文兩篇。其一爲《康節先生〈前定易數〉序》,漢文,共 1 葉,右半葉 10 行,左半頁 10 行,行 18 字,序題、序文和落款共 307 字。序題上方天頭有印記"三郎之印",當係雲英末雄之印。左半葉第 8 行題"正德乙亥孟夏月正弦後一日",正德乙亥即正德十年(1515),第 9 行署"寒巖樵隱書于静觀堂",作序者未直接署名,第 10 行第 18 字位置以"尾"字識之。其二爲《〈前定易〉便覽》,日文,共 3.5 葉,第 1 葉右半葉 10 行,左半葉大字 3 行,小字 10 行;第 2 葉右半葉大字 6 行,小字 5 行,左半葉大字 4 行,小字 7 行;第 3 葉右半葉大字 6 行,小字 5 行,右半葉 10 行;第 4 葉右半葉 5 行,左半葉空白。版心頂部爲"前定易便覽"。序題下署"泉南 井上了柏 記"。第 3 葉左半葉和第 4 葉右半葉的板框右上部有耳格。

和刻本《前定易數》無目録,正文詩作按照天干、地支及卦位組合排序。正文分上下兩卷,上卷討論男命,共 100 葉,下卷討論女命,共 100 葉,而《永樂大典》中相同天干卦位的男命、女命詩則不分卷。正文每葉板框分上下兩欄,上欄標識卦位,所有卦位均取自邵雍先天圖(源於伏羲六十四卦圖),下欄爲詩作,部分詩作正對的上欄寫有詩歌討論的對象、時間和吉凶狀況等。一般情況下,每半葉列 12 行,每行至多列 20 字。右半葉前 6 行實際列三行字,第一行爲數字標號及天干組合,第二第三行列六個地支,數字標號爲奇數的,六地支依次爲"子寅辰午申戌",偶數則爲"丑卯巳未酉亥",每個地支下標有吉凶,每葉之中的六首詩正上方依次配合相應的六地支,並以方框標識地支,故男女命各有 600 首詩,合計 1200 首。上卷第 1 葉右半葉下欄實際列 10 行,第 1 行列"康節先生前定易數 男命上";第 100 葉右半葉下欄實際列 10 行,第 10 行爲"癸癸·巳",左半葉第 12 行列"康節先生前定易數 男命下 尾"。下卷第 1 葉右半葉實際列 10 行,第 1 行爲"康節先生前定易數女命上";第 100 葉右半葉下欄實際列 10 行,第 10 行爲"癸癸·巳",左半葉第 12 行列"康節先生前定易數 女命下尾"。

正文書内版心頂部爲"前定易",均在上欄位置,中部爲卷數,卷數之下標有"男命"或"女命",均在右半葉,底部爲葉碼。卷數和葉碼在下欄位置。

正文的卦位和天干組合可臚列於下：

| 天干 | 男命 | 女命 | 天干 | 男命 | 女命 | 天干 | 男命 | 女命 | 天干 | 男命 | 女命 |
|---|---|---|---|---|---|---|---|---|---|---|---|
| 甲甲 | 震 | 乾 | 丙己 | 晋 | 睽 | 己甲 | 復 | 復 | 辛己 | 否 | 否 |
| 甲乙 | 恒 | 姤 | 丙庚 | 睽 | 噬嗑 | 己乙 | 升 | 兌 | 辛庚 | 履 | 大畜 |
| 甲丙 | 豐 | 遯 | 丙辛 | 大有 | 革 | 己丙 | 明夷 | 姤 | 辛辛 | 乾 | 咸 |
| 甲丁 | 豫 | 豐 | 丙壬 | 未濟 | 未濟 | 己丁 | 坤 | 觀 | 辛壬 | 訟 | 大過 |
| 甲戊 | 小過 | 否 | 丙癸 | 旅 | 漸 | 己戊 | 謙 | 屯 | 辛癸 | 遯 | 兌 |
| 甲己 | 豫 | 豫 | 丁甲 | 復 | 剥 | 己己 | 坤 | 小過 | 壬甲 | 屯 | 井 |
| 甲庚 | 歸妹 | 觀 | 丁乙 | 升 | 鼎 | 己庚 | 臨 | 夬 | 壬乙 | 井 | 困 |
| 甲辛 | 大壯 | 大莊 | 丁丙 | 明夷 | 姤 | 己辛 | 泰 | 節 | 壬丙 | 既濟 | 遯 |
| 甲壬 | 解 | 剥 | 丁丁 | 坤 | 巽 | 己壬 | 師 | 艮 | 壬丁 | 比 | 否 |
| 甲癸 | 小過 | 解 | 丁戊 | 謙 | 明夷 | 己癸 | 謙 | 坤 | 壬戊 | 蹇 | 萃 |
| 乙甲 | 益 | 剥 | 丁己 | 坤 | 益 | 庚甲 | 隨 | 謙 | 壬己 | 比 | 无妄 |
| 乙乙 | 巽 | 晋 | 丁庚 | 臨 | 臨 | 庚乙 | 大過 | 大過 | 壬庚 | 節 | 兌 |
| 乙丙 | 家人 | 離 | 丁辛 | 泰 | 蠱 | 庚丙 | 革 | 履 | 壬辛 | 需 | 復 |
| 乙丁 | 觀 | 恒 | 丁壬 | 師 | 渙 | 庚丁 | 萃 | 需 | 壬壬 | 坎 | 離 |
| 乙戊 | 漸 | 大有 | 丁癸 | 謙 | 萃 | 庚戊 | 咸 | 坎 | 壬癸 | 蹇 | 師 |
| 乙己 | 觀 | 恒 | 戊甲 | 頤 | 小過 | 庚己 | 萃 | 損 | 癸甲 | 頤 | 頤 |
| 乙庚 | 中孚 | 節 | 戊乙 | 蠱 | 履 | 庚庚 | 兌 | 隨 | 癸乙 | 蠱 | 履 |
| 乙辛 | 小畜 | 夬 | 戊丙 | 賁 | 需 | 庚辛 | 夬 | 訟 | 癸丙 | 賁 | 豐 |
| 乙壬 | 渙 | 泰 | 戊丁 | 剥 | 震 | 庚壬 | 困 | 比 | 癸丁 | 剥 | 咸 |
| 乙癸 | 漸 | 既濟 | 戊戊 | 艮 | 艮 | 庚癸 | 咸 | 泰 | 癸戊 | 艮 | 蠱 |
| 丙甲 | 噬嗑 | 鼎 | 戊己 | 剥 | 賁 | 辛甲 | 无妄 | 升 | 癸己 | 剥 | 訟 |
| 丙乙 | 鼎 | 復 | 戊庚 | 損 | 蒙 | 辛乙 | 姤 | 姤 | 癸庚 | 損 | 蹇 |
| 丙丙 | 離 | 離 | 戊辛 | 大畜 | 損 | 辛丙 | 同人 | 鼎 | 癸辛 | 大畜 | 夬 |
| 丙丁 | 晋 | 家人 | 戊壬 | 蒙 | 咸 | 辛丁 | 否 | 解 | 癸壬 | 蒙 | 革 |
| 丙戊 | 旅 | 旅 | 戊癸 | 艮 | 歸妹 | 辛戊 | 遯 | 睽 | 癸癸 | 艮 | 睽 |

　　和刻本有跋文一篇，共 1 葉，每半葉各 9 行，共 208 字，書體爲行草。跋文左半葉第 8、9 行署"延寶六歲次戊午春王正月日泉濱巷學井上了柏書"，其下刻有兩方墨印，其一爲"覺"，其一爲"松齋"，兩方印章的所有者均當爲井上了柏。跋文左半葉左下耳格實爲牌記，列"延寶戊午孟春吉旦村上勘兵衛雕刻"。

## 二、《前定易數》真僞質疑及流傳情況

　　宋人張邦基《墨莊漫録》卷二云："康節邵先生堯夫在洛中,嘗與司馬温公論易數,推園中牡丹云:'某日某時當毁。'是日温公命數客以觀。日向午,花方穠盛,客頗疑之。期須,兩馬相踶,絶銜斷轡,自外突入,馳驟欄上,花果毁焉。嘗言天下可傳此者,司馬君實、章子厚耳,而君實不肯學,子厚不可學。臨終焚其書,不傳,只以《皇極經世》行於世。"①有關邵雍推卜"牡丹毁墮"的記載同《梅花易數》序文所載的種種神異相似,但怪力亂神不可求證。邵雍由於無法將所學傳與可托之人,遂將絶大部分著作焚毁,只留下《皇極經世》。邵雍焚毁著作惜未見於後世著録。實際上,即使是《皇極經世》,在邵雍生前也並未得以刊刻,所以《前定易數》是否同《梅花易數》一樣爲後人僞托便成爲一個問題。

　　邵雍之子邵伯温所著《易學辨惑》載:

　　　　横渠先生自關中被召還,過洛見先君值感疾。横渠診其脉曰:"先生脉息不虧,自當無藥。"仍問先君曰:"先生信命乎? 載試爲先生推之。"先生曰:"世俗所謂命者,某所不知。若天命,則知之矣。"横渠先生曰:"既曰天命,則無可言者。"又數日,司馬温公來問疾,先君曰:"某疾勢必不起,且試與觀化一巡也,願君實自愛。"温公曰:"堯夫未應至此。"先君曰:"死生亦常事耳。"故臨終有詩云:"生于太平世,長于太平世。老于太平世,死于太平世。客問幾個年,六十有七歲。俯仰天地間,浩然無所愧。"②

　　根據邵伯温的記載,邵雍並不推崇占卜之學,《前定易數》則是一部服務於個人命運推卜的術數之書,楊慎《升菴集》卷四十六"康節不信命"對張載、邵雍談話評價道:"康節之言如此,今世游食術人造大定數、蠹子數,托名康節,豈不厚誣前賢!"③因此,《前定易數》,尤其是每首詩所配的天干、卦位和地支,是否爲邵雍所作就頗令人懷疑,而且現有研究還未發現宋元時代關於《前定易數》的記載。

　　從胡彦、丁治民對歷代官私著述目録記載的考察④來看,有關《前定易數》的記載最早爲韓雍(1422—1478)《襄毅文集》卷八《術士推康節前定數一生宦跡皆符合不爽感歎一絶句》,其後爲倪宗正(生卒年不詳,明弘治十八年[1505]進士)《倪小野先生全集》卷二《溪山歲月閣記》、阮元《文選樓藏書記》、俞樾《茶香室三鈔》卷二十一《前定數》。阮元所見之《大定易數》爲五册手抄本,與和刻本形製差異明顯。而清人葉名澧《橋西雜記》記載:"内閣大庫中向存'子平'⑤若干箱,曰《前定數》,庫鑰爲典籍廳掌管。辛亥春,予偕某啓鑰往視,僅存數十册,篇頁零亂。玩其紙墨,明人所爲。一老隸

---

①　(宋)張邦基:《墨庄漫録》,《四庫全書》第 864 册,上海:上海古籍出版社,2003 年,第 15 頁。
②　(宋)邵伯温:《易學辨惑》,《四庫全書》第 9 册,上海:上海古籍出版社,2003 年,第 411 頁。
③　(明)楊慎:《升菴集》,《四庫全書》第 1270 册,上海:上海古籍出版社,2003 年,第 366 頁。
④　《邵雍"擊壤三千首"考論》,第 80 頁。
⑤　當爲五代徐子平所立的生辰八字算命法,後人據此法編纂了《淵海子平》《子平淵源》等一類的術數著作。

云：三十年前，某相國取其大半去矣。聞山右稷山縣庫亦藏有寫本，大都以往驗，而未來之事多不足憑。"①俞樾按語云："今江湖間有挾此術者，謂之《皇極經世數》，亦謂之《邵康節蠡子數》。"②據此可知，《前定易數》直至清代晚期還有官私藏本，民間術士也以此進行占卜。

《永樂大典》之後，目前《前定易數》只剩下刊刻於日本延寶六年（1679）的和刻本。早稻田大學圖書館將漢文序文作者記爲"寒巖樵隱"，但"寒巖樵隱"應當說明的是作序者的居所和仕隱狀態。明代知名學者書齋號爲"靜觀堂"者有二，一爲羅倫，一爲顧潛。羅倫卒於成化十四年（1478），與作序時間不合，所以此篇序作者可能爲顧潛，顧氏有《靜觀堂集》十四卷，其中未收錄有此篇序，但顧氏確實和當時的易學家有交往，《靜觀堂集》卷一《送邵生》詩題下載"生治《易》"，故用《易》語爲贈"③。熊氏厚德堂者，當爲書坊之名稱，非宗族堂號。韓國高麗大學藏《新編三車一覽子平淵源註解》底本刊記爲"皇明正德十三年歲在戊寅孟秋書林鰲峰熊氏厚德堂新刊"，又上卷卷首題有"勿軒後人熊上恩訂刊"，由此可知，熊氏厚德堂實爲福建鰲峰堂熊氏宗族之書坊。

和刻本漢文序文載："今熊氏厚德堂求到京城之正本，復請予三復校正然，魯魚豕亥之疑，一洗而無矣。再命工鼎新鋟梓，以廣其傳四方，君子幸鑒。"井上跋文載："邵康節先生所著《前定易》，行于世既尚矣，傳寫之訛，往往不少，覽者患焉。延來得交趾之本，與之相校讎而解其惑者，十之八九。雖尚未得其全，漫加和點，以示二三子。"熊氏厚德堂所得京城正本"魯魚豕亥"，但是即使經過"三復校正"，仍然被井上了柏批評。和刻本以厚德堂本爲底本，參校了交趾本，但其與《永樂大典》輯文相比，兩者異文仍然俯拾即是。據此可知，《前定易數》在明代不僅版本衆多，並已經流佈於安南、日本，而且其中應該還有不少手抄本，但其間異文廣布、錯訛漫漶，使占卜者無從適從。這便是井上了柏校訂《前定易數》的背景，但是目前還無法探明和刻本同厚德堂本在編纂體例（主要是男女命是否分卷）上是否一致。

# 三、和刻本的價值

和刻本《前定易數》的文獻價值首先體現在它和《永樂大典》殘卷存在的大量異文，故有裨於校勘。在不計異體字的情況下，兩種《前定易數》存在異文的詩作共 582 首，其中男命 312 首，女命 270 首，異文類型包括訛字、倒文、異文和錯簡。通過相互比較，兩種版本中的部分錯誤可以得到勘正。兩種版本中均存在一些不合押韻條例的詩作，兩相比照便可以知曉訛誤韻脚字的原本面目。這些詩作有：

男命

甲辛・未 第 6 句韻脚和刻本作"香陽"，《大典》作"馨青"，第 1、2、4、8 句韻脚爲

① （清）葉名澧：《橋西雜記》，吳縣：滂喜齋，同治十年。

② （清）俞樾：《茶香室叢鈔》，北京：中華書局，1996 年，第 1305 頁。

③ （明）顧潛：《靜觀堂集》，《四庫全書存目叢書》集部第 48 册，濟南：齊魯出版社，1997 年，第 447 頁。

"$程_{清}$成$_{清}$嶸$_{庚}$名$_{清}$"，"香"不合韻，故和刻本誤。

　　丙丁·巳　第 4 句韻脚和刻本作"$蚖_{元}$"，《大典》作"$蚖_{没}$"，第 2、6、8 句韻脚爲"$蟠_{元}$慳$_{山}$殘$_{寒}$"，"蚖"不合韻，故《大典》誤。

　　丁乙·亥　第 4 句和刻本作"辛逢今日賀相$懼_{桓}$"，《大典》作"辛逢今日駕苦$勤_{欣}$"，第 2、6、8 句韻脚作"$分_{文}$群$_{文}$雲$_{文}$"，"懼"不合韻，故和刻本誤。

　　丁辛·巳　第 4 句韻脚和刻本作"$寧_{青}$"，《大典》作"$宜_{支}$"，第 2、6、8 句韻脚作"$榮_{庚}$聽$_{青}$停$_{青}$"，"宜"不合韻，故《大典》誤。

　　戊丙·戌　第 4 句韻脚和刻本作"$衷_{東}$"，《大典》作"$哀_{咍}$"，第 2、6、8 句韻脚作"$中_{東}$風$_{東}$東$_{東}$"，"哀"不合韻，故《大典》誤。

　　戊丁·巳　第 4 句韻脚和刻本作"$攢_{皂}$"，《大典》作"$顰_{真}$"，第 1、2、6、8 句韻脚作"$樽_{魂}$昏$_{魂}$蹲$_{魂}$門$_{魂}$"，"顰"不合韻，故和刻本誤。

　　己甲·辰　第 6 句韻脚和刻本作"$鮮_{仙}$"，《大典》作"$鱗_{真}$"，第 2、4、8 句韻脚作"$言_{元}$千$_{先}$天$_{先}$"，"鱗"不合韻，故《大典》誤。

　　辛壬·午　第 6 句韻脚和刻本作"$柔_{尤}$"，《大典》作"$榮_{庚}$"，第 1、2、4、8 句韻脚作"$秋_{尤}$酬$_{尤}$舟$_{尤}$樓$_{侯}$"，"榮"不合韻，故《大典》誤。

　　壬乙·丑　第 8 句韻脚和刻本作"$周_{尤}$"，《大典》作"$同_{東}$"，第 1、2、4、6 句韻脚作"$憂_{尤}$流$_{尤}$優$_{尤}$浮$_{尤}$"，"同"不合韻，故《大典》誤。

　　壬壬·子　第 2 句和刻本作"不將才利與心$關_{刪}$"，《大典》作"不將才利相便$更_{庚}$"，第 1、4、6、8 句韻脚作"$山_{山}$顏$_{刪}$還$_{刪}$班$_{刪}$"，"更"不合韻，故《大典》誤。

　　癸丁·寅　第 2 句和刻本作"前程那更有羅$迤_{諄}$"，《大典》作"前程那更有推$迎_{庚}$"，第 4、6、8 句韻脚作"$塵_{真}$賓$_{真}$新$_{真}$"，"迎"不合韻，故《大典》誤。

　　癸癸·酉　第 2 句韻脚和刻本作"$周_{尤}$"，《大典》作"$同_{東}$"，第 1、4、6、8 句韻脚作"$凶_{鍾}$中$_{東}$空$_{東}$風$_{東}$"，"周"不合韻，故和刻本誤。

女命

　　乙壬·申　第 8 句和刻本作"坐定免眉$顰_{真}$"，《大典》作"坐定免顰$眉_{脂}$"，第 2、4、6 句韻脚作"$機_{微}$施$_{支}$輝$_{微}$"，"顰"不合韻，故和刻本誤。

　　戊庚·申　第 2 句韻脚和刻本作"$閑_{山}$"，《大典》作"$問_{周}$"，第 1、4、6、8 句韻脚作"$捲_{仙}$艱$_{山}$關$_{刪}$山$_{山}$"，"問"不合韻，故《大典》誤。

　　辛癸·酉　第 4 句韻脚和刻本作"$周_{尤}$"，《大典》作"$同_{東}$"，第 1、2、6、8 句韻脚作"$求_{尤}$流$_{尤}$愁$_{尤}$頭$_{侯}$"，"同"不合韻，故《大典》誤。

　　壬庚·子　第 8 句和刻本作"每思爲計離塵$埃_{咍}$"，《大典》作"每思爲計離埃$塵_{真}$"，第 1、2、4、6 句韻脚爲"$新_{真}$親$_{真}$春$_{諄}$人$_{真}$"，"埃"不合韻，和刻本誤。

　　除了詩作的異文之外，兩種《前定易數》的卦位也存在差異。和刻本"遯""娕"，《永樂大典》作"遁""遘"，這只是用異體字的差別。但是男命中，己辛所配之卦位，和刻本作"泰"，《大典》作"需"；壬巳所配之卦位，和刻本作"比"，《大典》作"屯"；壬辛所配之卦位，和刻本作"需"，《大典》作"夬"。女命中，丁乙所配之卦位，和刻本作"鼎"，《大典》作"升"；戊丙所配之卦位，和刻本作"需"，《大典》作"井"；戊巳所配之卦位，和刻本作"賁"，《大典》作"蒙"。但二者卦位孰是孰非，目前還難於斷定。

井上氏的校讎還用小字指出他所見種版本之間的一些差異，共 7 處：

男命

庚戌·戌"偸暇鑷霜鬢"，下有小字"一本下三字作'録儒書'"。

辛戊·午"虎頭英氣隱芳名"，下有小字"一本'全勝塵土受虛名'"，《大典》作"全勝塵土受虛名"。

辛戌·戌"逢鴛事却諧"，"鴛"旁有小字"危"，《大典》亦作"危"。

壬乙·亥"平生百巧鈎脈計"，詩末有小字"'鈎脈'，一本作'爲生'"。

女命

甲辛·亥"在羊塵漸脱"，"羊"旁有小字"牛"，《大典》亦作"牛"。

辛戊·申"不妨拱手作義蛾"，下有小字"'義蛾'，一本作'牙婆'"。

癸丙·戌"鼠馬莫躊躇"，下有小字"'鼠'一作'跨'"。

其次，作爲推命卜筮之書，和刻本《前定易數》不僅在每個地支之下寫明了吉凶，還爲多數詩歌所討論的對象福禍時間予以説明，這爲卜筮者提供了極大的便利，故和刻本漢文序文云："令人得之百年休咎，開卷了然，不待於左搜右檢者矣。"這些關於吉凶注釋是《永樂大典》所不具備的，它們對於研究明代陰陽術數和民間信仰必不可少。

■文獻學評論

# 20 世紀以降國内外有關顔延之的研究綜述 *

## 付利敏

　　摘　要：20 世紀以來，有關顔延之的研究成果頗爲可觀。通過梳理分析，在研究文獻上補缺、在研究内容上拓展與細化，客觀呈現出研究所取得的成果和不足，爲顔延之的研究做一個相對完善的綜述研究，期爲以後的顔延之研究奠定基礎。

　　關鍵詞：顔延之；20 世紀以降；研究綜述

　　自南朝劉宋至清代，顔延之的聲價由高到低再到高，可謂争鳴不斷。自 20 世紀初迄今爲止，雖然對顔延之的研究總數不過百篇，但是取得的成果是值得肯定的。現有關顔延之的研究綜述共四篇，熊紅《生前名噪身後寂寞——近二十年顔延之研究綜述》①所作較早，其文章分爲生平與思想性格、詩歌創作、文賦創作、顔謝比較等四個方面總結研究概況，重點較爲突出，但是對民國時期以及 20 世紀末的重要材料均未涉及，更不論臺灣和日本地區的文獻資料，頗爲所憾。楊曉斌《顔延之研究回顧與反思》②主要的研究成果在於對《顔延之集》版本的研究、著作的梳理與輯佚方面給予高度的重視，並且提出了研究的不足以及學界應該努力的方向。但是，對顔延之研究的整體概況，楊曉斌老師注意到追溯到南朝劉宋的梳理，也從作家作品進行分類整理，但所失過於簡略，同時也並未闡發和分析。作于同年的葉飛《試析顔延之研究綜述》③可以與之互補，其文從顔延之的出仕時間、思想性格、著述研究、作品繫年、詩歌創作、文賦、影響、顔謝比較等八個方面，進行了歸納梳理，頗爲詳細。由於所作年代比較早，對於當下的研究指導意義不足。石磊《顔延之研究百年回顧》④作於 2014年，所載資料更爲全面，首先從文學史著作、學術論文、研究專著等各個方面做了大致的研究歷程概覽，其次從專題研究入手，分爲：顔延之其人、著作及存佚的考證，詩文鑒賞及研究、影響與評價等四大方面進行綜述，特別是對國内學者未涉足的民國文獻以及日本文獻的發掘，具有很大的參考價值。然亦有不足之處，首先對於民國文獻止有目録不見内容的弊端，導致研究上的闕失；其次，由於年代的受限，至今五年又産生

　　* 作者簡介：付利敏，女，上海師範大學人文學院（上海 200234），中國古典文獻學博士在讀，研究方向：中國詩學。

　　① 熊紅：《湖北省社會主義學院學報》，2003 年。
　　② 楊曉斌：《寧夏師範學院學報》（社會科學），2009 年第 30 卷第 1 期。
　　③ 葉飛：《開封大學學報》，2009 年 23 卷第 4 期。
　　④ 石磊：《古籍整理研究學刊》，2014 年第 5 期。

了新的研究成果。最後,進行體例上補缺,再做進一步的完善。本文試圖在研究文獻上補缺,在研究内容上拓展與細化,客觀呈現出研究所取得的成果和不足,爲顔延之的研究做一個相對完善的綜述研究,期爲以後的顔延之研究奠定基礎。

# 一、顔延之的生平與思想研究

1. 有關年譜的纂寫。要了解一個作家及其作品,應該同時注意他所生活的時代。因此,年譜的編寫及參考極爲必要。季冰是作顔延之年譜的第一人,其在《清華週刊》接連發表了《顔延之年譜、影》①《顔延之年譜(續)》②二文,對顔延之所處的時代、生平、仕曆、行跡、詩文等均有考訂,同時也記載當時重要文人的卒年及事蹟,比如陶淵明、范曄、謝靈運等。雖然考訂十分詳實,但亦不免出現錯失,如顔延之免官的時間、與何承天論難的時間,還有《赭白馬賦》的創作時間,均推算有誤。整體上,季譜具有篳路藍縷之功,開啓了後人作年譜的法門。繆鉞《顔延之年譜》③相比季譜要更加嚴謹精要,雖然也記載同時文人的重要事蹟,但不像季冰先生發論不止,仍以顔延之的事蹟爲主,主次分明,並且訂正了季譜中明顯的時間記載錯誤,雖然創作年代較早,但可謂是顔延之年譜的佼佼者。後代均以繆譜作參照,比較重要的有曹道衡、沈玉成《中古文學史料叢考》、諶東飚《顔延之研究》附《顔延之年表》。諸家爭論點在於顔延之出仕時間和外放始安太守的時間,有三説:"三十一歲"(季譜)、"三十二歲"(繆譜)、"二十歲"(曹、沈叢考)。其爭論的主要焦點在吳國内史劉柳以爲行參軍、主簿,豫章公世子中軍行參軍的時間。按,曹、沈叢考頗爲有據,從之。石磊《顔延之行實與詩文作年新考》④補充了"奉使入關行跡及時間"以及考訂《請立渾天儀表》的寫作時間。另外,後世研究有簡要的年表,如日本森野繁夫《謝靈運與顔延之》附《謝靈運與顔延之年譜略表》⑤、黄磊《顔延之詩歌研究》附《顔延之年譜補正》⑥、李之亮《顔延之行實及〈文選〉所收詩文繫年》⑦、臺灣地區黄水雲《顔延之及其詩文研究》附《顔延之年表》⑧等。

2. 有關人物的考辨。主要集中在楊曉斌先生的五篇考論文章:《元嘉十七年至二十九年間顔延之仕曆考辨》對顔延之在此期間的仕曆進行詳細的考證,對前人所作的年譜進行了補缺工作;其《顔延之出爲始安太守始末考——兼談《祭屈原文》等幾篇詩文的作時與背景》⑨一反舊説,認爲顔延之外放的時間爲景平元年,考證辨洽,持論

---

①　季冰:《清華週刊》,1933 年第 40 卷第 6 期。

②　季冰:《清華週刊》,1933 年第 40 卷第 9 期。

③　繆鉞:《中國文化研究彙刊》,1948 年第 8 卷。

④　石磊:《古籍整理研究學刊》,2008 年第 6 期。

⑤　[日]森野繁夫:中國中古文學研究——中國中古(漢—唐)文學國際學術研討會論文,北京,2004 年。

⑥　黄磊:《顔延之詩歌研究》,2007 年,上海師範大學碩士論文。

⑦　李之亮:《鄭州大學學報》(哲社版),1994 年第 1 期。

⑧　黄水雲:《顔延之及其詩文研究》,臺北:文史哲出版社,1989 年。

⑨　楊曉斌:《西北師大學報》,2006 年第 2 期。

有據,可備一説。《顏延之三十以後出仕質疑》①一文按照曹道衡、沈玉成的研究思路
對劉柳仕歷時間的考證,進一步論定顏延之出仕當在二十二歲。《"顏虎"抑或"顏彪"》②根據唐代文獻對"虎"的諱稱,認爲《南史》顏延之本傳中"顏彪"應爲"顏虎"。
《兩"顏延之"辨》③主要對劉宋顏延之與晉時武將顏延作了區分。

3. 有關顏延之其人的研究。現存最早的,當爲 1930 年世鐸《顏延之不喜見要人
論》④一文,論顏延之其人具有名士的情懷,欲挽頹風而救人心。陳友琴《顏延之》⑤一
文則是根據史傳記載講述了顏延之其人的性格是"吃酒罵人狂不可及"、和兒子顏竣
的關係和最後的命運。林夢窗《談顏延之》⑥可謂是對顏延之的大加鞭撻,也是有史
以來第一人。其論顏延之人狂誕、詩不佳、貌不揚,爲人可取,作詩不可取。周建忠
《論顏延之之狂》⑦繼承林夢窗"狂誕"一説,並且對顏延之與阮籍、與謝靈運的對比,
分析其性格、人品的不同。曹道衡《論顏延之的思想與創作》⑧講到顏延之的生平,對
其正直的人格有所肯定。沈玉成《關於顏延之的生平與作品》⑨,對其性格、交往、思
想、詩歌特點、散文騈文的成就等均有精到的論述。陸立玉《命由"伴"中撿 禍從
"狂"中生——顏延之、謝靈運命運悲劇成因試析》⑩沿循着周、沈的路子,認爲顏延之
狂傲、謝靈運伴狂。劉文蘭《形似狂狷,神往中庸——論元嘉名士顏延之的思想性
格》⑪則認爲顏延之狂狷的性格却有着深厚的儒家思想。孫明君《玩世如阮籍,善對
如樂廣——元嘉詩人顏延之》⑫運用史傳的筆法勾勒顏延之的一生,以及對其詩其文
作了肯定的評價。此方面研究成果突出的當屬楊曉斌《顏延之的人生命運及其著作
的編輯與流傳——兼談《顏氏傳書》本《顏光禄集》的文學與文獻價值》⑬一文,其認爲
顏延之的性格、門第、仕履對其命運產生了重要的影響,指出顏延之門第不高,性格自
負、政治上並不躁進、伴狂養身,故而比較幸運。文中特別是對顏氏門第不高的考證,
特別出彩。

4. 有關人物思想的研究。曹道衡《論顏延之的思想與創作》⑭認爲顏延之的思想
接近正統的儒家。李宗長《論顏延之的思想》⑮一文是學界對顏延之思想展開研究的
首篇專題論文,與沈玉成先生持論顏延之以儒家思想爲主,兼有佛教思想略有不同,

---

① 楊曉斌:《甘肅理論學刊》,2006 年第 1 期。
② 楊曉斌:《文學遺產》,2008 年第 2 期。
③ 楊曉斌:《中國典籍與文化》,2011 年第 2 期。
④ 世鐸:《潭岡鄉雜志》,1930 年第 11 卷第 1 期。
⑤ 陳友琴:《青年界》,1935 年第 8 卷。
⑥ 林夢窗:《中國文藝(北京)》,1942 年第 5 卷第 6 期。
⑦ 周建忠:《烟臺師院學報》,1986 年第 1 期。
⑧ 曹道衡:《古典文學論叢》,1986 年第 4 輯。
⑨ 沈玉成:《西北師大學報》(社會科學版),1989 年第 4 期。
⑩ 陸立玉:《語文學刊》,2008 年第 12 期。
⑪ 劉文蘭:《安徽文學(下半月)》,2013 年 11 期。
⑫ 孫明君:《古典文學知識》,2015 年第 2 期。
⑬ 楊曉斌:《文學遺產》,2012 年第 2 期。
⑭ 曹道衡:《古典文學論叢》,1986 年第 4 輯。
⑮ 李宗長:《南京社會科學》,1996 年第 6 期。

李認爲顏延之的思想比較複雜,以儒家思想爲主導,又不排斥新興的玄佛思想。陸立玉《顏延之思想性格解析》亦持此觀點。王永平、孫艷慶《東晋南朝琅邪顏氏之崇尚儒家禮法及其表現》[①]一文論述顏氏一族是世代以儒學爲宗的傳統,顏延之的玄化止是其家族文化的一個變調。樂勝奎《六朝劉宋儒學探析———以顏延之、宗炳思想爲例》[②]一文提出,面對儒學衰微的困境,顏延之採取了援佛入儒的對策,即將佛學的報應論引入,即"施報之道,必然之符",以結合儒家的天人感應説,尋找二者在形而上的層面的契合點。這種儒、佛兼備的思想爲日漸衰微的儒學注入供新的理論活力。同時,間接地説明顏延之思想轉化的原因和過程。文章説理循序漸進,持論頗有見地。另,王永平、孫艷慶《顏延之的經學建樹及其學風旨趣》[③]提出顏延之具有貴簡約、重義理等典型的玄化傾嚮。

### 5. 有關人物的交遊研究

顏延之的交遊很廣泛,有晋末名士陶淵明,劉宋文人鄭鮮之、謝靈運、何尚之、何承天,劉宋名士王球、王僧達,僧釋竺道生、慧琳等等,但是學界此方面的研究甚少。魏正申《陶淵明與顏延之交往新議》[④]一文否定了陶、顏交往甚密一説,從陶、顏二者在政治態度、思想品格、文學創作與文學主張等三個方面的不同討論陶、顏不可能成爲摯友,並且和陶淵明情款只是顏延之單方面的一廂情願。次年,衛軍英《顏延之與陶淵明關係考辨》[⑤]繼魏説,從《陶徵士誄》一文,同時從二者的詩文創作和評價,即顏延之對陶詩的評價只有"文取旨達"四字,陶淵明的贈答詩中未見有顏,找出論據,説明陶、顏晚年之交並不可靠,陶、謝只是故交而並不能稱作知己。世傳之所以失誤恰恰在於顏延之爲陶淵明作《陶徵士誄》中提到二者的交遊,且不知顏所作誄文只是一種情感的宣洩。李劍鋒《顏延之與靖節徵士》[⑥]則反對魏、衛説,認爲陶、顏是莫逆之交,二人的友誼有着身世、思想、追求、個性等諸多方面爲基礎的。鄧小軍《陶淵明政治品節的見證———顏延之〈陶徵士誄並序〉箋證》[⑦]亦持論陶、顏爲摯友。有關顏、謝的交遊,專論實在罕見。陳虹巖《"景平外放"及謝靈運、顏延之的文學唱和》[⑧]從寥寥可數的文獻論述,即從顏延之與廬陵王劉義真、謝靈運的交往和顏、謝的贈答詩入手,論證二者只是宦遊之情。陳虹巖《顏延之與王僧達的文學交遊》[⑨]認爲顏延之、王僧達之間的既有才華上的賞識、性情上的相賞,亦反映了高門望族對寒門世族的體認。持論雖失之平正,不過却也豐富了顏延之交遊的研究。另,日本學者森野繁夫《謝靈運與顏延之》[⑩]主要談論了顏、謝二者的仕曆及命運的不同,對二者的交情用墨甚少。

---

① 王永平、孫艷慶:《南京曉莊學院學報》,2010 年第 5 期。

② 樂勝奎:《武漢大學學報》,2009 年第 62 卷第 6 期。

③ 王永平、孫艷慶:《黑龍江社會科學》,2009 年第 6 期。

④ 魏正申:《懷化師專學報》,1991 年第 5 期。

⑤ 衛軍英:《杭州大學學報》(哲學社會科學版),1992 年第 22 卷第 1 期。

⑥ 李劍鋒:《元前陶淵明接受史》第二章第一節,濟南:齊魯書社,2002 年。

⑦ 鄧小軍:《北京大學學報》(哲學社會科學版),2005 年 42 卷第 5 期。

⑧ 陳虹巖:《齊齊哈爾大學學報》(哲學社會科學版),2017 年第 7 期。

⑨ 陳虹巖:《哈爾濱師範大學社會科學學報》,2017 年第 4 期。

⑩ 〔日〕森野繁夫:中國中古文學研究——中國中古(漢—唐)文學國際學術研討會論文,北京,2004 年。

## 6. 有關人物的家族文化影響研究

　　學界亦有從家族文化的角度,討論在顏氏家族的文化與地位對顏延之的思想、著述等產生的影響。如楊艷華《論門第家族對顏延之、謝靈運詩歌創作的影響》①和王永平、孫艷慶《論東晉南朝琅邪顏氏代表人物的政治行跡及其門風特徵》②一致認爲,顏延之的仕曆體現了劉宋皇權政治恢復對士族社會的政治訴求。孫艷慶《中古琅邪顏氏家族學術文化與文學研究》③和常昭《六朝琅邪顏氏家族文化與文學研究》④兩篇博士論文,專門討論琅邪顏氏家族背景下的顏氏的文學和學術,其中皆有對顏延之的論述。這兩篇文章可謂是從一個大的家族背景下對顏延之的整體觀照,開拓了研究視野。另,楊曉斌《先唐琅邪顏氏家族文學與文化的文獻學研究——以顏延之、顏之推爲中心》⑤亦有論述,惜未見原文。

# 二、顏延之的詩文賦等著作研究

## 1. 顏延之著作的綜合研究

　　20 世紀 80 年代以來,學界對顏延之的作品漸漸重視起來,初步的研究往往將顏之作品進行綜合探討。周建忠《論顏延之的文學創作》⑥一文首先在晉宋文學因革的大的背景下對顏延之"錯采鏤金""雕繢滿眼"進行評價,這雖然是顏詩的一大缺點,但對於扭轉玄言詩風無疑是一大進步。其次,周文將顏延之的詩歌進行分類,主要就其中三類來談,即行旅、戀情、詠史;同時對顏延之的駢文,如哀祭文、表文以及《庭誥》給予了高度的讚賞,認爲其成就高於顏詩。整體來看,周説持論比較公允,但是在詩歌的分類上不太妥當,如將《秋胡詩》歸類爲戀情詩。曹道衡《論顏延之的思想和創作》⑦對顏延之比較著名的詩文賦均有評價,如評價《五君詠》"質樸、剛勁",其思想和藝術上可以看作顏詩中的壓軸之作;評《祭屈原文》《陶徵士誄》基調與《五君詠》一致。曹文主張思想和創作上不必過高評價亦不必全盤否定。周田青《試論顏延之的文學創作》⑧認爲顏延之的創作比較複雜,大抵功過參半,並提出應該全面地看待顏延之的文學創作,給予客觀的評價。周田青將顏延之的詩文分爲兩類,第一類是面對現實、有感而發,情文並茂者;第二類是奉詔應制之作,和會贈答,行文晦澀者。按照創作時間,以屛居里巷爲界分爲前後兩期。該文承認文學史上對顏延之文學特徵的評價,並指出了"綺密"不但指喜用典故和對偶,也應該包含謀篇佈局、章法結構。最後,重新評價顏延之,將其廊廟等應制之作視爲南朝的典範,同時指出因雕鏤太甚爲後世

①　楊艷華:《漳州師範學院學報》(哲學社會科學版),2008 年第 2 期。
②　王永平、孫艷慶:《黑龍江社會科學》,2010 年第 5 期。
③　孫艷慶:揚州大學博士論文,2010 年。
④　常昭:山東師範大學博士論文,2011 年。
⑤　楊曉斌:中國社會科學院博士後成果,2011 年。
⑥　周建忠:《山東師大學報》(哲學社會科學版),1985 年第 5 期。
⑦　曹道衡:《古典文學論叢》,第 4 輯。濟南:齊魯書社,1986 年。
⑧　周田青:《思想戰線》,1990 年第 6 期。

冷落。李佳《顏延之作品新探》①在前人研究的基礎上，提出顏延之的作品風格具有莊重典雅、凝練、含意豐富的特點。同時，指出顏延之對形式與技巧的努力，促進了六朝唯美主義文學的興盛。孫明君《顏延之與劉宋宮廷文學》②也是從顏延之的成就著眼，稱讚其"廟堂大手筆"，從廟堂大手筆的確立、廟堂文學的歷史定位與文學價值、宮廷文學的詩史地位等三部分，論述顏延之所代表的宮廷文學是南朝隋唐宮廷文學復興的號角，重估了顏延之在文學史上重要的地位與影響，具有啓發性。葉飛《論顏延之詩文的寫實主義特徵》③與胡曉傑《顏延詩文與元嘉文學尚典雅之風研究》④均從詩文的藝術特色著眼。陸巖軍《顏延之詩文特點及其成因的探討》⑤與張莎莎《顏延之文學作品風格成因考察》二文從時代背景、文壇狀況、生平交友、思想等方面探討了顏延之詩文特點的形成原因。另，周田青《顏延之詩、文證誤二則》⑥考訂《爲竟陵王世子臨會稽郡表》爲蕭昭胄之作，並非顏延之。李佳《顏延之詩文四篇寫作年代考》⑦將顏延之的作品《行殯賦》《白鸚鵡賦》《夏夜呈從兄散騎車長沙》和《吊張茂度書》，進行了時間上的大致劃分，不僅精准，且亦有開創之功。臺灣學者倪臺瑛《顏延之及其詩文研究》⑧年代久遠，惜原文未見。

　　2. 顏延之著作分類及其研究

　　(1) 顏延之詩歌研究

　　詩篇個案的研究。日本學者高橋和已著，王則遠譯《論顏延之的〈秋胡行〉——兼談中國的叙事詩(節譯)》⑨論述《秋胡詩》雖然是以民間故事爲題材，却在修辭與格調上保持了古典的對仗形式，追求含有意味的普通化，肯定了顏延之在叙事詩上做出的突破。高恒《〈文選〉"詠史詩"情感的轉向——論顏延之對〈秋胡詩〉的轉變》⑩整體上繼承高氏之説，從内容上分析了顏延之《秋胡詩》對劉向《烈女傳》的改造，主要體現在語言稱謂、人物性格及故事情節，更加趨向雅化，體現了貴族文學對民間文學的學習與改造。吳晟《叙事詩體與説唱體之比較———以〈秋胡行〉詩與〈秋胡變文〉爲例》⑪則從諸家叙述詩《秋胡詩》與説唱體《秋胡變文》作比較。李羽陽《顏延之〈五君詠〉試析》⑫對其中的《阮步兵》《嵇中散》《向常侍》等三首詩歌進行了内容分析以及藝術闡釋，認爲詠阮籍詩風格較沉鬱，詠嵇康詩較俊逸，詠向秀詩兼二者。雖論述不周，但總歸爲開了風氣之先。周溶泉《詠古人而己之性情俱見——讀顏延之的〈五君詠〉》⑬一

①　李佳：《北京大學研究生學志》，2008 年第 2 期。

②　孫明君：《文學遺産》，2012 年第 2 期。

③　葉飛：《開封大學學報》，2013 年第 21 卷第 2 期。

④　胡曉傑：《芒種》，2014 年第 12 期。

⑤　陸巖軍：《晋中師範高等專科學校學報》，2001 年第 21 卷第 4 期。

⑥　周田青：《文史》，1992 年第 34 輯。

⑦　李佳：《浙江師範大學學報》(社會科學版)，2007 年第 32 卷第 1 期。

⑧　倪台瑛：《淡江學報》第十三，1975。

⑨　[日]高橋和已著，王則遠譯：《齊齊哈爾師範學院學報》，1996 年第 2 期。

⑩　高恒：《青年文學家》，2017 年 11 期。

⑪　吳晟：《暨南學報》(哲學社會科學版)，2013 年第 10 期。

⑫　李羽陽：《常德師專學報》，1990 年第 1 期。

⑬　周溶泉：《名作欣賞》，1997 年第 6 期。

文對顏延之的《五君詠》的鑒賞和評價是十分完整和周密,周文對每一聯詩句都做了具體而微的闡釋,並從整體上對其思想和藝術進行剖析,頗有借鑒價值。黃水雲《論〈文選〉詠史詩類－顏延之〈五君詠〉》①論述了《五君詠》的創作動機、創作内容以及藝術結構。黃文認爲《五君詠》是結合史傳、史論、詠懷之作,宋明清詩學理論家對其評論甚高,對後世文學産生了一定的影響。楊曉斌《論顏延之〈應詔宴曲水作詩〉的寫作背景、動機與主旨》②論述顏延之此詩並非一般的應詔之作,而是具有諷諫意義的。因而成爲顏延之被黜的導火索。論點新穎,可備一説。美國漢學家田曉菲稱顏延之爲南朝的第一位宫廷詩人,其應詔詩如《車駕幸京口侍遊蒜山作》等,高度表現皇權和王國的權威:"Yan Yanzhi's poetic vision recreates the south. In this sense,he was the first true court poet of the Southern Dynasties."③

　　詩歌分類及其内容研究。蕭統《文選》將顏詩分別歸入公宴、詠史、遊覽、哀傷、贈答、行旅、郊廟七類;周建忠《論顏延之的文學創作》④繼蕭統之説,增加戀情、詠物兩類。但是周文將《爲織女贈牽牛》《秋胡詩》歸類爲戀情詩,似乎不甚妥當。曹道衡《論顏延之的思想和創作》⑤分爲兩類:朝廟應制製作和抒情自懷或借古以自況之作。李宗長《顏延之詩歌主題選擇的文化審視》⑥等則根據詩歌題材將其分爲四類:應詔章奏之作、唱酬贈答之作、抒情自況之作、遊歷登臨之作;吴功正《顏延之詩美成就論》⑦分爲雕繢之作、悲咽之作與寄慨之篇三類;馬恩霞《從反叛到順應——試析顏延之詩歌分類》⑧按照思想性格、心理特徵,劃分爲兩類:抒情自況之作和應制頌美之作。以上論文在分類的同時,均對顏詩做出客觀的闡釋和藝術賞析,比較有特色的當屬李宗長提出顏延之詩歌主題選擇的文化審視表現在對天神的尊崇和對自我的表現上。吴功正論顏延之詩的命運是"身前名噪而身後寂寞"⑨。

　　詩歌藝術風格與技巧研究。錢鋼《論鍾嶸〈詩品〉對顏延之詩歌的評價》⑩在鍾嶸評價的基礎上,對顏詩"源出陸機、尚巧似、體裁綺密,情喻淵深,動無虚散,一字一句,皆致意焉、喜用古事,彌見拘束"等四大藝術風貌進行論述。葉飛《鍾嶸〈詩品〉顏延之條疏證》⑪與錢説略同。諶東飆在這方面的用力頗深。其《六朝審美風尚與顏詩用典》⑫分析了從魏晉到宋齊,用典漸漸成爲時代的審美風尚,顏延之用典第一其實是

　　① 黄水雲:《遼東學院學報》,2005 年第 2 期。
　　② 楊曉斌:《甘肅社會科學》,2007 年第 2 期。
　　③ ［美］Xiaofei Tian:Representing Kingship and Imagining Empire in Southern Dynasties Court Poetry. T'oung Pao,2016,p52.
　　④ 周建忠:《山東師大學報》(哲學社會科學版),1985 年第 5 期。
　　⑤ 曹道衡:《古典文學論叢》,第 4 輯。濟南:齊魯書社,1986 年。
　　⑥ 李宗長:《貴州師範大學學報》,1992 年第 3 期。
　　⑦ 吴功正:《齊魯學刊》,1994 年第 1 期。
　　⑧ 馬恩霞:《青海師範大學學報》(哲學社會科學版),2014 年第 36 卷第 5 期。
　　⑨ 吴功正:《顏延之詩美成就論》,齊魯學刊,1994 年第 1 期,第 14 頁。
　　⑩ 錢鋼:《中州學刊》,1990 年第 5 期。
　　⑪ 葉飛:《許昌學院學報》,2013 年第 32 卷第 1 期。
　　⑫ 諶東飆:《長沙水電師院學報》(社會科學版),1989 年第 1 期。

時代風氣使然。又《顏詩用典與詩的律化》①一文論述顏延之用典促進了詩歌的律化，主要體現在有利於短小篇制的形成；有利於製造對偶句；有利於將聲律說引進詩歌，協調平仄等。又《論顏詩"以用事爲博"》②一文詳細的分析了顏詩的用典特色，即表現在用典密度的加大，用典方式的改變（集錦、截取、調整）等。繼而分析了顏詩用典的原因，乃與劉宋復古思潮與時代風氣有關。陳書錄《論顏延之對偶詩對初唐律詩的影響》③其實略早於諶東飆的論述，陳論顏延之詩歌的特徵是文字和用典上的對偶，其表現爲：的名對、聯綿對、雙聲對等，對齊梁新體詩的發展，乃至初唐詩歌的定型化都有着重要的影響。李宗長《顏延之詩歌風格論》④論述顏詩的風格主要表現爲：藻麗、典密、清壯。對玄言詩的改革是有一定意義的。吳懷東《顏延之詩歌與一段被忽略的詩潮》⑤認爲顏延之的應制詩創作頗豐，突出的藝術特色便是典故的大量使用。這一現象的發生則是與劉宋皇權的聲張與詩壇重視形式美的風氣有關。因此，顏延之的應制詩可看作一種典型。黃亞卓《論顏延之公宴詩的複與變》⑥指出顏延之的公宴詩與謝靈運山水詩同時是影響劉宋詩壇的兩種詩歌風格。顏延之的公宴詩有四種顯著的特徵：尊神頌美的主題傾嚮；豐贍綿密的體制；藻麗典雅的辭采；整煉工巧的筆法。這種主題傾嚮與形式體制恰恰體現了顏延之公宴詩的複與變。陸立玉《論顏延之詩歌創作特色》⑦在對顏延之詩歌內容分類的基礎上論述了顏詩具有以下三種藝術風格特點：鋪叙有致、體裁縝密，喜用典故、用事繁密，講求對仗、偶儷精密。馬恩霞《顏詩"喜用古事，殆同書抄"辨析》⑧一文實際上是對以上幾種論文觀點的整合，較有新意的說法便是顏延之喜用古事體現了他的儒學思想。葉飛《論顏延之詩歌的聲韻之美》⑨則論述了顏延之詩歌在平仄與押韻方面的探索和實踐，爲古體詩向近體詩的轉變奠定了基礎。石磊《顏延之對五言新詩體的探索》⑩一文具有前瞻性的意義，視角新穎。石文首次注意到顏延之的五言詩對四言詩的借鑒，主要表現在：將四言詩用語習慣與結構特徵移植於五言詩；將典籍氣度與詔策文風引入五言詩；將山水詩寫景的特徵用入應制詩；使五言詩承載起四言詩的頌贊功能。這些對我們研究顏延之詩歌的價值以及元嘉詩運轉關起到積極的啓發作用。廉水傑《鍾嶸詩學視域下顏延之的詩歌創作》⑪從鍾嶸論顏延之的才性經綸儒雅、詩風錯彩鏤金、詩法同祖曹植三大方面做了整體觀照。其中，廉文提出顏延之與謝靈運同祖曹植，論點新穎。

詩歌淵源研究。陳璐《論顏延之對陸機詩歌的接受》⑫從公宴詩、贈答詩、行旅詩

① 諶東飆：《求索》，1994 年第 6 期。

② 諶東飆：《求索》，1997 年第 2 期。

③ 陳書錄：《南京師大學報》（社會科學版），1992 年第 1 期。

④ 李宗長：《江蘇社會科學》，1992 年第 2 期。

⑤ 吳懷東：《山東大學學報》（哲社版），1998 年。

⑥ 黃亞卓：《上海師範大學學報》（哲學社會科學版），2003 年第 32 卷第 3 期。

⑦ 陸立玉：《內江師範學院學報》，2006 年第 21 卷第 3 期。

⑧ 馬恩霞：《名作欣賞》，2009 年。

⑨ 葉飛：《開封教育學院學報》，2013 年第 33 卷第 2 期。

⑩ 石磊：《古籍整理研究學刊》，2012 年第 5 期。

⑪ 廉水傑：《中國詩歌研究》，2012 年第九輯。

⑫ 陳璐：《重慶師範大學學報》（社會科學版），2018 第 2 期。

和樂府詩等四種詩歌類型上，論述顏延之對陸機詩歌的接受。

（2）顏延之文章的研究

學界對顏延之文賦的研究特點：一是關注度不够，二是很不平衡。

顏延之文《陶徵士誄》的研究獲得了較爲顯著的成果。蔡文錦《關於陶淵明的第一篇文章——顏延之〈陶徵士誄並序〉箋注》①是首篇對顏延之《陶徵士誄並序》的箋注，對字詞的考釋、典故的鈎沉、人物的考訂等，用力較深。李劍鋒《顏延之與靖節徵士》②討論顏延之與陶淵明的交遊，稱二者爲莫逆之交。同時認爲顏延之所作《陶徵士誄》結合儒道玄的思想對陶淵明進行崇高的評價，而誄文中所刻畫的陶隱士的形象是顏延之自我理想和追求的寫照。誄文揭示了陶淵明出仕、歸隱的原因，深深影響了同時代人以及後世對陶淵明的評價。鄧小軍《陶淵明政治品節的見證———顏延之〈陶徵士誄並序〉箋證》③論述顏誄用一種特殊的方式高度評價了陶淵明的詩歌，即誄文大量妙用淵明詩文中的字詞。誄文中多有微言，如“巢、由之抗行，夷、皓之峻節”即顏延之對陶淵明政治節操之總讚語。顏誄成功塑造了躬耕編織、艱苦卓絶的、澹泊心、自由心徹底覺悟的、嚴肅認真的陶淵明形象。鄧文議論新穎，是當下陶顏研究的重要參考。日本學者松岡榮志作，梁克隆譯《關於顏延之的〈陶徵士誄〉》④認爲顏延之《陶徵士誄》創作動機一方面是爲了表達了對故友的哀悼，另一方面則是爲了表現自己的寫作技巧。發論可謂自是一家，可備一説。莫礪鋒《顏延之〈陶徵士誄並序〉在陶淵明接受史上的地位》⑤盛讚了顏延之《陶徵士誄》“情文並茂，意味深遠”，堪稱“陶淵明接受史上具有開創意義的重要文獻”。其文對《陶徵士誄》李善注與五臣注的異文以及注解進行了扼要分析，得出李善注爲優，然二者都具有較高的學術價值的判斷。

《庭誥》《祭屈原文》二文雖有研究，但成果甚微。尉建翠《從〈庭誥〉看顏延之的思想和文學主張》⑥主要分析了《庭誥》的主要內容，以及體現顏延之的儒家思想。另外，尉文注意到顏延之強調音樂與詩歌的關係，惜未展開系統的論述。劉輝《顏延之〈庭誥〉淺論》⑦大體沿襲尉文的思路，所不同的增加了《庭誥》對《顏氏家訓》的影響，只是略論，沒有詳述。劉輝《顏延之〈庭誥〉佚文研究》⑧整理了學界輯佚成果。趙俊玲《〈文心雕龍〉與〈文選〉祭文觀辨析》⑨在劉勰和蕭統在祭文的選擇上突出二者文學觀念的不同。對蕭統選擇顏延之《祭屈原文》論述了蕭統對顏延之一排喜用事、重雕琢文風的欣賞。然而對《祭屈原文》並沒有作具體闡釋。

①　蔡文錦：《揚州職業大學學報》，2005 年第 9 卷第 1 期。

②　李劍鋒：《元前陶淵明接受史》第二章第一節，濟南：齊魯書社，2002 年。

③　鄧小軍：《北京大學學報》（哲學社會科學版），2005 年第 42 卷第 5 期。

④　［日］松岡榮志作，梁克隆譯：《中華女子學院山東分院學報》，2006 年第 4 期。

⑤　莫礪鋒：《學術月刊》，2012 年第 44 卷。

⑥　尉建翠：《時代文學》（雙月版），2007 第 5 期 。

⑦　劉輝：《北方文學》，2011 年第 18 期。

⑧　劉輝：《青春歲月》，2012 年第 21 期。

⑨　趙俊玲：《鄭州大學學報》（哲學社會科學版），2013 年第 46 卷第 3 期。

　　學界亦有從顏延之文章整體論述者。李宗長《論顏延之的文與賦》①分析了顏延之文賦的內容及藝術特色。其論述內容主要以宮廷生活爲表現內容,部分篇作也能以情爲文,圖寫情興。藝術特色主要體現在運思上的追新求異和語言上的對仗。陸立玉《論顏延之的文、賦創作》②一文將顏延之的哀祭文、詠物賦、書表之作概況進行了大概的梳理,對代表性的文章分析了內容和結構,總結了文賦的藝術風格。整體上與論顏延之詩並無大的差別。張莎莎《顏延之駢文探析》③將顏延之的駢文分爲四類:奉詔及公文類、對人間世情的抒發類、對人生哲理的探討及感悟類、詠物之作。指出其創作融匯了儒玄佛思想,藝術風格上與顏詩同調。劉濤《顏延之駢文略論》④綜合分析了顏延之駢文的藝術成就與缺陷。特別對顏延之的《三月三日曲水詩序》、誄文、哀策文等進行了藝術分析。以上二文研究概括性較強,藝術性、思想性與價值研究較弱。

　　(3)顏延之賦的研究。

　　姜維公《顏延之〈赭白馬賦〉本事考》⑤從赭白馬的本事入手,分析了其名稱、功用與象徵,進一步探討得知顏延之筆下的赭白馬當是高句麗進貢給劉宋王朝的。這一研究偏重歷史考索,顏賦本文只作爲徵引材料,並沒有進行深入的文本研究。王學軍《顏延之〈行殣賦〉創作時間考及政治意蘊探微》⑥分析了《行殣賦》的創作時間是在顏延之赴始安途中,內容表層爲哀歎路旁死者慘狀,其深層含義在於悼念宋少帝劉義符、廬陵王劉義真,並表達了對自己前途和命運的擔憂。

　　(4)其他著述研究。

　　顏延之集的研究,楊曉斌先生用力最深,其主持兩項有關顏延之的課題。其論述發表最多,成果最豐,其《類書、總集誤收顏延之詩文辨正》⑦對《海錄碎事》、《詩淵》、逯欽立《先秦漢兩晉南北朝詩·宋詩》所收錄的顏延之詩文進行了訂誤。《逸集·別集辨析———兼談〈顏延之逸集〉的性質與內容》⑧對歷來被人忽視的《顏延之逸集》進行了內容與性質的探討,區分了逸集與別集的關係。《古本〈顏延之集〉結集與流傳稽考》⑨考訂《顏延之集》三十卷、《顏延之逸集》一卷在蕭梁武帝時期結集,毀於侯景兵火和蕭繹焚書;隋唐時期散佚爲二十五卷;南宋中興時期僅有《顏延之集》五卷,南宋末年全部亡佚。另,李佳《〈顏延之集〉校注及其研究》⑩分析了顏延之的生平、思想、詩文特色,並且對顏延之詩文集中十八篇進行校注。

---

①　李宗長:《貴州師範大學學報》(社會科學版),1996第1期。

②　陸立玉:《語文學刊》,2007年。

③　張莎莎:《赤峰學院學報》(哲學社會科學版),2013年第8期。

④　劉濤:《韓山師範學院學報》,2008年第29卷第2期。

⑤　姜維公:《東北史地》,2005年第2期。

⑥　王學軍:《南陽師範學院學報》,2017第16卷第10期。

⑦　楊曉斌:《文史哲》,2006年第4期。

⑧　楊曉斌:《圖書館雜志》,2007年第4期。

⑨　楊曉斌:《圖書情報工作》,2008年第52卷第3期。

⑩　李佳:四川大學博士論文,2003年。

顔延之具體著作的研究。楊曉斌《顔延之〈逆降義〉鈎沉》①《顔延之〈論語説〉的流傳、真僞及撰作緣起考論》②《顔延之〈幼誥〉〈纂要〉的内容及其訓釋方法———兼論與〈説文〉〈爾雅〉之關係》③等三篇文章對《逆降義》《論語説》《幼誥》《纂要》四部著作的流傳與輯佚、歷代著録題名卷數、撰作緣起、創作時間和内容性質等四個部分進行了詳細的探討。王學軍《顔延之〈纂要〉佚文輯注及繫年》④可以與楊文互補參照。

# 三、顔延之的文學觀研究

學界對顔延之文學觀的研究不多,且多摻雜在對其生平思想以及詩文總體的研究和評價中,很少有專論。爲方便以後對顔延之的整體研究,現將散落在其他研究篇章中的有關顔延之文學觀的研究略做概述。

顔延之的文學觀。曹道衡《論顔延之的思想和創作》⑤第二節中有"論顔延之的文學觀",從《庭誥》入手,認爲顔延之承認詩歌對認識社會的作用,又多推崇廟堂之作,不重視甚至輕視民歌,反映了顔延之的文學觀帶有士大夫階級的偏見。又,顔論詩推重阮籍、嵇康和劉楨,一定程度上繼承了"詩可以怨"的傳統。廉水傑《鍾嶸〈詩品〉"顔延論文,精而難曉"考釋》⑥一文更是明確顔延之以"宗經""連類""比物"爲基點的文學觀念,並且運用到了文學創作中,從而決定了其文學觀包涵有:内容的用事、用典;語言的精工、精巧;富有雅言的音韻等。有關顔延之文學觀點的文獻,王運熙,楊明著《魏晋南北朝文學批評史》可以説輯録比較全。

顔延之的"文筆説"。范文瀾認爲顔延之"文筆説"爲《庭誥》佚文。⑦ 詹杭倫《〈文心雕龍〉"文筆説"辨析———附論"集部"之分類沿革》⑧認爲,顔延之與劉勰在"有韻爲文,無韻爲筆"的認知上並無矛盾,但是三者之間亦存在分歧。顔延之是從文獻分類的觀念出發的,主張討論"文筆"問題應當與經典分離;劉勰是從宗經的觀念出發的,主張討論"文筆"問題,也應該從經傳説。廉水傑《〈文心雕龍〉引顔延之所論"言筆文"語義辨正》⑨一文認爲劉勰論顔延之"文筆説"之"言"的内涵表明經典是側重陳述事理;"筆"的内涵正是側重用言辭陳述其事的文體;"文"是廣泛意義層面的文章。顔延之把"經典"稱之爲"言",旨在表明經典是一種表明事理,具有教化色彩的文體。此種分類體現了顔延之宗經思想與文體辨析意識,但也易混淆概念,這正是顔延之早期的文學觀。後期漸漸成熟,表現在其有意識認爲"文"是具有審美性的詩賦之類的文體。

---

① 楊曉斌:《文史哲》,2011 年第 6 期。
② 楊曉斌:《齊魯學刊》,2011 年第 4 期。
③ 楊曉斌:《西北師大學報》(哲學社會科學版),2011 年第 48 卷第 1 期。
④ 王學軍:《安陽師範學院學報》,2017 年第 1 期。
⑤ 曹道衡:《古典文學論叢》,1986 年第 4 輯。
⑥ 廉水傑:《中國文化研究》,2013 年第 1 期。
⑦ 范文瀾:《文心雕龍注》,北京:人民文學出版社,1958 年,第 658 頁。
⑧ 詹杭倫:《文藝研究》,2009 年第 1 期。
⑨ 廉水傑:《文心雕龍研究》第十一輯,2013 年。

# 四、顏延之的比較研究

　　元嘉三大家綜合研究。張潤平《試論"元嘉體"的成因及其詩歌史意義》①論述元嘉三大家性格上都有仕與隱的矛盾,思想上儒、玄、佛相容,創作心態上具有"心靈自由"與"人格獨立"的精神,開創的"元嘉體"在中國詩歌史上具有承上啓下繼往開來的意義。時國强《士庶升降與元嘉三大家的創作》②論述士庶升降對元嘉三大家創作的影響。又,《顏、鮑、謝的名次地位之升降》③一文將三者地位的升降分爲三個時期:南朝:顏、謝稱盛期;唐宋:顏、鮑、謝並稱定型期;明清:顏、鮑、謝名次紛歧期。大體符合實際情況,但是主次略不分明。孫歌《都道唐人山水妙,豈知元嘉光色好——元嘉三大家詩中的光和色》④論述了元嘉三大家詩歌的藝術技巧,特别提出對顏色和光影的運用。以上論述比較精切,但還是偏於概述。有關此方面研究的碩博論文亦可作爲參考。⑤

　　顏、謝比較研究。有關顏、謝優劣的討論,諶東飆《鮑照和惠休何嘗貶謝?》⑥用三個論據説明鮑照和惠休未嘗貶謝,分别爲:休鮑之語在六朝褒獎六朝華美之詞;劉宋詩壇整體重辭藻、對偶、用典;以鮑照的性格,不會當面貶顏。高華平《從"文筆之辨"到重"文"輕"筆"——《詩品》揚謝抑顏原因新解》⑦認爲顏、謝兩人當時所持的分屬於文學觀念演變過程中不同階段的"文筆"觀,和"文筆"觀在齊梁時期造成的批評界重"文"輕"筆"的傾嚮,是鍾嶸揚謝抑顏詩評形成的根本原因。許雲和《芙蓉出水與錯采鏤金——關於惠休與顏延之的一段公案》⑧認爲在六朝的審美觀念中,芙蓉出水與錯采鏤金二者並無藝術水準的對立。惠休對顏延之的貶損在另外一層審美觀即佛教。繼而論惠休與顏延之的這場爭鬥:關於詩歌品格的雅俗之爭。有關顏、謝風格的討論。白崇《同源異象——顏延之、謝靈運詩風異同論》⑨一文對顏、謝詩歌的異同進行了詳細的探討。他認爲,二人的相似性表現在詩歌都有典麗、繁密、雕琢、巧似、重視藝術形式等特徵;不同之處在詩歌的主題、寫景、内在氣質等方面。謝靈運在延續陸機詩歌某些特徵的同時,其整體風貌與曹植詩歌更爲接近,而顏延之則更多地繼承了陸機詩風。另外,日本學者森野繁夫《謝靈運與顏延之》⑩則從二人的仕歷對比中,

　　①　張潤平:《北京師範大學全國博士生學術論壇(中國語言文學)論文集·文學卷》(上),2007 年。
　　②　時國强:《作家雜志》,2010 年第 6 期。
　　③　時國强:《商丘師範學院學報》,2010 年第 26 卷第 10 期。
　　④　孫歌:《文史知識》,2017 年。
　　⑤　時國强《元嘉三大家研究》(陝西師範大學博士論文,2008 年);張潤平《元嘉三大家研究》(河北大學博士論文,2010 年);康建强《試論元嘉詩歌》(山西大學碩士論文,2003 年);孟國中《論"元嘉體"及其詩學意義》(陝西師範大學碩士論文,2004 年);李瑾《元嘉三大家詩文用典研究》(湖南師範大學碩士論文,2005 年);閆紅芳《元嘉三大家異同論》(内蒙古大學碩士論文,2008 年)。
　　⑥　諶東飆:《湘潭大學學報(社會科學版)》,1991 年第 15 卷第 1 期。
　　⑦　高華平:《華中師範大學學報(哲社版)》,1996 年第 1 期。
　　⑧　許雲和:《文學遺産》,2016 年第 3 期。
　　⑨　白崇:《江西師範大學學報(哲學社會科學版)》,2007 年第 40 卷第 4 期。
　　⑩　[日]森野繁夫:中國中古文學研究——中國中古(漢—唐)文學國際學術研討會論文,北京,2004 年。

揭示了二人性格、命運、詩歌創作等所存在的差異。持論偏叙述性以及主觀性。

　　陶、顔、謝比較研究。學界有關陶、顔的研究，多集中在《陶徵士誄》的討論中。上文已述。王文玲《陶淵明、謝靈運與顔延之例說》試圖從三者的交往中論證陶、謝二人之間在晋宋之交思想史上有微妙的關係。論說主觀推測太多，不足爲據。不過，王文却提供了一種新的思路。期望我們能够發現有力的材料，見證陶、謝兩位大家之間的交遊或者態度。

　　顔延之與何承天比較研究。二人之間的交遊在文學史上頗爲有名，即顔延之三次去信何承天《釋達性論》，可惜學界關注不够。劉静《何承天文學綜論》（河南大學碩士論文，2011 年）亦只是在詩歌上進行比較，其文在“何承天的詩歌創作”一章中有“何承天與顔延之詩歌對比”一節，論述二者都是擅長寫廊廟體的詩人，他們詩歌崇尚典雅的詩風，在詩歌内容和藝術形式方面有諸多相似之處。比較有特色的是對二者思想的比較，石磊《顔延之研究》（東北師範大學博士論文，2012 年）中有相當詳細的論述，可以參考。

　　綜觀比較研究，主要特點：整體研究多，個案研究少；詩歌比較没有特色，大部分還是各論一家，總結性强，且常一言以概之。

## 五、顔延之的影響與評價研究

　　有關顔延之的影響與評價研究，其實大都已經包含在以上各個研究層面中。這裏主要就專篇而略論之。劉躍進《〈文選〉中的四言詩》[1]認爲顔延之所作四言詩大都較爲平庸，蕭統選録《宋郊祀歌》具有“嘗鼎一臠”之意。楊艶華《顔延之詩歌創作得失評議———以王夫之〈古詩評選〉對顔詩的評論爲中心》[2]以王夫之對顔詩的評價爲中心，分析了顔詩的成就和缺陷。莫礪鋒認爲顔延之《陶徵士誄並序》堪稱“陶淵明接受史上具有開創意義的重要文獻”[3]。杜鳳俠稱顔延之爲《詠懷詩》的第一作者，推動了《詠懷》詩在更廣闊的時空中的傳播和接受[4]。

　　羅國蓮《顔延之詩歌評價研究》（臺灣大學碩士論文，2014 年）將顔延之放在歷史的長河中進行横向和縱向的爬梳和定位：顔、謝並稱；顔、謝優劣之争；顔、鮑、謝的並稱；陶潛崛起與顔謝地位的比照等爲四章，對顔延之地位的歷史升降進行了客觀的、冷静的展示。研究的基本特點是以歷史文獻爲據，這種研究方法頗有可取之處，比較直觀，但亦存在弊端，即放棄了詩歌本位的探討，湮没於第二首材料的層累中，從而會模糊了顔詩真正的歷史價值。

---

①　劉躍進：《古典文學知識》，2011 年第 4 期。
②　楊艶華：《漳州師範學院學報》（哲學社會科學版），2011 年第 4 期。
③　莫礪鋒：《顔延之〈陶徵士誄並序〉在陶淵明接受史上的地位》，《學術月刊》，2012 年第 44 卷。
④　杜鳳俠：《論顔延之在阮籍〈詠懷〉詩接受史上的貢獻》，《鹽城師範學院學報》（人文社會科學版），2006 年第 26 卷第 5 期。

# 六、研究專著與碩博論文

　　有關顏延之的研究論著並不多，大多爲學位論文補足而成。臺灣學者研究較早，黃水雲《顏延之及其詩文研究》①和陳美足《南朝顏、謝研究》②出版在同一年，二書存在多處重合，研究構思十分接近，主要從人物時代思潮、生平交遊、思想性格、詩文分類、藝術特色等諸多方面進行探討，比較出色的就是有關詩歌藝術特色方面，在顏色、聲音、聲調等方面的類比排列，展現了顏詩對詩歌的創新。陳書雖曰比較，但只是將二者在同一研究方面並列展開叙述，並没有真正做比較。二書又具開創之功，但存在的問題，就如石磊《顏延之研究百年回顧》所言"述而不論"。大陸地區，石磊校注《顏延之文集校注》③，和晚出的李佳校注《顏延之詩文選注》④可以説是至今爲止僅有的兩部有關顏延之的詩文的注本，且只是選注，並不齊全。諶東飈《顏延之研究》⑤當是大陸地區研究顏延之頗有價值的力作。其中有關生平的考證，頗有參考價值。特别是對顏詩促進了詩歌的律化和對劉宋詩壇的復古等兩個觀點，别出心裁。最新的研究專著當是王曉燕、劉郝霞、韋强合著《被誤讀的"元嘉體"顏延之"文"新釋》⑥，該書從顏延之的文着眼，探討了顏延之在文學史上被誤讀的原因，並對嚴可均校輯《上古三代秦漢三國六朝文》，所輯録的三十六篇文章按照文體分類、内容分類，探討了顏文的特點、成因及影響。此角度比較新穎，填補了顏延之文研究的大量空白。

　　碩博論文研究比較可觀。現按照時間順序進行排列，博士論文：李佳《〈顏延之集〉校注及其研究》（四川大學，2003 年）；楊曉斌《顏延之生平與著述考》（西北師範大學，2005 年）；楊曉斌《先唐琅邪顏氏家族文學與文化的文獻學研究——以顏延之、顏之推爲中心》（中國社會科學院博士後成果，2011 年）；石磊《顏延之研究》（東北師範大學，2012 年）。碩士論文：石磊《顏延之集校注》（東北師範大學，1999 年）；孫震芳《顏延之及其詩文研究》（江西師範大學，2007 年）；劉文蘭《顏延之文學論》（山東師範大學，2000 年）；裴闖《顏延之生平創作平議》（厦門大學，2001 年）；熊紅《顏延之的駢文創作及其文筆説》（湖北大學，2005 年）；尉建翠《顏延之詩文研究》（山東師範大學，2007 年）；楊艷華《顏延之詩歌研究》（暨南大學，2006 年）；黄磊《顏延之詩歌研究》（上海師範大學，2007 年）；王曉燕《顏延之文研究》（四川大學，2008 年）；張莎莎《顏延之研究》（貴州大學，2008 年）；劉輝《顏延之〈庭誥〉研究》（福建師範大學，2013 年）；夏偉《顏延之及其文研究》（西南大學，2016 年）。綜觀之，大抵從人物生平、思想、詩文（特别是駢文）、著作、藝術特色等方面進行研究，其中主要的研究成果已經在上文中均有採納。

①　黄水雲：《顏延之及其詩文研究》，臺北：文史哲出版社，1989 年。
②　陳美足：《南朝顏、謝研究》，臺北：文津出版社，1989 年。
③　石磊校注：《顏延之文集校注》，長春：吉林大學出版社，2005 年。
④　李佳校注：《顏延之詩文選注》，合肥：黄山書社，2012 年。
⑤　諶東飈：《顏延之研究》，長沙：湖南人民出版社，2008 年。
⑥　王曉燕、劉郝霞、韋强合著：《被誤讀的"元嘉體"顏延之"文"新釋》，成都：四川大學出版社，2014 年。

　　日本學者對顏延之的研究共 24 篇①，石磊《顏延之研究百年回顧》列出 20 條，本文在其基礎上增加五條：森野繁夫《顏延之の〈庭誥〉と褊激の性》《六朝詩の語彙および表現技巧の研究》②；住穀孝之《顏延之『北使洛』と『懷古』の抒情の形成》③；森野繁夫《文選雜識——顏延之〈陽給事誄〉並序》④；大矢根文次郎《顏延之的詩》⑤；冢本信也《南朝樂府民歌受容——顏延之與鮑照》⑥。日本研究內容涵蓋顏延之的生平、思想、交遊、詩文等諸多方面，雖然遠遠不及大陸的研究，但是其對《庭誥》《達性論》的研究值得注意和用心。

## 小結

　　綜上所述，學界對顏延之的研究在生平、詩歌藝術、文集的整理和研究均取得了重大成果。但不足之處亦明顯：顏延之的思想和交遊需要再進一步探究；顏延之的作品集至今沒有比較完善的全注本；顏延之的駢文和賦兩種文體專題研究成果罕見；顏延之詩歌的淵源研究成果單一；顏延之的比較研究太少等等，以上五點均爲我們以後研究可以著力之處。

---

① 　目録可以參考石磊《顏延之研究百年回顧》。
② 　［日］森野繁夫：《中國古典文學研究》，2003 年。
③ 　［日］住穀孝之：《中國詩文論叢》，2016 年。
④ 　［日］森野繁夫：《國語科學研究紀要・十》。
⑤ 　［日］大矢根文次郎：《東洋文化研究所紀要》。
⑥ 　［日］塚本信也：《東北學院大學論集》，1997 年。

# 新世紀《長生殿》《桃花扇》文獻整理、
# 研究的回顧與反思[*]

## 王亞楠

**摘　要:**進入新世紀以來,代表着昆曲傳奇最後輝煌的《長生殿》和《桃花扇》的文獻整理和研究取得了一些新的進展,産生了一些成果。這可以從作品版本的影印和整理出版、有關文獻資料的整理和研究兩個方面體現出來,爲兩部劇作研究的進一步拓展和深入提供了基礎和便利,但相關工作和成果也存在不足和缺憾。

**關鍵詞:**長生殿;桃花扇;文獻;學術史

代表着昆曲傳奇最後輝煌的《長生殿》和《桃花扇》問世後,受到了讀者、觀衆的喜愛和肯定,在有清一代的戲曲舞臺上廣泛、長久地搬演、流傳,對於清代、民國的通俗文學創作産生了比較大的影響,清代、民國間的衆多文人學者也從思想到藝術對這兩部名劇進行了題詠、批評和研究。這些現象和活動都産生和流傳下來豐富的文獻資料,但因爲數量較大、瑣碎而又分散,至今都尚未得到充分的重視、搜集、輯録和利用。

二十世紀中,對於這兩部劇作的文獻的搜集、整理和研究取得了一定的進展。如劉世珩在清末民初主持和組織刻印暖紅室《匯刻傳劇》時,對於這兩部劇作特別是《長生殿》的有關文獻資料進行了初步搜集和匯輯,主要是吳舒鳧等的多篇序文、吳尚榮等的多篇題辭和王暕等的跋文。但劉世珩在《重刻〈長生殿〉跋》、吳梅在《校正識》中都没有説明這些相對於稗畦草堂刻本新增的序跋、題辭的來源出處(吳舒鳧和徐麟的序可能據光緒十六年上海文瑞樓刻本)。吳梅僅提及校勘時使用了“李鍾元本”作爲參校本“合校數過”,李鍾元其人和所謂的“李鍾元本”《長生殿》未見其他著述提及和著録。作品版本的影印方面,《長生殿》有《古本戲曲叢刊》五集第四函所收的北京圖書館藏康熙稗畦草堂刊本,《續修四庫全書》第 1775 册所收的版本相同;《桃花扇》有《古本戲曲叢刊》五集第五函所收的“北京圖書館藏康熙三十年介安堂原刊本”,實則是康熙刊本的覆刻本,《續修四庫全書》第 1776 册所收的版本相同。另有江蘇廣陵古籍刻印社 1979 年據劉世珩暖紅室刻本校定重刻的《增圖校正〈桃花扇〉》,一函六册。作品的整理方面,《長生殿》有徐朔方先生的注本、蔡運長的“通俗注釋”本、竹村則行和康保成先生的“箋注”本等;《桃花扇》有賀湖散人的《詳注〈桃花扇〉傳奇》、王季思等

---

　　**[*]　作者簡介:**王亞楠,男,鄭州大學文學院(河南鄭州 450001),講師,文學博士,主要從事元明清文學研究。
　　**基金項目:**國家社科基金重大招標項目“《全清戲曲》整理編纂及文獻研究”(編號 11&ZD107);2018 年河南省哲學社會科學規劃項目“《桃花扇》批評史”(2018CWX033)。

先生注釋的《中國古典文學讀本叢書》本、劉葉秋注釋的《孔尚任詩和〈桃花扇〉》本等。

　　進入二十一世紀以來的近二十年間，學界對於兩部劇作的文獻資料的整理和研究在原有的基礎上有一些新的進展，取得了一些新的成果。這主要表現在兩個方面：作品版本的影印和整理出版、相關文獻資料的整理和研究。

# 一、作品版本的影印和整理出版

　　《長生殿》和《桃花扇》的清代刊本衆多，但版本源流比較簡單和清晰。《長生殿》刊本中的稗畦草堂本、《桃花扇》刊本中的康熙刊本的覆刻本和暖紅室刊本比較常見。進入新世紀以來，又有一些其他的稀見的版本得到了影印出版。北京大學圖書館藏有清彩繪本《桃花扇》，包括堅白道人所繪的 44 幅彩畫（每出一幅）和太瘦生鈔寫的每出的唱詞，彩畫和鈔寫的唱詞完成於不同時期。作家出版社 2009 年予以全部影印出版，同時附有劇作全文和中英文的故事梗概。原本和影印的詳情可參看沈乃文《清彩繪本〈桃花扇〉影印序言》（《版本目録學研究》，國家圖書館出版社 2009）。不過，彩繪本的價值主要在於藝術方面。

　　《桃花扇》有蘭雪堂本，初刻於光緒二十一年（乙未 1895），校改重刻於光緒三十三年（丁未 1907）。鳳凰出版社 2016 年對其初刻本予以影印出版，列入《古椿閣再造善本叢刊》，凡一函五册。鳳凰出版社出版的影印本前有《前言》，對蘭雪堂本做了一些介紹和評價，但其中存在一些錯誤，如《前言》中的以下兩段文字：

　　　　《桃花扇》最初的刊本是康熙戊子年即康熙四十七年介安堂所刻，孔尚任時年六十歲，但此本並非最善。此後有蘭雪堂本、西園本、泰州沈氏刻本、嘉慶刻本、暖紅室本、梁啓超校注本等，著名戲曲理論家吳梅先生認爲蘭雪堂本較佳，最接近原稿，他主要是從藝術創作角度研究蘭雪堂本桃花扇，一是論其寫史筆法；二是論其藝術構思；三是曲詞批評。而暖紅室本太過期於盡善，個別做了删改。在桃花扇所有的幾個本子之中，蘭雪堂本的校勘價值較大，業界認爲在版本校勘上蘭雪堂應排首位。蘭雪堂本天頭敞闊，刻有眉批。蘭雪堂本桃花扇的批語也很有特色，批語分眉批和總批兩種，其中眉批 779 條，比康熙原刻本多出 35 條，總批 69 條。這些批語對於桃花扇的主題構思、藝術手法以及人物形象方面有着獨到的分析。

　　　　光緒二十一年（1895）合肥李氏蘭雪堂主人李國松以原刻本參校嘉慶本刊刻桃花扇。李國松，字健父，安徽合肥人，光緒間舉人，博雅好古，藏書數萬卷。共五册，卷首一册，正文四卷四册。光緒三十三年（丁未年，1907），李氏將初刊本校改後又出了重刊本，在乙未原版上進行了修改。也就等同於第二次印。在《桃花扇考據》增加了少量其他内容。孔尚任在正文劇前列出考據，本是爲了標舉南明的主要史實和史料，並一一參照。而蘭雪堂本桃花扇中的考據，與解放後出版而目前通行的版本有較大不同，而且明顯優於通行本，有重要的校勘價值。[①]

---

①　《前言》，《蘭雪堂重校刊〈桃花扇〉》，南京：鳳凰出版社，2016 年。

第一處錯誤是没有進行詳細校勘，就貶低康熙間介安堂刊本的價值。實際情況是介安堂刊本是《桃花扇》現存刊本中最好的版本，最接近原本面貌，内容最完整，錯誤最少，具有最大的"校勘價值"。《前言》所謂的蘭雪堂本的眉批"比康熙原刻本多出35 條"當然也是不符合版本實際的。蘭雪堂本僅比介安堂刊本多出一條眉批，即第十九出《和戰》中的"當此時，解恨息争稍晚矣。何侯生不早計及之。"①此外，介安堂刊本第四出《偵戲》的下場詩中的"惟有美人稱妙計"句的眉批作"古今小人，多用美人計。"②而蘭雪堂本作"古今小人多會算計"③，明顯不如介安堂刊本的批語準確、恰切。

第二處錯誤是錯亂了《桃花扇》版本的源流演變。按照刊刻的時間先後，清代、民國間《桃花扇》的重要版本有介安堂刊本、康熙刊本、康熙刊本的覆刻本、西園本、嘉慶刊本、蘭雪堂本和暖紅室刊本。所謂的"梁啓超校注本"並不具有任何版本校勘價值。

第三處錯誤是高估了蘭雪堂本的價值，其實蘭雪堂本刻印的時間較晚，可供版本校勘的價值不大，而且存在比較多的脱漏。蘭雪堂初刻本即乙未刻本删去了《桃花扇·考據》中自"董閬石《蕁鄉贅筆》七條"至"王世德《崇禎遺録》"的文字，其後的"侯朝宗《壯悔堂集》十五篇"及各篇篇目也被删去。重刻本即丁未刻本恢復了所删《考據》中的文字，但第四出《偵戲》闕出批，第十九出《和戰》闕"副净持槍駡上"至"那個怕你"共二十字。《前言》却把蘭雪堂本的這一文字缺陷視爲它的優長之處。

中國藝術研究院藏有乾隆十五年(1750)沈文彩鈔本《長生殿》，原爲程硯秋藏書，一函二册，凡五十出，函套題"長生殿傳奇　清乾隆抄本"。此鈔本卷首附吉祥咒，卷尾附砌末，每出注明身段，應是當時的演出臺本，可供我們考察、研究《長生殿》在當時演出的情況，是極其珍貴的重要史料。文化藝術出版社 2012 年予以影印出版，題爲《乾隆沈文彩鈔本長生殿傳奇》。

近二十年來也有兩部劇作的多種整理本出版。《長生殿》主要有《吳人評點〈長生殿〉》(上海古籍出版社 2012)、"國學典藏"本(上海古籍出版社 2016)和翁敏華、陳勁松評注本(中華書局 2016)；《桃花扇》主要有徐振貴主編《孔尚任全集輯校注評》本(齊魯書社 2004)、《云亭山人批點〈桃花扇〉》(上海古籍出版社 2012 )、"國學典藏"本(上海古籍出版社 2016)、謝雍君、朱方遁評注本(中華書局 2016)和屠青校注本(中州古籍出版社 2018)等。

徐振貴主編的《孔尚任全集輯校注評》雖名爲"全集"，却存在較多本不該出現的遺漏，周洪才、朱則傑、張兵等學者已撰文指出。該書在文字、標點、注釋等方面也存在不少錯誤。第一册收孔尚任的兩部戲曲作品：《桃花扇》和《小忽雷》。書名既言"輯校"，却没有説明校勘所用的底本和校本，也没有校勘記。而且缺少刻本中的"題辭"、"砌末"和跋語。收録了刻本中的少量眉批和出批，却又將這些批語列入注釋中，也不便查閱。

謝雍君、朱方遁評注本在注釋中也收録了少量批語，同樣與注釋文字混雜，而且標作"暖紅室本眉批"，但其實這些批語在介安堂刊本中便已存在。

---

① 　《桃花扇》第十九出《和戰》眉批，蘭雪堂刊本，光緒二十一年(1895)刊。

② 　《桃花扇》第四出《偵戲》眉批，康熙介安堂刊本。

③ 　《桃花扇》第四出《偵戲》眉批，蘭雪堂刊本。

　　《云亭山人批點〈桃花扇〉》和"國學典藏"本《桃花扇》均爲李保民點校,兩書均在封面、書名頁和版權頁標明"云亭山人批點",前者更直接在書名中點出。但實際《桃花扇》刻本中的批語並非出自孔尚任之手。晚清學者李慈銘最早在其《越縵堂日記·荀學齋日記辛集下》光緒十二年丙戌(1886)十二月初三的日記中認爲《桃花扇》刻本中的大量批語爲孔尚任自作,後來得到了梁啓超、王季思、徐振貴、葉長海和吳新雷等學者的信從,但或簡單表示贊同,或不能提出確實的證據、論證存在漏洞。筆者已有專文對這一錯誤觀點進行駁正,現再略加申説。李慈銘一生的創作和研究雖涉獵較廣,但主要用力之處和成就在於史學方面,而又重在史學考證,如平步青在《掌山西道監察御史督理街道李君蓴客傳》中所説:"君自謂於經史子集以及稗官、梵夾、詩餘、傳奇,無不涉獵而無放之,而所致力者莫如史"①。李慈銘閱讀和評論小説、戲曲作品體現出兩個特點:第一,他保持着傳統、保守的思想觀念,同古代多數文人士大夫一樣貶低這類作品。偶有閲覽,也是爲了遣悶或寧神。如他在日記中曾言:"顧生平所不認自棄者有二:一則幼喜觀史","一則性不喜看小説。即一二膾炙古今者,觀之亦若格格不相入,故架無雜書"。② 此處所説的"小説",當不包括記述文史掌故的文言筆記小説。又如他稱戲曲作品爲"鄭聲艷曲"③。第二,對於歷史題材的或者歷史人物爲主角的小説、戲曲作品,可以發揮他的特長的,如《三國志演義》、"楊家將"故事小説、《龍圖公案》等,他的評價便較爲詳細、深入;而評價無本事、原型可考的作品,便顯得無所用力,或者轉述它書記載,並且不注明出處,或者信口雌黄、妄下斷語。轉述它書記載,而不注明出處的如《越縵堂日記》中所記:"夜閲《燕子箋》。大鋮柄用南都時,嘗衣素蟒服誓師江上,觀者以爲梨園變相。"④阮大鋮"衣素蟒服誓師江上"之事,吳偉業《鹿樵紀聞》、夏完淳《續倖存録》均有記述。信口雌黄、妄下斷語,從而産生錯誤。其中影響最大的錯誤觀點便是認爲《桃花扇》刻本中的批語爲孔尚任自作,長久貽誤後學。他平生還曾因性格缺陷與多人交惡,對他人評價多刻薄、主觀。如他曾評價章學誠:"而其短則讀書魯莽,糠秕古人,不能明是非,究正變,泛持一切高論,憑臆進退,矜己自封,好爲立異,駕空虛無實之言,動以道渺宗旨壓人,而不知已陷於學究雲霧之識。"⑤這一評價當然與章學誠的治學方法和成就嚴重不符,但移用來評價李慈銘自己評述小説(不包括文言小説)、戲曲的方法和結論倒是比較貼近實際情況的。李慈銘爲追求標新立異,没有任何根據地提出《桃花扇》刻本中的批語爲孔尚任自作,是違反古今學術規範的。而後來的一些學者,對於他在日記中隨手寫下的無端揣測的文字,"耳食其言,以爲高奇"⑥,不僅不加質疑,反而盲目信從,使這一錯誤較長期流傳,誤導了一些研究者和讀者。

　　屠青校注本《桃花扇》的"前言"中稱該書校勘以康熙刊本爲底本,以暖紅室本、蘭

①　平步青:《掌山西道監察御史督理街道李君蓴客傳》,《白華絳柎閣詩》附,光緒刻本。
②　李慈銘:《越縵堂日記》,揚州:廣陵書社,2004 年,第 376 頁。
③　李慈銘:《越縵堂日記》,第 6037 頁。
④　李慈銘:《越縵堂日記》,第 6037 頁。
⑤　由雲龍輯:《越縵堂讀書記》,北京:中華書局,2006 年,第 781 頁。
⑥　由雲龍輯:《越縵堂讀書記》,第 781—782 頁。

雪堂本、西園本爲參校本，"試圖整理出一個儘量可信的定本"①。但遺憾的是該書遠未實現這一預想的目標，實際存在不少錯誤。比如，第八出《鬧榭》中的"舟是拏龍弩"的"弩"，應作"拿（挐）"，因形近而誤；《〈桃花扇〉本末》的文末原署"雲亭山人漫述"，誤作"雲亭山人漫題"；田雯所作題辭的末尾原署"山薑子田雯題"，誤作"山薑子田雯題"；《〈桃花扇〉砌末》的文末原署"雲亭山人漫録"，該書遺漏；《〈桃花扇〉後序》的文末原署"北平吳穆鏡庵氏識"，誤作"北平吳穆鏡庵識"；黃元治所作跋語的篇末原署"桃源逸史黃元治跋"，誤作"桃源逸叟黃元治跋"；葉藩所作跋語的篇末原署"婁東葉藩跋"，誤作"婁東葉摇藩跋"。《〈桃花扇〉考據》中的錯誤最多：其一，"陳寶崖《曠園雜志》一條"中的"陳寶崖"應作"吳寶崖"；其二，"陳寶崖《曠園雜志》一條"下的細目"甲申三月順天府僞官李某葬崇禎帝"錯排爲兩種字體，"天府僞官李某葬崇禎帝"與其下的"余澹心《板橋雜記》十六條"接排，並脫漏"帝"字；其三，"張瑶星"誤作"張遥星"；其四，"侯朝宗《壯悔堂集》十五篇"、"冒辟疆《同人集》二篇"、"沈眉生《姑山草堂集》四篇"和"陳其年《湖海樓集》三篇"中的"篇"皆誤作"首"；其五，"侯朝宗《壯悔堂集》十五篇"下的各篇篇目的順序完全錯亂；其六，《〈桃花扇〉考據》的文末原署"云亭山人漫摭"，誤作"雲亭漫摭"。

## 二、相關文獻資料的整理和研究

文獻資料是學術研究的基礎，對文獻資料進行搜集、整理、考辨和闡釋是開展學術研究的基礎性工作和前提條件。文獻資料的新發現可以推動研究的新進展，而文獻資料的缺失則會制約研究的深入和提高。學術觀念的變革和研究方法的更新則可以幫助擴展文獻資料搜集的範圍、促進文獻資料整理、彙編的方法和形式的完善。戲曲的創作、演唱和研究在中國古代多受輕視和貶低，戲曲史料又更爲多樣而龐雜（包括文字、圖畫、音像和實物），由於思想文化觀念和記録、保存、流傳的技術條件的限制，中國古代對於戲曲文獻資料的搜集、整理一般範圍狹小、挖掘不深、流傳不廣、散佚嚴重。十九、二十世紀之交，隨着西方現代學術思想傳入我國并發生影響，在當時特殊的社會政治文化語境下，戲曲、小說等通俗文學受到空前重視和嚴肅對待，地位大大提升。現代學科意義上的戲曲研究興起後，爲開展研究之需，學者們也重視和開始較大規模地、不斷深入地挖掘、搜集、整理和匯輯戲曲文獻資料。民國時期，這項工作已經取得了一定的成果；新中國成立後，在新的歷史條件下，在劇碼調查、整理和論著整理、彙編等多個方面都取得了很大的成績；新時期特別是新世紀以來，國家、高校和科研機構更爲重視戲曲文獻資料搜集、整理工作，也有更多學者在這方面投入精力和心血，取得了更多、更好的成果，如《南戲大典》、《昆曲藝術大典》、《民國京昆史料叢書》、《京劇歷史文獻彙編》（清代卷）、《清代散見戲曲史料彙編》等。從搜集、整理、以供自用到專門輯録、服務學界；從戲曲、小說、曲藝混雜不分（如錢靜方《小說叢考》、蔣瑞藻《小說考證》）到專録戲曲史料，從注重專書到擴大到單篇（條）、實物和口述史料，

---

① 屠青校注：《西廂記·桃花扇》，鄭州：中州古籍出版社，2018年，第182頁。

百餘年中對於中國古代戲曲文獻資料的搜集範圍更廣泛,涉及的文獻類型更多樣,分類更細化、準確,整理方法更趨完善,也更便於利用。戲曲文獻學從興起、形成到不斷發展,逐漸走向成熟,成果層次不窮,而且始終與中國戲曲史學、戲曲研究、戲曲理論批評研究的發展相伴隨。

　　目前較爲全面、系統地搜集、整理和輯錄有關單部戲曲作品的文獻資料的資料彙編主要集中在幾部古代的名劇。有路工、傅惜華編《〈十五貫〉戲曲資料彙編》(作家出版社 1957)、霍松林編《西廂彙編》(山東文藝出版社 1987)、徐扶明編著《〈牡丹亭〉研究資料考釋》(上海古籍出版社 1987)、侯百朋編《〈琵琶記〉資料彙編》(書目文獻出版社 1989)、伏滌修、伏濛濛輯校《〈西廂記〉資料彙編》(黃山書社 2012)、周錫山編著《〈西廂記〉注釋匯評》(上海人民出版社 2014)、周錫山編著《〈牡丹亭〉注釋匯評》(上海人民出版社 2017)等。這些資料彙編可以分爲三種不同的類型。《〈十五貫〉戲曲資料彙編》(作家出版社 1957)和霍松林編《西廂彙編》側重於整理、收錄同題材文藝作品,包括本事作品和改訂作品。《〈牡丹亭〉研究資料考釋》《〈琵琶記〉資料彙編》和《〈西廂記〉資料彙編》側重於按照史料的內容性質的不同分類整理、輯錄有關各劇的文獻材料。《〈西廂記〉注釋匯評》和《〈牡丹亭〉注釋匯評》輯錄了一些有關兩部劇作的古代批評文字,而主體是注釋和現代研究論文。而對於代表着昆曲傳奇最後輝煌的《長生殿》和《桃花扇》,至今却沒有學人專門搜集、輯錄和出版有關這兩部劇作的文獻資料。

　　近二十年來,對於《長生殿》和《桃花扇》相關文獻資料的整理和研究及其成果據其性質和類型可以分爲如下兩類。

　　第一類是對於《長生殿》和《桃花扇》相關文獻資料的搜羅、整理和研究。在劉世珩編輯、刊印暖紅室《匯刻傳劇》後很長一段時間內,學者們主要在有關兩劇的論著中提及少量常見、易得的文獻資料,而且基本集中在批評研究方面。隨着二十世紀八十年代初西方接受美學思想和論著被譯介入我國,並產生影響,研究者擴大視野,開始關注和研究兩劇的流傳、接受和影響情況,相關的文獻資料也得到挖掘、搜集和利用。如朱錦華的博士論文《〈長生殿〉演出史研究》(上海戲劇學院 2007)和陳仕國的《〈桃花扇〉接受史研究》(中國戲劇出版社 2016),但前者所搜集、利用的史料僅限於演唱和接受,後者在引用史料時存在大量的諸如錯別字、斷句、標點等本可避免的低級錯誤。《〈桃花扇〉接受史研究》對於某些文獻資料的作者的判斷和論述也存在嚴重錯誤。如第一章第三節"民國時期《桃花扇》刊本""一、案頭本"所列的第一種初版於1924 年 6 月、上海會文堂新記書局發行的《詳注〈桃花扇〉》的版權頁明確標明"詳注者"爲賀湖散人,其人並非陳仕國所認爲的盧前,自然初版本卷首署名"壬戌孟夏賀湖散人"的序也非盧前所作。此外,《詳注〈桃花扇〉》中收錄的眉批皆采自《桃花扇》的清刻本,並非如陳仕國所說的"皆不同於清代刊刻本"[1]。又如王小恒、單永軍等對於《桃花扇》詠劇詩的初步搜集和分析。此外就是多篇研究《長生殿》《桃花扇》的傳播、接受的碩士學位論文。

---

① 陳仕國:《〈桃花扇〉接受史研究》,北京:中國戲劇出版社,2016 年,第 51 頁。

　　《長生殿》和《桃花扇》在國外也有比較廣泛的傳播、接受和影響。李福清、王麗娜等曾對國外《長生殿》和《桃花扇》的翻譯情況和研究論著做過零星、簡單的介紹。而這兩部劇作產生影響主要還是在日本、朝鮮半島等國家和地區,日本學者在對這兩部劇作的譯注、研究方面有比較多而突出的成果。日本著名學者青木正兒在其《中國近世戲曲史》中稱《長生殿》和《桃花扇》"並爲清代戲曲雙璧,爲藝苑定論"①,這也代表了近現代中日戲曲研究者的一致看法。戲曲作品的跨文化、跨語際傳播、接受是戲曲接受史研究的一項重要内容。而自江户時代中國的戲曲劇本輸入日本,戲曲作爲兼具文學性、音樂性和舞臺性的綜合藝術便是中日文化交流的重要領域,戲曲研究也是近現代中日學術研究現代轉型和成果積纍的重要體現。被目爲經典名劇的《長生殿》和《桃花扇》在日本的接受和研究,是中日文化交流、學術影響的一個具體而典型的案例,具有多重的價值、意義。日本學者對《長生殿》和《桃花扇》的接受、研究前後之間有影響和承傳,借此可窺見日本近現代戲曲研究進展的一些綫索;中日的評論、研究之間也存在借鑒和互滲,共同推動了《長生殿》和《桃花扇》的現代研究。對於國外有關兩劇的資料的整理、評介有全婉澄《日本明治時期〈桃花扇〉題詠詩輯考》(《戲曲與俗文學研究》第六輯,2018 年 12 月),對明治時期(1868—1912)多位詩人的有關詩歌進行了初步的搜集、介紹;程芸《孔尚任〈桃花扇〉東傳朝鮮王朝考述》(《戲曲研究》第102 輯,2017 年 7 月)鈎稽朝鮮王朝《燕行録》和文人文集中的相關資料,並做了簡要考述。

　　另有一項特殊的資料,即梁啓超批注《桃花扇》的文字。梁啓超爲《桃花扇》作批註,所據的底本爲刻本,主要形式是"頂批和注解"②。這些批註後來被移録於一種現代的話劇劇本體裁的《桃花扇》版本之上,排印於劇作正文每出的末尾,在 1936 年被收入中華書局出版的《飲冰室合集》,列爲專集第九十五種,收於第二十和二十一册中。所以中華書局版《桃花扇注》的劇作正文中也存在個别文字錯誤。在卷首另有一篇《著者略歷及其他著作》,主要評價了孔尚任的另一部劇作《小忽雷》。梁啓超在批註中援引了較大量的詩文别集、筆記、雜著和史書對於劇作人物的原型和情節本事進行了考察和介紹,有較大的參考價值。梁啓超的《桃花扇注》有鳳凰出版社 2011 年出版的整理排印本,將注文排於正文相關文字之後,便於閱讀。但正文和注文中都存在大量的錯别字和標點符號的低級錯誤。卷首的《著者略歷及其他著作》中便有以下多處文字錯誤:"感皇恩"誤作"戚皇恩","純任自然"誤作"絢任自然","誤作"誤作"饌作",《芝龕記》"誤作《芝鑫記》"。

　　第二類是有關資料的目録的編制,爲進一步的整理、研究提供了綫索。如朱錦華的博士論文《〈長生殿〉演出史研究》的正文後的六項附録,分别簡要羅列、介紹了《長生殿》的版本、研究論著、同題材劇本及演出、折子戲、唱片和録影帶等資料的情況,有很大的參考價值。

---

①　[日]青木正兒原著:《中國近世戲曲史》,王古魯譯著、蔡毅校訂,北京:中華書局,2010 年,第 283 頁。

②　熊佛西:《記梁任公先生二三事》,夏曉虹編《追憶梁啓超》,北京:中國廣播電視出版社,1993 年,第353 頁。

# 三、對《長生殿》《桃花扇》文獻整理、研究的反思

如上所述，當前對《長生殿》和《桃花扇》的各類文獻資料缺乏全面、系統地挖掘、搜集和整理，而這嚴重制約了批評、研究的拓展、深入和提高。如蔣星煜先生曾發表兩篇文章《〈桃花扇〉在清代流傳的軌跡》和《〈桃花扇〉桃花扇從未被表演藝術所漠視——二百多年來〈桃花扇〉演出盛況述略》，搜集了一些史料，論證該劇"並未絕跡於清代舞臺"，而是經常上演。但文中所用作論據的詩文還不夠豐富和充分，而且沒有梳理出清代《桃花扇》舞臺演唱的發展軌跡和特點。後有顏健發表數篇文章探討這一問題，但是將《桃花扇》的舞臺演唱和案頭閱讀、影響合併考察，所涉及的詩文史料雖有有所豐富和擴展，但論述不充分，也沒有揭示《桃花扇》的演唱由全本戲向折子戲演化的趨勢和原因。而且兩人的文章中存在相同的史實錯誤，即認爲和相信《桃花扇》曾在清宮内上演，康熙皇帝曾親自觀看、稱賞，並興發感歎。但其實至今沒有直接、可靠和確鑿的文獻資料可以作爲證據證明這一點。這一記載是從吳梅開始的。吳梅在《顧曲麈談》説："相傳聖祖最喜此曲，内廷宴集，非此不奏，自《長生殿》進御後，此曲稍衰矣。聖祖每至《設朝》《選優》諸折，輒皺眉頓足曰：'弘光弘光，雖欲不亡，其可得乎？'往往爲之罷酒也。"①《長生殿》《桃花扇》兩劇確曾進入内廷，並得御覽。孔尚任自己在《本末》中就有自述："己卯秋夕，内侍索《桃花扇》本甚急。予之繕本莫知流傳何所，乃於張平州中丞家覓得一本，午夜進之直邸，遂入内府。"②但吳梅顛倒了前後的時間順序。《長生殿》完成於康熙二十七年（1688）。王應奎《柳南隨筆》卷六記載："《長生殿》傳奇初成，授内聚班演之。聖祖覽之稱善，賜優人白金二十兩，且向諸親王稱之。"③如果所記屬實，則康熙帝觀看《長生殿》當在康熙二十七、二十八年間。而《桃花扇》的完成在康熙三十八年（1699），已在十年之後。吳梅既稱"相傳"，又自認這一描述屬於"軼事"，而且不見《顧曲麈談》前其他現存的文獻資料和著述的記載，所以儘管不清楚這一描述的來源，但可以確定它只是傳言，未曾真實發生過。但自從吳梅將其寫入《顧曲麈譚》，這一傳言便在一定範圍內傳播，並爲一些論者接受和相信，在他們的論述中重述或提及。首先便是吳梅的弟子盧前的《明清戲曲史》《中國戲劇概論》，其他還有梁乙真《中國文學史話》、許之衡《戲曲史》講義等。蔣星煜先生還在《〈桃花扇〉桃花扇從未被表演藝術所漠視——二百多年來〈桃花扇〉演出盛況述略》一文中認爲孔尚任在《本末》中所説的"遂入内府"的"内府"指的是"清代掌管宫廷演劇事務的機構，其地址位於今北京市南長街南口。這一結構隸屬於内務府，但内務府設於西華門内，在北面，故此處又被稱爲南府。"④但其實孔尚任所説的"内府"是泛指宫廷或内廷。

---

①　吳梅：《顧曲麈談》，《顧曲麈談·中國戲曲概論》，上海：上海古籍出版社，2000 年，第 118 頁。

②　孔尚任：《本末》，王季思等注《桃花扇》，北京：人民文學出版社，1959 年，第 7 頁。

③　王應奎：《柳南隨筆續筆》，北京：中華書局，1983 年，第 123 頁。

④　蔣星煜：《〈桃花扇〉從未被表演藝術所漠視——二百多年來《桃花扇》演出盛況述略》，《藝術百家》，2001 年第 1 期，第 53 頁。

又如鄧小軍在其《董小宛入清宮與順治出家考》(華東師範大學出版社，2018)下部第九章中結合一些詩作，用一章的篇幅考察、論證洪升創作《長生殿》是以唐明皇、楊貴妃的帝妃愛情故事隱喻董小宛入清宮和順治出家。而其實早在 1931 年梁品如便在其《〈長生殿〉本事發微》(初刊於《津逮》1931 年第 1 期)中依據相同、相似甚至更多的史料做出了同樣的推斷。梁品如的《〈長生殿〉本事發微》初稿撰於 1931 年 4 月，刊載於《津逮》1931 年第 1 期，1931 年 6 月發行；又刊載於《工業年刊》1931 年第 1 期，1931 年 7 月發行；後"重訂"於 1940 年元月，刊載於《經世季刊》第 1 卷第 1 期，1940 年 6 月發行。"重訂"本與初稿本個別字詞稍有差異，"重訂"本篇尾附有署名"一山"即蕭一山的"附記"文字，對文章的内容和觀點做了平允、精當的評價。

因此，很有必要從清代、民國間中國和域外《長生殿》和《桃花扇》的版本、別集、總集、選集、戲曲、小説、曲譜、曲選、筆記、雜著、日記、信劄、方志、檔案和報刊等中深入挖掘、廣泛搜集有關這兩部劇作的成書、刊印、流傳、演唱、接受、批評、研究、影響等的第一手的大量文獻資料，精當選擇，審慎取捨，考辨真僞，精心校勘，妥當分類，有序排列，最後集成爲一部搜羅豐富、内容準確、分類明確、條理清晰、方便利用的資料彙編。集中豐富、系統的資料，使研究者省去許多翻檢之勞，爲研究提供綫索，有利於開拓研究視野，不僅能爲《長生殿》《桃花扇》文獻資料研究提供比較豐富的材料，也可以幫助推動劇作文本研究、批評史研究更加深入發展和不斷提高。

# 王樹枬《校正孔氏大戴禮記補注》的文獻價值[*]

韓世穎

**摘　要:**晚清學者王樹枬長于治經,其經學代表著作《校正孔氏大戴禮記補注》運用對校、本校、他校、理校及多重校勘法相結合的方式對孔廣森《大戴禮記補注》進行校正,集中體現了王氏敢於質疑、勇於創新、兼收並蓄的治學思想,對《大戴禮記》研究有一定價值。

**關鍵詞:**王樹枬;校正孔氏大戴禮記補注;文獻

王樹枬[①](1851—1936),字晉卿,晚號陶廬,河北新城人。光緒十二年(1886)進士,官至新疆布政使。傳記見《桐城文學淵源撰述考》《陶廬老人隨年録》(以下簡稱《隨年録》)。《續修四庫全書總目提要(稿本)》中評價王氏:"經術精湛,兼長史學,善爲詩文,著述甚多。"[②]尚秉和于《故新疆布政使王公行狀》稱:"公秉承家學,復得學古堂山長黃編修彭年爲師,爲文華贍藻麗,詩出入于韓昌黎、李長吉二家,而博識强記,凡經書滯義,古籍錯訛,訓詁考訂,精賅允當,突出前人。一時名宿睹所著,皆願訂交。"[③]可見王樹枬經史詩文皆有所長,且著述宏厚,在當時影響較大。筆者經檢,目前學界對王氏的研究集中在其史學方面,對佔據其著作較大比例的經學卻關注甚微,有必要填補這些不足。《校正孔氏大戴禮記補注》(以下簡稱《校正》)爲王樹枬經學代表作,對研究《大戴禮記》具有重要價值。本文即擬以此書爲切入點,以期管窺王樹枬治經路徑和治學思想,彌補既往研究之闕。

## 一、清代禮學和《校正》

清代是古代學術的總結期,"隨着對儒家原典的日漸重視和逐步、逐部的整理,清代學術又轉向禮學的復興,並轉向學術的整體繁榮:一方面對禮的義理和制度的研究日漸深入;另一方面隨着考鏡源流的發展,由宋溯唐,由唐溯魏晋,由魏晋而漢,由漢而先秦諸子……《大戴禮記》這樣一個從文本上看與《禮記》頗多淵源,從編撰者來看同受學于後蒼,從內容上看亦多可采的禮學著作,受到普遍關注……也是水到渠成"[④]。在這樣的環境之下,《大戴禮記》在清代得到長足的研究,校勘、考訂、訓解者

* **作者簡介:**韓世穎,女,安徽大學文學院(安徽合肥 230039),在讀研究生,主要從事清代文學研究。

① 亦有王樹楠、王樹柟、王樹枎,本文據《陶廬老人隨年録》《陶廬叢刻》作王樹枬,引用段落仍依原文用字。
② 中國科學院圖書館整理:《續修四庫全書總目提要(稿本)》第 22 册,濟南:齊魯書社,1996 年,第 674 頁。
③ (清)王樹枬撰:《陶廬老人隨年録》,北京:中華書局,2007 年,第 97 頁。
④ 孫顯軍著:《〈大戴禮記〉詮釋史考論》,北京:社會科學文獻出版社,2011 年,第 13 頁。

衆多，其中孔廣森的《大戴禮記補注》尤受學術界重視："近儒治三禮學者，……後有淩廷堪、胡培翬、以廷堪《禮經釋例》爲最精，任大椿（作《釋繒》、《弁服釋例》）、阮元（作《車制考》）、孔廣森（作《大戴禮記補注》），咸從戴震問《禮》。"①"十三經除《禮記》《穀梁》外，餘皆有新疏一種或數種，而《大戴禮記》則有孔廣森《補注》、王聘珍《解詁》焉。此諸新疏者，類皆擷取一代經説之菁華，加以別擇結撰，殆可謂集大成。"②"《大戴禮》舊惟北周盧辯一注，疏略殊甚，且文字譌脱亦不少。乾嘉間戴東原、盧抱經從事校勘，其書始稍稍可讀。阮芸臺欲重注之，未成，而孔巽軒（廣森）著《大戴禮記補注》，汪少山（照）著《大戴禮記補注》，二君蓋不相謀，而其書各有短長，汪似尤勝也。"③劉師培和梁啓超總結清代禮學時繞不開孔廣森的《大戴禮記補注》（以下簡稱《補注》），《補注》上承盧文弨、戴震的研究成果，對《大戴禮記》進行系統梳理，奠定研究基礎，下啓後人對《大戴禮記》的研究，王樹枏的《校正》就是在孔廣森已有的學術成果上完成的。"王樹枏《校正孔氏大戴禮記補注》，收集各家之説，對《孔》書進一步考補，資料最爲詳備。"④《校正》援引衆家之説以校正孔氏之説，可謂是一部集大成著作。《隨年録》交代："季春余回志局，余素喜考訂之學，局中若崔芋堂乃鼐、蔣侑石曰豫、袁爽秋昶、方子瑾恮、丁聽彝紹基，皆方聞博雅之士，朝夕過從，質疑問難，獲益良多。"⑤可知王氏喜愛考訂，與衆多學者交流有所感悟得以成書，此爲《校正》成書。

《校正》兩册十三卷，初版爲清光緒九年（1883）陶廬叢刻本，此版湖南省圖書館有藏。《隨年録》記載《校正》成書于光緒四年（1878），《校正》跋中明該書于癸未年（1883）刊刻出版。"今王君文泉有《大戴禮記補注》之刻……各爲卷帙，附于其後"⑥，王文泉《畿輔叢書》收有此書，《續修四庫全書》收有此版影印本，列于經部第 108 册。1939 年商務印書館《叢書集成初編》收有此書，1985 年中華書局根據商務印書館本重印⑦。2004 年三秦出版社，黃懷信主撰的《大戴禮記匯校集注》援引了王氏的校正。2008 年中華書局，方向東《大戴禮記匯校集解》收録有王氏《校正》的内容。2013 年中華書局出版孔廣森的《補注》後附有王氏的《校正》，由王豐先點校。可見王樹枏《補注》價值頗高，有一定的流傳度和影響力，對後世研究大戴禮記有重要的作用。

---

①　劉師培：《近儒之〈禮〉學》，選自羅志田導讀，徐亮工編校《中國近三百年學術史論》，上海：上海古籍出版社，2006 年，第 217—218 頁。

②　梁啓超著，朱維錚導讀：《清代學術概論》，上海：上海古籍出版社，1998 年，第 50 頁。

③　梁啓超著：《中國近三百年學術史》，長沙：岳麓書社，2009 年，第 202 頁。

④　方向東：《大戴禮記匯校集解·上》，北京：中華書局，2008 年，第 10 頁。

⑤　《陶廬老人隨年録》，第 23 頁。

⑥　（清）孔廣森撰：《大戴禮記補注：附校正孔氏大戴禮記補注》，北京：中華書局，2013 年，第 489 頁。

⑦　王豐先於《大戴禮記補注》校點説明中提到《校正》版本流傳："是書最早於光緒九年刊刻出版，並收入《陶廬叢刻》中。後又收入《畿輔叢書》，由定州王灝謙德堂於一九一三年刊刻出版。一九三九年，商務印書館據《畿輔叢書》本排印，收入《叢書集成初編》，而一九八五年，中華書局又據商務印書館本重印。"

# 二、校勘方法

　　"雖名《校正孔氏大戴禮記補注》,實乃對《大戴禮記》舊本進行全面校勘,而且間能有所發明。"①《補注》不僅對孔氏之説進行校正,更對歷來《大戴禮記》的研究梳理考訂,校勘内容詳實,校勘方法嚴謹。王樹枏常用的校勘方法爲本校法、他校法、對校法、理校法。

## (一) 對校法

　　"對校法,即以同書之祖本或别本對讀,遇不同之處,則注於其旁。劉向《别録》所謂'一人持本,一人讀書,若怨家相對者',即此法也。"②對校法是《補注》中使用的基本校勘方法,運用的版本有蔡文範本、盧本、戴本、汪本等。

　　　　千步而井(《王言第三十九》)。

　　　　戴校云:"井九百晦,其方三百步,積九萬步。此云'千步'非也。'千步'二字當是'方里'之訛。"汪本用戴説,改作"方里而井"。案:《家語》亦作"千步而井",蓋其誤久矣。③

　　對校法通過不同版本的互證以正訛誤,戴本認爲'千步'是'方里'之訛,改"千步而井"爲"方里而井",汪本採用此種説法,王氏遵之,並改《家語》之誤。

## (二) 本校法

　　"本校法者,以本書前後互證,而抉摘其異同,則知其中之謬誤。"④程千帆、徐有富在陳垣的基礎上提出"據文義校勘"⑤的本校方法,即通過疏通著作的上下文文意進行校勘。

　　　　任善不敢臣三德(《曾子本孝第五十》)。

　　　　此句與上下文不貫,應有誤。尋文義,"任"字涉上注而衍,"善"字在上句"食"字上,或校書者以"惡"字注于"善"字之旁,後人因以"惡"字入正文,而移"善"字于下,此文遂顛倒錯亂而不可讀矣。"不敢臣三德",當在"君子之教也"下。古多以君子指君言。"以正致諫"上,當有"卿大夫之孝也"六字,誤入注中,而又衍一"諫"字,删"之孝也"三字。蓋自"君子之孝也"以下,皆由上遞及,不應至末始言天子之孝。以文義觀之,當是如此。存是説以諗知者。⑥

　　王氏察上下文不連貫懷疑有誤,通過"細觀一段中前後文義,以意逆志,發現出今

　　① 黄懷信主撰:《大戴禮記匯校集注》,西安:三秦出版社,2005 年,第 54 頁。
　　② 陳垣:《校勘學釋例》卷六,臺北:學生書局,1971 年,第 144 頁。
　　③ 《大戴禮記補注:附校正孔氏大戴禮記補注》,第 261 頁。
　　④ 《校勘學釋例》卷六,第 145 頁。
　　⑤ 程千帆,徐有富著:《校讎廣義·校勘編》,濟南:齊魯書社,第 400 頁。
　　⑥ 《大戴禮記補注:附校正孔氏大戴禮記補注》,第 358 頁。

本訛誤之點。"①考"任"字衍，"善"字錯亂，並且通過文義梳理混亂文句，有理可依。

### (三) 他校法

"他校法者，以他書校本書。凡其書有采自前人者，可以前人之書校之，有爲後人所引用者，可以後人之書校之，其史料有爲同時之書所並載者，可以同時之書校之。"②凡書采前人或被後人所引用可用作他書校本書。

> 立不蹕《保傅第四十八》。
> 各本無"立不"二字。《戴氏文集》云："'蹕'上脱'立不'二字。"聚珍本增，汪本同。今案：蹕，宜作"踔"，據段氏校《烈女傳》改正。③

對于"蹕"字，王樹枏依段氏校正的《烈女傳》改爲"踔"字。

### (四) 理校法

除了上述三種方法，理校法亦是王樹枏常用方法。"所謂理校法也，遇無古本可據，或數本互異，而無所適從之時，則須用此法。此法須通識爲之，否則鹵莽滅裂，以不誤爲誤，而糾紛愈甚矣。故最高妙者此法，最危險者亦此法。"④

> 過于樂也（《保傅第四十八》）。
> 孔蓋據《通解》改盧本仍作"湛以樂"，戴本作"湛以樂也"。今案：以當爲"亦"，湛爲"媅"之借字。《説文》："媅，樂也。"此文應作"湛"，亦樂也。⑤

此處王氏運用古文字知識校勘，王氏認爲湛爲"媅"之借字，根據《説文》"媅"爲"樂"之意，故改"過于樂也"爲"湛亦樂也"，文義亦相通。

### (五) 各種校勘方法結合

運用多種方法多層論證是校勘有力的重要保障，王氏採用各種校法相結合，使得校勘更加嚴密、嚴謹。

> 1. 惟士與大夫之言之聞也（《王言第三十九》）。
> 各本"聞"作"閑"，汪校云："閑，馬作'問'。"今案：聞，讀爲"問"。聞、問古字通。《論語・公冶長》篇"聞一以知十"，《釋文》："聞，本或做'問'。"《檀弓》"問喪于夫子乎"，《釋文》："問，本亦做'聞'。"《荀子・堯問》篇"不聞即物少至"，楊注曰："聞，或爲'問'。"皆其證。言今之君子，惟士與大夫之言之問，無問及于王言者。此正引起問王言之意。⑥

---

① 《中國近三百年學術史》，第 239 頁。
② 《校勘學釋例》卷六，第 146—147 頁。
③ 《大戴禮記補注：附校正孔氏大戴禮記補注》，第 334 頁。
④ 《校勘學釋例》卷六，第 148 頁。
⑤ 《大戴禮記補注：附校正孔氏大戴禮記補注》，第 327 頁。
⑥ 《大戴禮記補注：附校正孔氏大戴禮記補注》，第 259 頁。

此句經文，王氏先運用古文字知識校勘，認爲“聞”與“問”古字通，“聞”讀爲“問”，其次列舉《論語·公冶長》《釋文》《檀弓》《荀子·堯問》，楊注的“問”與“聞”的釋義佐證，再通過上下文義，考“問王”的文義，將理校法、他校法和本校法相結合，論而多證，環環相扣。

2. 而志不邑邑（哀公問五義第四十）。

《荀子》作“心不知色色”，“色”爲“邑”字之誤。楊倞注：“色色，謂以己色觀彼之色，知其奸惡也。”大謬，宜據《大戴》改“邑邑”。戴云：“邑、悒古通用。《曾子立事》篇云：‘終身守此悒悒’。”俞樾云：“‘而志不邑邑’，本作‘志不而邑邑’，與上句‘口不能道善言’一律，而即能也。淺人不知妄改，則與上句不倫矣。今案：此“而”字與下句“而託其身焉，以爲己憂”句法蓋同，皆承上之辭。蓋“口不能道善言，而志不邑邑”與“不能選賢人善士而托其身焉，以爲己憂”爲對文，俞以“口不能道善言”與“而志不邑邑”爲對文，非是。①

王氏認爲《荀子》中的“色色”是“邑”字之誤，楊倞所注謬誤，應該根據《大戴》改成“邑邑”。對于俞樾“‘而志不邑邑’本作‘志不而邑邑’”，從句法和對文兩方面進行反駁，王氏將他校與本校結合起，辨俞之非。

# 三、學術思想

## （一）批判《補注》之失的懷疑精神

王樹枏在跋中指出孔氏缺點：“往往拘守古本，穿鑿附會，以成其失。”具體指出兩點不足，一是“曲爲之説，不肯依他書更正”。二是對于“顯然脱誤者，孔皆以仍舊文，未加釐訂，故王懷祖先生以‘守殘之癖’譏之”。“補漏訂譌，以引伸孔氏之所未備。”②明其成書緣由是爲了對孔廣森《補注》詳加勘定，查漏補缺，訂正訛誤。孔氏之書在清代是學術大著，王樹枏向此書發起挑戰，見其不盲信權威的批判精神。王氏對孔氏的校正內容爲正非和補缺。

1. 得夫子之閑也難（《王言第三十九》）。

戴校云：“閑，古莧切。朱本、沈本訛作‘聞’，下同。”案：閑，讀如《孟子》“連得間矣”之“間”，戴校是。孔謂閑暇也，非。《家語》作“閑”。③

王氏認爲孔氏謂“閑暇”不正確，採用《孟子》“閑”讀如“間”，戴本所校正確。

2. 及其明德也。（《王言第三十九》）

某氏云：“‘服’字，古文作𦩋，學者不識，改作‘及’字。孔氏曰：‘明德之所及也。’夫明德所及，不得言及其明德，可知其非矣。僖二十四年《左轉》‘子臧之

---

① 《大戴禮記補注：附校正孔氏大戴禮記補注》，第 265 頁。
② 《大戴禮記補注：附校正孔氏大戴禮記補注》，第 489 頁。
③ 《大戴禮記補注：附校正孔氏大戴禮記補注》，第 259 頁。

服不稱也夫’,《釋文》‘服’作‘及’,蓋亦由古本是‘𠬝’字,故誤爲‘及’也。”今案:及,與也。“及其明德”,與其明德也,不必破字。①

對于該句中的“及”字,孔廣森根據古人不識“𠬝”字改成“及”字,王氏則認爲“及”是“與”之義,不需要根據“服”之破字進行解讀,爲該句的經文釋解提供了另一個角度。

孔氏未注解篇名《曾子天圜第五十八》《衛將軍文子第六十》《子張問入官第六十五》,王氏注解,補上空缺。對于經文中孔氏未注也盡力補上,《曾子立孝第五十一》“況以所不能”“莊敬而安之”“聽從而不怠”“盡力無禮”“致敬而不忠”“夙興夜寐”幾句沒有注解,王氏皆注解。② 王樹枏不僅對孔氏進行校訂,對于其他諸本也並不盲信,進行釐清訂正。如:“雖有博地衆民。”(《王言第三十九》),王樹枏校正“沈本‘地’訛作‘施’。”③“敬以入其忠。”(《曾子立孝第五十一》)王樹枏校正:“朱彬曰:‘‘入’,當作‘全’。’非是。”④此注解駁朱彬解“入”爲“全”。

### (二) 運用《家語》和日本書籍進行校對的創新精神

與王樹枏批判精神對應的是他的創新精神,王氏批判孔廣森的因循守舊,原因在于王氏自身力圖創新。王國維認爲清代學術經三變,以國初、乾嘉、道咸三個節點劃分:“國初之學大,乾嘉之學精,道咸以降之學新。”⑤道咸之後學術以新求變,晚清內憂外患的時局促進了憂患思變的思想。“憂患意識是變易觀念的前提和基礎。在晚清‘內憂外患’的局面下,王樹枏産生一種變革意識是必然的,在思想上要求變革,要求改變社會原來的現狀,在當時具有一種革新進步精神。”⑥時代思想促進了其學術思想的形成。《孔子家語》在清代普遍被認爲是僞書,梁啓超言:“《孔子家語》及《孔叢子》。乾隆中葉問題完全解決,公認爲王肅僞撰。”⑦孔廣森《補注》亦不取《家語》。

> 孔子曰:“吾欲以顔色取人,于滅明邪改之;吾欲以語言取人,于予邪改之;吾欲以容貌取人,于師邪改之。”(《五帝德第六十二》)

【補】《弟子傳》曰:“澹臺滅明狀貌甚惡,欲事孔子,孔子以爲材薄。既已受業,退而修行,孔子聞之曰:‘吾以言取人,失之宰予;以貌取人,失之子羽。’”言以言貌取人,或失之賢,或失之否,詞同而旨異。王肅《家語》輒反之曰:“子羽有君子之容而行不勝其貌。”望文構造,毀誣賢哲,可嗤憫也。⑧

此段經文,《家語》與《弟子傳》解釋有所出入,孔氏批判《家語》,見其對《家語》不取態度。王樹枏亦云:“孔氏作注,不取《家語》,惡其僞也。而王肅所據《大戴》乃是魏

---

① 《大戴禮記補注:附校正孔氏大戴禮記補注》,第262頁。
② 《大戴禮記補注:附校正孔氏大戴禮記補注》,第359—360頁。
③ 《大戴禮記補注:附校正孔氏大戴禮記補注》,第259頁。
④ 《大戴禮記補注:附校正孔氏大戴禮記補注》,第360頁。
⑤ 王國維:《王國維遺書·第四册》,上海:上海古籍書店,1983年,第25—26頁。
⑥ 劉芹著:《王樹枏史學研究》,天津:天津人民出版社,2012年,第265頁。
⑦ 《中國近三百年學術史》,第271頁。
⑧ 《大戴禮記補注:附校正孔氏大戴禮記補注》,第136頁。

以前本，其中異文，多可取證，故並出之，以質世之讀是書者。"①王氏不議《家語》是否
爲僞書，因王肅《家語》根據的《大戴》版本更爲古遠，有一定可信度，便取之而用。對
于學界普遍認爲的僞書，王氏大膽採用。《王言第三十九》列經文 32 條，提到《家語》
24 次，《哀公問于孔子第四十一》列經文 31 條，提到《家語》21 次。校正經文時也多採
《家語》之言："養之無擾于時，愛之勿寬于刑（《子張問入官第六十五》）。王樹枏：《家
語》'勿'作'無'。'無'字是，與上下文一律。"②"其信可復（《王言第三十九》），王樹枏
校正：《家語》作'其言可復'，'言'字是，據改。"③

　　　　祍席之上還師（《王言第三十九》）。
　　　　王念孫云："'還師'上當有'乎'字，與上'乎'字相對。不言'還師乎祍席之
　　上'，而言'祍席之上乎還師'者，變文以避複耳。下文云'此之謂祍席之上乎還
　　師'，則此文原有'乎'字明矣。揚雄《博士箴》云：'大舜南面無爲，而祍席乎還師，
　　階級之間，三苗以懷。'師與懷爲韻，'祍席乎還師'，即用《大戴》之文。"案：《家語》
　　作"則必還師祍席之上"，上句作"則必折衝千里之外"，點竄此文，專以儷偶爲工，
　　足徵漢以後人僞造無疑。④

　　《家語》中"則必還師祍席之上"與"則必折衝千里之外"工以駢儷，王氏認爲此句
爲漢代之後僞造。雖然多引《家語》，但是王氏對于《家語》並不盲從，有所辨別。
　　"鴉片戰爭發生後，他們主張抵抗侵略，反對妥協集團，並要求了解西方國家情
況，學習外人'長技'，改進防禦力量。龔自珍、林則徐、魏源和早就開始談論實際問題
著有《安吴四種》的包世臣是這時期的代表人物。"⑤晚清時期，內憂外患，一部分知識
分子尋求救國之路，主張經世致用，開眼看世界。龔自珍、林則徐、魏源開此局面，後
繼學者不絶。李肖聃先生在《湘學略》中言及"國人承風，爭習外事"，以王先謙、王樹
枏、黃遵憲、傅雲龍作品爲典範。"王先謙爲《五洲地志》《泰西通鑒》《日本源流考》，王
樹枏爲《希臘春秋》《歐洲列國紀事本末》，黃遵憲爲《日本國志》，傅雲龍爲《日本圖經
考》。"李肖聃先生對上述學者的作品價值予以肯定："此其有功於外事也。"⑥除了李
肖聃先生提及的兩部作品，王樹枏另有三部西洋史作品：《彼得興俄記》《歐洲族類源
流略》《希臘學案》⑦。王樹枏的西學視野不僅體現在他的西洋史專著中，在言及時政
的文章中，他將中國與西方比較，如論及學蔽："然比不獨中國然也，亦非余一人之固
見也，今試舉英國通儒之言，英國教育者證之……"中國和西方國家面臨相似的教育
弊端，王樹枏以西方國家爲鏡，吸取經驗教訓："斯賓塞爾譏其國之教育，重才不重德

---

　　①　《大戴禮記補注：附校正孔氏大戴禮記補注》，第 255 頁。
　　②　《大戴禮記補注：附校正孔氏大戴禮記補注》，第 420 頁。
　　③　《大戴禮記補注：附校正孔氏大戴禮記補注》，第 262 頁。
　　④　《大戴禮記補注：附校正孔氏大戴禮記補注》，第 260 頁。
　　⑤　翦伯贊主編：《中國史綱要（下冊）》，北京：人民出版社，1995 年，第 483 頁。
　　⑥　錢基博、李肖聃著：《近百年湖南學風·湘學略》，長沙：岳麓書社，1985 年，第 161 頁。
　　⑦　學界對王樹枏西洋史著作有一定研究成果，如劉芹《王樹枏史學研究》的第二章《歐洲史著編纂》，新疆
大學陳偉楠碩士論文《王樹枏著西洋史五種研究》。

之失，如此，今乃取其國之所謂失者而學之。"①王樹枏學習西方的目的是"保種""保教""保國"②，並付諸行動，落實到實踐中。王樹枏在新疆爲官時期，學習西方貨幣思想，提出幣制改革方案③，對新疆的發展起到推動作用，"君既通知外事，而受知大府，欲有所爲，宜獻其所有，統關内外而一視之，興務作業，疆弱富貧，不必仰給於他行省，邊備已隱然可恃，遠人不敢生心，而朝廷無西顧憂，斯乃不負所學。"④

　　王樹枏多交外國好友，其中以日本人爲主。王氏在詩文中記録他和日本友人的往來，如《送日本上原英東之伊犁序》⑤《日本慕勝君林出賢次郎來遊隴上，將有新疆之行，席中賦贈》⑥《林出慕勝從余遊三年，將東歸，賦詩贈別二首》《席中贈慕勝》⑦。1926年，王樹枏赴日本開文化會，以詩記録在日本的行跡，如《駿河即今静岡》《過静岡濱名湖是日大霧》《相模即神奈川縣》《奈良》《京都即山城國》《乘高綫鐵路電車登比睿山至絶頂》《東京二首》等。王樹枏對日本進行實地考察："吾觀其國，實業盛興，學堂林立。都中只十字街口設一巡兵，仿周禮秋官野廬氏之職，以備車馬聲互叙行之事，余則不見一巡兵。風俗嚴整，凡遊玩之處，高下皆有鐵路。皇室簡樸，不及中國一富室。西京風尚尤古樸，時大修孔廟，建立漢文大學。"⑧王樹枏睹日本經濟、文化的興盛，思及本國不禁痛心感慨："從來禦外侮，發憤責爲雄。"（《東遊日本》）⑨

　　桐城派名家賀濤稱讚王氏："而於外國載籍，搜討尤勤，嘗欲取彼制度器物，提挈綱領，推類以求，包括萬有……"⑩王樹枏著五種西洋史，廣羅外國資料。《歐洲族類源流略》引述23種外國歷史地理書籍⑪，《希臘春秋》中的人名地號"以日本岡本監輔譯文爲定本，而附注其不同者以爲備閲者考訂"。⑫王樹枏採用資料，視野廣博，在治西洋史之前，他已經採用日本書籍注解《校正》。《曾子立事第四十九》篇目注解中，王樹枏曰："日本國《群書治要》並引此篇目作《修身》，與今本異。"《曾子立事第四十九》列經文110條，提到《群書治要》22次，《曾子立孝第五十一》經文18條，提到《群書治要》9次。經文注解採用《群書治要》，如："見惡思垢（《曾子立事第四十九》），王樹枏校正：《群書治要》'惡'作'難'。"⑬"身勿爲能也（《曾子立事第四十九》），王樹枏校正：

　　①　（清）王樹枏：《學弊篇》，選自《陶廬外篇》，宣統二年陶廬叢刻本。

　　②　"乙未之秋，余在南皮張香濤尚書幕中，有浙人某。欲盡廢中國之書，及中國之字，謂爲無用，不若盡從西人，悲夫，存吾種者教也，存吾教者國也，故保種必先保教，保教必先保國。"（清）王樹枏：《歐洲族類源流略》卷一，光緒壬寅年陶廬叢刻本。

　　③　見張新革：《試論王樹枏的貨幣思想及造幣活動》，《新疆大學學報》（哲學社會科學版），1995年第23卷第1期。

　　④　（清）賀濤著，祝伊湄、馮永均點校：《賀濤文集》，上海：華東師範大學出版社，2011年，第138頁。

　　⑤　見（清）王樹枏：《陶廬文集》卷三，民國四年陶廬叢刻本，安徽省圖書館有藏。

　　⑥　見（清）王樹枏：《陶廬詩續集》卷二，民國六年陶廬叢刻本，安徽省圖書館有藏。

　　⑦　見《陶廬詩續集》卷四。

　　⑧　《陶廬老人隨年録》，第84頁。

　　⑨　《野言集》，《陶廬詩續集》卷十二。

　　⑩　《賀濤文集》，第138頁。

　　⑪　見喬治忠、劉芹：《史家王樹枏及其〈歐洲族類源流略〉》，《史學月刊》，2007年第8期，第6頁。

　　⑫　（清）王樹枏：《希臘春秋》序，光緒年間陶廬叢刻本。

　　⑬　《大戴禮記補注：附校正孔氏大戴禮記補注》，第345頁。

《群書治要》'能'上有'可'字,與下文一律。阮本從之,今據增。"①王氏所提《群書治要》有阮元本校勘所引,亦有自己所徵引的,都表達了他對《群書治要》材料價值的認同,除《群書治要》外,王樹柟另引柏木探古唐寫本《玉篇》用以追溯唐以前《大戴禮記》版本。

　　　　玄校。《夏小正第四十七》
　　　　日本柏木探古唐寫本《玉篇》零卷内《糸部》"絞"下引《大戴禮·夏小正》"校"作"絞",據此則唐以前本作"絞",後人傳寫誤作"校"耳。孔讀"校"爲"絞",謂《禮》有"絞衣";《野王》于"絞"下亦引《儀禮》以證之,孔注頗與暗合。②

### (三) 不立門户,博采衆家,兼收並蓄

"三禮都是鄭康成作的注。在康成畢生著述中,也可説是以這三部注爲最。所以'三禮學'和'鄭學',幾成爲不可分的名詞。"③梁啓超認爲禮學和鄭玄密不可分,鄭玄在禮學研究中具有重要地位。孔廣森《補注》序中言《家語》:"《家語》者,先儒馬昭之徒以爲王肅增加。肅横詆鄭君,自爲聖證論,其説不見經據,皆借證于《家語》。大氏抄撮二《記》,採集諸子,而古文奥解悉潤色之,使易通俗讀。唯《問郊》、《五帝》之等傳記所無者,斯與肅説若和符券,其爲依托,不言已明。《公冠》篇述孝昭《冠辭》,云陛下者,謂昭帝也;文武者,謂漢文帝、武帝也,而肅竊其文,遂並列爲成王《冠頌》,是尚不能尋章摘句,舉此一隅,謬陋彌顯。況以《禮》是鄭學,無取妄滋異端,故于《家語》殊文别讀,獨置而弗論也。"④孔氏不取《家語》很大一部分原因是因爲王肅與鄭玄之説相悖,以《禮》是鄭康成之學,爲免生異端,擱置《家語》而不論。"孔廣森《大戴禮記補注》尊漢儀鄭,援據精深"⑤"儀鄭依然有利于堅守家法師承,尊漢儀鄭由此成爲孔廣森治經的一大特色。這在《大戴禮記補注》中突出地表現爲:其一,凡《大戴禮記》與《禮記》文有重叠,因而有鄭注可依的,必先援引鄭注,《哀公問于孔子》引'鄭君曰'14 條,《朝事》引'鄭君曰'9 條,《投壺》引'鄭君曰'15 條。其二,凡鄭玄其他注疏可以參證的,《補注》或直接援引'鄭君曰'以爲注,或以'鄭君曰'作爲重要依據。"⑥尊漢儀鄭是孔廣森《補注》的一大特點,如:"忤其衆以伐有道,求得當欲不以其所,古之用民者由前,今之用民者由後。今之君子莫爲禮也(《哀公問于孔子第四十一》)。"孔廣森補注:"鄭君曰:'當,猶稱也。所,猶道也。由前,用上所言;由後,用下所言。'《小戴記》'忤'作'午','古'作'昔'。"⑦王樹柟是黄彭年弟子,在《清儒學案》中被歸入陶樓學案中,《清儒學案》中對陶樓學案的治學評價是"陶樓爲學根本盛大,無門户之見。入建讜言,出

　　①　《大戴禮記補注:附校正孔氏大戴禮記補注》,第 354 頁。
　　②　《大戴禮記補注:附校正孔氏大戴禮記補注》,第 303 頁。
　　③　《中國近三百年學術史》,第 200 頁。
　　④　《大戴禮記補注:附校正孔氏大戴禮記補注》,第 15 頁。
　　⑤　《〈大戴禮記〉詮釋史考論》,第 254 頁。
　　⑥　《〈大戴禮記〉詮釋史考論》,第 267 頁。
　　⑦　《大戴禮記補注:附校正孔氏大戴禮記補注》,第 27 頁。

宣善政,皆折中經術,體用兼賅。"①"這樣以黃彭年爲中心形成了晚清時期折衷經術,無門户之見,體用兼備,宣導實學的陶樓學派。"②王樹枏的《校正》,博采衆家之長,没有明顯的傾嚮。王氏博采衆家,言之有理者則被録入,"復與廣稽群籍,參互諸家"③。正如馬其昶在《陶廬文集》序中評價王氏經學:"其釋群經諸子,實事求是,一本之故訓。"④王氏《校正》引名家有張爾岐、顧炎武、朱軾、段玉裁、郝懿行、汪中、孫志祖、錢大昕、劉台拱、梁玉繩、汪喜孫、陳觀樓、朱筠、朱駿聲、桂馥、黃叔琳、戴震、錢大昕、王念孫、王引之、阮元、俞樾等;引著作有《史記》《論語》《家語》《釋文》《荀子》等;引用版本有蔡盧本、戴本、汪本、《群書治要》《藝文類聚》《北堂書鈔》《太平御覽》《白孔六帖》《玉海》《漢書》《魏書》等。⑤

## 四、小結

　　王樹枏《校正》因其校正全面,治學嚴謹受時人稱讚,張之洞:"貴門人王晋卿大著數種均收到。公暇流覽,誠不愧北方學者。大戴禮校補極詳審,某亦有十數條,擬補入書中,以備一解。其所擬送窮文,别闢蹊經,詞亦雅而有趣。"⑥王氏也通過《校正》校勘别書之脱誤,爲其他書籍的校勘提供方向,如:"與之爲政,何如者取之(《王言第三十九》)?《家語》作'與之爲治,敢問如何取之'。荀子作'與之治國,敢問如何之邪'。據《大戴》與《家語》,則《荀子》'之邪'上脱'取'字。"⑦"今夫端衣玄裳(《王言第三十九》)。此'今夫'二字,正應上'今夫'。哀公以'今夫'問之,孔子即以'今夫'答之,文義甚明。《荀子》、《家語》俱脱'今'字,宜據《大戴》增。"⑧上例兩條經文,王氏通過《大戴》校《荀子》《家語》之脱。"從考據學的整個歷史發展來看,清代考據學是在繼承前人研究成果的基礎上發展起來的,考據學者的每一項成果,都借鑒吸收了大量前人的觀點和材料,是不斷積累的結果。"⑨王樹枏承前人研究菁華,成《校正》一書,亦啓後人之學,方向東《大戴禮記匯校集解》採王氏之説,如"何以謂之居(《夏小正第四十七》),王樹枏:'何以謂之居',與下文'何以謂之雷',篇題下'何以謂之《小正》'句法正同。向東案:此説是。"⑩在《大戴禮記》的彙編匯校中,《校正》佔有一定的地位,具有較高的文獻價值,對于研究《大戴禮記》有重要的作用。

---

①　徐世昌編纂:《清儒學案》第 9 册,北京:人民出版社,2010 年,第 4816 頁。

②　《王樹枏史學研究》,第 58 頁。

③　《大戴禮記補注:附校正孔氏大戴禮記補注》,第 489 頁。

④　(清)馬其昶:《陶廬文集序》,《陶廬文集》。

⑤　參見王豐先《大戴禮記補注》校點説明,《大戴禮記補注:附校正孔氏大戴禮記補注》,第 8 頁。

⑥　(清)張之洞:《致黃子壽》,趙德馨主編《張之洞全集》第 12 册,武漢:武漢出版社,2008 年,第 11 頁。

⑦　《大戴禮記補注:附校正孔氏大戴禮記補注》,第 263 頁。

⑧　《大戴禮記補注:附校正孔氏大戴禮記補注》,第 264 頁。

⑨　郭康松著:《清代考據學研究》,武漢:崇文書局,2001 年,第 215 頁。

⑩　《大戴禮記匯校集解》上,第 147 頁。

# 別集彙注本整理的優秀成果<sup>*</sup>

## ——評《五百家注韓昌黎集》

## 毛孟啓

**摘　要:**宋代對韓愈文集的整理與研究有"五百家注韓"的説法,來源於南宋書商魏仲舉編纂的《五百家注韓昌黎集》。該書徵引極爲宏富,堪稱唐宋時期韓學研究的集大成之作。如此有價值的彙注本韓集長期以來却没有現代整理本,如今由整理者郝潤華、王東峰填補了空白。該整理本的主要特色有:一、嚴選底本,廣徵校本,最大程度吸收前人整理與研究成果。二、發凡起例,貫穿如一,整理體例精當。三、態度謹嚴,校讎精審,力圖恢復文獻原貌。四、寓研究於整理,學術眼光獨到。《五百家注韓昌黎集》整理本不僅爲讀者提供可靠的韓愈文本,也爲韓學乃至整個中古文史研究提供堅實的文獻基礎。

**關鍵詞:**五百家注韓昌黎集;彙注;古籍整理

在中國,韓愈歷來是家喻户晓的偉大人物,蘇軾稱讚其爲"文起八代之衰,道濟天下之溺"(蘇軾《潮州韓文公廟碑》)。現代史家陳寅恪更推崇爲"唐代文化學術史上承先啓後轉舊爲新關捩點之人物也"。而韓愈所獲之盛名不僅因其個人之氣魄與才學,也"由其平生獎掖後進,開啓來學,爲其他諸古文運動家所不爲,或偶爲之而不甚專意者,故'韓門'遂因此而建立,韓學亦更緣此而流傳也"。① 對韓愈作品的釋讀與評析,從其當世便成爲一種風氣,以至傳及後代。中國古代對文獻的注釋,本爲經史類作品的專屬,降及中古時代集部文獻也提升了待遇,獲得了注解的權利,如《昭明文選》等。及至宋代對名家文集的整理和注解之風極熾,尤其是被高度經典化的杜甫和韓愈,更有"千家注杜"和"五百家注韓"的説法。而"五百家注韓"便來自南宋時期福建建陽書商魏仲舉編纂出版的《新刊五百家注音辯昌黎先生文集》。該書稱得上是一部展現唐宋時期韓學研究盛況的集大成之作。據原書卷首《韓集所收評論詁訓音釋諸儒名氏》加之集注、補注、廣注、釋音等的説法,魏仲舉彙集了自唐代至南宋的三百七十八家韓集整理與評論成果②,並利用剛行世不久的方崧卿《韓集舉正》、朱熹《韓文考異》等的

---

\* **作者簡介:**毛孟啓,男,西北大學文學院(陝西西安 710127),古典文獻學博士生,主要從事古代文學文獻、現代中國學術史研究。

① 陳寅恪:《論韓愈》,《金明館叢稿初編》,北京:三聯書店,2001 年,第 332 頁。

② 《四庫總目提要》統計爲三百六十八家,誤。

校勘成果①,以及魏氏本人的相關補注等而成②。雖實際不足五百家,但取其大數,也是古人慣常做法,況且魏氏徵引豐富,尚有不少注家與文獻未曾列名。這些注釋或表明主旨、或交代寫作背景、或訓讀字詞、或詮釋典故、或評析文本,徵引宏富,具有極強的學術性,不止是韓學文獻之淵藪,也對後代學者欲了解唐宋時期,特別是北宋及南宋前中期的文學思想、學術風氣、文化品藻等提供了寶貴依據。如陳寅恪《韓愈與唐代小説》中利用《五百家注》的《答張籍書》下樊氏注材料説明韓愈對小説之一貫嗜好,並進而談時代的文學思想等。又如魏本注保留了唐宋時期,主要是兩宋對韓愈研究"衆聲喧嘩"的狀態,例爲《答李翊書》下樊汝霖對王安石批評韓愈"可憐無補費精神"的反駁等③。故藏書家傅增湘語:"讀韓集者,若求集注,當以魏仲舉本爲優。"④《五百家注》所徵引的不少文獻典籍後世業已亡佚,如趙德《文録》、孫汝聽《韓集全解》、洪興祖《韓文辨證》、樊汝霖《譜注韓文》等,賴魏本而得以流傳,如《四庫提要》云"原書世多失傳,猶賴此以獲見一二",可供學者輯佚。魏注本所徵引的文本與後世文本有所差異者,可供校勘等。

　　具有如此重要學術價值的集注本韓集,長期以來卻没有整理本,實與此集注本的價值大不相稱。中華書局"中國古典文學基本叢書"本《五百家注韓昌黎集》(以下簡稱《五百家注》)的出版填補了這一空白。此書整理者爲知名學者郝潤華及其弟子王東峰(以下簡稱"整理者")。整理者沉潛韓愈研究多年,積澱深厚,成果豐碩,其整理過程是立足於扎實細緻的文獻研究,又廣泛汲取前輩學人的相關有益成果,堪稱研究型古籍整理的新典範。整理者突破前人對商人出身的魏仲舉輕視的舊眼光,深入文獻内部,精心考辨,嚴謹校勘,實事求是,高度肯定了魏本的價值,但也没有因研究對象而過度拔高,公允地指出編者魏仲舉的得失。《五百家注》的整理填補了古籍整理領域的空白,也將會對唐代文史研究提供很大的便利,實是嘉惠學林之舉。

　　下面試從《五百家注》的底本校本、整理體例、校勘、整理者的學術眼光等方面加以述論。

**一、嚴選底本,廣徵校本,最大程度吸收前人整理與研究成果**

　　語言學家王力有言道讀書"首先應讀書的序例,序文和凡例"(王力《談談怎樣讀書》),意謂序例對理解全書有提綱挈領之功用,對古籍整理類著作來説,"序例"往往指整理前言和凡例。《五百家注》的整理前言、凡例對編者、書目著録情況、版本、集注特點、文獻價值、體例等方面進行了詳盡而又有啓發的論述,本身就稱得上是一篇觀點精到、内容豐富、邏輯清晰的論文。筆者對整理者的學術思想與方法的理解也很大程度上是從前言、凡例而來的。

---

① 參看王東峰:《〈五百家注昌黎文集〉與〈韓集舉正〉〈韓文考異〉的關係》,《中國典籍與文化》,2010 年第 3 期。

② 參看(唐)韓愈撰,(宋)魏仲舉集注,郝潤華、王東峰整理:《五百家注韓昌黎集·前言》,北京:中華書局,2019 年,第 3 頁。

③ 參看《五百家注韓昌黎集》,第 879 頁。以下所引版本同。

④ 傅增湘:《藏園群書題記》,上海:上海古籍出版社,1989 年,第 605 頁。

　　前言、凡例説明整理者以"中華再造善本"影印的南京圖書館藏宋版《五百家注》爲底本,以文淵閣四庫全書本、臺北"中央圖書館"藏日本舊活字本、日本國立公文書館藏五山刻本等爲校本,參校以祝本、文讜本、王伯大本、世綵堂本等,嚴選底本,廣徵校本,比勘異同,擇善而從。細覽全編可知整理過程中也參考廣涉經史、别集、總集、詩文評、石刻、舊抄刻、書畫題跋等部類的數十種古籍文獻。並對現代學人的整理與研究成果也做了最大程度地吸取和利用,以收"後出轉精"之效果,如對馬其昶《韓昌黎文集校注》、錢仲聯《韓昌黎詩繫年集釋》、屈守元、常思春《韓愈全集校注》、曾抗美校點《昌黎先生集考異》、羅聯添《韓愈古文校注彙集》、閻琦《韓昌黎文集注釋》、劉真倫《韓愈集宋元傳本研究》、劉真倫與岳珍整理《韓愈文集彙校箋注》、郝潤華與丁俊麗整理《韓昌黎詩集編年箋注》等學人成果的借鑒。整理者開闊的學術視野,全面佔有及利用材料的做法,堪稱傅斯年所謂的"上窮碧落下黄泉,動手動脚找東西"。

**二、發凡起例,貫穿如一,整理體例精當**

　　整理者有豐富的古籍整理與研究經驗,意識到整理的目的在便於讀者閱讀和以資研究者利用。全書順序按前言、凡例、正文、附録幾大部分組成。整理大體依照南圖宋版次序原貌,只做了少數調整,將底本卷首位置的《韓集所收評論詁訓音釋諸儒》,移到附録部分,便於讀者直接閱讀文本。同時將一些重要序跋與原附録的有關韓愈史傳、年表等並列,並增補若干篇章如清人丁丙《善本書室藏書志》、王榮《五百家注昌黎文集跋》等,以便進一步有興趣讀者及研究者利用。將原書中處於正文之下的雙行小字集校集注,統一移至每篇詩文之後,既便利閱讀,也讓文本形態更加整飭。對正文及各家集注的校勘,均以頁邊注的形式出現,並以區分於集注的方式排列等。這些安排處處體現出整理者的學術眼光與苦心孤詣,足爲後來者所法式。

**三、態度謹嚴,校讎精審,力圖恢復文獻原貌**

　　《五百家注》徵引豐贍,保存韓學文獻之功甚著,是歷代學者所公認的。但其校勘之不精,也多爲學林所批評。如對《五百家注》有較高評價的楊國安認爲"在校勘方面,魏本集注做得是比較差的"①。本書整理者對南圖藏宋本也承認"手民之誤實亦不少,刊刻也較隨意"等②。因此校勘工作也成爲整理中最重要,也最艱巨的任務。《五百家注》篇帙甚多,但整理者詳加校讎,參比同異,錙銖不遺。

　　整理者在充分吸收前人的校勘成果基礎上,以對校爲主,靈活運用本校、他校,謹慎使用理校,慎重案斷,多聞闕疑。大凡校勘以對校爲主,最爲便利穩妥,同書異本,比勘即可,此不多談。而本校與他校之法則頗不易,考驗整理者對所整理文獻的熟悉及相關文獻的敏感程度,而這都需要沉潛古籍整理與研究多年而積累的深厚功力。試舉數例以説明:

---

　　① 　楊國安:《〈五百家注音辨昌黎先生集〉在宋代韓學中的地位與價值》,《河南大學學報》,2006 年第 5 期,第 56 頁。

　　② 　(唐)韓愈撰,(宋)魏仲舉集注,郝潤華、王東峰整理:《五百家注韓昌黎集·前言》,第 20 頁。

　　　　[集注]退之之文有石本者……西京北邙權德輿碑。
　　　　整理者校記：西京，疑當作“東京”。按韓愈《唐故相權公墓碑》，德輿卒葬洛
陽北山。此不當作“西京”。①

　　筆者按：整理者此處運用本校，以韓愈集中其他石刻文章來糾正集注之失。

　　　　[祝曰]《史記》：“中衍人面鳥嚼。”
　　　　整理者校記：衍，原作“行”，據《史記·趙世家》改。②
　　　　[祝曰]鬣，《説文》：髮鬣。《禮記》：夏氏，黃馬蕃鬣。
　　　　整理者校記：此句，《禮記·明堂位》作“夏后氏駱馬黑鬣，殷人白馬黑首，周
人黃馬蕃鬣”。③

　　筆者按：古人引書常不嚴謹，需整理者細緻耐心加之對經典之熟稔，方可校出。
第一條，“人面鳥嚼”者，當爲秦之先祖，伯益之長子中衍，《史記·秦本紀》載其“鳥身
人言”、《趙世家》作“人面鳥嚼”。第二條，注家祝充大概憑記憶引述而出現錯誤，
誤將
“夏后氏”與“周人”的馬特徵相匹配。整理者皆覈對原文獻據以改正。

　　　　[孫曰]刺史董勤辟充爲從事，轉治中，自免還家。
　　　　整理者校記：辟，原作“辭”，據《後漢書》卷四九《王充傳》改。④
　　　　[韓曰]王莽居攝二年九月，方進子東郡太守義舉兵誅莽，十二月，兵敗死。
　　　　整理者校記：二，原作“元”。據《漢書·王莽傳》，知翟義舉兵之事在居攝二
年九月，故據改。⑤

　　筆者按：此兩條大抵爲整理者在校讀中憑其深厚的史學功底發現叙述邏輯之問
題，復查文獻，發現爲形近而誤，足見整理者對史事之熟悉與校讎之細緻。活用他校
之法，追溯文獻源頭，考其是非。

　　又如，下面爲謹慎使用理校之例：

　　　　[韓曰]鑿齒字彥威，襄陽人……今獲江南，獲士纔一人。
　　　　整理者校記：江，當作“漢”，按《晋書·習鑿齒傳》作“漢”，漢南即漢水。⑥

　　筆者按：整理者據《晋書·習鑿齒傳》所載，校“江”當作“漢”。但魏晋時期江、漢常
有混用，故保持宋注原貌，出校勘記説明，也可見整理者案斷慎重，多聞闕疑的態度。

　　以上略舉數例，可見整理者校讎之精密，基本一一覆覈引用及相關文獻，哪怕注
解中一個看似不起眼的字詞，經過查檢都可能出現訛誤。整理者踏實勤勉，謹嚴細緻
的治學態度足爲當今學人之楷則。

　　有關本書的校勘，值得一提的還有整理者在韓集校理過程中大量使用石刻文獻，

---

① 《五百家注韓昌黎集》，第 789 頁。
② 《五百家注韓昌黎集》，第 53 頁。
③ 《五百家注韓昌黎集》，第 710 頁。
④ 《五百家注韓昌黎集》，第 733 頁。
⑤ 《五百家注韓昌黎集》，第 1351 頁。
⑥ 《五百家注韓昌黎集》，第 1545 頁。

有助於恢復韓愈作品的原貌。宋代金石學興盛,以金石文獻證經補史成爲新的學術風氣,代表學者有歐陽修、吕大臨、趙明誠等。其中歐陽修堪稱以石刻文獻校韓集的先驅,他在《集古録·唐田弘正家廟碑跋尾》明其觀點:"自天聖以來,古學漸盛,學者多讀韓文,而患集本訛舛。惟余家本屢更校正,時人共傳,號爲善本。及後集録古文,得韓文之刻石者如《羅池神》《黄陵廟碑》之類,以校集本,舛繆猶多,若《田弘正碑》則又尤甚。蓋由諸本不同,往往妄加改易。以碑校集,印本與刻石多同,當以爲正。乃知文字之傳,久而轉失其真者多矣。則校讎之際,決於取捨,不可不慎也。"其後趙明誠《金石録》等也續有校正。但因石刻文獻之不易得等原因,後來注家對歐陽修等的校勘多没有真正吸收,直到南宋方崧卿編撰《韓集舉正》才加以重視,並繼續搜集石本文獻校訂,又經朱熹辨證而作《韓文考異》等,相關梳理可參看陳新璋《宋代的韓愈研究》(《華南師範大學學報》,1997 年第 2 期)。而據整理者研究,《五百家注》大量吸收了方本、朱本的校勘。細讀魏本集注,運用石刻者更是不勝枚舉,主要集中在碑志記等體裁。因此整理者的校勘除廣泛收集舊刻本,也利用各種石刻文獻。

### 四、寓研究於整理,學術眼光獨到

古籍整理類著作與專門的研究論著在目的、體例等方面有很大不同,表達自己學術觀點的方式也遠不及專著全面而系統。但《五百家注》的整理者本身即是韓愈文集整理與研究領域的專家,學力淵深,舉其十年來有關韓愈研究的犖犖大端者,即有郝潤華《韓昌黎詩集編年箋注》(2012)①、《〈五百家注音辯昌黎先生文集〉的特點與價值》(與王東峰合撰,2018)、王東峰碩士論文《〈五百家注音辨昌黎先生文集〉研究》(2007)、《〈五百家注昌黎文集〉與〈韓集舉正〉〈韓文考異〉的關係》(2010)、《〈五百家注昌黎文集〉的文獻學價值及其在韓集流傳中的影響》(2010)、《〈詳注昌黎文集〉與〈五百家注昌黎文集〉的關係》(2012)等。其整理是建立在一系列扎實研究基礎上進行的,故比勘考辨,能深入文本内部,常常體現出整理者的功底與眼光,發前人所未發。

以下略舉數例説明。

(1) 整理者在《前言》提到魏仲舉集注三百七十八家成果外,也吸納方崧卿《韓集舉正》與朱熹《韓文考異》的校勘成果。這個觀點不是承繼前人之説,而是來自于整理者王東峰的研究。王氏考察《舉正》《考異》的成書時間,二者皆在魏本之前,又將《五百家注》與《舉正》《考異》相關文本校讀,得出二十條有説服力之證據,堪稱定讞②。

(2) 整理者没有囿於前人之成見,在承認魏本不足之時,也對其學術貢獻加以肯定:魏氏不僅是有編輯之功,而且也有躬身實踐的成績,如"補注"部分。有關"補注"的作者,前人没有定論,楊國安的觀點有一定代表性,"《補注》下注亦頗講究,解釋詞語、尋求語源、疏通文意、揭示背景,頗能補諸家注之不足。但究竟是誰的手筆,則書中之綫索頗爲雜亂,極費考慮。王伯大編《朱文公校昌黎先生集》時,曾説其所據之本'此本有集注,有補注',但已不詳作者;清代王元啓的《讀韓記疑》僅據魏本前附著者

---

①　中華書局"中國古典文學基本叢書"本,與其弟子丁俊麗博士合作。

②　參看王東峰:《〈五百家注昌黎文集〉與〈韓集舉正〉〈韓文考異〉的關係》,《中國典籍與文化》,2010 年,第 3 期。

推定其必不出西山蔡元定之手，究竟何人所爲，尚待進一步的考證。"①但如同謝思煒道"注書是細讀原著的最好方式"，不妨將此語稍微擴大"整理古籍也是細讀原著的最好方式"。整理者通過細緻梳理發現，認爲"補注"中至少有一部分是魏仲舉所作。"補注"中有"魏懷忠注"之類語，據清人丁丙《善本書藏書志》，"仲舉名懷忠，殆麻沙坊肆之領袖也"。可知魏仲舉是以字行，原名魏懷忠，是福建建陽麻沙一帶刻書行業的代表人物，"補注"中之一部分即自注。如第三卷《忽忽》"安得長翮大翼如雲生我身"。魏懷忠注："北齊邢子才《遊仙詩》：'安得金仙術，兩腋生羽翼。'郭璞《遊仙詩》：'仰思舉雲翼，延首矯玉掌。'"徵引文獻廣及四部，體現出魏仲舉較高之學養。整理者肯定魏氏補注，也一定程度上是爲其分辨數百年之謗。

（3）整理者稱賞《五百家注》附錄了與韓愈酬唱贈答之作，認爲不僅保留了文學生成的完整語境，有利於後代讀者一定程度還原當時的文學現場，也對研究者考察韓愈作品的寫作背景、理解文本意旨、交遊及作品繫年有很大助益。如卷五《月蝕詩效玉川子作》，前附盧仝《月蝕詩》，同卷有孟郊與韓愈的唱答詩《汴州別韓愈詩》《答孟郊》；卷十《賀張十八秘書得裴司空馬》，後附張籍《謝裴司空寄馬詩》、裴度《答張籍詩》及卷十四張籍與韓愈的贈答書等。"回到現場"是近些年人文學術研究的重要話題，整理者標舉此觀念，包含較强的問題意識，也體現了自身的學術眼光。

本書校勘精審，編輯排版極其用心，然古人有言：校書如掃落葉，隨掃隨有。此書皇皇四大卷，一千八百餘頁，仍難免有所粗心疏漏。實爲白圭之玷，敬期修訂重印。如：

《目録》第 25 頁，皇甫湜撰"墓志銘"中"志"當作"誌"。

《前言》第 8 頁、第 29 頁、《凡例》第 1 頁，"中央圖書館"應加專名綫。

《前言》第 11 頁，"泥潦不少幹"中"幹"當作"乾"。

《前言》第 12 頁，"附會前史"與"顛倒事實"之間當用頓號。③當放於句號之前。

《前言》第 13 頁，①當放於句號之前。

《前言》第 16 頁，"夜光之壁"中"壁"當作"璧"，《史記·鄒陽傳》《漢書·鄒陽傳》皆作"夜光之璧"。

《前言》第 25 頁，"兩《唐書·韓愈傳》"與"墓志"之間當用頓號。

第 319 頁，"光艷萬丈長"中"艷"當作"焰"，韓愈及相關別集、選本皆作"焰"。

第 733 頁，校記②"避"當作"辟"，用作"徵辟"之義。

第 1403 頁，［洪曰］中"洪"，四庫本等作"韓"，似當出校記。

要言之，《五百家注韓昌黎集》立足堅實的研究基礎，廣納前人成果，體例得當，校讎精密，眼光獨到。作爲研究型古籍整理之作，不僅爲廣大讀者提供嚴謹可靠的韓愈文本，也爲學界進一步探究韓學、以至推進整個中古文史研究發展奠定堅實的文獻基礎。其在觀念和方法上所帶來的典範性也將影響之後的古代文史整理及研究著作。

---

　　① 　楊國安：《〈五百家注音辨昌黎先生集〉在宋代韓學中的地位與價值》，《河南大學學報》，2006 年，第 5 期，第 59 頁。

# 詞籍文獻整理的新開拓
## ——評《全清詞·嘉道卷》

### 張三夕　余　迅

繼《全清詞·順康卷》《雍乾卷》之後，《全清詞·嘉道卷》最近也出版了。這不僅是清詞研究中的一件大事，而且是整個詞體文學，乃至整個中國文學史研究的一件大事。

在以往對清詞的認識中，一直有兩頭大，中間小的說法，意思是清代的順治和光宣年間的詞學較爲繁榮，體大量多。這一結論的獲得，大多是根據晚清民國年間詞學文獻的整理和研究，當時看來，不無道理，但清詞文獻量大面廣，受到各種條件的限制，人們很難充分佔有材料，因此，相關看法，還要根據詞集文獻整理的實際情況，不斷有所調整。

8 年前出版的《全清詞·雍乾卷》16 冊，共收錄清代雍正、乾隆兩朝詞人近千家，作品近四萬首，凡 611 萬字，當時已經超出一般人對這一時期詞體文學創作規模的認知，現在出版的《全清詞·嘉道卷》在數量上則達到了 30 冊，近 1300 萬字，收錄詞人近 2000 家，作品約 75000 首。這個數量，肯定是很多人沒有想到的。

嘉道年間是中國社會發生重要轉型的時期，內憂外患不斷加劇，作爲社會生活的晴雨表，文學也不能不被打上時代烙印。以往的文學史研究很注重文學對這一段重大歷史事件的反映，但涉及詞的內容很少。比如，阿英的《鴉片戰爭文學集》是研究鴉片戰爭時期文學創作的重要著作，但是，這部著作雖然廣泛搜集了各體文學中對鴉片戰爭的大量記載，對詞卻非常忽視，全書僅僅收錄了兩首詞作（內容是懷念因據守吳淞而殉國的江南提督陳化成），無論是廣泛性還是代表性，都遠遠不夠。我想，這並不是他仍然恪守傳統的"詞爲小道"的觀念，對詞體文學刻意輕忽，而是這些文獻太過零散，確實不易搜集。現在，從《全清詞·嘉道卷》中，我們可以看到，當時有不少詞人都很關注這個重大的歷史事件，並寫入詞中。寫鴉片之害的，如徐德元《綺羅香·咏鴉片烟》："膏膩痕流，液濃芳聚，短焰蟲蟲紅吐。呼吸筠筒，軟噴絲絲香霧。便温麈、玉頰芬含，漸馥郁、瓊樓春度。最憐他、酒半燈初，銀筝細撥香雲住。雙雙鴛枕倦倚。重剔蘭釭剪斷，烟痕一縷。底事魂銷，不管春來春去。漫消遣、愁淺愁深，早擔誤、痴男痴女。問誰人、種此情芽，釀相思較苦。"對吸食鴉片烟的情形刻畫非常細緻，對當時人痴迷鴉片烟的表現，也有生動刻畫。至於寫鴉片戰爭的，如江開《渡江雲·題董嘯庵孝廉〈焦山望海圖〉，時英夷犯順，鎮江失守》："海門空闊處，浮青一點，關鎖六朝秋。大江淘日夜，烟飛雲斂，砥柱在中流。芳樹裏，樓臺金碧，列聖舊曾游。　新愁。雲頹鐵瓮，月涌戈船，竟揚帆直走。最苦是，中冷泉水，浪飲夷酋。當年瘞鶴今如在，恐仙禽、哀唳難收。東望去，高歌與子同仇。"寫第一次鴉片戰爭中的鎮江之戰，以對照的方式,寫出悲憤,也表達了同心抗敵的意志。類似的作品還有很多,足以説明,在重大的歷史變局中,詞這種文體並沒有缺席。如果今後要對阿英的這部著作進行增補,在詞體文學的部分,《嘉道卷》無疑可以提供充分的資料。

詞史發展到嘉道時期,有不少新的現象值得思考。嘉慶二年(1797),張惠言《詞選》出,常州詞派漸漸登上歷史舞臺。以往的詞史書寫,往往強調流派的更替性,認爲一個新流派的興起,意味着對前一個流派的取代,文學史也徹底呈現出新氣象。但是,其實這只是方便後人的總結而已,真實的文學史沒有那麼簡單。即如浙西詞派所推崇的姜夔和張炎,在常州詞派興起後,仍然在社會上保持着相當的熱度,特別是姜夔,在嘉道詞壇上,姜夔的影響力非常大,一直是偶像式的存在,得到了詞人們經久不息的效法和模仿。這個現象説明,文學史的發展有其複雜性,也有其自身的規律,要想充分認識,必須回到原來的語境之中。如果據此能夠對這一時期姜夔或張炎的接受狀況做一調查,並和常州詞派的發展進行對照,一定是非常有意思的課題。與此密切相關的,由浙派發展而來的一些作詞技巧,也持續不斷地得到繼承。郭則沄《清詞玉屑》卷十一記載:"華亭錢葆馚以《雪獅兒》調咏貓,……一時和什如雲。竹垞和成三闋,遍搜貓典。後屬樊榭與吳綉谷復效其體。樊榭有詞四闋,選典益僻,自稗官瑣録,以逮前人詩句、古時俗諺,搜羅殆備。"嘉道年間,浙江桐鄉的鄭鑣延續這一風氣,也以《雪獅兒》之調寫了三首,將競用僻典的傳統發揮得淋漓盡致,而且更用了不少明清的語典或事典,體現了求新的精神。

在嘉道年間,活躍着衆多的詞人,其中有一些有着重大的成就,成爲認識詞史的標誌性人物,一編在手,對這些個案能夠有整體印象,也能增強對那個特定時代的認識。嘉道卷中,比較知名的詞人就有戈載、龔自珍、姚燮、黃燮清、蔣敦復等,其中既有常派,也有浙派。值得提出的是,清代詞人的集子往往一刻再刻,雖然題名一樣,内容却有不同。這些集子有時藏於不同的圖書館或博物館,情況複雜。在這些方面,編纂者付出了不少心血。如著名詞學家戈載的集子,其版本可考者即有八卷本、十卷本、十七卷本、十九卷本、二十二卷本、二十七卷本、二十九卷本、三十卷本、三十四卷本等若干個版本,《嘉道卷》所收録戈載詞,以新近發現的《翠薇花館詞》三十四卷本爲底本,二十九卷本爲校本,八卷本爲參校本,展現出最早和最晚兩種版本中詞作的差异,爲研究戈載提供了完備的文獻基礎。

另外,清代尚有大量的稿鈔本存世,《嘉道卷》往往以之與刻本對校,就有非常好的效果。如蔣敦復《買陂塘·秋柳》,收入其《芬陀利室詞遺集》(刻本)中,下片首三句云:"空江外,剩有荻花搖暝。琵琶聲緊。"其中,"琵琶"句於律不合,經過核對稿本《拈花詞》,發現漏掉"昨夜"二字,因據補。又如其《鶯啼序》詞,刻本題曰:"題顧淡園移春圖,用夢窗韵",而對校稿本,原作:"淡園居士屬題移春圖,紀少年影事也。爲譜夢窗自度腔二百四十二字。夢窗此調,組繪綿麗,節拍清圓,長篇之勝,此爲極軌。昔人論夢窗詞如七寶樓臺,拆碎不成片段,殆不盡然也。"不僅提供了"紀少年影事"的信息,而且針對張炎"七寶樓臺"之語發表見解,實際上也是通過創作來表達自己的詞學意見。又如倪稻孫著有《剪雲詞》《蘆中秋瑟譜》《夢隱詞》《酒邊花外詞》各一卷,總名《雲林堂詞》。其中後三者除刻本外,又有嘉慶二十三年(1818)沈鐌鈔本,對校之後,不僅可補充詞題、詞注,便於讀者了解更爲詳細的創作背景與詞作信息,還可補詞 4 首,均爲刻本所未載。同時,整理者還覓得勞權過録高叔荃鈔本《海漚賸詞》,又從李日華《紅豆詞》、嚴元照《柯家山館詞》中輯得和作 2 首,從而將倪稻孫詞創作的風貌全面地呈現出來。

　　清代是中國古代女性文學發展的高峰時期,據胡文楷《歷代婦女著作考》記載,在中國文學史上,女性作家有 4000 個左右,而僅僅清代,就達 3000 多,占其中的四分之三。儘管這個數字還不夠全面,但還是能夠反映出清代女性文學的基本狀況。《嘉道卷》中,也可以讓我們看到這一時期女性文學的一些樣貌。例如,隨着社會空間的大大開闊,隨着學識的不斷豐富,清代女作家的心靈空間也超過以往,其中尤其有着一種希望有所作爲,但却無力改變命運的不平感和無力感。沈善寶寫有《滿江紅·渡揚子江》:"滚滚銀濤,寫不盡、心頭熱血。問當年、金山戰鼓,紅顏勛業。肘後難懸蘇季印,囊中剩有江淹筆。算古來、巾幗幾英雄,愁難説。望北固,秋烟碧。指浮玉,秋陽出。把篷窗倚遍,唾壺敲缺。遊子征衫攬泪雨,高堂短鬢飛霜雪。問蒼蒼、生我欲何爲,生磨折。"這是一篇有名的作品,記述了作者渡揚子江時,想到宋代抗擊金兵的巾幗英雄梁紅玉,心中充滿向往,而自己雖有滿腹才華,却無處施展,因此痛切地向天發問:"問蒼蒼、生我欲何爲,生磨折!"這無疑是女子對不平等社會的控訴,也代表了許許多多胸懷大志、學識過人、却無法一展身手的女性的心聲。果然,這種心聲很快就得到了呼應。大約在此後不久,陳静英也寫了一首同調之作,題爲《感懷》:"長日無聊,坐深閨、終朝嘿嘿。又早是、銀床露冷,玉關風急。隙裏華年流水逝,懷中壯志何時息。問蒼天、生我竟何爲,空抛擲。　　堪消恨,惟長笛。堪排悶,惟群籍。興來時、唾壺擊缺,玉釵敲折。何日自伸吾所負。而今權處人之末。笑眼前、碌碌盡庸流,誰相識。"從問蒼天的相同句式看,陳詞應該是受到沈詞的啓發。在作品裏,陳把那種憤懣不平之心表達得更加激烈。沈善寶十二歲那年,父親沈學琳爲同僚所僭,自裁而死,全靠沈善寶奔走於江浙兩淮之間,賣文鬻畫,維持家計,"獨立經營八棺",終於將自父親以下的八個人一一歸葬祖墳,而她的兩個哥哥、三個弟弟,却沒有做出什麼貢獻。或許這樣的經歷也促使她思考一些性别問題:有才華的女性,明明可以走出閨門,爲家庭做出貢獻,但是既不能參加科舉考試,也不能有其他出路,只能恪守傳統的規範,這種狀況是值得反思的。還有一些具有文學才華的女性因爲家道中落走出閨閣,成爲"閨塾師",且與男性文人交遊唱和,袁枚孫女袁嘉即是這一群體的典型代表,她的《湘痕閣詞稿》顯示出嘉道間"才女"更爲豐富的面貌。從這些作品中,可以看到社會思想所發生的一些變化。沈善寶是杭州人,袁嘉也是杭州人,陳静英是江陰人,都生活在江南,而江南地區的女性文學最爲發達,因此,也可以進一步對這個問題加以思考。

　　文獻整理是從事研究的基礎,《全清詞》的編纂凝聚着幾代學人的理想和辛勞。由於《全清詞》的分階段的陸續推出,清詞的研究已經成爲重要的學術增長點,《嘉道卷》的出版又爲學界提供了大量的新材料,相信一定能夠進一步推動清詞研究走向深入。同時,我們也期待《咸同卷》早日問世。

(華中師範大學文學院)

# CONTENTS